LERNHELFER – DEIN ONLINEPORTAL ZUM BUCH

Zahlreiche Lernkartensets und Abitur-Originalklausuren zur Prüfungsvorbereitung

Lernen, wann du willst, wo du willst und wie du willst! So funktioniert's:

BUCH

Mit deinem Nachschlagewerk für den gesamten Schulstoff der Oberstufe kannst du dich gezielt auf Unterrichtsinhalte vorbereiten und verpasste Themen nachholen.

WEB

Melde dich bei unserem Lernportal über **www.lernhelfer.de/basiswissen-abitur** an und nutze alle zusätzlichen Features:

- das Schülerlexikon mit zahlreichen Beiträgen und Wissenstests
- deinen persönlichen Lernbereich mit Lernkarten und Originalprüfungen zum Abitur
- die Möglichkeit, eigene Lernkartensets zu erstellen

APP

Mit der kostenlosen Lernhelfer-App kannst du bequem unterwegs lernen:

- mobiler Zugriff auf die Inhalte des Webportals www.lernhelfer.de
- Bearbeiten, Sortieren und Erstellen von deinen Lernkarten

Passendes Übungsmaterial bei Lernhelfer

Mit deinem Basiswissen Abitur erhältst du Lernkarten für die Oberstufe, um dich gezielt auf Prüfungen oder Referate vorzubereiten. Lernkartensets im Paket für nur 1,– Euro.
Melde Dich einfach an unter:
www.lernhelfer.de/basiswissen-abitur

Dein Lernpaket zum Abitur
für nur 1,– Euro!

Duden

BASISWISSEN SCHULE

Politik Wirtschaft

ABITUR

4., aktualisierte Auflage

Dudenverlag
Berlin

Herausgeber
Prof. Dr. Ralf Rytlewski, Dr. sc. Carola Wuttke

Autoren
Dr. Angela Borgwardt, Arndt Christiansen, Heinz Gerhardt,
Dr. Ute Gräber-Seißinger, Dr. Manfred Granzow †, Volker Hanefeld,
Prof. Dr. Dirk Lange, Per Larsen, Prof. Dr. Ralf Rytlewski,
Dr. Dietmar Schiller, Dr. Renate Schmidt, Ingrid Suvak, Jan Eike Thorweger,
Prof. Dr. Burkhard Utecht, Dr. sc. Carola Wuttke

Bibliografische Information der Deutschen Nationalbibliothek
Die Deutsche Nationalbibliothek verzeichnet diese Publikation in der Deutschen Nationalbiografie; detaillierte bibliografische Daten sind im Internet über http://dnb.d-nb.de abrufbar.

Bibliographisches Institut GmbH, Mecklenburgische Straße 53, 14197 Berlin

Redaktionelle Leitung	David Harvie
Redaktion	Loop Redaktionsgruppe, Dr. sc. Carola Wuttke
Illustrationen	Gerlinde Keller
Herstellung	Ursula Fürst
Layout	Britta Scharffenberg
Umschlaggestaltung	Büroecco, Augsburg
Satz	DZA Druckerei zu Altenburg GmbH, Marlis Konrad
Grafiken/Karten	Manuela Liesenberg, Dieter Ruhmke

Druck und Bindung Těšínská tiskárna, Česky Těšín
Printed in Czech Republic

ISBN 978-3-411-04704-8
www.lernhelfer.de

Inhaltsverzeichnis

Autorennachweis

Dr. Angela Borgwardt	Kap. 1.1.3, 1.1.4, 1.1.5; 2.1, 2.5, 4.1.1, 4.3, 4.4
Dr. Arndt Christiansen	Kap. 3.4
Heinz Gerhardt	Kap. 5.3.1, 5.3.5
Dr. Ute Gräber-Seißinger	Kap. 3.2
Dr. Manfred Granzow †	Kap. 6.1, 6.3
Volker Hanefeld	Kap. 5.1.3, 5.4
Prof. Dr. Dirk Lange	Kap. 1.2, 1.3
Per Larsen	Kap. 1.4.3, 6.2
Matthias Lindner	Kap. 3.1.1, 3.6
Prof. Dr. Ralf Rytlewski	Kap. 1.1.1, 1.1.2, 2.2, 2.3, 2.4, 3.5, 4.2, 4.5, 5.2, I (Anhang)
Dr. Dietmar Schiller	Kap. 3.5
Dr. Renate Schmidt	Kap. 5.3.4
Ingrid Suvak	Kap. 3.3
Jan Eike Thorweger	Kap. 1.2, 1.3
Prof. Dr. Burkhard Utecht	Kap. 3.1.2, 3.4, 3.5, 6.2
Dr. sc. Carola Wuttke	Kap. 1.4, 3.1.3, 3.6, 4.1.2, 4.1.3, 5.3, 6.1, 6.3

Politik und Wirtschaft als Wissenschaften und ihre Methoden

1

1

1.1 Politikwissenschaft und Strömungen des politischen Denkens

1.1.1 Politikverständnis in Geschichte und Gegenwart

Politik handelt von Krieg und Frieden, von Unterwerfung und Befreiung, von Steuern und Gebühren, von Ordnung und Recht, von der gesellschaftlichen und wirtschaftlichen Entwicklung einer Bevölkerung. Ohne Politik ist modernes Leben nicht denkbar. Dennoch halten viele Menschen Politik für etwas Fragwürdiges. Sie sehen darin ein großes oder gar schmutziges „Geschäft", das Politiker und Bürokraten fern vom Leben der Bürger in einem „Raumschiff Politik" vereint.
Auf solchem Alltagsverständnis von Politik kann eine wissenschaftliche Betrachtung nicht aufbauen. Sie hat sich der Politik vorurteilsfrei und mit überprüfbaren Tatsachenaussagen und Argumenten zu nähern. Am **Politikverständnis** einer bestimmten Epoche wirken viele mit:
- Bürger mit ihren politischen Erfahrungen, Interessen und Meinungen,
- Praktiker der Politik mit dem Insiderblick,
- Wissenschaftler mit ihren Untersuchungsergebnissen und Theorien.

Links: Bundestagssitzung im Reichstagsgebäude

Mitte: Menschen feiern vor und auf der Mauer die deutsche Wiedervereinigung

Rechts: Wissenschaftszentrum Berlin für Sozialforschung (WZB)

Die Definition des Politischen kann selbst zum Politikum werden. Gesellschaftliche Auseinandersetzungen über Grundlagen und Grundzüge von Politik hängen in starkem Maße von der Art des politischen Systems ab, vor allem von der Frage, ob es sich um eine Demokratie oder Diktatur handelt.

> Bei allen Differenzen nach Ländern und politischen Systemen ist festzuhalten, dass **Politik** einen notwendigen Bereich einer Gesellschaft mit einer spezifischen Aufgabe und Funktionsweise darstellt.

Politisches System: Gesamtheit der staatlichen und nicht staatlichen Akteure sowie der Normen, Regeln und Verfahren, die an der Politikformulierung und -umsetzung beteiligt sind

In der Geschichte veränderte sich das **Verständnis von Politik** entlang der großen Krisen, Umbrüche und Revolutionen.

Die bürgerlichen Revolutionen in den Niederlanden (16. Jh.), England (17. Jh.), Nordamerika und Frankreich (18. Jh.) setzten die Rechtsgleichheit des Bürgertums als dem „dritten Stand" neben Adel und Klerus durch. Sie vollzogen macht- und verfassungspolitisch den **Wechsel der politischen Ordnung** von der absoluten Monarchie zur Republik. Politik änderte ihre Letztbegründung: Nicht mehr Monar-

chen waren die Träger der höchsten und allumfassenden Hoheitsgewalt (monarchische Souveränität), sondern alle höchste Gewalt beanspruchte nun das Volk (Volkssouveränität). Deren Repräsentanten forderten – in ehemaligen britischen Kolonien in Amerika 1776 und im revolutionären Frankreich 1789 – **Menschenrechte,** damit die unbedingte Anerkennung eines jeden einzelnen Menschen als Träger gleicher Freiheit.
An die Stelle der Nationalitätenstaaten bisheriger europäischer Reiche traten zunehmend **Nationalstaaten,** deren Bevölkerung jeweils ganz oder überwiegend derselben Nation angehörte. Durch das Ende der europäischen Kolonialreiche und die vielfältigen Staatsumbrüche während und nach den beiden Weltkriegen im 20. Jh. erhöhte sich zwar die Zahl der Nationalstaaten auf der Welt, zugleich wurde aber die Politik der nationalstaatlichen Unabhängigkeit infrage gestellt. Seit 1945 hat die Staatenwelt zunehmend nationalstaatliche Souveränitätsanteile auf internationale Einrichtungen wie die Vereinten Nationen mit ihren Unterorganisationen oder regionale Bündnisse wie die Europäische Union übertragen.

Absolute Monarchie (17./18. Jh.): Der Monarch herrscht unbeschränkt, bleibt aber an die Gebote der Religion, an das Naturrecht und die Staatsgrundgesetze gebunden.

Republik: Idealtypisch ist jeder Staat, bei dem das Staatsvolk Träger der Staatsgewalt (Volkssouveränität) ist; Gegensatz: Monarchie.

Souveränität: Nicht abgeleitete, höchste, allumfassende und nach innen und außen unbeschränkte Hoheitsgewalt; souveräne Staaten sind voneinander unabhängig.

Politik

Historisch geht „Politik" auf das griechische Wort **polis** für Stadt und die Gemeinschaft der Bürger zurück. Im Laufe der Jahrhunderte erfasste der Begriff alle Gebiete der **öffentlich leitenden Tätigkeit**:
- Politik der Städte und Gemeinden,
- Regionalpolitik,
- Staatspolitik,
- Politik der Reiche, Imperien, zwischenstaatlichen Bündnisse,
- Weltpolitik.

Zugleich verzweigte sich Politik in spezielle Fachpolitiken, in Ressorts der beiden Grundrichtungen **Innen- und Außenpolitik.**

In der Gegenwart werden unter **Politik** unterschiedliche Formen von Willensbildung, Regierung und Herrschaft, unterschiedliches Handeln von Männern und Frauen zur Erreichung **öffentlicher Zwecke** verstanden.

Öffentliche Zwecke hängen jeweils von inneren und äußeren Umständen des Landes, dem Geist der Epoche und den Generationen ab.

Nach den Katastrophen des Ersten und Zweiten Weltkriegs gingen die Deutschen in großer Mehrzahl davon aus, dass Politik in erster Linie der Friedenssicherung zu dienen hat.

Mit Blick auf Geschichte und Gegenwart geht es in der Politik im Minimum um **drei öffentliche Zwecke:**
- Friedenssicherung,
- Rechtsgarantie (Gerechtigkeit),
- Schutz der Schwachen (Lebensschutz).

1

Politische Wirklichkeit

Politik als alltägliche Wirklichkeit der Gegenwart geht weit über die drei Minimalzwecke hinaus.

Grund- und Menschenrechte sind im Grundgesetz normiert. Sie binden direkt Gesetzgebung, vollziehende Gewalt und Rechtsprechung. Das Recht auf allgemeine Handlungsfreiheit ist leitend.

- Als Grundnorm der deutschen Politik gilt Art. 1 des Grundgesetzes (GG): „Die Würde des Menschen ist unantastbar." Um sie zu achten und zu schützen, ist der Politik aufgegeben, vom allgemeinen Recht jedes Menschen auf freie Entfaltung bis zum speziellen Recht, Petitionen an Regierungen und Parlament zu richten, nicht weniger als 16 Grund- und Menschenrechte zur Wirkung zu bringen.

Alltägliche **politische Wirklichkeit** ergibt sich aus dem politischen Selbstverständnis der Deutschen als Demokratie, Rechtsstaat, Sozialstaat, Kulturstaat, Bundesstaat und der daraus abgeleiteten sozialen und marktwirtschaftlichen Ordnung.

In der Gegenwart ist eine **Politisierung** nahezu aller Lebensbereiche zu beobachten. Das bedeutet, dass alle auch dann von Politik betroffen sind, wenn sie sich dessen subjektiv nicht bewusst sind. Prozesse wie die internationale Verflechtung oder wissenschaftlich-technische Neuerungen haben deutlichen Einfluss auf die politische Wirklichkeit.

Ressort bezeichnet den Aufgaben- und Geschäftsbereich eines Ministeriums. Klassische Ressorts sind das Auswärtige Amt und die Ministerien der Finanzen, des Innern, der Verteidigung und der Justiz. Hinzu kommen heute weitere 10 bis 15 Fachministerien.

- Wissenschaftliche und technische Neuentwicklungen, die sich gegenwärtig besonders
  - in den Biowissenschaften (Gentechnik in der Medizin und in der landwirtschaftlichen Produktion) oder
  - in angewandten Zweigen der Informations- und Datentechnik (elektronische Medien, militärische Nutzung) vollziehen,

  stellen die **Ressorts** der Energie-, Umwelt-, Gesundheits-, Ernährungs- und Medienpolitik vor neue Regelungsaufgaben. Und sie greifen in die Formen des Zusammenlebens der Menschen ein.

  Gravierend ist besonders der Einfluss der neuen **Massenmedien.** Sie erweitern das bisher übliche zweiseitige Verhältnis zwischen Bürger und Politik zu einem Dreiecksverhältnis zwischen Bürger, Medien und Politik.

  Die elektronischen Kommunikationsmöglichkeiten des Internets eröffnen der Politik neue Arenen, beispielsweise im Wahlkampf.

In der Gegenwart werden **klassische Politikbereiche** ebenso wie viele Fragen des gesellschaftlichen Lebens auf **neue Art** politisch. Bisher übliche Abgrenzungen verschieben sich, so zwischen Staat, internationaler Politik und internationaler Ökonomie sowie zwischen Staat und Gesellschaft, zwischen öffentlichem und privatem Bereich.

Es sind vor allem solche Fragen, die **politisches Handeln** und Gestalten in neuer Weise fordern:

- die Überwindung der Grenzen des Nationalstaats durch weltweite wissenschaftlich- technische, ökonomische und kulturelle Verflechtung (Globalisierung),

- die genaue Abgrenzung von Leben und Tod angesichts neuer medizinischer Techniken der Reproduktion wie der Lebenserhaltung,
- die Beherrschung der ökologischen Folgen wirtschaftlichen Handelns,
- der Einfluss elektronischer Medien im und auf das Alltagsleben,
- das Leben in einer Gesellschaft mit verschiedenen Bevölkerungsgruppen (Ethnien).

Die **Entgrenzung der nationalstaatlichen Politik** hat Rückwirkungen auf die politischen Identitätsempfindungen der Bevölkerung. Die Menschen vollziehen eine schwierige Balance zwischen politischer Loyalität und zivilbürgerlichem Engagement einerseits und skeptischen bis politiker- und politikverdrossenen Einstellungen andererseits.

Drei Politikbegriffe

> Politikbegriffe werden nach verschiedenen **Inhalten** (Politikziele, Politikausübung), nach **Dimensionen** und **Reichweiten** unterschieden.

Da praktische Politik und Politikbegriffe dem historischen Wandel unterliegen, haben sich unterschiedliche Begriffsinhalte herausgebildet. Verbreitet sind **drei Politikbegriffe:**
- der ältere normativ-ontologische Begriff,
- der realistische Begriff,
- der empirisch-analytische bzw. systemtheoretische Begriff.

Diese Begriffe werden nebeneinander, miteinander konkurrierend und auch als Begriffskombinationen verwendet.

Die ältere philosophische Denkweise orientierte sich vorrangig an Ziel und Zweck des Politischen, wobei Politik und Ethik ineinandergreifen. Die **neuzeitlichen Denkrichtungen** fragen nach
- Art und Ursache der Machtausübung,
- Entscheidungsfindung,
- konkreten Erscheinungsformen der Politik.

Sie interessieren sich für die Kernfrage „Who gets what, when, and how" (HARALD LASSWELL, 1936). Entsprechend werden empirische, quantifizierende Methoden bevorzugt.

Als **vierte Denkrichtung** war der historisch-dialektische Politikbegriff mit dem Aufstieg und Niedergang der kommunistischen Herrschaftsordnung der Sowjetunion eng verknüpft.
Politik im marxistischen Sinne wurde in Abhängigkeit von den Produktionsverhältnissen als „Kampf zwischen den Klassen" begriffen.

Normativ-ontologischer Politikbegriff	Realistischer Politikbegriff	Empirisch-analytischer Politikbegriff
Politik als praktische Philosophie handelt vom **angemessenen, rechten Verhalten und Handeln** und den politischen und sozialen Ordnungen als wesentliche Voraussetzung des tugendhaften „guten Lebens" der Menschen.	Politik ist das **Streben nach Anteil an der Macht** innerhalb und zwischen Staaten oder nach Beeinflussung der Machtverteilung – entweder zur Erreichung ideeller oder egoistischer Ziele.	Politik umfasst alle die **Entscheidungen und Handlungen,** mit denen das gesellschaftliche Verhalten geregelt und gesteuert wird. Aufgabe des politischen Systems ist es, die Verteilung von begehrten Werten und Gütern autoritativ für die Gesamtgesellschaft zu entscheiden.
Auffassung zum Menschenbild und zum Politikzentrum		
– Mensch als zum Guten fähiges Wesen – gute Ordnung	– Mensch als egoistisches Wesen – Macht	– Mensch als wert- und interessenorientiertes Wesen – allgemein verbindliche Regelung
 **WILHELM HENNIS** (Politikwissenschaftler, 1923–2012) erneuerte die politikwissenschaftliche Tradition der praktischen politischen Philosophie mit den Akzenten auf Praxis und Telos (Zweck) sowie mit dem Verfahren der Topik. Ähnlich: ERIC VOEGELIN DOLF STERNBERGER Ältere Schule: PLATON ARISTOTELES	 **MAX WEBER** (Nationalökonom und Soziologe, 1864–1920) entwickelte eine neue politische Wissenschaft auf soziologischer Grundlage; er nahm erheblichen Einfluss auf den Verfassungstext der Weimarer Republik. Ähnlich: OTTO STAMMER Ältere Schule: NICCOLÒ MACHIAVELLI THOMAS HOBBES	 **DAVID EASTON** (amerikanischer Politikwissenschaftler, 1917–2014) wendet die allgemeine Systemtheorie auf die Politik an; im Mittelpunkt seiner Politiktheorie steht ein Prozessmodell mit Ansprüchen („demands") und Unterstützung („support") der Bevölkerung als zentralen Kategorien. Ähnlich: GABRIEL A. ALMOND JÜRGEN W. FALTER HANS-DIETER KLINGEMANN

Enger und weiter Politikbegriff

> Mit der Herausbildung eines modernen Politikverständnisses haben Politik und Politikbegriff ihre **Reichweiten** ausgedehnt.

War Politik zunächst auf das Handeln der Institutionen und Akteure des Staates begrenzt (enger Begriff), umfasst sie seit Mitte des 19. Jh.s den Handlungsrahmen des politischen Systems. Damit werden Parteien, Verbände und Medien ebenfalls als legitime politische Akteure anerkannt und einbezogen (weiter Begriff).

Das moderne **Politikverständnis** verdrängte das bis zur Wende vom 18. zum 19. Jh. vorherrschende Verständnis von Politik als praktischer Philosophie.

Üblich ist heute dieser **weite Politikbegriff,** der
- die grundlegenden gesellschaftlichen, ökonomischen und kulturellen Konflikte berücksichtigt,
- weltanschauliche Positionen beachtet,
- Ziele und Mittel unterscheidet,
- die verschiedenen politikwissenschaftlichen Denkrichtungen – insbesondere die machtanalytischen und die systemtheoretischen Perspektiven – vereint.

Angesichts der großen Weltkonflikte in der Gegenwart gewinnt zudem das teleologische Denken der alteuropäischen praktischen Philosophie – der Bezug auf ein Gemeinwohl, auf ein öffentliches Wohl – erneut an Bedeutung.

Teleologie ist die Lehre von der Zielgerichtetheit und Zielstrebigkeit jeder Entwicklung im Universum und in seinen Teilbereichen.

> Politik bezeichnet das **Streben** von Individuen und Gruppen **nach Machtanteil und Machtbeeinflussung** sowie ihr **zielgerichtetes Handeln** in den Institutionen und Verfahrensweisen des politischen Systems, mit dem gesellschaftliche Konflikte über begehrte Werte und Güter geregelt werden.

Drei Dimensionen der Politik

In Anlehnung an den englischen Sprachgebrauch, der für das umfassende deutsche Wort „Politik" die drei Bezeichnungen **policy, politics und polity** vorsieht, wird Politik in drei Dimensionen gegliedert:

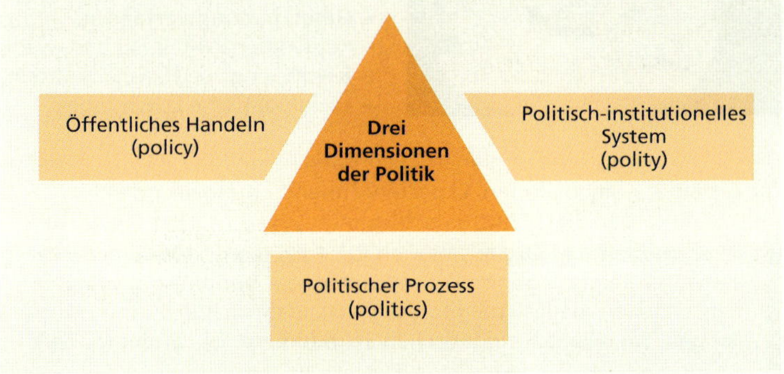

1

In der Politik geht es stets um bestimmte **Inhalte (policy).** Sie ergeben sich aus den Interessen, Werten und Weltanschauungen einzelner Gruppen oder Schichten der Gesellschaft.

Politik befasst sich mit vier zentralen Konfliktfeldern:
- Krieg und Frieden,
- Armut und Reichtum,
- Mensch und Natur,
- Mann und Frau.

Zwischen den Gruppen bestehen häufig Interessen- und Zielkonflikte, die politisch geregelt werden müssen. Einzelne Inhalte werden zu konkreten Politikprogrammen (policies) auf Politikfeldern (policy areas) zusammengefasst, die meistens den Geschäftsbereichen der Ministerien entsprechen. Zu beachten ist, welche Gruppen welche Forderungen in die Programme einbringen können.

Die ersten **Fachplanungen** wurden in den 1950er-Jahren in den Verkehrs- und Verteidigungsressorts betrieben. Heute werden gebündelte Planungen, die Veränderungen von Teilsystemen anstreben, häufig „Reform" genannt, z. B. Bildungsreform und Arbeitsmarktreform.

So entstehen beispielsweise die **Politikprogramme** der Haushalts-, Gesundheits-, Europapolitik. Sie sind ablesbar in den Fachplanungen der Legislative und Exekutive sowie in der politischen Sprache der Parteien und ihrer Kandidaten, insbesondere in Wahlkampfzeiten.

Politische Prozesse (politics) bzw. Handlungen, in denen zu politischen Fragen oder Themen verbindliche Regelungen gefunden werden, folgen bestimmten **Verfahren:**
- Willensbildungsprozesse (Entscheidung über die Themen, die auf die politische Tagesordnung kommen und geregelt werden sollen),
- Entscheidungsprozesse (Regelsetzung),
- Implementationsprozesse (Umsetzung von Entscheidungen in Ausführungsbestimmungen und Verwaltungsmaßnahmen).

Zwang in der Politik:
- physisch (Polizei-, Militärgewalt),
- wirtschaftlich (Mittel zum Lebensunterhalt werden vorenthalten),
- psychisch (autoritäre Führung, manipulierte Informationen).

Politische Prozesse dienen der Konfliktaustragung mittels der Grundverfahren der Machtentscheidung oder der Konsenslösung. Während Macht ausüben bedeutet, auch Zwangsmittel einzusetzen, strebt der Konsens die freiwillige Übereinstimmung an.

In Deutschland ist der **Konsens** der meistens eingeschlagene Weg der Konfliktregelung. Wichtige politische Prozesse sind durch Verfahrensregelungen festgelegt:
- Gesetzgebungsverfahren,
- Kandidatenaufstellung und -wahl,
- Bewilligung von Haushaltsmitteln,
- sozialpolitische Zuteilungen.

Verhandlung: Vorschläge und Gegenvorschläge werden unterbreitet, jede Seite muss Zugeständnisse machen, setzt Verhandlungsgeschick, Machtmittel und Autorität voraus.

Der Suche nach Konsens dienen auch Bündnisrunden (↗Bild: „Bündnis für Arbeit"), Kommissionen, Expertenräte und „Kungelrunden".

Institutionen und Organisationen der Parteien und Verbände, Parlamente, Regierungen sowie internationale Bündnisse gewährleisten, durch formelles und informelles Handeln zu Regelungen zu gelangen. Sie bilden die **politischen Strukturen** eines Landes **(polity).**

Politische Strukturen sind „geronnene" Politik. Sie werden durch politische Prozesse hervorgebracht, geändert und zerstört.

Die grundlegenden Strukturen der deutschen Politik werden durch die Verfassung, zunehmend auch durch internationale Übereinkünfte und Vereinigungen wie die Europäische Union festgelegt. Es handelt sich um Grundstrukturen
- der Machtbalance (Legislative, Exekutive, Jurisdiktion),
- der Legitimation von Herrschaft (Wahlen),
- des Verhältnisses zwischen Herrschenden und Beherrschten (Partizipation, politische Öffentlichkeit, Medien),
- des staatlichen Aufbaus (Föderalismus),
- der Mitwirkung an der internationalen und globalen Politik (internationale Organisationen, Global Governance).

Die politischen Strukturen ermöglichen und behindern Handlungschancen, die die **Handlungskorridore** für politische Entscheidungen und Regelungen mehr oder weniger eng bestimmen. Die gegebene Struktur der Institutionen und Organisationen lenkt mithin die beiden anderen Dimensionen der Politik – **Inhalt** und **Prozess** – in bestimmte Bahnen.

Bereiche	Erscheinungsform	Merkmale	Bezeichnung
Politische Struktur (Form)	– Verfassung – Normen/Gesetze – Institutionen	– Verfahrensregelung – Ordnung – Handlungskorridore	**polity**
Öffentliches Handeln (Inhalt)	– Aufgaben und Ziele – Probleme – Werte	– Problemlösung – Aufgabenerfüllung – Wert- und Zielorientierung – Gestaltung	**policy**
Politischer Prozess (Prozess)	– Interessen – Konflikte – Kampf	– Macht – Konsens – Durchsetzung	**politics**

Die drei **Dimensionen der Politik** hängen eng zusammen. Werden nicht alle Seiten des Dreiecks aus politischen Inhalten, Prozessen und Strukturen beobachtet und wird nicht analysiert, was in der Wissenschaft und der Öffentlichkeit immer wieder vorkommt, dann wird Politik in einzelne Fragmente aufgelöst. Verhindert wird, Politik im gesellschaftlichen Umfeld zu erkennen und auf Problemlösungen hin zu interpretieren.

So trifft es die politische Wirklichkeit wenig, nur die Langsamkeit oder die geringe inhaltliche Veränderung einer Reform herauszustellen und zu kritisieren, beispielsweise der Gesundheitspolitik.
Hier ist zu berücksichtigen, dass der Handlungskorridor der Gesundheitspolitik schon durch die Verfassungsordnung – durch die Berufsfreiheit in der Medizin – eng gezogen ist und sowohl durch die nötige Zustimmung der Bundesländer im Bundesrat wie auch durch den mit den Interessengruppen herzustellenden Konsens noch schmaler wird.

Analyse politischer Wirklichkeit

> Die **Analyse von Politik** ist an Bedingungen gebunden. Sie hat von einem Politikbegriff auszugehen, der die politische Komplexität angemessen einfängt.

Generell für Handelnde und soziale Systeme gilt das von TALCOTT PARSONS (1902–1979) entworfene AGILSchema mit vier Grundaufgaben:
- Anpassung,
- Zielerreichung,
- Zusammenhalt,
- Bestandssicherung.

In Deutschland hat sich seit den 1980er-Jahren – wie ähnlich in den USA seit den 1950er-Jahren – eine empirische Sichtweise durchgesetzt. Mit dem **empirisch-analytischen Begriff** wird die Frage gestellt, welche Funktion Politik in einer Gesellschaft wahrnimmt. In erster Linie geht es um die Analyse von Politik. In zweiter Linie sollen ihre Resultate zu praktischen Lösungen von politischen Aufgaben und insgesamt zur Festigung der demokratischen Entwicklung beitragen. Der empirisch-analytische Begriff betrachtet den Menschen als ein Wesen, das wert- und interessenorientiert handelt. Seine politischen Handlungen beziehen sich stets auf die Handlungen anderer Menschen.

Die Politikanalyse hat Begriffe und Theorien klar und nachvollziehbar zu definieren.	Was meint politische Macht, was Partizipation oder Reform? Wie bestimmen sich die einzelnen Politikfelder, wie Bildung und Gesundheit? Hierzu gibt es viele Antworten, die sich auch widersprechen können.
Die Analyse der Politik fußt auf allgemeinen praktischen Denk- und Arbeitsweisen (↗Kap. 1.1.3) sowie auf Untersuchungskonzepten zu speziellen Themen.	Untersuchungskonzepte befassen sich vorrangig – mit einzelnen Politikdimensionen (z. B. Politikfeldanalyse, politische Prozessanalyse, Politiksimulation), – mit der Gesamtheit eines politischen Sachverhaltes (Fallbeispiel), – mit den Akteuren der Politik (Wahl-, Parteien- und Verbändeforschung, Regierungslehre, Partizipationsforschung, Netzwerkanalyse), – mit Institutionen (Handlungs- und Kommunikationsanalyse, Vergleich politischer Ordnungen und Systeme).
Die Politikanalyse hat ihre Vorgehensweise übersichtlich zu strukturieren.	Dazu werden verschiedene Grundschemata benutzt.

mikrós, griech. = klein;
makrós, griech. = groß

- Ein Grundschema stellt die drei sachlichen Dimensionen des Politischen dar (↗S. 13).
  Insbesondere bei historischen Themen ist es nötig, auch nach der **Reichweite des Politischen** zu fragen (enger und weiter Politikbegriff).
- Die Untersuchung einzelner politischer Akteure und kleiner Gruppen ist als **Mikroanalyse** von einer Betrachtung der zentralen politischen Institutionen des politischen Systems und seiner Umwelt **(Makroanalyse)** zu unterscheiden. Bei komplexen Themen, z. B. der Untersuchung von Demokratien, sind Mikro- und Makroanalyse zu verbinden. Das politische Handeln von Individuen wird von der Struktur der politischen Institutionen beeinflusst, beides bildet einen Zusammenhang.

- Politik lässt sich in Phasen eines Politikzyklus einteilen: Phasen der Problemwahrnehmung und -definition, der Handlungsalternativen, Entscheidung und Evalution.
- Ein weiteres Grundschema fragt nach den charakteristischen Zusammenhängen, die sich in allen politischen Handlungen nachweisen lassen. Der Politikwissenschaftler WERNER J. PATZELT (geb. 1953) hat vier Grundphänomene identifiziert und aufeinander bezogen: **M**acht, **I**deologie, **N**ormen und **K**ommunikation. Daraus ist das **MINK-Schema** gebildet worden.

Politik: Dimensionen und Grundphänomene

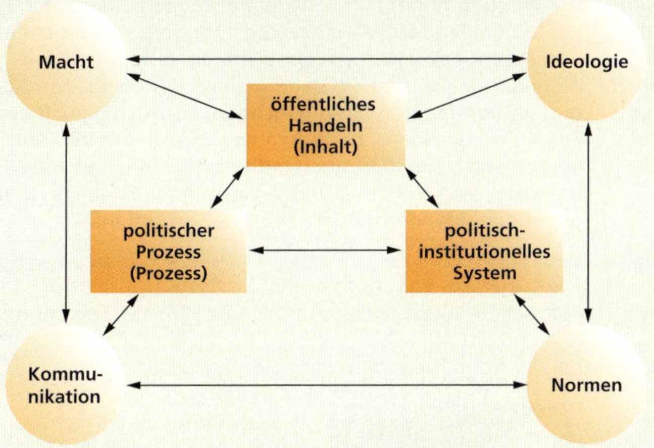

In der politischen Wirklichkeit stehen die Grundphänomene Macht, Ideologie, Normen und Kommunikation in vielfältigen Wechselbeziehungen.

Macht bezeichnet eine asymmetrische Beziehung. Sie wird verstanden als Chance, in einer sozialen Beziehung den eigenen Willen auch gegen Widerstand durchzusetzen.	Die Chance kann sich gründen auf – persönliche Eigenschaften (Charisma, Lebensalter), – wirtschaftliche, militärische, kulturelle Ressourcen, – soziale Eigenschaften (Kontakte). **Politische Macht** äußert sich dort, wo eine Entscheidung gegen Widerstreben durchgesetzt wird, aber auch dort, wo politische Entscheidungen verhindert bzw. verschleppt werden oder wo über die Agenda der öffentlichen Themen entschieden wird. (Macht tritt nicht nur in der Politik auf.) **Strukturelle politische Macht** wird dann ausgeübt, wenn Machtunterworfene ihre Situation aufgrund von Manipulationen der Machtinhaber oder durch Selbsttäuschung nicht erkennen können. So neigen Diktaturen dazu, ihre Bevölkerung durch rigorose Abschottung daran zu hindern, selbstständig die Lage ihres Landes zu erkennen und zu bedenken.

Ideologie

bezeichnet politische Ideen und Ideenströmungen, Weltbilder, Weltanschauungen, im marxistischen Sinn auch „falsches Bewusstsein" als notwendige Selbsttäuschung und Antikritik.

In der Gegenwart wird davon ausgegangen, dass Ideologien im Sinne von Weltanschauungen allgegenwärtig sind, wenngleich sie unterschiedlich direkt und reflektiert auftreten. Da Menschen in der Politik nur über unvollständige Informationen verfügen, wird die selektive und also unvollständige Wahrnehmung politischer Situationen und Sachverhalte erheblich durch Ideologien gesteuert.

Normen

sind entweder in Verfassung, Gesetzen, Geschäftsordnungen verankerte rechtliche Vorschriften oder politisch-soziale Regeln, die auch gewohnheitsrechtlich gesetzt sein können.

Die Wirkung findet sich in allen drei Dimensionen der Politik. Neben den formellen sind die informell entstandenen und akzeptierten Normen der vielfältigen Routinen von besonderem Gewicht bei der Regelung des politischen Alltags. So vermag Verwaltung nicht nur förmlich gemäß den Regeln anzuordnen, sondern muss sich auch auf Verhandlungen und Vereinbarungen mit Privatpersonen einlassen. (Informell wirken Politik und Verwaltung in Form von Kungelrunden, Männerbünden, Filz und Korruption.)

Kommunikation

entsteht aus dem Austausch von Informationen und Sinndeutungen im Gespräch und über Medien (Presse, Hörfunk, Fernsehen, Internet). Politische Prozesse sind zugleich Kommunikationsprozesse, angefangen von der öffentlichen Meinungsbildung über die Begründung politischer Entscheidungen, deren Vermittlung und Wahrnehmung bei den Bürgern.

Politische Auseinandersetzungen über Wörter, Sinndeutungen und Situationsbeschreibungen ergeben sich regelmäßig bei der Gesetzgebung und Regierungsarbeit.

In Wahlkämpfen und darüber hinaus ist Politik bestrebt, Wörter im Meinungsstreit mit bestimmtem, meist weltanschaulich begründetem Sinn zu „besetzen" („Kampf um die Wörter"). Die **politische Sprache** nimmt Einfluss auch auf die politische Kultur und die Art und Weise der politischen Erinnerung (politische Symbole, nationale Rituale, Denkmäler).

1.1.2 Politikwissenschaft

Politikwissenschaft ist in Deutschland eine junge Wissenschaftsdisziplin, die sich erst nach dem Zweiten Weltkrieg als Universitätsfach etablierte. Zugleich ist die Politikwissenschaft ein altes Fach, das als praktische Philosophie bis zur Antike zurückreicht, insbesondere zu **PLATON** und zu **ARISTOTELES.** Von ihnen übernahm die Politikwissenschaft die Frage nach der „guten", dem Menschen und seiner sozialen Lebensweise gemäßen „politischen Ordnung".

Das neuzeitliche Denken und insbesondere das politische Trauma von 1806, als die alte europäische Ordnung sich den Truppen und der neuartigen Regierungsweise NAPOLEONS nicht erwehren konnte, verdrängten die Politikwissenschaft als praktische Politik.

PLATON (427–347 v. Chr.) und ARISTOTELES (384–322 v. Chr.) verstanden das Fach als Krisenwissenschaft. Sie wollten mit ihren Schriften dem Niedergang des Stadtstaats entgegenwirken. Als Krisenwissenschaftler trat auch NICCOLÒ MACHIAVELLI (1469–1527) auf.

Ein Neubeginn der Politikwissenschaft vollzog sich im 19. Jh. in den angelsächsischen Ländern und Frankreich als Sozialwissenschaft, in Deutschland als Staatswissenschaft. Die politische Wirklichkeit wurde vom Staat her, nicht von der Gesellschaft her erklärt. Die Kriege und Revolutionen des 20. Jh.s gaben dem Fach entscheidende Impulse.
Der Politikwissenschaft ging es stets um die Analyse und Veränderung von politischer Herrschaft. Doch auch zur Herrschaftsstabilisierung trug sie bei.

Politikwissenschaft und **Politik** sind grundsätzlich voneinander unabhängig. Weder soll die Wissenschaft politisiert, noch die Politik verwissenschaftlicht werden.

In der Bundesrepublik Deutschland versteht sich die Politikwissenschaft nach dem Ende der totalitären Herrschaft der Nationalsozialisten vor allem als **Demokratiewissenschaft.**

In Deutschland studierten 2005 rund 29 000 Studenten bei 347 Professoren der Politikwissenschaft.

Politikwissenschaft wollte und will die demokratische Entwicklung des Landes fördern. Parallel zum Aufbau der Politikwissenschaft als Universitätsfach wurde Politik ein Unterrichtsfach in den Schulen, zunächst als Sozial- oder Gemeinschaftskunde, in jüngster Zeit auch als politisch-ökonomische Bildung.

Der studentische Jugendprotest in westlichen Demokratien Ende der 1960er-Jahre bewirkte, Politikwissenschaft auch als Oppositionswissenschaft aufzufassen. Sie wandte sich auf marxistischer bzw. neomarxistischer Grundlage gegen bürgerlich-kapitalistische Strukturen. Seit dem Ende des Ost-West-Konflikts werden verstärkt internationale Konflikte und globale Probleme untersucht.
Erneut geht es darum, demokratisch-friedliche Entwicklungen innerhalb und zwischen Staaten nicht nur zu analysieren, sondern auch zu befördern.

Wie die unterschiedlichen Politikbegriffe (↗ S. 12) differieren verschiedene Schulen je nach Bestimmung der politischen Aufgabenstellung, des zugrunde gelegten Menschenbildes und der bevorzugten Arbeits- und Denkweisen.

Die Geschichte der Politikwissenschaft wirkt in verschiedenen **Schulen der politischen Theorie** nach:
- der normativ-ontologischen Schule,
- der historisch-dialektischen Schule,
- der empirisch-analytischen Schule.

Der noch in den 1970er-Jahren verbreitete „Schulenstreit" ist inzwischen einem losen Miteinander gewichen.

Über 60 v. H. der meisten universitären Politikwissenschaftler zählten sich Mitte der 1990er-Jahre zur empirisch-analytischen Schule, über 10 v. H. jeweils zu den anderen Richtungen.

Drei Schulen der Politikwissenschaft

Normativ-ontologische Schule	Historisch-dialektische Schule	Empirisch-analytische Schule
Sie orientiert sich an der klassisch-antiken politischen Theorie. Sie sucht deren Prinzipien und Kriterien im Interesse einer „kritischen Ordnungswissenschaft" (ERIC VOEGELIN) für die Zeitdiagnostik einzusetzen oder mittels topischer Verfahren für die Analyse aktueller Regierungsprobleme (WILHELM HENNIS).	Sie gründet auf den gesellschaftsphilosophischen und -theoretischen Lehren des 19. Jh.s von GEORG WILHELM FRIEDRICH HEGEL und KARL MARX. Ab den 1970er-Jahren hat sie für anderthalb Jahrzehnte größeren Einfluss auf die Theorie- und Methodenbildung ausgeübt.	Sie folgt vorwiegend der Erkenntnistheorie und Methodologie des Kritischen Rationalismus, vor allem geprägt von KARL R. POPPER (↗ S. 47). Wissenschaftliche Aussagen müssen auf nachprüfbaren Tatsachen beruhen. Deshalb werden Methoden der empirischen Sozialforschung, insbesondere quantitative Verfahren, angewendet.
Aus der internationalen Politik werden vorzugsweise Themen und Modelle der klassischen Außenpolitik aufgegriffen. Besonders erfolgreich ist die Schule in der staatsbürgerlichen politischen Bildung. 	Das zentrale Arbeitsziel ist auf die Rahmenbedingungen politischer Institutionen und Prozesse gerichtet, vor allem auf Kräfte und Faktoren spätkapitalistischer Krisen und die ökonomisch-politische Abhängigkeit von Entwicklungsländern (Dependencia). Eine Variante dieser Richtung stellt die Kritische Theorie der Frankfurter Schule um MAX HORKHEIMER, THEODOR W. ADORNO und JÜRGEN HABERMAS dar (↗ S. 36).	Besondere Erfolge wurden erzielt bei der Erforschung – des individuellen und kollektiven Verhaltens (Wahlen, Einstellungen und Orientierungen der politischen Kultur, öffentliche Meinungsbildung), – der Prozesse in einzelnen Politikfeldern (Politikimplementationen), – von Interaktionsgeflechten in der Außenpolitik und den internationalen Beziehungen, – der politischen Systeme verschiedener Länder.

Teilgebiete der Politikwissenschaft

Bei der Neugründung der Politikwissenschaft waren zunächst verschiedene **Fachbezeichnungen** im Umlauf: Wissenschaft von der Politik, wissenschaftliche Politik, politische Wissenschaft, Politologie, Politikwissenschaft. Der Gegenstand des Faches wurde jedoch gleich unterteilt:
- politische Ideengeschichte und Theorie,
- Innenpolitik,
- Außenpolitik.

Inzwischen weitete sich nicht nur das Fach aus, auch sein Hauptgegenstand, die deutsche Politik, veränderte sich. Deutschland ist wiedervereinigt, so auch die seit 1961 geteilte Hauptstadt Berlin. Wichtige Souveränitätsrechte werden auf die Europäische Union übertragen. Auf die grundlegende Änderung der äußeren Bedingungen der Politik reagierte das Fach, indem sich in den 1990er-Jahren die **vergleichende Politik** (Komparatistik) als eigenes Teilgebiet von der bisherigen Trias abhob.

Neben der Komparatistik sind zudem mehrere Themenkomplexe aus der Innenpolitik hervorgetreten – auch dies aufgrund der steigenden Komplexität und Differenzierung der praktischen Politik.

Politikwissenschaft und ihre Teilgebiete

politische Theorie, politische Philosophie und Ideengeschichte	Innenpolitik und politisches System Deutschlands	vergleichende Politikwissenschaft	Außenpolitik und internationale Beziehungen
– Wissenschaftstheorie – Methoden der Politikwissenschaft	– politische Soziologie/politisches Verhalten – Politikfeldforschung (Policy-Analyse) – politische Ökonomie – Verwaltungswissenschaft – politische Kulturforschung – politische Kommunikation	– vergleichende Regierungslehre – Wohlfahrtsstaatsvergleich – Länderstudien (Area Studies)	– Europastudien – Friedens- und Konfliktforschung – Global Governance

Die Verbindungen der Politikwissenschaft zu anderen Wissenschafts- oder Fachgebieten ist eng, besonders eng zur Geschichtswissenschaft, zur Ökonomie und zur Rechtswissenschaft. Die politikwissenschaftlichen Teilgebiete pflegen spezifische Fächerverbindungen, insbesondere zur Philosophie, zur Ethnologie und Sozialpsychologie. Zusammenfassend wirkt insbesondere die Institutionenanalyse.

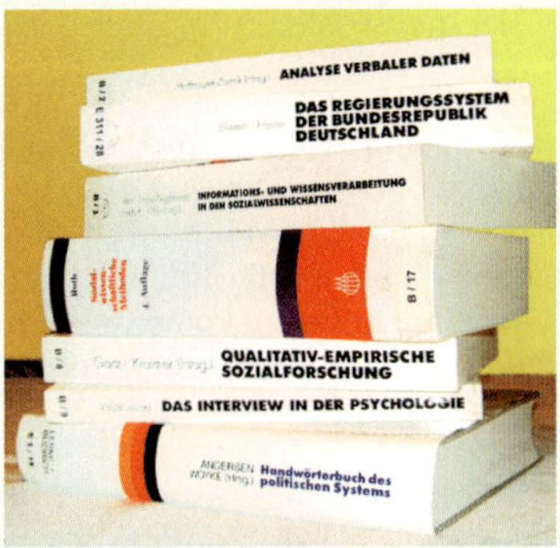

An einigen Universitäten gibt es eigene zeithistorische, politökonomische und rechtswissenschaftliche Arbeitsstellen, die in das **Fach Politikwissenschaft** integriert sind.

> Die **Politikwissenschaft** ist durch eine sehr hohe, größtenteils systematisch verknüpfte Interdisziplinarität charakterisiert.

Auf dem Wege einerseits der Spezialisierung und andererseits der fachinternen wie -externen Zusammenarbeit der Teilgebiete entfaltet die Politikwissenschaft ihre besondere Kompetenz als **Gegenwartswissenschaft,** die die Themen der Zeit aufgreift. In der aktuellen Forschung werden vorrangig folgende Themenfelder untersucht:
- politische Konsequenzen der Globalisierungsprozesse,
- Gestaltung der Europäischen Union,
- „scheiternde" Staaten,
- Transformationen von Diktaturen zu Demokratien,
- politische Folgen des gesellschaftlichen und technologischen Wandels.

Frauen- bzw. Genderstudien werden inzwischen in allen Fachgebieten durchgeführt.

1

1.1.3 Grundbegriffe

Gravierende **Veränderungen politischer Vorstellungen** sind meist mit gesellschaftlichen Krisenerfahrungen und Umbruchsituationen verbunden, wenn das bis dahin gültige Welt- und Menschenbild durch neue Vorstellungen abgelöst wird.

Politisches Denken steht in philosophisch-theoretischen Traditionen und schöpft aus einem großen Reservoir politischer Ideen der Vergangenheit. Es analysiert die politischen und gesellschaftlichen Verhältnisse und wirkt verändernd auf sie ein.

Politisches Denken befasst sich mit den Herrschaftsverhältnissen in Gesellschaften und mit den Prinzipien politischer Ordnungen.

Die geistige Grundlage für die moderne, rechtsstaatliche Demokratie wurde im 17./18. Jh. gelegt. In dieser Zeit vollzogen sich in Europa tief greifende Veränderungen in Politik, Wirtschaft und Gesellschaft durch

- die geistesgeschichtliche Strömung der Aufklärung,
- die historischen Erfahrungen der Revolutionen in England, Amerika und Frankreich,
- die Ausbreitung der kapitalistischen Produktionsweise im Zuge der Industrialisierung.

Die damit verbundene gesellschaftliche Modernisierung revolutionierte nicht nur die Lebens- und Arbeitsbedingungen der Menschen, sondern auch das politische Denken.

Begriffe wie „Demokratie", „Freiheit" oder „Gerechtigkeit" haben sehr verschiedene Bedeutungen, je nachdem, in welchem historischen Zusammenhang sie verwendet werden oder auf welche politische Theorie sie sich beziehen.

Begriffe sind unerlässlich, um Realität und Ideen beschreiben zu können und miteinander zu kommunizieren. Gerade politische Begriffe sind aber häufig mehrdeutig. Sie geben einen Sachverhalt nicht „objektiv" wieder, sondern bewerten ihn auch.

Politische Begriffe sind erst in konkreten Zusammenhängen verständlich. Sie transportieren auch Bewertungen, die Ausdruck subjektiver Ansichten und politischer Interessen sein können.

In politischen Auseinandersetzungen spielt der Streit um Begriffe eine große Rolle, da über die Sprache Einfluss auf die Interpretation von Wirklichkeit ausgeübt werden kann.

Individuum, lat. = das Unteilbare; der einzelne Mensch in Gegenüberstellung zu Gesellschaft und Staat

Individuum – Gesellschaft – Staat

Das **Individuum** – der einzelne Mensch – unterscheidet sich von anderen durch bestimmte persönliche Eigenarten, spezifische Bedürfnisse und Interessen.

Die vormoderne politische Philosophie sah den Menschen als Teil sozialer Gemeinschaften (Familie, Clan, Stamm) innerhalb einer gegebenen (göttlichen) Ordnung. Der freien Entfaltung des Individuums waren durch – meist religiös begründete – traditionelle Werte und Regeln enge Grenzen gesetzt.
Im Zuge der europäischen Aufklärung wurden diese Vorstellungen grundsätzlich infrage gestellt und durch ein **modernes Welt- und Menschenbild** ersetzt. Dieses wurde zur geistigen Grundlage der westlichen Demokratien der Gegenwart. Mit dem Bedeutungsverlust der christlichen Religion erschien die Welt nicht länger als Ausdruck einer statischen Ordnung und verbindlicher religiöser Werte, sondern als Objekt, das mithilfe der Wissenschaften erklärt und verändert werden kann (Empirismus, Rationalismus). Im Zentrum steht seitdem das Prinzip der menschlichen Vernunft, die das Individuum zu Autonomie, Kritik, Freiheit und Selbstbestimmung befähigen soll.

Die geistesgeschichtliche Strömung der **Aufklärung** war verbunden mit dem Kampf des aufstrebenden Bürgertums gegen die feudalen Strukturen der Ständegesellschaft und die Willkür der absolutistischen Herrscher. Die Bürger lehnten jegliche Form der geistigen und politischen Bevormundung ab und forderten freie wirtschaftliche Betätigung und politische Mitwirkungsrechte.

„Aufklärung ist der Ausgang des Menschen aus seiner selbst verschuldeten Unmündigkeit. Unmündigkeit ist das Unvermögen, sich seines Verstandes ohne Leitung eines anderen zu bedienen. (...) Sapere aude! Habe Mut, dich deines eigenen Verstandes zu bedienen!, ist also der Wahlspruch der Aufklärung." (IMMANUEL KANT, 1724–1804, deutscher Philosoph)

Da sich die Menschen nur in einem sozialen und kulturellen Zusammenhang entwickeln und entfalten können, bilden sie relativ dauerhaft **Gesellschaften.**

Für den griechischen Philosophen ARISTOTELES (384–322 v. Chr.) war der Mensch ein „zoon politikon" – ein soziales Wesen, das erst in der Gesellschaft anderer Menschen seine Existenz sichern und seine Interessen verwirklichen kann.

Aufgrund der unterschiedlichen Interessen und Bedürfnisse der Individuen muss das gesellschaftliche Zusammenleben nach bestimmten Regeln und verbindlichen Normen organisiert werden, wenn Frieden, Sicherheit und Wohlstand für alle erreicht werden sollen. Diese Ordnungs-, Sicherheits- und Leistungsfunktionen übernimmt der Staat. Er verfügt über die Macht, diese Regeln notfalls mit Zwang durchzusetzen.

Der Soziologe **MAX WEBER** (1864–1920) charakterisierte den Staat als „ein auf das Mittel der legitimen (physischen) Gewaltsamkeit gestütztes Herrschaftsverhältnis von Menschen über Menschen".

Staat bezeichnet die Vereinigung vieler Menschen auf einem abgegrenzten Gebiet unter einer souveränen Herrschaftsgewalt. Zum Staat gehören das Staatsgebiet, das Staatsvolk und die Staatsgewalt. Zur Durchsetzung seiner Entscheidungen verfügt der Staat über das Gewaltmonopol im Innern des Landes und über Souveränität gegenüber anderen Staaten.

Politische Ordnung – Legitimität

Nach der Art der Herrschaftsausübung werden die politischen Grundordnungen **Demokratie** und **Diktatur** als gegensätzliche Modelle unterschieden (↗S. 55).

Die **politische Ordnung** legt als gesamtgesellschaftliche Organisation die Herrschaftsform fest und bestimmt somit, wie in einem Staat Herrschaft ausgeübt wird.

Der moderne Staat folgt in seinem Aufbau den Regeln der Vernunft, nicht mehr den Normen von Religion und Theologie (Säkularisierung). Er basiert auf eigenen Normensystemen (Recht, Ethik), denen sich die Institution der Kirche zu unterwerfen hat (Trennung Staat – Kirche). Neben der staatlichen Gewährleistung von Schutz und Sicherheit spielt die Suche nach der „guten" und „gerechten" Ordnung eine große Rolle, die allen Bürgern „irdisches Glück" ermöglichen soll.
Eine zentrale Frage moderner Staatstheorie ist, wie eine politische Ordnung aufgebaut sein muss, damit alle gleiche Rechte und Chancen haben und die Interessen des Einzelnen und das Wohl der Allgemeinheit zum Ausgleich gebracht werden können.
Entscheidend für die Stabilität einer politischen Ordnung ist die **Legitimation.**

Legitimation: (Rechtfertigungs-)Gründe für die Ausübung von Herrschaft, um bei den Gesellschaftsmitgliedern Akzeptanz zu finden

Legitimität: Anerkennung der Rechtfertigungsgründe

Legitimität ergibt sich aus der freiwilligen Anerkennung der politischen Ordnung durch die von ihr Betroffenen. Anerkennung bedeutet, von den grundsätzlichen Wertvorstellungen und der Rechtmäßigkeit der Herrschaftsform überzeugt zu sein.

Politische Ordnungen sind nur dann funktionsfähig und langfristig stabil, wenn die Bevölkerungsmehrheit die Ordnung freiwillig und dauerhaft anerkennt und sich den verbindlichen Regeln und Gesetzen beugt.

Politische Ordnungen mit keiner oder schwacher Legitimität müssen Anerkennung durch Gewalt erzwingen. Sie sind langfristig krisenanfällig, da sie einen großen Teil ihrer politischen Mittel für die Überwachung und Unterdrückung der Bevölkerung aufwenden müssen (Diktatur, Tyrannei).

Auch die Herrschaft in einem undemokratischen Staat kann legitimiert sein, z. B. durch allgemein akzeptierte religiöse Überzeugungen („Gottesstaat"/Theokratie). In Gesellschaften anderer Kulturen übernimmt die Religion eine zentrale Rolle bei der Legitimation von Herrschaft (gottgegebene Macht, göttliche Ordnung).

In der Geschichte spielte Legitimitätsverlust eine große Rolle beim Zusammenbruch politischer Systeme, z. B. 1989/1990 in der DDR.

Demokratische Grundordnungen legitimieren sich aus dem Grundsatz, dass sie vom freien Willen und der Zustimmung des Volkes getragen sind (Gedanke der Volkssouveränität). In den modernen westlichen Demokratien hat sich die **rationale Legitimation** der politischen Ordnung durchgesetzt und die Staatenbildung wird als Ergebnis menschlichen Willens interpretiert.

Die politischen Ideen der Aufklärungsphilosophen bestimmen den Aufbau des modernen Staates bis in die Gegenwart. THOMAS HOBBES, JOHN LOCKE und JEAN-JACQUES ROUSSEAU sind die **Vordenker moderner Gesellschafts- und Staatstheorie** in Europa. Zugleich gelten sie als die geistigen Ahnherren der drei großen politischen Strömungen, die den Streit der politischen Weltanschauungen und Parteien bis heute prägen.

	THOMAS HOBBES (1588–1679)	JOHN LOCKE (1632–1704)	JEAN-JACQUES ROUSSEAU (1712–1778)

Gesellschafts-/ Staatstheorie	„aufgeklärt"-autoritär (Staatssouveränität)	liberal (Parlamentssouveränität)	demokratisch (Volkssouveränität)
Gedachter Naturzustand (Vorstellung)	Anarchie, Kampf aller gegen alle	Zustand individueller Freiheit und Gleichheit	Mensch lebt mit anderen frei, gleich und friedlich zusammen
Menschenbild	Mensch ist von Natur aus egoistisch und (universell) „böse"	alle Menschen haben gleiche „natürliche" Grundrechte (Freiheit, Leben, Eigentum)	Mensch ist von Natur aus „gut"; erst Eigentum bringt Herrschaft und Konflikt hervor
Hauptaufgabe des Staates	Ordnung und Sicherheit durch starken Staat	Garantie der individuellen Grundrechte	Verpflichtung auf Gemeinwohl und die kollektiven Grundwerte
Verhältnis Individuum – Staat	Versagen des Staates – Pflicht zur Unterwerfung endet	Versagen des Staates – Entzug des politischen Auftrags	kein individuelles Widerstandsrecht gegen staatliche Herrschaft
Denkströmung	Konservatismus	Liberalismus	Sozialismus

Diese **politischen Denkmodelle** werden bis heute unterschiedlich interpretiert:

- Manche sehen in HOBBES wegen der geforderten Unterwerfung unter eine absolute Staatsgewalt einen Anwalt autoritärer Herrschaft. Andere widersprechen dem, da nur ein starker Staat seine Aufgaben erfüllen könne und der Einzelne bei staatlichem Versagen von seiner vertraglichen Gehorsamspflicht entbunden sei.
- ROUSSEAU gilt vielen als Mitbegründer der heutigen Demokratie. Kritiker sehen in ihm jedoch einen Wegbereiter totalitärer (insbesondere

sozialistischer) Systeme, da er die unumschränkte Staatsgewalt mit der Berufung auf ein nicht hinterfragbares Gemeinwohl legitimiert und kein Widerstandsrecht gegen staatliches Handeln zuließ.

Der **Vergleich von östlichem und westlichem Kulturkreis** zeigt, dass im Westen seit der Aufklärung die Vorstellung des selbstbestimmten Individuums im Mittelpunkt steht, während z. B. im Denken des östlichen Kulturkreises der Einzelne stärker in seinen Bezügen zu Tradition und Religion und in seiner Einbindung in die Gemeinschaft gesehen wird.

Zentral für den Charakter eines politischen Ordnungsmodells ist die zugrunde gelegte Vorstellung vom Menschen **(Menschenbild)**, die das Verhältnis von Individuum, Staat und Gesellschaft sowie die Herrschaftsform näher bestimmt.

Das „Bild" vom Menschen variiert in den historischen Epochen und nach den verschiedenen Kulturkreisen. Aber auch innerhalb einer Gesellschaft oder Kultur kann sich das Menschenbild unterscheiden – je nach religiöser, philosophischer oder ideologischer Überzeugung.

1.1.4 Politische Grundströmungen

Liberalismus, Konservatismus und **Sozialismus** sind breite politische Strömungen, die einen Kernbestand politischer Ideen haben, aber für umfassende Ideenrichtungen stehen. Im 20. Jh. wurden alle drei Grundströmungen kritisch weiterentwickelt.

Im Europa des 19.Jh.s bildeten sich drei Grundströmungen politischen Denkens heraus, die bis heute die politische Theorie und Praxis bestimmen: **Liberalismus, Konservatismus** und **Sozialismus.**

Besonders in der Entstehungsphase gab es bei allen Strömungen eine enge Verbindung zwischen politischer Theorie und **sozialen Bewegungen** (z. B. Sozialismus und Arbeiterbewegung), aus denen die **Parteien** moderner Prägung hervorgingen. Bis heute verbinden sich politische Denkströmungen mit den Interessen gesellschaftlicher Gruppen, die Macht erringen, erhalten oder ausbauen wollen. Dazu gehören z. B. feministische Theorien und die Frauenbewegung seit dem 18. Jh.

Liberalismus

Liberalismus, lat. libertas = Freiheit

Im Zentrum des **Liberalismus** steht die Freiheit des Individuums.

Der Wert der Freiheit umfasst politische Freiheitsrechte der Bürger (Meinungs-, Rede-, Versammlungsfreiheit) sowie die ungehinderte wirtschaftliche Betätigung ohne staatliche Eingriffe. Grundannahme ist, dass nur durch die freie Entfaltung jedes Individuums nach seinen persönlichen Interessen und Fähigkeiten ein optimaler Zustand gesellschaftlicher Harmonie erreicht werden kann.

Liberale Ideen waren Ausdruck der ökonomischen Interessen und politischen Machtansprüche des aufstrebenden Bürgertums, das sich im Europa des 18. Jh.s vor dem Hintergrund einer sich entwickelnden Marktwirtschaft aus den Beschränkungen des feudalen Ständestaates und der absolutistischen Herrschaft zu befreien begann.

Die politischen Vorstellungen des Liberalismus übten im 19. und 20. Jh. großen Einfluss auf den Aufbau der Staaten in Europa und den USA aus (Wahlrecht, Parlamente, Rechts- und Verfassungsstaaten, Gewaltenteilung). In westlichen Demokratien ist der Liberalismus insofern zur einflussreichsten politischen Strömung geworden, als alle heutigen demokratischen Parteiprogramme liberale Elemente enthalten.

In der Bundesrepublik Deutschland beruft sich insbesondere die 1948 gegründete **Freie Demokratische Partei** (FDP) auf liberale Grundwerte.

Kernidee	**Freiheit des Einzelnen** (Individualismus)
Abgrenzung	gegen äußere Beschränkungen und geistige Bevormundungen
Zentrale Werte	Freiheit und rechtliche Gleichheit
Menschenbild	Mensch als eigenständiges, vernünftiges Wesen mit natürlichen Grundrechten (Recht auf Freiheit, Leben, Eigentum)
Gesellschaftsbild	Die freie Entfaltung aller Individuen erzeugt maximalen Wohlstand und Fortschritt für die Gesamtgesellschaft.
Wirtschaftsform	Privateigentum, Kapitalismus als freie Marktwirtschaft (Selbstregulierung durch Markt und Wettbewerb)
Rolle des Staates	Ordnungsrahmen zur Gewähr von wirtschaftlicher und politischer Freiheit, Rechtssicherheit für das Individuum
Individuum – Gesellschaft – Staat	Rechte des Einzelnen haben Vorrang gegenüber Staat und Gesellschaft (Rechtsstaatlichkeit, Verfassung).
Herrschaft	rational legitimiert; Prinzip der Machtteilung und -kontrolle

Der **Neoliberalismus** wird von einer marktradikalen, ökonomischen Variante dominiert, die auf die Selbststeuerungskräfte des Marktes setzt. Der Staat soll lediglich Rechtssicherheit und allgemeine Rahmenbedingungen für den freien Markt gewährleisten. Daneben gibt es einen neuen politischen Liberalismus, der auf der Basis eines pluralistischen, demokratischen Rechtsstaats das Modell einer freiheitlichen, gerechten Gesellschaft zu entwickeln sucht.

In der deutschen Variante des **Ordoliberalismus** soll der Staat auch soziale Sicherheit gewährleisten (Sozialstaat, **soziale Marktwirtschaft**).

Geistige Väter des politischen Liberalismus sind u.a. IMMANUEL KANT (1724–1804), JOHN LOCKE (1632–1704), JEREMY BENTHAM (1748–1832), ADAM SMITH (1723–1790). Haupttheoretiker eines marktradikalen Neoliberalismus sind FRIEDRICH AUGUST VON HAYEK (1899–1992) und MILTON FRIEDMAN (1912–2006). Als Begründer des Ordoliberalismus gelten WALTER EUCKEN (1891–1950) und ALFRED MÜLLER-ARMACK (1901–1978).

1

Zu den wichtigsten Denkern eines neueren politischen Liberalismus gehören JOHN RAWLS (1921–2002) und RALF DAHRENDORF (1929–2009).

Konservatismus

Konservatismus, lat. conservare = erhalten, bewahren

Im Zentrum des **Konservatismus** steht das Bewahren von traditionellen Werten, Strukturen und Institutionen.

In der Bundesrepublik Deutschland vertreten vor allem die **Christlich-Demokratische Union** (CDU) und die Christlich-Soziale Union (CSU) konservative politische Ideen.

Die politische Lehre des Konservatismus (auch Konservativismus) zielt darauf, die bestehende politische, wirtschaftliche und soziale Ordnung im Grundsatz zu erhalten. Reformen und Neuerungen sind in Maßen denkbar, aber revolutionäre Veränderungen werden strikt abgelehnt.

Der Konservatismus als politische Strömung entwickelte sich im 19. Jh. als Gegenbewegung zu liberalen und demokratischen Ideen, insbesondere gegen ihre Radikalisierung in der Französischen Revolution. Getragen wurde er vor allem von Adel und Kirche, die ihre politische und geistige Machtposition bedroht sahen.

Kernidee	**Bewahren von traditionellen Werten, bewährten Praktiken und historisch gewachsenen Institutionen** (Individualismus)
Abgrenzung	gegen Individualismus, Kollektivismus, revolutionäre Veränderungen
Zentrale Werte	Religion, Familie, Erfahrung, Geschichte, Tradition, Sicherheit
Menschenbild	„natürliche" Ungleichheit der Menschen: Jeder hat seinen Platz in einer (göttlich gewollten) Ordnung.
Gesellschaftsbild	historisch gewachsene Einheit des Gemeinwesens mit natürlichen Hierarchien; Zusammenhalt durch Autoritäten, Staat und „ewige" Werte
Wirtschaftsform	auf Privateigentum gegründete Marktwirtschaft (staatliche Kontrolle)
Rolle des Staates	Schutz- und Ordnungsfunktion des starken Staates
Individuum – Gesellschaft – Staat	Mensch entfaltet sich innerhalb der vorgegebenen, staatlich gesicherten Gesellschaftsordnung; soziale Eingebundenheit der Individuen
Herrschaft	traditionell/religiös legitimiert; personales Prinzip

Eine antiliberale Variante des Konservatismus mit ethnisch-nationalistischen Elementen ist die sogenannte „Neue Rechte".

Denker des **Neokonservatismus** kombinieren Prinzipien des Konservatismus (Verbindlichkeit traditioneller Werte und Moralvorstellungen) mit den Anforderungen einer ausdifferenzierten, kapitalistischen Industriegesellschaft wie Anpassungsbereitschaft, Leistungs- und Effizienzdenken, Konkurrenzprinzip (technokratischer Konservatismus).

Bedeutende Theoretiker des Konservatismus sind EDMUND BURKE (1729–1797), ADAM MÜLLER (1779–1829), FRIEDRICH VON HARDENBERG (1772–1801). Neokonservative Ideen vertreten u.a. HELMUT SCHELSKY (1912–1984), DANIEL BELL (1919–2011), SAMUEL HUNTINGTON (1927–2008).

Sozialismus

Der **Sozialismus** strebt eine gerechte, auf Gleichheit beruhende Gesellschaftsordnung an.

Sozialismus, lat. socialis = gesellschaftlich

Die politische Lehre des Sozialismus zielt auf eine Veränderung der gesellschaftlichen Verhältnisse, um soziale Gleichheit und Gerechtigkeit zu verwirklichen. Betont werden die Solidarität der Menschen untereinander und soziale Sicherheit. Alle Menschen sollen die gleichen Rechte und Chancen haben.

FERDINAND LASSALLE (1825–1864) wollte den Arbeitern – als größter Bevölkerungsgruppe – über das allgemeine Wahlrecht die politische Macht zur Umgestaltung der Gesellschaft verschaffen.

Der Sozialismus entstand im frühen 19. Jh. in Europa mit dem Ziel, die bürgerlich-kapitalistische Gesellschaft umzugestalten. Sozialistische Ideen manifestierten sich politisch in der **Arbeiterbewegung,** die für bessere Lebensbedingungen und gerechte Teilhabe der Arbeiter am gesellschaftlich produzierten Reichtum kämpfte.

Kernidee	Vision einer politisch und sozial gerechten Gesellschaft
Abgrenzung	gegen Privateigentum an Produktionsmitteln (Kapitalismus), gegen Ungleichheit aufgrund von Besitz oder traditioneller Privilegien
Zentrale Werte	Freiheit, Gleichheit, Brüderlichkeit (Solidarität)
Menschenbild	Der Mensch ist von Natur aus gut – Konflikte ergeben sich aus unterschiedlichen Interessen von Besitzenden und Besitzlosen.
Gesellschaftsbild	Veränderung der Gesellschaft: Gemeinwohl als gesellschaftliches Ziel
Wirtschaftsform	Vergesellschaftung (Gemeineigentum an den Produktionsmitteln) bis zu totaler staatlicher Kontrolle (sozialistische Planwirtschaft)
Rolle des Staates	Der Staat ist befugt, soziale und politische Gleichheit herzustellen.
Individuum – Gesellschaft – Staat	Betonung von Gemeinschaft und gegenseitiger Solidarität (Kollektivismus)
Herrschaft	sozial legitimiert; demokratisches Prinzip („Herrschaft des Volkes")

Unterschiedliche Auffassungen über das Verhältnis von Freiheit, Gleichheit und Demokratie sowie über den „richtigen Weg" zur Verwirklichung der politischen Ziele (Reform oder Revolution) trennen zwei grundsätzlich verschiedene **Denkrichtungen des Sozialismus:**

- Für Theoretiker des orthodoxen Marxismus ist eine sozial gerechte, herrschaftsfreie Gesellschaft nur durch eine radikale Beseitigung des bürgerlich-kapitalistischen Staates – über eine Revolution – zu verwirklichen.
- Für Denker des demokratischen Sozialismus/der Sozialdemokratie kann soziale Gerechtigkeit in humaner Weise nur durch eine schrittweise Umgestaltung des bürgerlichen Staates – über Reformen – und unter Beteiligung der Bürger erreicht werden (Rechts- und Sozialstaatlichkeit, Demokratie).

1

Der **Marxismus-Leninismus** wurde im 20. Jh. zur ideologischen Grundlage sozialistischer Diktaturen, beispielsweise auch in der DDR. Die Ideen des **demokratischen Sozialismus** wurden zum Kernbestand aller sozialistischen und sozialdemokratischen Parteien in den Demokratien Europas und Nordamerikas.

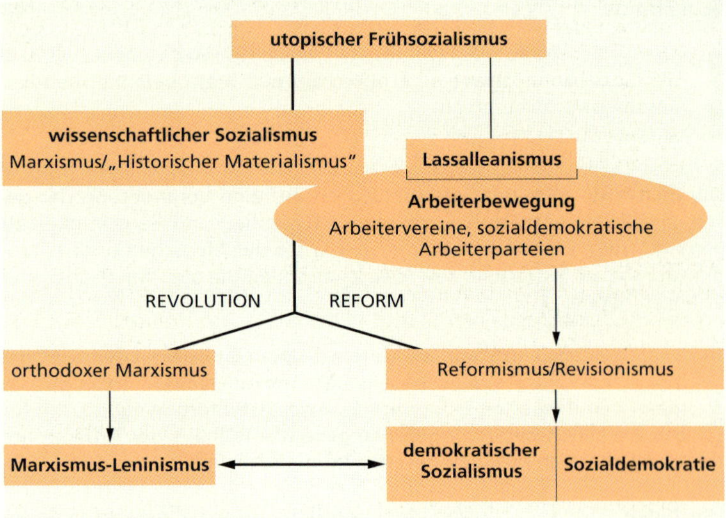

In der Bundesrepublik Deutschland bekennt sich die **Sozialdemokratische Partei Deutschlands** (SPD) zur sozialen Demokratie. Die Partei **Die Linke**, die zum Teil aus der Sozialistischen Einheitspartei Deutschlands (SED) hervorging, versteht sich als Vertreterin des demokratischen Sozialismus.

Seit den 1990er-Jahren wird angesichts der Krisenerscheinungen wohlfahrtsstaatlicher Industriegesellschaften wieder verstärkt ein **dritter Weg** zur Erneuerung der Sozialdemokratie diskutiert.

Wichtige Denker des Frühsozialismus waren CLAUDE HENRI DE SAINT-SIMON (1760–1825) und CHARLES FOURIER (1772–1837). KARL MARX (1818–1883) und FRIEDRICH ENGELS (1820–1895) begründeten den sogenannten wissenschaftlichen Sozialismus, der von W. I. LENIN (1870–1924) zum Marxismus-Leninismus ausgebaut und von ROSA LUXEMBURG (1871–1919) kritisch weiterentwickelt wurde. Für den demokratischen Sozialismus/die Sozialdemokratie waren KARL KAUTSKY (1854–1938) und AUGUST BEBEL (1840–1913) einflussreich, für den dritten Weg ANTHONY GIDDENS (geb. 1938).

Frauenbewegung und Feminismus

Emanzipation: Befreiung von Diskriminierung und Überwindung sozialer Abhängigkeiten und rechtlicher Ungleichheiten

Die **Frauenbewegung** vereint zahlreiche Initiativen und Organisationen, die sich in emanzipatorischer Absicht für die Interessen von Frauen in der Gesellschaft einsetzen.

Im Zentrum steht die Forderung nach politischer und sozialer Gleichberechtigung der Frauen in allen Lebensbereichen (Gleichstellung von Mann und Frau). Daneben ist der Anspruch auf Anerkennung frauenspezifischer Interessen und Sichtweisen getreten.

Die Frauenbewegung entwickelte sich ab Ende des 18. Jh.s aus Protest gegen die großen sozialen und politischen Ungleichheiten zwischen den Geschlechtern. Gefordert wurde das Recht auf Bildung und Berufstätigkeit, vor allem aber das **Wahlrecht für Frauen,** das in Europa zu sehr unterschiedlichen Zeitpunkten eingeführt wurde: zuerst in Finnland 1906 (als allgemeines Wahlrecht), in Deutschland 1918 und in der Schweiz erst 1971.

Feminismus ist jene theoretische Richtung der Frauenbewegung, die Individuum und Gesellschaft aus der Perspektive des Geschlechterverhältnisses analysiert.

Die feministische Herrschaftskritik am Geschlechterverhältnis führt die Ungleichheit zwischen Männern und Frauen auf die gesamtgesellschaftlichen (Unterdrückungs-)Verhältnisse in einer männlich-patriarchalischen Kultur zurück. Grundlegend ist die Vorstellung einer „weiblichen Identität" und die gemeinsame Betroffenheit aller Frauen.

In der Bundesrepublik Deutschland wurde die Publizistin ALICE SCHWARZER zu einer wichtigen Identifikationsfigur der Frauenbewegung mit dem Buch „Der kleine Unterschied und seine großen Folgen" (1975).

Von großer Bedeutung ist die Unterscheidung zwischen biologischem Geschlecht (engl.: sex) und kultureller/sozialer Rollenprägung (engl.: gender). Die bestehenden Männer- und Frauenbilder („Geschlechterrollen") und die damit verbundenen Verhaltensweisen werden als Ergebnis gesellschaftlicher Konventionen interpretiert:
„Man kommt nicht als Frau zur Welt, man wird es."
(SIMONE DE BEAUVOIR)

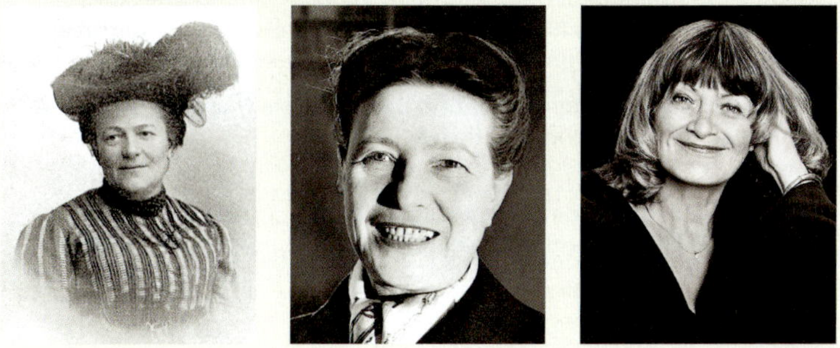

Von links nach rechts:
CLARA ZETKIN
SIMONE DE BEAUVOIR
ALICE SCHWARZER

Neuere feministische Theorien sehen die Diskriminierung von Frauen verknüpft mit solchen Faktoren wie Hautfarbe, Armut, Migration oder sexuelle Orientierung.

Zur Analyse der bis heute weltweit bestehenden sozialen, rechtlichen und politischen Benachteiligungen von Frauen wurde der interdisziplinäre Ansatz der Geschlechterforschung (Genderstudies) entwickelt, der die soziale Beziehung zwischen Männern und Frauen ins Zentrum stellt.

Gender-Mainstreaming ist ein neues Konzept praktizierter Gleichstellungspolitik; es zielt darauf, bei allen gesellschaftlichen Vorhaben die geschlechtsspezifischen Lebenssituationen, Interessen und Perspektiven von Frauen und Männern systematisch zu berücksichtigen.

Wichtige Vertreterinnen der Frauenbewegung und des Feminismus sind OLYMPE DE GOUGES (1748–1793), HEDWIG DOHM (1831–1919), CLARA ZETKIN (1857–1933), SIMONE DE BEAUVOIR (1908–1986), BETTY FRIEDAN (1921–2006), ALICE SCHWARZER (geb. 1942); neuere Ansätze bei NANCY FRASER (geb. 1947), MARTHA NUSSBAUM (geb. 1947) und JUDITH BUTLER (geb. 1956).

1

Neue soziale Bewegungen

Neue soziale Bewegungen sind Protestbewegungen, die sich seit Ende der 1960er-Jahre mit unterschiedlichen Schwerpunkten gegen soziale, ökonomische und politische Missstände in Gegenwartsgesellschaften richten.

Ihr Wirken ist darauf gerichtet, durch öffentliche **Protest- und Aktionsformen** gesellschaftliches Problembewusstsein zu wecken und sozialen Wandel über grundlegende Reformen zu erreichen.

	Zentrale Ziele
Frauenbewegung	politische und soziale Gleichberechtigung von Männern und Frauen
Umweltschutzbewegung, Anti-AKW-Bewegung	Erhaltung der natürlichen Lebensgrundlagen und Ressourcen (u. a. Umweltschutz, Konsumkritik, ökologisches Gleichgewicht); Stopp der Nutzung „ziviler Atomkraft“, Protest gegen die existenziellen Risiken moderner Großtechnologien
Alternativbewegung	alternative Lebens- und Arbeitspraxis (neue Geschlechterrollen, Familienmodelle, Werte) als Gegenentwurf zur bürgerlichen Gesellschaft
Friedensbewegung	friedliches Zusammenleben der Völker, globale militärische Abrüstung (gegen Krieg als Mittel der Politik, für alternative militärische Sicherheitsstrategien und zivile Konfliktlösungen)
Menschen- und Bürgerrechtsbewegung	Verwirklichung der Menschen- und Bürgerrechte (national, international), Demokratisierung, politische Freiheiten
Dritte-Welt-/Eine-Welt-Bewegung	Aufhebung der ökonomischen Abhängigkeit („Ausbeutung“) der unterentwickelten Länder von den Industrieländern
Antiglobalisierungsbewegung	gegen Folgen der Globalisierung (politische/ökonomische/soziale Ungerechtigkeiten)

Zivilgesellschaft: Gemeinschaft selbstständiger, politisch und sozial engagierter Bürger, die zwischen Politik und Staat, Wirtschaft und Privatsphäre agieren. Ihr Handeln ist durch Eigenaktivität, Selbstorganisation und Verantwortung für das Gemeinwohl gekennzeichnet.

Die neuen sozialen Bewegungen haben die politische Kultur und Praxis in den westlichen Industrie-staaten deutlich verändert und eine Theorieströmung befördert, die das außerparlamentarische politische Engagement von Bürgerinnen und Bürgern unter dem Begriff der Bürger- oder **Zivilgesellschaft** diskutiert.

Teile von ihnen haben sich in die etablierten politischen Strukturen integriert, wie z. B. die neu entstandenen grün-alternativen Parteien in Europa. In der Bundesrepublik Deutschland wurde 1980 die Partei „Die Grünen“ mit ökologisch-sozialer und basisdemokratischer Ausrichtung gegründet.

- Wichtige Vordenker der neuen sozialen Bewegungen sind u. a. HANS JONAS (1903–1993), ROBERT JUNGK (1913–1994), HORST-EBERHARD RICHTER (1923–2011), RUDOLF BAHRO (1935–1997).

1.1.5 Politische Theorien

Theorien werden als abstrakte Denkmodelle entwickelt, um vergangene und gegenwärtige Phänomene zu erklären oder künftige Entwicklungen voraussagen und steuern zu können. Die Bedeutung einer Theorie kann sich im Lauf der Geschichte wandeln: Sie kann gültig bleiben, weiterentwickelt werden, aber auch an Gewicht verlieren.

Politische Theorien befassen sich mit den Inhalten, dem Sinn und der Aufgabe von Politik. **Gesellschaftstheorien** gehen vor allem der Frage nach, wie das menschliche Zusammenleben unter welchen Bedingungen funktioniert und wie es sich verändert.

Unter einer **Theorie** (griech. = Betrachtung, Anschauung) versteht man eine systematische, d. h. nach bestimmten Prinzipien geordnete Aussage über Sachverhalte, Gegenstände, Vorgänge. Theorien sind umfassende Ordnungskonzepte, die grundsätzliche Zusammenhänge darlegen.

Politische Theorien können danach unterschieden werden, ob sie Antworten auf Ist- oder Soll-Fragen geben.

Frageart	Was ist? (empirisch = beobachtbar, messbar)	Was soll sein? (normativ = allgemeingültige Werte setzend)
Schwerpunkt	gegebene politische Institutionen, Akteure	politische Normen
Vorgehensweise	Beschreibung, Erklärung und Prognose von Ereignissen	Vergleich: Normen – Wirklichkeit; konkrete Handlungsanweisungen
Ziel	gesellschaftliche Weiterentwicklung durch besseres Realitätsverständnis	gesellschaftliche Umgestaltung zur Durchsetzung des Gewünschten („gute“ Ordnung)

Pluralismus

Pluralismus ist im Idealfall das gleichberechtigte Nebeneinander verschiedener Standpunkte und Sichtweisen auf der Basis von weltanschaulicher Toleranz.

Die Bundesrepublik Deutschland hat eine freiheitliche, repräsentativ-parlamentarische sowie bundes-, rechts- und sozialstaatliche Gesellschaftsordnung. Ihr tragendes Strukturelement ist der **demokratische Pluralismus**.

Die **Pluralismustheorien** nach dem Zweiten Weltkrieg entstanden als liberale Gegenmodelle zu den totalitären Diktaturen im nationalsozialistischen Deutschland und in der stalinistischen Sowjetunion.
Pluralismus ist die Basis einer freiheitlich-demokratischen Gesellschaftsordnung. Das Konzept der „pluralistischen, freiheitlichen Demokratie“ umschließt politisch-weltanschauliche Vielfalt, die Autonomie und freie

Entfaltung des Individuums und zugleich sein Recht auf aktive Mitwirkung an politischen Willensbildungsprozessen. In pluralistischen Gesellschaften existiert eine Vielzahl von frei gebildeten Organisationen, Parteien, Verbänden, Interessengruppen, Bürgerinitiativen usw.

Kennzeichen des Pluralismus als Gegenbild zum Monismus (Einheitslehre)				
Zahlreiche autonome, frei gebildete Gruppen und Parteien können am politischen Prozess teilnehmen (politischer Pluralismus).	Vielfältige Interessen, Auffassungen und Werte konkurrieren um Einfluss (sozialer, kultureller und ethnischer Pluralismus).	Es besteht ein Grundkonsens über bestimmte rechtliche Normen und Werte (Verfassung/Gesetze).	Das Gemeinwohl ergibt sich aus der Auseinandersetzung pluraler Kräfte nach anerkannten Regeln (Konflikt und Kompromiss).	Der Staat übernimmt Ordnungsfunktionen im Wettbewerb der organisierten Interessen.

Der Pluralismus bildet die Grundlage für die empirische Wissenschaftsauffassung des **Kritischen Rationalismus.** Demnach gibt es keine letztgültigen Wahrheiten, sondern immer nur eine Annäherung an die Wahrheit über eine bestimmte Methode (Hypothese – kritische Überprüfung durch Beobachtung oder Experiment – Erkenntnisfortschritt). Daran anschließend entwickelt der Kritische Pluralismus ein methodisches Prinzip „kritischer Rationalität" als Modell gesellschaftlicher Weiterentwicklung durch die Kraft verbessernder Vernunft (Kritik). **Kritik** ist dabei das Infragestellen von Ansichten, Handlungen, Normen und ihren Begründungen.

KARL R. POPPER entwarf seine pluralistische **Theorie der „offenen Gesellschaft"** aus einer Kritik an der „totalen" Beherrschung des Menschen in totalitären Systemen: „Offen" ist eine Gesellschaft dann, wenn sie ihre Verhältnisse ständig infrage stellen und korrigieren lässt. Fortschritt wird schrittweise durch Kritik und Reformen erzielt.

Marxistische Konflikttheorien gehen von einem unversöhnlichen Klassenkonflikt zwischen Kapital und Arbeit (in bürgerlich-kapitalistischen Gesellschaften) aus.

In pluralistischen **Konflikttheorien** sind soziale Konflikte kein zu vermeidendes Übel, sondern schöpferische Kraft gesellschaftlicher Weiterentwicklung als Ausdruck der Vielfalt in offenen Gesellschaften.

Vordenker der Pluralismustheorie sind u. a. WILLIAM JAMES (1842 bis 1910) und HAROLD J. LASKI (1893–1950).
Den Neopluralismus begründeten ERNST FRAENKEL (1898–1975) und KARL R. POPPER (1902–1994), der auch Hauptvertreter des Kritischen Rationalismus ist.
Konflikttheorien gehen auf LEWIS A. COSER (1913–2003) und RALF DAHRENDORF (1929–2009) zurück.

Marxismus

Marxismus bezeichnet theoretische Ansätze und Erklärungsmodelle, die sich auf die politisch-philosophische und ökonomische Lehre von KARL MARX und FRIEDRICH ENGELS berufen.

Als Grundlegung des Marxismus gilt „Das Kommunistische Manifest" (1848) von KARL MARX und FRIEDRICH ENGELS. Theoretisches Hauptwerk ist „Das Kapital. Kritik der politischen Ökonomie" (1867–1894) von KARL MARX.

Kernstück ist der „historische Materialismus". Nach ihm ist das politische, geistige und kulturelle Leben der Gesellschaft von den ökonomischen Verhältnissen (Besitz an Produktionsmitteln) bestimmt. Ökonomische Ungleichheit führt zu sozialer Ungleichheit und Unterdrückung und wird deshalb als Ausgangspunkt für Gesellschaftsveränderungen betrachtet. Im **marxistischen Modell** wird bei der Umgestaltung der Gesellschaft zwischen verschiedenen Entwicklungsphasen unterschieden.

Marxistisches Modell der Gesellschaftsveränderung

Kapitalismus	Sozialismus	Kommunismus
Klassengesellschaft (Besitzer – Besitzlose)	Übergangsphase („Diktatur des Proletariats")	idealer Endzustand
ökonomische und soziale Ungleichheit: Konflikt Kapital ↔ Arbeit	Prozess gesellschaftlicher Umgestaltung: Abschaffung des Privateigentums an Produktionsmitteln	klassenlose, deshalb herrschaftsfreie, sozial gerechte Gesellschaft
Ausbeutung und Unterdrückung der Arbeiterklasse	Arbeiterklasse als revolutionäre Kraft („proletarische Revolution")	Freiheit und Gleichheit für alle Menschen
Staat als Herrschafts- und Unterdrückungsinstrument	Staat als Mittel zur Umgestaltung	Staat verliert seine Funktion als Herrschaftsapparat

Innerhalb der marxistischen Denkrichtung wurde die Frage, wie dieser Umgestaltungsprozess umgesetzt werden sollte (Verhältnis von Reform und Revolution), sehr unterschiedlich diskutiert.
Der Weg der **Revolution** wird in Denkmodellen des orthodoxen Marxismus vertreten (z. B. Marxismus-Leninismus, Maoismus). In Ablehnung des orthodoxen Marxismus und seiner praktischen Umsetzung im „realen Sozialismus" entwickelten sich Reformströmungen, die Demokratie und Freiheit sowie Menschen- und Bürgerrechte betonen. Dazu zählen Den-

1

In der „Dialektik der Aufklärung" (1944), einem Hauptwerk der Kritischen Theorie, beschreiben T. W. ADORNO und MAX HORKHEIMER (beide auf dem Bild mit HERBERT MARCUSE) den Kapitalismus als raffiniertes Unterdrückungssystem, in dem die herrschende bürgerliche Klasse die Vernunft für ihre Machtinteressen und ihren Profit instrumentalisiert.

Imperialismus ist das Herrschaftsstreben eines Staates, seinen Einfluss über die Staatsgrenzen hinaus auszuweiten, indem fremde Länder mit politischen, wirtschaftlichen, kulturellen und ideologischen Mitteln abhängig gemacht, beherrscht und ausgebeutet werden.

Auf die Kritische Theorie der Frankfurter Schule beziehen sich in neuerer Zeit JÜRGEN HABERMAS (geb. 1929), CLAUS OFFE (geb. 1940) und AXEL HONNETH (geb. 1949).

ker des demokratischen Sozialismus und der Sozialdemokratie sowie Vertreter des Reformkommunismus, aber auch Anhänger unterschiedlicher Varianten des **Neomarxismus,** die den Marxismus angesichts veränderter gesellschaftlicher Verhältnisse im 20. Jh. kritisch weiterentwickeln:

- Die **Kritische Theorie** der sogenannten Frankfurter Schule zielt auf die Aufdeckung der subtilen Unterdrückungsmechanismen in bürgerlich-kapitalistischen Systemen. Die Gesellschaft soll über emanzipatorische Aufklärung (Herrschafts- und Ideologiekritik) und die Erkenntnismöglichkeiten verschiedener Disziplinen (z. B. der Psychoanalyse) verändert werden.
- In Modellen marxistischer **Imperialismustheorien** produziert der Kapitalismus nicht nur Unterdrückung im Innern eines Landes, sondern auch gegenüber anderen Staaten durch imperiale Politik. Aktuelle Theorien konstatieren die „Ausbeutung" der Entwicklungsländer durch die kapitalistischen Industrieländer (z. B. durch Raubbau an Rohstoffen und das Nutzen billiger Arbeitskräfte). Die „strukturelle Abhängigkeit" des Südens vom Norden verhindert eine eigenständige wirtschaftliche und gesellschaftliche Entwicklung in der Dritten Welt und verschlechtert die Lebensbedingungen der Bevölkerung (Dependenztheorien).
- PIERRE BOURDIEU (1930–2002) entwickelte den marxistischen Kapitalbegriff kritisch weiter, indem er in seinem Ansatz ökonomisches, kulturelles, soziales und symbolisches Kapital unterschied. Die Verfügung über diese vier Kapitalsorten entscheidet über den sozialen Status und die Macht des Einzelnen in der Gesellschaft.

Hauptvertreter des Marxismus sind KARL MARX (1818–1883) und FRIEDRICH ENGELS (1820–1895). Zum orthodoxen Marxismus gehören Marxismus-Leninismus, Stalinismus, Trotzkismus und Maoismus, die auf ihre Namensgeber W. I. LENIN (1870–1924), J. W. STALIN (1879 bis 1953), LEO TROTZKI (1879–1940) und MAO ZEDONG (1893–1976) zurückgehen. Den Reformkommunismus vertreten z. B. OTA ŠIK (1919 bis 2004), LESZEK KOLAKOWSKI (1927–2009), AGNES HELLER (geb. 1929). Wichtige Vertreter des Neomarxismus sind GEORG LUKÁCS (1885–1971), ERNST BLOCH (1885–1977), ANTONIO GRAMSCI (1891 bis 1937), aber auch Denker der Kritischen Theorie wie MAX HORKHEIMER (1895–1973), THEODOR W. ADORNO (1903–1969), HERBERT MARCUSE (1898–1979). Aktuelle Imperialismustheorien werden u. a. von ANDRÉ G. FRANK (1929–2005), JOHAN GALTUNG (geb. 1930) und DIETER SENGHAAS (geb. 1940) vertreten.

Neuere Theorien

In der Gegenwart existiert eine Vielzahl von Theorien, die mit unterschiedlichen Grundannahmen Politik und Gesellschaft analysieren oder

Modelle „guter“ Gesellschaftsordnungen entwerfen. Politische Denker geben in ihren Theorien auch Antworten auf zentrale Fragen, die sich in den modernen Industriegesellschaften der westlichen Demokratien stellen:

- Wie können die politischen, sozialen, ökonomischen und kulturellen Wechselwirkungen innerhalb von Gesellschaften und zwischen ihnen angemessen beschrieben, analysiert und beeinflusst werden **(Systemtheorie)**?
- Wie können die Prinzipien einer emanzipatorischen Vernunft stärker wirksam werden und dadurch zu mehr Demokratie und politischer Legitimität führen **(deliberative Demokratietheorie)**?
- Wie können die Handlungen von politischen Akteuren, der Wandel politischer Institutionen und die Mechanismen von individuellen und kollektiven Entscheidungen erklärt werden **(ökonomische Theorie der Politik)**?
- Wie könnte angesichts der Gefahren einer streng individualisierten Gesellschaft ein neues Verantwortungsverhältnis zwischen Individuum, Gesellschaft und Staat aussehen, um eine ausgewogene Balance zwischen individuellen Rechten und Gemeinwohlorientierung zu erreichen **(Theorien des Kommunitarismus)**?

	Systemtheorie
Ansatz	Kritik an herkömmlichen Gesellschaftstheorien (Defizite bei der Beschreibung und Erklärung moderner, ausdifferenzierter Industriegesellschaften)
Tradition	naturwissenschaftliche Modelle, Kybernetik, Biologie
Ziel	Entwurf einer umfassenden Theorie sozialer Ordnung, um die Komplexität der sozialen Prozesse in modernen Gesellschaften analysieren zu können
Denkfigur	Gesellschaft ist ein soziales System, das aus verschiedenen Teilsystemen (Politik, Ökonomie, Kultur ...) besteht, die sich jeweils durch bestimmte Funktionen auszeichnen; im politischen System werden allgemein verbindliche Entscheidungen für die Gesellschaft hergestellt.
Denker	NIKLAS LUHMANN (1927–1998), DAVID EASTON (1917–2014), GABRIEL ALMOND (1911–2002), TALCOTT PARSONS (1902–1979)
Beispiel	NIKLAS LUHMANN kommt zu dem Ergebnis, dass in modernen, ausdifferenzierten Industriegesellschaften die Steuerungsmöglichkeiten des politischen Systems gegenüber anderen gesellschaftlichen Teilsystemen äußerst begrenzt sind.

	Deliberative Demokratietheorie
Ansatz	Kritik an Demokratie- und Legitimitätsdefiziten im Spätkapitalismus
Tradition	Aufklärungsphilosophie (Vernunft, Emanzipation), Kritische Theorie
Denkfigur	In der (idealen) freiheitlich-rechtsstaatlichen Demokratie sind alle Bürgerinnen und Bürger gleichberechtigt an der politischen Willensbildung im öffentlichen Raum beteiligt. Über den Austausch von rationalen Argumenten – Kritik und Begründung – wird in einem (herrschaftsfreien) Diskurs Einverständnis erzielt.

Ziel	Modell einer pluralen, demokratischen Gesellschaft auf der Basis rationaler Kommunikation und öffentlicher Beratung (Deliberation)
Denker	JÜRGEN HABERMAS (geb. 1929), JOHN S. DRYZEK (geb. 1953), RAINER SCHMALZ-BRUNS (geb. 1954)
Beispiel	JÜRGEN HABERMAS plädiert für verständigungsorientiertes, kommunikatives Handeln als Basis rechtsstaatlicher Demokratien. Er entwirft ein Gesellschaftsmodell, das auf dem Prinzip der Vernunft basiert. Betont wird die aktive Mitwirkung aller Bürger am öffentlichen Diskurs über politische Themen, die im allgemeinen Interesse geregelt werden können.

	Ökonomische Theorie der Politik/neue politische Ökonomie (NPÖ)
Ansatz	Kritik an fehlender Verbindung von ökonomischen und politischen Prozessen in bisherigen Analysen
Tradition	neoklassische Wirtschaftstheorie, Theorie der rationalen Entscheidung (Rational Choice)
Ziel	Analyse des Handelns politischer Akteure und des Wandels politischer Institutionen in Demokratien mit den Methoden der Ökonomie
Denkfigur	Alle politischen Akteure (Wähler, Parteien, Regierungen, Interessengruppen usw.) verfolgen ihre eigenen Interessen, handeln rational und nutzenmaximierend, d. h., sie wählen immer die Alternative, die den größten Nutzen oder die geringsten Kosten nach sich zieht (Modell des Homo oeconomicus, ↗ S. 56 f.).
Denker	ANTHONY DOWNS (geb. 1930), MANCUR OLSEN (1932–1998)
Beispiel	ANTHONY DOWNS begreift Politik in Demokratien als Markt, auf dem Unternehmer (Parteien) den Konsumenten (Bürgern) Waren (politische Programme) anbieten. Wahlen sind der zentrale „Tauschplatz“ der Demokratie (Politiker zielen auf Stimmenmaximierung, Wähler verfolgen individuelles Nutzenkalkül).

	Theorien des Kommunitarismus (community, engl. = Gemeinschaft)
Ansatz	Kritik an Individualismus und Mangel an sozialer Verantwortung in modernen Gesellschaften: Gefahr für das Allgemeinwohl, Entsolidarisierung
Tradition	Konservatismus, Liberalismus, Sozialismus
Ziel	Modell einer freiheitlich-demokratischen Ordnung, die auf der Gemeinschaft der Bürger und gemeinsamen Werten basiert
Denkfigur	keine Rechte ohne Pflichten, individuelle Freiheit muss mit sozialer Verantwortung gekoppelt sein
Denker	CHARLES TAYLOR (geb. 1931), MICHAEL WALZER (geb. 1935), BENJAMIN R. BARBER (geb. 1939), AMITAI ETZIONI (geb. 1929)
Beispiel	JOHN RAWLS entwirft das Modell eines liberalen, demokratischen Rechtsstaats, in dem individuelle Freiheiten mit sozialer und politischer Gerechtigkeit auf *faire Weise* kombiniert werden sollen.

1.2 Wirtschaftswissenschaften und Strömungen des wirtschaftlichen Denkens

Wirtschaft ist der Bereich des menschlichen Handelns, der auf die Befriedigung unterschiedlicher Bedürfnisse unter den Rahmenbedingungen knapper Ressourcen abzielt. Auf theoretischer und analytischer Ebene befassen sich hiermit die **Wirtschaftswissenschaften**. Im geschichtlichen Verlauf kam es dabei zur Entwicklung sehr unterschiedlicher Sichtweisen auf den Realitätsbereich Wirtschaft, die Ausdruck in verschiedenen **Theorien und Modellen** gefunden haben. Diese lassen sich bestimmten **Grundströmungen** zuordnen. Die unterschiedlichen theoretischen Vorstellungen bildeten und bilden wiederum das Fundament für die Entwicklung und Umsetzung konkreter **Ordnungsmodelle** zur Organisation wirtschaftlicher Realität.

1.2.1 Wirtschaftsverständnis in Geschichte und Gegenwart

Die Auseinandersetzung mit Phänomenen und Problemstellungen, die auch in der Gegenwart als „ökonomisch" betrachtet werden, reicht weit in die Menschheitsgeschichte zurück.

PLATON
(427–347 v. Chr.)

Dies hängt vor allem damit zusammen, dass die Menschen bereits sehr früh damit begonnen hatten, in wesentlichen Bereichen ihres Alltags wirtschaftlich zu handeln: So kam es bereits in der Neusteinzeit (ab ca. 10 000 v. Chr.) zu ersten Formen der gewerblichen Produktion bestimmter Handwerksgüter, die über Tauschhandel den Besitzer wechselten. Der Handel mit Rohstoffen (z. T. über weite räumliche Distanzen hinweg) ist bereits seit der Metallzeit (ab ca. 4 000 v. Chr.) bedeutsam. In den frühen Hochkulturen (ab ca. 3 000 v. Chr.) kam es schließlich zu deutlichen Spezialisierungen im Wirtschaftsleben und der damit verbundenen Herausbildung entsprechender gesellschaftlicher Schichten (z. B. Kaufleute), wodurch bereits wesentliche Grundlagen für die Organisation des Wirtschaftslebens im weiteren historischen Verlauf gelegt waren.
Die gezielte analytische Annäherung an die wirtschaftliche Realität setzte schließlich in der Antike (ab ca. 1 200 v. Chr.) ein. So erkannte etwa der griechische Philosoph PLATON die Relevanz an, die wirtschaftliche Handelsbeziehungen für die damaligen Stadtstaaten des Mittelmeerraumes besaßen. Zugleich lehnte er jedoch jegliches hiermit verbundenes individuelles Gewinnstreben als Widerspruch zum übergeordneten Ziel des gesellschaftlichen Gemeinwohls ab. ARISTOTELES hingegen, ein weiterer bedeutender Philosoph der Antike, argumentierte, dass das Streben nach individuellen wirtschaftlichen Vorteilen durchaus auch zu positiven Wirkungen – etwa in Form einer gesteigerten Eigenverantwortung – führen könne.

ARISTOTELES
(384–322 v. Chr.)

Im Mittelalter (ca. 6.–15. Jahrhundert n. Chr.) begründete der Theologe und Philosoph THOMAS VON AQUIN (1225–1275) die Ansicht, dass sich

JOHANNES CALVIN
(1509–1564)

wirtschaftliches Handeln an christlichen Prinzipien zu orientieren habe. Der Preis eines Gutes sollte dabei grundsätzlich „gerecht" bemessen sein, d.h. sich strikt aus der jeweils eingebrachten Arbeit ergeben. Vor diesem Hintergrund wurden auch Zinsen als Gebühr für die Verleihung von Geld, die nicht als Arbeit im eigentlichen Sinn angesehen wurde, abgelehnt. Dies änderte sich jedoch im Zuge der Reformation: Der Reformator JOHANNES CALVIN begründete die Auffassung, dass die Investition von (ggf. auch geliehenem) Kapital und das damit verbundene Streben nach ökonomischem Gewinn in der Tendenz positive Folgewirkungen für die gesamte Wirtschaft entfalten können. Ökonomische Investitionen im heutigen Sinne finden hierin ihre erste Grundlegung.

Die Herausbildung absolutistischer Nationalstaaten in Europa ab Mitte des 17. Jh.s war eng mit bestimmten ökonomischen Schwerpunktsetzungen verbunden. Unter dem Stichwort des **Merkantilismus** wurde dabei das Ziel verfolgt, die Macht der Nationalstaaten in wirtschaftlicher Hinsicht zu fördern und abzusichern. Um dieses Ziel zu erreichen, wurden eigens hierauf ausgerichtete staatliche Maßnahmen, z.B. die Erhebung von Einfuhrzöllen für Importe ausländischer Waren, entwickelt bzw. zur Anwendung gebracht.

ADAM SMITH
(1723–1790)

Eine klar ablehnende Position gegenüber Konzepten, die staatliche Eingriffe in das Wirtschaftsgeschehen vorsahen, entwickelte hingegen der Philosoph und Ökonom ADAM SMITH. Der von ihm begründete **klassische Liberalismus** beruft sich dabei im Besonderen auf die Annahme, dass individuelles Gewinnstreben maßgeblich dazu beitrage, optimale wirtschaftliche Ergebnisse zu erreichen – woraus sich in der Summe wiederum deutliche Vorteile für die Allgemeinheit ergäben. Die „unsichtbare Hand" des Marktes führt aus Sicht des klassischen Liberalismus allerdings nur dann zu optimalen Ergebnissen, wenn ausreichende Anreize für individuelles Gewinnstreben (z.B. deutlich höheres Einkommen bei erhöhtem Arbeitseinsatz) und ein ungehinderter Wettbewerb zwischen den Marktteilnehmern vorhanden sind. Vor diesem Hintergrund sieht der klassische Liberalismus staatliche Eingriffe in wirtschaftliche Prozesse sehr kritisch. Allenfalls die Gewährleistung von innerer und äußerer Sicherheit sowie grundlegendster wirtschaftlicher Rahmenbedingungen (z.B. Sicherung des Wettbewerbs durch entsprechende Gesetze bzw. Verbote) wird als staatliche Aufgabe angesehen, aber keinesfalls eine aktive Wirtschaftspolitik. Im Zusammenhang mit dieser Grundannahme wurde deshalb das Stichwort des „Nachtwächterstaates" geprägt.

Die Theorie des klassischen Liberalismus bildete eine wesentliche Grundlage für die Herausbildung der Marktwirtschaft im heutigen Verständnis. Sie stellte und stellt einen wichtigen Blickwinkel auf grundsätzliche Fragen des wirtschaftlichen Verhaltens sowie auf Fragen staatlicher Eingriffe in das Wirtschaftsgeschehen bereit.

> Der **klassische Liberalismus** und hierauf bezogene theoretische Weiterentwicklungen stellen auch heute einen wesentlichen wirtschaftswissenschaftlichen Theoriestrang dar (↗ S. 47 ff.).

In scharfer Abgrenzung zum klassischen Liberalismus entstand ab dem 19. Jh. die umfassende politische, gesellschaftliche und wirtschaftliche **Theorie des Sozialismus.** Diese wurde vor allem durch die Philosophen und Ökonomen KARL MARX und FRIEDRICH ENGELS geprägt und zielt auf die Erreichung eines gesellschaftlichen Zustandes ab, der insbesondere durch die Überwindung sozialer Ungleichheit gekennzeichnet sein soll. Um dies zu erreichen, sieht der Sozialismus eine Abkehr von der kapitalistischen Wirtschaftsordnung (die durch einen dauerhaften, sich verschärfenden Konflikt zwischen Besitzenden und der Arbeiterklasse gekennzeichnet sei) und den Übergang zu einer klassenlosen Gesellschaft vor, in der individueller Besitz, Profitstreben und die damit verbundene Ausbeutung der Arbeiterklasse durch eine weitgehende Vergesellschaftung des vormals individuellen Eigentums abgelöst werden sollen. Da es sich hierbei um eine äußerst tief greifende Umstrukturierung der politischen, gesellschaftlichen und wirtschaftlichen Verhältnisse handeln würde, sieht die sozialistische Theorie vor, dass sich dieser Übergang in Form einer Revolution (also einer schnellen und vollständigen Änderung der gegebenen Verhältnisse, die ab einem gewissen Punkt schlagartig einsetzt) vollzieht.

KARL MARX
(1818–1883)

FRIEDRICH ENGELS
(1820–1895)

Auch wenn heute in der Mehrheit Wirtschaftsordnungen existieren, die mehr oder weniger stark marktwirtschaftlich ausgerichtet sind und sich auf das theoretische Fundament des wirtschaftlichen Liberalismus berufen, behält der Sozialismus als zentraler Gegenentwurf zum Theoriegebäude des Liberalismus nach wie vor Bedeutung.

1.2.2 Wirtschaftswissenschaften

Im **Zentrum der Wirtschaftswissenschaften** stehen die Erforschung und Analyse ökonomischer Phänomene, Problemstellungen und Prozesse. Der wissenschaftliche Standpunkt ist dabei jeweils durch bestimmte Schwerpunktsetzungen und die Einnahme einer bestimmten Perspektive gekennzeichnet.

Grundlegend werden zwei wirtschaftswissenschaftliche Fachrichtungen unterschieden: **Betriebswirtschaftslehre** und **Volkswirtschaftslehre.**

Betriebswirtschaftslehre	Sie befasst sich mit Problemstellungen, die auf Unternehmensebene bedeutsam sind. Hierzu zählen Fragen bezüglich der grundsätzlichen Ausrichtung und der konkreten Steuerung von Unternehmen (z. B. kurz- und langfristige Strategien von Unternehmen, Produktionsentscheidungen, Logistik, Vertrieb, Rechnungs- und Personalwesen).
Volkswirtschaftslehre	Sie wird auch als „Wissenschaft der Märkte" bezeichnet. Dies hängt damit zusammen, dass hier nicht konkrete Unternehmen, sondern grundlegende Funktionszusammenhänge der Marktwirtschaft im Blickpunkt stehen. Hierbei werden wiederum zwei Teildisziplinen voneinander unterschieden: die Mikroökonomik und die Makroökonomik.

- Im Bereich der **Mikroökonomik** wird untersucht, wie Haushalte und Unternehmen Entscheidungen treffen und wie sich diese Entscheidungen wiederum auf verschiedenen Märkten auswirken. So stellt etwa die Analyse der Preisbildung auf einem Gütermarkt als Resultat bestimmter Entscheidungen von Anbietern und Nachfragern einen Gegenstand der Mikroökonomik dar.
- Im Rahmen der **Makroökonomik** werden dagegen gesamtwirtschaftliche Phänomene (die aus entsprechenden Entscheidungen einzelner Haushalte und Unternehmen folgen und auf diese wiederum zurückwirken) analysiert. So zählt zu den klassischen Bereichen der Makroökonomie etwa die Auseinandersetzung mit Phänomenen wie Arbeitslosigkeit, Inflation und Wirtschaftswachstum.

Neben diesen beiden Hauptbereichen stehen **weitere Disziplinen** mit den Wirtschaftswissenschaften in Zusammenhang, in deren Rahmen wirtschaftliche Sachverhalte jeweils aus einer bestimmten Perspektive untersucht werden. Hierzu zählen
- die Wirtschaftspsychologie,
- die Wirtschaftssoziologie,
- die Wirtschaftsethik,
- die Wirtschaftsgeschichte und
- das Wirtschaftsrecht.

Ökonomische Modelle

Wirtschaftliche Phänomene und Prozesse sind oftmals sehr komplex und stehen mit anderen Phänomenen und Prozessen sowie unterschiedlichen Begleitfaktoren in Zusammenhang. Es ist also in der Regel nicht ganz einfach, wirtschaftliche Sachverhalte unmittelbar und umfassend zu verstehen bzw. zu erklären. Deshalb hat sich im Zuge der wirtschaftswissenschaftlichen Auseinandersetzung mit ökonomischen Fragestellungen der Rückgriff auf ökonomische Modelle (↗ auch S. 56 ff.) bewährt.

> **Ökonomische Modelle** erlauben es, den Blick gezielt auf bestimmte Ausschnitte der ökonomischen Realität zu richten und die dort vorgefundenen Aspekte nachzuvollziehen.

▶ Ein Beispiel für Annahmen im Rahmen ökonomischer Modelle kann folgendes sein: Rational handelnde Wirtschaftsakteure verfügen bei der Entscheidungsfindung grundsätzlich über **alle** relevanten Informationen.

Die Funktion ökonomischer Modelle beruht im Wesentlichen darauf, dass sie in einer bestimmten Art und Weise strukturiert sind. Typisch sind folgende grundlegende **Kennzeichen:**
- Bestimmte **Ausschnitte** der wirtschaftlichen Realität werden stark vereinfacht abgebildet. Dadurch wird die tatsächlich gegebene Komplexität der Realität in einer bestimmten Art und Weise reduziert.
- Entscheidend für die Vereinfachung sind jeweils vorab getroffene **Annahmen,** die sowohl Ausgangsbedingungen als auch begleitende Faktoren des jeweils betrachteten ökonomischen Sachverhalts betreffen können.
- Insgesamt erlauben ökonomische Modelle demnach ein mehr oder weniger stark vereinfachtes Verständnis desjenigen Sachverhalts bzw.

derjenigen Sachverhalte, auf den bzw. die sich das Modell hauptsächlich bezieht.
Ökonomische Modelle beziehen sich auf die vorgefundene wirtschaftliche Realität. Sie dienen dabei als Hilfsmittel für die Analyse und Erklärung ökonomischer Phänomene und Prozesse. Entscheidend ist, dass ökonomische Modelle wie Modelle im Allgemeinen die **Realität nicht adäquat abbilden.** Sie eröffnen vielmehr eine vereinfachte, durch bestimmte Vorannahmen gestützte Sichtweise auf den jeweils zu betrachtenden Sachverhalt.
Das schließt ein, dass die Ergebnisse einer solchen modellhaften Betrachtung durchaus – zum Teil sogar sehr deutlich – von der tatsächlich vorgefundenen Realität abweichen können. Die Auseinandersetzung mit ökonomischen Modellen kann also insgesamt hilfreich sein, sie ersetzt jedoch nicht die analytische und beurteilende Auseinandersetzung mit tatsächlich vorgefundenen Sachverhalten.

▸ Vorab getroffene **Annahmen** spielen eine zentrale Rolle für die Erklärungskraft von ökonomischen Modellen. Die bewusste Festlegung bestimmter Rahmenbedingungen ermöglicht es, die Komplexität der wirtschaftlichen Realität zu verringern und diese hierüber zu erschließen.

1.2.3 Grundbegriffe

Warum werden Güter und Dienstleistungen produziert? Warum kommt es zum Aufbau ökonomischer Tauschbeziehungen? Warum also gibt es überhaupt wirtschaftliches Handeln?

> Die Frage nach den zentralen Antriebskräften des Wirtschaftens rückt solche **zentralen Grundbegriffe** in den Blickpunkt wie Bedürfnisse, Knappheit, Nutzen, Produktion, Effizienz oder ökonomisches Prinzip.

So geht es beim wirtschaftlichen Handeln generell um die Befriedigung unterschiedlicher **Bedürfnisse** unter den Bedingungen der **Knappheit.** Individuen streben dabei danach, einen möglichst hohen **Nutzen** zu erzielen und stehen dabei in der Regel vor unterschiedlichen **Entscheidungsalternativen.** Besondere Bedeutung kommt in diesem Zusammenhang der **arbeitsteiligen Organisation des Wirtschaftens zu.**

Bedürfnisse

Individuen haben unterschiedliche Bedürfnisse und streben danach, diese zu befriedigen. In Bezug auf menschliche Bedürfnisse entwickelte der US-amerikanische Psychologe ABRAHAM MASLOW (1908–1970) die Auffassung, dass Menschen grundsätzlich über Bedürfnisse verfügen, die sich unterschiedlichen hierarchisch geordneten Bereichen zuordnen lassen. Diese Auffassung findet Ausdruck in einem Stufenmodell, der sogenannten maslowschen Bedürfnispyramide.

Aus ökonomischer Sicht besteht die wichtigste **Strategie zur Bedürfnisbefriedigung** darin, auf unterschiedlichen Wirtschaftsmärkten zu agieren, d.h. mit den für den jeweiligen Bedürfnisbereich notwendigen Gütern zu handeln.

So lässt sich etwa das Grundbedürfnis nach Nahrung dadurch befriedigen, dass Nahrungsmittel durch Tausch (in der Regel gegen Geld) erworben werden. Gleiches gilt beispielsweise auch für Investitionen in den eigenen Bildungsstand, z.B. über die Nachfrage einer berufsbezogenen Fortbildung: Hier werden jedoch keine Grundbedürfnisse, sondern weitergehende Entwicklungsbedürfnisse befriedigt.

Knappheit und Alternativen

Dem Wunsch nach einer möglichst umfassenden Befriedigung individueller Bedürfnisse steht eine grundsätzliche **Knappheit der Ressourcen** für die Bedürfnisbefriedigung gegenüber.

Durch diese Knappheit werden Individuen, die ihre Bedürfnisse befriedigen wollen und dafür aber nicht über unendliche Ressourcen verfügen, stetig mit der Anforderung konfrontiert, Entscheidungen zu treffen. Konkret geht es hierbei darum, unterschiedliche **Alternativen** der Bedürfnisbefriedigung abzuwägen und schließlich zwischen ihnen zu wählen.

So könnten beispielsweise bei einem gegebenen monatlichen Einkommen die gesamten Einnahmen dafür genutzt werden, eine große Wohnung in bester Lage zu mieten. Für den Erwerb von Nahrung und Kleidung stünden dann jedoch keine Ressourcen mehr zur Verfügung. Wesentliche Bedürfnisse blieben unberücksichtigt. Erwartbar ist deshalb, dass – unter den Bedingungen der Knappheit – eine Aufteilung der verfügbaren Ressourcen gewählt wird, die eine möglichst ausgewogene Bedürfnisbefriedigung erlaubt.

Nutzen

Weshalb sich Individuen für eine bestimmte Art und Weise der Befriedigung eigener Bedürfnisse entscheiden, hängt grundlegend vom Konzept des Nutzens ab.

Der **Nutzen eines Gutes** wird definiert über dessen Eigenschaften für die Befriedigung der Bedürfnisse wirtschaftlicher Akteure. Der Nutzen eines Gutes gibt also Auskunft über die Höhe der Bedürfnisbefriedigung durch den Erwerb eines Gutes.

Von besonderer Bedeutung ist dabei das Konzept der **Opportunitätskosten:** Die Kosten des Erwerbs einer Gütereinheit bestehen demzufolge auch aus dem, worauf man verzichtet, um diese Einheit zu erlangen.

Beispielsweise werden die Kosten für den Nutzen eines Liters Wasser auch durch den Nutzen bestimmt, der durch den gleichzeitigen Verzicht auf ein Stück Kuchen *nicht* erlangt werden kann.

Der Nutzen einer jeweils zusätzlichen Gütereinheit fällt jedoch nicht immer identisch aus. Neben individuellen Präferenzen spielt insbesondere der Faktor der bereits erhaltenen Güter eine entscheidende Rolle. So fällt der zusätzliche Nutzen einer bestimmten Gütereinheit in der Regel immer geringer aus, je mehr Einheiten des jeweiligen Guts zuvor bereits erworben wurden.
Während z.B. der Nutzen eines Liters Wasser bei großem Durst ohne Zweifel als sehr hoch einzuschätzen ist, dürfte der Nutzen der folgenden (unmittelbar erstandenen) Liter immer geringer ausfallen, wenn der Durst bereits gestillt wurde. Dieser Zusammenhang wird mit dem Konzept des **Grenznutzens** beschrieben.

Das **Konzept des Grenznutzens** beschreibt den Nutzenzuwachs durch eine zusätzliche Gütereinheit, der vor dem Hintergrund der bereits erlangten Gütereinheiten erzielt werden kann.

Zur Bedürfnisbefriedigung können Wirtschaftsakteure demnach unterschiedliche Güterkombinationen nachfragen. Ein **Modell** dafür bietet die sogenannte *Nutzenfunktion*. Diese bezieht sich auf die Frage, welche Güterkombinationen bei gleichbleibendem Gesamtnutzen realisiert werden können.
Grafisch dargestellt wird die Nutzenfunktion mithilfe einer *Indifferenzkurve*. Daran wird modellhaft ersichtlich, welche Kombinationen zweier Güter vor dem Hintergrund des Ziels der Nutzenmaximierung möglich sind.

Grenznutzenkurve

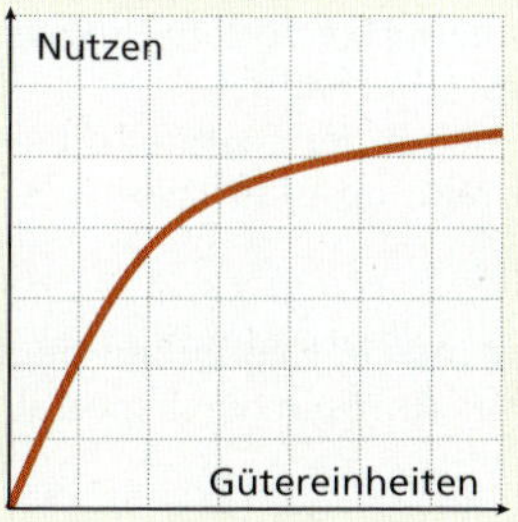

Indifferenzkurve

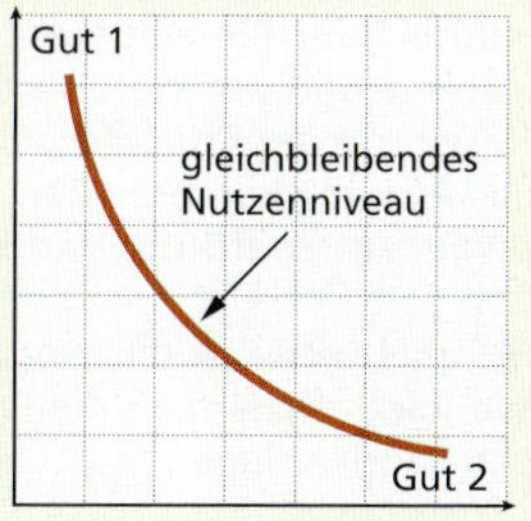

Produktion, Arbeitsteilung und Handel

Das Streben nach Bedürfnisbefriedigung geht mit einer entsprechenden **Güternachfrage** einher. Diese führt wiederum dazu, dass die **Produktion** und der **Tausch** von Gütern notwendig werden. Gesamtwirtschaftlich sind dabei die folgenden zentralen Fragen zu beantworten:
- Welche Güter sind zu produzieren?
- Wie sollen die Güter produziert werden?
- Wie soll der Güteraustausch organisiert werden?

Unter Einsatz der Produktionsfaktoren Arbeit, Kapital und Boden werden die nachgefragten Güter produziert. Anwendung findet dabei das Prinzip der **Arbeitsteilung.** Dies bedeutet, dass sich Wirtschaftssubjekte gemäß ihrer spezifischen Fähigkeiten und Ressourcen auf die Produktion bestimmter Güter beschränken bzw. spezialisieren, wodurch insgesamt ein erhöhtes Produktionsergebnis erzielt werden kann. Die Arbeitsteilung macht wiederum **Handel** notwendig, um den Austausch von Gütern zu organisieren.

Produktionsfaktoren sind Güter und Leistungen, die zur Herstellung anderer Güter und Leistungen nötig sind, z. B. in der Lebensmittelindustrie (↗ Bild).
Unter dem Produktionsfaktor Arbeit wird jegliche geistige oder physische Arbeit verstanden.
Der Faktor Kapital umfasst alle zur Produktion notwendigen Güter wie Maschinen, Anlagen oder Werkstoffe.
Der Faktor Boden wird heute oft auch dem Kapital zugeordnet.

Das Streben nach Bedürfnisbefriedigung führt zur Nachfrage von Gütern, die wiederum produziert und gehandelt werden müssen.

Effizienz

Tendenziell unbegrenzten Bedürfnissen der Wirtschaftssubjekte steht die Begrenztheit knapper Ressourcen für die Bedürfnisbefriedigung gegenüber. Hierdurch wird wirtschaftliches Handeln erst notwendig, denn wenn es unbegrenzte Ressourcen geben würde, könnte sich jeder einfach nehmen, was er braucht, ohne im Gegenzug etwas geben zu müssen.

Im Hinblick auf wirtschaftliches Handeln ist dabei das jeweils erzielte Verhältnis zwischen eingebrachtem Aufwand und erzieltem Nutzen von Bedeutung. Die konkrete Ausprägung dieses Verhältnisses wird durch die Kategorie der **Effizienz** beschrieben. Je höher der erzielte Nutzen im Vergleich zum eingebrachten Aufwand ausfällt, desto effizienter ist das jeweilige wirtschaftliche Handeln.

Beispielsweise ist die Produktion eines Autos in Handarbeit deutlich weniger effizient als die Produktion eines Autos in einer spezialisierten Fabrikanlage.

Effizientes wirtschaftliches Handeln ist dadurch gekennzeichnet, dass ein möglichst optimales Verhältnis zwischen eingebrachtem Aufwand und erzieltem Nutzen erreicht wird.

Die ökonomische Leitkategorie Effizienz ist für alle Wirtschaftsakteure von Bedeutung. Einen besonderen Stellenwert hat das Ziel der Effizienz jedoch auf der Anbieterseite. Die wichtigste Zielstellung besteht hierdarin, bestimmte Güter so zu produzieren, dass sie auf dem jeweils zugehörigen Markt Absatz finden können.

Ökonomisches Prinzip

Im Hinblick auf die Ausrichtung des wirtschaftlichen Handelns an der ökonomischen Kategorie der Effizienz wird auch vom **ökonomischen Prinzip** gesprochen. Wirtschaftliche Entscheidungen können unterschiedlich umgesetzt werden: So können sowohl Nachfrager als auch Anbieter ihre Entscheidungen entweder am **Maximalprinzip** oder am Minimalprinzip ausrichten:

Maximalprinzip

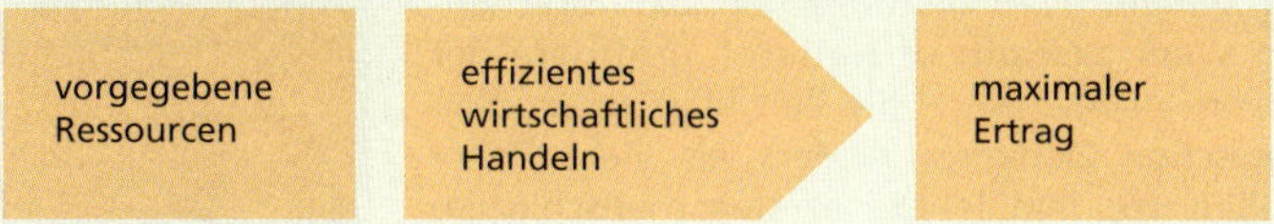

Maximalprinzip: Mit einer vorgegebenen Menge an Ressourcen soll ein möglichst hoher Ertrag bzw. Nutzen erzielt werden.

Minimalprinzip

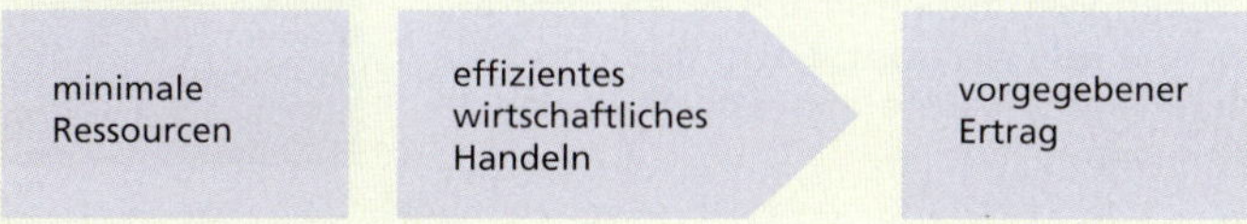

Minimalprinzip: Ein vorgegebener Ertrag bzw. Nutzen soll mit möglichst geringem Ressourceneinsatz erreicht werden.

1.2.4 Wirtschaftliche Grundströmungen und Ordnungsmodelle

Die Auseinandersetzung um die Fragen, welcher Charakter und welche Funktionen wirtschaftlichen Phänomenen und Prozessen zukommen und wie diese Prozesse organisiert werden sollten, markiert den Kernbereich wirtschaftswissenschaftlichen Denkens.
Dabei werden mit dem **(klassischen) Liberalismus** und dem Sozialismus zwei wesentliche theoretische Grundströmungen unterschieden, die wiederum die Grundlage für zwei einander entgegenstehende ökonomische Ordnungsmodelle bilden, zum einen die **Marktwirtschaft,** zum anderen die **Zentralverwaltungswirtschaft.**

Der klassische Liberalismus

In vielen europäischen Staaten etablierte sich im 16. bis 18. Jh. der Absolutismus als Herrschaftsform. Mit ihm einher ging die wirtschaftliche Praxis des Merkantilismus, einer durch massive Staatseingriffe gekennzeichneten Wirtschaftspolitik. In England bildete sich dagegen spätestens seit der „Glorious Revolution" von 1688/89 eine konstitutionelle Monarchie mit einer starken Stellung des im Parlament vertretenen Bürgertums. Geprägt von diesen historischen Entwicklungen sowie der in England ab etwa 1785 besonders erfolgreich verlaufenden industriellen Revolution entstand im 18. und 19. Jh. der klassische Wirtschaftsliberalismus.

Das **Grundprinzip des klassischen Liberalismus** ist die Freiheit.

liber (lat.): frei; liberalis: freiheitlich

Der liberale Freiheitsbegriff beinhaltet auf der politischen Ebene die Freiheit des Individuums, z. B. in Form von Glaubens- und Meinungsfreiheit. Gleichzeitig ist der klassische Liberalismus eine wirtschaftstheoretische Denkströmung, die durch Vertreter der klassischen Nationalökonomie und Freihandelslehre – allen voran ADAM SMITH, JEAN-BAPTISTE SAY, DAVID RICARDO sowie JOHN STUART MILL – begründet wurde.

Mit seinem 1776 erschienenen bahnbrechenden Werk „Wealth of Nations“ eröffnete der Schotte ADAM SMITH die Zeit klassischen ökonomischen Denkens. Anders als viele Philosophen vor ihm lehnte er den menschlichen Eigennutz nicht ab, sondern vertrat die These, dass das Streben des Eigennutzes die wichtigste Triebkraft für Fortschritt und Wohlstand sei. Geleitet durch die „unsichtbare Hand“ des freien Wettbewerbsmarktes, also des Mechanismus von Angebot, Nachfrage und Preis, fördere jeder Einzelne unbeabsichtigt das Allgemeinwohl.

Die **Kernthese des wirtschaftlichen Liberalismus** ist, dass nur der freie Markt die Güter am effizientesten verteilen kann. Folglich würde jeder staatliche Eingriff, z. B. in Form von Schutzzöllen und Subventionen, den freien Wettbewerb und dadurch auch den wirtschaftlichen Wohlstand behindern.

Die Vertreter des Liberalismus forderten neben Wettbewerb und Freihandel **weitere Rechte** ein: das Recht auf Privateigentum, die Freiheit, Verträge abschließen, sich gewerblich betätigen und Konsumgüter in Art und Menge wählen zu können (Konsumenten-, Gewerbe- und Vertragsfreiheit).
Der klassische Liberalismus bildete vor diesem Hintergrund das Fundament für die Herausbildung einer **kapitalistischen Gesellschafts- und Wirtschaftsordnung,** die maßgeblich durch Privateigentum, die Konkurrenz um individuelle wirtschaftliche Vorteile sowie eine weitgehende Steuerung der Wirtschaft über freie Märkte gekennzeichnet ist.

Weiterentwicklungen des klassischen Liberalismus

Die Theorie des klassischen Liberalismus vertraut auf die „unsichtbare Hand des Marktes“. Ein möglichst weitgehend ungestörtes Marktgeschehen führt dabei – so die Grundannahme – zu optimalen wirtschaftlichen Ergebnissen. In der Realität zeigte sich jedoch schnell, dass die Existenz freier Märkte allein nicht zwangsläufig für Marktergebnisse sorgt, die dem Einzelnen und zugleich in ähnlicher Weise auch der Gemeinschaft nützen. Vielmehr kam es insbesondere dort, wo einem vollkommen freien Spiel der Marktkräfte Vorrang gegeben wurde, zu hohen Folgekosten – etwa in Form von Erscheinungen der sozialen Verelendung und der starken Konzentration ökonomischer Macht bei einzelnen Wirtschaftsakteuren –, die den jeweils erzielten Nutzen bei Weitem überstiegen.

FRIEDRICH AUGUST VON HAYEK (1899–1992)

Entsprechende Problemstellungen wurden selbstverständlich auch zum Untersuchungsgegenstand der ökonomischen Theorie. So erfuhr der klassische Liberalismus eine Weiterentwicklung, die in der Theorie des **Neoliberalismus** bzw. des **Ordoliberalismus** mündete. Ein wichtiger Vertreter des Neoliberalismus ist der österreichische Ökonom FRIEDRICH AUGUST VON HAYEK, während der deutsche Ökonom WALTER EUCKEN zu den Begründern des Ordoliberalismus gehört.

WALTER EUCKEN (1891–1950)

Die mitunter problematischen Auswüchse im ökonomischen Bereich wurden ausdrücklich nicht als Folge der Durchsetzung der freien Marktwirtschaft gesehen, sondern als Ergebnis einer Aushöhlung marktwirtschaftlicher Kernprinzipien in der wirtschaftlichen Realität, insbesondere des freien und fairen Wettbewerbs sowie der Vermeidung wirtschaftlicher Vormachtstellungen. Dementsprechend sahen sie die Notwendigkeit, die Kernprinzipien der Marktwirtschaft besonders zu schützen – und damit wird der Staat angesprochen.

> Der **Einfluss des Staates** auf den Bereich der Wirtschaft wird insofern als sinnvoll gesehen, als er die Sicherung des Marktgeschehens im Sinne der Prinzipien des Liberalismus ermöglicht.

Während der **Neoliberalismus** für minimale staatliche Eingriffe zur Vermeidung von Fehlentwicklungen plädiert und es innerhalb dieser Denkrichtung sehr umstritten ist, ab wann tatsächlich eine Eingriffsnotwendigkeit besteht, verfolgt der **Ordoliberalismus** einen weiter gefassten Ansatz: Der Staat soll nicht nur kurzfristig steuernde Maßnahmen einsetzen, sondern die Wirtschaftsordnung umfassend gestalten. Dies beinhaltet einerseits die Erschließung von Vorteilen aus dem Wettbewerb auf freien Märkten über den dauerhaften Schutz liberaler Grundprinzipien und andererseits ausdrücklich auch das Anliegen, eine menschenwürdige Wirtschaftsordnung aufzubauen bzw. zu sichern. Ein wichtiger Bereich für staatliche Eingriffe in das Wirtschaftsgeschehen wird deshalb in der Verringerung bzw. im Ausgleich solcher Marktergebnisse gesehen, die in sozialer Hinsicht problematisch sind – z. B. die Einkommensverteilung, die über das Steuersystem beeinflusst werden kann.
Im Hinblick auf die Rolle des Staates wird deutlich, warum der Ordoliberalismus gemeinhin als zentrale theoretische Grundlage des Konzeptes der **sozialen Marktwirtschaft** angesehen wird.

▶ Der Neoliberalismus wurde insbesondere im angelsächsichen Raum populär, wobei sich hierbei eine stark ablehnende Haltung gegenüber Staatseingriffen herausbildete. In dieser Prägung wurde er insgesamt zu einer weltweit bedeutsamen ökonomischen Denkschule, die auch Forderungen nach weitreichenden Deregulierungen z. B. in Deutschland begründete.

Der Marxismus/Sozialismus

Die industrielle Revolution des 18. und 19. Jh.s zeigte, dass mit der rechtlichen Gleichberechtigung der Menschen und der zunehmenden wirtschaftlichen Liberalisierung noch lange keine materielle Gleichheit und soziale Gerechtigkeit einhergehen müssen. Die von den liberalen Wirtschaftstheoretikern propagierte „reine" Marktwirtschaft erreichte nicht den erhofften Wohlstand für alle Bevölkerungsgruppen.

Uneingeschränkte wirtschaftliche Freiheitsrechte und die Verabsolutierung des Privateigentums führten zu einer zunehmenden Verschlechterung der Lebens-, Wohn- und Arbeitsverhältnisse breiter Bevölkerungsschichten. In das Blickfeld theoretischer Betrachtungen kam somit die „soziale Frage".
Aus der Antwort darauf, wie mit den sich zunehmend vergrößernden Gegensätzen zwischen Unternehmer- und Arbeiterschicht umzugehen sei, entwickelten sich unterschiedliche soziale und sozialistische Denkschulen.

Produktionsmittel sind die Mittel, die zur Produktion von Gütern notwendig sind, z. B. Arbeit und Kapital.

Sozialistische Denkschulen vereint die Ausrichtung an den Grundwerten Gleichheit, Solidarität und Gerechtigkeit sowie zumeist die Forderung nach Abschaffung des Eigentums an Produktionsmitteln. Als bekannteste Denkströmung entwickelte sich der **Marxismus.**

Die von MARX und ENGELS begründete materialistische Dialektik kann als eine Untersuchungs- und Darstellungsmethode betrachtet werden. Sie ist darauf gerichtet, gesellschaftliche Prozesse und Erscheinungen in ihrer Widersprüchlichkeit zu erfassen.

Der Marxismus ist eine von KARL MARX (1818–1883) und FRIEDRICH ENGELS (1820–1895) begründete Gesellschaftslehre und Theorie der politischen Ökonomie. Sie geht von der zentralen Annahme aus, dass sich der Geschichtsverlauf sowie der Wandel von Gesellschaften und Wirtschaftssystemen durch aufzulösende Spannungsverhältnisse bzw. dialektische Widersprüche vollziehen. Prägend sei dabei der **Hauptwiderspruch zwischen Lohnarbeit und Kapital.**

In Analyse der gesellschaftlichen und ökonomischen Zustände seiner Zeit begründete MARX die Auffassung, dass der Kapitalismus eigene Zerstörungskräfte entwickelt, die vor allem im Privateigentum an den Produktionsmitteln liegen. Dieses begründet nicht nur die Ausbeutung der Arbeiterschaft, sondern es hemmt auch die wirtschaftliche Entwicklung und setzt ihr Grenzen.

Argumentationspunkte der marxistischen Kapitalismuskritik lassen sich wie folgt skizzieren:
- Langfristig werden alle Güter, Produkte wie auch Arbeitskräfte, zu ihren tatsächlichen Werten verkauft werden. Es wird angenommen, dass dann der Wert eines Gutes durch die in ihm enthaltene durchschnittliche Arbeitszeit bestimmt wird.
- Die Arbeiterschaft (nach MARX „Arbeiterklasse" oder „Proletariat") erhält nur so viel Lohn, um am Existenzminimum leben zu können. Sie profitiert also nicht von dem durch sie geschaffenen Mehrwert, sondern wird von den Kapitalisten (dem Unternehmer, nach MARX „Bourgeoisie") in Höhe dieses Mehrwerts ausgebeutet. Je mehr die Produktivität der Arbeit zunimmt, desto größer der Mehrwert und damit auch das Ausmaß der Ausbeutung. Dieser Gegensatz zwischen gesellschaftlicher Produktion durch die Lohnarbeiter und der privaten Aneignung der Gewinne durch die Kapitalisten wird als der Grundwiderspruch der kapitalistischen Produktion bezeichnet.

- Aufgrund der kapitalistischen Produktionsweise und des in ihr angelegten Wettbewerbs sind die Unternehmer daran interessiert, ständig zu rationalisieren. Die Arbeitskraft (variables Kapital in Form der Lohnkosten) wird dabei durch Sachgüter wie Maschinen (konstantes Kapital) ersetzt. Die Erhöhung des konstanten Kapitals führt jedoch dazu, dass der durch Arbeitskraft geschaffene Mehrwert pro Produkt abnimmt. Dadurch fällt auch die unternehmerische Gewinn- bzw. Profitrate, da diese als Relation „Mehrwert zu eingesetztem Gesamtkapital“ definiert ist.

▶ **Rationalisierung** meint die Optimierung von Produktionsabläufen, oftmals über einen Ersatz menschlicher Arbeitskraft durch Maschinen.

- Die Unternehmer versuchen, den Mehrwertverlust durch Steigerung der Produktion zu kompensieren. Da sie jedoch nicht die Löhne anheben werden, um die Nachfrage zu stärken, kommt es zur Überproduktion und somit zu wirtschaftlichen Krisen. Die Produktion wird wieder zurückgefahren, was Entlassungen und somit eine noch weitere Verelendung des Proletariats mit sich bringt und folglich auch eine Verschärfung der Krise. Zugleich konzentrieren sich das Eigentum an den Produktionsmitteln und der Reichtum in den Händen immer weniger Kapitalisten.
- Schließlich wird der Gegensatz zwischen Proletariat und Bourgeoisie so extrem, dass er gewaltsam ausgetragen wird. Das Ziel der Arbeiterklasse ist es dabei, in Form einer **Revolution** die Bourgeoisie zu besiegen und ihr System zu zerstören. Die Kapitalisten werden enteignet und das Privateigentum an Produktionsmitteln wird in Gesellschaftseigentum überführt (Sozialismus). Dabei soll letztlich erreicht werden, dass weltweit eine klassenlose Gesellschaft (Kommunismus) entstehen kann.

▶ **Revolution** wird als umfassender politischer, gesellschaftlicher und ökonomischer Umsturz begriffen.

Der Marxismus und seine Kritik an der Ausbeutung der Lohnarbeiter sowie an den Besitzverhältnissen einerseits und seine Vision einer klassenlosen Gesellschaft andererseits fanden starken Zuspruch bei sozialen und sozialistischen Denkern. Doch viele Fragen blieben offen, z.B. die nach den Grundregeln für den Aufbau des Sozialismus oder die nach den Prinzipien für eine funktionierende Wirtschaft, die ausschließlich auf kollektivem bzw. gesellschaftlichem Eigentum beruhen sollte. Durch welche Vorgehensweise soll der Marktmechanismus ersetzt werden, durch welche der freie Wettbewerb? MARX gab dazu wenig Hinweise. Spätere Denker des Marxismus-Leninismus entwickelten Konzepte, die allerdings nicht in der Praxis griffen.

Eigentumsauffassung des Marxismus-Leninismus

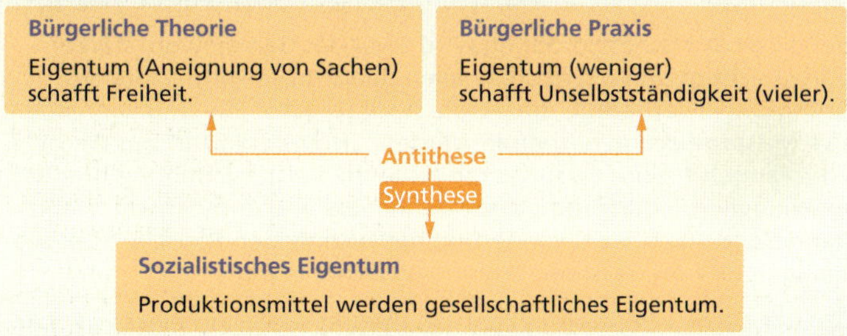

Quelle: http://www.gottwein.de/Eth/St.Marx01.php (11.02.2011)

Ordnungsmodelle/Wirtschaftsordnungen

> **Wirtschaftsordnung** bezeichnet den organisatorischen Aufbau und den Ablauf aller wirtschaftlichen Tätigkeiten innerhalb eines Landes. Sie setzt sich aus verschiedenen Teilordnungen wie der Ordnung der Arbeitsverhältnisse oder der Ordnung des Geldwesens zusammen.

Wirtschaftsordnungen werden in der Regel mithilfe zweier zentraler Merkmale voneinander abgegrenzt: nach der **Eigentumsordnung** und nach der **Planungsordnung**, ermittelbar durch folgende Fragen:
- Sind die Produktionsmittel Privat-, Gesellschafts- oder Staatseigentum?
- Was soll produziert werden?
- Für wen soll produziert werden?
- In welcher Menge soll produziert werden?
- Wie und wo soll produziert werden?

Die letzten vier Fragestellungen können zentral von einer Planungsbehörde oder aber eigenverantwortlich, also dezentral von Privathaushalten und Unternehmen entschieden werden.

Anhand der Merkmale „Eigentumsordnung" und „Planungsordnung" lassen sich die beiden Extremformen bzw. **Idealtypen der Wirtschaftsordnung** bestimmen: die Zentralverwaltungswirtschaft und die Marktwirtschaft.

Idealtyp **Zentralverwaltungswirtschaft** (auch Planwirtschaft)	Das Prinzip der zentral geleiteten Wirtschaft basiert auf den Überlegungen sozialistischer Theorien und korrespondiert mit einer kollektivistischen Gesellschaftsordnung. Die Bedürfnisse des Einzelnen sind hier dem Gemeinwohl untergeordnet (Subordinationsprinzip). Staat, Wirtschaft und Gesellschaft verfolgen übergeordnete Ziele, deren Erreichen von jedem Einzelnen zu fördern ist. Die Wirtschaft folgt dementsprechend einem zentralen Plan, der von einer oder mehreren zentralen Planungsbehörden erstellt wird. Er enthält in der Regel sogenannte Plansollvorgaben. Sie geben die Menge, die Art, die Qualität sowie den Zeitpunkt der zu erstellenden Güter vor. Deren Einhaltung wird zentral kontrolliert. Selbst der Güterverbrauch kann Teil der Planung sein. Gewöhnlich setzt dies voraus, dass auch die Produktionsmittel der Planungsbehörde unterstellt sind, also vergesellschaftet wurden oder dem Staat gehören. Bei dieser Wirtschaftsordnung wird zwar das Gemeinwohl stärker berücksichtigt und die existenziellen Bedürfnisse werden zumeist preisgünstig befriedigt, doch trotz noch so guter Planung kann massive Missproduktion betrieben werden. „Hamsterkäufe" aus Angst vor Mangelsituationen sowie die fehlende Berücksichtigung breiter individueller Bedürfnisse tragen daher verstärkt zum Schwarzmarkthandel bei. Auch die Behinderung des technischen Fortschritts sowie mangelnde Anreizsysteme treten als Nachteile auf.
Idealtyp **Marktwirtschaft:**	Der klassische Liberalismus kann als theoretische Basis einer individualistischen Gesellschaftsordnung verstanden werden. In dieser ist die

Entscheidungsfreiheit des Einzelnen in wirtschaftlichen Angelegenheiten zentraler Grundsatz. Das korrespondiert mit der reinen Marktwirtschaft als Wirtschaftsordnung, in der die wirtschaftlichen Entscheidungen dezentral von jedem Haushalt und Unternehmen eigenständig getroffen werden.

Art und Menge der auf dem Markt produzierten Güter werden allein durch Angebot, Nachfrage und Wettbewerb gesteuert. Diese Funktionsweise setzt voraus, dass die Produktionsmittel Privateigentum sind. Der Staat übernimmt lediglich die Aufgabe, durch einen Ordnungsrahmen den Einzelnen samt seinem Eigentum zu schützen. Die Betonung der Freiheit wie auch die Konsumentensouveränität können als zentrale Vorteile der Marktwirtschaft gesehen werden, die jedoch nicht vor extremen sozialen Missständen, der Ausbeutung der Arbeitskraft, einer krassen Ungleichverteilung des gesellschaftlichen Reichtums sowie vor der Konzentration wirtschaftlicher Macht zu schützen vermag. Auch führt die Orientierung am eigennutzorientierten Handeln nicht immer zum wirtschaftlichen Optimum: Einzelwirtschaftliche Interessen können gesamtwirtschaftlichen zuwiderlaufen (Dilemmasituation). Beispielsweise ist es aus Sicht eines einzelnen Unternehmens vorteilhaft, die Löhne und damit die eigenen Kosten zu senken. Eine generelle Lohnsenkung kann aber einen Ausfall an gesamtwirtschaftlicher Nachfrage zur Folge haben. Dies wirkt sich wiederum nachteilig auf die Gesamtwirtschaft aus.

Idealtypen Marktwirtschaft und Zentralverwaltungswirtschaft

Gesellschaftsordnung	Individualprinzip	Kollektivprinzip
Theoriebezug/Ideologie	Liberalismus	Sozialismus
Wirtschaftsordnung	**Marktwirtschaft**	**Zentralverwaltungswirtschaft**
Planungsordnung	Dezentral	Zentral
Beeinflussung durch Staat	Verbote als staatlicher Ordnungsrahmen	Plansollvorgaben, Normen, Gebote
Eigentumsordnung	Privateigentum	Gesellschafts-/Staatseigentum
Unternehmensmaxime	Gewinnmaximierung	Plansollerfüllung
Preisbildung	Preisbildung auf dem Markt	Preisfestsetzung durch den Staat
Lohnfestsetzung	Lohnfestsetzung durch Tarifpartner	Lohnfestsetzung durch den Staat
Regelung der Arbeitsbeziehungen	Aufgabe der Sozialpartner	Aufgabe des Staates

1

Neben den Modellen der Marktwirtschaft und der Zentralverwaltungswirtschaft besteht das **Modell der Gemeinwirtschaft,** in dem auf die Erreichung übergeordneter Ziele des wirtschaftlichen Handelns im Sinne des Gemeinwohls orientiert wird.
Im Gegensatz zur Zentralverwaltungswirtschaft sind hier Unternehmensformen denkbar, die zwar dem gesamtgesellschaftlichen Wohl verpflichtet sind, jedoch unabhängig von zentraler Steuerung agieren können. Im Unterschied zur Marktwirtschaft tritt das Ziel der Kostendeckung an die Stelle der Gewinnmaximierung.

In der Realität gibt es weder die Marktwirtschaft noch die Zentralverwaltungswirtschaft in Reinform. Es bestehen aber entsprechende Annäherungen und Mischformen.

Die **staatssozialistische Zentralverwaltungswirtschaft** wurde nach dem Ersten Weltkrieg in der UdSSR und nach dem Zweiten Weltkrieg unter Einfluss der Sowjetunion in Ländern Osteuropas sowie in China und in Kuba mit je landesspezifischer Prägung entwickelt. Verschiedene Wirtschaftsreformen sollten einzelne systemtypische Mängel korrigieren, die grundlegenden Mängel konnten aber bei unveränderter Zentralplanung nicht behoben werden. Je länger Volkswirtschaften als Zentralverwaltungswirtschaft organisiert waren, desto deutlicher wurde im Vergleich zu Marktwirtschaften deren geringere ökonomische Leistungsfähigkeit. Dies brachte nicht selten eine politische Destabilisierung mit sich. Seit dem Zusammenbruch der Sowjetunion Anfang der 1990er-Jahre strebten daher fast alle Zentralverwaltungswirtschaften eine Transformation zu einer eher **marktwirtschaftlich orientierten Wirtschaftsordnung** an. In einigen Staaten ist diese Transformation weitgehend abgeschlossen, in anderen Ländern hingegen dauert sie noch an.
Dennoch nimmt die Diskussion um das marktwirtschaftliche System nicht ab, wobei die Kritik aber mehr auf seine sozialen und zunehmend auch ökologischen Folgen zielt.

Real gestaltete Wirtschaftsordnungen spiegeln wider, wie unterschiedlich Volkswirtschaften bisher organisiert waren bzw. sind. Auch zeichnet sich als Trend die Abkehr von der Zentralverwaltungswirtschaft ab:

Foto:
Schanghai ist die bedeutendste Industriestadt Chinas.

- Kein anderes Land der Welt ist in einem Zeitraum von 30 Jahren derart schnell gewachsen wie China. Die Wirtschaftsordnung in dieser Volksrepublik wird offiziell als **sozialistische Marktwirtschaft** bezeichnet. Sie wurde 1978 als Ergänzung des bestehenden Zentralverwaltungssystems durch Reformprozesse eingeleitet. Aufgrund der Vielzahl an privaten Unternehmen wird sie jedoch von westlicher Seite schon eher als kapitalistische Marktwirtschaft bezeichnet.
- 1968 gab es in der damaligen Tschechoslowakei Liberalisierungs- und Demokratisierungsversuche seitens der Kommunistischen Partei, die als **Prager Frühling** bezeichnet werden. Gefordert wurden u.a. eine Befreiung der Betriebe von staatlicher Führung, die Zulassung privat geführter Kleinbetriebe sowie die Aufhebung der staatlichen Lenkung der Preise. Allerdings sollte das Gemeinschaftseigentum an den Produktionsmitteln beibehalten werden.
- In den 1950er-Jahren etablierte sich in der Sozialistischen Föderativen Republik Jugoslawien eine **selbstverwaltete sozialistische Markt-**

„Prager Frühling" bezieht sich auf den Versuch, einen „Sozialismus mit menschlichem Antlitz" zu schaffen.

wirtschaft (Arbeiterselbstverwaltung). Die Beschäftigten verfügten über die Produktionsmittel und konnten innerhalb eines festgelegten Rahmens u. a. über Investitionen, Löhne und Produktionsplanung entscheiden.

- **Planification** war ein offizielles Leitbild der französischen Wirtschaftspolitik nach 1945, um die damals knappen Finanzmittel zielgerichtet einzusetzen. Zentral war die Erstellung unverbindlicher Richtlinien für die Privatwirtschaft und verbindlicher Finanz- und Investitionsplanungen für Staatsunternehmen. Nach Einsatz des durchaus erfolgreichen ersten Plans verlor die Planification 1954 zunehmend an Bedeutung.
- Neuseeland hat in Reaktion auf eine Wirtschaftskrise 1984 begonnen, seine stark regulierte Volkswirtschaft radikal in eine mittlerweile weltweit am stärksten deregulierte und **privatisierte kapitalistische Marktwirtschaft** umzuwandeln. Hierfür wurden u.a. die Sozialsysteme zurückgebaut, Staatsbetriebe privatisiert, Subventionen gekürzt und der Spitzensteuersatz halbiert.
- Der **rheinische Kapitalismus,** der 1991 in Abgrenzung zum angelsächsischen Modell der kapitalistischen bzw. **liberalen Marktwirtschaft** entwickelt wurde, ist ebenfalls ein Mischsystem. Bei dieser Wirtschaftsordnung, die auch als „koordinierte Marktwirtschaft" bezeichnet wird, ist eine starke sozialstaatliche Ausrichtung zu erkennen. Als exemplarisch für diese Form gilt die soziale Marktwirtschaft in Deutschland.

Wirtschaftsordnungen

Eigentum	Planung und Entschließung: zentral	Planung und Entschließung: dezentral
vergesellschaftet	Rätedemokratie	selbstverwaltete sozialistische Marktwirtschaft, z.B. Sozialistische Republik Jugoslawien
verstaatlicht	staatssozialistische Zentralplanwirtschaft, z.B. Sowjetunion	staatssozialistische Marktwirtschaft
privat	Verwaltungswirtschaft, z.B. Kriegswirtschaft	Marktwirtschaft, z.B. Bundesrepublik Deutschland

1

1.2.5 Ökonomische Modelle und Theorien

Wirtschaftswissenschaftliches Denken zielt darauf ab, ökonomische Phänomene und Prozesse zu verstehen und zu erklären. Hierzu wurden und werden entsprechende wirtschaftswissenschaftliche Theorien und Modelle entwickelt, die auf bestimmte Ausschnitte der ökonomischen Realität gerichtet sind.
Grundlegend bedeutsam sind theoretische Überlegungen zu den Bereichen des ökonomischen Verhaltens sowie der Wirtschaftspolitik, da sie einerseits Einsichten in die Entscheidungsfindung von Wirtschaftsakteuren erlauben und andererseits den Zugang zum Themenbereich möglicher staatlicher Eingriffe in das Wirtschaftsgeschehen schaffen.

Verhaltenstheorie

Der Soziologe MAX WEBER (1864 bis 1920) unterscheidet vier unterschiedliche Typen des sozialen Handelns:

Der erste Typ, zweckrationales Handeln, umfasst strikt rationales Abwägen von Zielen, Wegen und Auswirkungen des Handelns und deckt sich mit dem Modell des Homo oeconomicus.
Die weiteren Typen des sozialen Handelns gehen jedoch deutlich darüber hinaus: Wertrationales Handeln folgt insbesondere ethisch-moralischen Aspekten, affektuelles Handeln ist emotional gesteuert und erfolgt als unbewusste Reaktion auf einen bestimmten Auslöser, traditionelles Handeln bezieht sich schließlich maßgeblich auf etablierte Gewohnheiten und Traditionen.

Das **Ziel einer ökonomischen Verhaltenstheorie** ist, möglichst genaue Erklärungen und Vorhersagen über das Verhalten der Menschen in wirtschaftlichen Zusammenhängen zu liefern.

Von besonderem Interesse sind daher Fragen nach den Beweggründen und Kriterien einzelner Individuen oder auch ganzer Unternehmen, wirtschaftliche Entscheidungen zu treffen sowie diese umzusetzen. Die jeweiligen Annahmen der ökonomischen Verhaltenstheorie können wiederum als wesentliche Grundlage für die Entwicklung von Modellvorstellungen herangezogen werden, die sich auf den gesamtwirtschaftlichen Kontext beziehen. Modellvorstellungen der ökonomischen Verhaltenstheorie befinden sich grundsätzlich in einem Spannungsfeld zwischen Theorie (modellhaften Annahmen) und Empirie (tatsächlich wahrnehmbarer Realität).

Als **zentrales Verhaltensmodell** der klassischen Wirtschaftstheorie dient der Homo oeconomicus.

Diesem Modell liegen bestimmte Vorstellungen zugrunde, wie sich ein wirtschaftlich handelnder Mensch unter bestimmten Bedingungen verhält. Der **Homo oeconomicus**
- verfügt stets **über vollständige Informationen** über die exakten Kosten und Folgen aller wirtschaftlichen Entscheidungsalternativen.
- ist in der Lage, auch sehr kurzfristig auf veränderte Rahmenbedingungen (z. B. Kostenänderungen) zu reagieren.
- verfolgt ein System von **ökonomischen Zielsetzungen,** das in sich **widerspruchsfrei** ist.
- **entscheidet** vor dem Hintergrund seiner Informationen und Zielsetzungen grundsätzlich **rational.** Das bedeutet, dass der Homo oeconomicus bei seinen wirtschaftlichen Entscheidungen vornehmlich seinen eigenen Vorteil im Blick hat. Er strebt dementsprechend danach, **größtmöglichen Nutzen bzw. Gewinn** bei gleichzeitig **möglichst geringen Kosten** aus seinem ökonomischen Handeln zu erzielen.

Die grundsätzliche Orientierung am **ökonomischen Prinzip** (↗S. 47) bildet demnach die wichtigste Basis für das rationale Handeln des Homo oeconomicus.

Das **Modell des Homo oeconomicus** bildet eine wesentliche Grundlage des klassischen wirtschaftstheoretischen Denkens. Es wird vor allem angenommen, dass der Eigennutz der Individuen, d.h. ihr Streben nach dem eigenen Vorteil, grundsätzlich auch der Gesamtwirtschaft und Gesellschaft zugutekommt.

Im Zuge der wissenschaftlichen Auseinandersetzung mit wirtschaftstheoretischen Grundannahmen wurden jedoch wesentliche **Kritikpunkte** entwickelt, die sich auf das Modell des Homo oeconomicus beziehen. Dazu zählen insbesondere:

- Es wird als unrealistisch angesehen, dass der Homo oeconomicus immer genau über das aktuelle Marktgeschehen im Bilde ist und dass die von ihm verfolgten Ziele niemals in Widerspruch zueinander stehen.
- Es wird als unzutreffend angesehen, davon auszugehen, dass der Mensch sich immer rational verhält. Hingegen wird die Ansicht vertreten, dass viele menschliche Entscheidungen gerade nicht auf rationalen Überlegungen basieren, sondern dass andere Aspekte eine Rolle spielen (z.B. fest verinnerlichte Ansichten, Vorstellungen von Gerechtigkeit, subjektive Zukunftserwartungen).

Homo oeconomicus

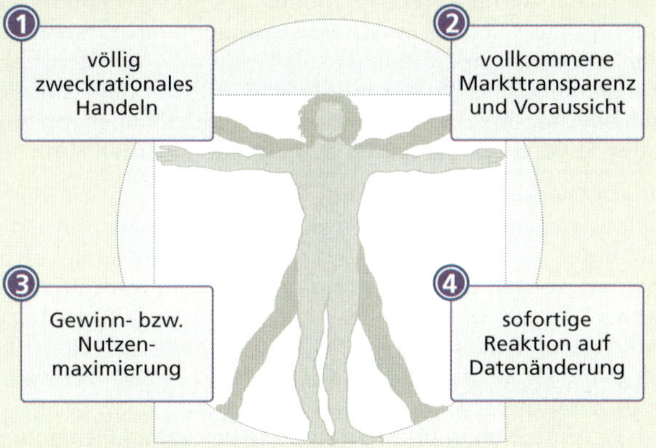

Nach: www.wpgs.de

Die Kritik am klassischen Verhaltensmodell des Homo oeconomicus führte dazu, dass Erklärungsversuche des Verhaltens ökonomischer Akteure aus unterschiedlichen Perspektiven überdacht wurden. Insbesondere zentrale Grundannahmen, die sich bei einem Blick auf das tatsächliche wirtschaftliche Geschehen als eher unrealistisch erwiesen (z.B. der Zugang zu vollständigen Informationen), wurden angezweifelt und von neueren Ansätzen der ökonomischen Verhaltenstheorie teilweise modifiziert. Zu den wichtigsten **Alternativen des klassischen Verhaltensmodells** gehören die Entscheidungstheorie, die neue Institutionenökonomik sowie die Verhaltensökonomik.

▶ Die Kritik am klassischen Modell des Homo oeconomicus bildet die Grundlage für die Entwicklung neuerer Ansätze.

Entscheidungstheorie	Diese Theorie fragt vor dem Hintergrund unterschiedlicher Rahmenbedingungen nach dem Verhalten ökonomischer Akteure. Sie unterscheidet drei wesentliche Arten von wirtschaftlichen Entscheidungssituationen, die für die Wirtschaftsakteure jeweils durch ein unterschiedliches Maß an Ungewissheit gekennzeichnet sind. – Entscheidung unter Bedingungen der Sicherheit: Alle Entscheidungsalternativen, ihre Kosten und ihr Nutzen sind bekannt. Eine rationale Entscheidung im Interesse der Nutzenmaximierung ist – wie beim Modell des Homo oeconomicus – möglich bzw. zu erwarten. – Entscheidung unter Unsicherheit der Entscheidungsfolgen: Entscheidungsalternativen sind bekannt, nicht aber ihre letztendlichen Kosten und ihr tatsächlicher Nutzen. Aufgrund des hohen Ausmaßes an Unsicherheit sind vollkommen rationale Entscheidungen nicht möglich (Beispiel: Aktienhandel). – Entscheidung unter Risiko: Entscheidungsalternativen sind bekannt, nicht aber ihre vollständigen Kosten und tatsächlichen Folgen. Allerdings verfügen die Wirtschaftsakteure über Informationen zu den Wahrscheinlichkeiten, mit denen bestimmte Handlungsfolgen eintreten könnten. Wirtschaftliche Entscheidungen sind hier nur unter Kalkulation des jeweils gegebenen Risikos möglich. Insgesamt wird die Annahme eines strikt rationalen Verhaltens wirtschaftlicher Akteure – wie im Modell des Homo oeconomicus angenommen – aus Sicht der Entscheidungstheorie nicht geteilt. Zwar wird die Nutzenmaximierung ebenso als Leitmotiv für wirtschaftliches Handeln postuliert, gleichfalls jedoch, dass vor dem Hintergrund unterschiedlicher Entscheidungssituationen nicht immer von einer rationalen Entscheidungsfindung ausgegangen werden kann.
Neue Institutionenökonomik	Auch diese Theorie geht davon aus, dass eine Vielzahl ökonomischer Entscheidungen und Handlungen durch Unsicherheit und einen ungleichmäßigen Informationszugang gekennzeichnet sind. Vor diesem Hintergrund werden die Bedeutung und Funktion weithin akzeptierter Normen, Regeln und Einrichtungen für wirtschaftliche Beziehungen interessant. Entsprechende Normen, Regeln und Einrichtungen werden dabei als Institutionen aufgefasst und in zwei zentrale Kategorien unterteilt: – Formelle Institutionen sind Bestandteile der verbindlich geltenden Rechtsordnung eines Staates bzw. einer Volkswirtschaft (Verfassung, Gesetze, Verträge sowie auch Polizei und Justiz als Instanzen zur Durchsetzung der Rechtsordnung mit entsprechenden Sanktionsmöglichkeiten). – Informelle Institutionen gelten als gültig anerkannte, in der Regel aber nicht verbindlich festgeschriebene Mechanismen zur Regelung gesellschaftlicher bzw. wirtschaftlicher Beziehungen (Normen, Sitten, Traditionen). Wirtschaftliche Akteure sind aus Sicht der neuen Institutionenökonomik grundsätzlich eingebunden in gegebene institutionelle Zusammenhänge. Von besonderem Interesse ist dabei, wie diese Institutionen wirtschaftliches Handeln ermöglichen bzw. beeinflussen.

Verhaltensökonomik

Die Verhaltensökonomik setzt an der Beobachtung an, dass zahlreiche ökonomische Entscheidungen in der Realität nicht dem Prinzip der strikt rationalen Maximierung des individuellen Nutzens folgen. Das Modell des Homo oeconomicus wird also wiederum kritisch betrachtet.
Die Hauptthese ist, dass zahlreiche wirtschaftliche Entscheidungen umgesetzt werden, obwohl diese den beteiligten Akteuren kurzfristig nicht den maximal möglichen Nutzen einbringen. Es wird vielmehr angenommen, dass Wirtschaftsakteure unter bestimmten Bedingungen strategisch handeln, um einen langfristigen und/oder durch Teilung der Vorteile erreichbaren Nutzen zu erlangen. Als wichtigste Antriebskraft eines solchen Handelns gilt die individuelle Wahrnehmung, dass eigene wirtschaftliche Entscheidungen nicht isoliert erfolgen, sondern mit den Entscheidungen anderer Wirtschaftsakteure in engen Zusammenhängen stehen.

Theoretisch werden entsprechende Entscheidungssituationen im Rahmen der Spieltheorie in den Blick genommen. Die Zusammenhänge zwischen unterschiedlichen Entscheidungsalternativen und -folgen zweier Akteure illustriert das sogenannte Gefangenendilemma. In der hypothetischen Situation werden zwei Personen einer gemeinsam begangenen Straftat verdächtigt und getrennt voneinander verhört. Beide bekommen unabhängig voneinander das folgende Angebot:
Bei eigenem Geständnis der Straftat und gleichzeitigem Leugnen durch die andere Person wird der Geständige freigesprochen, während der Belastete die höchstmögliche Haftzeit anzutreten hat. Zudem ist bekannt, dass ein unabhängig voneinander vorgenommenes Geständnis beider Verdächtiger zu einer verringerten Haftzeit für beide führt. Im Falle eines beständigen Leugnens beider Personen hingegen ist aufgrund der vorliegenden Indizien nur mit einer geringen Haftstrafe für beide zu rechnen. Die Entscheidungsalternativen stellen sich demnach wie folgt dar:

	Person A: Geständnis	**Person A: Leugnung**
Person B: Geständnis	A: 4 Jahre Haft B: 4 Jahre Haft	A: 8 Jahre Haft B: Freiheit
Person B: Leugnung	A: Freiheit B: 8 Jahre Haft	A: 2 Jahre Haft B: 2 Jahre Haft

Folgen beide Beschuldigte – wie es das klassische Modell des Homo oeconomicus vorsieht – der individuell rationalen Verhaltensweise (beide gestehen in der Hoffnung, dass die andere Person weiterhin leugnet), führt dies zu einem für beide Seiten vergleichsweise ungünstigen Ergebnis (4 Jahre Haft). Demgegenüber besteht mit der strikten Leugnung eine mögliche Strategie, die ein individuelles Risiko birgt (8 Jahre Haft), zugleich aber den höchsten kollektiven Gewinn verspricht (2 Jahre Haft). Aus Sicht der Spieltheorie bzw.

Verhaltensökonomik besteht ein deutlicher Unterschied zwischen einem individuell rationalen Entscheidungsverhalten einerseits sowie einem kollektiv rationalen Entscheidungsverhalten andererseits. Dem handelnden Akteur wird die Fähigkeit zugeschrieben, sich nicht ausschließlich am kurzfristigen individuellen Nutzen zu orientieren (wie dies der Homo oeconomicus tun würde), sondern vielmehr strategisch zu handeln. Ein entsprechendes kollektiv rationales Entscheidungsverhalten bestünde im hier betrachteten Beispiel also für beide Akteure darin, das Verbrechen konsequent zu leugnen.

Ein Beispiel aus dem realen Wirtschaftsleben ist die Organisation Erdöl exportierender Länder (OPEC), die über Absprachen zur Ölfördermenge einen kollektiven Einfluss auf die Absatzbedingungen auf dem Ölmarkt nimmt. Zielsetzung ist dabei, den langfristigen ökonomischen Nutzen durch gemeinsames Handeln zu maximieren, und zwar durch Verknappung des Angebots auf der Grundlage höherer Absatzpreise und langsameren Abbaus der Ölreserven. Auf kurzfristigen maximalen Nutzen, z. B. durch die einseitige maximale Ausweitung der Fördermenge durch einen Staat, wird dadurch zum Teil verzichtet.

Wirtschaftspolitik

Die OPEC ist eine 1960 gegründete Organisation von zwölf Ländern, die das Ziel verfolgen, die Absatzbedingungen auf dem Weltmarkt gemeinsam zu beeinflussen.

Im Bereich der Wirtschaftspolitik werden aus wirtschaftswissenschaftlicher Sicht Fragen nach dem Umfang und der Ausrichtung staatlicher Eingriffe in das Wirtschaftsgeschehen untersucht. Mit der Angebotsorientierung einerseits sowie der Nachfrageorientierung andererseits werden dabei **zwei wesentliche Denkschulen** unterschieden

Die **Theorie der Angebotsorientierung** wird der neoklassischen Denkschule der Wirtschaftswissenschaften zugerechnet. Neoklassisch deshalb, weil sich die Theorie der Angebotsorientierung auf maßgebliche Grundannahmen der klassischen Ökonomie (bzw. des klassischen Liberalismus) stützt. Neben den Annahmen von ADAM SMITH ist insbesondere auch die Auffassung des französischen Ökonomen JEAN-BAPTISTE SAY hervorzuheben.

Das sogenannte **saysche Theorem** ist die wichtigste theoretische Grundlage angebotsorientierter Wirtschaftspolitik:

Das Theorem besagt im Kern, dass sich für jedes Angebot – gesamtwirtschaftlich gesehen – auch eine Nachfrage herausbildet. Konkret bedeutet dies: Durch die Produktion von Gütern und Dienstleistungen werden Einkommen erzielt, die wiederum in ihrer Gesamtheit dazu ausreichen, die insgesamt produzierten unterschiedlichen Güter nachzufragen. Auch Ersparnisse werden aus Sicht des sayschen Theorems letztlich nachfragewirksam, da diese wiederum als Kapital an den Kreditmärkten angeboten und dort für die Finanzierung von Investitionen abgerufen werden. Vor dem Hintergrund der Basisannahmen des sayschen Theorems rückt die Angebotsseite in den Fokus des wirtschaftspolitischen Interesses. Aus angebotstheoretischer Perspektive werden die Förderung und Sicherung günstiger Angebotsbedingungen als Hauptanliegen wirtschaftspolitischer Maßnahmen angesehen. Dementsprechend gilt es, durch politisches Einwirken auf die Angebotsbedingungen die Grundlage für erhöhte Rentabilität unternehmerischer Aktivitäten zu bereiten. Als Folge hieraus wird ein erhöhtes Güterangebot erwartet, das wiederum über eine erhöhte Arbeitsnachfrage und die Erzielung damit verbundener Einkommen die Nachfrageseite stimuliert.

Im Rahmen der Angebotsorientierung dient Wirtschaftspolitik dem Zweck, die Bedingungen auf der Angebotsseite (Unternehmer) zu verbessern.

Förderung und Sicherung günstiger Angebotsbedingungen

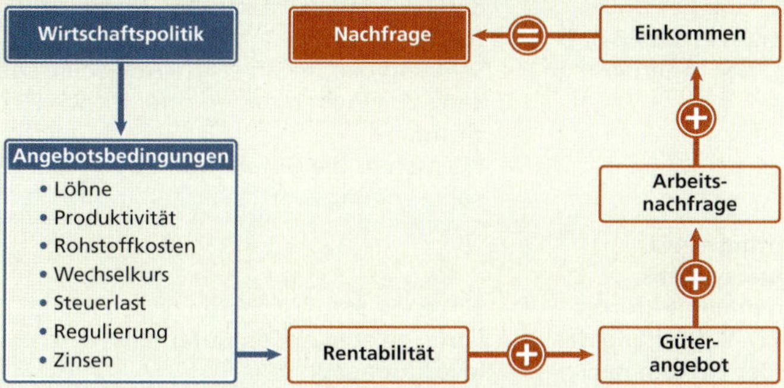

Nach: Klaus Schaper: Makroökonomie. Ein Lehrbuch für Sozialwissenschaftler. Campus Verlag, Frankfurt a. M., 2001, S. 89; erweitert

Wirtschafts- und sozialpolitische Maßnahmen, die sich nicht direkt auf die Verbesserung der Angebotsbedingungen beziehen, werden aus angebotstheoretischer Sicht nicht befürwortet. So wird etwa die Forderung nach einem allgemeinen Mindestlohn überaus kritisch gesehen, da hiermit eine allgemeine Verteuerung des Produktionsfaktors Arbeit – und somit eine negative Beeinflussung der Angebotsbedingungen – einherginge.

Primär soziale Erwägungen, die in ihrer isolierten Betrachtung durchaus für die Festlegung von Lohnuntergrenzen sprechen könnten, sind von nachrangiger Bedeutung. Sie können aus Sicht der Angebotstheoretiker die wirtschaftlichen Angebotsbedingungen nicht positiv beeinflussen. Im Rahmen der Angebotstheorie geht man umgekehrt davon aus, dass sich die Schaffung möglichst günstiger Angebotsbedingungen vor allem über die Schaffung von Arbeitsplätzen auch in sozialer Hinsicht vorteilhaft auswirkt.

Soziale Erwägungen sind aus Sicht der Angebotsorientierung weniger bedeutsam. Die Schaffung möglichst günstiger Angebotsbedingungen wird jedoch auch mit positiven sozialen Auswirkungen in Verbindung gebracht.

> **Angebotsorientierte Wirtschaftspolitik** zielt auf eine Verbesserung der Rahmenbedingungen für unternehmerisches Handeln.

Um gesamtwirtschaftlich positive Effekte erschließen zu können, kommen unterschiedliche **wirtschaftspolitische Maßnahmen** in Betracht:

Maßnahme	Kritik
Minderung der öffentlichen Staatsausgaben: Die Staatsausgaben (z. B. die Personalausgaben oder Transferzahlungen) sollen gesenkt werden, um so die Kreditaufnahme des Staates und damit die Zinsen zu senken. In der Folge würden die Investitionen steigen.	– Minderung der Staatsausgaben kann zu einer abwärtsgerichteten Spirale (Depression) führen. – Notwendige Umstrukturierung der Staatsausgaben (zugunsten Bildung, Forschung, ökologischer Modernisierung) ist gefährdet. – Sinkende nationale Zinsen begünstigen nicht zwangsläufig Investitionen.
Senkung der Personalkosten: Die Senkung der Personalkosten (Löhne und SV-Beiträge) soll die Nachfrage der Unternehmen nach Arbeitnehmern erhöhen und die Wettbewerbsfähigkeit der Unternehmen im Ausland verbessern.	– Senkung der Löhne kann zu einer sinkenden gesamtwirtschaftlichen Nachfrage führen. – Senkung der Sozialversicherungsbeiträge kann zu einem höheren öffentlichen Defizit führen. – Es entsteht die Gefahr internationaler Lohnsenkungswettläufe.
Steuersenkungen/Einführung eines leistungssteigernden Steuersystems: Steuersenkungen und ein neues leistungssteigerndes Steuersystem (z. B. Senkung der Höchststeuersätze sowie der Einkommens-, Erbschafts- und Kapitalsteuern) sollen den Leistungswillen bei den Leistungsfähigen (Unternehmer und Arbeitnehmer) erhöhen und so Wachstumsimpulse erzeugen.	– Sinkende Steuern führen nicht zwangsläufig zu steigenden unternehmerischen Investitionen. – Sinkende Staatseinnahmen bedingen einen Rückgang öffentlicher Investitionen bzw. können die Staatsverschuldung fördern. – Es entsteht die Gefahr internationaler Steuersenkungswettläufe.
Rückführ**ung der Sozialtransfers und der öffentlic**hen Beschäftigung: Eine Rückführung der Transfers und öffentlichen Beschäftigung soll den Anreiz für die Arbeitnehmer erhöhen, auch geringer bezahlte und unbeliebte Tätigkeiten auszuüben.	– Ein Risiko ist die Verarmung weiter Bevölkerungskreise statt Vollbeschäftigung. – Es entsteht die Gefahr eines entsprechenden Nachfragerückgangs.
Deregulierung: Eine Deregulierung (z. B. die Abschaffung von Umwelt-, Arbeits- und Kündigungsvorschriften) soll die Kosten senken und Planungsprozesse beschleunigen. In der Folge könnten Unternehmen flexibler reagieren und Investitionen schneller durchführen.	– Risiken sind eine umfassende Senkung sozialer und umweltrelevanter Standards sowie die Einschränkung von Lebensqualität und Rechtssicherheit. – Ein Risiko ist die Verschärfung von Machtasymmetrie, insbesondere zwischen Arbeitnehmern und Arbeitgebern.

(Nach: HOLGER ROGALL, Volkswirtschaftslehre für Sozialwissenschaftler. Eine Einführung. Wiesbaden, 2006, S. 393–396)

Die nachfrageorientierte Denkrichtung beruht vor allem auf der **keynesschen Theorie.**

Der britische Ökonom JOHN MAYNARD KEYNES ist ein maßgeblicher Begründer einer wirtschaftswissenschaftlichen Denkrichtung, die die Annahmen der klassischen Ökonomie nicht teilt. Den Kernbereich der keynesschen Theorie markieren die folgenden **Basisannahmen:**

JOHN MAYNARD KEYNES (1883–1946)

- Die zentrale Annahme der klassischen Ökonomie, dass Märkte automatisch entsprechend den jeweiligen Rahmenbedingungen zu einem Gleichgewicht tendieren, wird nicht geteilt. Stattdessen wird von einer Unvollkommenheit der Märkte ausgegangen. So wird angenommen, dass insbesondere jeweils unterschiedliche, kurzfristig veränderbare und nicht immer rationale Erwartungshaltungen der Anbieter in Bezug auf das zukünftige Verhalten der Nachfrager das Marktgeschehen entscheidend prägen. Das heißt: Nicht etwa ein automatisch optimal ablaufendes Zusammenspiel von Angebot und Nachfrage bestimmt das Marktgeschehen, sondern vielfach auch äußere Einflussfaktoren und deren kurzfristige Veränderungen (wie z. B. die Erwartungen der Anbieter).
- Dies hat aus Sicht der keynesschen Theorie deutliche **Folgen für das Marktgeschehen,** z. B.:
  - Kapitalrücklagen werden nicht am Kreditmarkt angelegt (und somit auch nicht für Investitionen abrufbar), sondern eher als hochliquides (unmittelbar verfügbares) Vermögen gehalten, um flexibel auf veränderte Bedingungen reagieren zu können.
    Beispiel: Ein Unternehmer legt seine Kapitalrücklagen vor dem Hintergrund unsicherer bzw. negativer Erwartungen nicht langfristig am Kreditmarkt an.
  - Zinssenkungen, die eigentlich das Kreditgeschäft ankurbeln sollen, führen – wenn bei den Wirtschaftsakteuren gleichzeitig eher unsichere bzw. pessimistische Zukunftseinschätzungen vorherrschen – keinesfalls automatisch zu vermehrten (kreditfinanzierten) Investitionen.
    Beispiel: Ein Unternehmer verzichtet vor dem Hintergrund unsicherer bzw. negativer Erwartungen trotz günstiger Zinsbedingungen auf den kreditfinanzierten Ausbau einer Fertigungshalle.
  - In Bezug auf den Arbeitsmarkt wird angenommen, dass auch im Falle von Lohnsenkungen (die den Faktor Arbeit verbilligen) nicht zwangsläufig die Nachfrage nach Arbeitskräften steigt (wie dies bei einem freien Spiel des Angebots von und der Nachfrage nach Arbeit im klassischen Modell passieren würde). Vielmehr wird auch hier ein potenzieller Einfluss negativer Erwartungshaltungen veranschlagt.
    Beispiel: Ein Unternehmer verzichtet vor dem Hintergrund unsicherer bzw. negativer Erwartungen auf die Einstellung zusätzlicher Arbeitskräfte, auch wenn die Lohnforderungen vergleichsweise gering sind.
- Vor dem Hintergrund von Schwankungen im Konjunkturverlauf wird in diesem Zusammenhang die Gefahr gesehen, dass sich die – aus Sicht der Keynesschen Theorie so bedeutsamen – Erwartungshaltungen der Anbieter in einem tendenziell ungewissen Status verfestigen. Die Tendenzen der Einschränkung kreditfinanzierter Investitionen sowie geringer Arbeitsmarktbelebung können aus dieser Perspektive dann in

einer Verstetigung wirtschaftlicher Rezession und einer dauerhaften Unterbeschäftigung münden.

- Als Ausweg aus dieser Problematik empfiehlt die Keynessche Theorie, dass der Staat Schwankungen der privaten Nachfrage durch eigene Nachfrageaktivitäten ausgleicht, also in Zeiten eines Nachfragerückgangs aktive Nachfrageförderung betreibt.
- Staatsausgaben mit dem Ziel der Nachfrageförderung wird dabei eine Multiplikatorfunktion zugewiesen, da sie nicht nur Primärwirkungen (staatliche Nachfrage nach Gut X) entfalten, sondern zudem weitere Nachfrageeffekte anstoßen (Nachfrage der Produzenten von X nach den Güter Y und Z usw.), die in der Summe über den ursprünglichen Nachfrageimpuls hinausgehen (Multiplikatoreffekt).

Nachfrageorientierte Wirtschaftspolitik setzt auf der Nachfrageseite des Wirtschaftsprozesses an. Die übergeordnete Zielsetzung ist, das Niveau der gesamtwirtschaftlichen Nachfrage durch politische Aktivitäten zu beeinflussen.

Orientiert sich eine solche Wirtschaftspolitik am Konjunkturverlauf, so wird sie als **antizyklische Konjunkturpolitik** bezeichnet. Kennzeichnend für diese Politik ist das aktive Bemühen um die – nachfragegesteuerte – Glättung konjunktureller Schwankungen:

- In der **Rezession** entwickelt sich ein zunehmender Mangel an gesamtwirtschaftlicher Nachfrage. Diesem Nachfragemangel wird mit einer expansiven Konjunkturpolitik begegnet, die darauf abzielt, die gesamtwirtschaftliche Nachfrage durch staatliche Maßnahmen auszuweiten. Die Finanzierung entsprechender Maßnahmen erfolgt in der Regel über eine Ausweitung der Staatsverschuldung („deficit spending").
- Im **Aufschwung** besteht die zunehmende Gefahr, dass ein Überschuss an gesamtwirtschaftlicher Nachfrage entsteht. Die ökonomisch problematische Folge hieraus wäre ein deutliches Ansteigen des Preisniveaus (Inflation). Dieser Gefahr wird mit einer restriktiven Konjunkturpolitik (Verringerung der staatlichen Nachfrage, Erhöhung von Steuern und Abgaben) begegnet. Sie zielt darauf ab, die gesamtwirtschaftliche Nachfrage zu drosseln. Die restriktive Konjunkturpolitik erfüllt zudem die Aufgabe, das staatliche Haushaltsdefizit (als Folge des „deficit spending") zurückzuführen.

Das Schema wurde gestaltet nach KLAUS SCHAPER: Makroökonomie. Ein Lehrbuch für Sozialwissenschaftler, 2001, S. 89; erweitert.

Antizyklische Konjunkturpolitik

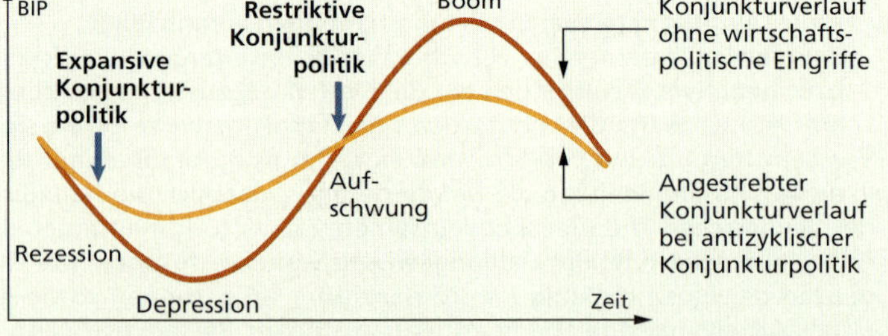

Im Rahmen der Nachfrageorientierung kommen die folgenden unterschiedlichen **Maßnahmen** in Betracht:

Maßnahme	Kritik
Nachfrageprogramme der öffentlichen Hand: Programme der öffentlichen Hand, finanziert durch zusätzliche Kredite, sollen die gesamtwirtschaftlichen Wachstumskräfte stärken (Konsumnachfrage und Investitionen). In der Folge würden wieder Neuanstellungen vorgenommen werden und die steigenden Einkommen für eine weiter steigende Nachfrage sorgen. Diese wiederum würden zu Neuinvestitionen und Neueinstellungen, höheren Einkommen und höheren Staatseinnahmen führen.	– Vermehrte Kreditnachfrage des Staates kann zu Zinsanstieg führen, der private Investitionen behindert. – Staatsverschuldung schränkt staatliche Handlungsspielräume ein.
Zinssenkung durch Geldpolitik des Staates: Durch eine keynessche Geldpolitik sollen die Zinsen gesenkt werden, um so Investitionen und Nachfrage nach langlebigen Konsumgütern zu stimulieren.	– Zinssenkung könnte zu einer „Kapitalflucht" in Hochzinsländer führen.
Erhöhung der verfügbaren Realeinkommen: Durch Steuersenkungen und höhere Löhne sollen die Realeinkommen der Konsumenten erhöht werden, um so die Nachfrage zu stimulieren.	– Erhöhung der Kosten für Unternehmen (Lohnerhöhungen) – Erhöhung der Staatsverschuldung (Steuersenkungen) – Keine Garantie, dass höhere Löhne die Nachfrage nach inländischen Gütern fördern
Ausweitung der öffentlichen Beschäftigung, der Sozialtransfers und der Arbeitsmarktpolitik: Eine Erhöhung der Sozialtransfers (z. B. des Kindergelds) und staatliche Beschäftigungs- und Qualifizierungsprogramme würden eine Steigerung der Haushaltseinkommen und Nachfrage unterer und mittlerer Einkommensbezieher bewirken und so die Wachstumskräfte anregen.	– Risiko von Verzerrungen auf dem Arbeitsmarkt (z. B. nur geringe Bereitschaft zur Aufnahme gering bezahlter Arbeit)
Förderprogramme des Staates: Förderprogramme des Staates, z. B. Investitionszulagen, sollen einen direkten Anreiz zur Investition auch für Unternehmen schaffen, die zur Zeit keine Steuern sparen.	– Risiko von Mitnahmeeffekten

(Nach: HOLGER ROGALL, Volkswirtschaftslehre für Sozialwissenschaftler. Eine Einführung. Wiesbaden, 2006, S. 393–396)

1.3 Verhältnis von Politik und Wirtschaft

Ökonomische Modelle und Theorien liefern Erklärungen für unterschiedlichste wirtschaftliche Phänomene und Prozesse. Im Blickpunkt steht dabei vielfach die Frage nach dem Verhältnis von Politik und Wirtschaft. Dieses kann aus unterschiedlichen Blickpunkten und anhand unterschiedlicher Realitätsausschnitte betrachtet werden.
So lässt sich zunächst fragen, welche grundsätzlichen Beziehungen zwischen diesen beiden Ebenen bestehen. Am Beispiel des Themas des sozialen Ausgleichs kann wiederum der Zusammenhang zwischen (ggf. politisch durchgesetzten) gesellschaftlichen Zielvorstellungen und wirtschaftlichen Rahmenbedingungen beleuchtet werden. Schließlich kann am Beispiel internationaler Handelsbeziehungen die Auseinandersetzung um die politische Gestaltung des grenzüberschreitenden Handels nachvollzogen werden.

1.3.1 Unterschiedliche Steuerungskonzepte

Zum grundsätzlichen Verhältnis zwischen der Ebene der Politik und des Staates als besonders wichtiger Organisationseinheit des politischen Handelns und der Ebene der Wirtschaft bestehen unterschiedliche Auffassungen, die jeweils von einem bestimmten Kräfteverhältnis zwischen beiden Ebenen ausgehen.

> Zum grundsätzlichen Verhältnis zwischen Politik und Wirtschaft lassen sich zwei **gegensätzliche Extrempositionen** unterscheiden: einerseits eine weitgehende Steuerung der Wirtschaft durch die Politik, andererseits eine weitgehende Steuerung der Politik durch die Wirtschaft.

Die Konzepte zum grundsätzlichen Verhältnis von Politik und Wirtschaft unterscheiden sich insbesondere hinsichtlich des jeweils vorgesehenen Maßes an staatlichen Eingriffen in das Wirtschaftsgeschehen.

Konzept einer weitgehenden Steuerung der Wirtschaft durch die Politik	Konzept einer weitgehenden Steuerung der Politik durch die Wirtschaft
Dieses Konzept sieht **ein hohes Maß an staatlichen Eingriffen** in das Wirtschaftsgeschehen vor. Als wichtigste Begründung dient hierzu die Notwendigkeit, potenziell negative Folgen aus einem allzu freien Spiel der Marktkräfte zu verhindern. Ziele wie beispielsweise ein hoher sozialer Ausgleich oder der Schutz der Umwelt werden dabei deutlich höher gewichtet, als ökonomischer Gewinn. Dies führt zu der Forderung nach einem Vorrang der staatlichen	Dieses Konzept beinhaltet nur **ein sehr geringes Maß an staatlichen Eingriffen** in das Marktgeschehen. Den theoretischen Überlegungen des klassischen Liberalismus folgend, wird dabei die Ansicht vertreten, dass nur ein möglichst ungehindertes Spiel der Marktkräfte zu möglichst vorteilhaften Ergebnissen für alle Beteiligten führen kann. Staatliche Eingriffe werden dabei überaus skeptisch beurteilt andererseits jedoch dann begrüßt, wenn sie zur Verbesserung der

Steuerung gegenüber Marktlösungen, z. B. durch die politische Festlegung von Mietpreisen statt Preisfindung als Ergebnis von Angebot und Nachfrage; Übergang besonders wichtiger Unternehmen in staatlichen Besitz.	Bedingungen für das freie Spiel der Marktkräfte dienen, z. B. Abbau von Regulierungen auf dem Arbeitsmarkt, damit Unternehmen ihre Belegschaft möglichst flexibel den jeweiligen Anforderungen anpassen können. Die wirtschaftlichen Belange steuern somit gewissermaßen politische Maßnahmen.
Diese Auffassung wird insbesondere vonseiten des klassischen Liberalismus sowie zum Teil auch aus neoliberaler Perspektive (↗ S. 49) kritisiert, da staatliche Steuerung hier – bis auf einige Ausnahmen – als hinderlich für die Entfaltung der Vorteile des freien Spiels der Marktkräfte angesehen wird.	Da dieses Konzept insbesondere die Interessen der Besitzer von Produktionskapital (Unternehmer) berücksichtigt und zudem der „unsichtbaren Hand des Marktes" eine grundsätzliche Vorrangstellung einräumt, wird es selbstverständlich von Vertretern sozialistischer bzw. sozialistisch orientierter Sichtweisen stark kritisiert. Daneben ist eine grundsätzliche Vorrangstellung des Marktes auch nicht mit der Theorie des Ordoliberalismus und dem hierauf bezogenen Ordnungsmodell der sozialen Marktwirtschaft (↗ S. 52 f.) zu vereinbaren, sind hier doch staatliche Eingriffe zur Korrektur bestimmter Marktergebnisse (zum Beispiel in sozialer Hinsicht) durchaus vorgesehen.

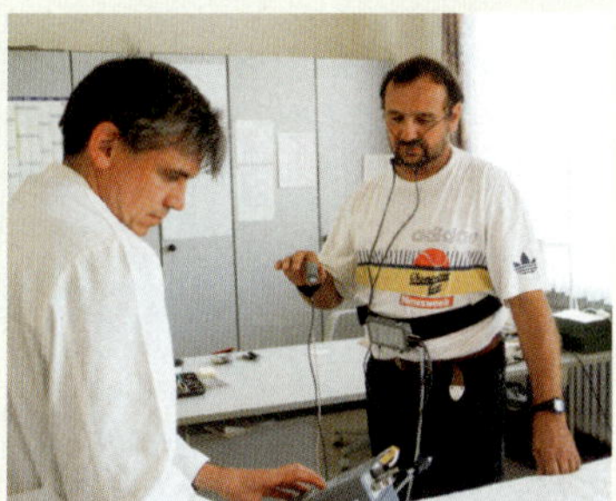

Links:
Energiegewinnung aus Windkraft wird staatlich gefördert.

Rechts:
Die Verringerung der vollen Lohnfortzahlung im Krankheitsfall ist eine staatliche Maßnahme der Arbeitsmarktderegulierung.

In der Realität zeigen sich – in Abhängigkeit vom jeweiligen wirtschaftlichen Ordnungsmodell (↗ S. 52 ff.) – unterschiedliche Umsetzungen des grundsätzlichen Verhältnisses zwischen Staat und Wirtschaft, die sich mehr oder weniger deutlich einem der Konzepte annähern.

Das zeigte z. B. die weitgehende staatliche Steuerung im Rahmen der sozialistischen Zentralverwaltungswirtschaft, während im angelsächsischen Raum eine starke Zurückhaltung gegenüber staatlichen Eingriffen vorherrschte.

Das Verhältnis zwischen Staat und Wirtschaft ist eher als Beziehung einer wechselseitigen Abhängigkeit zu charakterisieren. In diesem Fall wird von **Interdependenz** gesprochen.

1

Dies gilt insgesamt auch für die Situation in der Bundesrepublik Deutschland mit ihrem volkswirtschaftlichen Ordnungsmodell der sozialen Marktwirtschaft. Hierbei sind beide Ebenen in unterschiedlicher Hinsicht so eng miteinander verknüpft, dass beide ihre jeweils eigenen Ziele nicht unabhängig voneinander erreichen können.

So benötigt die Marktwirtschaft eine aktive Wettbewerbspolitik, um ihre Funktionsweise zu sichern. Dauerhafter sozialer Ausgleich ist aber nur dann möglich, wenn zuvor ein ausreichendes Wohlstandsniveau erwirtschaftet wurde.

Gleichwohl wurden und werden von vielen Beobachtern auch in Deutschland zum Teil Tendenzen wahrgenommen, die eine gewisse Machtverschiebung zugunsten der Wirtschaft erkennen lassen. Entsprechendes zeichnet sich insbesondere im Zusammenhang mit dem Bedeutungsgewinn transnationaler Unternehmen im Zuge der Globalisierung (↗S. 440 f.) ab, die nur noch in einem geringen Maße an die Ebene der Nationalstaaten gebunden sind.

So werden z. B. Standortverlagerungen als „Druckmittel" zur Erzwingung einer unternehmerfreundlichen Politik genutzt.

Vor allem China (Bild: Hangzhong) profitierte von Standortverlagerungen und der Globalisierung. Das Land wurde zur „Werkbank der Welt", erlebte einen großen Aufschwung und wurde Teil der Moderne.

Der Bedeutungsgewinn transnationaler Unternehmen im Zuge der Globalisierung wird vielfach als Machtverschiebung zugunsten der Wirtschaft angesehen.

Allerdings zeigt sich insbesondere seit Beginn der globalen Finanz- und Wirtschaftskrise 2007 sehr deutlich, wie bedeutsam politische Maßnahmen auch im Zeitalter international vernetzter Märkte weiterhin sind. Vor diesem Hintergrund hält die Auseinandersetzung darum an, welche Art von Wirtschaftspolitik sinn- und wirkungsvoll ist. Während das Konzept der nachfrageorientierten Wirtschaftspolitik (↗S. 64 f.) auf einen starken Staat setzt, der aktiv in das Wirtschaftsgeschehen eingreift, plädiert die angebotsorientierte Wirtschaftspolitik (↗S. 61 f.) eher für einen zurückhaltenden Staat, der sich auf seine Kernaufgabe, die Förderung günstiger Angebotsbedingungen, konzentriert.

Wirtschaftspolitische Konzepte im Vergleich

Nachfrageorientierte Wirtschaftspolitik *Prinzip der antizyklischen Konjunkturpolitik*		**Angebotsorientierte Wirtschaftspolitik** *Prinzip der Verstetigung günstiger Angebotsbedingungen*
Nachfrage- und Förderprogramme des Staates, Ausweitung der öffentlichen Beschäftigung und des Sozialtransfers Rücknahme im Aufschwung (Haushaltskonsolidierung)	**Staatsausgaben**	Generelle Verminderung staatlicher Ausgaben Verringerung von Sozialausgaben und öffentlicher Beschäftigung
Zinssenkung durch aktive Geldpolitik, um Investitionen zu stimulieren Erhöhung der Zinsen im Aufschwung	**Geldpolitik**	Zinssenkung als Folge aus verminderter staatlicher Kreditnachfrage
In der Rezession: Steuersenkungen zur Erhöhung der Einkommen Rücknahme im Aufschwung (Haushaltskonsolidierung)	**Steuern**	Steuersenkungen zugunsten der besonders leistungsfähigen Akteure
Erhöhung der Einkommen, um Konsumgüternachfrage zu stärken	**Einkommen**	Generelle Senkung der Personalkosten
Regulierung zum Zwecke der Nachfrageförderung ist zulässig (z.B. Minestlöhne)	**Regulierung**	Generelle Senkung der Personalkosten
Verbesserung der Angebotsbedingungen im Wirtschaftsprozess		Verbesserung der Nachfragebedingungen im Wirtschaftsprozess
Risiken nachfrageorientierter Maßnahmen		Risiken angebotsorientierter Maßnahmen

Gemeinsames Ziel: Förderung und Stabilisierung des wirtschaftlichen Wachstums

1.3.2 Gerechtigkeit der Verteilung

Wirtschaftliches Handeln führt in der Marktwirtschaft nicht nur zu Produktion und Austausch von Waren und Dienstleistungen. Auch die Gewinnung wirtschaftlicher Einkommen und Vermögen hängt mit dem Marktgeschehen zusammen.

> Das marktwirtschaftliche System bietet theoretisch das Potenzial, möglichst **effiziente Verteilungsergebnisse** zu erzielen. Allerdings bedeutet das keinesfalls, dass diese Verteilungsergebnisse immer auch möglichst gleichmäßig ausfallen.

Dies zeigt sich gerade in Bezug auf die Einkommens- und Vermögensbeteiligung sehr deutlich: Hier ergibt sich bei einem Blick auf die Gesamtgesellschaft in der Bundesrepublik Deutschland ein sehr ungleichmäßiges Verteilungsergebnis.
Die ungleiche Verteilung von Einkommen und Vermögen wird aus wirtschaftswissenschaftlicher Sicht sehr unterschiedlich bewertet:

Perspektive des Sozialismus	Der Sozialismus, der eine Überwindung der Klassengesellschaft anstrebt, bewertet die Unterschiede als **Ausdruck des grundsätzlichen Widerspruchs zwischen Kapital und Arbeiterklasse.** Dieser Widerspruch wird wiederum als Kernkonflikt für den revolutionären Übergang in das sozialistische bzw. kommunistische Gesellschafts- und Wirtschaftssystem angesehen. Konsequenz aus diesem Übergang ist schließlich die Erlangung ökonomischer Gleichheit aller Menschen.
Sicht des klassischen Liberalismus	Die Einkommensungleichheit wird als **Resultat des freien wirtschaftlichen Wettbewerbs** angesehen. Besondere Leistungen sollen auch mit einem erhöhten ökonomischen Status belohnt werden. Große Bedeutung hat dabei die individuelle ökonomische Freiheit, die es jedem Wirtschaftsakteur erlaubt, nach dem eigenen ökonomischen Vorteil zu streben und effiziente Ergebnisse zu erreichen.
Theorie des Ordoliberalismus	Ökonomische Unterschiede werden dann für akzeptabel gehalten, wenn sie tatsächlich das Ergebnis eines fairen wirtschaftlichen Wettbewerbs sind. Allerdings würde sich ein solcher Wettbewerb nicht allein durch die Abwesenheit staatlicher Eingriffe einstellen. Vielmehr wird die Herstellung von **Chancengerechtigkeit** durch die Herstellung ähnlicher Ausgangsbedingungen für das Streben nach ökonomischem Erfolg) als ausdrückliche staatliche Aufgabe angesehen, z. B. über die Beschränkung ökonomischer Macht. Zudem wird aktive Sozialpolitik befürwortet, die Marktergebnisse in einem bestimmten Maße korrigiert.

Ein wichtiges Kernprinzip der sozialen Marktwirtschaft ist deshalb der Anspruch, Marktergebnisse – dort, wo dies aus politischer Sicht als notwendig angesehen wird – ggf. nach sozialen Gesichtspunkten zu korrigieren bzw. abzumildern. Über entsprechende politische Maßnahmen wird so ein gewisses Maß an **Umverteilung** erreicht.

Das wirtschaftspolitische Ziel der Umverteilung ist auf einen Ausgleich von Einkommens- und Vermögensungleichheiten gerichtet.

Beispiele sind steuerfinanzierte Sozialleistungen, wie das ALG II, oder ein progressives Steuersystem, in dem die Besteuerung mit steigendem Einkommen überproportional ansteigt.

Trotz Sozialpolitik und Umverteilung ist grundsätzlich davon auszugehen: Bei der sozialen Marktwirtschaft handelt es sich um ein marktwirtschaftliches System. Auch wenn hier bestimmte sozialpolitische Ziele verfolgt werden, wird zugleich im individuellen Streben nach ökonomischem Gewinn die wichtigste Antriebskraft für die Erschließung von Wohlstand gesehen.
Vor diesem Hintergrund war und ist umstritten, in welchem Ausmaß sozialpolitische Umverteilung tatsächlich realisiert werden sollte. Während einerseits vor einer Hemmung des produktiven Gewinnstrebens besonders leistungsfähiger Wirtschaftsakteure gewarnt wird, betonen andere Stimmen die große Notwendigkeit einer gerechteren Verteilung des erwirtschafteten Wohlstands.

1.3.3 Freier Handel – beschränkter Handel

Auf theoretischer Ebene lässt sich nachweisen, dass der grenzüberschreitende Handel von Wirtschaftsgütern tendenziell mit Vorteilen für alle Beteiligten einhergeht. So verweisen sowohl klassische als auch neuere Ansätze der Handelstheorie darauf, dass der internationale Handel eine insgesamt effizientere Güterproduktion und -verteilung im Sinne einer Kostensenkung und Produktionsausweitung erlaubt.

Im Ergebnis von Verhandlungsrunden im Rahmen des GATT sowie der WTO (↗ S. 451) kam es zu einem deutlichen Abbau von Handelsbeschränkungen. Allerdings konnte bisher z. B. keine Einigung erzielt werden über einen wirklichen Freihandel im Agrarsektor, was für die Entwicklungsländer grundlegend wichtig wäre.

In der ökonomischen Realität spiegelt sich dies deutlich wider: Seit den 1970er-Jahren hat der grenzüberschreitende Handel überaus stark zugenommen. Geprägt wurde in diesem Zusammenhang der Begriff der **Globalisierung,** verstanden als Vernetzung von Staaten, Gesellschaften und insbesondere Wirtschaftsräumen, die entscheidend von einer massiven Ausweitung des internationalen Handels begleitet wird (↗ S. 442 f.).

Das ökonomische **Phänomen des internationalen Handels** wird in der Praxis durchaus kontrovers diskutiert:
Während einerseits auf seine potenziellen Vorteile verwiesen wird und daraus die Forderung nach einer weitgehenden Liberalisierung der Weltmärkte resultiert, werden andererseits potenzielle Nachteile bzw. Gefahren für bestimmte Handelsteilnehmer gesehen, die Einschränkungen des internationalen Handels nahelegen.

Handelsliberalismus und **Protektionismus** sind gegensätzliche Konzepte der Gestaltung des internationalen Handels.

1

Handelsliberalismus	Protektionismus
Der Handelsliberalismus orientiert sich grundsätzlich an der Denkrichtung des Wirtschaftsliberalismus, die einem möglichst ungestörten Spiel der Marktkräfte weitgehend positive Wirkungen insbesondere in Form der effizienten Gestaltung von Produktions- und Verteilungsprozessen zuschreibt. Dementsprechend befürwortet der Handelsliberalismus die weitgehende Umsetzung von Freihandel, also einen grenzüberschreitenden Güteraustausch, der durch keinerlei Handelsbeschränkungen beeinflusst wird. Die folgenden positiven Effekte des Freihandels werden häufig genannt: – eine allgemeine Steigerung von Wohlstand und Lebensqualität durch Möglichkeiten zur Produktions- und Absatzausweitung, durch höhere Produktvielfalt sowie durch die Vermeidung von Effizienzverlusten durch Handelsbeschränkungen (meist zusätzliche Kosten), – Potenziale zur wirtschaftlichen, politischen und gesellschaftlichen Entwicklung, insbesondere auch für bisher wenig entwickelte Volkswirtschaften (Entwicklungsländer), – Innovationspotenziale durch internationalen Wettbewerb. 	Der Protektionismus vertraut nicht auf das freie Spiel der Marktkräfte und strebt dementsprechend eine Beschränkung des internationalen Freihandels an. Das wird insbesondere durch folgenden Argumente begründet: – Der Aufbau internationaler Handelsbeziehungen geht notwendigerweise mit Prozessen der Spezialisierung einher. Um international wettbewerbsfähig zu bleiben, können sich tief greifende Veränderungen der Wirtschaftsstruktur ergeben. Notwendige Strukturanpassungen gehen jedoch mit hohen sozialen Kosten (Massenarbeitslosigkeit) und politischen Herausforderungen (Gestaltung des Strukturwandels) einher. – Der Eintritt in den internationalen Wettbewerb hat unterschiedliche Folgen für entwickelte und weniger entwickelte Länder: für die einen Wohlstandsgewinne und Innovationsimpulse, für die anderen die Gefahr dauerhafter Abhängigkeitsbeziehungen und eines ruinösen Wettlaufs um die geringsten Löhne sowie niedrigste Sozial- und Umweltstandards. – Im Fall von Produktinnovationen wird befürchtet, dass ein zu früher Eintritt in den internationalen Wettbewerb die Erfolgsaussichten des neuen Produktes negativ beeinflussen könnte. – Die Gefahr von Ungleichgewichten im Welthandel kann entstehen, wenn einzelne Volkswirtschaften dauerhaft hohe Exportüberschüsse erzielen, die wiederum durch massive Importüberschüsse anderer Volkswirtschaften gegenfinanziert werden. Insbesondere für Länder mit hoher Importquote ergeben sich hieraus negative Folgen in Form einer zu geringen Binnennachfrage sowie hoher Schulden.

1.4 Sozialwissenschaftliche Arbeitsmethoden

1.4.1 Allgemeine sozialwissenschaftliche Methoden

Die Gewinnung von Erkenntnissen über politische, wirtschaftliche oder gesellschaftliche Prozesse und Zusammenhänge ist an die Anwendung spezieller Denk- und Arbeitsweisen gebunden. Je nach Erkenntnisziel und -gegenstand werden dabei spezielle Methoden der einzelnen Wissenschaften, aber auch allgemeine sozialwissenschaftliche Methoden und Verfahren genutzt.

Sozialwissenschaftliche Arbeitsmethoden

Erschließen und Interpretieren von Texten und anderen Quellen (wie politische Reden, Gesetzestexte, Grafiken, Fotos):
- Hermeneutik
- Statistikanalyse
- Internetrecherche
- Filmanalyse

Erfassen und Bewerten komplexer Zusammenhänge und Entwicklungen:
- Modell
- Szenario
- Planspiel
- Simulation
- Zukunftswerkstatt

Untersuchen und Bewerten von politischen Ereignissen und wirtschaftlichen Prozessen:
- Interview
- Umfrage
- Expertenhearing
- Fallstudie
- Erkundung
- Exkursion
- Beobachtung

Darstellen und Analysieren von gesellschaftlichen oder politischen Konflikten:
- Fallbeispiel
- Problemstudie
- Konfliktsimulation
- Pro-Kontra-Debatte
- sokratisches Gespräch
- Open Space

Zu den wichtigsten sozialwissenschaftlichen Methoden gehören die Quellen- und Dokumentanalyse, Interviews und Umfragen, die Auswertung und Interpretation von empirischen Daten und die Statistiken.

In der empirischen Sozialforschung werden **Methoden der Datengewinnung** und der Datenanalyse unterschieden.

Hermeneutik: Anleitung zum Textverstehen

Historische, sozialwissenschaftliche oder politische Texte sind oft nicht leicht zu erschließen und auszuwerten. Deshalb ist ein sorgfältiges, mehrphasiges Lesen erforderlich, wofür die Hermeneutik Instrumente bereithält.

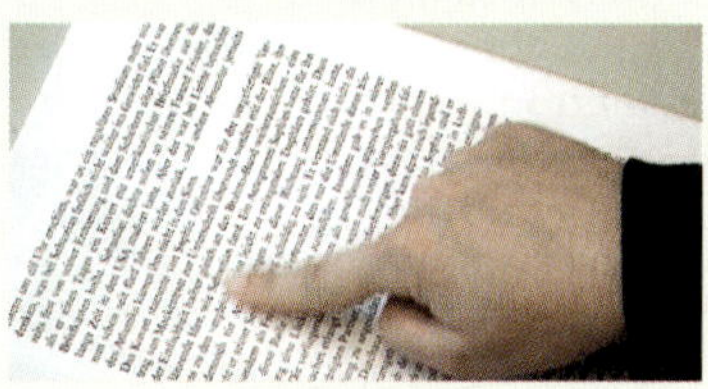

Die **Hermeneutik** ist ein wissenschaftliches Verfahren der Auslegung und Erklärung eines Textes. Dabei geht es darum, Vorwissen und neu erworbene Kenntnisse in mehreren Arbeitsphasen so einzusetzen und zu erweitern, bis ein Sachverhalt ausreichend interpretiert werden kann.

Hermeneutik, griech. hermeneutikós = auf die Erklärung, Interpretation bezüglich; hermeneúein = deuten, auslegen (Hermes ist der Götterbote, der den Willen der Götter den Sterblichen in der ihnen eigenen Sprache übermittelt.)

Es werden verschiedene Phasen des Verstehens von Texten unterschieden, die auch als Arbeitsorientierungen verstanden werden können:

	Bedeutung	Leistungen/Ziele
Unmittelbares Verstehen	Aufnahme eines Textes auf der Grundlage der vorhandenen Lesefähigkeit, Gewinnen eines Vorverständnisses	– Erfassen eines Textes (Thema, Aussage) in Grundzügen – Erkennen der Textsorte (z. B. Aufsatz, Bericht, Biografie)
Analysierendes Verstehen	Konkretisierung und Vertiefung des unmittelbaren Verstehens durch Fachwissen und besondere Verfahren der Texterfassung (z. B. Gliederung in Sinnabschnitte, Auflisten von Kernbegriffen)	– Erfassen der inhaltlich strukturierenden und sprachlichen Gestaltungselemente – Erkennen des Funktionszusammenhangs von Inhalt, Aussage, Form und Wirkung
Erweitertes Verstehen	Einbeziehung von zusätzlichen textexternen Informationen zur Einordnung und Beurteilung der Textaussagen	– Klären der Entstehungsbedingungen des Textes, z. B. durch Einbeziehung der Biografie des Autors
Selbstreflexives Verstehen	Bewusstmachen der Phasen des Textverständnisses und der neuen Erkenntnisse	– Analyse des Vorgehens bei der Texterfassung (Vorwissen, Interessen der Leser/Adressaten usw.)

Mögliche **Unterstreichungen** im Text:
Rot = Kernbegriffe
Blau = Kernaussagen

Mögliche **Markierungen** am Rand:
! = Zustimmung
?! = Zweifel
? = Unklarheit
D = Definition
N = Nachlesen und Klären

Besonders in der Phase des analysierenden Verstehens können verschiedene **Verfahren der Texterfassung** genutzt werden.
Dazu gehören:

- das intensive **Lesen mit „Bleistift oder Marker“;** dabei sollten wichtige Aussagen unterstrichen, Fragliches angemerkt, Eindrücke notiert werden,
- die **W-Fragen-Methode;** sie zielt darauf, einen Text mithilfe der Interrogativpronomen **wer, was, wann, wo, warum** zu erschließen,
- die **Gliederung** eines Textes in Sinnabschnitte; dabei geht es darum, jene inhaltlichen Elemente oder Aussagen, die zusammengehören und sich unter einem Oberbegriff zusammenfassen lassen, zu strukturieren; wenn ein Text bereits inhaltlich klar strukturiert ist, können die Sinnabschnitte in Form einer hierarchischen Textgliederung dargestellt werden,

– das **Auflisten von Kernbegriffen;** die sinntragenden Begriffe werden zunächst im Text markiert und dann in Form einer Tabelle aufgelistet; in die Tabelle können zudem noch Anmerkungen zu den Kernbegriffen notiert werden.

Diese Verfahren können auch kombiniert angewendet werden.

Kernbegriffe sind einzelne Wörter oder Fügungen, die für das Textverständnis unerlässlich sind, die den inhaltlichen Textzusammenhang herstellen und Brückenfunktion für das Textganze besitzen.

Markieren und Auflisten der **Kernbegriffe** und der **Kernaussagen**
Textabschnitt aus: JEAN-JACQUES ROUSSEAU:
Der Gesellschaftsvertrag (1762)

„Wenn der Staat oder die Polis nur eine moralische Person ist, deren Leben in der *Einheit ihrer Glieder* besteht, und wenn die wichtigste ihrer Sorgen die *Selbsterhaltung* ist, *bedarf* sie *einer allumfassenden, zwingenden Kraft,* um jedes Teil auf die für das Ganze vorteilhafteste Art zu bewegen und auszurichten. Wie die Natur jedem Menschen eine unumschränkte Gewalt über alle seine Glieder gegeben hat, so gibt der ***Gesellschaftsvertrag*** der politischen Körperschaft eine *unumschränkte Gewalt* über all die ihren, und ebendiese Gewalt ist es, die, wie ich gesagt habe, vom *Gemeinwillen* geleitet und den Namen ***Souveränität*** trägt.
(...)
Von welcher Seite aus man sich dem Ursprung nähert, man gelangt immer zu der gleichen Folgerung; dass nämlich der Gesellschaftsvertrag unter den Bürgern eine ***Gleichheit*** von der Art schafft, dass sie sich unter den *gleichen Bedingungen* verpflichten und sich der *gleichen Rechte* erfreuen dürfen."

Kernbegriffe	Kernaussagen	Anmerkungen
Staat	Einheit seiner Glieder, Selbsterhaltung, bedarf einer allumfassenden, zwingenden Kraft	
Gesellschaftsvertrag	gibt politischer Körperschaft unumschränkte Gewalt	
Souveränität	Gewalt, vom Gemeinwillen geleitet	Definition: Herrschaftsgewalt eines Staates, Hoheitsgewalt, auch Unabhängigkeit
Gleichheit	gleiche Bedingungen, gleiche Rechte	Frage: gleiche Bedingungen, aber unterschiedliche Stellung Einzelner in der Gesellschaft?

1

Interview

Interview, engl. interview, frz. entrevue = verabredete Zusammenkunft

> Das **Interview** ist eine der wichtigsten Methoden zur Datenerhebung. Es wird angewendet, um durch gezieltes Befragen von ausgewählten Personen statistisch abgesicherte Aussagen über soziale Sachverhalte, politische Prozesse oder zeithistorische Ereignisse zu erhalten.

Quantitative Interviews werden auch als standardisierte Interviews bezeichnet, **qualitative Interviews** als ungelenkte oder als freie, unstrukturierte Interviews bzw. als Expertengespräche .

Man unterscheidet quantitative und qualitative Interviews.
Das **quantitative Interview** wird auf der Grundlage eines ausgearbeiteten Fragebogens durchgeführt, wobei die Antwortmöglichkeiten vorgegeben sind. Es ist vor allem auf die Überprüfung (Konkretisierung) von bereits entdeckten Zusammenhängen oder Sachverhalten gerichtet.

Das **qualitative Interview** ist dem natürlichen Alltagsgespräch angenähert. Es wird auf der Grundlage eines vorher festgelegten thematischen Leitfadens durchgeführt, wobei sowohl die Reihenfolge wie auch die Gestaltung der Fragen flexibel bleiben. Die Antwortmöglichkeiten der Gesprächspartner werden nicht beschränkt. Der **Leitfaden** dient vor allem den Zwecken, dass
- Interviewer und Befragte das Gesprächsziel nicht aus dem Auge verlieren;
- im Interview möglichst alle relevanten Aspekte und Themen angesprochen werden;
- eine Vergleichbarkeit der Antworten verschiedener Befragter ermöglicht wird.

> **Qualitative Interviews** werden vor allem angewendet, wenn eine differenzierte und ausführliche Beschreibung individueller Meinungen und Eindrücke benötigt wird, um gesellschaftliche Tatbestände oder Entwicklungen zu erfassen.

So sind **Untersuchungen**

- zu bestimmten **Sozialisationsprozessen,** beispielsweise zur Integration von Aussiedlern in Deutschland,
- zu spezifischen **Wertvorstellungen,** beispielsweise von ost- und westdeutschen Frauen zu Familie und Beruf,
- zu **Handlungsweisen** unter konkreten historischen Bedingungen, beispielsweise des aktiven Widerstands gegen das NS-Regime,

nur durch Befragen von Betroffenen zu ihren persönlichen Erfahrungen und Erlebnissen, zu ihren Lebensumständen und Motivationen möglich.

Interviews zu **Biografien** und Lebensgeschichten sind besonders aufschlussreich. Das liegt zum einen darin begründet, dass soziale Prozesse und Gegebenheiten stets durch Erfahrungen der Individuen geprägt sind. Zum anderen ist die Biografie gleichsam ein Konzept, das Zugänge zu aktuellen sozialen Problemen und damit zur Politik eröffnet.

Bei der **Durchführung qualitativer Interviews** sollten vor allem folgende Grundregeln beachtet werden:

Dauer des Interviews	Sie ist abhängig von der Zielstellung, der Komplexität der Thematik sowie den Aussagen des bzw. der Interviewten und liegt zwischen 30 Minuten und mehreren Stunden.
Stichprobengröße	Vorstellungen von einer geeigneten Stichprobengröße (Auswahl von Personen aus einer infrage kommenden Gesamtheit) bewegen sich zwischen 20 und 200 Personen; in Abhängigkeit von der untersuchten Fragestellung wird zumeist ab einer bestimmten Anzahl von Interviews eine „Sättigung“ (kein bedeutender Zugewinn an neuen Erkenntnissen) festgestellt.
Stichprobenzusammensetzung	Geplante Stichproben sollten den theoretischen Überlegungen und der Fragestellung angepasst werden, heterogen zusammengesetzt sein und möglichst typische Vertreter enthalten.
Interviewer	Höhere Anforderungen als im quantitativen Interview: Der Interviewer sollte eine offene, gesprächsanregende Atmosphäre schaffen, sich selbst aber sehr zurücknehmen und trotzdem das Gespräch im Sinne der Fragestellung „führen“.
Protokollierung	Eine Aufzeichnung des Interviews auf Tonband oder Video ist zu empfehlen, um den Interviewer zu entlasten; für die Auswertung des Interviews sollten die Aufzeichnungen in eine schriftliche Form übertragen werden.

Umfrage, Arbeit mit Fragebogen

Umfragen finden in der Politikforschung, der Sozialforschung, der Regionalforschung, der Gesundheitsforschung und besonders häufig in der Markt- und Wahlforschung Anwendung.

> Die **Umfrage** ist eine klassische Methode der Datenerhebung. Sie wird dann angewendet, wenn ein zuverlässiges Bild über Meinungen, Bewertungen und Denkweisen zu interessierenden Sachverhalten gewonnen werden soll.

In der **wissenschaftlichen Arbeit** werden Totalerhebung und repräsentative Umfrage unterschieden.

1

Als Anhalt für **Stichprobengrößen** können folgende Relationen dienen: etwa 30 zu Befragende bei einer Gesamtheit von 300, etwa 70 bei 1000, etwa 400 bei 10000.

Verfahren bei der **Anwendung des Zufallsprinzips** sind die Auswahl per Los oder das Abzählen jeder x-ten Telefonnummer (↗ Fragebogen, S. 79).

Eine **Totalerhebung** ist auf das Erfassen der Gesamtheit einer überschaubaren Personengruppe gerichtet, beispielsweise aller Bewohner eines Stadtviertels oder einer Gemeinde.
Eine **repräsentative Umfrage** zielt auf die Befragung von Personen, die in einer bestimmten Stichprobengröße und nach dem **Zufallsprinzip** ausgewählt wurden. Die **Stichprobengröße** wird nach der jeweiligen Befragungsgesamtheit (z. B. aller Angestellten in einem Betrieb) festgelegt und es muss gewährleistet sein, dass jeder davon in die Auswahl kommen könnte.

> Der Erfolg einer Umfrage hängt wesentlich vom zugrunde gelegten **Fragebogen,** insbesondere von der Art der Fragen ab.

Bei der Erarbeitung eines Fragebogens können offene und geschlossene Fragen formuliert werden.

Offene Fragen enthalten keine vorgegebenen Antwortkategorien. Die Befragten müssen ihre Antwort selbstständig formulieren:

Die Bereitschaft, offene Fragen zu beantworten, ist bei Befragten oft weniger ausgeprägt.

- „Wie beurteilen Sie die Jugendarbeit in Ihrer Stadt während der letzten zwei Jahre?"

Geschlossene Fragen sind dadurch gekennzeichnet, dass dem Befragten die jeweils relevanten Antworten zur Auswahl vorgelegt werden.

Geschlossene Fragen		
Alternativfragen	… enthalten Antwortmöglichkeiten, die sich ausschließen.	„Sind Sie für den Einsatz der Bundeswehr in Krisenregionen?"
Auswahlfragen	… bieten stets mehrere Antworten zur Auswahl an.	„Wenn am nächsten Sonntag Wahl wäre, welcher Partei würden Sie dann Ihre Stimme geben?"
– **Einstellungsfragen**	… werden beantwortet mit „stimme zu" oder „lehne ab".	„Sollte jeder, der in Deutschland Steuern zahlt, auch wählen dürfen?"
– **Bilanzfragen**	… sollen aufdecken, ob die Befragten mit einer bestimmten Politik/Situation zufrieden sind oder nicht.	„Sind Sie mit den Ergebnissen der Bezirksreform in Berlin zufrieden?"
Skalenfragen	… sind auf die Messung der Intensität oder Häufigkeit von Werten, Meinungen, Handlungen gerichtet; einer formulierten Frage wird jeweils eine Antwortskala zugeordnet.	„Wie stark interessieren Sie sich für Politik?": „sehr stark", „stark", „mittel", „wenig", „überhaupt nicht"?

Aus einem Fragebogen zur Bundestagswahl

Interviewer: ______________________________,
Zeitpunkt Beginn: __________________________,
Guten Tag, mein Name ist

____,
Ich bin Schüler/-in der

__________________________________ (Schule).
Wie Sie vielleicht in der Zeitung gelesen haben, führen wir im Rahmen des Politikunterrichts eine Wählerumfrage in (________________________) durch. Wir haben Ihre Nummer zufällig aus dem Telefonbuch ausgewählt. Ihr Name ist mir nicht bekannt. Ich möchte Sie fragen, ob Sie so freundlich sind, an dieser Umfrage teilzunehmen. Ihre Angaben bleiben selbstverständlich anonym.

Wenn ja: Sind Sie oder jemand anders in Ihrem Haushalt in (___________________________) wahlberechtigt?
Wenn nein: Dann kann ich Sie leider nicht weiter befragen.
Vielen Dank! (Interview beenden)

Wenn ja: Kann ich die wahlberechtigte Person aus Ihrem Haushalt sprechen, die als letzte Geburtstag hatte? Um eine Zufallsauswahl zu gewährleisten, ist diese Vorgehensweise für uns wichtig.
(Evtl. neuen Telefontermin vereinbaren.)
Bei Nachfragen: „Das Interview wird nur wenige Minuten dauern." – „Rückfragen sind in meiner Schule möglich." (Tel.: _____________) oder eigene Telefonnummer angeben.

1. Nr. des Wahlkreises
   (ist für jeden Wahlkreis identisch; wird vorher eingetragen)

   ____

2. Wenn am nächsten Sonntag Bundestagswahl wäre, würden Sie zur Wahl gehen?
   a ☐ Ja   b ☐ Nein   c ☐ Weiß nicht

3. Wenn Sie zur Wahl gehen würden, welcher Partei würden Sie dann Ihre Stimme geben?
   a ☐ CDU   d ☐ B 90/Grüne
   b ☐ SPD   e ☐ Die Linke
   c ☐ FDP   f ☐ Andere

(...)

Bei den folgenden Aussagen handelt es sich um Meinungen über Politik. Ich lese Ihnen zwei Aussagen vor. Bitte sagen Sie mir anhand eines Zahlenwertes von 1 bis 5, was Sie davon halten.

15. „Leute wie ich haben so oder so keinen Einfluss darauf, was die Regierung tut."
    1 ☐ Stimmt absolut
    2 ☐ Stimmt im Großen und Ganzen
    3 ☐ Teils/teils
    4 ☐ Stimmt weniger
    5 ☐ Stimmt überhaupt nicht

16. „Die Parteien sollten sich nicht wundern, wenn sie bald keiner mehr wählt."
    1 ☐ Stimmt absolut
    2 ☐ Stimmt im Großen und Ganzen
    3 ☐ Teils/teils
    4 ☐ Stimmt weniger
    5 ☐ Stimmt überhaupt nicht

(Nach einem Fragebogen der Bundeszentrale für politische Bildung)

(rot) = Alternativfrage
(blau) = Auswahlfrage
(grün) = Skalenfragen
(gold) = Kriterien für Zufallsauswahl

Bei der **Erarbeitung eines Fragebogens** sollte beachtet werden:
- Ein Fragebogen darf nicht überfrachtet werden. Bei mehr als zwanzig Fragen wächst die Gefahr, dass Befragte die Geduld verlieren.
- Die ersten Fragen sollten so formuliert sein, dass sie nicht das Antwortverhalten bei späteren Fragen beeinflussen.
- Die Fragetechnik und die Art der Antwortvorgaben sollen variieren. Insgesamt sollen mehr geschlossene als offene Fragen formuliert werden.
- Fragen sollen möglichst kurz und präzise formuliert werden, sie sollen keine Wertungen beinhalten.

In Deutschland gibt es fünf große **Meinungsforschungsinstitute:** die Forschungsgruppe Wahlen, Infratest dimap, das Institut für Demoskopie in Allensbach, Emnid und das forsa Institut.

Quotenauswahl: nicht zufallsgesteuertes Auswahlverfahren; freie Zusammenstellung von Personen nach bestimmten Merkmalen

In der **Wahlforschung** können spezielle Umfragemethoden genutzt werden. Generell zielt die Wahlforschung darauf, individuelles Wählerverhalten zu ermitteln und die daraus resultierende Machtverteilung zwischen den politischen Parteien zu erklären.

Meinungsforschungsinstitute ermitteln Wahlabsichten im Vorfeld von Wahlen, sie geben Prognosen am Wahlabend und nehmen Hochrechnungen zum tatsächlichen Abstimmungsverhalten vor.

- **Umfrageergebnisse vor den Wahlen** beruhen zumeist auf 800 bis 2000 repräsentativ ausgewählten Befragten. Deren Auswahl erfolgt nach dem **Zufallsprinzip** (↗S. 78) oder nach der **Quotenauswahl.** Die Umfragen werden entweder telefonisch, im Gespräch („face to face") oder schriftlich durchgeführt. Die Ergebnisse unterliegen den statistischen Gesetzen der Wahrscheinlichkeitsrechnung. Die Fehlertoleranz beträgt je nach Umfang und Methode der Erhebung etwa zwischen zwei und vier Prozent.
- **Wahlprognosen,** die mit der Schließung der Wahllokale im Fernsehen verkündet werden, beruhen auf Befragungen, die während des gesamten Wahltags vor Wahllokalen durchgeführt werden. Wähler werden gebeten, ihre Wahlentscheidung zu nennen. Es werden solche sozialstatistischen Merkmale wie Geschlecht, Alter, Beruf und Konfession erfasst. Hierbei wird eine wesentlich größere Anzahl von Personen befragt als bei Umfragen vor einer Wahl.
- **Hochrechnungen** von Wahlergebnissen beruhen auf tatsächlichem Wählerverhalten. Die Ergebnisse repräsentativ ausgewählter Stimmbezirke – solche, die in ihrer Gesamtheit das vorangehende Wahlergebnis abbilden, werden hochgerechnet.

Erkundung

„Erkundung" wird allgemein für Forschung oder für das Sammeln und Aufbereiten von Daten und Wissen verwendet, in Politik und Wissenschaft auch für das Prüfen von Chancen für erfolgreiche Tätigkeiten oder Projekte. In der Soziologie gehören z. B. Erkundungsstudien zu den Forschungsmethoden.

Erkundung ist eine Methode, die auf das Gewinnen von Kenntnissen durch entdeckend-forschende Tätigkeit mithilfe der Verfahren Beobachtung und Befragung gerichtet ist. Sie wird angewendet, um Daten für das Ergründen von Sachverhalten oder das Prüfen von Hypothesen zu ermitteln.

Kern der Methode ist die unmittelbare Anschauung und Wahrnehmung von Gegebenheiten, von Ausschnitten der Wirklichkeit. Was, warum und mit welcher Zielstellung erkundet werden soll, wird zunächst genauer definiert und dann dem Vorgehen zugrunde gelegt. Dabei geht es um das Erfassen konkreter Daten und Informationen, um ihre Strukturierung und Bewertung. Grundlegend sind **drei Arbeitsabschnitte:**

1. Beschreibung des Erkundungsziels sowie des erwarteten Ergebnisses und Entwerfen eines Erkundungskonzepts,
2. Zielgerichtetes Sammeln von Daten und Fakten, was durch Beobachtung und/oder Befragungen bzw. Informationsgespräche erfolgt,
3. Aufbereitung und Auswertung der erfassten Daten und Informationen.

Typische sozialwissenschaftliche **Erkundungsbereiche** und -felder sind Arbeits- und Produktionsbedingungen in Betrieben und Unternehmen, Entscheidungsvoraussetzungen bei Projekten für Städte- und Gemeindevertretungen, Werbeinitiativen verschiedener Medien oder programmatische Schwerpunkte und Argumente von Parteien im Wahlkampf.

In **Schulprojekten** können *Erkundungen in Betrieben und Unternehmen* z. B. zu folgenden Themenfeldern durchgeführt werden:
- zu technologischen Prozessen und Gegebenheiten (Arbeits- und Fertigungsabläufe, Funktionsweise von Maschinen),
- zu betriebswirtschaftlichen Prozessen (Umsatz- und Absatzentwicklung, Einsatz von Marketinginstrumenten),
- zur Umsetzung ökologischer Forderungen (Energiebedarf, umweltgerechte Produktionsverfahren und Erzeugnisse),
- zur Verwirklichung sozialer Ziele (Arbeitsbedingungen, Sozialordnung, Interessenvertretung).

Verfahren der Erkundung sind Beobachtung und Befragung. Das Entwickeln von Beobachtungskriterien, von Fragebögen bzw. Interviewkonzepten sowie ihre Umsetzung und Auswertung sind Bestandteile von Erkundungen.

Ob der Schwerpunkt einer Erkundung eher auf der Beobachtung oder der Befragung liegt, hängt von den jeweils vorgefundenen Bedingungen und Erkundungsabsichten ab. Produktions- und Arbeitsabläufe im sekundären Wirtschaftssektor – vor allem in der verarbeitenden Industrie und teilweise auch im Handwerk – sind z. B. gut beobachtend zu erschließen. Im Dienstleistungsbereich betrifft das auch die technischen Abläufe, aber entscheidungsorientierte Tätigkeiten können nur durch Befragung erschlossen werden.

Beobachtungen bedürfen der systematischen Vorbereitung, um das Gesehene identifizieren und bewerten zu können. Dafür ist ein Plan zu entwerfen und es sind Kriterien zu entwickeln, nach denen die Erkundung durchgeführt werden soll. Zugrunde liegen folgende Fragen:
- Was ist zu beobachten?
- Wann und wo findet die Beobachtung statt?
- Welche Kriterien sollen der Beobachtung zugrunde gelegt werden?
- Wie sind die Beobachtungen zu protokollieren?
- In welcher Weise können die Ergebnisse gedeutet werden?

In einem Projekt, in dem z. B. Unternehmen im Zentrum einer Stadt erkundet werden, könnte der Beobachtungsplan neben den grundlegenden Informationen zu den zu erfassenden Unternehmen – Standort, Betriebs- und Verkaufsform, Sortimentsaufbau – auch Beobachtungskriterien bzw. Fragen zur Gestaltung des Außenbereichs (Schaufenster, Fassade), der Verkaufsräume sowie der Warenplatzierung und -präsentation enthalten.

Nicht alle zu erkundenden Sachverhalte und Prozesse lassen sich direkt beobachten. Dann können Informationen durch Befragungen erfasst werden – per Fragebogen oder Interviews mit Experten.

Zukunftsszenario

Szenarien sind weder Prognosen, die aus wissenschaftlichen Theorien abgeleitet werden, noch realitätsferne Wunschvorstellungen, sondern hypothetische Zukunftsbilder.

> Mithilfe der **Szenariotechnik** können zukünftige Entwicklungen und Strategien zu sozioökonomischen Problemfeldern erarbeitet werden. Sie enthalten quantitative und qualitative Aussagen und dienen der Orientierung und Entscheidungsvorbereitung.

Die Entwürfe von Zukunftsbildern oder Modellen gehen stets von realistischen Ansätzen und Gegebenheiten der Gegenwart aus und beschreiben verschiedene Entwicklungspfade. Es werden zumeist **drei Grundtypen** von Szenarien unterschieden:
- ein positives Extremszenario, das die günstigstmögliche Entwicklung beschreibt (Best-Case-Szenario),
- ein negatives Extremszenario, das den schlechtestmöglichen Entwicklungsverlauf vorstellt (Worst-Case-Szenario),
- ein Trendszenario, das die gegenwärtige Situation fortschreibt.

Das Trendszenario kann als realistischer Mittelwert der Extremszenarien betrachtet werden.

Dazwischen können alle denkbaren und theoretisch möglichen Zukunftssituationen erfasst und diskutiert werden.

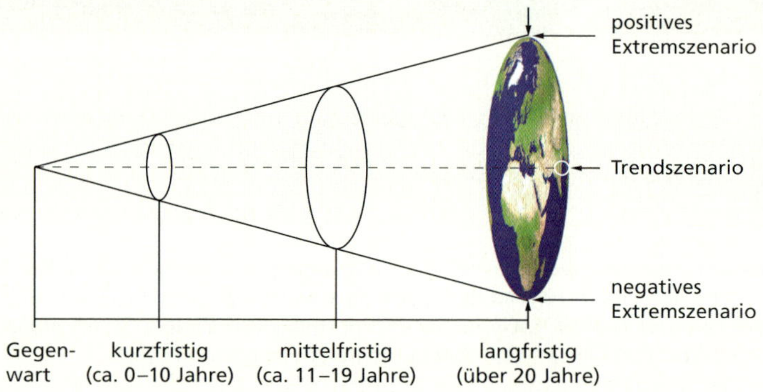

Der „Szenario-Trichter" wurde von UTE VON REIBNITZ (geb. 1951) entwickelt. Er verdeutlicht, dass mit Blick auf die Zukunft Komplexität und Unsicherheit zunehmen.

Wichtige Anwendungsbereiche der Szenariotechnik sind strategische Planungen in Unternehmen (z. B. Personalplanung) oder in Städten und Gemeinden (z. B. Raumplanung) sowie im Krisen- und Risikomanagement. Auch bei der Untersuchung globaler Entwicklungsfragen, wie die Zukunft der Energie oder des Klimas, wird die Methode herangezogen.

Kurzfristige Szenarien haben einen Zeithorizont von fünf bis zehn Jahren, mittelfristige von elf bis zwanzig Jahren und langfristige gehen über zwanzig Jahre hinaus. Ein Problem – z. B. Kinderarmut – kann auf lokaler, regionaler, nationaler oder internationaler Ebene untersucht werden.

Szenarien müssen schlüssig sein und werden nach einem Schema in **fünf Arbeitsphasen** entwickelt:

1. **Phase:** Aufgaben- und Problemanalyse
   Das Problem, das als lösungsbedürftig angesehen wird und zu dem unterschiedliche Lösungsansätze vorliegen, wird beschrieben. Das Problemfeld ist dabei sachlich, zeitlich und räumlich einzugrenzen.

Ein Problemfeld kann sehr weit oder sehr eng umrissen werden, z. B.: „Wirtschaftsentwicklung in Deutschland"oder„Kinderarmut".

2. **Phase:** Einflussanalyse und Deskriptorenbestimmung
Zunächst werden alle Einflussbereiche, die auf das Problemfeld einwirken, erfasst. Dann wird jeder Bereich durch die Bestimmung von Einflussfaktoren weiter ausdifferenziert. Für jeden Faktor werden anschließend quantitative und qualitative „Kenn- bzw. Messgrößen" – sogenannte Deskriptoren – ermittelt.

Für das Problemfeld „Welternährung 2030" sind die Einflussbereiche „Boden", „Genressourcen", „Bevölkerungsentwicklung" und „Energieeinsatz" maßgeblich. „Bevölkerungsentwicklung" z. B. unterliegt den Einflussfaktoren „Kultur", „Bildung", „Gesundheit" und „Politik". Deskriptoren für den Faktor „Bildung" sind „Schulpflicht" und „Kinderarbeit".

3. **Phase:** Trendprojektionen und Faktorenbündelung
Für jeden Einflussfaktor werden nun anhand der Deskriptoren Trendprojektionen erstellt. Das heißt, die Deskriptoren werden in die Zukunft projeziert, und zwar im Sinne sowohl einer günstigen als auch einer ungünstigen Entwicklung.

Bei vier Einflussbereichen mit jeweils vier Einflussfaktoren und jeweils zwei Deskriptoren für jeden Einflussfaktor entsteht z. B. ein Raster mit insgesamt 32 Elementen.

Für das Problem „Welternährung" können z. B. die Projektionen „Ausweitung der Schulpflicht" und „Reduzierung der Kinderarbeit" aufgenommen werden.

4. **Phase:** Entwicklung (Modellierung) und Interpretation der Szenarien
Die zusammengestellten Elemente bzw. Aussagen über positive und negative Veränderungen einzelner Faktoren und Deskriptoren in der Zukunft werden nun zu Szenarien modelliert. Sie sollen stimmig, anschaulich und kreativ sein und alle Einflussfaktoren, Deskriptoren und Trendprojektionen aufnehmen.

Szenarien machen nicht nur die Vielfalt möglicher Optionen für die Zukunft sichtbar, sondern zeigen auch, dass die Zukunft gestaltbar ist und dass Zukunftsbildern Werte und Normen zugrunde liegen.

Die Modellierung zweier möglicher Zukünfte als Extremszenarien – eines bestmöglichen und eines schlechtestmöglichen Zukunftsbildes – bildet den Höhepunkt der Methode. In einem Trendszenario kann die wahrscheinlichste Zukunft beschrieben werden.

5. **Phase:** Maßnahmen und Handlungsmöglichkeiten
Zum eingangs beschriebenen Problem werden nun Konsequenzen aus den Szenarien gezogen und Handlungs- bzw. Gestaltungsstrategien entwickelt. Dabei werden gewünschte Entwicklungslinien gestützt und verstärkt, unerwünschte eingedämmt und abgebaut. Ziel ist die Erarbeitung eines konkreten *Maßnahmekatalogs.*

Das Maßnahmentableau wurde von THOMAS RETZMANN (geb. 1963) entwickelt.

Ziel **Was?**	**Zeithorizont** **Wann?**	**Akteure** **Wer?**	**Maßnahmen** **Wie?**
	kurzfristig, mittelfristig, langfristig	Individuen, Organisationen, Verbände, Staaten	

Modell

Modelle sind gedanklich konstruierte, für einen bestimmten Zweck entworfene und gezielt vereinfachte Nachbildungen der Realität.

> Das Bilden von **Modellen** ist eine Methode zur Erklärung *komplexer* Sachverhalte oder Prozesse der Realität durch Abstraktion und Konstruktion. Beobachtete oder postulierte Merkmale werden aus der Wirklichkeit herausgegriffen und auf ihre Zusammenhänge untereinander untersucht.

Modelle sind dadurch charakterisiert,
- dass sie immer von der komplexen Wirklichkeit ausgehen,
- dass sie eine verkürzte, begrenzte Auswahl von Zusammenhängen beinhalten,
- dass ihnen jeweils eine bestimmte Darstellungsabsicht zugrunde liegt.

Ökonomische Modelle sind vielfach mathematische Modelle, denn oft werden Zahlen aus wirtschaftlichen, finanztechnischen oder ökologischen Befunden genutzt.

Um z. B. ein **ökonomisches Modell** zu entwickeln, sind bestimmte Verfahren zur Vereinfachung der Wirklichkeit notwendig:

Die tabellarische Darstellung der Verfahren zur Vereinfachung der Wirklichkeit geht in der Grundstruktur auf KLAUS JÜRGEN BÖNKOST zurück.

Komplexe ökonomische Realität

↓

Abstraktion
mithilfe von

↓ **Aggregation** ↓	↓ **Mechanisierung** ↓	↓ **Isolierung** ↓
Mehrere Einzelgrößen werden unter dem Aspekt eines gleichartigen Merkmals zusammengefasst.	Verhaltensweisen werden auf wesentliche reduziert, vor allem auf rationales Verhalten.	Die Beziehungen zwischen den verschiedenen Modellelementen werden im Verhältnis zu den übrigen wirtschaftlichen Vorgängen auf bestimmte Aspekte begrenzt.
Beispiele: Die Nachfrage der einzelnen Haushalte wird zur Gesamtnachfrage des Marktes. Die verschiedenen Märkte werden zu einem Markt zusammengefasst.	Beispiele: Alle Konsumenten verhalten sich am Markt nach dem ökonomischen Prinzip zweckrational. Alle Produzenten zielen auf Gewinnmaximierung.	Beispiele: Konsumenten kaufen Güter vom Produzenten. Produzenten stellen Güter für den Konsumenten her.
↓	↓	↓

Ökonomisches Modell
als gedanklich reduziertes Abbild der Realität

Wichtige Modelle in der Wirtschaftswissenschaft sind der „Vollkommene Markt", der „Homo oeconomicus", das Preisbildungsmodell und das Modell des Wirtschaftskreislaufs.

Im **Modell des Wirtschaftskreislaufs** werden die Beziehungen der Akteure einer Volkswirtschaft betrachtet. Das sind die privaten Haushalte, die Unternehmen, der Staat, die Banken bzw. der Finanzsektor und das Ausland.

- Der einfache Wirtschaftskreislauf umfasst nur den gegenläufigen Geld- und Güterstrom zwischen Haushalten und Unternehmen.
- Im erweiterten oder komplexen Wirtschaftskreislauf werden die unterschiedlichen Geld- und Güterströme, die zwischen den fünf Sektoren der Volkswirtschaft bestehen, dargestellt.
  Es handelt sich jeweils um geschlossene Kreisläufe.

In der Politikwissenschaft werden Modelle genutzt, um z. B. das Wahlverhalten der Bevölkerung zu erklären (Modell der gesellschaftlichen Konfliktlinien) oder den politischen Entscheidungs- und Problemverarbeitungsprozess zu analysieren (Modell des Politikzyklus). Eines der wichtigsten Modelle ist das von DAVID EASTON (1917 bis 2014) entwickelte „politische System".

Modell des erweiterten Wirtschaftskreislaufs

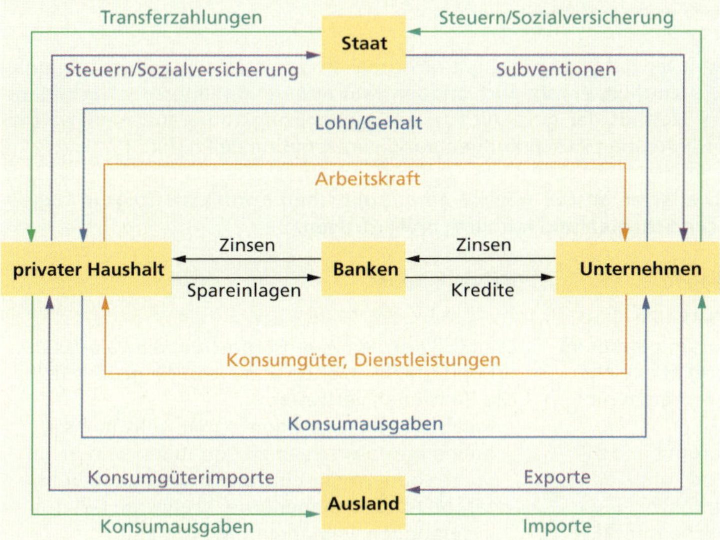

1.4.2 Politikwissenschaftliche Methoden

Die Politikwissenschaft nutzt das ganze Repertoire der sozialwissenschaftlichen Methoden, sowohl die quantitativen als auch die qualitativen Verfahren der zielgerichteten Datengewinnung und -auswertung. Sie sind Teil spezieller politikwissenschaftlicher Ansätze, wie der Parteien- und Verbändeforschung, der Policy-Forschung, der politischen Kulturforschung oder der Wahlforschung. Zu den Standardthemen gehören die Analyse politischer Konflikte, politischer Entscheidungsprozesse und Politiknetzwerke.

1

Konstruktive Konfliktregelung meint den Prozess des Austragens bzw. der Bearbeitung eines Konflikts mit dem Ziel, ihn wirksam und dauerhaft zu lösen. Dabei geht es um das Erreichen eines Interessenausgleichs zwischen den Konfliktparteien durch Abbau und Beseitigung der Differenzen sowie um die Minimierung bzw. den Ausschluss von Gewalt als Austragungsform.

Konfliktanalyse

Die **Konfliktanalyse** ist eine auf Leitfragen gestützte Arbeitsweise zur systematischen Untersuchung politischer Konflikte, vor allem auf internationaler Ebene. Sie mündet in eine Prognose für eine konstruktive Konfliktregelung.

Das methodische Vorgehen gründet sich auf Erkenntnisse der Friedens- und Konfliktforschung und erfordert im Einzelnen die Beschreibung der konkreten Konfliktsituation, die Feststellung ihrer Ursachen und Entstehungsgeschichte sowie der Ausformungen und Eskalationsstufen des Konfliktes, die Sondierung der beteiligten und betroffenen Akteure sowie ihrer konträren Positionen und Vorstellungen. Konfliktinhalte können dabei Glaubens- oder Weltanschauungsfragen, Macht und Einfluss, territoriale Unabhängigkeit oder nationale Selbstbestimmung sein. Der zu analysierende Konflikt kann als heißer (manifester) oder kalter (latenter) wahrgenommen werden.

Der Nahostkonflikt gilt nicht nur als der älteste ungelöste Regionalkonflikt, er ragt auch aus den zahlreichen Konflikten der Nachkriegszeit als der gefährlichste und vielschichtigste heraus – mit weitreichenden Auswirkungen auf die internationale Politik.

Die systematische Analyse eines politischen Konflikts erfolgt in folgenden **Schritten** und mithilfe von **Leitfragen.**

Analyseschritte	Leitfragen	Nahostkonflikt
1. Konfliktbeschreibung	– Worum geht es im Konflikt, welche Streitfragen gibt es? – Warum handelt es sich um einen Konflikt? – Welche Konfliktgruppen gibt es, über welche Machtmittel verfügen sie? – Welche Dimensionen von Gewalt sind in Bezug auf die Konfliktaustragungsformen und die Konfliktfolgen zu erkennen?	Es sind *7 Konfliktgegenstände,* um die Palästinenser und Israelis streiten und wozu sie gegensätzliche Positionen vertreten: – Staatlichkeit/Autononomie (die Palästinenser haben im Unterschied zu den Juden keinen Staat, sondern nur eine beschränkt handlungsfähige Autonomiebehörde; israelische Gebietsbesetzungen verstärken das Problem) – Territorium/Grenzen (es gibt keine feststehenden Grenzen zwischen den Siedlungsräumen der Palästinenser und der Israelis; Grenzerweiterungen zugunsten Israels finden statt) – Wasser (die Ressourcen sind überwiegend in Gebieten, deren Besitz politisch umstritten ist; mehrere Staaten – sind neben Israel und den Palästinensern am Verteilungskonflikt beteiligt) – Siedlungen (Palästinenser leben in zugewiesenen, zerstückelten Siedlungsgebieten; israelische Siedler vertreten stark ihre Siedlungsrechte)

		– Jerusalem (Palästinenser beanspruchen den arabischen Teil als zukünftige Hauptstadt, Israel die ganze Stadt; Jerusalem ist das Zentrum des Judentums, des Islams und des Christentums) – Flüchtlinge (von heute über 10 Mio. Palästinensern sind mehr als zwei Drittel Flüchtlinge, viele mehrfach vertrieben; sie sind die größte Gruppe Staatenloser weltweit), – Wirtschaft (Niedergang der palästinensischen Ökonomie seit 1967; starke Abhängigkeit von Israel, vor allem im Handel und auf dem Arbeitsmarkt) Die Auseinandersetzungen um diese Konfliktlagen eskalierten seit 1948/49 mehrfach, bis 2006 wurden allein 6 große Kriege geführt.
2. Konfliktursachen und -geschichte	– Welche strukturellen Ursachen hat der Konflikt, wie sieht die Geschichte des Grundkonflikts aus? – Welche konkreten Ursachen hat der aktuelle Konflikt? Was war der auslösende Faktor? – Um welche Art von Konflikt handelt es sich – um einen inhalts-, wert-, interessen- oder machtorientierten Konflikt?	Der Nahostkonflikt umfasst vielfach verknüpfte Beziehungen zwischen lokal, regional und global handelnden Akteuren, wobei im Zentrum das Land Palästina steht. Der *Grundkonflikt* besteht darin, dass zwei Nationen – Palästinenser und Juden – den gleichen geografischen Raum als Territorium für ihre souveräne Herrschaft beanspruchen können, und zwar auf der Grundlage der UN-Resolution 181 von 1947. Die Juden haben seit 1948 mit Israel ihren Nationalstaat auf einem Teil des Territoriums errichtet, während die Palästinenser ihre nationalstaatlichen Ansprüche noch nicht realisieren konnten. Der Anspruch beider auf Palästina wird aus geschichtlich weit zurückliegenden Siedlungsansprüchen (Palästinenser) bzw. aus biblischer Verortung (Juden) abgeleitet. Der Nahostkonflikt wird auch als „Palästina-Konflikt“, als „israelisch-arabischer“ oder „israelisch-palästinensischer Konflikt“ bezeichnet.
3. Konfliktparteien	– Wer sind die beteiligten Konfliktparteien, welche Austragungsformen gibt es zwischen ihnen? – Gibt es interessierte dritte Parteien, die ein Interesse haben zu vermitteln? – Welche Beziehungen bestehen zwi-	Der Nahostkonflikt hat *drei Konfliktebenen:* a) auf lokaler Ebene zwischen den Hauptkonfliktparteien, dem Staat Israel und den arabischen Palästinensern, b) regional zwischen Israel und den arabischen Staaten (z. B. sind die palästinensischen Flüchtlinge ein großes Problem für alle Anrainerstaaten; es gibt aber auch weitere Problemlagen, wie der territoriale Konflikt zwischen Israel und Syrien um die Golan-Höhen), c) international Einbindung der Großmächte USA und Russland sowie der Europäischen Union und der UNO in den Konflikt (insbesondere die

	zwischen direkt und indirekt betroffenen Akteuren sowie parteiischen und unparteiischen Dritten?	Interessenlage der USA erklärt sich aus dem in der Region vorhandenen Erdölvorkommen, aus ihrer besonderen Schutzfunktion gegenüber dem jüdischen Staat und aus der Tatsache, dass internationale Terrororganisationen vor allem in den arabischen Staaten angesiedelt sind). Sowohl von den arabischen Staaten als auch von den USA, der EU und der UNO gingen zahlreiche Initiativen zur Beilegung des Nahostkonflikts aus, z. B. von Ägypten als wiederholtem Gastgeber internationaler Nahostgipfel, von der UNO verschiedene Resolutionen oder von den USA, Russland, der EU und UNO ein gemeinsamer Friedensfahrplan.
4. Konfliktverlauf	– Welche Entwicklungsphasen bzw. Eskalationsstufen sind auszumachen? – Welche Machtmittel (wirtschaftliche, militärische, rechtliche …) wurden und werden eingesetzt, wie wird der Konflikt ausgetragen? – Welche Regelungen wurden bisher gefunden? – Welche Konfliktfolgen gibt es bzw. sind zu erwarten?	Seit 1948/49 wird der Konflikt in verschiedenen Formen ausgetragen, dabei wiederholt gewaltsam (↗ S. 391). Die Austragungsformen reichen von staatlich organisierten Operationen großer militärischer Verbände über Besetzungen und Annexionen von Gebieten bis zu Selbstmordattentaten sogenannter Märtyrer. Zugleich gibt es vielfältige diplomatische Initiativen und Aktionen auf verschiedenen Ebenen (Geheimverhandlungen, internationale Konferenzen, UNO-Resolutionen, Friedensgespräche, Abkommen), wobei auch Teilerfolge erreicht und Lösungswege aufgezeigt wurden. Die Grundsituation hat sich jedoch nicht verändert. Gefährdungen durch extremistische und radikale Kräfte und Organisationen haben sich noch verstärkt.
5. Konfliktprognose	– Wie wird sich der Konflikt weiterentwickeln? – Welche Lösungen sind möglich?	Möglichkeiten einer *konstruktiven Konfliktregelung* könnten sein: – „Zweistaatenlösung" durch Gründung eines demokratischen palästinensischen Staates unter Rückzug Israels aus den besetzten Gebieten; gegenseitige Anerkennung und gemeinsame Problemlösung in Etappen (liegt z. B. dem Friedensfahrplan „Road-Map" der UNO, EU, USA und Russland sowie der Genfer Vereinbarung von 2003 zugrunde); – „Ein Staat für zwei Völker" mit gleichen Rechten für Juden und Palästinenser (mehrere Probleme könnten sofort gelöst werden; es müsste allerdings ein säkularer Staat sein, ein Staat des Dialogs).

Politiknetzwerk

> **Politische Netzwerke** werden zur Erforschung des Lobbyismus und politischer Interessendurchsetzung genutzt. Mit ihrer Hilfe kann das Geflecht der Interaktionen organisierter Akteure im Politikprozess aufgedeckt werden.

Politische Netzwerke haben ihren Ursprung in der Eliteforschung sowie in der Untersuchung der wirtschaftlichen, sozialen und politischen Beziehungen von Organisationen im öffentlichen und privaten Raum.

Im Zentrum der Analyse steht nicht das Regierungshandeln, sondern die Frage, *wie welche Akteure* auf einem bestimmten Politikfeld oder in einem Politikbereich „interagieren", also durch Abstimmungen und Aktionen politische Entscheidungen bzw. Handeln beeinflussen. Es geht um das Erfassen des Zusammenspiels zwischen staatlichen und nicht staatlichen Akteuren, das auf wechselseitigen Ressourcenabhängigkeiten beruht.
Die Beziehungen, die staatliche Organisationen, Parteien, Verbände und soziale Bewegungen in konkreten Projekten eingehen, können in ihrer Makrostruktur folgende *Grundkonfigurationen* haben:

Die Makrokonfigurationen der verschiedenen Vermittlungssysteme entwickelten ULRIK BRANDES UND VOLKER SCHNEIDER.

Vollnetz 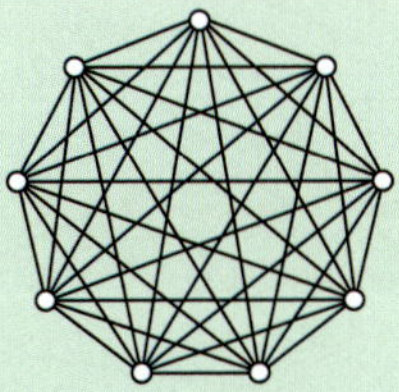	Pluralistische Systemstruktur: Jeder politische Akteur kommuniziert und interagiert mit jedem bzw. stimmt sich mit jedem ab. Der Staat bildet dabei nur den institutionellen Rahmen.
Stern 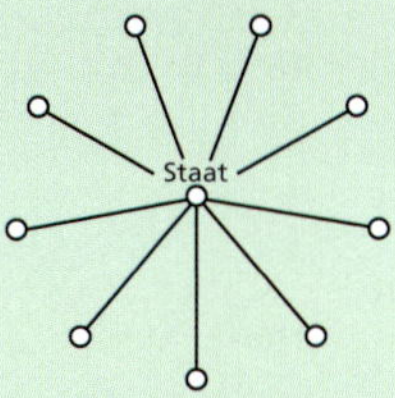	Etatistische Systemstruktur: Die politischen Akteure vertreten ihre Interessen gegenüber dem Staat direkt und treten nur über diesen vermittelt miteinander in Kontakt.
Sternvermittlung 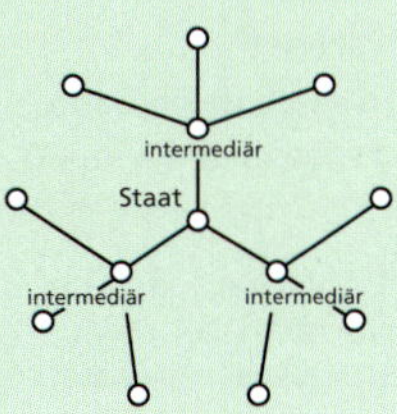	Staatskorporatistische Systemstruktur: Unterschiedliche Gesellschaftssegmente werden durch intermediäre Organisationen mit dem Staat vermittelt.
Sternverbund 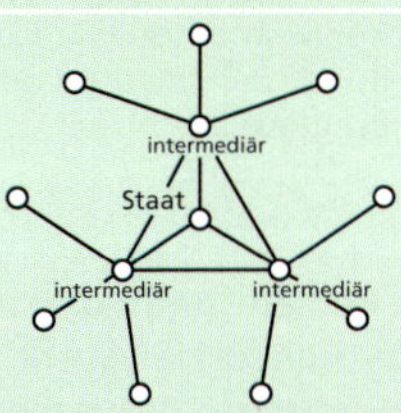	Gesellschaftskorporatistische Systemstruktur: Intermediäre Organisationen vermitteln unterschiedliche Gesellschaftssegmente und bilden gleichzeitig einen eigenen Verhandlungsverbund.

1

Ein Beispiel für die Makrostruktur in Form des Gesellschaftskorporatismus ist das **Politiknetzwerk der Privatisierung des deutschen Telekommunikationssystems.** Nicht nur Verbände, sondern auch Parteien waren hier wichtige intermediäre Organisationen mit einem großen eigenen Verhandlungsverbund. Sie gehörten neben der Regierung und Verwaltung sowie den Spitzen- und Branchenverbänden der Wirtschaft und den Arbeitnehmerorganisationen zu den 16 Organisationen, die den Entscheidungsprozess der Privatisierung maßgeblich beeinflussten.

▶ Politische Netzwerke haben sich auf allen politischen Ebenen und in vielen Politikfeldern herausgebildet, von öffentlich-privaten Partnerschaften in einem Wirtschaftsbereich über kommunale und nationale Politikfelder bis zu transnationalen Organisationsnetzwerken, in denen Regierungs- und Nichtregierungsorganisationen kooperieren und globale Probleme zu lösen versuchen.

▶ Das reformpolitische Netzwerk der Privatisierung des deutschen Telekommunikationssystems entwickelte VOLKER SCHNEIDER (geb. 1952) im Jahre 2008. Erfasst und dargestellt sind zum einen die unterschiedlich vorteilhaften Positionierungen der verschiedenen Akteure in der Kommunikationsstruktur und zum anderen ihre „Einflussreputation". Diese wird durch die Größe der Knoten angezeigt.

Interessenvermittlung in der Kommunikationspolitik

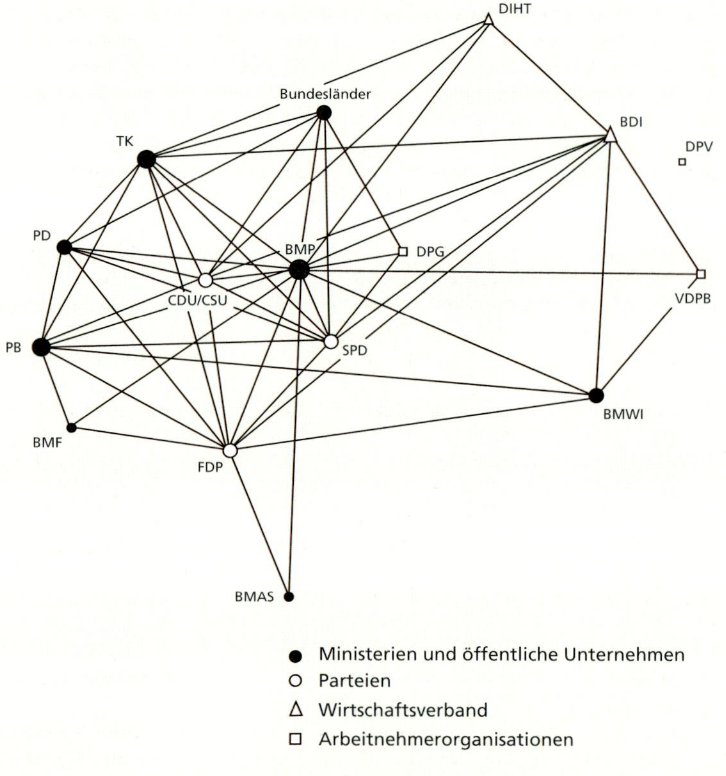

DPG	Deutsche Postgewerkschaft
TK	Telekommunikationsunternehmen
DPV	Kommunikationsgewerkschaft
PD	Postdienstleistungsunternehmen
PB	Postbank
BDI	Bundesverband der Deutschen Industrie e. V.
DIHT	Deutscher Industrie- und Handelskammertag
VDPB	Verband der privaten Bausparkassen
BMP	Bundesministerium für das Post- und Fernmeldewesen
BMAS	Bundesministerium für Arbeit und Soziales
BMF	Bundesministerium der Finanzen
BMWI	Bundesministerium für Wirtschaft und Technologie

Das Erfassen und Analysieren der Beziehungen und des Einflusses der verschiedenen Akteure in einem politischen Netzwerk erfolgt auf der Basis von Erkundungen, Befragungen und soziometrischen Untersuchungen.

1.4.3 Umgang mit Statistiken

In nahezu allen Wissenschaftsgebieten, im Besonderen auch in den Wirtschaftswissenschaften, ist der Umgang mit empirischen Daten substanziell. Mithilfe von Statistiken können wirtschaftliche, politische und gesellschaftliche Sachverhalte erfasst, dargestellt und analysiert werden. Sie bilden die Grundlage z. B. für das Erkennen von gesellschaftlichen Entwicklungstrends, für die Festlegung unternehmerischer Maßnahmen oder für die Begründung umweltpolitischer Entscheidungen.

> **Statistik** ist die Lehre von der systematischen Erfassung, Darstellung und Interpretation quantitativer Daten mithilfe bestimmter Methoden. Die Ergebnisse dieser Verfahren werden ebenfalls als Statistik bezeichnet.

Begrifflich geht „Statistik" auf *statisticum* (lat.) = den Staat betreffend und *statista* (ital.) = Staatsmann zurück. Die deutsche Statistik wurde von GOTTFRIED ACHENWALL (1719–1772) begründet und zunächst als „Lehre von den Daten über den Staat" verstanden.

Statistische Untersuchungen beziehen sich stets auf einen bestimmten Sachverhalt, der sachlich, räumlich und zeitlich abgegrenzt ist.

Das einzelne Objekt einer statistischen Untersuchung wird als *statistische Einheit* bezeichnet, die Gesamtheit der statistischen Einheiten mit übereinstimmenden sachlichen, räumlichen und zeitlichen Merkmalen als *statistische Masse* oder Gesamtheit.

Volkszählung in der Bundesrepublik Deutschland am 30.10.2011 verweist z. B. auf folgende Merkmale: sachlich = jeder Einwohner, räumlich = in der Bundesrepublik Deutschland, zeitlich = am 30.10.2011.

In der Regel liegen statistischen Untersuchungen folgende **Arbeitsphasen** zugrunde:
1. Gewinnung von Daten (Zielstellung festlegen und entscheiden, welche Daten wie und in welcher Breite erhoben werden sollen),
2. Auswertung und Darstellung von Daten (Zahlenmaterial erfassen, zusammenstellen und in Tabellen oder Grafiken verdichten),
3. Interpretation (Datengehalt aus Sicht des Fachgebiets sowie im Hinblick auf Beziehungen der Teilinformationen analysieren).

Statistische Untersuchungen erfolgen immer im Zusammenspiel von statistisch-mathematischer Methodik und theoretischem Fachwissen. Aus der Anwendung von statistischen Methoden in den Fachwissenschaften haben sich mittlerweile verschiedene Teilgebiete entwickelt, z. B. die amtliche Statistik, Demografie, Finanzstatistik, Kommunalstatistik, Umweltstatistik, Wirtschaftsstatistik.

Empirische Daten und Kennzahlen

Im Unterschied zu Alltagswahrnehmungen und -erfahrungen werden empirische Daten durch bestimmte Verfahrensweisen gewonnen.

> **Empirische Daten** sind Informationen über wirtschaftliche, soziale oder politische Sachverhalte, die auf gezielten, systematisch verlaufenden Untersuchungen beruhen.

Die Daten können durch Inhaltsanalyse, Beobachtung oder Befragung selbst erhoben und gesammelt werden. Es können aber auch Daten genutzt werden, die von staatlichen und anderen öffentlichen Einrichtungen sowie von gesellschaftlichen Organisationen und Wirtschaftsunternehmen regelmäßig erhoben und bereitgestellt werden (Sekundäranalyse). Hierzu gehören z. B.
- Daten zur Bevölkerungsentwicklung oder zur Wohlfahrtsmessung in Deutschland, die das Bundesamt für Statistik in Jahresberichten zusammenstellt (http://www.destatis.de),

Eine der wichtigsten Quellen für die Recherche von empirischen Daten ist das Internet. Hier ist eine Fülle an aktuellen Daten zu finden. Sie sind aber nicht alle in gleicher Weise zuverlässig.

- Wirtschaftsdaten des Eurogebiets, u. a. Geld- und Finanzstatistiken, die die Europäische Kommission jährlich, vierteljährig und monatlich veröffentlicht (http://epp.eurostat.ec.europa.eu).

Vor allem in den Wirtschaftswissenschaften werden verschiedene Daten zusammengefasst und als Maßstabwerte oder Kennzahlen genutzt.

> **Kennzahlen** sind aus Einzeldaten zusammengefasste und in Zahlen ausgedrückte quantitative Informationen über Tatbestände für den innerbetrieblichen, zwischenbetrieblichen und volkswirtschaftlichen Vergleich.

Häufig wird der Begriff *Kennziffer* verwendet. Da die Ziffer ein schriftliches Zeichen (0–9) für die Darstellung von Zahlen ist und wirtschaftliche Daten in der Mehrzahl durch Kombination von Ziffern erfasst werden, ist die Verwendung des Begriffs *Kennzahl* exakter.

Als Maßstabwerte haben Kennzahlen bestimmte **Funktionen.** Sie können
- als Entscheidungsgrundlage herangezogen werden,
- der Steuerung und Kontrolle von Maßnahmen zugrunde gelegt werden oder
- der Frühwarnung vor möglicherweise entstehenden Risiken dienen.

In der Volkswirtschaft werden *ökonomische Indikatoren* verwendet, z.B. innerhalb der Volkswirtschaftlichen Gesamtrechnung (↗S. 247). In der Betriebswirtschaftslehre werden *betriebswirtschaftliche Kennzahlen* zur Beurteilung von Unternehmen sowie zur Festlegung von Unternehmenszielen und zur Messung des erreichten Standes genutzt. Kennzahlen werden auch verwendet, um Geschäftsprozesse messbar zu machen. Für die Bewertung von Wertpapieren werden *Wertpapierzahlen* eingesetzt.

Betriebswirtschaftliche Kennziffern (Beispiele)		
Bilanz- und Erfolgskennzahlen	– Umsatzrentabilität – Investitionsquote – Personalintensität – …	Die Personalintensität wird aus dem Verhältnis von Personalaufwendungen zur Betriebsleistung (vereinfacht Umsatz) ermittelt: $\text{Personalintensität} = \frac{\text{Personalaufwendungen}}{\text{Betriebsleistung}} \times 100\,\%$ Dem Personalaufwand liegen die Löhne, Gehälter und Sozialaufwände zugrunde, weshalb diese Kennzahl auch als Personalaufwandsquote bezeichnet wird.
Kennzahlen von Produktion und Logistik	– Produktivität – Wirtschaftlichkeit – Ausschussquote – …	Wirtschaftlichkeit wird auf Basis der betrieblichen Größen Leistung und Kosten berechnet: $\text{Wirtschaftlichkeit} = \frac{\text{Leistung}}{\text{Kosten}}$ Je höher die Wirtschaftlichkeit ist, desto größer ist der Gewinn und damit auch die Rentabilität des Unternehmens.
Kennzahlen von Marketing und Vertrieb	– Warenrohgewinn – Kundenstruktur – Preisindex – …	Der Preisindex gibt die Veränderung des ermittelten Preises zum Basispreis in Prozent an. $\text{Preisindex} = \frac{\text{Preis im Ermittlungszeitpunkt}}{\text{Preis im Basiszeitpunkt}} \times 100\,\%$ Die benötigten Werte sind betriebsintern und werden nicht im Jahresabschluss veröffentlicht.

Gewinnung von Daten

Statistische Daten können auf unterschiedlichen Wegen gewonnen werden. Sie können selbst erhoben werden, aber auch aus vorhandenem Datenmaterial zusammengestellt bzw. entnommen werden.

> Welche Daten wie erhoben oder genutzt werden, hängt von der Grundaussage ab, die im Zentrum der Untersuchung steht.

Es gibt verschiedene Typen statistischer Erhebungen, die je nach Zielstellung, Inhalt und Umfang angewendet werden können:
- Totalerhebungen, z. B. Volkszählung oder Befragung aller Unternehmen eines Wirtschaftszweiges,
- repräsentative Untersuchungen, z. B. Ermittlung von Wahlpräferenzen vor der Bundestagswahl durch Wählerbefragung in repräsentativer Stichprobengröße,
- nicht repräsentative Untersuchungen, z. B. eine Umfrage zu einem bestimmten Thema in nicht repräsentativ zusammengesetzter Stichprobe,
- Beobachtungen und Messungen, z. B. Ermittlung des Verkehrsaufkommens an einem bestimmten Ort zu bestimmten Zeiten,
- Auswertung von schriftlichen Quellen unter einer bestimmten inhaltlichen Sicht, z. B. von Geschäftsberichten oder Fachartikeln zum Thema Einkommensentwicklung.

Stichproben werden nach bestimmten Kriterien so zusammengesetzt, dass die erhobenen Ergebnisse verallgemeinert werden können (↗ S. 78).

> Nach der Art der **Datenquelle** werden Primär- und Sekundärerhebungen unterschieden.

Bei der **Primärerhebung** werden die Daten durch eigene Untersuchungen gewonnen. Bei der **Sekundärerhebung** wird auf bereits vorhandene, für andere Zwecke erhobene Daten zugegriffen. Vor allem amtliche Statistiken empfehlen sich als sekundäre Quellen. Dieses Datenmaterial ist aktuell, zuverlässig erhoben und gut aufbereitet. Oft sind Daten in Zeitreihen und zu verschiedenen Themenfeldern greifbar.

Die genaue Prüfung vorhandener Daten ist besonders dann angezeigt, wenn angewendete Verfahrensweisen nicht einsehbar sind oder keine Quellenangabe ausgewiesen ist.
In Diktaturen sind solche Manipulationen immer wieder anzutreffen.

Bei Datenangeboten aus nicht amtlichen Sekundärquellen – besonders im Internet veröffentlichten – empfiehlt es sich, ihre Zuverlässigkeit bzw. das Erhebungsdesign vor der Nutzung genauer zu prüfen.
Statistische Daten sollen objektiv, also unabhängig vom Standpunkt des Erstellenden, und vor allem auch verlässlich sein. Deshalb ist immer darauf zu achten,
- wer die Daten erhoben hat,
- wo sie veröffentlicht wurden,
- auf welchen Zeitraum sie sich beziehen und ob sie sachlich und räumlich für die eigene Untersuchung geeignet sind.

Auswertung und Darstellung von statistischen Daten

Die Auswertung von Zahlenmaterial erfolgt jeweils mit Blick auf die zentrale Aussage, z. B. „Entwicklung von Angebot und Nachfrage auf dem Ausbildungsmarkt seit 2003".

Ziel der Datenauswertung ist es, die erhobenen Einzeldaten zu erfassen und sie so zusammenzustellen, dass quantitativ begründete Aussagen zu Sachverhalten oder Entwicklungen getroffen werden können.

Die Auswertung beginnt zumeist mit der Erstellung von Tabellen (Tabellierung). Dafür können auch Computerprogramme – Tabellenkalkulationen, Datenbanken oder spezielle Statistikprogramme – genutzt werden. Diese Programme bieten verschiedene Auswertungsmöglichkeiten, einschließlich grafischer Darstellungen der Ergebnisse in verschiedenen Formen.

GrafStat bietet eine automatische Grundauswertung des gesamten Datenmaterials. Aus der Gesamtsichtung können dann differenziertere Auswertungsschritte festgelegt werden.

Mithilfe des Programms GrafStat (www.grafstat.de) können z. B. Häufigkeitsauszählungen für einzelne Variable oder Kreuztabellen zur Verknüpfung von Variablen genutzt werden, es können Filter gesetzt oder Kopplungen mehrerer Merkmale vorgenommen werden. Zudem ist es möglich, auch neue Gruppen bei Auswahl- oder Skalenfragen zu bilden und auszuwerten.

Bei Stichprobenerhebungen gehört zur Auswertung auch die Hochrechnung, also das Schließen auf eine Grundgesamtheit. Die Ergebnisse einer Unternehmensstichprobe für einen Wirtschaftszweig können z. B. mithilfe von Hochrechnungsfaktoren auf alle Unternehmen des Wirtschaftszweiges hochgerechnet werden.

Ein Nachteil von Tabellen im Verhältnis zu grafischen Darstellungen ist die Unübersichtlichkeit bei großen Datenmengen.

Die zentralen Aussagen, die aus dem statistischen Material zu gewinnen sind, lassen sich am besten erfassen, wenn ihre Aufbereitung und Darstellung in einer strukturierten Form erfolgt. Das können neben Tabellen auch Grafiken sein. In Tabellen wird das Zahlenmaterial nach bestimmten Aspekten geordnet und zusammengefasst, in Grafiken wird es in Form von Diagrammen visuell aufbereitet.

Repräsentativ sind erhobene Daten dann, wenn sie Aussagen über eine Grundgesamtheit zulassen, was sich auf die Stichproben bezieht (↗ S. 78).

Tabellen sind inhaltlich und/oder zeitlich geordnete Zusammenstellungen von empirischen Daten. Sie eignen sich zur genauen Wiedergabe von Zahlenwerten.

Tabellen enthalten zumeist eine Fülle von Zahlen. Mit diesen Informationen umzugehen, sie richtig zu erfassen und zu bewerten, setzt eine gewissenhafte Analyse des gesamten Materials voraus.
Wenn bereits aufbereitete Tabellen ausgewertet werden, ist der Ausgangspunkt der Analyse die Tabellenüberschrift in Verbindung mit der Kopfleiste und den Randspalten. Im Besonderen zu beachten sind die Angaben zur Einrichtung, die die Daten erhoben hat, sowie zur Repräsentativität und Aktualität des Zahlenmaterials.

Prüfung der tabellarischen Daten unter der Fragestellung:
Entwicklung von **Angebot und Nachfrage auf dem Ausbildungsmarkt**

Berichtsjahr	Unbesetzte Ausbildungsplätze	Ausbildungsplatzangebot	Noch suchende Bewerber/-innen	Ausbildungsplatznachfrage
2006	15387	591540	49453	625606
2007	18143	644028	32587	658472
2008	19416	635758	14505	630847
2009	17131	583135	9595	575599
2010	19605	579678	12255	572328
2011/2012	33274	517102	15637	561783
2012/2013	33783	507263	21034	561168
2013/2014	37101	511613	20872	559431

Quelle: Bundesagentur für Arbeit, Statistik, Stand: September 2014

Bei der Prüfung dieser Tabelle ist beispielweise Folgendes zu beachten:

- Das Berichtsjahr der Bundesagentur für Arbeit ist der Zeitraum 01.10. bis 30.09.
- Der Bestand an unbesetzten Ausbildungsstellen wie auch der Bestand an noch nicht vermittelten Bewerbern ist jeweils die Summe vom 30.09. Die Angaben zu gemeldeten Ausbildungsstellen und gemeldeten Bewerbern sind die Summen der Daten aus dem Zeitraum 01.10. bis 30.09.
- Die Tabelle gibt zwar Einblick in die Entwicklung auf dem Ausbildungsmarkt, aber die genannten Zahlen an unbesetzten Ausbildungsstellen bzw. Ausbildungsplatzsuchenden können nur bedingt genutzt werden. Es sind keine verwertbaren absoluten Zahlen, denn weder die Unternehmen noch die Ausbildungsplatzsuchenden sind verpflichtet, Ausbildungsstellen bzw. ihre Ausbildungsplatzsuche dem Arbeitsamt zu melden.
- Die Anzahl an Ausbildungsstellen und die Anzahl der Bewerber darf nicht einfach gegengerechnet werden. So wird ein Ausbildungsplatzsuchender, der eine Ausbildungsstelle als Koch in Mecklenburg-Vorpommern sucht, sicher keine Ausbildungsstelle als Bankangestellter in Bayern annehmen.

Grafische Darstellungen werden vor allem genutzt, um Vergleiche anzustellen, Relationen sichtbar zu machen und Entwicklungen zu visualisieren. Sie dienen der Veranschaulichung der jeweiligen Grundaussage.

Die am häufigsten genutzten Diagrammarten sind das Linien- oder Kurvendiagramm, das Balkendiagramm, das Säulendiagramm, das Kreis- oder Tortendiagramm und das Punktdiagramm. Zudem gibt es Flächendiagramme, Figurendiagramme, Flussdiagramme, Volumendiagramme, Ringdiagramme, Netzdiagramme und viele andere.

Welche der zahlreichen Diagrammarten jeweils genutzt wird, hängt vom Datenmaterial und der darzustellenden Aussage ab.

▶ Säulendiagramme können auch zur Darstellung *mehrerer* Datenreihen genutzt werden. (Beim Kreisdiagramm kann nur eine Datenreihe dargestellt werden.)

Kreisdiagramm

Es eignet sich vor allem zur Darstellung von Anteilen verschiedener Elemente an einer Gesamtheit sowie zur Verdeutlichung ihrer Relationen zueinander.
Das Diagramm ist besonders im Rahmen von Strukturvergleichen anwendbar. Zur Darstellung der anderen Vergleichstypen eignet es sich hingegen nicht.

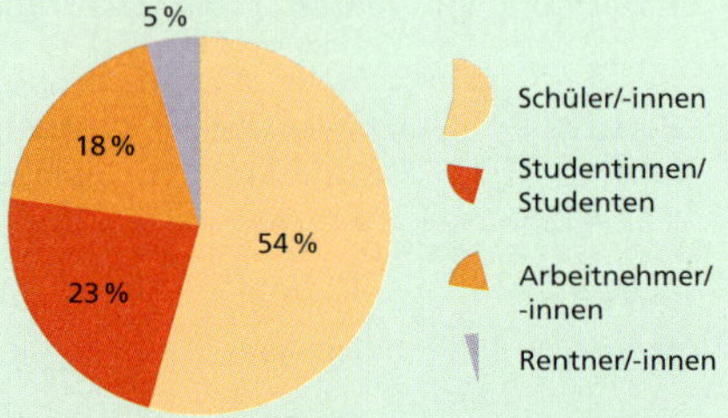

Balkendiagramm

Es ist ein Achsendiagramm mit Koordinaten. An die vertikale Achse werden Objektbezeichnungen angetragen, die horizontale Achse enthält eine Skala mit Zahlenwerten. Häufig wird hinter den Balken der entsprechende Wert gesetzt. Das Diagramm eignet sich besonders für Rangfolgenvergleiche, eingeschränkt auch für Korrelationsvergleiche.

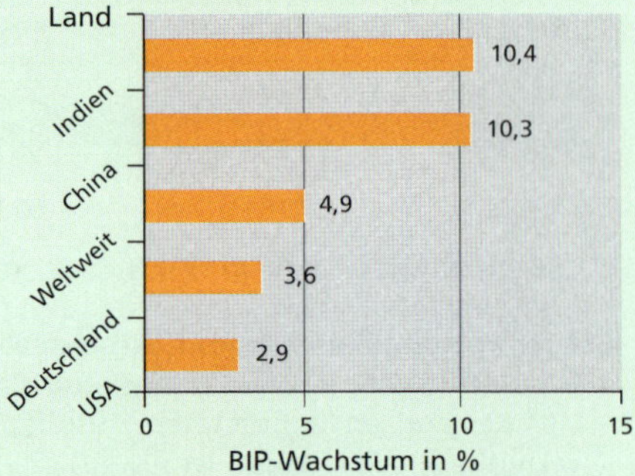

Säulendiagramm

Dieses Achsendiagramm unterscheidet sich vom Balkendiagramm durch die umgekehrte Nutzung der Achsen.
Es eignet sich sehr gut für Zeitreihen- und Häufigkeitsvergleiche, wobei der mengenmäßige Vergleich zu einem bestimmten Zeitpunkt bzw. über Zeitphasen gut sichtbar wird.

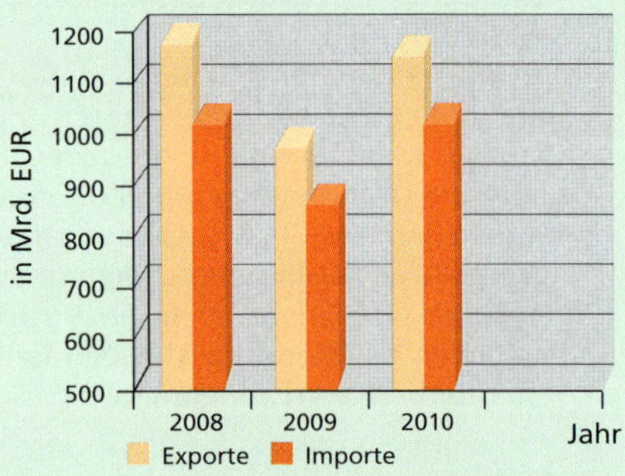

Kurvendiagramm

Bei diesem Achsendiagramm werden die Koordinatenwerte als Punkte eingetragen, die dann miteinander zu verbinden sind. Das Diagramm ist für die gleichen Zwecke einsetzbar wie das Balken- oder Säulendiagramm. Es eignet sich aber besonders für Zeitreihen mit einer hohen Anzahl an Werten.

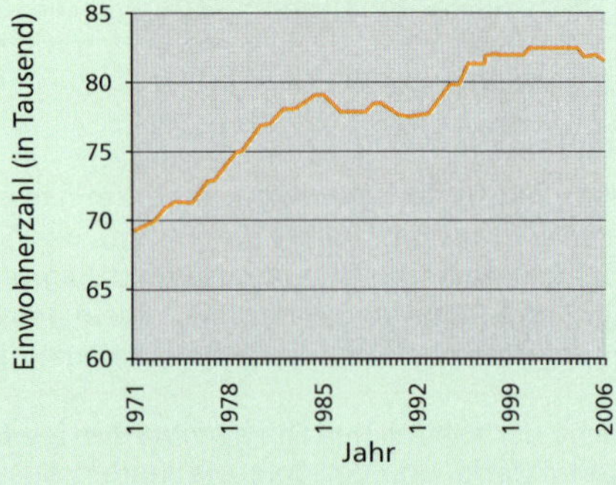

Punktdiagramm

In das Koordinatensystem werden die Werte von zwei zu untersuchenden Variablen auf der horizontalen und vertikalen Achse abgetragen. Das Diagramm eignet sich besonders für die Untersuchung von Zusammenhängen bzw. Korrelationen. Kann durch die Messwerte eine Gerade gezogen werden und liegen die Werte dicht an der Geraden, besteht ein großer Zusammenhang. Bildet sich eine „Wolke" um die erwartete Linie, besteht kein linearer Zusammenhang.

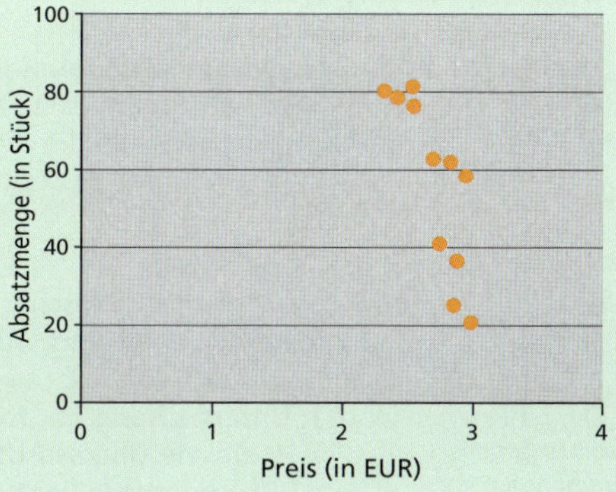

Grafiken sind zumeist leichter lesbar als Tabellen. Allerdings ist auch belegt, dass statistische Daten durch die grafische Umsetzung „über- bzw. verzeichnet" werden können. Das verdeutlichen folgende grafische Darstellungen der jeweils gleichen Grunddaten zur Umsatzentwicklung:

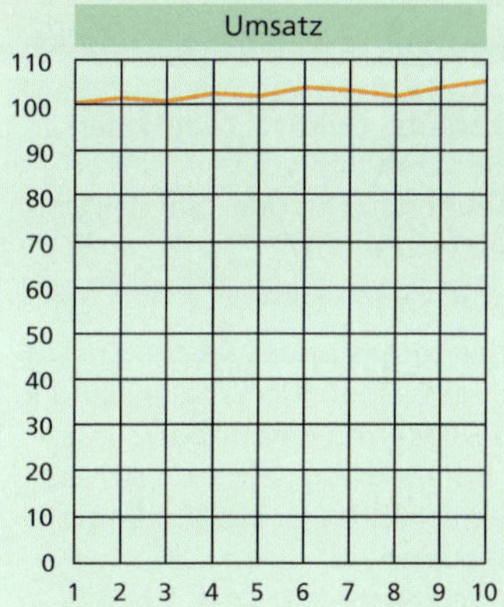

Wie die Kurvendiagramme zeigen, kann bei der „Verzeichnung" der Daten leicht aus einer „zahmen Ziege" (Grafik oben links) ein „Raging Bull" (Grafik oben rechts) werden.

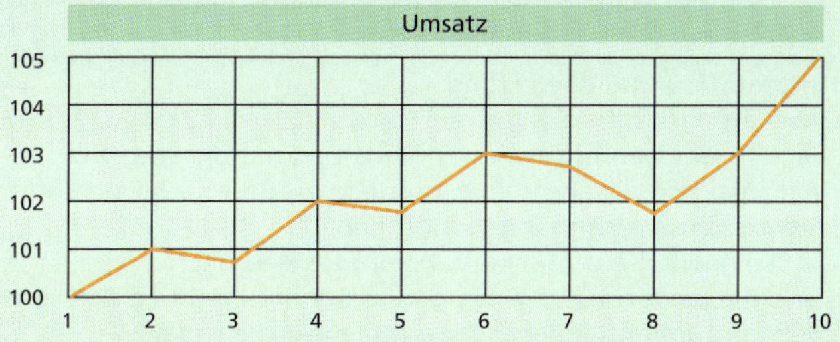

Analyse und Interpretation von Statistiken

> Bei der Analyse und Interpretation von Statistiken ist stets der gesamte quantitative Dateninhalt zu prüfen: auf Relevanz der Einzeldaten, auf die Beziehungen der Teilinformationen zueinander, auf ihre fachwissenschaftliche Aussage und auf formale Aspekte.

Die Analyse statistischer Darstellungen kann mithilfe bestimmter Fragestellungen absolviert werden:

Die Zahlenarten *absolute Zahlen* beziehen sich auf gegebene Mengen bzw. Häufigkeiten, *relative Zahlen* auf den Bezug zwischen zwei Werten, *reale Zahlen* auf Werte unter Berücksichtigung der Entwicklung anderer Zahlen (z. B. des Wasserverbrauchs unter Berücksichtigung der Bevölkerungsentwicklung), *nominale Zahlen* auf absolute Werte, unabhängig von der Entwicklung anderer Zahlen, *Indexzahlen* auf das Verhältnis einer Größe zu einer anderen Größe, wobei deren Basiswert am Beginn einer Datenreihe gleich 100 gesetzt wird.

1. Untersuchung der formellen Aspekte der Statistik
- Welche Überschrift hat die Tabelle oder Grafik und welche statistische Masse liegt der Untersuchung zugrunde (z. B. Gesamtheit der Erwerbstätigen)?
- Welche Merkmale werden erfasst (z. B. Anteile der Erwerbstätigen der verschiedenen Wirtschaftsbranchen an der Gesamtzahl der Erwerbstätigen)?
- Wer hat die Daten erhoben, wann und wo wurden sie veröffentlicht (z. B. neutrales Forschungsinstitut oder eine Lobbygruppe)?
- Auf welchen Zeitpunkt bzw. Zeitraum beziehen sich die Ergebnisse?
- Welche Darstellungsform wurde gewählt (z. B. Tabelle, Kreisdiagramm)?
- Welche Zahlenarten liegen vor (absolute, relative, reale oder nominale Zahlen, Prozent- oder Indexzahlen)?
- Gibt es Fehler im vorliegenden Zahlenmaterial oder bei der Darstellung (z. B. Zeitsprünge oder Verzerrungen)?

2. Beschreibung und Ergebnisanalyse
- Wie verteilen sich die Merkmale des Tatbestands (welche Zusammenhänge bestehen zwischen den einzelnen Merkmalen, sind in der Verteilung bestimmte Regelmäßigkeiten erkennbar)?
- Welche Tendenzen der zeitlichen Entwicklung zeichnen sich ab (welcher Trend wird deutlich, welche Werte werden am Beginn und am Ende einer Zeitreihe gemessen)?
- Welche anderen Auffälligkeiten sind feststellbar (z. B. Höchst- und Tiefstwerte, Trendverschärfungen, gegenläufige Entwicklungen in einem bestimmten Zeitraum, Stagnation)?
- Was ergibt sich bei einem Vergleich mit der Statistik zu anderen Zeiträumen oder anderen Regionen?

3. Interpretation und Bewertung
- Wie lässt sich die Aussage der Statistik zusammenfassend formulieren? Welchen fachlichen Hintergrund hat die Statistik?
- Wie lässt sich die zentrale Aussage in größere sachliche und theoretische Zusammenhänge einordnen?
- Ist die gewählte grafische Darstellung geeignet?
- Sind die gewonnenen Aussagen im Hinblick auf den Zeit- und Bezugsraum mit anderen Materialien vergleichbar?
- Weist die Statistik Unklarheiten, Defizite oder andere Mängel auf?

Demokratie in Deutschland

2

2.1 Grundgesetz und Verfassungsprinzipien

2.1.1 Entstehung und Entwicklung des Grundgesetzes

Drei Jahre nach dem Ende des Zweiten Weltkrieges und dem Beginn der Besatzung Deutschlands waren die politischen Differenzen zwischen den drei westlichen Siegermächten USA, Großbritannien, Frankreich und der Sowjetunion so tief greifend geworden, dass ein Konsens über die zukünftige Entwicklung Deutschlands ausgeschlossen war.

Der Parlamentarische Rat tagte von September 1948 bis Mai 1949 in Bonn und bestand aus 65 stimmberechtigten Abgeordneten aller Parteien, die von den Landtagen der 11 westdeutschen Länder entsandt worden waren, sowie fünf Abgeordneten aus Westberlin mit beratender Stimme. Der CDU-Politiker KONRAD ADENAUER (1876–1967) wurde zum Präsidenten des Rates gewählt.

Die westlichen Alliierten legten entsprechend ihrer gemeinsamen Deutschlandpolitik fest, dass auf dem Gebiet der drei westlichen Besatzungszonen ein föderaler, freiheitlich-demokratischer Rechtsstaat entstehen sollte. Es wurde eine Verfassung ausgearbeitet – in den Grundzügen durch einen Sachverständigenausschuss, in der Endfassung durch den Parlamentarischen Rat.

> Die **Verfassung** eines Staates regelt die Grundzüge der politischen Ordnung. Sie enthält Festlegungen über die Organisation, Funktionen und Ziele des Staates sowie die Rechte des Einzelnen.

Die Verfassung der **Bundesrepublik Deutschland** wird als **Grundgesetz** (GG) bezeichnet.

Unterzeichnung des Grundgesetzes

Vor dem Hintergrund der deutschen Teilung wurde die Verfassung als Zwischenlösung bis zur Wiedervereinigung mit dem östlichen Teil aufgefasst. Um den provisorischen Charakter zu verdeutlichen, wurde statt des staatsrechtlichen Begriffs „Verfassung" die Bezeichnung „Grundgesetz" gewählt. Am 23. Mai 1949 wurde das Grundgesetz als Verfassung verkündet und damit die Bundesrepublik Deutschland gegründet.

Unterzeichnung des deutschen Einigungsvertrages

Nach der Errichtung der Bundesrepublik Deutschland folgte am 7. Oktober 1949 die Gründung der Deutschen Demokratischen Republik (DDR) in der Sowjetischen Besatzungszone. Durch den Abschluss des Einigungsvertrages zwischen den beiden deutschen Staaten am 31. August 1990 gilt das Grundgesetz seit dem 3. Oktober 1990 für ganz Deutschland.

Die politische, wirtschaftliche und soziale Einheit wurde nicht durch die Ausarbeitung einer neuen Verfassung vollzogen (nach Art. 146), sondern durch den Beitritt der ostdeutschen Bundesländer zum Geltungsbereich des Grundgesetzes (nach Art. 23). Nach der Wiedervereinigung wurde 1992 ein neuer Artikel 23 ins Grundgesetz eingefügt, der ein klares Bekenntnis zur europäischen Einigung darstellt.

Der neue Art. 23 (Europa-Artikel) ermöglichte die Ratifikation des Vertrags über die Europäische Union (Vertrag von Maastricht), der am 1.11.1993 in Kraft trat.

Bedeutung und Aufbau des Grundgesetzes

> Das **Grundgesetz** hat als Verfassungsgesetz Vorrang vor allen anderen Gesetzen. Es ist die oberste Richtschnur politischen Handelns.

Das Grundgesetz der Bundesrepublik ist in 14 Abschnitte gegliedert, denen eine Präambel (Vorspruch) vorangestellt ist.

Abschnitt	Artikel	Regelungen betreffen
I	Art. 1–19	Menschenwürde, Grundrechte
II	Art. 20–37	Staatsaufbau, Verhältnis von Bund und Ländern
III–VI	Art. 38–69	Verfassungsorgane: Bundestag, Bundesrat, Gemeinsamer Ausschuss, Bundespräsident und Bundesregierung
VII	Art. 70–82	Gesetzgebung des Bundes
VIII + VIIIa	Art. 83–91b	Ausführung der Bundesgesetze sowie die Bundesverwaltung und Gemeinschaftsaufgaben
IX	Art. 92–104	Rechtsprechung
X	Art. 104a–115	Finanzwesen
Xa	Art. 115a–115l	Verteidigungsfall
XI	Art. 116–146	Übergangs- und Schlussbestimmungen

Das **Grundgesetz der Bundesrepublik Deutschland** ist in schriftlicher Form in einer Verfassungsurkunde niedergelegt.

Die Kernaufgabe des Staates ist der **Schutz der Grundrechte,** die auch nicht durch eine Verfassungsänderung beseitigt werden können.

Lehren aus historisch-politischen Erfahrungen

Das Grundgesetz von 1949 zieht Konsequenzen aus historisch-politischen Erfahrungen:

Scheitern der ersten deutschen Demokratie („Weimarer Republik“) und ihrer Verfassung von 1919	Erfahrung der totalitären Diktatur des Nationalsozialismus und ihrer Missachtung der Rechte des Individuums	Erfahrung des geteilten Deutschlands und der kommunistischen Diktaturen in der Sowjetunion und den Staaten Ost- und Mitteleuropas

2

Aus der **Weimarer Republik** (1919–1933) als einem demokratischen Staat war direkt eine totalitäre Diktatur hervorgegangen. Die Verfassung hatte nicht verhindern können, dass die Nationalsozialisten auf legalem Wege die Macht übernahmen und ihr verbrecherisches Regime errichteten.

Bei der Ausarbeitung einer neuen Verfassung spielte die historische Erfahrung der ersten deutschen Demokratie – der **Weimarer Republik** – eine besondere Rolle. In der Verfassung der Weimarer Republik waren bereits wesentliche Elemente eines demokratischen, rechtsstaatlichen Systems vorhanden, so der Grundsatz der Volkssouveränität, die Prinzipien von Gewaltenteilung und unabhängiger Rechtsprechung, Parteienvielfalt, Wahlen und ein Grundrechtskatalog.
Die **Weimarer Verfassung** beinhaltete aber keine institutionellen Sicherungen gegen die Feinde der Demokratie und konnte von ihren Gegnern (legal) missbraucht werden. Deshalb sollten im Grundgesetz die wesentlichen Aspekte einer freiheitlichen Demokratie klar und verbindlich als wirkungsvolle Basis für ein stabiles demokratisches System definiert werden. Die Lehren aus dem Scheitern der „Weimarer Republik" wurden deshalb direkt in die Verfassung von 1949 eingearbeitet.

Der Sturz des Bundeskanzlers bei gleichzeitiger Neuwahl eines Nachfolgers wird als konstruktives Misstrauensvotum bezeichnet.

Weimarer Verfassung	Verfassung der Bundesrepublik
parlamentarisch-autoritäres Präsidialsystem	parlamentarisch-repräsentative Demokratie
weitreichende Verfassungsänderungen und Grundrechtsaufhebungen durch Notverordnungen möglich	unveränderliche Kernprinzipien; feste Verankerung von institutionellen Sicherungen gegen die Feinde der Demokratie
Machtfülle des Reichspräsidenten (direkt vom Volk gewählt) mit umfassenden Kompetenzen	beschränkte Befugnisse des Bundespräsidenten mit überwiegend repräsentativer Funktion (nicht direkt von der Bevölkerung gewählt)
schwache Position des Reichskanzlers – absetzbar durch einfache Mehrheit	starke Stellung des Bundeskanzlers – Sturz nur bei gleichzeitiger Neuwahl eines Nachfolgers
schwaches Parlament – kann vom Präsidenten „übergangen" werden	starkes Parlament – Regierung ist dem Bundestag rechenschaftspflichtig
reines Verhältniswahlrecht (zahlreiche Splitterparteien im Parlament)	Verhältniswahl (über Landeslisten), verbunden mit direkter Personenwahl und Fünf-Prozent-Hürde
Verfahren direkter Demokratie (Volksbegehren und -entscheide)	keine plebiszitären Elemente wie beispielsweise Volksentscheide auf Bundesebene

Verfassungsänderungen

Das Grundgesetz hat Vorrang vor allen anderen Rechtsnormen. Veränderungen bedürfen deshalb eines Gesetzes, das den Wortlaut des Grundgesetzes *ausdrücklich* ändert oder ergänzt (Art. 79 Abs. 1).

> Um auf politischen, wirtschaftlichen und sozialen Wandel reagieren zu können, sieht das Grundgesetz die **Möglichkeit der Verfassungsänderung** vor (Art. 79 Abs. 2).

▶ Wissenschaftlich-technische, gesellschaftliche und politische Entwicklungen (z. B. Datenschutz, Gentechnik, Terrorismus, internationale organisierte Kriminalität, europäische Integration) führen auch zu Ergänzungen des Grundgesetzes.

Im Unterschied zur einfachen Gesetzgebung gelten bei verfassungsändernden Gesetzen erschwerte Bedingungen. Sie brauchen jeweils die Zustimmung einer Zweidrittelmehrheit sowohl im Bundestag wie auch im Bundesrat. Die Grundrechte dürfen nicht „in ihrem Wesensgehalt angetastet" werden (Art. 19 Abs. 29).
Die elementaren Verfassungsgrundsätze (Art. 1 und Art. 20) können prinzipiell nicht geändert werden (nach Art. 79 Abs. 3).

Offenheit des Grundgesetzes

Das Grundgesetz ist bindend für die Staatsgewalt, will aber nicht alle Themen bis ins Detail regeln.

▶ In Bezug auf die wirtschaftliche Ordnung ist das Grundgesetz „offen", da es keine bestimmte Wirtschaftsform festlegt. Das trifft aber nicht auf die Grundrechte und Ziele des Grundgesetzes – Freiheit, Eigentumsrechte und Gleichheit – zu.

> Bei der Auslegung der Gesetze bestehen Spielräume für den konkreten politischen Prozess und die gesellschaftliche Entwicklung. Das wird als **Offenheit des Grundgesetzes** bezeichnet.

Das Uneindeutige des Verfassungstextes ist über Interpretationen zu bestimmen: Die Verfassung wird anhand eines konkreten Falles ausgelegt. Das Grundgesetz kann (rechts-)wissenschaftlich interpretiert werden, z. B. über Verfassungskommentare. Rechtlich bindend sind aber nur Auslegungen des Gesetzgebers – durch Gesetze – oder der Rechtsprechung – durch Urteile. Oberste Instanz ist das **Bundesverfassungsgericht,** das die Interpretation des Grundgesetzes verbindlich vorgibt.

2.1.2 Verfassungskern und Grundprinzipien

▶ Mit dem Inkrafttreten des Vertrags von Lissabon am 1. 12. 2009 wurde die Grundrechtscharta der Europäischen Union verbindlich. Dadurch ist ein Spannungsverhältnis zum unveränderlichen Verfassungskern des Grundgesetzes entstanden.

Das Grundgesetz beinhaltet mit Art. 79 Abs. 3 eine „Ewigkeitsklausel", die Veränderungen der grundlegenden Werte und Prinzipien der freiheitlich-demokratischen Grundordnung ausschließt. Damit sollen die Selbstabschaffung der Demokratie sowie die Verletzung von Menschen- und Freiheitsrechten verhindert werden.

> Zum unveränderlichen **Verfassungskern** gehören:
> - die Unantastbarkeit der Menschenwürde (Art. 1) und die daraus abgeleiteten Grundrechte,
> - die Prinzipien von Republik und Demokratie, Rechts-, Bundes- und Sozialstaat (Art. 20).

1994 wurde das Grundgesetz um das Staatsziel „Schutz der natürlichen Lebensgrundlagen" (Art. 20a) erweitert, das ebenfalls der Veränderung entzogen ist.

Grundprinzipien der Verfassung	
Unantastbarkeit der Menschenwürde	Die Menschenwürde ist die **Fundamentalnorm** des Grundgesetzes. Sie ist das Leitprinzip der Verfassung und verkörpert den obersten Wert. „Die Würde des Menschen ist unantastbar. Sie zu achten und zu schützen ist Verpflichtung aller staatlichen Gewalt." (Art. 1 Abs. 1 GG) Als höchster Rechtswert bindet die Menschenwürde alle staatlichen Gewalten und begründet die Ordnung der Bundesrepublik Deutschland.
Republik	Im Unterschied zur Monarchie steht in der Republik ein Staatsoberhaupt an der Spitze, der Bundespräsident. Er wird vom Volk indirekt gewählt, sein Mandat ist zeitlich begrenzt. Das Grundgesetz bestimmt die republikanische Staatsform für den Bund (Art. 20 Abs. 1) und die Länder (Art. 28 Abs. 1 Satz 1).
Demokratie	Nach dem demokratischen Prinzip der **Volkssouveränität** muss jede (legitime) staatliche Handlung auf den Willen und die Zustimmung des Volkes zurückzuführen sein. „Alle Staatsgewalt geht vom Volke aus."(Art. 20 Abs. 2 Satz 1 GG) Volkssouveränität wird im Grundgesetz verwirklicht über – das Prinzip der **Repräsentation** (Staatsgewalt wird stellvertretend von Regierung, Parlament, Gerichten für das Volk ausgeübt), – den **Parlamentarismus** (Parlament ist politische Vertretung des Volkes, wird direkt vom Volk gewählt; verabschiedet Gesetze, wählt den Bundeskanzler), – **Wahlen** (müssen allgemein, unmittelbar, frei, gleich und geheim sein und regelmäßig durchgeführt werden; personalisierte Verhältniswahl für Bundestag), – das **Mehrheitsprinzip** (Mehrheitsentscheidungen, begrenzt durch Minderheitenschutz), – den **Pluralismus** (freier Wettbewerb konkurrierender politischer Kräfte, politische Gleichberechtigung und gleiche Chancen politischer Mitwirkung für alle Bürger, Möglichkeit zur Bildung und Ausübung von Opposition), – das Prinzip der **„wehrhaften" Demokratie** (Ahndung von Verletzungen der freiheitlich-demokratischen Grundordnung).
Rechtsstaat	Rechtsstaatlichkeit bindet den Staat bei allen seinen Handlungen an **Recht und Gesetz.** Dadurch ist staatliche Macht begrenzt und individuelle Rechte und Freiheiten werden geschützt. Oberstes Ziel ist die Gewährleistung von Freiheit, Sicherheit und Gerechtigkeit. Rechtsstaatlichkeit wird im Grundgesetz verwirklicht über – den **Vorrang der Verfassung** (Verfassung steht über allen Gesetzen und bindet Gesetzgebung sowie alle staatlichen Organe), – die **Priorität der Grundrechte** (Grundrechte sind unmittelbar geltendes Recht, dürfen in ihrem Wesensgehalt nicht angetastet werden; schließen Widerstandsrecht des Einzelnen gegen verfassungswidrig ausgeübte Gewalt des Staates ein), – **Rechtssicherheit** (Berechenbarkeit und Vorhersehbarkeit staatlicher Maßnahmen, z. B. durch Verbot rückwirkender Gesetze),

Rechtsstaat	– **Gewaltenteilung** und unabhängige Rechtsprechung (wechselseitige Hemmung und Kontrolle der unterschiedlichen Staatsorgane; Bändigung staatlicher Macht; Schutz individueller Rechte; besondere Bedeutung des Bundesverfassungsgerichtes), – den Grundsatz der **Verhältnismäßigkeit** (Schutz des Bürgers vor zulässigen, aber unnötigen Eingriffen staatlicher Gewalt; der Staat muss seine Mittel angemessen anwenden und auf gesetzlicher Grundlage handeln – „Gesetzesvorbehalt"), – **Rechtsweggarantie** (Recht jedes Bürgers, sich gegen Akte staatlicher Gewalt zu wehren und ein unabhängiges Gericht zur Klärung eines Sachverhalts anzurufen – „Gerichtsschutz"), – **Rechtsgleichheit** (alle Gesetze gelten für alle gleichermaßen – allerdings ist nur Gleiches auch gleich zu behandeln).
Bundesstaat	Ein Bundesstaat ist die Verbindung mehrerer Teilstaaten zu einem übergeordneten Zentralstaat. Das politische Gestaltungsprinzip dieses Zusammenschlusses nennt man **Föderalismus.** Die staatlichen Aufgaben und Kompetenzen sind zwischen dem Gesamtstaat (Bund) und seinen Gliedstaaten (Bundesländern) geteilt. Bundesstaat wird im Grundgesetz verwirklicht über – das Prinzip der **Machtbalance** (Verteilung der Staatsgewalt zwischen Gliedstaaten und Gesamtstaat soll ein annäherndes Machtgleichgewicht herstellen – mehr Machtkontrolle und Bürgernähe), – den **Föderalismus** (der föderale Bundesstaat ist völker- und staatsrechtlich souverän mit einheitlichem Staatsgebiet, Staatsgewalt und Staatsvolk), – **Teilstaaten** mit eigener Teil-Hoheitsmacht (Bundesländer haben einen eigenen, allerdings beschränkten politischen Gestaltungsraum in Gesetzgebung, vollziehender Gewalt und Rechtsprechung; keine Hoheitsmacht in Außen- und Verteidigungspolitik), – **Bundes- und Landesrecht** (Landesverfassungen müssen dem Grundgesetz folgen und in der Regel dem Bundesrecht Vorrang einräumen; spezifische Länderregelungen gibt es in Kultur- und Bildungspolitik, kommunaler Selbstverwaltung, Polizei- und Ordnungsrecht), – **Gesetzgebung** der Länder und des Bundes (Länder haben das Recht der Gesetzgebung, solange der Bund keine Gesetzgebungsbefugnis hat; im Fall der Bundesgesetzgebung haben die Bundesländer über den Bundesrat ein abgestuftes Mitwirkungsrecht), – das Prinzip der **Kooperation** (Zusammenarbeit der Länder mit dem Bund bei Gemeinschaftsaufgaben – Bildungs-, Wirtschafts-, Forschungsförderung – und in Bereichen der staatlichen Verwaltung, Rechtsprechung und im Finanzwesen), – **Länderfinanzausgleich** (die unterschiedliche Finanzkraft der Länder muss angemessen ausgeglichen werden; der Bund kann leistungsschwachen Ländern Finanzhilfen gewähren). Zudem hat sich in der Praxis der **„horizontale Föderalismus"**, die Kooperation der Länder miteinander, herausgebildet (z. B. Kultusministerkonferenz).

Sozialstaat	Sozialstaatlichkeit bezeichnet die Pflicht des Staates, für den Ausgleich der sozialen Gegensätze zu sorgen und seinen Bürgern **soziale Sicherheit** zu gewährleisten. Ziel ist die Verwirklichung einer gerechten, menschenwürdigen Gesellschaftsordnung. Sozialstaatlichkeit wird im Grundgesetz verwirklicht über – das Prinzip **sozialer Gerechtigkeit** (der Staat hat die Aufgabe, soziale Ungerechtigkeiten abzubauen und die Gleichheit der Chancen aller Bürger herzustellen – „Sozialstaatsklausel"), – individuellen **Fürsorgeanspruch** und staatliche **Daseinsvorsorge** (in Verbindung mit dem Grundrecht der Menschenwürde hat der Bürger im Falle von Bedürftigkeit Anspruch auf staatliche Sicherung seines Existenzminimums – Fürsorgeanspruch; der Staat hat zudem im weiten Bereich der Daseinsvorsorge – z. B. Versorgung mit Strom, Wasser, Bildung, öffentlichem Verkehr – für den einzelnen Bürger Leistungen zu gewähren und soziale Errungenschaften wie Sozialversicherungs- und Sozialhilferecht zu schützen), – **relative „Offenheit"** in Bezug auf sozialwirtschaftliche Ordnung (ist an die Wahrung der Grundrechte gebunden; in der Bundesrepublik wird die „soziale Marktwirtschaft" – ohne Verfassungsrang – mit Ausgleich von sozialen und ökonomischen Interessen verfolgt).

2.1.3 Grundrechte

Das Grundgesetz enthält eine weitreichende Garantie von Grundrechten **(Grundrechtskatalog)**. Menschen- und Bürgerrechte sind gesondert benannt.

Laut Vertrag der Europäischen Gemeinschaft können EU-Bürger teilweise auch Bürgerrechte wie deutsche Staatsangehörige (z. B. Berufsfreiheit) in Anspruch nehmen.

Hinsichtlich ihrer Geltung werden Grundrechte in Menschen- und Bürgerrechte unterschieden:
- **Menschenrechte** sind allgemeine Rechte, die jedem Menschen ungeachtet seiner Staatsangehörigkeit zukommen, z. B. Menschenwürde, allgemeine Persönlichkeitsrechte, Meinungs-, Bekenntnis-, Glaubens- und Gewissensfreiheit.
- **Bürgerrechte** sind Rechte der Angehörigen des deutschen Staates, z. B. Berufsfreiheit, Freizügigkeit, Vereinigungs- und Versammlungsfreiheit, Wahlrecht.

Die **Grundrechte** haben Doppelcharakter, eine subjektive und eine objektive Dimension.

Subjektive Dimension	Objektive Dimension
Schutz der individuellen Rechte (Menschenwürde, Freiheit und Gleichheit) gegenüber staatlicher Gewalt	Definition der ethischen Grundsätze des Staates und der Leitprinzipien der Gesellschaft
Freiheitsrechte als Abwehrrechte und Mitwirkungs- bzw. Teilhaberechte	Festlegung der Kompetenzen des Staates und der Elemente der Rechtsordnung
Grundrechte können vom Bürger auf dem Rechtsweg eingeklagt werden.	Verpflichtung aller staatlichen Gewalt auf bestimmte Grundwerte (Grundrechte als unmittelbar geltendes Recht)

Grundrechte können in **Freiheits- und Gleichheitsrechte** unterschieden werden. Zwischen ihnen besteht eine innere Spannung.

Das **Grundrecht auf Freiheit** wird aus den Menschenrechten abgeleitet und geht damit der staatlichen Ordnung voraus. Die Freiheitsrechte werden vom Staat nicht gewährt, sondern sind durch ihn aktiv zu schützen.

Freiheitsrechte

Freiheitsrechte begrenzen den staatlichen Zugriff auf bestimmte Bereiche des menschlichen Lebens **(Abwehrrechte)** und geben dem Bürger das Recht auf gesellschaftliche Teilhabe **(Mitwirkungsrechte)**.

Freiheit von	Freiheit zur
– unrechtmäßiger Gewalt des Staates, – Zwängen und Beschränkungen, insbesondere willkürlicher staatlicher Autorität.	– persönlichen Lebensgestaltung, – gesellschaftlichen Mitgestaltung.
Abwehrrechte	**Mitwirkungsrechte**
schützen den Menschen und seine persönlichen Freiheitsräume vor staatlichem Zugriff, z. B. Widerstandsrecht, Unverletzlichkeit der Wohnung.	zielen auf politische und soziale Teilhabe des Einzelnen, z. B. Versammlungsfreiheit, Vereinigungs- und Koalitionsfreiheit.

Das **Grundrecht der freien Meinungsäußerung** (Art. 5 GG) umfasst z. B. ein Abwehrrecht gegenüber staatlichen Machtansprüchen wie auch ein Mitwirkungsrecht am politischen Willensbildungsprozess.

Freiheit als Grundrecht wird im Grundgesetz z. B. verwirklicht über
- das Recht auf freie Entfaltung der Persönlichkeit (Art. 2 Abs. 1),
- das Recht auf Leben und körperliche Unversehrtheit (Art. 2 Abs. 2),
- das Recht am Eigentum (Art. 14 Abs. 1),
- die Freiheit der Berufswahl und Berufsausübung (Art. 12 Abs. 1),
- die Glaubens-, Gewissens- und Bekenntnisfreiheit (Art. 4 Abs. 1, 2),
- die Freiheit der Meinungsäußerung und Informationsfreiheit (Art. 5 Abs. 1).

2

Gleichheitsrechte und Gleichheitsgrundsatz

Die **Gleichheitsrechte** sollen die Chancengleichheit der Individuen und ihre rechtliche Gleichheit gegenüber dem Staat sichern.

Chancengleichheit	Gleichheit vor dem Gesetz
gleiche Möglichkeiten für alle Bürger	gleiche Rechte und Pflichten für alle Bürger
freie Entfaltung der Persönlichkeit und Beteiligung am politischen, wirtschaftlichen, gesellschaftlichen und kulturellen Leben	Rechtsanspruch für jeden Bürger

Die Gleichheitssätze der Grundrechte zielen nicht auf soziale Gleichheit im Sinne einer gleichmäßigen Verteilung aller Güter an alle Menschen.

Der allgemeine Gleichheitsgrundsatz beinhaltet ein staatliches Willkürverbot und ist als **Gleichbehandlungsgebot** zu verstehen – z. B. sind alle Bürger steuerpflichtig, aber nicht jeder hat den gleichen, sondern einen einkommensabhängigen Steuerbetrag zu entrichten.

Gleichheit als Grundrecht ist im Grundgesetz verwirklicht über
- Gleichheit aller Menschen vor dem Gesetz (Art. 3 Abs. 1),
- Diskriminierungsverbote: keine Benachteiligung aufgrund von Geschlecht, Abstammung, Rasse, Sprache, Heimat und Herkunft, Glauben, religiöser oder politischer Anschauungen, Behinderung (Art. 3 Abs. 2 und 3) oder unehelicher Geburt (Art. 6 Abs. 5),
- Gleichheit in staatsbürgerlichen Rechten und Pflichten (Art. 33),
- Wahlrechtsgleichheit (Art. 38).

Der Geltungsbereich der Grundrechte wird durch ihre Auslegung bestimmt. Grundrechte unterliegen durch Rechtsprechung und Verfassungsänderungen einem historischen Wandel und zeitgemäßer Interpretation. Zudem gibt es zahlreiche einschränkende und spezifizierende Gesetze, die die Auslegung der Grundrechte bestimmen.

Die historisch abhängige Auslegung der Grundrechte zeigt sich z. B. im Fall des Grundrechts auf körperliche Unversehrtheit. Ursprünglich als Schutz vor Mord oder Körperverletzung angelegt, kommen in modernen Industriegesellschaften weitere Bedeutungen wie der Schutz der Gesundheit hinzu – im Zusammenhang mit Umweltverschmutzung oder gentechnischen Entwicklungen.

Grundwerte als Basis der Grundrechte

In der Bundesrepublik Deutschland verbindet das Grundgesetz die demokratische Grundordnung mit dem Wert der Freiheit und dem übergeordneten Prinzip der Menschenwürde, ergänzt durch die Werte von Gleichheit, Solidarität, Frieden und den Schutz des Lebens. Die Grundwerte bedingen einander und schränken sich zugleich gegenseitig ein. Aber nur zusammen ergeben sie eine **humane Werteordnung.**
Freiheit ohne rechtliche Gleichheit führt zum Recht des Stärkeren und damit für die Schwächeren zu einem Leben in Angst. Absolute Gleichheit hingegen kann nur durch Unterdrückung der Freiheit erreicht werden. Eine Gesellschaft freier und gleicher Bürger ohne Solidarität missachtet die **Menschenwürde** der sozial Schwachen. Der Schutz des Lebens bildet die Basis aller anderen Werte, die ohne ihn bedeutungslos sind. Und schließlich können sich wiederum nur im Frieden alle Grundwerte im Zusammenleben der Menschen entfalten.

2.2 Staatsaufbau

> Der **Staatsaufbau der Bundesrepublik Deutschland** ist durch das Grundgesetz geregelt und folgt den Prinzipien der Gewaltenteilung, des Bundesstaats und der kommunalen Selbstverwaltung.

Die **Gewaltenteilung** ist Grundelement des Rechtsstaats.
Der **Bundesstaat** ist eine Staatenverbindung von Gesamtstaat (Bund) und Gliedstaaten (Länder).
Die Länder sind Staaten mit eigenen Rechten und Zuständigkeiten. Örtliche Belange werden in **kommunaler Selbstverwaltung** wahrgenommen. Auf jeder der drei Staatsebenen Gemeinde, Land und Bund sind die drei Gewalten Gesetzgebung, Regierung und Verwaltung sowie Rechtsprechung anzutreffen. Die großen Flächenländer weisen als vierte Ebene Regierungsbezirke auf.

Staatsaufbau

	Gesetzgebung (Legislative)	**Vollziehende Gewalt** (Exekutive)	**Rechtsprechung** (Judikative)
Bund	**Bundestag** **Bundesrat** Ausschließliche Gesetzgebung (Art. 71, 73 GG) Konkurrierende Gesetzgebung (Art. 72, 74 GG)	**Bundesregierung** **Bundesverwaltung** (Art. 86–87b, 87d–89 GG)	**Gerichte des Bundes** (Art. 93–96 GG) Bundesverfassungsgericht Oberste Gerichtshöfe des Bundes
Länder	**Parlamente** **der Länder** Gesetzgebung der Länder Konkurrierende Gesetzgebung (Art. 72, 74 GG)	**Länderregierungen** **Länderverwaltungen** Ländereigene Verwaltung Ausführung der Bundesgesetze – als eigene Angelegenheit (Art. 83, 84 GG) – im Auftrage des Bundes (Art. 85, 87c GG)	**Gerichte der Länder** z. B.Oberlandesgericht, Landesgericht, Amtsgericht; Landesarbeitsgericht, Arbeitsgericht
Kommunen	**Kreistage/** **Gemeindevertretungen/** **Stadtverordneten-** **versammlungen/** **Gemeinde-, Stadträte** Kommunale Selbst- verwaltung (Art. 28 GG)	**Landräte/Oberkreisdirek-** **toren/Kreisausschüsse –** **(Ober-)Bürgermeister/** **(Ober-)Stadtdirektoren/** **Gemeindevorstände/** **Magistrate** Verwaltung im Rahmen der Gesetze und der Kommunalverfassung	**Gerichte der Länder** **sind zuständig**

2

2.2.1 Gemeinden und Staat

Gemeinden sind die untersten politischen Gemeinwesen im Staat. Sie umfassen ländliche und städtische, bevölkerungsreiche und -arme Gemeinden, Neugründungen und historische Orte.

Die Einwohnerzahl der Gemeinden reicht von weniger als 500 bis über 1 Mio. 76 Großstädte haben über 100 000 Einwohner (2014), darunter Berlin (3,4 Mio.), Hamburg (1,7 Mio.), München (1,4 Mio.) und Köln (1 Mio.).

Nach dem Ende der nationalsozialistischen Gewaltherrschaft in Deutschland am 8. Mai 1945 lag die öffentliche Gewalt in den Händen der vier Alliierten. Sie gaben die öffentliche Gewalt schrittweise und in den Besatzungszonen unterschiedlich an deutsche Organe zurück, zuerst in Gemeinden und Kreisen, dann auf Länder- und gesamtstaatlicher Ebene.

Die Zahl der westdeutschen Kommunen sank aufgrund von Zusammenlegungen und Gebietsreformen in den 1970er-Jahren von 24 501 (1950) auf 8 479 (2011), die der ostdeutschen Gemeinden von 9 758 (1955) durch Gebietsreform seit den 1990er-Jahren auf 2 855 (2011). Mitte 2011 gibt es noch 11 334 Gemeinden.

Kommune, lat. communes = gemeinsam, Gemeinde (auch alternative Lebens- und Wohngemeinschaft)

Kommunen sind Gebietskörperschaften mit dem Recht auf kommunale Selbstverwaltung aller „Angelegenheiten der örtlichen Gemeinschaft" (Art. 28 GG).
Selbstverwaltung ermöglicht auch die Interessenwahrnehmung gegenüber Bund und Land. Sie erfolgt „im Rahmen der Gesetze".

Kommunale Interessenvertreter sind:
- der Deutsche Städtetag, Köln, für mittlere und größere Städte,
- der Deutsche Städte- und Gemeindebund, Düsseldorf, für Gemeinden und kleinere Städte,
- der Deutsche Landkreistag, Berlin.

Die Gemeinden haben eine Doppelnatur. Einerseits bilden sie eine politische Ebene mit gewählten Vertretungen der Bevölkerung, andererseits wirken sie als Verwaltungsinstanz nicht nur für die Kommune, sondern auch für Bund und Länder (Bundes- und Ländergesetze).

Selbstverwaltung und Auftragsangelegenheiten

Ursprünglich konnte deutlich zwischen den Selbstverwaltungsaufgaben (eigener Wirkungskreis) und den übertragenen staatlichen Auftragsangelegenheiten (übertragener Wirkungskreis) unterschieden werden. Das ist durch die immer engere Verflechtung mit Land, Bund und Europäischer Union schwieriger geworden.
Zu den **Selbstverwaltungsaufgaben** im Sinne des eigenen Wirkungskreises der Gemeinden gehören:
- Versorgung mit Wasser, Gas, Strom,
- Unterhalt der Gemeindestraßen und -einrichtungen, Bauverwaltung,
- Abfall- und Abwasserbeseitigung,
- örtliche Kultur-, Jugend-, Wohlfahrts- und Gesundheitspflege,
- Verwaltung des Gemeindevermögens.

Zu den **Auftragsangelegenheiten,** also zum übertragenen Wirkungskreis zählen:
- Meldewesen (Einwohnermeldeamt, Standesamt),
- Gesundheitsamt,
- Gewerbeamt.

Stadtverwaltung Dresden

Oberbürgermeister
- OB-Sekretariat
- OB-Büro
- Amt für Presse- und Öffentlichkeitsarbeit
- Rechnungsprüfungsamt
- Gleichstellungsbeauftragte

Dezernat Allgemeine Verwaltung
- Hauptamt
- Personalamt
- Rechtsamt
- Schulverwaltungsamt

Dezernat Finanzen und Liegenschaften
- Stadtkämmerei
- Stadtkasse
- Steueramt
- Liegenschaftsamt
- Amt zur Regelung öffentlicher Vermögensfragen

Dezernat Ordnung und Sicherheit
- Ordnungsamt
- Einwohneramt
- Standesamt
- Veterinär- und Überwachungsamt
- Feuerwehr
- Zivilschutzamt
- Stadtarchiv

Dezernat Kultur und Jugend
- Kulturamt
- Denkmalschutzamt
- Jugendamt
- Sportamt
- Amt für Kindertageseinrichtungen

Dezernat Gesundheit und Soziales
- Sozialamt
- Gesundheitsamt
- Amt für Krankenhäuser
- Beauftragte für Ausländerfragen

Dezernat Stadtentwicklung und Bau
- Amt für Allgemeine Bauverwaltung
- Stadtplanungsamt
- Städtisches Vermessungsamt
- Bauaufsichtsamt
- Hochbauamt
- Straßen- und Tiefbauamt
- Stadterneuerungsamt

Dezernat Umwelt und Kommunalwirtschaft
- Grünflächenamt
- Amt für Abfallwirtschaft und Stadtreinigung
- Städtisches Friedhofs- und Bestattungswesen
- Stadtentwässerung Dresden
- Amt für Umweltschutz

Dezernat Wirtschaft und Wohnen
- Amt für Wohnungswesen
- Amt für Landwirtschaft und Marktwesen
- Amt für Wirtschaftsförderung

Die deutlich zugenommene, mehr oder weniger enge **Verflechtung der Selbstverwaltungsaufgaben** mit überregionalen Entscheidungsebenen von Land, Bund und Europäischer Union zeigt sich vor allem darin,
- dass bestimmte Standards vorgegeben werden, z. B. der bundesgesetzliche Rechtsanspruch auf einen Kindergartenplatz,
- dass die Zuständigkeit zwischen Land und Gemeinde geteilt wird, z. B. in der Schulpolitik,
- dass Fachplanungen und Förderprogramme zentralisiert werden, z. B. zur Verkehrs- und Tourismusentwicklung, und daraus Mischfinanzierungen entstehen.

Die Verzahnung aller Aufgabenarten und Kompetenzebenen führt zu einer **Schwächung der kommunalen Selbstverwaltung.** Sie tendiert zur allgemeinen Verwaltung. Die Kommunen sind immer weniger Ordnungsgewalt als mehr und mehr sozialstaatliche Serviceeinrichtung, die Hilfe und Unterhalt gewährt.

Der Tendenz zur Überregulierung steht das verfassungspolitische Gebot entgegen, den „Wesensgehalt" der kommunalen Selbstverwaltung nicht anzutasten. Entsprechend soll sie vor allem dahin wirken, Satzungen (z. B. Bebauungspläne) zu beschließen und Ermessensfreiräume in der Verwaltung zu nutzen. Die Kommunen geben mehr Geld aus, als sie einnehmen, sie sind auf staatliche – häufig zweckgebundene – Finanzzuschüsse angewiesen.

Schätzungsweise 70–80 % aller ausführungsbedürftigen Gesetze von Land und Bund (einschließlich EU) führen die Kommunen aus.

Gemeinden erheben eigene Steuern, z. B. Gewerbe- und Grundsteuer, sowie Gebühren. Sie erhalten Steueranteile und Zuweisungen aus Bundes- und Landesmitteln. Ein großer Teil der Ausgaben betrifft die Sozialhilfe.

Die Finanzausstattung der Kommunen

ca. 30 %	ca. 25 %	ca. 23 %	ca. 22 %
Steuereinnahmen	Zuweisungen	Gebühren und Beiträge	sonstige Einnahmen

Gemeindeordnung

Im Bundesstaat folgt die kommunale Politik und Verwaltung keiner einheitlichen Ordnung. Es gelten die jeweiligen Gemeindeordnungen der Länder. In deren Grenzen legen die Gemeinden als kommunale Gesetzgeber ihre Organisation in einer Hauptsatzung fest.

> Jede **Gemeindeordnung** steht vor der Aufgabe, zugleich kommunale Demokratie und eine effiziente Verwaltung zu ermöglichen.

Die **Grundtypen einer Kommunalverfassung** haben sich aufgrund regionaler Traditionen, Auflagen der Besatzungsmächte 1945 und der unterschiedlichen Ländergesetzgebung herausgebildet.

Es wurden vier Grundtypen einer **Kommunalverfassung** entwickelt, von denen sich die **Bürgermeisterverfassung** und die **Magistratsverfassung** durchgesetzt haben.
Das oberste beschließende Organ ist die gewählte Vertretung der Gemeindebürger. Seine Verfahren ähneln den parlamentarischen Abläufen (Ausschüsse, Fraktionen). Der Bürgermeister hat in beiden Verfassungen eine starke Stellung (Chef der Verwaltung).

Bürgermeisterverfassung

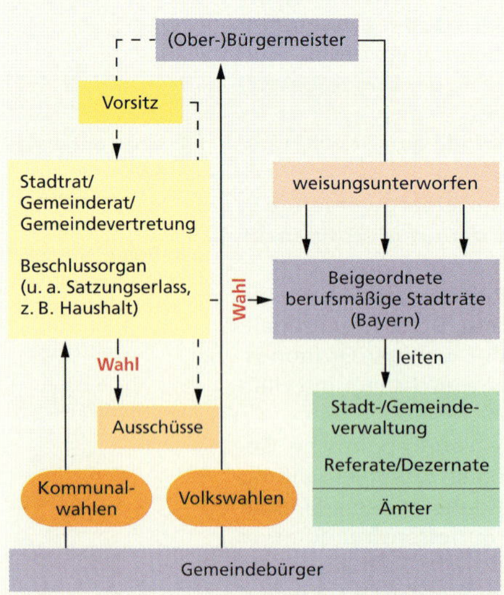

Magistratsverfassung

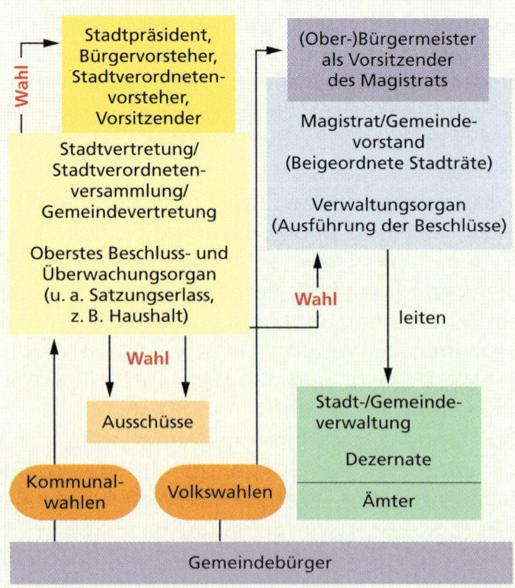

Die **Kommunalverfassungen** weisen gemeinsame Merkmale auf:
- Sie gleichen strukturell den anderen Staatsebenen (Homogenitätsgebot).
- Die Gemeindevertretung ist im Sinne der repräsentativen Demokratie höchstes und beschließendes Organ, jedoch kein Parlament. Die Gemeindevertreter arbeiten generell ehrenamtlich und sind an Weisungen nicht gebunden.
- Mit der Direktwahl der Bürgermeister und der möglichen Mitentscheidung über Bürgerantrag, -begehren und -entscheid wurden direktdemokratische Elemente ausgeweitet.
- Die Gemeindevertretungen sind den Verwaltungen übergeordnet, ausgenommen übertragene Verwaltungsangelegenheiten.
- Aufgrund der stärkeren Verflechtung in den Gesamtstaat stieg der kommunalpolitische Einfluss der Parteien zulasten des ungebundenen Ehrenamts und bürgerschaftlichen Engagements.

Durch die Übertragung von Verwaltungsaufgaben, durch Förderprogramme „von oben" sowie durch die Konzentration des kommunalen Geschehens innerhalb zusammengelegter Gemeinden (Gemeindegebietsreform) stieg der Parteieinfluss auf die Kommunen.

2.2.2 Bund und Länder

Politische Aufgaben und staatliche Gewalt sind zwischen dem Bund und den Ländern nach Funktionsbereichen verteilt.

Was im allgemeinen Interesse einheitlich geordnet und geregelt werden muss, weist das Grundgesetz dem **Bund** zu (Art. 70 –74 GG), so vor allem die Außen- und Verteidigungspolitik, die Währungspolitik, das Verkehrs- und Postwesen, ferner Bereiche für Grundsatzregelungen. In allen anderen Angelegenheiten sind grundsätzlich die **Länder** zuständig. Kommt dem Bund das Schwergewicht bei der **Gesetzgebung** zu, dann liegt die **Verwaltung** bei den Ländern, einschließlich der Gemeinden und Kreise.

Bundesländer

Die alliierten Militärregierungen errichteten aus dem Land Preußen, das endgültig 1947 aufgelöst wurde, und den anderen überkommenen Territorien **neue Länder.** Ein gemeinsames alliiertes Gründungskonzept gab es nicht.
Ungleich groß nach Bevölkerungszahl, Fläche und wirtschaftlicher Kraft sind die Länder bis heute geblieben. Lediglich aus Württemberg-Baden, Württemberg-Hohenzollern und Baden entstand 1952 Baden-Württemberg. Das von der französischen Militärregierung losgelöste kleine Saarland blieb nach der Rückgliederung an die Bundesrepublik 1957 selbstständiges Bundesland. Auch bei der Einrichtung von neuen Bundesländern in der DDR 1990 wurden weitgehend die alten Grenzen der Länder genommen, die die Sowjetische Militäradministration in der Nachkriegszeit auf der Grundlage preußischer Provinzen und der Territorien Mecklenburg, Anhalt, Thüringen und Sachsen gebildet hatte. Die Stadtstaaten Berlin, Bremen und Hamburg sind zugleich Land und Gemeinde. Wiederholt wurden Pläne zu einer gleichmäßigen Gliederung des Bundes entworfen, zuletzt bei der deutschen Vereinigung 1990.

In den drei Westzonen blieben nur Hamburg, Bremen und Bayern weitgehend in ihren alten Grenzen.

„Manche dieser Staaten sind weniger originär als originell in der Art, wie sie geworden sind." (THEODOR HEUSS)

DÄNEMARK
Sylt
Nordsee
Helgoland
Ostfriesische Inseln
Ostsee
Fehmarn
Rügen
Schleswig-Holstein
15 800 km²
2 815 955 Einw.
Kiel
Mecklenburg-Vorpommern
23 212 km²
1 596 505 Einw.
Schwerin
Hamburg
755 km²
1 746 342 Einw.
Bremen
419 km²
657 391 Einw.
Niedersachsen
47 614 km²
7 790 559 Einw.
Hannover
NIEDER-LANDE
POLEN
Sachsen-Anhalt
Magdeburg
20 452 km²
2 244 577 Einw.
Berlin
892 km²
3 421 829 Einw.
Potsdam
Brandenburg
29 654 km²
2 449 193 Einw.
Nordrhein-Westfalen
34 110 km²
17 571 856 Einw.
Düsseldorf
Hessen
21 115 km²
6 045 425 Einw.
Wiesbaden
Thüringen
Erfurt
16 173 km²
2 160 840 Einw.
Sachsen
18 420 km²
4 046 385 Einw.
Dresden
BELGIEN
LUXEM-BURG
Rheinland-Pfalz
19 854 km²
3 994 366 Einw.
Mainz
Saarbrücken
Saarland
2 569 km²
990 718 Einw.
TSCHECHISCHE REPUBLIK
Bayern
70 550 km²
12 604 244 Einw.
München
Stuttgart
Baden-Württemberg
35 751 km²
10 631 278 Einw.
FRANKREICH
SCHWEIZ
LIECHTENSTEIN
ÖSTERREICH
Einwohnerdichte in Einw./km²
unter 100
101 bis 250
251 bis 500
501 bis 1 000
über 1 000
Deutschland: 357 340 km²
80 767 463 Einw.
226 Einw./km²
0 50 100 km
Landeshauptstadt
Bundeslandgrenze
Staatsgrenze
Quelle: Statistisches Bundesamt, Stand 2014

Kooperativer Föderalismus

Die Ländergründungen 1946/47 gingen der Staatenverbindung zur „Bundesrepublik“ voraus. Das erleichterte, an die deutsche Tradition des „Exekutivföderalismus“ anzuschließen. Entsprechend wurde die zweite Kammer – neben dem Bundestag – eine Vertretung der Landesregierungen (Bundesrat) und nicht ein von den Bevölkerungen gewählter Senat.

> **Föderalismus** verbindet Vielheit zur Einheit. Er bezeichnet die freie Einigung von grundsätzlich gleichberechtigten Teilstaaten, in einem bundesmäßigen Zusammenschluss zusammenzuwirken.

In Deutschland besteht kein loser Staatenbund (Konföderation), sondern ein **Bundesstaat** (Föderation). In ihm ist ein gewisses Maß an Übereinstimmung sowohl der Länder untereinander als auch der Länder mit dem Bund notwendig. Dazu tragen die weitgehend bundeseinheitlichen Regelungen des Rechts, des Wirtschafts- und Finanzsystems sowie des öffentlichen Dienstes erheblich bei. Der deutsche Bundesstaat ist kooperativ angelegt – im Unterschied beispielsweise zum dualistischen Föderalismus der USA, der nur geringe Zusammenarbeit vorsieht (Trennföderalismus). Vielfältig **verschränkte Kompetenzen** zwingen zur Zusammenarbeit. Durch den Bundesrat – einem Organ des Bundes – „wirken die Länder bei der Gesetzgebung und Verwaltung des Bundes und in Angelegenheiten der Europäischen Union mit“ (Art. 50 GG). Dies wird erreicht durch

- die allgemeinen Normen der „Bundestreue“ der Länder und der „länderfreundlichen Politik“ des Bundes,
- eine gemeinsame Finanzverfassung von Bund, Ländern und Gemeinden, die die unterschiedliche Finanz- und Steuerkraft von Ländern durch Finanzumverteilung zwischen ihnen und mit dem Bund (horizontaler und vertikaler Finanzausgleich) weitgehend angleicht,

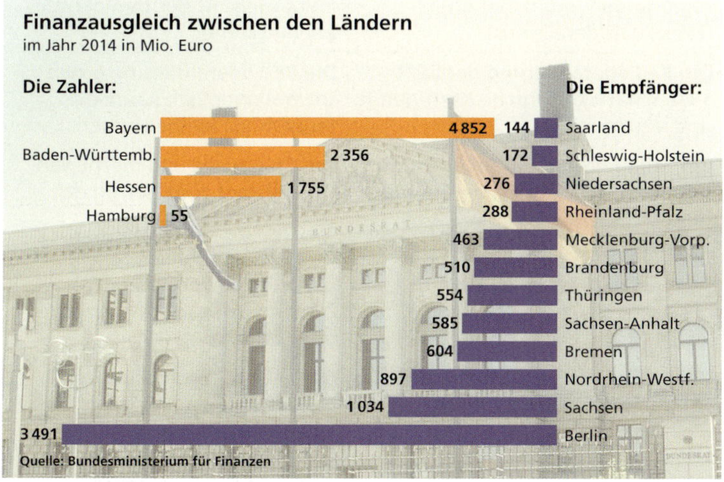

▶ Bis heute findet der Föderalismus ein starkes Fundament in den Verwaltungstraditionen früherer Territorialstaaten und Residenzstädte.

▶ Der Gegensatz zum Föderalismus ist der Einheitsstaat (Unitarismus). Hier fehlen regionale Untergliederungen mit politischer Selbstständigkeit.

▶ Der deutsche Bundesstaat soll regionale Traditionen und kulturelle Besonderheiten bewahren helfen. Zugleich ist der **kooperative Föderalismus** aber auf das generelle, im Grundgesetz verankerte politische Ziel festgelegt, ausgleichend und umverteilend dazu beizutragen, dass alle Deutschen in allen Ländern gleichwertige Lebensverhältnisse erwarten können.

- den Verbund der Steuern von Bund, Ländern und Gemeinden (der Gegensatz dazu ist das Trennsystem),
- Kompetenzabgrenzungen in ausschließliche und konkurrierende Gesetzgebung (Art. 70–74 GG) und zugleich Verschränkung bei Gemeinschaftsaufgaben (Art. 91a GG) und der Bildung (Art. 91b GG) .

Die Streitpunkte in den Jahren bis zur konstitutionellen Neuordnung 1948/49 bezogen sich auf zwei Grundfragen des Bundesstaats:
- auf die Zusammensetzung und die Befugnisse der zweiten Kammer (Bundesrat) und
- auf die Verfassung und den Ausgleich der Finanzen.

Der **bundesdeutsche Föderalismus** ist ein Kompromiss. Es gab bereits Streitfragen vor der konstitutionellen Neuordnung 1948/49 zwischen Länderregierungen, Parteien, Militärregierungen und Wissenschaftlern. Wenngleich der Föderalismus nach seiner Konstituierung zur demokratischen Entwicklung der Bundesrepublik Deutschland positiv beigetragen hat, blieb Kritik an undurchsichtigen Verfahren und Verantwortlichkeiten der Aufgabenteilung und zu starker Finanzverflechtung. Mit einer deutlicheren Aufgabentrennung zwischen Bund und Ländern befasste sich die **Förderalismusreform** 2003–2006. Die nun alleinige Zuständigkeit der Länder in Schul- und Bildungsfragen erschwert Lösungen, bei denen der Bund mithilft, für Deutschland einheitliche Regelungen zu benennen.

Pro —— kooperativer Föderalismus	—— Kontra
Gestärkt werden Gewaltenteilung und demokratische Stabilität.	Resultat sind verwischte Zuständigkeiten, schwerfällige, undurchschaubare und kostenträchtige Entscheidungen.
Gefördert wird die Demokratie, denn Föderalismus ermöglicht den Bewohnern mehr Wahl-, Beteiligungs- und Einflussmöglichkeiten.	Für einen Bundesstaat besteht keine historische, ethnische oder weltanschauliche Notwendigkeit. Die erweiterte Beteiligung läuft leer, da sich die politischen Entscheidungen auf den Bund und die EU verlagern.
Der Bundesrat stärkt die Länderregierungen und deren Chefs (Exekutivföderalismus).	Ein Bundesrat aus Landesparlamentariern ist der Demokratie angemessener.
Die Re-Föderalisierung der DDR 1990 schafft historische Kontinuität und Vertrauen.	Die Re-Föderalisierung ergab sozioökonomisch kaum existenzfähige, kleine Länder.
Der Steuerverbund ermöglicht die ausgleichende Förderung entwicklungsschwacher Gebiete.	Der Steuerverbund macht den Zentralstaat zum Herren der Teilstaaten.
Der Finanzausgleich sichert gleichwertige Lebensverhältnisse im gesamten Land.	Der Finanzausgleich behindert den Wettbewerb und die kulturellen Unterschiede zwischen den Ländern.
Der Finanzausgleich stabilisiert alle Länder, unabhängig von Größe und Wirtschaftskraft.	Die „ausgleichsberechtigten" Länder werden abhängig von Geberländern und verlieren die politische Autonomie.

Themen der Reformdiskussion sind:
- Anzahl und Größe der Bundesländer,
- Finanzbeziehungen,
- Kompetenzverteilung.

Die von der Modernisierungskommission des Bundestages und des Bundesrats vorgeschlagene stärkere Aufgabentrennung wurde 2006 Gesetz (Föderalismusreform, Teil I). Seitdem wird eine Finanzentflechtung beraten (Teil II).

2.3 Politische Meinungs- und Willensbildung

Die Lebensfähigkeit der parlamentarischen Demokratie basiert auf Öffentlichkeit und der Beteiligung der Staatsbürger an der politischen Meinungs- und Willensbildung. Ihre Legitimation (Rechtfertigung) leitet sie von der Zustimmung ihrer Bürger zu den Grundwerten und der Grundstruktur des politischen Systems ab.

Staatsbürger sind „mündig", wenn sie ihre politischen Ziele und Interessen sowie die politischen Mittel, sie umzusetzen, kennen.

Im günstigen Fall entsteht **öffentliche Meinung** im selbsttätigen Dialog der Bürger innerhalb und zwischen Organisationen und Institutionen. Im ungünstigen Fall stehen sich private Meinungen und „veröffentlichte" Meinungen von Parteien, Interessenorganisationen, staatlichen Organisationen und Massenmedien unvermittelt gegenüber.

Zur öffentlichen Meinung zu gelangen, meint, bestimmte Themen in meist kontroversen Diskussionen in den Vordergrund der gesellschaftlichen und politischen Beachtung zu rücken.

2.3.1 Bürger

Staat, Nation und Volk bestehen aus Mitgliedschaften von Menschen, die wechselseitige Verantwortung tragen.

Die Mitgliedschaften vereinen in landestypischer Weise objektive Merkmale wie Territorium, Herrschaft, Religion und Abstammung mit subjektivem Gemeinschaftsgefühl (Wirgefühl, Nationalgefühl). Ihren politischen Ausdruck finden sie in den Bürgerrechten.

Die Gesamtheit aller in Deutschland lebenden Personen wird als „Einwohner", „Bewohner" oder „Bevölkerung" bezeichnet.

Deutsche	… sind Angehörige des deutschen Volkes; im Sinne des Grundgesetzes ist Deutscher, „wer die deutsche Staatsangehörigkeit besitzt oder als Flüchtling oder Vertriebener deutscher Volkszugehörigkeit oder als dessen Ehegatte oder Abkömmling in das Gebiet des Deutschen Reiches nach dem Stande vom 31.12.1937 Aufnahme gefunden hat" (Art. 116 GG).
Volk	Der Begriff hat verschiedene Bedeutungen: – ideelle Einheit einer Gemeinschaft auf der Basis von gemeinsamer Herkunft, Sprache, Kultur, z. T. auch Religion (auch als Ethnie bezeichnet) sowie politisch-staatlicher Wertvorstellungen (auch als Nation bezeichnet), – „breite Masse" der Gesellschaft!
Staatsvolk	Der Begriff bedeutet in einer Demokratie: Inhaber der Souveränität (Volkssouveränität).

Bürger – Staatsbürger

Bürger, abgeleitet von lat. burgus = mittelalterliche Vorburg, in der Kaufleute siedelten

In den Stadtstaaten Hamburg und Bremen bilden die gewählten Abgeordneten heute noch die „Bürgerschaft" (Stadtparlament).

Citoyen, abgeleitet von lat. civis = Bürger

Bürger und **Bürgertum** umfassen ökonomische, politische und kulturelle Merkmale.

Bürger waren früher zumeist nur die freien, vollberechtigten Stadteinwohner, ihre Bürgerrechte erwerb- und verleihbar. In den Städten des 15. und 16. Jh.s entwickelte sich das unternehmerische Bürgertum (Frühkapitalismus) mit „bürgerlicher Weltanschauung" und „bürgerlichen Tugenden" wie Fleiß und Sparsamkeit. Politische Freiheiten waren gegen Feudalismus und Obrigkeitsstaat durchzusetzen.
Mit der Französischen Revolution verbreitete sich die römisch-republikanische **Bürgertradition** des Citoyens. Im Bourgeois wurde der Kapitaleigner gesehen. Bürgerrechte sollten im Sinne von Menschenrechten nunmehr für jedermann gelten.

Der deutsche Sprachgebrauch ist seitdem uneinheitlich. Es gilt
- ein umfassender Bürgerbegriff, der z. B. für Bürgerbewegungen und -initiativen steht und
- die französische Unterscheidung, die den konkurrierenden Bezeichnungen „Zivil- oder Bürgergesellschaft" zugrunde liegt.

In der BRD und der DDR gab es bis 1967 eine einheitliche Staatsangehörigkeit auf der Gesetzesgrundlage von 1913, die seit 1990 erneut in ganz Deutschland gilt.

In der Reichstagsdebatte am 28. Mai 1913 ging es um die „Erhaltung des Deutschtums im Ausland" und um ein Bollwerk gegen die befürchtete „Flut aus dem Osten".

Staatsangehörige bzw. -bürger sind Mitglieder des Staates. Ihr rechtlich-politisches Verhältnis zum Staat regelt die Staatsbürgerschaft.

Die Staatsbürgerschaft kann durch Geburt oder Einbürgerung (Naturalisierung) erworben werden. Ihr Erwerb folgt entweder dem Abstammungsprinzip (ius sanguinis) oder dem Territorialprinzip (ius soli), also mit vorrangigem Bezug entweder zum Staatsvolk oder zum Staatsgebiet. Die Einbürgerung von Ausländern kann unterschiedlichen Kriterien folgen, z. B. Aufenthaltsdauer, Sprachkenntnisse, Zuwanderungsbedarf.

Europäische Staaten, in denen vorrangig das **ius-sanguinis-Prinzip** gilt, sind Deutschland, Österreich, Polen und die skandinavischen Länder. **Mischformen** beider Prinzipien praktizieren Großbritannien, Irland, die Niederlande, Italien.
Im klassischen Einwanderungsland Frankreich gilt das **ius-soli-Prinzip.**

Zur mehrfachen Staatsangehörigkeit kommt es, wenn jemand die Voraussetzungen in mehreren Ländern erfüllt. Erfüllt er sie in keinem Land, ist er Staatenloser. Die Staatsbürgerschaft ist nicht viel älter als 200 Jahre. Bis dahin waren die Menschen Untertanen des Herrschers, auf dessen Gebiet sie lebten.
In Deutschland gilt gemäß dem Staatsangehörigengesetz von 1913 die Abstammung als Hauptkriterium, ergänzt 1999 um Territorialaspekte. Danach werden Kinder von Ausländern bei Geburt deutsche Staatsbürger, wenn sich ein Elternteil seit acht Jahren in Deutschland aufhält. Doppelte Staatsbürgerschaft ist bis zur Volljährigkeit zulässig.

Rechte und Pflichten von Einwohnern und Bürgern in Gemeinden			
Gruppe	**Voraussetzungen**	**Rechte**	**Pflichten**
Einwohner	– Wohnsitz in der Gemeinde – unabhängig von Haupt- oder Nebenwohnsitz – unabhängig von Staatsangehörigkeit	– Benutzung öffentlicher Einrichtungen der Gemeinde (Schulen, Bäder, Bibliotheken u. a.) im Rahmen der Benutzungsregelungen – Beschwerderecht – Petitionsrecht – Teilnahme an Bürger- bzw. Einwohnerversammlungen – Teilnahme an Bürgeraktivitäten – Wahlrecht für EU-Bürger	– Steuerpflicht – Gebühren- und Beitragspflicht – Duldung des Anschluss- und Benutzungszwangs für bestimmte kommunale Einrichtungen (z. B. Wasser-, Abwasserversorgung) – Anliegerpflichten – Übernahme ehrenamtlicher Tätigkeiten
Bürger	– Wohnsitz in der Gemeinde – deutsche Staatsangehörigkeit – Mindestalter von 18 Jahren – Mindestwohndauer am Ort von 3 bis 6 Monaten	– Wahlrecht, aktiv und passiv – Übernahme ehrenamtlicher Tätigkeit – Beteiligung an Bürgerversammlungen, -begehren, -entscheiden (soweit vorgesehen) – sonstige Rechte wie Einwohner	– Übernahme ehrenamtlicher Tätigkeiten (z. B. Schöffenamt) – sonstige Pflichten wie Einwohner
Nichteinwohner	– Personen mit Grundbesitz oder Gewerbebetrieb in der Gemeinde	– Benutzung der öffentlichen Einrichtungen, die für Grundbesitz und Gewerbebetrieb von Bedeutung sind – Beschwerde- und Petitionsrecht	– Übernahme der sich aus Grundeigentum bzw. Gewerbebetrieb ergebenden Lasten und Pflichten (z. B. Steuerpflicht, Anliegerpflichten)

2

Im Mittelpunkt der Staatsbürgerschaft stehen **politische Rechte und Pflichten,** nicht aber Klassen-, Berufs- oder Religionszugehörigkeit.

Rechte	Pflichten
– Wahlrecht – Aufnahme in den öffentlichen Dienst – Mindestsicherung im Inland – diplomatischer Schutz im Ausland – Recht auf Rückkehr aus dem Ausland – Bildung politischer Parteien	– Pflicht zum Wehrdienst oder Ersatzdienst (Männer) – öffentliche Ehrenämter (Schöffen, Helfer bei Wahlen, Volkszählungen) – Steuer- und Abgabepflichten sowie Schulpflicht (beziehen sich auf den Wohnsitz)

Ende 2014 lebten 8,2 Mio. **Ausländer in Deutschland** (rund 10 % der Gesamtbevölkerung). Das sind etwa 3,2 Mio. mehr als Ende 1989. Die wichtigsten Länder für die Zu- und Abwanderung waren 2014 Polen, Rumänien, Türkei, Italien.

In Deutschland leben **Inländer** (Deutsche) und **Ausländer.** Ausländer umfassen drei Gruppen:

- EU-Ausländer (Staatsangehörige eines Mitgliedslandes der EU),
- Arbeitsmigranten,
- Flüchtlinge.

Als **Flüchtlinge** gelten Asylsuchende und politisch Verfolgte, Kriegs- und Bürgerkriegsflüchtlinge, Konventionsflüchtlinge nach der Genfer Flüchtlingskonvention, Kontingentflüchtlinge im Rahmen humanitärer Hilfsaktionen.

Nationale Identität

Nationale Identität meint dauerhafte Orientierungen, Verhaltensweisen und Selbstdeutungen einer (staatlich verfassten) Gesellschaft.

Die Grenzziehung zwischen In- und Ausländern ist eine der Quellen der deutschen Identität. Wie schon die Staatsbürgerschaft die völkische Abstammung betont, wird die **Nation** als ethnisch-kulturelle Gemeinschaft verstanden. Dagegen stehen verschiedene Ansichten.

So wird die Nation auf der Basis der Verfassung als politische Gemeinschaft gesehen (Verfassungspatriotismus). „Im republikanischen Verfassungsstaat gibt es keinen ‚nationalen' Geschmack, keine ‚nationale' Kunst oder Religion." (JÜRGEN HABERMAS, 1994)
Eine zweite Strömung sieht Nation als liberale multikulturelle (Einwanderungs-)Gesellschaft mit einer „Kombination von Identität und Vielfalt, die das Herzstück von zivilisierter Gesellschaft ausmachen" (RALF DAHRENDORF, 1995).

Multiple Identität ist im Sinne von Identität als europäischer und international verflochtener Nationalstaat zu verstehen.

Mit voranschreitender europäischer Integration und weltweiter Globalisierung bilden sich oberhalb und unterhalb der nationalstaatlichen Ebene neue Identitäten, die die Bevölkerung in eine geschichtete, **multiple Identität** versetzen. Darin dominiert die nationale Identität weiterhin. Sie steht viel stärker in Bezügen zu anderen Nationen und Nationalkulturen, aus denen sich Abhebung oder Weiterentwicklung ergeben.

nationale Identität oder	multiple Identität
– Nur über die deutsche Staatsbürgerschaft ist es möglich, sich an der politischen Willensbildung und Entscheidung und damit an der Volkssouveränität zu beteiligen. – Die verantwortliche Rolle Deutschlands in zwei Weltkriegen und für den Holocaust des vergangenen Jahrhunderts bestärkt die „nationale Schicksalsgemeinschaft" auch für nachfolgende Generationen. – Sie bildet sich in schöpferischen Auseinandersetzungen mit Zeit- und Raumauffassungen, mit natürlichen, sozialen und kulturellen Ordnungen, mit dem theoretischen und religiösen Stil.	– Als Vorstufe einer sich ausbreitenden europäischen Identität nimmt die Bevölkerung seit den 1990er-Jahren ihre europäischen Nachbarn kaum noch als die „anderen" wahr. – Die Europäische Union errichtet eine Unionsbürgerschaft für die Bevölkerungen der Mitgliedsländer. – Neue internationale Orientierungen nach der Ost-West-Konfrontation hin zur multilateralen Friedenspolitik, zur Global Governance im Rahmen der Vereinten Nationen, zeichnen sich ab. Das wird von Trends zur stärkeren lokalen und regionalen Identitätsbildung („lokal und global") begleitet.

Weltstadt ist die im 19. Jh. aufgekommene Wortprägung für den bevorzugten Ort von **Weltbürgern** (Kosmopoliten). Ihrer Anschauung nach sind alle Menschen gleichberechtigte Bürger einer weltumfassenden Gemeinschaft.

2.3.2 Politische Kultur und politische Sozialisation

Die **politische Kultur** besteht aus der subjektiven Seite von Politik, aus den Werten, Orientierungen und Verhaltensweisen der Bevölkerung – einschließlich der Politiker – in der Politik.

Einbezogen ist auch der Umgang mit politisch-historischen, kulturellen und religiösen **Symbolen,** z. B. Landesfahne, Denkmäler oder das Kreuz der Christen.

Werte	beziehen sich auf grundlegende normative Aspekte, z. B. die Betonung von mehr individueller Freiheit oder mehr sozialer Gerechtigkeit.
Orientierungen	steuern den Umgang mit der politischen Realität; sie setzen sich aus den Interessen und dem Wissen der Bürger zusammen, ihren Bewertungen, Sympathien, Antipathien und Verhaltensabsichten.
Verhalten	meint sowohl, sich politisch zu beteiligen, z. B. bei Wahlen oder Bürgerinitiativen, als auch an Gesprächen und Massenkommunikation teilzunehmen; Verhaltensweisen äußern sich zudem im Umgang mit den öffentlichen Regeln und Rechtsetzungen, wie Straf- oder Steuerrecht.

Demokratische politische Systeme können nur überstehen, wenn ihre Grundstrukturen mit den Orientierungen und dem Verhalten der Bürger prinzipiell übereinstimmen. Über das **Mindestmaß** an Bevölkerungsakzeptanz und politischer Beteiligung – etwa bei Wahlen – gehen die Meinungen auseinander.

Typisch für die **politische Kultur eines Landes** ist, wie welche Werte, Orientierungen und Verhaltensweisen in der Bevölkerung verteilt sind und wie hoch dabei die Unterstützung für das politische System und die praktische Politik ausfällt.

Politische Kultur verbindet die Ebenen des Individuums, der Gruppen und der Gesellschaft (Mikro-, Meso- und Makroebene). Angesichts der zahlreichen, unterschiedlichen Elemente von politischer Kultur gibt es kein sozialwissenschaftliches Verfahren, sie umfassend zu bestimmen. Es gibt aber vereinfachende Typologien.

Die Politologen G. A. ALMOND (1911–2002) und S. VERBA (geb. 1932) haben den Deutschen der Bundesrepublik in den 1950er-Jahren bescheinigt, sich noch stark an Autoritäten zu orientieren („Untertanenkultur"). Seit den 1970er-Jahren dominieren staatsbürgerliche Orientierungen („Staatsbürgerkultur", „Zivilkultur"). Für die Deutschen in der DDR galt seit den 1970er-Jahren die Unterscheidung in offiziell-marxistische, traditionelle und alternative politische Kultur.

Bis in die Gegenwart haben sich miteinander vermischte Faktoren als Bestimmungsgrößen politischer Kultur herausgestellt. Das sind
- die individuelle politische Sozialisation in Familie, Schule, Gruppen Gleichaltriger, Vereinen – beeinflusst den Erwerb von Werten, Normen und Praktiken,
- der soziale Ort, die soziale und politische Integration im Lebensverlauf; darüber informieren Alter, Familienstand, soziopolitische Netzwerke und der Wohnort,
- der sozioökonomische Status – gemessen am Beruf, an Bildung und Einkommen und der entsprechenden Interessenlage,
- kollektive historische und generationstypische Erfahrungen wie Krieg, Flucht, Teilung des Landes und Systemumbruch.

Politisches Interesse und politische Kompetenz

Politische Orientierungen äußern sich einerseits als politisches Interesse und Selbstverständnis, andererseits als Einstellung gegenüber dem politischen System und der politischen Elite.

Das politische Interesse der Deutschen ist im internationalen Vergleich bemerkenswert hoch. Etwa 30 % von ihnen interessieren sich stark oder sehr stark für Politik (Westdeutsche) vor und nach den politikbewegten Jahren der Vereinigung. Geringer interessiert sind Jugendliche, insbesondere in Ostdeutschland. Allerdings rangiert Politik hinter den Bereichen Familie, Beruf, Freunde und Freizeit.

Bildung erleichtert die Ausprägung politischer Interessen. Sie befördert das Selbstverständnis und die Kompetenz der Bürger, politische Vorgänge zu verstehen und durch eigenes Engagement beeinflussen zu können, z. B. durch Wahlen, Demonstrationen oder Parteimitgliedschaft.

Subjektives politisches Interesse nach Geschlecht und Bildung 2003 (in Prozent)

	Geschlecht		Bildung*		
Interesse	**Frauen**	**Männer**	**niedrig**	**mittel**	**hoch**
gar nicht/kaum	16	**8**	**19**	**12**	5
etwas	46	**33**	**47**	**44**	28
stark/sehr stark	38	**59**	**34**	**44**	66

Zahlenangaben in der Tabelle nach: O. NIEDERMAYER, Bürger und Politik, 2005, 2. Aufl. (* Bildung: niedrig = höchstens Hauptschulabschluss, mittel = höchstens Mittelschulabschluss, hoch = mindestens Abitur)

In ihren politischen Werthaltungen, Orientierungen und in ihrem Verhalten sind die Deutschen den europäischen Nachbarn vergleichbar.
Das politische System und besonders seine politischen Werte finden breite Akzeptanz. Auch sein Funktionieren wird mehrheitlich positiv gesehen, wenngleich abnehmend. Die Bewohner der neuen Länder sind skeptischer gegenüber nahezu allen Institutionen und fühlen sich in der Politik weniger vertreten. **Nationalstolz** bekunden die Deutschen anders als ihre Nachbarländer nur schwach. Die Bevölkerung nutzt die konventionellen und unkonventionellen Formen der politischen Beteiligung in hohem Maße, allerdings seit Jahren mit abnehmender Tendenz bei der Wahlbeteiligung und der Parteibindung. Nach einem historischen Vertrauensschub anlässlich der friedlichen Revolution in der DDR und der deutschen Vereinigung schätzen viele Deutsche ihre Einflussmöglichkeiten wieder skeptischer ein. Andere suchen direkten Einfluss, z. B. bei Großprojekten (Flughäfen Frankfurt/M. und Berlin, Bahnhof „Stuttgart 21" oder Hamburger Schulreform).

Sozialstaatsorientierungen

Der Sozialstaat als eine Art historischer Kompromiss zwischen Kapitalismus und Sozialismus liegt im Zentrum der Vorstellungen von staatlicher Leistungspolitik. Besonders die Frage, wie viele Aufgaben sozialstaatlich beantwortet werden sollen, ist umstritten. Nach Umfang des Sozialstaats lassen sich vier Modelle unterscheiden, die in Ost und West in den 1990er-Jahren unterschiedliche Zustimmung fanden.

Modelle (Umfang)	**West 1990**	**Ost**	**West 1996**	**Ost**
kein Sozialstaat	2	3	2	1
christ-demokratisch	14	1	15	4
sozial-demokratisch	56	20	57	27
sozialistisch	29	76	26	68

Die Unterscheidung nach vier Sozialstaatsmodellen geht auf Befunde der Politikwissenschaftlerin E. ROLLER zurück (ISSP-Studie 2000). Hier sind auch die in der Tabelle enthaltenen Zahlenangaben zur **Zustimmung zu den Sozialstaatsmodellen** (in Prozent) entnommen.

2

Da über die Sozialisationsvorgänge und ihre Wirkungen bisher keine wissenschaftliche Klarheit besteht, ist der Begriff für viele ein „bequemes Etikett" (R. BOUDON).

Politische Sozialisation bezeichnet den Lernprozess, innerhalb dessen sich Menschen Kenntnisse, Orientierungen und Werte aneignen, die ihr politisches Handeln lenken.

Eine erste Prägung erfolgt während der frühkindlichen und schulischen Sozialisation. Wichtige **Sozialisationsagenturen** sind Familie, Schule, Gruppen Gleichaltriger, Glaubensgemeinschaften, Massenmedien, Beruf, Vereine und politische Organisationen. Aus Sicht des politischen Systems soll Sozialisation erreichen, dass allgemein akzeptierte politische Normen und Verhaltensweisen von einer Generation auf die andere übertragen werden. Konflikte entstehen dann, wenn unterschiedliche Gruppen der politischen Sozialisation unterschiedliche inhaltliche Richtungen geben.

2.3.3 Partizipation und Repräsentation

J. J. ROUSSEAU, ein wichtiger Theoretiker der direkten Demokratie, empfahl eine gemischte Verfassung.

In modernen Massendemokratien kann es nicht um die Einführung direkter anstelle der üblichen repräsentativen Demokratie gehen. In der **direkten Demokratie** läge die politische Entscheidungskompetenz vollständig, direkt und ohne Beauftragte beim Volk, gleich, ob in Volks- oder Stadtteilversammlungen, in Basisgruppen in Betrieben oder am Wohnort organisiert. Im Rahmen einer gemischten Verfassung bietet auch die **repräsentative Demokratie** Deutschlands Raum für mehr politische Partizipation. Neben den Wahlen als der wichtigsten Beteiligungsform in der repräsentativen Demokratie umfasst Partizipation eine Fülle weiterer konventioneller und unkonventioneller Beteiligungsformen, insbesondere **direktdemokratische Verfahren.**

Konventionelle Formen politischer Aktivität	Unkonventionelle Formen
– Wahlen in Kommunen, Ländern, im Bund und in der Europäischen Union – Mitgliedschaft in Parteien, Verbänden, Vereinen, Bürgerbewegungen, Bürgerinitiativen – Petitionen an Parlamente, Regierungen, das Staatsoberhaupt, den Europäischen Bürgerbeauftragten – Beschwerde beim Bundesverfassungsgericht, beim Europäischen Gerichtshof für Menschenrechte – politische Informationen aus Zeitungen, Zeitschriften, Büchern, Radio, Fernsehen, Internet – politische Reaktion auf Massenmedien (Leserbriefe, Hörertelefon, Internetbewertungen) – politische Diskussion mit Freunden und im Internet – Teilnahme an lokalen Bürgeraktivitäten – Teilnahme an politischen Demonstrationen, Diskussionstreffen, Internetversammlungen – Kontakt zu Politikern, Wahlkampf für Kandidaten	– Boykott – Mieterstreik – wilder Streik – wilde Demonstration – Hausbesetzung – Verkehrsblockade – öffentliches Anbringen politischer Parolen – Zerstörung von Eigentum – Gewalt gegen Personen 

Direktdemokratische Verfahren versprechen
- mehr politische Beteiligung und unmittelbaren Einfluss,
- verbindlichere Politikinitiativen der Bevölkerung,
- höhere Entscheidungstransparenz,
- gesteigerte Oppositionsmöglichkeiten.

Das vom **Prinzip der Repräsentation** beherrschte deutsche Verfassungsverständnis verhindert direkte Abstimmungen über den sehr weiten Bereich klassischer Parlamentszuständigkeit für Haushalt und Finanzen, Abgaben und Besoldungsfragen.

Der Ausschluss von Bereichen aus direkten Abstimmungen lautet in der seit 1995 gültigen **Verfassung von Berlin:**
„Alle Einwohner Berlins haben das Recht, das Abgeordnetenhaus im Rahmen seiner Entscheidungszuständigkeiten mit bestimmten Gegenständen der politischen Willensbildung, die Berlin betreffen, zu befassen. ... Initiativen zum Landeshaushalt, zu Dienst- und Versorgungsbezügen, Abgaben, Tarifen der öffentlichen Unternehmen sowie Personalentscheidungen sind unzulässig." (Art. 61 VvB).

Den Parlamenten bleibt es überlassen, im Vorfeld eines Volksentscheids einen eigenen Gesetzentwurf zur gleichzeitigen Abstimmung zu stellen. Diese Regelungen und das auch bei Abstimmungen geltende Mehrheitsprinzip unterstreichen die eigenständige Rolle direktdemokratischer Verfahren.

Direktdemokratische Verfahren in Ländern und Kommunen sind kein konkurrierendes Entscheidungssystem, sondern institutionalisierte Politikinstrumente innerhalb der repräsentativen Demokratie.

In der sich durch Individualismus auszeichnenden Zivilkultur sieht der Soziologe U. BECK (1944–2015) den Übergang zur „neuen Politik", in der Konflikte nicht durch Experten, sondern durch den öffentlichen Dialog beigelegt werden.

Volksgesetzgebung

Verfahren direkter Demokratie in der Weimarer Verfassung – so die Direktwahl des Reichspräsidenten – wurde vorgeworfen, am Niedergang der Republik mitgewirkt zu haben. Die Verfassungsgeber des Grundgesetzes hatten daraufhin eine konsequent antiplebiszitäre Haltung eingenommen. Volksabstimmungen über das Grundgesetz wurden 1949 und auch anlässlich der deutschen Vereinigung abgelehnt.

Auf der anderen Seite hat sich in Deutschland eine breite demokratische Alltagskultur (Zivilkultur) entfaltet, die Bürger, Politik und Verwaltung verbindet. Neben Vereinen und Verbänden wirken **basisdemokratische Initiativen und Bewegungen** informell an der politischen Willensbildung mit. Auch in der DDR hatten selbst organisierte Bürgerbewegungen 1989 für politischen Aufbruch und gesellschaftlichen Umbruch gesorgt.

Im Übergang der DDR bis zu den Wahlen am 18.03.1990 verschafften sich neue Parteien, Kirchen und Bürgerbewegungen mit gemeinsamen Sitzungen am „Runden Tisch" (↗ Bild) öffentliche Aufwertung und informelle Machtteilnahme.

2

Auf der Bundesebene werden direktdemokratische Mitbestimmungsverfahren weiterhin abgelehnt, obwohl ihnen die Verfassungsnorm, dass die Staatsgewalt „vom Volke in Wahlen und Abstimmungen" ausgeübt wird, nicht entgegensteht (Art. 20 Abs. 2 GG).

Volksabstimmung (lat. plebiszit = Volksbeschluss)	Abstimmung stimmberechtigter Staatsbürger in den Formen des Volksbegehrens und -entscheids; auf kommunaler Ebene als Bürgerbefragung, Bürgerbegehren, Bürgerentscheid.
Volksbegehren	Wahlbevölkerung bringt Gesetzesvorlage ein; vorgeschaltet sind manchmal **Volksinitiativen.**
Volksentscheid	Wahlbevölkerung entscheidet durch Abstimmung; entweder über eine Vorlage des Parlaments oder der Regierung **(Referendum)** oder über volksinitiierte Gesetzentwürfe **(Volksgesetzgebung** beinhaltet Volksbegehren und Volksentscheid).

Direktdemokratische Verfahren können sich beziehen auf
- den unmittelbaren Entscheid in Sachfragen,
- die nachträgliche Abstimmung über bereits getroffene Parlaments- und Verwaltungsbeschlüsse (Referendum),
- Direktwahl und Rückruf (recall) von Führungspositionen der Exekutive.

Die in anderen Ländern üblichen Verfahren behandeln vor allem Verfassungs- und Territorialfragen sowie sozialmoralische Abstimmungen.

In **Frankreich** z. B. wurde über eine neue Verfassung, über Organkompetenzen und solche Territorialfragen wie EG-Mitgliedschaft und Gebietsveränderungen abgestimmt. In **Irland** fanden Volksabstimmungen z. B. über eine neue Verfassung, das Wahlrechtsalter, das Wahlrecht, über moralische Fragen wie Scheidung, Abtreibung, Kirche und Staat sowie über die EG-Mitgliedschaft statt.

In Deutschland ist strittig, in welchem Umfang **plebiszitäre Verfahren** das Repräsentativsystem ergänzen sollen. Die friedlich-revolutionären Veränderungen in der DDR und in Osteuropa verstärkten Forderungen nach mehr „unmittelbarer" Demokratie. Die Gemeinsame Verfassungskommission des Bundestags und des Bundesrats konnte sich dennoch 1992/93 nicht entschließen, Volksbegehren und -entscheid auf Bundesebene einzuführen.

Zugelassen ist bisher nur die Volksabstimmung über die Neugliederung des Bundesgebiets (Art. 29 GG).

Doch die neuen Bundesländer und nachziehend westdeutsche Länder führten direkte **Sachabstimmungen** ein. Auf kommunaler Ebene wurde durch Beschlüsse der Länderregierungen die Direktwahl der Bürgermeister und Landräte sowie meistens auch der Bürgerentscheid eingeführt. In den Kommunen werden direkte Verfahren häufiger als auf Landesebene angewandt.

Bürgerentscheid über den Flughafen Blankensee in Lübeck 2010

Pro —— direkte Demokratie auf Bundesebene ——	Kontra
Wenn die Verfassung das Territorialplebiszit (Art. 29 GG) ermöglicht, lässt sich auch das Verfassungsplebiszit aus dem Prinzip der Volkssouveränität ableiten.	Nicht der empirische Volkswillen soll in grundlegenden Verfassungsfragen entscheiden, sondern derjenige gewählter und fachkundiger Berufspolitiker.
Abstimmungs- und Gesetzesinitiativen zeigen auf politische Probleme, für die das eingefahrene politische System keine Lösungen anbietet, z. B. in Zeiten eines Reformstaus.	Volksabstimmungen verleiten auch bei Sachthemen zum Ersatzwahlkampf und rücken das Vertrauen oder Misstrauen in die Regierung in den Vordergrund.
Volksabstimmungen in Personal- und Sachfragen stärken das politische System in Richtung einer aktiven Demokratie anstelle von passiver „Zuschauerdemokratie". Sie stärken das demokratische Selbstbewusstsein der Bürger.	Volksabstimmungen schwächen Parlamente und Parteien und unterbrechen die Verantwortung der Gewählten.
Direktdemokratische Entscheidungen mobilisieren brachliegende politische Initiativen der Bevölkerung.	Gut organisierte Gruppen – insbesondere aus den gebildeten Mittelschichten – können Sonderinteressen durchsetzen.

Volksgesetzgebung auf **Länder- und Kommunalebene:**
- In allen Ländern ist inzwischen die einfache Gesetzgebung vorgesehen, bei hohen Quoten (Mindestzustimmung) zwischen 20 bis 40 % und Ausschluss von Haushaltsthemen („Finanztabu").
- Auf kommunaler Ebene sind Bürgerbegehren und -entscheid mit ebenfalls recht hohen Quoten vorgesehen.

Erweiterte Wahlrechte

> Das **Wahlrecht** und die **innerparteiliche Demokratie** bieten Ansätze für die erweiterte unmittelbare Entscheidungsbeteiligung.

Die **Parteilisten** zu Bundestagswahlen entstehen innerhalb der Parteien und damit ohne direkte Einwirkung der Wähler, die auch in der Wahl selbst die Reihenfolge der Kandidaten nicht verändern können. Kritiker sehen darin den geltenden Wahlgrundsatz einer unmittelbaren Wahl verletzt, da Parteifunktionäre und -delegierte als vorgeschaltete Wahlmänner wirken.

Bundesparteitag von Bündnis 90/Die Grünen in Berlin 2005

Es bietet sich an, die Listen zu flexibilisieren, indem Wähler
- mehrere Stimmen erhalten und auf einen Kandidaten häufen können (kumulieren),
- Kandidaten mehrerer Parteien wählen können (panaschieren),
- Kandidaten streichen können.

Innerhalb der Parteiorganisation lässt sich die **innerparteiliche Demokratie** steigern, wenn das Delegiertenprinzip als Grundnorm des Parteiaufbaus (§ 9 Parteigesetz) eingeschränkt wird. Es fördert oligarchische Strukturen, denn alle Entscheidungsmacht liegt bei den Delegierten.

Die Verfahren der unmittelbaren Entscheidungen der Mitglieder werden von den meisten Parteifunktionären abgelehnt. Sie sind bisher nicht obligatorisch.

In den 1990er Jahren beginnen die Parteien, mit **Verfahren der unmittelbaren Entscheidung** der Mitglieder bei der Personal- und Themenauswahl zu experimentieren: Abstimmung über Parteivorsitz (SPD 1993), Satzungsöffnung für Mitgliederentscheid über Kanzlerkandidaten (SPD 1993), Mitgliederbefragung durch Bundesvorstand in Personalangelegenheiten (CDU 1995), Mitgliederentscheid (FDP 1995). Wo solche Verfahren durchgeführt wurden, beteiligten sich die Mitglieder mit etwa 40–60 %, während Parteiveranstaltungen sonst von kaum mehr als 10 % der Mitglieder besucht wurden.

2.3.4 Politische Elite und politische Rekrutierung

Politische Elite sind jene Personen, die als Inhaber von Herrschaftspositionen in den Institutionen und Organisationen des politischen Systems gesamtgesellschaftlich verbindliche Entscheidungen treffen.

Sinnähnliche Begriffe für **politische Elite** sind „Führungsgruppen" oder „politische Klasse".

Die **Definitionen von Elite** nach Leistungspositionen innerhalb des politischen Systems oder nach Wertschätzung (Reputation) der Personen können auseinanderfallen.

Politische Elite bildet sich heraus
- in Regierungsämtern (Kanzler, Bundesminister, Ministerpräsidenten, Landesminister, Parlamentarische Staatssekretäre), EU-Gremien,
- aus Mandatsträgern des Bundestages (insbesondere Präsidium, Ausschussvorsitz, Fraktionsvorstand), des Europäischen Parlaments,
- in Parteiführungen,
- in der obersten Ministerialbürokratie sowie aus Leitern staatlicher Betriebe und öffentlicher Körperschaften,
- in der Führung großer Interessenorganisationen.

Jedoch nicht jede Person in solcher Position kann im Urteil der Fachleute und der Öffentlichkeit beanspruchen, zur Elite zu gehören.

Die sozialen und politischen Bedingungen, unter denen sich Eliten bilden, variieren im Zeitverlauf und von Staat zu Staat. Deshalb sind bei der Erklärung von Eliten hinsichtlich ihrer Rekrutierung, ihrer Eigenschaften und ihres Zusammenhalts die Merkmale des jeweiligen Gesamtsystems zu beachten.

In einer pluralistisch-demokratischen Gesellschaft besteht nicht die eine Elite, sondern ein **Zusammenhang verschiedener Eliten.** Neben der politischen Elite gibt es die kulturelle, wirtschaftliche – mit Arbeitgeber- und Arbeitnehmerfraktionen –, militärische und wissenschaftliche Elite. Der Zusammenhang kann sich über sozial anerkannte Werte, über Ausbildung oder durch Kommunikation und soziale Netze herstellen. Er schließt Rivalitäten zwischen Eliten und **Elitenfraktionen** nicht aus.

Anders als in Frankreich oder Großbritannien erneuern sich Eliten in Deutschland in erster Linie nicht über berühmte Universitäten, sondern über ausgewählte Universitätsfächer. Für die politische Elite spielen Rechts- und Sozialwissenschaften eine große Rolle.

Die Elitenzusammensetzung in Deutschland wurde durch die Abtrennung der Landesteile jenseits von Oder und Neiße nach 1945 ebenso wie durch die Aufteilung Deutschlands in Besatzungszonen und nachfolgend in zwei Staaten beeinflusst. Die westdeutsche Entwicklung brachte keine soziale Abspaltung einer „Elite" vom Rest einer „Nichtelite", wohl aber eine soziale Hierarchie, in der sich die Eliten vor allem aus den oberen sozialen Schichten rekrutierten und diesen ähneln.

Im Nachkriegsdeutschland formierten sich die Eliten offen im Zugang, doch untereinander und zur Gesellschaft hin eher defensiv und „versäult". Dem ging bei Kriegsende 1945 voraus, die NS-Elite aus den politischen und gesellschaftlichen Führungspositionen zu verbannen.

Profilmerkmale politischer Eliten

Nach den Befunden der Elitenforschung stehen die **Parlamentarier** oberhalb der Mitte in der Sozialstruktur Deutschlands.

Der Bundestag ist kein Spiegel der Zusammensetzung der Gesellschaft, wie es Parlamentstheorien nahelegen. Der typische Abgeordnete des 2009 gewählten 17. Bundestages ist männlich, Jurist und 49 Jahre alt.

Im Zentrum der politischen Elite sind Parlamentarier und Regierungsmitglieder bisher eingehender von der sozialwissenschaftlichen Forschung untersucht worden. Parlamentarier geben ohnehin jederzeit und in Parlamentshandbüchern veröffentlicht Auskunft über wichtige Lebensdaten. In welchem Umfang diese auch Angaben zu Nebeneinkünften einschließen sollen, ist umstritten („gläserner Abgeordneter").

Merkmale eines Profils der Bundestagsabgeordneten (2009)	
Alter	Die Abgeordneten sind durchschnittlich 49 Jahre alt. Die jüngste Fraktion stellen Bündnis 90/Die Grünen (47 Jahre), die älteste die SPD (52 Jahre). Der älteste Parlamentarier wurde 1935 geboren (HEINZ RIESENHUBER, CDU), der jüngste 1986 (FLORIAN BERNSCHNEIDER, FDP).
Geschlecht	Die Zahl der Parlamentarierinnen stieg in den vergangenen Wahlperioden kontinuierlich. Heute ist jedes dritte Mandat von einer Frau besetzt. In den Fraktionen von Bündnis 90/Die Grünen und Die Linke stellen Frauen sogar die Mehrheit.
Bildung	Der Anteil der Parlamentarier mit Hoch- und Fachschulbildung verdoppelte sich im Laufe der Wahlperioden und liegt heute bei rund 80 % (Trend der Akademisierung). Hauptstudienfächer sind Rechts-, Wirtschafts- uns Sozialwissenschaften, Pädagogik sowie Ingenieurwesen.
Konfession	Von den 622 Parlamentsabgeordneten sind 195 evangelischer, 176 katholischer und einer muslimischer Konfession.
Beruf	Die meisten Abgeordneten übten vor ihrer Wahl Berufe aus oder waren bereits in politischen Positionen. Im 17. Deutschen Bundestag geht über die Hälfte der Parlamentarier neben ihrem Mandat keinem weiteren Beruf nach (Trend zum Berufspolitiker). In der ersten Wahlperiode 1949 dominierten Angestellte von politischen und gesellschaftlichen Organisationen, gefolgt von der Berufsgruppe der Freiberufler und Selbstständigen. Inzwischen sind die Berufe des öffentlichen Dienstes (Lehramt, Verwaltung) am stärksten vertreten (Trend der Verbeamtung).

Die Angaben in der Tabelle wurden dem „Datenhandbuch zur Geschichte des Deutschen Bundestages" (von P. SCHINDLER) entnommen.

Politik als Beruf

> Politik ist zu einem **Beruf** (Profession) geworden, der in der Regel hauptamtlich ausgeübt wird.

Die Ausübung von Politik als **Beruf** begann bereits in der Monarchie. „Beruf“ wird dabei aufgefasst im Sinne spezieller Tätigkeiten, die den Lebensunterhalt sichern oder auf die Ausübung eines Amtes durch Berufung gerichtet sind.

Die Realität, politische Wahlämter mit Berufspolitikern und im Rahmen professioneller Karrieren zu besetzen, steht im Grunde in einem Widerspruch zur verbreiteten demokratischen Norm, der Zugang zu den Wahlämtern müsse allen Staatsbürgern gleichermaßen – Laien wie Berufsqualifizierten – geöffnet sein. Die Professionalisierung der Politik ist Teil der gesellschaftlichen Entwicklung, Tätigkeiten zu spezialisieren und zu verfachlichen. Die **Professionalisierung** äußert sich in veränderten Bedingungen für Politik:

- Politiker verfügen über verlässliches Einkommen, seitdem in den 1970er-Jahren von Tagegeld und Einzelzuschüssen auf Grundvergütungen, Pauschalzuschüsse und Pensionen umgestellt wurde. Hinzu kommt die Ausstattung mit Mitarbeiterstellen, bei Bundestagsabgeordneten sind dies drei bis vier Stellen.
- Politik bietet relativ gesicherte Karrieren entweder durch Wiederwahl oder durch ein Netz verwandter Berufe für den Fall der Abwahl.
- Politik bietet Aufstiegschancen über die fünf Ebenen der Kommunen, der Länder, des Bundes, der EU bis zu den internationalen Organisationen. Die Aufstiegswege verlaufen innerhalb oder zumindest in Verbindung mit Parteien. Quereinsteiger sind selten erfolgreich.
- Demokratisierung und Politisierung weiterer Lebensbereiche von Gesellschaft und Wirtschaft verlangen erhöhte Fachkenntnisse, insbesondere hinsichtlich der Regulierung des modernen Sozial- und Bundesstaats. Politik als Beruf muss bezahlt werden – von staatlicher oder privater Hand – oder sie bleibt Begüterten und Pensionären überlassen.

Als erster deutscher Sozialwissenschaftler erkannte MAX WEBER den Trend zur Verberuflichung. Aus den „Hilfskräften“ der Fürsten für finanzielle, militärische und juristische Angelegenheiten entwickelten sich die Berufe des Beamten und des Politikers. WEBER unterschied den kurzfristigen Gelegenheitspolitiker vom Gewohnheitspolitiker. Der Typ des **hauptamtlichen Politikers** verdrängt die lange Zeit in der Politik dominierenden Aristokraten und bürgerlichen Honoratioren.

Die Professionalisierung erfasst Personen, Institutionen und das politische System insgesamt. Der **Typ des Berufspolitikers** beginnt mit dem „Parteibeamten“, der im Rückgriff auf die Partei über genügend materielle und ideelle Mittel verfügt, um statt der herkömmlichen Mitberatung nun politische Mitentscheidung einzufordern.
Obwohl hauptamtliche Politiker längst üblich wurden, werden die vielfältigen Folgen für die Demokratie kaum beachtet. Das erleichterte die Herausbildung einer **politischen Klasse.** Sie umfasst die politische Elite als neuartige Berufsgruppe. Die politische Klasse ist in der Lage, eigene Regeln für ihre personelle Erneuerung zu entwickeln und selbst über die Aufnahme neuer Mitglieder zu entscheiden, z. B. durch die Kandidatenaufstellung bei Wahlen. Darin liegt die reale und öffentlich durchaus wahrgenommene Gefahr der sozialen Abschottung und Distanz gegenüber der Bevölkerung.

2.3.5 Meinungsbildung und Massenmedien

Demokratie ist mehr als jede andere Herrschaftsform auf **Kommunikation** angewiesen.

Die parlamentarische Demokratie in Deutschland gründet auf der wechselseitigen Kommunikation zwischen politischer Führung und Bevölkerung. Das beruht darauf, dass politische Macht zeitlich begrenzt an Volksvertreter delegiert wird und diese an Wählerinteressen gebunden sind. Der öffentliche Austausch von Informationen, Argumenten und Symbolen findet in der Regel vermittelt durch Massenmedien statt. Die Techniken und Verfahren der **Medien** erlauben es, Informationen und Meinungen in großen Mengen zu sammeln, zu verarbeiten und zu verbreiten.

Von den Kommunikationsinhalten her gesehen sind durch Medien vermittelte Informationen von Interessen zu unterscheiden, die durch Interessengruppen, Parteien und Regierungen vermittelt werden. Praktisch kommt es zwischen Informationen und Interessen zu Überschneidungen, indem einzelne Medien bestimmte Interessen systematisch unterstützen. Medien haben eine besondere Bedeutung dafür, dass die **Staatsbürger** ihre politischen Ziele und Interessen wie auch die politischen Mittel der Umsetzung kennen. Die Abhängigkeit der Bürger von der Vermittlung wahrer Informationen über das Geschehen auf lokaler, nationaler und globaler Ebene begründet einen hohen verfassungspolitischen Rang der Medien, die deshalb auch als **„vierte Gewalt"** bezeichnet werden. Das gilt für öffentlich-rechtliche wie für privat organisierte Medien.

Kommunikation, lat. communicatio = Unterredung, Mitteilung; Informationsaustausch und wechselseitige Vermittlung von Bedeutung entweder unmittelbar oder mittels technischer Medien zwischen Personen bzw. Gruppen.

Medien nehmen für die Bevölkerung die Aufgabe der „stellvertretenden Augenzeugenschaft" wahr.

Der selbsttätige Dialog innerhalb von sowie zwischen Gruppen und Institutionen wird durch die neuen Informations- und Kommunikationstechniken, insbesondere das Internet, erleichtert.

Meinungsbildung umfasst zum einen die individuelle Aufnahme von Informationen. Zum anderen ist sie ein kollektiver Prozess, in dem sich Individuen zu Gruppen mit bestimmten Zielen konstituieren.

Öffentlichkeit

Öffentlichkeit entsteht, wenn nicht geheim und privat, sondern für alle zugänglich und zwanglos informiert, debattiert und verhandelt wird.
Öffentlichkeit unterliegt dem historischen Wandel. Schon in der griechischen Stadt-Demokratie schränkten Recht und Macht die Öffentlichkeit auf männliche, wehrfähige Bürger ein. Im Unterschied zum aristotelischen Modell der Antike hat die moderne Öffentlichkeit die Aufgabe der Entscheidungsfindung aus der Debatte der vielen herausgenommen und in einen Prozess der **öffentlichen Meinungs- und Willensbildung** gewandelt. Die Entscheidung wird in die Parlamente verlegt.

Die Agora als Versammlungsort, Feier- und Marktplatz der griechischen Polis stellt die europäische **Urform** des Kommunikationsforums dar.

2

Gesellschaftstheoretisch geht es in der Öffentlichkeit statt um Beratung und Beschlussfassung nunmehr um Wahrheitsfindung durch den öffentlichen Gebrauch der Vernunft und die Konkurrenz der Gedanken. Die Lage der öffentlichen Meinungs- und Willensbildung ist abhängig
- vom Freiheitsverständnis der Verfassung,
- von der Qualität der Informationen,
- vom Pluralismus der Parteien, Verbände, Medien und Gruppen,
- von den sich öffentlich äußernden Einzelnen, Gruppen, Institutionen,
- von den Berufsstandards, der Zugänglichkeit und der Ökonomie der Medien,
- von der Offenheit der politischen Führung.

Wem es gelingt, Probleme zu Themen der öffentlichen Debatte zu machen, und wer zudem dafür seine eigene Problemlösung darstellen kann, erlangt politische Macht im Sinne von „Definitionsmacht".

Eine wichtige Voraussetzung für Definitionsmacht ist ein günstiger Zugang zur Öffentlichkeit, z. B. durch den Einsatz von Agenturen für Öffentlichkeitsarbeit.

Definitionsmacht verbindet öffentliche Meinungsbildung und politische Entscheidung.

Definitionsmacht kann bei Politikern, Publikumsgruppen oder Medien liegen. Nur für Themen wie Krieg, Katastrophen und Sport gibt es eine nationale oder internationale Öffentlichkeit. In modernen Gesellschaften sind stattdessen Teilöffentlichkeiten üblich, deren Themen, Teilnehmergruppen und Diskussionszeit begrenzt sind. **Informationsaustausch und Meinungskonkurrenz** können vier Wege nehmen.

Kommunikationswege			
interpersonale Kommunikation als Direktaustausch zwischen Menschen, z. B. am Arbeitsplatz oder in der Schule	**öffentliche Versammlungen** und Veranstaltungen, die generell für alle Themen und alle Teilnehmer offen sind (je mehr Teilnehmer, desto weniger Sprechmöglichkeiten)	**traditionelle massenmediale Kommunikation,** deren Themenwahl stärker von Medien beeinflusst wird; sie verläuft weitgehend geregelt und macht klare Unterschiede zwischen Sprechern, Vermittlern und dem Publikum	**Internetkommunikation** innerhalb eines globalen Netzwerks aus vielen lokalen und nationalen Datennetzen; ohne journalistische Vermittlung wählen Nutzer Informationen aus und stellen eigene Ansichten zur Diskussion

Videokonferenz

Meinungsfreiheit

Das Grundgesetz schützt die Meinungs-, Informations- und Pressefreiheit.

„Jeder hat das Recht, seine Meinung in Wort, Schrift und Bild frei zu äußern und zu verbreiten und sich aus allgemein zugänglichen Quellen ungehindert zu unterrichten. Die Pressefreiheit und die Freiheit der Berichterstattung durch Rundfunk und Film werden gewährleistet. Eine Zensur findet nicht statt." (Art. 5 Abs. 1 GG)

Die staatliche Überwachung von Veröffentlichungen – die **Zensur** – ist in freiheitlich-demokratischen Staaten verboten. Sie wird in Kriegszeiten versucht.

Damit wird Schutz vor staatlichen Eingriffen gewährleistet. Aktive Informationsbeschaffung und Meinungsäußerungen sind nicht strafbar. Journalisten brauchen ihre Informanten nicht bekannt zu geben. Die Verfassung schützt den Einzelnen auch vor Medienmacht.

„Diese Rechte finden ihre Schranken in den Vorschriften der allgemeinen Gesetze, den gesetzlichen Bestimmungen zum Schutz der Jugend und in dem Recht der persönlichen Ehre." (Art. 5 Abs. 2 GG)

Beleidigungen und Verleumdungen sind strafbar. Zwischen dem Recht an der eigenen Persönlichkeit (Ehre, Privatsphäre, eigenes Bild) und der Freiheit der Berichterstattung ist die Abwägung oft schwierig.

Den rechtlichen Rahmen für die **massenmediale Kommunikation** und indirekt auch für die interpersonale Kommunikation bilden neben der Verfassung
- die Pressegesetze der Länder,
- der Rundfunkstaatsvertrag der Länder von 1994 (öffentlich-rechtlicher Hörfunk/öffentlich-rechtliches Fernsehen),
- die Mediengesetze der Länder (privater Hörfunk/öffentlich-rechtliches Fernsehen).

Die Presse hat sich eine Institution der Selbstkontrolle geschaffen, den **Deutschen Presserat,** und einen Pressekodex vereinbart.

„Achtung vor der Wahrheit und wahrhaftige Unterrichtung der Öffentlichkeit sind oberste Gebote der Presse." (§ 1 Pressekodex)

Massenmedien

Die **Massenmedien** machen die **Massendemokratie** erst möglich.

Der Rahmen für die Angebote und die Nutzung der elektronischen Information und Kommunikation (Internet) ist im Telekommunikationsgesetz (1996), Teledienstegesetz (1997) und Mediendienstestaatsvertrag der Länder (1997) geregelt.

Öffentliche Meinung und politische Willensbildung werden entscheidend von der „veröffentlichten Meinung" von Presse, Funk, Fernsehen und Internet beeinflusst. Während sich die Presse nahezu vollständig in Privatbesitz befindet, sind Hörfunk und Fernsehen teils öffentlich-rechtlich, teils privat organisiert (duales System), ähnlich das Internet.

2014 erschienen 355 Tages-, Sonntags- und Wochenzeitungen mit einer Auflage von 23 Mio. Exemplaren je Erscheinungstag. 2002 erzielten 380 Zeitungen noch eine Auflage von 29 Mio. Exemplaren.

Eine meinungsführende Rolle nehmen neben dem Fernsehen die überregionalen Tageszeitungen sowie die großen Wochenzeitungen und Nach-

2

Die nach 1949 errichteten selbstständigen **Rundfunkanstalten des öffentlichen Rechts** sind seit 1950 in der Arbeitsgemeinschaft der öffentlich-rechtlichen Rundfunkanstalten Deutschlands (ARD) zusammengeschlossen. Seit der deutschen Vereinigung sind es elf Länderanstalten, die das Programm „Erstes Deutsches Fernsehen" sowie jeweils eigene „Dritte Programme" ausstrahlen. Die Länder gründeten 1961 zusätzlich die bundesweite Fernsehanstalt „Zweites Deutsches Fernsehen" (ZDF).

Obwohl das Politikinteresse zusammen mit der Fernsehexpansion langfristig gestiegen ist und gute Kenntnisse der politischen Institutionen verbreitet sind, scheint sich die Lage der politischen Information in Deutschland zu verschlechtern.

richtenmagazine ein. Sie werden von politisch stärker Interessierten gelesen, die Einfluss auf ihr soziales Umfeld haben („Meinungsführer").

Medium	**Tägliche Mediennutzung 2010** (Nutzungsdauer in Minuten)	
	Bevölkerung ab 14 Jahre	**Gruppe der 14- bis 29-Jährigen**
Fernsehen	220	151
Radio	187	136
Internet	83	144
Tonträger (Kassette, CD)	35	80
Tageszeitung	23	10
Buch	22	30
Zeitschrift	6	4
Video/DVD	5	8

Quelle: ARD/ZDF Langzeitstudio 2010

Öffentlich-rechtlicher Hörfunk und öffentlich-rechtliches Fernsehen übernehmen im dualen System die Grundversorgung der Bevölkerung für Meinungs- und Willensbildung: Unterhaltung, Information, Wissen und Kultur. Um die Anstalten von politisch-staatlichen und wirtschaftlichen Interessen frei zu halten, finanzieren sie sich aus Gebühren der Hörer und Zuschauer. Dennoch unterliegt die Auswahl des Führungspersonals dem Parteieinfluss („Parteiproporz"). Inzwischen erzielen die öffentlich-rechtlichen Anstalten auch Einnahmen aus Werbeeinblendungen. Die privaten Sender finanzieren sich durch Werbeeinnahmen oder Gebühren (Pay-Tv). Die **Mediennutzung** verändert sich ständig. Die Nutzungsdauer insgesamt steigt längerfristig, wobei das Internet erheblich stärker genutzt wird. Die Zeitung dagegen verliert Leser – insbesondere unter Jugendlichen. Auch Zeitschriften werden weniger gelesen. Das Fernsehen ist bei Dokumentationen, Nachrichten, Unterhaltung und Sport das beliebteste Medium. Die Kernkompetenzen des Radios liegen bei Musik und Verkehrsinformationen, die der Zeitung bei Wirtschaftsinformationen, regionalen und lokalen Nachrichten.

2.3.6 Interessenorganisationen

Interessenorganisationen (Verbände) wirken nach den Parteien als wichtigste Vermittlungsinstanz zwischen Bevölkerung und Staat.

Das Grundgesetz erwähnt Interessenorganisationen im Unterschied zu den Parteien (Art. 21 GG) nicht als Teilnehmer an der politischen Willens-

bildung. Real nehmen **Verbände** jedoch nicht nur Einfluss auf die politische Willensbildung zugunsten der Verbandsmitglieder. Sie sind selbst Bestandteil des politischen Systems. Verbände entstehen auf Grundlage des Bürgerrechts aller Deutschen, „Vereine und Gesellschaften zu gründen" (Art. 9 GG).
Sie sind freiwillige, privatrechtlich nach dem Vereinsrecht des BGB organisierte Zusammenschlüsse, um
- Interessen der Mitglieder zusammenzufassen, zu organisieren und nach außen zu vertreten,
- dabei auf politische Entscheidungen Einfluss zu nehmen.

In Deutschland galten Interessenorganisationen bis 1918 als reine gesellschaftliche Kräfte außerhalb des Staates. Die Weimarer Republik suchte sie – wenig erfolgreich – in einem „Reichswirtschaftsrat" zusammenzufassen. Die NS-Diktatur wandelte sie in öffentliche Zwangsorganisationen, z. B. die „Deutsche Arbeitsfront".
Im politischen System der Bundesrepublik kann jedermann mit allen gesetzlichen Mitteln auf politische Entscheidungen Einfluss nehmen.

In Deutschland gibt es schätzungsweise etwa 200000 Verbände. Besonders einflussreich treten Wirtschaftsverbände und **Gewerkschaften** auf. Über den direkten Zugang zum Bundestag verfügen mehr als 1500 Verbände, die sich zuvor in einer öffentlichen Liste registrieren ließen. Interessenorganisationen sind vorzugsweise in Wirtschafts- und Finanzfragen, aber auch auf sozial-, kultur- und umweltpolitischen Gebieten aktiv.

▶ Interessen sind subjektiv empfundene und das Verhalten orientierende Ziele und Bedürfnisse von Einzelnen und Gruppen.

▶ Als Tarifparteien bilden Gewerkschaften und Arbeitgeberverbände „Vereinigungen zur Wahrung und Förderung der Arbeits- und Wirtschaftsbedingungen" (Art. 9 Abs. 3 GG).

Interessenorganisationen in Deutschland	
Wirtschafts- und Arbeitsbereich	– Unternehmens- und Selbstständigenorganisationen (z. B. Bundesverband der Deutschen Industrie, Hauptgemeinschaft des Deutschen Einzelhandels, Deutscher Bauernverband) – Arbeitnehmerorganisationen (Deutscher Gewerkschaftsbund mit acht Mitgliedsgewerkschaften, Deutscher Beamtenbund) – Berufsverbände (Verein Deutscher Ingenieure, Verband der Sekretärinnen, Bundeswehrverband) – Branchenverbände (Bundesverband der Deutschen Ziegelindustrie, Verein Deutscher Werkzeugmaschinenfabriken, Bundesverband freier Sachverständiger, Industrievereinigung Chemiefaser) – Verbraucherverbände
Sozialbereich	– Wohlfahrtsverbände (Deutsches Rotes Kreuz, Deutscher Caritasverband, Diakonisches Werk, Arbeiterwohlfahrt) – sonstige Organisationen (Deutscher Gehörlosen-Bund, Bundesverband der Sozialversicherten)
Freizeitbereich	– Freizeitorganisationen (Deutscher Alpenverein, Deutscher Schützenbund) – Sportorganisationen (Deutscher Sportbund)
Bildung und Kultur	– Bildungsorganisationen (Bund für deutsche Schrift und Sprache, Deutsche Vereinigung für politische Bildung) – Kulturverbände (Deutscher Kulturrat, Bundesverband Bildender Künstler, Union Deutscher Jazzmusiker)

Interessenorganisationen und Politik

Lobbying, amer. = Einflussnahme auf Abgeordnete, auf Mitglieder der Regierung, der Verwaltung und der Gerichte

Verbandsvertreter verstehen sich als „Agenten" der Mitgliederinteressen. In diesem Rahmen agieren sie als autonome Initiatoren und Makler. Lange wurde **Lobbying** einseitig als das Einfordern von günstigen politischen Entscheidungen verstanden. Jedoch ist das Verhältnis zur Politik keine Einbahn-, sondern eine „Zweibahnstraße".

Tausch auf Gegenseitigkeit	
Interessenvertreter bieten:	**Politische Entscheidungsträger bieten:**
– fachspezifische, praxisnahe Informationen zur Vorbereitung von Gesetzen und Verordnungen, – politisches Wohlverhalten im Entscheidungsablauf (Loyalität), – Wahlunterstützung.	– Informationen über Gesetzesvorhaben, – sichere und erweiterte Vergünstigungen, – Sicherung der gegebenen Wirkungsmöglichkeiten (Status quo).

Die wichtigsten Kontakte knüpfen Interessenvertreter formell oder informell zu:
- Bundesministerien (Verwaltung),
- Bundestagsausschüssen (Abgeordnete),
- Medien,
- Landesministerien (Verwaltung),
- Bundestagsfraktionen der Regierungsparteien (Abgeordnete),
- Bundesministern (Minister),
- nachgeordneten Behörden (Verwaltung),
- Bundestagsfraktionen der Oppositionsparteien (Abgeordnete).

Die Knappheit der Informationen über die in der Regel sehr komplizierten Sachverhalte der Gesetzgebung bringen Interessenvertreter und politische Entscheidungsträger zusammen. Beiden geht es dann um den Austausch von Informationen, um Förderung, Vergünstigung und Wohlverhalten. Verbandsinteresse und Gemeinwohl können dabei in Widerspruch geraten.

Die **Anhörungen** der Bundesministerien gelten als wichtigste Kontaktmethode. Sie finden in der Regel zu hausinternen Rohentwürfen von Gesetzen statt. Scheitern Lobbyisten mit ihren Vorschlägen bei der Exekutive, bleibt ihnen, auf Parlamentarier Einfluss zu nehmen. Vor allem wegen der Öffentlichkeitswirkung sind auch die Anhörungen der parlamentarischen Ausschüsse bedeutsam.

§ 24 der Gemeinsamen Geschäftsordnung der Bundesministerien besagt: „Bei Vorbereitung von Gesetzen können die Vertretungen der beteiligten Fachkreise oder Verbände unterrichtet und um Überlassung von Unterlagen gebeten werden sowie Gelegenheit zur Stellungnahme erhalten."

Eine 1993 durchgeführte Befragung von Parlamentariern nach Verbandskontakten verwies auf die starke Rolle der **Religionsgemeinschaften** und der **soziokulturellen Verbände.** Abgeordnete mit besonderer Nähe zu einzelnen Interessenorganisationen vermitteln deutlich im Sozial- und Kulturbereich.

Staat und Parteien unterliegen nicht der „Herrschaft der Verbände" wie auch die Interessenorganisationen nicht einem politischen Diktat unterliegen. Beide Seiten befinden sich in verschränkter Machtlage im „kooperativen Staat". Für den demokratischen Verfassungsstaat entsteht allerdings dann ein Problem, wenn beide Seiten die **verfassungsförmigen Verfahrenswege** der Willensbildung und Gesetzgebung verlassen und über den Verhandlungsweg **Absprachen** an die Stelle von Gesetz und Verordnung treten lassen. Das Verhandlungsverfahren schließt Publikum und Opposition aus und entzieht sich damit der Öffentlichkeit und Nachprüfbarkeit.

Bekannt sind **Absprachen** z. B. in der Energiepolitik (Ausstieg aus der Atomenergie), Umweltpolitik (Begrenzung der Schadstoffbelastung) und der Ausbildungspolitik (Lehrstellenangebot).

2.3.7 Parteien und Parteiendemokratie

Parteien agieren in allen Politikfeldern und von der Gemeinde bis zur Europäischen Union auf allen politischen Ebenen. Der **Parteienwettbewerb** ist der wichtigste Steuerungsmechanismus der Politik.

Anders als im Kaiserreich und in der Weimarer Republik nehmen Parteien heute bei der politischen Willensbildung des Volkes eine in der Verfassung verankerte öffentliche Aufgabe wahr (Art. 21 GG). Gleichwohl sind Parteien gesellschaftliche **Vereinigungen der Bürger.** Ihre Gründung ist frei, ihre innere Ordnung muss demokratischen Grundsätzen entsprechen, über Finanzen und Vermögen müssen sie Rechenschaft ablegen.

Partei, lat. pars = Teil

Durch Parteienbündnisse wie die „Sozialistische Internationale" und durch parteinahe Stiftungen wie die Konrad-Adenauer-Stiftung sind Parteien auch im Ausland präsent.

Parteiaufgaben

Aus der generellen Aufgabe, an der Willensbildung des Volkes „mitzuwirken" (Art. 21 GG), wurden von Parlamentsfraktionen umfängliche Aufgaben abgeleitet, die im **Parteiengesetz** von 1967 verankert sind:
- Mitwirkung an öffentlicher Meinungs- und Willensbildung,
- Vertiefung der politischen Bildung,
- Aktivierung der Bürger,
- Aufstellung von Kandidaten,
- Beeinflussung der Parlamente und Regierungen,
- Verfolgung von politischen Zielen,
- Halten der Verbindung zwischen Volk und Staat.

Parteien verdichten verwandte Meinungen und Interessen zu politischen Programmen und werden dadurch für Wähler identifizierbar. Wenn Parteien Führungspersonal und politische Programme zur Auswahl stellen und das Handeln von Parlament und Regierung beständig an gesellschaftlichen Bedürfnissen und Meinungen ausrichten, **vermitteln** sie zwischen Bevölkerung und Staat – in beiden Richtungen. Parteien beschränken sich aber nicht auf die Mitwirkung an der **Volkswillensbildung** und als Organisationen zur Wahlvorbereitung.

▶ Bund und Länder im Bundesrat stehen unter starkem Parteieinfluss. Themenbezogen entstehen große Koalitionen über Parteigrenzen hinweg. Zugriffsmöglichkeiten auf die öffentlich-rechtlichen Medien und die Staatsverwaltung sowie hohe öffentliche Zuschüsse zur Parteienfinanzierung weisen den weiten Aktionsradius der Parteien aus.

> Parteien gestalten mit ihren Parlamentsabgeordneten auch die Bildung und Führung der Regierung mit **(Staatswillensbildung)**.

Ihre Rolle ist abhängig von der Geltung der Prinzipien
- des demokratischen Wettbewerbs,
- der parlamentarischen Regierungsbildung und -verantwortung,
- des Föderalismus.

Organisation, Mitglieder und Finanzierung

In Mitgliederorganisationen wie den Parteien entscheidet die Binnenstruktur über Gelingen und Versagen der Demokratie.

> Parteien müssen über **Programm** und **Satzung** verfügen.

Grundregeln des demokratischen **Aufbaus von Parteien** sind:
- festgelegte Mitgliederrechte:
  - gleiches Stimmrecht,
  - geheime Wahl der Vorstände, Delegierten, Parlamentskandidaten,
  - Schutz vor willkürlichem Ausschluss und Eintrittsverweigerung;
- vertikaler Aufbau von unten nach oben und angelehnt an die regionale Gliederung in Gemeinden, Kreise, Länder und Bund (zukünftig auch der Europäischen Union);
- Kandidatenauswahl durch Delegierte;
- Verantwortung von oben nach unten;
- Offenlegung der Parteifinanzen.

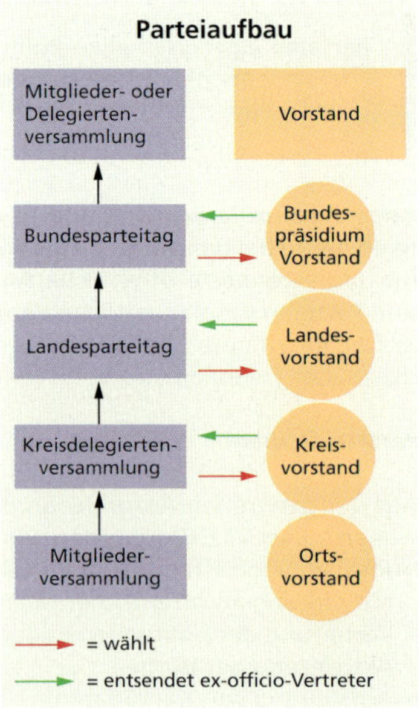

▶ Knapp zwei Prozent der beitrittsberechtigten Bevölkerung sind in Parteien organisiert (1,3 Mio. 2012). Die Mitgliedschaft stieg mit der Vereinigung Deutschlands kurzfristig stark an, seitdem fällt sie.

Mitgliedschaften sind weder Spiegelbild der Gesellschaft noch der Wählerschaft. Der Bildungsgrad liegt über dem der Bevölkerung.

Die jüngeren Jahrgänge sind relativ schwach, die mittleren und älteren dafür stärker vertreten. Gänzlich unausgewogen ist die Verteilung zwischen Männern und Frauen – mit Ausnahme von Bündnis 90/Die Grünen und Die Linke. Überrepräsentiert sind die Berufe des öffentlichen Dienstes.

Die **Parteimitgliedschaft** ist freiwillig. Die Aktivitäten, die Mitglieder in der Praxis übernehmen, unterscheiden sich erheblich. Geringe Beteiligung der Bevölkerung verringert das personelle Reservoir für Politikerneuerung. Die Parteibasis hat fast keinen Einfluss auf die Politik der Gesamtpartei. Unter den Parteiaktiven sind Angehörige des öffentlichen Dienstes und Freiberufler überrepräsentiert. Die Funktionäre gelten als die eigentlichen **Parteibürger.** Ihr Einfluss wird nach Mandat und Anzahl der Ämter gemessen (Ämterhäufung). Bedeutsam sind sie auf mittlerer Ebene, da hier über politische Karrieren entschieden wird.

▶ Die Aktivitäten der Parteimitglieder unterscheiden sich folgendermaßen:
- Beitragszahler ohne weitere Aktivität (75–85 % der Mitglieder);
- ehrenamtliche Parteiaktive in lokalen Basisorganisationen (Parteibasis);
- hauptamtliche Parteiangestellte (Parteifunktionäre) auf Kreis-, Landes-, und Bundesebene (bis zu 200 Angestellte bei großen Parteien);
- Mandatsträger (1994 rund 235 000 Kommunal-, 2 000 Landtags- und 672 Bundestagsmandate).

Auf oberster Ebene von Parteivorstand und Parlamentsfraktion können Abgeordnete als Experten für einzelne Politikfelder eine große Rolle spielen. **Parteiführungen** entscheiden mit Blick auf die Wahlen, die Sachlage („Sachzwänge") und die Parteimitglieder. Sie kontrollieren Personalauswahl und Ämterbesetzung.
Da sich Parteimitglieder an einer öffentlichen Aufgabe – der politischen Willensbildung – beteiligen, werden **Parteifinanzen** vom Staat bezuschusst. Eigenfinanzierung und Spenden müssen jedoch überwiegen. Zuschüsse erfolgen zu Wahlkampfkosten (je Wählerstimme) und zu Beiträgen und Spenden.

	Parteieinnahmen 2012 (jeweils in %)				
	Mitgliederbeiträge	**Mandatsträgerbeiträge**	**Spenden**	**staatl. Mittel**	**Gesamteinnahmen in Mio. Euro**
SPD	32	15	7	30	151
CDU	29	13	13	34	137
CSU	26	8	16	30	38
FDP	20	9	17	41	34
Grüne	22	23	10	39	38
Linke	31	12	6	41	30

Quelle: Deutscher Bundestag 2015

▶ Die Parteienfinanzierungsaffäre der CDU 1999/2000 löste striktere Finanzierungsbedingungen im neuen **Parteiengesetz** von 2002 aus. Danach dürfen Barspenden die Höhe von 1 000 Euro nicht überschreiten und Spenden nicht vorsätzlich gestückelt werden, um die Veröffentlichung ab 10 000 Euro zu umgehen. Falsche Rechenschaftslegung ist nun strafbar.

Parteien in Deutschland – vor der zwangsweisen Auflösung 1933 und seit 1945 (nach W. RUDZIO)

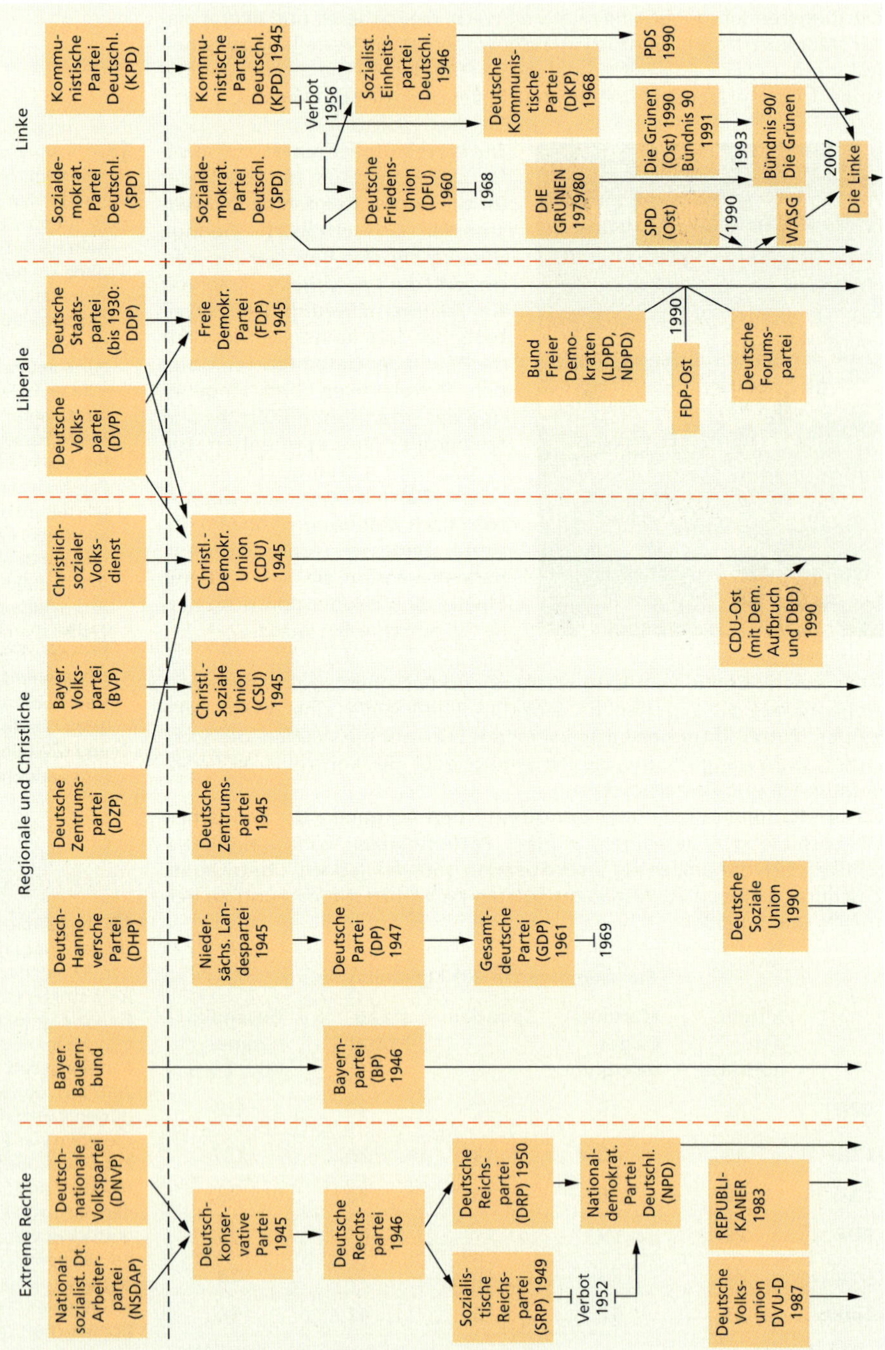

Parteiarten, Parteiensystem

> Parteien haben zwei **historische Wurzeln:** die Entwicklung zum Parlamentarismus und die Konflikte der industriellen Gesellschaft.

Wenn Regierungen aus Parlamenten hervorgehen – wie zuerst in Großbritannien – bleiben sie von parlamentarischen Regierungsmehrheiten abhängig. Parteien wurden zum Hauptweg, politische Stabilität in Parlament und Regierung zu organisieren. Über den konkreten Weg entscheidet das jeweilige Wahlrecht (Mehrheits- oder Verhältniswahl).

Seit dem 19. Jh. entwickelten sich typische sozioökonomische und soziokulturelle **Konfliktlinien** (cleavages) aus Interessengegensätzen zwischen
- Produktionsmitteleigentum (Kapital) und Arbeit,
- Stadt und Land bzw. Industrie und Großagrariern,
- Staat bzw. Liberalismus und Kirche,
- nationalstaatlichem Zentrum und Peripherie bzw. Region,
- Wirtschaftswachstum und ökologischem Gleichgewicht.

Parteien bildeten sich entlang solcher Konflikte, für die sie Regelungen suchten. Die gesellschaftlichen **Konflikte** zu mildern und zu regeln, gelang seit dem Zweiten Weltkrieg dem europäischen Sozialstaat. Als neuer Konflikt entstand der Ost-West-Gegensatz. Beides hatte weitreichende Auswirkungen auf das **deutsche Parteiensystem.**
In den Westzonen und der nachfolgenden Bundesrepublik verdrängten **Volksparteien** die bis dahin agierenden bürgerlichen Parteien (Patronage-, Honoratiorenparteien) und die Massenparteien (Weltanschauungs-, Klassenparteien).

Als Erste ging die CDU diesen Weg, indem sie sich an Katholiken wie Protestanten, an Arbeiter wie Unternehmer wendete, ähnlich die CSU in Bayern (Landwirte wie Mittelständler), gefolgt schließlich seit dem Godesberger Parteitag 1958 von der SPD (alle Arbeitnehmer).
In der Sowjetischen Besatzungszone/DDR trat zwischen 1947 und 1950 die SED als dem sowjetischen Vorbild folgende Partei neuen Typs das Erbe linker Weltanschauungs- und Klassenparteien an. Die SED instrumentalisierte die bürgerlichen Parteien CDU, LDPD, DBD, NDPD im Block der Nationalen Front als vermittelnde Transmission ihrer Politik zur Bevölkerung.

Mit der Vereinigung beider Staaten ist das **Parteiensystem pluralistischer** geworden. Die Volksparteien CDU/CSU und insbesondere die SPD verloren Parteimitglieder und Wählerstimmen, welche wiederum die bisherigen Kleinparteien Bündnis 90/Die Grünen, die Piratenpartei und Die Linke gewannen. Dies eröffnete zunächst auf Landesebene die Bildung von neuartigen Regierungskoalitionen, die rechtes und linkes Lager übergreifen, z. B. 2009 die saarländische Jamaika-Koalition aus CDU, FDP, B 90/Die Grünen. Zu Wahlen treten Kleinstparteien an (25 zur Bundestagswahl 2013).

Unter **Parteiensystem** werden die Anordnung und Wechselbeziehungen aller Parteien im politischen System verstanden. Bestimmungsgrößen sind: Parteianzahl, Größe, Binnenstruktur und Programm.
Volksparteien suchen die möglichst größte Wählerschaft (catch all party), nicht nur die Stimmen bestimmter sozialer Gruppen.

In der DDR gab es neben der SED als der „führenden Partei" die Christlich-Demokratische Union (CDU), die Liberal-Demokratische Partei Deutschlands (LDPD), die Demokratische Bauernpartei Deutschlands (DBD) und die Nationaldemokratische Partei Deutschlands (NDPD).

Parteienstaat, Parteiendemokratie

Deutschland ist ein demokratischer **Parteienstaat.**

Parteien übernehmen einen öffentlichen Auftrag (Art. 21 GG), wählen die Politiker aus und steuern inhaltlich Politik und Verwaltung in Kommunen und Ländern, im Bund und für die Europäische Union. Nicht nur das Bundesverfassungsgericht spricht deshalb von einem Parteienstaat.

Deutschland ist eine **Parteiendemokratie.**

Andererseits sind Parteien gesellschaftliche Vereinigungen. Sie sind die entscheidenden Mittler zwischen Bevölkerung und politischer Führung des Landes, gehen aber nicht im Staat auf. Zum Umfang ihrer Zuständigkeit im öffentlichen Leben und zu den Grenzen und Schwächen ihres Wirkens werden allerdings verschiedene Auffassungen vertreten.

Pro ——— Parteiendemokratie	**——— Kontra**
Parteien sind Interessengruppen in eigener Sache, die an politischen Führungsaufgaben interessierten Bürgern Karrierechancen eröffnen.	Karrieredruck und Machtexpansion lassen Parteien auch in der Justiz (Richterernennung) und in den Medien Einfluss nehmen, die jedoch ihrer Kontrolle dienen.
Die Klausel, mindestens 5 % der Wählerstimmen zu gewinnen, um in das Parlament gelangen zu können, fördert ein stabiles Parteiensystem mit nur wenigen Parteien.	Die Fünfprozentklausel erschwert Parteineugründungen und damit ein aufgelockertes, anpassungsfähiges Parteiensystem.
Volksparteien sind die Konsequenz einer sozial nicht mehr polarisierten Gesellschaft.	Volksparteien verschleiern die reale Konflikt- und Klassenlage.
Langjährig wiedergewählte Parteiführungen, Aufstieg als „Ochsentour“, hauptamtliche Funktionäre und ein gemäßigter Parteienwettbewerb sichern politische Kontinuität und Stabilität.	Parteiapparate befassen sich stark mit sich selbst, verkrusten und verlieren an Fähigkeit, rechtzeitig auf neue Themen und Generationen zu reagieren – sichtbar bei Natur- und Umweltschutz oder der Bildungsmisere.
Als Verfassungsorgan erfordert ihre innere Organisation wie sonst im demokratischen Staat die repräsentative Legitimation über Delegierte.	Als gesellschaftliche Organisation meint innerparteiliche Demokratie die engere Bindung der Führung an die Basis, z. B. durch Urwahl, Rückruf, Ämterrotation, imperatives Mandat, Internetabstimmung.
Vor allem ein genereller Informationsvorsprung der Parteielite gegenüber Mitgliedern und Wählern sichert die Parteiführung von oben.	Die neuen elektronischen Medien schmälern den Informationsvorsprung und machen es Parteien möglich, statt auf Mitgliederorganisation stärker auf Medien-, Wähler- oder nur noch „Rahmenpartei“ zu setzen.

2.3.8 Wahlen und Wähler

> In Demokratien ist der **Wähler** am Wahltag für mehrere Stunden der Souverän. Er verteilt die politische Macht und legitimiert sie.

Politische Macht kann friedlich auch durch Erbfolge (Monarchie), Los, Akklamation, Kooptation (Selbstergänzung einer Körperschaft) oder ex-officio-Bestellung (Aufnahme aufgrund eines anderen Amtes) zugeteilt werden. In Demokratien entscheidet das Volk durch Wahlen und häufiger auch durch Abstimmungen über zur Auswahl stehende Personen, Programme und Parteien **(kompetitive Wahlen).** Das Wahlrecht und der Parlamentstyp sind die beiden zentralen Bestimmungsgrößen von Demokratien. Die Rolle der Wahlen lässt sich von zwei entgegengesetzten **Demokratietheorien** her begreifen.

▶ Auch in Diktaturen wird gewählt, jedoch ohne auswählen zu können **(nichtkompetitive Wahl)** oder nur mit begrenzter Auswahl (semikompetitive Wahl).

Identitätstheorie	Ihr Begründer J. J. ROUSSEAU geht nicht von der Summe der subjektiven Einzelwillen der Menschen aus (volonté de tous), sondern von der sich darüber hinaus erhebenden „höheren Einsicht" als den homogenen objektiven Volkswillen (volonté générale). Wahlen haben den objektiven Willen nur noch umzusetzen.
Konkurrenz- und Pluralismustheorie	Ihre Vertreter gehen nicht von einem eindeutig bestimmbaren Gemeinwohl aus. Im offenen Prozess der politischen Willensbildung und zwischen unterschiedlichen Interessen und Meinungen werben Einzelne um ein Mandat der Wähler zur politischen Führung auf Zeit.

▶ Von seinen Kritikern – z. B. von J. L. TALMON – wurde ROUSSEAU wegen seiner Auffassung als Stammvater der „totalitären Demokratie" bezeichnet.

Dem Pluralismustheoretiker JOSEPH A. SCHUMPETER ging es um die Methode, Wähler durch Personalauswahl entscheiden zu lassen. ERNST FRAENKEL u. a. fügten der Personalauswahl noch die Sachentscheidung hinzu.

Verfahren der Entscheidung und Beteiligung

> Die **Stimmabgabe bei Wahlen** ist die allgemeinste Form von politischer Entscheidung wie auch politischer Beteiligung in der repräsentativen Demokratie.

Nur mittels Wahlen lassen sich in Massendemokratien Interessen und Meinungen so bündeln, dass verbindliche Entscheidungen getroffen werden können. Repräsentation ist grundlegend für das deutsche politische System. Volkssouveränität meint dann nicht die direkte Volksregierung, sondern Herrschaft durch auf Zeit gewählte Repräsentanten. Voraussetzung sind minimale Grundüberzeugungen:

▶ Wahlen sind für die Masse der Bevölkerung die einzige Form politischer Beteiligung.

2

- die Anerkennung des Mehrheitsprinzips,
- die Einschränkung der Mehrheitsregel durch Minderheitenschutz,
- Grund- und Menschenrechte sowie Grundnormen der Verfassung (Art. 20 Abs. 1 GG).

Die Grundnormen der Verfassung darf auch eine Mehrheit (Tyrannei der Mehrheit) nicht außer Kraft setzen (Art. 20, Abs. 4 GG). Bei einem solchen Versuch haben die Deutschen das Recht zum Widerstand.

„Alle Staatsgewalt geht vom Volke aus. Sie wird vom Volke in Wahlen und Abstimmungen und durch besondere Organe der Gesetzgebung, der vollziehenden Gewalt und der Rechtsprechung ausgeübt." (Art. 20 Abs. 2 GG)

Wahlsystem

Die Verfassung unterscheidet zwischen **Wahlen** und **Abstimmungen.** Gewählt wird regelmäßig zu den Vertretungen (Parlamenten) in Gemeinden und Kreisen, Ländern, im Bund und der EU. Abstimmungen in den Formen von Volksentscheid, -begehren und -befragung sind auf das Thema der Veränderung der Grenzen zwischen den Bundesländern (Art. 29 GG) eingeschränkt. Jedoch sind Abstimmungen als direktdemokratische Verfahren auf Kommunalebene und seit der deutschen Vereinigung auch in allen Bundesländern ausgebaut worden. Hier wurden zwischen 1990 und 2005 insgesamt 114 Verfahren begonnen, so zum bayrischen Volksentscheid zum Nichtraucherschutz (2010). Die Verfassung (Art. 28 und 38 GG) und nachfolgende **Wahlgesetze** des Bundes und der Länder legen die Wahlgrundsätze fest. Das Grundgesetz trifft aber keine Entscheidung für ein bestimmtes **Wahlsystem.** Zunächst lange umstritten, hat sich das Wahlsystem „einer mit der Personalwahl verbundenen Verhältniswahl" (§ 1a Abs. 1 Bundeswahlgesetz von 1956) inzwischen durchgesetzt.

Viele sehen in plebiszitären Verfahren eine notwendige Ergänzung der repräsentativen Demokratie.

Vor der ersten Wahl zum Deutschen Bundestag 1949 wollten CDU und CSU die relative Mehrheitswahl, die SPD und kleinere Parteien die Verhältniswahl einführen. Gewählt wurde 1949 nach der Verhältniswahl und einem Kompromiss der Verfahren der Listen- und der Personalwahl. Eine Sperrklausel wurde nicht eingesetzt.

Grundformen des Wählens	
Verhältniswahl (Proportional-, Listenwahl): Gewählt werden Parteilisten mit Kandidaten.	**Mehrheitswahl** (Persönlichkeitswahl): Gewählt werden einzelne Kandidaten.
reine Verhältniswahl: Mandate der Parteilisten entsprechend der Stimmenanteile der Listen	absolute Mehrheitswahl: Gewählt ist, wer mindestens 50 % der abgegebenen Stimmen erhält.
Verhältniswahl mit Sperrklausel: Zuteilung der Mandate nur an jene Listen, die einen Mindestanteil erreichen (in Deutschland 5 %)	relative Mehrheitswahl: Gewählt ist, wer die meisten Stimmen erhält.
Repräsentationsziel	
Verteilung der Mandate (und der Parteien) entsprechend den Stimmenanteilen	Mehrheitsbildung im Parlament

Wahlrecht und Wahlsystem zum Deutschen Bundestag

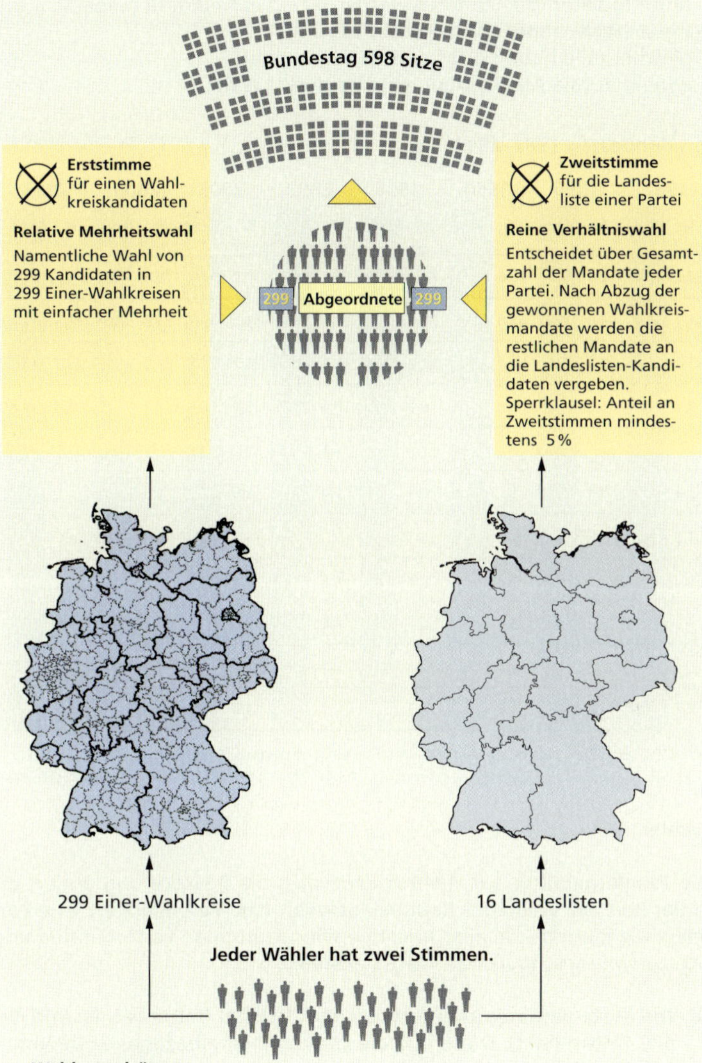

Wahlgrundsätze:

- Es besteht keine Wahlpflicht.
- Wahlberechtigt und wählbar ist jeder Staatsbürger mit vollendetem 18. Lebensjahr.
  (EU-Ausländer können sich an Kommunalwahlen beteiligen.)
- Gewählt wird in allgemeiner, unmittelbarer, freier, gleicher und geheimer Wahl.

Quellen: Grundgesetz, Wahlgesetz

Das Wahlsystem ist keine Mischung zweier Verfahren, sondern **personalisierte Verhältniswahl** mit zwei Eigentümlichkeiten.
Zum einen schließt die Fünfprozentklausel jene Parteien aus, die bundesweit nicht mindestens 5 % der Zweitstimmen oder drei Direktmandate erhalten. Jeder Kandidat, der ein Direktmandat gewinnt, ist als Abgeordneter gewählt.
Zum anderen hat jeder Wähler zwei Stimmen: die erste für den Wahlkreiskandidaten, die zweite für die Parteiliste. Die zweite entscheidet über die Zahl der gewonnenen Mandate. Gewinnt eine Partei mehr Wahlkreis- als Listenmandate, erhält sie die Differenz als Überhangmandate zugesprochen (z. B. gingen 2009 aus der Wahl 24 Überhangmandate für die CDU/CSU hervor, was insgesamt 622 Mandate statt 598 ergab).

Alle Stimmberechtigten wählen in
- allgemeiner (alle sind wahlberechtigt),
- unmittelbarer (die Stimmen werden direkt in Mandate umgerechnet),
- freier (Wahl ohne jegliche Beeinflussung),
- gleicher (alle haben gleich viel Stimmen) und
- geheimer (die Abstimmung wird verdeckt) Wahl.

Wahlen zum Deutschen Bundestag 1987–2013

	1987		1990		1994		1998		2002		2005		2009		2013	
	%	Sitze	%	Sitze	%	Sitze	%	Sitze	%	Sitze	%	Sitze	%	Sitze	%	Sitze
Wahlbeteiligung	84,3	519	77,8	662	79,0	672	82,2	669	79,1	603	77,7	614	70,8	622	71,5	631
CDU/CSU	44,3	234	43,8	319	41,5	294	35,1	245	38,5	248	35,2	226	33,8	239	41,5	311
SPD	37,0	193	33,5	239	36,4	252	40,9	298	38,5	251	34,2	222	23,0	146	25,7	193
FDP	9,1	48	11,0	79	6,9	47	6,2	43	7,4	47	9,8	61	14,6	93	4,8	–
DKP	–	–	–	–	–	–	–	–	0,3	–	–	–	–	–	–	–
NPD	0,6	–	0,3	–	–	–	0,3	–	0,4	–	1,6	–	1,5	–	–	–
GRÜNE	8,3	44	3,8	–	–	–	–	–								
B 90/Grüne	–	–	1,2	8	7,3	49	6,7	47	8,6	55	8,1	51	10,7	68	8,4	63
Die Linke/PDS*	–	–	2,4	17	4,4	30	5,1	36	4,0	2	8,7	54	11,9	76	8,6	64
Republikaner	–	–	2,1	–	1,9	–	1,8	–	0,6	–	0,6	–	0,4	–	0,2	–
Sonstige	0,7	–	1,9	–	1,6	–	3,9	–	1,7	–	1,8	–	4,1	–	6,3	–

(DKP – Deutsche Kommunistische Partei, NPD – Nationaldemokratische Partei Deutschlands, *1990–2002: PDS)

Wähler

Da Wahlen geheim sind, bleibt der Wähler das „unbekannte Wesen". Die sozialwissenschaftliche **Wahlforschung** hat mittels Befragungen eine Fülle unterschiedlicher, auch gegensätzlicher Gründe für Wahlentscheidungen größerer Gruppen ermittelt.

Die Wahlergebnisse seit 1949 zeigen, dass die Bevölkerung anders als in der Zeit der Weimarer Republik gewählt hat. Sie bevorzugt jene Parteien, die möglichst in allen wichtigen Berufsgruppen vertreten sind und sich zur weltanschaulichen Mitte bekennen.

Die Mitte wird repräsentiert von der CDU/CSU (Mitte-rechts) und der SPD (Mitte-links). Diese und die stärker klientelbezogene FDP konnten über Jahrzehnte hinweg zusammen mehr als 90 % aller Stimmen auf sich beziehen. Extreme linke oder rechte Positionen fanden bei Bundestagswahlen anders als bei Landtags- und örtlichen Wahlen kaum Gehör. Mit Bündnis 90/Die Grünen und Die Linke erweiterte sich das Spektrum zum 5-Parteien-System.

Die Wahlbeteiligung liegt in Deutschland – im internationalen Vergleich – noch immer hoch, von den Kommunal- über Landtags- zu den Bundestagswahlen ansteigend. Die „Partei der Nichtwähler" wächst.

2.3.9 Antidemokratische Strömungen

In der Weimarer Republik konnten antidemokratische Orientierungen dominierend werden – mit der Folge, den Aufstieg HITLERS zu begünstigen. In der Bundesrepublik haben antidemokratische Strömungen die grundlegende Zustimmung der Bevölkerung zu den Werten und Funktionsweisen der repräsentativen Demokratie bisher nicht beeinträchtigen können.

Bonn und Berlin sind nicht Weimar. Die politische Kultur Deutschlands erwies sich bisher als „Stabilitätsreserve für das politische System" (K. SONTHEIMER).

Antidemokratische Strömungen umfassen alle jene politischen Einstellungen und Verhaltensweisen von Individuen und Gruppen, die gegen die freiheitlich-demokratische Grundordnung als den Kernbestand des demokratischen Verfassungsstaats gerichtet sind.

Die **freiheitlich-demokratische Grundordnung** hat das Bundesverfassungsgericht in einem Urteil zum Verbot der Sozialistischen Reichspartei 1952 umschrieben.

Sie ist eine Ordnung, „die unter Ausschluss jeglicher Gewalt- und Willkürherrschaft eine rechtsstaatliche Herrschaftsordnung auf der Grundlage der Selbstbestimmung des Volkes nach dem Willen der jeweiligen Mehrheit und der Freiheit und Gleichheit darstellt" (BVerfGE2, S. 12 f.).

Sie umfasst danach die Prinzipien der Menschenrechte, der Volkssouveränität, der Gewaltenteilung, der Regierungsverantwortung, der Opposition, der gesetzlichen Verwaltung, der unabhängigen Gerichte, des Mehrparteiensystems und der Chancengleichheit für Parteien.

Antidemokratische Orientierungen und Verhaltensweisen unterscheiden sich nach Motiven, Zielen und eingesetzten Mitteln.

Entsprechend unterschiedlich lauten die Bezeichnungen dafür. Durchgesetzt haben sich in Deutschland drei Sammelbegriffe:
- **Radikalismus:** das Verfolgen radikaler Ziele innerhalb des verfassungsmäßigen Rahmens und bis an dessen Grenzen gehend – gehört nicht zu den antidemokratischen Strömungen,
- **Extremismus:** verfassungsfeindliche Aktivitäten hinsichtlich der Ziele wie der Mittel mit den Hauptgruppen Links- und Rechtsextremismus – gemäß dem Links-Rechts-Schema der Parteiorientierungen,
- **Terrorismus:** politisch motivierte Gewaltkriminalität, wie Mord, Flugzeugentführung, Geiselnahme.

Die Bezeichnungen, die in Deutschland für verschiedene antidemokratische Orientierungen öffentlich verwendet werden, sind:
- Extremismus,
- Neofaschismus,
- Neonazismus,
- Radikalismus,
- Totalitarismus,
- Nationalismus,
- Terrorismus,
- Kommunismus
- Anarchismus,
- Maoismus.

Linksextremismus

Den **Hauptgruppen des Linksextremismus** ist gemeinsam, in der kapitalistischen Klassengesellschaft die Wurzel allen politischen Übels zu sehen und den Extremismus als sozialrevolutionäre Antithese zur parlamentarischen Demokratie mit ihren Prinzipien der Rechtsstaatlichkeit und des gesellschaftlichen Pluralismus zu verstehen.

Anarchistische Gruppen	lehnen die Formen repräsentativer und zentralisierter Organisation generell ab und bekämpfen sie.
Autonome Gruppen	geben sich ihre eigenen Gesetze und lehnen die staatliche Ordnung ab; treten ohne eigene theoretische Basis aktionistisch und extrem organisationsfeindlich auf, z. B. bei militanten Hausbesetzungen oder als „schwarzer Block" bei unfriedlichen Demonstrationen. 
Kommunistische Gruppen	berufen sich in unterschiedlicher Weise auf MARX, ENGELS, LENIN, STALIN, TROTZKI oder MAO und streben eine revolutionäre Veränderung von Gesellschaft und Politik an; gegen die KPD beantragte die Bundesregierung 1951 ein Parteiverbot beim Bundesverfassungsgericht, das 1956 vom Gericht beschlossen wurde; während der 1970er-Jahre gewannen kommunistische Gruppen Einfluss in Teilen der westdeutschen Studentenschaft.

Die 1968 gegründete DKP anerkannte die Verfassung. Auch die aus der SED 1990 hervorgegangene PDS – seit 2007 Die Linke – anerkannte das Grundgesetz, duldet jedoch eine „Kommunistische Plattform" als Parteigruppe.

Typische linksextremistische Aktionsformen sind:
- Straßenkrawalle, Verkehrsblockaden,
- Brand- und Sprengstoffanschläge.

Potenzial des Linksextremismus in Deutschland (Personen)

	2000	2010	2014
Gewaltbereite Linksextremisten (Autonome, Anarchisten) [1]	**7 000**	**6 800**	**6 900**
Marxisten-Leninisten, Trotzkisten, andere revolutionäre Marxisten	**27 000**	**25 800**	**21 100**
Insgesamt	**34 000**	**32 600**	**28 000**

[1] In die Statistik sind nicht nur tatsächlich als Täter/Tatverdächtige festgestellte Personen einbezogen, sondern auch gewaltbereite Linksextremisten. Seit 2014 werden alle gewaltorientierten Extremisten gezählt (z. T. durch Schätzung). Erfasst sind nur Gruppen, die feste Strukturen aufweisen und über einen längeren Zeitraum aktiv waren.

Quelle: Verfassungsschutzberichte 2002, 2010, 2014

Der Verbreitung des Rechtsextremismus dienen besonders Musik- und Internetauftritte.

Rechtsextremismus

Den Rechtsextremismus eint das im Einzelnen widersprüchliche Leitbild, den demokratischen Verfassungsstaat auf Grundlage eines deutsch-völkischen Nationalismus in einen **autoritären Führerstaat** zu verwandeln. Politisch geht es um ein großdeutsches Reich, gesellschaftlich um den Kampf gegen universelle Menschen- und Bürgerrechte sowie liberale und sozialistische Traditionen. Einige Gruppen orientieren sich hauptsächlich am Deutschnationalismus oder Nationalsozialismus („Alte Rechte", „Alter Nationalismus"), andere eher an den politischen Bedingungen der Gegenwart („Neue Rechte", „Neuer Nationalismus").

Potenzial des Rechtsextremismus in Deutschland (Personen)

	2000	2010	2014
Subkulturell geprägte Rechtsextremisten (Skinheads)[1]	9700	8300	7200
Neonazis[2]	2200	5600	5600
Parteien	36500	13000	6850
Deutsche Volksunion (DVU)		3000	–
Die Rechte			500
Nationaldemokratische Partei Deutschlands (NPD)		6600	5200
Bürgerbewegung Pro NRW			950
Der III. Weg			200
Sonstige rechtsextremistische Organisationen	4200	2500	2500
Insgesamt	52600	26000	22150
Davon gewaltbereite bzw. -orientierte Rechtsextremisten		9500	10500

[1] In die Statistik sind als gewaltbereit nicht nur tatsächlich als Täter/Tatverdächtige festgestellte Personen einbezogen, sondern auch solche mit Anhaltspunkten für Gewaltbereitschaft. Seit 2014 werden alle gewaltorientierten Extremisten gezählt (z. T. durch Schätzung).

[2] Gruppierungen und Kameradschaften, die ein gewisses Maß an Organisierung aufweisen.

Quelle: Verfassungsschutzberichte 2002, 2010, 2014

2014 waren von den politisch rechts motivierten Gewalttaten mit extremistischem Hintergrund
- 512 Taten fremdenfeindlich,
- 139 gegen Linksextremisten,
- 60 gegen sonstige politische Gegner und
- 31 antisemitisch ausgerichtet.

Sozialwissenschaftliche Befragungen ergaben, dass für den Links- wie Rechtsextremismus ein relativ beständiges **Einstellungspotenzial in der Bevölkerung** gegeben ist. Im linken Spektrum muss von einer beträchtlichen Zahl grundsätzlicher Kritiker des politischen Systems („Systemkritiker") ausgegangen werden. Im rechten Spektrum wird mit einem festen rechtsextremen Weltbild bei 15 % der Bürger gerechnet. Krisen in der Ökonomie (z. B. Arbeitslosigkeit, Polarisierung der Einkommen), der Gesellschaft (ungünstige Wohnverhältnisse) und der Politik (große Distanzen zur politischen Praxis) verstärken individuelle Beweggründe des Extremismus. Sie bewirken dann erhöhte extremistische Aktivitäten und höhere Wähleranteile bei Kommunal- und Landtagswahlen.

Während der Rechtsextremismus in den alten Bundesländern stark organisiert auftritt (Parteien, Verbände, Jugendorganisationen, Verlage, Presse), ist in den neuen Ländern der eher spontane, gewaltförmige und subkulturelle Protest verbreitet (Skinheads, Faschos, Hooligans, Jugendcliquen), Gewalt gegen Fremde nimmt zu.

Terrorismus

Das extremistische Einstellungspotenzial in der Bevölkerung begünstigt auch **terroristische Gewaltkriminalität** mit Anschlägen auf Leib, Leben und Eigentum anderer Menschen. Ihre Aktionen werden von verdeckt arbeitenden Kommandos vorbereitet und durchgeführt.
Terroristische Aktionen sollen den Verfassungsstaat und das staatliche Gewaltmonopol als ohnmächtig vorführen bzw. staatliche Überreaktionen herausfordern.

Zugleich soll ein kritisches und abträgliches Meinungsklima gegenüber dem politischen System erzeugt werden.

Arbeitgeberpräsident HANNS MARTIN SCHLEYER als RAF-Geisel, 1977

Harter Kern des linksextremistischen Terrorismus in den alten Bundesländern war lange die Rote-Armee-Fraktion (RAF) mit zahlreichen Mord- und Terroranschlägen gegenüber prominenten Wirtschaftsführern und Politikern. Als rechtsextremistischer Terrorismus formierten sich in den 1980er-Jahren neonazistische Gruppen (z. B. Aktionsfront Nationale Sozialisten, Wehrsportgruppe Hoffmann).

Islamistischer Extremismus und Terrorismus

Islamisten sind der Auffassung, dass sich Gesetzgebung und staatliches Handeln nicht auf den Willen des Volkes und Mehrheitsentscheidungen gründen, sondern allein von Gott hergeleitet werden können, dessen Wille sich im Koran als Wahrheit für alle Lebensbereiche offenbart habe. Bei diesem Absolutheitsanspruch sind Konflikte sowohl innerhalb islamischer Glaubensströmungen als auch im internationalen Umgang unvermeidlich.

Als eine Bedrohung der internationalen Staatengemeinschaft hat sich der islamistische Terrorismus entwickelt. Die Ziele, die Islamisten mit Propaganda und Anschlägen in Deutschland verfolgen, sind vor allem
- westlich orientierte Regime in ihren Herkunftsländern durch Staats- und Gesellschaftssysteme zu ersetzen, die auf der Scharia (islamisches Gesetz) gründen,
- den Hauptfeind USA und westliche Länder für kulturelle „Unmoral" zu bestrafen und ihr weltweites Vormachtstreben zu bekämpfen.

Ihr Potenzial in Deutschland wurde 2014 auf 25 türkische und arabische Gruppen und ca. 43890 Personen geschätzt (Verfassungsschutzbericht 2014).

Zu den bekanntesten Gruppen gehören:
- arabische Mujahedin als internationales Netzwerk militanter Islamisten überwiegend arabischer Herkunft; dessen Kern bildet die von OSAMA BIN LADEN gegründete kleine Kaderorganisation Al-Qaida (↗ S. 389), daraus hervorgegangen die Gruppe Islamischer Staat, welche die Führung beansprucht (Kalifat),
- islamische Widerstandsbewegung (Hamas), deren Kampfbrigaden (Selbstmordattentate) gegen Israelis vorgehen und einen islamistischen Staat in Gesamtpalästina errichten wollen,
- orthodoxe Bewegung des Salafismus (ca. 7000 Anhänger).

2.3.10 Entwicklung der Demokratie

Demokratie unterliegt in einer sich ändernden Welt Entwicklungsproblemen und steht vor neuen Herausforderungen.

Auch in der Bundesrepublik Deutschland zeichnen sich am Beginn des 21. Jh.s widersprüchliche Tendenzen ab, die konträr diskutiert werden.

Probleme der modernen Demokratie	
Politische Repräsentation in der Krise	Das Prinzip „alle Macht geht vom Volke aus" erweckt Erwartungen an Herrschaftsbeteiligung, die in der repräsentativen Demokratie unerfüllbar bleiben. Das befördert Gefühle der Entfremdung und Machtlosigkeit. Skepsis und eine Tendenz zu einer „Misstrauensgesellschaft" spiegelt sich in gestiegenem Desinteresse an den Formen traditioneller Politik (Wahlbeteiligung, Parteimitgliedschaft). Auffällig ist, dass gesellschaftliche Großgruppen keine öffentlichen Sprecher mehr haben. Die politische Führung vermeidet häufig den Ursachen von Notlagen auf den Grund zu gehen und konturenvoll aufzutreten. Sie bevorzugt eine „neue Beliebigkeit" der öffentlichen Rede. 2000 glaubten nur 25 % der Wähler, dass Politik langfristig angelegt sei. 70 % sahen keinen Unterschied darin, ob CDU oder SPD die Bundesregierung bildet.
Konsensfalle	In der pluralistischen Gesellschaft erscheint es vielen zweckmäßig, das Mehrheitsprinzip und damit eine klare Regierungsverantwortung einzuschränken. Politische Macht wird dann zusätzlich auf Bundesländer und Interessenorganisationen paritätisch oder anteilsmäßig aufgeteilt (Konkordanzdemokratie) oder in einen Dialog aller Betroffenen überführt (Postdemokratie). Alle am Konsens zu beteiligen bedeutet aber, dass Politik leicht zu intransparenten und in sich widersprüchlichen Ergebnissen gelangt.
Politik und Bürger in neuer Kommunikationsdimension	 Der herkömmliche Führungsauftrag der Parteieliten gegenüber Parteimitgliedern und Bevölkerungsmassen gründete sich auf den Wissensvorsprung. Dieser ist neuerlich gefährdet, wenn politische Informationen allen zeitgleich zur Verfügung stehen, was über die neuen Informationstechniken möglich ist. Auch sind die neuen Medien den Abläufen der Politik so „nahe", dass von ihrer zeitgleichen Vermittlung an das große Medienpublikum ausgegangen werden kann. Aufseiten der Politik befördert es das Interesse, Politik vor allem mediengerecht und in symbolischen Gesten darzustellen.
Globalisierung, Europäisierung	Indem Demokratie in der Regel dann entsteht, wenn ein Volk zur politischen Souveränität gelangt, bleibt sie inhaltlich und formal auf den Nationalstaat bezogen. Es steht aber an, die Bedingungen und Möglichkeiten europäischer und globaler Demokratie zu klären, um grenzüberschreitend wirken zu können.

2

Entwicklungstendenzen

▶ Bürger gründen Vereine, die sich für mehr Beteiligungsformen einsetzen, so die Bürgeraktion „Mehr Demokratie e.V.". Nach erfolgreichem Volksbegehren zur Einführung des kommunalen Bürgerentscheids 1995 in Bayern strebt er die Volksgesetzgebung auch für die Bundesebene an.

In den ersten Jahrzehnten nach 1945 ging man davon aus, alle politische Partizipation der Bürger sei wahlbezogen (Wahlkampf, Kandidatenkontakte, Wahlen). In den 1960er-Jahren erweiterte sich das Spektrum um Inhalte und Formen problembezogener Partizipation (Demonstrationen, Protestaktionen, Bürgerinitiativen). In Verbindung mit demokratietheoretisch fundierten Forderungen, Demokratie auch außerhalb der staatlichen Sphäre gelten zu lassen, wurde damit ein Prozess der Politisierung befördert, der bis heute anhält. Verantwortlich dafür sind einerseits das gestiegene Bildungsniveau, die stärkere Beachtung postmaterialistischer Werte und andererseits die Verengung der Politik durch ihre abgeschottete Professionalisierung und Medialisierung mittels Massenmedien.

Über das demokratische System hinausgehend organisieren sich auch andere Bereiche teilweise nach demokratischen Prinzipien **(expansive Demokratie)**.

Die Folge sind Ansätze zur demokratischen Gestaltung von Verwaltung, Schulen und Universitäten, Familien, Medien und der Wirtschaft.
Vor dem Hintergrund der expansiven Demokratie ergeben sich **neue Entwicklungspfade** zur Konfliktregulierung und Konsensbildung in den zentralen Politikfeldern:
- eine Änderung des traditionellen, auf politische Repräsentanz und Interessenvertretung gerichteten Politikstils der politischen Elite in Richtung auf das gewachsene partizipative, kommunikative und konsumorientierte Politikverständnis der Bevölkerung,
- ein neues Regulierungsmodell, insbesondere im sozialstaatlichen und infrastrukturellen Bereich, das den gestiegenen Erwartungen der Bevölkerung an Entbürokratisierung und bürgerschaftliches Engagement entgegenkommt,
- die netzwerkartige politische Selbstorganisation zivilgesellschaftlicher Gruppen in einzelnen Politikfeldern, z.B. der Gesundheitspolitik oder Schulpolitik, welche durch die neuen Kommunikationstechniken erleichtert wird,
- die Revitalisierung der Parteiendemokratie durch eine Reform des Wahlsystems (z.B. Kandidatenauswahl durch Vorwahlen), der Binnenorganisation und politischen Kommunikation der Parteien sowie ihre stärkere Öffnung für die demokratische Kompetenz und Erwartung der Bürger.

▶ Ideenagenturen für Politik und Öffentlichkeit verbreiten sich seit den 1980er-Jahren in der jungen Generation in Form von Netzwerken oder kleineren Thinktanks (Denk- und Ideenorte). Beispielsweise bringt der Verein BerlinPolis (so auch Hamburg-, Köln-, MünchenPolis) junge Experten zusammen, deren Vorschläge und Interessen an die Politik gerichtet werden.

Akteure der politischen Meinungs- und Entscheidungsbildung

Die **Demokratie** hat gegenüber der Diktatur den Vorzug, die Menschen dazu einzuladen, ihre gemeinsamen Angelegenheiten selbst in die Hand zu nehmen. In einem Gespräch mit sich selbst und einem damit verbundenen Entscheidungsprozess übernehmen sie Verantwortung für sich selbst und werden zu gleichberechtigten Akteuren.
Beim Staatsvolk der Deutschen liegt die **Souveränität** (Volkssouveränität). In öffentlicher Meinungsbildung, Wahlen und Abstimmungen entscheidet es über die Auswahl der politischen Führung (Repräsentanten), die generelle Richtung der Politik und einzelne Sachfragen.

Zur **Meinungs- und Entscheidungsbildung** stehen den Deutschen nicht nur Wahlen zu Parlamenten offen, beteiligt sind nicht nur politische Eliten. Deutschland ist eine repräsentativ-parlamentarische Demokratie mit dem Zentrum der Meinungs- und Entscheidungsfindung durch gewählte Repräsentanten in Parlamenten. Sie schließt direktdemokratische Formen, Meinungen zu bilden und Entscheidungen zu fällen, aber nicht aus. Direktdemokratische Verfahren sind in Städten und Gemeinden sowie Bundesländern verbreitet und neuerdings auch auf EU-Ebene möglich.
Politische Parteien und gesellschaftliche Organisationen, Verbände und Vereine finden vor allem hierarchisch über gewählte Delegierte und Führungen zu Entscheidungen, während Bürgerinitiativen, spontaner Protest, Demonstrationen und auch basisdemokratische Parteien die nicht hierarchische direkte Mitwirkung möglichst vieler bevorzugen.

Formen der Meinungs- und Entscheidungsbildung

Akteure	Institutionen	Verfahren
gewählte Repräsentanten mit Verwaltungspersonal, Experten, Meinungsforscher	Parlamente	Gesetzgebung, Wahlen, Einzelentscheidungen, z. B. der Europapolitik
Bürger	Volksgesetzgebung in Verbindung mit Parlamenten	Initiative – Volksbegehren – Volksentscheid
Mitglieder in Verbänden, Vereinen, Organisationen, auch Unternehmen	Mitwirkung bei der Gesetzgebung, Interessenvertretung, Lobby	Anhörungen in Parlamenten und Verwaltungen, Kooperation mit staatlichen Stellen, Politiknetzwerke
Mitglieder in politischen Parteien	innerparteiliche Demokratie	Mitwirkung bei der Kandidatenauswahl und Programmentscheidung der Partei
Bürger	Bürgerinitiativen, Demonstrationen, Internetkampagnen	Protest, Einfluss auf Sachentscheidungen, Netzwerkbildung
Politiker, Intelligenz, Bürger	Diskurse, öffentliche Meinung	Diskussion in Medien zu sozialmoralischen Normen, historischen Erinnerungen, Symbolen

2.4 Parlament und Regierung

Die Bezeichnung **politisch-administratives System** betont das Zusammenwirken von Regierung und Verwaltung.

Das parlamentarische Regierungssystem mit dem Wechselspiel von **Parlament** und **Regierung** steht im Zentrum des politischen Systems Deutschlands.

Die Regierung geht aus dem Parlament hervor und ist vom Vertrauen des Parlaments bzw. dessen Mehrheit abhängig. Die **Parlamentsmehrheit** trägt die besondere Verantwortung für die Stabilität der Regierung. Das erfordert eine hohe Fraktions- und Koalitionsdisziplin der Abgeordneten, die in Widerspruch zur Unabhängigkeit der „an Aufträge und Weisungen nicht gebundenen" Parlamentarier treten kann (Art. 38 Abs. 1 GG).

Links: Das Parlament im Reichstagsgebäude in Berlin

Rechts: Bundeskanzleramt in Berlin

Die parlamentarischen Aufgaben der **Regierungskontrolle** und -kritik verlagern sich auf die Opposition (parlamentarische Minderheit). Die unterschiedlichen Rollen und der Wettbewerb zwischen Parlamentsmehrheit und Opposition sind dabei Teil des Parteienwettbewerbs.
In deutschen Parlamenten haben Minister in der Regel zwei Sitze: einen auf der Regierungsbank und einen unter ihren Fraktionskollegen, worin sich eine hohe **Gewaltenverschränkung** ausdrückt. Historisch gesehen ist das parlamentarische Regierungssystem ein Teil des demokratischen Nationalstaats. Der deutsche Staat hat sich in der Nachkriegszeit auf ein „vereintes Europa" (Präambel GG) als ein Staatsziel festgelegt.

Seit der Gründung des deutschen Staates ist die Europäisierung der deutschen Politik und des politischen Systems weit fortgeschritten.

2.4.1 Gewaltenteilung und -verschränkung

Als konstitutionelle Gewaltenteilung und in parlamentarischer Form ist die Aufteilung der Gewalten ein Grundprinzip der Bundesrepublik Deutschland.

Gewaltenteilung ist die Aufteilung politisch-staatlicher Gewalt auf verschiedene Träger, um durch gegenseitige Kontrolle und Kritik Machtmissbrauch zu vermeiden.

Das Prinzip, dem Machtmissbrauch durch eine Aufteilung der Gewalten zu begegnen, ist schon im europäischen Mittelalter vorgebildet worden
- in der dualistischen Funktionsgliederung und -teilung von Staat und Kirche,
- in der ständigen Aufgabengliederung zwischen König, Klerus, Adel und Städten.

Gewaltenteilung erfolgt horizontal und vertikal.

Horizontale Gewaltenteilung	funktionale Aufteilung in Gesetzgebung, vollziehende Gewalt sowie Rechtsprechung und deren Zuordnung zu jeweils einem Träger: Parlament, Regierung und Verwaltung, Gerichte
Vertikale Gewaltenteilung	funktionale Aufteilung in Bund und Bundesländer, einschließlich der Gemeinden

Die Gewaltenteilung folgt dem **Grundsatz der Unvereinbarkeit** bzw. der Inkompatibilität: Jeder Träger soll nicht zugleich Funktionen einer anderen Gewalt ausüben. So können Bundesverfassungsrichter oder der Bundespräsident nicht zugleich der Regierung oder dem Parlament angehören. Dem Prinzip der Gewaltenteilung steht das Prinzip der Gewaltenverschränkung entgegen.

Gewaltenverschränkung entsteht aus der Ausübung politisch-staatlicher Funktionen von verschiedenen, sich gegenseitig kontrollierenden Institutionen.

Das **Parlament** liegt im Zentrum der Gewaltenverschränkung. Es wirkt in vielfältiger und dabei auch kontrollierender Weise auf die Regierung ein, mittels Gesetzgebung, gegebenenfalls Regierungssturz durch konstruktives Misstrauensvotum, Haushaltskontrolle, Untersuchungsausschüsse. Umgekehrt wirkt die **Regierung** durch Gesetzesinitiativen und Gesetzesmitsprache auf das Parlament ein. Auch nimmt der Bundestag durch die Wahl der Richter und durch Gesetzgebung auf die **Judikative,** die dritte Gewalt, Einfluss. Diese wiederum wirkt auf das Parlament, in dem sie die Verfassungsmäßigkeit von Gesetzen überprüft.

An der Gesetzgebung sind z. B. sowohl der Bundestag als auch der Bundesrat beteiligt, an der Verwaltung sowohl der Bund als auch die Länder.

Durch das Ineinandergreifen von Gewaltenteilung und Gewaltenverschränkung sollen Effizienz und **Machtbalance des politischen Handelns** erreicht werden. Wie die Praxis zeigt, ist das Interesse der Regierungsfraktion, die Regierung zu kontrollieren und zu kritisieren, im Unterschied zur **Opposition** nicht sonderlich stark. Kontrolle und Kritik liegen bei der Opposition. Seit einiger Zeit spricht man deshalb anstelle der klassischen Gewaltenteilung in Gesetzgebung, Regierung und Verwaltung sowie Rechtsprechung von der **neuen Gewaltenteilung** in politische Führung (umfassend Regierung, Verwaltung und parlamentarische Regierungsfraktion), parlamentarische Opposition und Rechtsprechung. Die neue Gewaltenteilung drückt die politische Praxis aus. Die **klassische Gewaltenteilungslehre** ist Bestandteil der Demokratietheorie.

Der Begründer der Gewaltenteilungslehre MONTESQUIEU (1689–1755) unterschied die von JOHN LOCKE (1632–1704) noch vernachlässigte Judikative, die Legislative und Exekutive. Wert legte er auf das Gegen- und Miteinander verschiedener „Machtzentren". Daraus entwickelten die Amerikaner ALEXANDER HAMILTON (1755–1804) und JAMES MADISON (1751–1836) das System der „checks and balances" zwischen Regierung und Parlament.

„Um den Missbrauch der Macht zu verhindern, muss die Macht der Macht Schranken setzen." (CHARLES DE MONTESQUIEU)

2.4.2 Bundestag

> Der **Bundestag** liegt im Zentrum, im institutionellen Kern des politischen Systems Deutschlands. Er ist das einzige Verfassungsorgan, das direkt vom Volk gewählt wird.

Parlament, lat. parabolare, ital. parlare, frz. parler = einen Gegenstand besprechen oder beraten

Das verleiht dem **Parlament** als Institution und den Parlamentsmitgliedern eine besondere Legitimation. Denn das Volk übt seine politische Macht nicht direkt aus, sondern überträgt sie in Wahlen auf Volksvertretungen auf den drei Ebenen von Bundestag, Länderparlamenten und kommunalen Vertretungen.
Die übrigen **Verfassungsorgane** werden vom Parlament gewählt:
- der Bundespräsident (gewählt zusammen mit Vertretern der Länderparlamente),
- der Bundeskanzler (auf Länderebene die Ministerpräsidenten),
- die Richter des Bundesverfassungsgerichts (zusammen mit dem Bundesrat).

> Der **institutionelle Kern** aus Parlament und Regierung entscheidet über die Leistungsfähigkeit des politischen Systems.

In ihm wird entschieden, welchen Aufgaben sich die Politik stellt, welche materiellen und ideellen Kräfte (Steuern, Abgaben, Loyalität) sie in Anspruch nehmen und wie sie die Ressourcen einsetzen will.
Dabei unterliegen die Aufgaben des Parlaments den gesellschaftlichen und politischen Einflüssen der Zeit. Die politische **Gesamtleitung des Staates** liegt aus verfassungspolitischer Sicht bei Parlament und Regierung gemeinsam – mit Vorrang des Parlaments, das die Regierung einsetzt und letztlich über die Gesetzgebung entscheidet. In der praktischen Konsequenz des parlamentarischen Regierungssystems liegt es jedoch, dass sich die politische Führung auf den Regierungschef, das Kabinett und die Mehrheitsfraktionen des Parlaments konzentriert.

Die Formel von der „Handlungseinheit" der politischen Führung sagt noch nichts über die reale Machtverteilung und den Einfluss der Ministerialverwaltung, der Interessenorganisationen und der Öffentlichkeit (Medien) auf die politische Führung aus.

Seit der Frühzeit des Parlaments in Großbritannien wird über die typischen **Parlamentsaufgaben** nachgedacht. Anschließend an einen ehedem entwickelten Katalog werden sie gesehen in
1. der Gesetzgebung (einschließlich Haushaltsbewilligung),
2. der Wahlfunktion (Wahl der Regierung und anderer Verfassungsorgane, Auswahl des politischen Personals),
3. der Kommunikation (Teilnahme an der öffentlichen Debatte, politische Artikulation öffentlicher Meinungen und Interessen, politisch-staatliche Informationen und Programme),
4. der Kontrolle und Initiative (Kontrolle von Regierung und Verwaltung, Politikinitiativen und -konzepte).

Die Bestimmung der Parlamentsaufgaben schließt an den von dem Briten WALTER BAGEHOT (1826–1877) entwickelten Funktionenkatalog an.

Der **Kern der Politik** liegt im Zusammen- und Widerspiel von Parlament und Regierung. Typische Merkmale des Parlaments sind von daher
- das Nebeneinander von Mehrheits- und Minderheitsfraktionen und
- die politische Verbindung von Parlamentsmehrheit und Regierung.

Gesetzgebung

> **Gesetze** sind die wichtigsten Mittel der Steuerung und Gestaltung des demokratischen Rechts- und Sozialstaats.

Für die Verwaltung stellen Gesetze Handlungsaufforderungen dar.

Dem Bundestag obliegt die Gesetzgebung des Bundes. Daran sind andere Verfassungsorgane initiierend und mitentscheidend beteiligt, so insbesondere der Bundesrat. Bundesgesetze gelten im gesamten Territorium, Landesgesetze nur im jeweiligen Bundesland.
Die Zuständigkeit regelt ausführlich das Grundgesetz. Es unterscheidet die **ausschließliche Zuständigkeit des Bundes** (Art. 71, 73 GG) von der des Landes und nennt die Themengebiete der **konkurrierenden Gesetzgebung** (Art. 72, 74 GG). Bei dieser Gesetzgebung sind die Länder zur Gesetzgebung befugt, solange und soweit der Bund keinen Gebrauch von seiner vorrangigen legislativen Zuständigkeit macht. Der Bund kann ferner bei einigen Länderkompetenzen dann gesetzgeberisch wirken, wenn diese Aufgaben als **Gemeinschaftsaufgaben** (Art. 91a, 91b GG) gesamtgesellschaftlich bedeutsam sind.

Geteilte Zuständigkeiten der Gesetzgebung

Bund	Bund/Land	Land
Ausschließliche Gesetzgebung (Art. 71, 73) • Auswärtige Angelegenheiten • Staatsangehörigkeit • Pass- und Meldewesen • Währungs- und Geldwesen • Zölle und Außenhandel • Luft- und Eisenbahnverkehr • Post und Telekommunikation • Gewerblicher Rechtsschutz • Urheber- und Verlagsrecht • Abwehr des internationalen Terrorismus • Waffen- und Sprengstoffrecht • Erzeugung und Nutzung der Kernenergie • Schutz des deutschen Kulturguts	**Konkurriende Gesetzgebung (Art. 72, 74 GG)** • Bürgerliches Recht und Strafrecht • Personenstandswesen • Vereinsrecht • Aufenthalts- und Niederlassungsrecht für Ausländer • Gesundheitswesen • Wirtschaftsrecht • Arbeitsrecht • Lebensmittelrecht • Straßenverkehr • Abfallwirtschaft • Bodenrecht • Jagdwesen, Naturschutz und Landschaftspflege **Gemeinschaftsaufgaben (Art. 91a, 91b GG)** • Regionale Wirtschaftsstruktur • Agrarstruktur, Küstenschutz • Bildungsplanung, Forschung	**Ausschließliche Gesetzgebung** • Kultur • Polizeiwesen • Schul- und Bildungswesen • Presse • Hörfunk, Fernsehen • Kommunalwesen • Strafvollzug • Versammlungsrecht • Ladenschluss

Gesetze sind nicht nur Umsetzung von Partei- und Regierungsprogrammen, sie können auch von Interessenorganisationen, durch Petitionen und von einzelnen Bürgern, zudem von Untersuchungsausschüssen,

In den 14 Legislaturperioden von 1949 bis 2002 verabschiedete der Bundestag rund 6000 Gesetze. Auf die Regierung gingen 57 % der verabschiedeten Gesetze zurück, auf Initiativen von Bundestagsabgeordneten 35 % und auf den Bundesrat 8 %.

Expertenkommissionen, wissenschaftlichen Beiräten, vom Bundesverfassungsgericht und insbesondere auch von der Europäischen Union ausgehen.

Im Unterschied zu einfachen Gesetzen **(Einspruchsgesetze)** bedürfen **Zustimmungsgesetze** der Zustimmung des Bundesrats. Das ist nötig bei Verfassungsänderungen und bei Gesetzen, die entweder die Länderfinanzen berühren oder aber von den Landesverwaltungen auszuführen sind, und sei es nur bei einem einzigen Gesetzesparagrafen. Etwa drei Viertel aller Zustimmungsgesetze sind von den Länderverwaltungen auszuführen. Der Bundesrat konnte über diese Regelung weitgehende Mitwirkungsrechte bei der Gesetzgebung erreichen. Als Folge dessen wird er seitdem stark in den primär parlamentarischen Parteienwettbewerb einbezogen. Ein langwieriger **Gang der Gesetzgebung** soll vor unüberlegten und schlecht beratenen Gesetzen bewahren.

Gegenwärtig umfasst der Gang der Gesetzgebung nicht weniger als acht Stationen:
1. Referentenentwurf,
2. Kabinettsvorlage,
3. erster Durchgang im Bundesrat,
4. erste Lesung im Bundestag,
5. Ausschussberatung,
6. zweite Lesung im Bundestag,
7. dritte Lesung im Bundestag,
8. zweiter Durchgang im Bundesrat.

Kommt ein Gesetz wegen politischer Differenzen zwischen Parlament, Regierung und Ländervertretung nicht zur Verabschiedung, kann der Vermittlungsausschuss angerufen werden. In ihm treffen 16 Vertreter der 16 Länder auf 16 Bundestagsmitglieder.

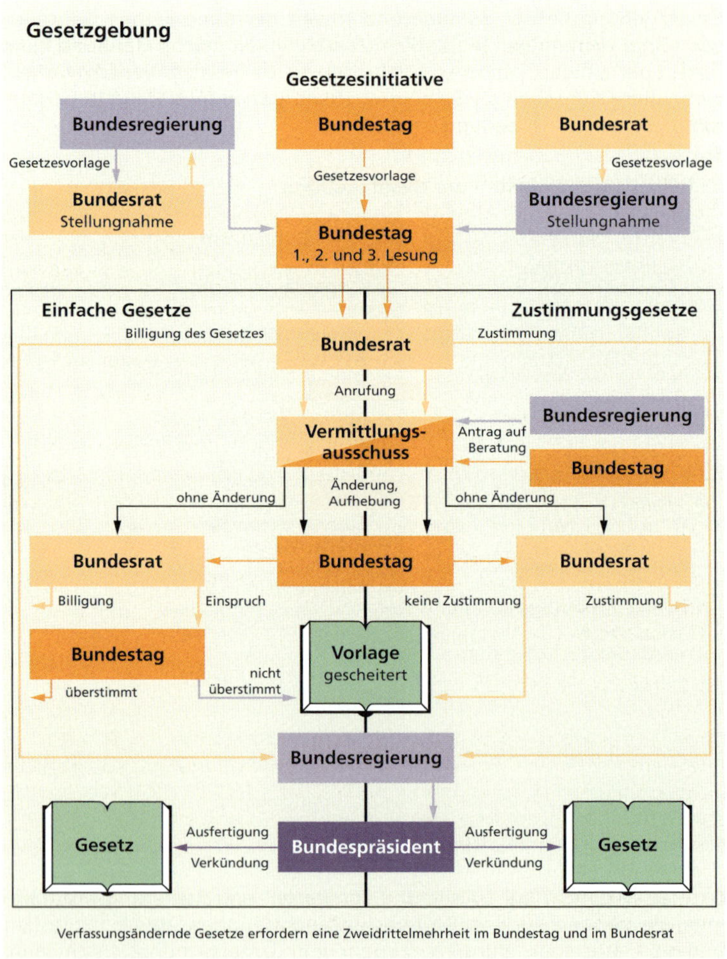

Politische Führung

> In der Gewalten verschränkenden Demokratie ist das **Parlament** Teil der gesamtpolitischen Führung.

▶ Das **Haushaltsrecht** ist das stärkste Kontrollrecht des Parlaments. Das Parlament kann es dafür nutzen, die von der Regierung vorgeschlagenen Steuern und Ausgaben niedrig zu halten. Der Haushaltsentwurf ist das „Regierungsprogramm in Zahlen".

Der **Führungsanspruch des Bundestags** äußert sich
- als Regierungsbildung (Kanzlerwahl),
- bei der Programmfestlegung (Regierungs- bzw. Koalitionsprogramm),
- bei der Mittelbeschaffung (Haushalt),
- in der öffentlichen Debatte und Kommunikation der Führungsthemen (Plenum, Massenmedien),
- als Mitwirkung am politischen Entscheidungsprozess (Gesetzgebung),
- in der Kontrolle von Regierung und Verwaltung.

Das Paul-Löbe-Haus (Haus der Abgeordneten) in Berlin

Die **politische Führung** verläuft üblicherweise nicht spontan oder nur reaktiv. Ihre Grundlage ist ein fester Arbeitsrhythmus, der Bundestag und Bundesregierung, Regierung und **Opposition,** Bund und Länder in einen geregelten Zeit- und Arbeitszusammenhang bringt. Die Opposition übernimmt vor allem parlamentarische Aufgaben der Kontrolle und Kritik. Sie hält den Parteien- bzw. Fraktionenwettbewerb aufrecht. Wenngleich sie generell das Verhalten des ganzen Parlaments nicht bestimmen kann, wächst ihr Einfluss dann bemerkbar, wenn sie einen starken parteilichen Rückhalt in der Ländervertretung (Bundesrat) findet.
Politische Führung und Kontrolle bedienen sich verschiedener **Rechte:**
- der Interpellation (Große, Kleine und Mündliche Anfragen, Aktuelle Stunden),
- der Stellung von Missbilligungs- und Misstrauensanträgen,
- dem Petitionswesen („Grundrecht bürgerlicher Initiativen"),
- der Untersuchungsausschüsse und Enquetekommissionen, z. B. zur Abschätzung von Technologiefolgen,
- Gesetzesentwürfe der Opposition.

▶ Das Parlament steht im Zentrum des **Informationsaustauschs** zwischen politischer Führung und Bevölkerung. Öffentliche Parlamentsdebatten übernehmen die Politikvermittlung, während die Arbeit der Ausschüsse wie auch die Gesetzestexte der breiten Öffentlichkeit unbekannt bleiben.

Abgeordnete, Fraktionen

Die **Rolle der Abgeordneten** hat sich mit dem Wandel zur modernen Parteiendemokratie grundlegend gewandelt. In liberaldemokratischer Tradition genießen Abgeordnete heute Immunität (keine Strafverfolgung), ein Zeugnisverweigerungsrecht und eine umfassende Freiheitsgarantie für ihre Parlamentstätigkeit (Indemnität).

> „Sie sind Vertreter des ganzen Volkes, an Aufträge und Weisungen nicht gebunden und nur ihrem Gewissen unterworfen." (Art. 38 Abs. 1 GG)

Gegensatz des freien Mandats ist das imperative Mandat. Das freie Mandat steht in einem Spannungsfeld zur verfassungspolitisch aufgewerteten Rolle der Parteien (Art. 21 GG).

Abgeordnete sind damit unabhängig von ihrer Wähler- und Parteibasis. Das **freie Mandat** bewahrt sie auch davor, in einem Konflikt mit der Fraktion das Parlamentsmandat zu verlieren.
Fraktionen als die Zusammenschlüsse der Abgeordneten nach Parteien machen den Bundestag arbeitsfähig. Die Mindeststärke einer Fraktion muss 5 % der Parlamentarier betragen. Der Abgeordnete orientiert sich in erster Linie an seiner Fraktion, die wiederum über seinen parlamentarischen Einsatz und Einfluss entscheidet. Die eingehende Gesetzesberatung findet in den Fraktionen, in ihren fachspeziellen Arbeitskreisen und -gruppen sowie in den **Parlamentsausschüssen** statt. Im Parlamentsplenum werden Gesetzesvorlagen meistens nur noch verabschiedet.

In der 18. Wahlperiode des Bundestages sind 24 ständige Parlamentsausschüsse tätig, darunter
- Ausschuss für Wahlprüfung, Immunität und Geschäftsordnung,
- Petitionsausschuss,
- Auswärtiger Ausschuss,
- Innenausschuss,
- Rechtsausschuss,
- Finanzausschuss,
- Haushaltsausschuss,
- Ausschuss für Wirtschaft und Energie,
- Ausschuss für die Angelegenheiten der Europäischen Union.

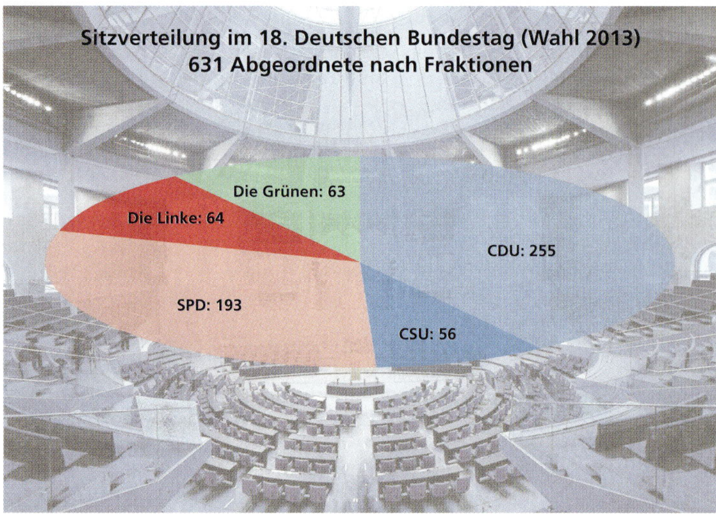

Abgeordnete sind **Berufspolitiker**, die Einkommen beziehen. Als Berufspolitiker sind sie an der Wiederwahl interessiert. Als Wiedergewählte bestimmen sie das Fraktionsklima und erhalten die wichtigeren Posten, z. B. Ausschuss- und Arbeitskreisvorsitze.

Bundestag als Rede- und Arbeitsparlament

Der Bundestag hat sich bisher nicht auf einen der Idealtypen Rede- oder Arbeitsparlament festgelegt, er bezieht sich auf beide Typen.

Redeparlament ——— **idealtypisch**	——— **Arbeitsparlament**
– strikte Gegenüberstellung von Parlament und Regierung – Plenardebatten anstelle intensiver Ausschussarbeit – Verzicht auf Führungswissen der Regierung	– Mitwirkung an der Regierungsarbeit – arbeitsteilige Organisation mit Spezialisten für einzelne Politikfelder – detaillierte Gesetzesberatung in (nicht öffentlichen) Ausschüssen

Pro Redeparlament —— Bundestag —— Pro Arbeitsparlament	
– betont politische Funktionen – Wendung an die Öffentlichkeit – ständiger Wettbewerb zwischen Mehrheit und Minderheit sowie zwischen den Parteien – Erstinformationen im Plenum – weniger Repräsentationsorgan, mehr Volksvertretung im Sinne politischer Auseinandersetzung	– betont Mitverantwortung für Regierung und Ausführung – will bei der Gesetzgebung die Konkurrenz mit dem Sachverstand der Regierung und Verwaltung bestehen – will die Opposition in die Ausschussarbeit einbeziehen – Effizienz der Konsensbildung in nicht öffentlichen Ausschüssen

2.4.3 Bundesregierung

Die **Regierung** in der Demokratie befasst sich einerseits mit der Leitung und Überwachung des Rechtsvollzugs, andererseits mit dem Entwurf und der Gestaltung der inneren und äußeren Verhältnisse des politischen Gemeinwesens.

Wurde früher unter „Regierung" jegliche Staatstätigkeit verstanden, brachte die Durchsetzung der Prinzipien der Demokratie und insbesondere der Gewaltenteilung eine Einschränkung ihrer Aufgaben.

Kennzeichnend ist die Gleichzeitigkeit von politischer Führung (Zukunftssicherung) und Verwaltungsführung (Bestandssicherung). Zu den **Regierungsfunktionen** zählen:

- Informationsbeschaffung (durch Verwaltung, externe Beratung),
- Vorbereitung und Planung von Entscheidungen in technischer und politischer Hinsicht,
- Entscheidung in Angelegenheiten allgemeiner innen- und außenpolitischer, wirtschaftlicher, finanzieller, sozialer und kultureller Bedeutung,
- Entscheidungsvollzug, dessen Leitung und Kontrolle.

Regieren als politische Führung bedeutet Herrschaft. Wer politisch führt, gibt die Ziele vor, bestimmt die Mittel, mit denen die Ziele erreicht werden sollen, und setzt sie ein.

Regierungsbildung und -auflösung

Die **Bundesregierung** besteht aus dem Bundeskanzler und den Bundesministern, die zusammen das Bundeskabinett bilden.

Der Weg ins Ministeramt führt üblicherweise über das Abgeordnetenmandat und über wichtige Fraktionsämter im Bund oder auch in Bundesländern.

Der **Kanzler** wird auf Vorschlag des Bundespräsidenten von der Mehrheit des Parlaments gewählt (Art. 63 Abs. 1 GG). Der Kanzler schlägt dem Präsidenten die Bundesminister zur Ernennung vor (Art. 64 GG) und ernennt seinen Stellvertreter (Vizekanzler). Von der legalen Regierungsbildung ist die faktische zu unterscheiden. Faktisch handelt es sich beim Kanzlervorschlag des Präsidenten in der Regel um den Wahlsieger der Mehrheitsfraktion und bei den Bundesministern um das Führungspersonal der jeweiligen Koalitionsparteien.

Geraten Bundesregierung und Bundestag in einen schweren Konflikt, sieht die Verfassung zwei Lösungswege vor:

- Die Mehrheit des Bundestags spricht das Misstrauen aus und wählt im gleichen Zug einen neuen Kanzler, woraufhin der Bundespräsident den amtierenden Kanzler entlässt und den neuen ernennt **(konstruktives Misstrauensvotum,** Art. 67 GG).
- Die Mehrheit des Bundestags spricht dem Kanzler auf dessen Antrag das Vertrauen nicht aus. Dann kann der Bundespräsident auf Vorschlag des Kanzlers binnen 21 Tagen den Bundestag auflösen und Neuwahlen herbeiführen (Art. 68 GG).

1972 wurde erstmals ein konstruktives Misstrauensvotum gegen Bundeskanzler W. BRANDT versucht. Der Opposition von CDU/CSU fehlten jedoch zwei Stimmen zur Neuwahl.

▸ 1982 sprach die Opposition gegen Kanzler H. SCHMIDT ein konstruktives Misstrauensvotum aus. Seine Regierung wurde gestürzt, H. KOHL zum Nachfolger gewählt.

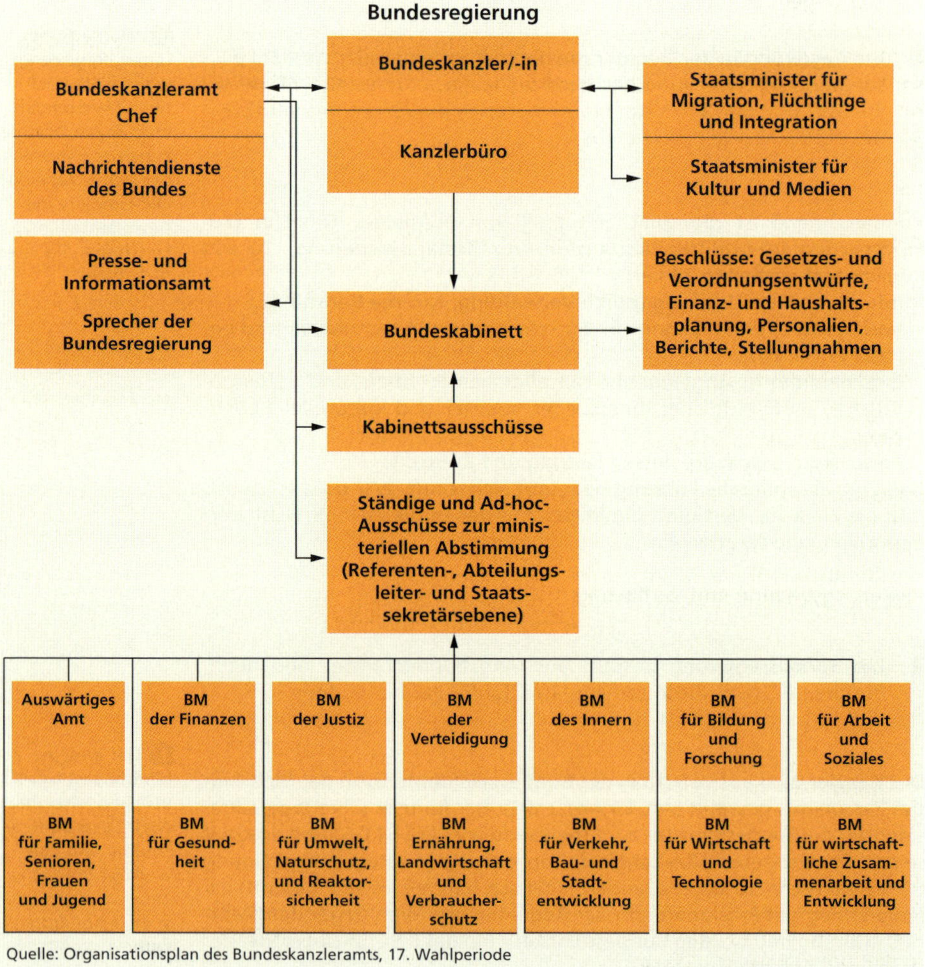

Quelle: Organisationsplan des Bundeskanzleramts, 17. Wahlperiode

Bundeskanzler

WILLI BRANDT

HELMUT SCHMIDT

HELMUT KOHL

ANGELA MERKEL

Die **Bundesregierung** ist ein selbstständiges oberstes Verfassungsorgan. Sie gibt sich eine eigene Geschäftsordnung, die vom Bundespräsidenten genehmigt werden muss.

> Der **Bundeskanzler** „bestimmt die Richtlinien der Politik" (Art. 65 GG), leitet die Geschäfte der Bundesregierung und trägt die Regierungsverantwortung gegenüber dem Parlament **(Kanzlerprinzip).**

Da in Deutschland aufgrund des Wahlsystems Mehrparteienregierungen üblich sind, spielen Koalitionsvereinbarungen eine nicht geringe Rolle beim Gebrauch der Richtlinienkompetenz. Die Bundesminister sind dem Kanzler gegenüber verantwortlich und über ihn indirekt auch dem Parlament, das sie nicht abwählen, aber missbilligen kann.
Zentrale Aufgaben des Kanzlers sind die Verteilung der ministeriellen Geschäftsbereiche (Zuständigkeitsverteilung) und die Koordination der Einzelpolitiken. Die in der Verfassung festgelegten **Führungskompetenzen** (Art. 65 GG) kombinieren Einzelführung und Kollegialsystem.
Im Rahmen der Richtlinien des Kanzlers **(Kanzlerprinzip)** leitet jeder Minister sein Ressort selbstständig und in eigener Verantwortung (Ressortprinzip). Über Meinungsverschiedenheiten zwischen Ministern entscheidet die Bundesregierung **(Kollegial-** bzw. **Kabinettsprinzip).**

KONRAD ADENAUER hatte eine Kanzlerdemokratie durchgesetzt. Die folgenden Kanzler regierten stärker in kollegialer Führung.

Regierungszeiten bisheriger Bundeskanzler	
KONRAD ADENAUER (1876–1967)	1949–1963
LUDWIG ERHARD (1897–1977)	1963–1966
KURT GEORG KIESINGER (1904–1988)	1966–1969
WILLY BRANDT (1913–1992)	1969–1974
HELMUT SCHMIDT (1918–2015)	1974–1982
HELMUT KOHL (1930)	1982–1998
GERHARD SCHRÖDER (1944)	1998–2005
ANGELA MERKEL (1954)	2005–

Bundesministerien

> **Ministerien** sind die obersten Bundes- bzw. Landesbehörden, Minister die verantwortlichen Vorgesetzten aller Mitarbeiter, auch nachgeordneter Behörden.

Zwischen dem Minister und den Mitarbeitern stehen die politischen Beamten (Staatssekretäre, einzelne leitende Beamte). Parlamentarische Staatssekretäre halten Kontakt zum Parlament. Die Ressorts gliedern sich in die fünf **klassischen Ministerien** des Äußeren und Inneren, der Vertei-

Das Amt des Ministers ist von den Aufgaben der Berater und Gehilfen der Fürsten und der obersten Landesverwaltung hergeleitet.

digung, Finanzen und Justiz und in die vor allem aus dem Innenressort hervorgegangenen Ministerien für Kultur, Wirtschaft, Landwirtschaft und Soziales, ergänzt um Ministerien für moderne Aufgabenstellungen (Verkehr, Frauen, Forschung, Gesundheit, Umwelt, Entwicklung).

Links: Außenministerium der Bundesrepublik Deutschland

Rechts: Bundesministerium der Finanzen in Berlin

In Koalitionsregierungen übernimmt traditionellerweise der Führer der kleineren Partei das Auswärtige Amt und die Rolle des Vizekanzlers. Der Finanzminister hat eine herausgehobene Stellung, da er für den Haushalt und die Ausgaben der Regierung verantwortlich ist. Der Justiz- und der Innenminister prüfen jedes Gesetz auf seine Verfassungs- und Rechtsförmigkeit.

Kontrovers: Regierungsfähigkeit

Regierung und Parlament haben seit 1999 ihren Sitz in Berlin.
Die Ministerien führen einen zweiten Dienstsitz in der Bundesstadt Bonn, wo insgesamt gut die Hälfte des ministeriellen Personals arbeitet.

In jüngerer Zeit wird wiederholt behauptet, Deutschland sei wie auch andere europäische Staaten nur noch eingeschränkt regierungsfähig. Das wird mit zwei Vorgängen begründet:

- Der moderne Sozialstaat habe bei den Bürgern die Erwartungen auf anhaltend steigende sozialstaatliche Leistungen geweckt, die jedoch real nicht erbracht werden können.
- Die neuen medialen Kommunikationsformen erschweren es der Regierung und insbesondere den Parteiführungen, langfristige, zielorientierte Vorhaben zu verfolgen. Den politischen Alltag bestimmen kurzfristige, taktische Reaktionen der Politik. Eine Folge ist deren stärkere Spaltung in Sachpolitik und medial dargestellte (inszenierte) Politik.

Die Frage, ob und inwieweit die **Regierungsfähigkeit** schwindet, lässt sich nicht eindeutig beantworten. Politikerschwernissen stehen erfolgreiche größere Reformprojekte wie die demokratische Transformation osteuropäischer Länder oder neue diskursive Politikformen mittels zivilgesellschaftlicher Foren und runder Tische entgegen.

Im **Urteil der Wahlbevölkerung** schwindet Regierungsfähigkeit in dem Maße, wie eines oder mehrere von insgesamt vier Politikzielen über längere Zeit nicht erreicht werden:

1. innerer und äußerer Frieden sowie Eindämmung kollektiver Risiken (Sicherheit),
2. Rechtssicherheit (Recht),
3. Sicherung von Verfahren der politischen Entscheidungsbeteiligung (Partizipation),
4. wirtschaftliche Effizienz und Verteilungsgerechtigkeit (soziale Wohlfahrt).

2.4.4 Bundesrat

Der **Bundesrat** nimmt die Interessen der Bundesländer in der Bundesrepublik wahr. Er ist Verfassungsorgan des Bundes.

Der Bundesrat tagt seit 2000 im ehemaligen Preußischen Herrenhaus in Berlin, nachdem er zuvor rund 40 Jahre in der umgebauten Aula der Bonner Pädagogischen Akademie zusammenkam.

„Durch den Bundesrat wirken die Länder bei der Gesetzgebung und Verwaltung des Bundes und in Angelegenheiten der Europäischen Union mit." (Art. 50 GG)
Bei der Mitwirkung an der Gesetzgebung (↗S. 75) geht es vor allem darum, gemeinsame Länderinteressen zu vertreten, z. B. eine für die Länder günstige Verteilung der Steuern zwischen ihnen und dem Bund. Nahezu alle wichtigen Gesetze der Bundesregierung bedurften bis zur Föderalismusreform 2006 (Trennung der Zuständigkeiten) der Zustimmung des Bundesrates. Dadurch stieg seine Möglichkeit, die Bundesregierung zu kontrollieren. Zugleich stieg aber auch der politische und administrative Aufwand, Kompromisse zwischen Bund und Ländern zu finden.
Wenn alle Verhandlungen scheitern, bleibt als letzte Möglichkeit, Differenzen im **Vermittlungsausschuss von Bundesrat und Bundestag** (je 16 Mitglieder) auszugleichen. Oppositionsmehrheiten im Bundesrat versuchen, wichtige Gesetze der Bundesregierung aufzuhalten, manchmal zu blockieren.
Die zahlreichen Rechtsverordnungen (z. B. zur Verkehrsregelung) und die Verwaltungsvorschriften (z. B. zur Durchführung der Steuererhebung) bedürfen der Zustimmung des Bundesrats. Auf diesem Weg können Erfahrungen und Sachverstand der Länderverwaltungen – aber auch ihre Ressortegoismen – in die Gesetzgebung des Bundes einfließen.

Wie im Bundestag vollzieht sich die Arbeit des Bundesrats vor allem in Ausschüssen, deren Arbeitsgebiete der ministeriellen Ressorteinteilung entsprechen.

Als **zweite Kammer** neben der ersten Kammer, dem Bundestag, ist der Bundesrat in der Welt einzigartig.

Die Reichsverfassung von 1871 sah einen „Bundesrath" als Vertretung der „verbündeten Regierungen" (Fürsten) vor. Er war oberstes Reichsorgan (Reichsregierung).
Die Weimarer Verfassung schuf den Reichsrat, der zugleich Regierungskollegium und Teil der Gesetzgebung war (Zwitterstellung).

Er setzt sich aus Mitgliedern der **Landesregierungen** zusammen (Exekutivföderalismus), nicht aus direkt gewählten Vertretern der Landesbevölkerungen. Der Bundesrat steht in deutscher Verfassungstradition. Seine Mitglieder müssen in einem Landeskabinett Sitz und Stimme haben. Neben den Ministerpräsidenten der 13 Flächenstaaten und den Bürgermeistern der drei Stadtstaaten und ihren Ministern oder Staatssekretären für Bundesangelegenheiten kommen als **Bundesratsmitglieder** die etwa 180 Regierungsmitglieder aller Länder in Betracht.

Die Einführung des gleichen Stimmrechts der Länder im Bundesrat scheiterte bei der Neubegründung des Bundesstaats 1948/49 an den bürgerlichen Parteien, die das Stimmengewicht entsprechend der Bevölkerungszahl forderten. Seitdem gilt ein Kompromiss.

Anlässlich der deutschen Vereinigung legte man im Bundesrat folgende Sitz- und Stimmenzahl fest:
Jedes Land erhält mindestens drei Sitze und Stimmen,
- bei mehr als zwei Mio. Einwohnern vier Sitze und Stimmen,
- bei mehr als sechs Mio. Einwohnern fünf Sitze und Stimmen,
- bei über sieben Mio. Einwohnern sechs Sitze und Stimmen (Art. 51 Abs. 2 GG).

Jede **Landesregierung** muss ihre Stimmen einheitlich abgeben.
Da Regierungs- und nicht Parlamentsmerkmale dominieren, wird vom Bundesrat auch als „zweiter Regierung" und weniger als „zweiter Kammer" gesprochen.
Die Landesregierungen sind mit eigenen Dienststellen, den Landesvertretungen und Bevollmächtigten, in Berlin am Sitz von Bundestag, Bundesregierung und Bundespräsident vertreten. Sie vermitteln Informationen und Interessen der Länder an die Verfassungsorgane des Bundes und übermitteln umgekehrt deren Äußerungen für ihre Landesregierungen.

Bundesrat – Zusammensetzung nach Bundesländern sowie Sitz- und Stimmenverteilung

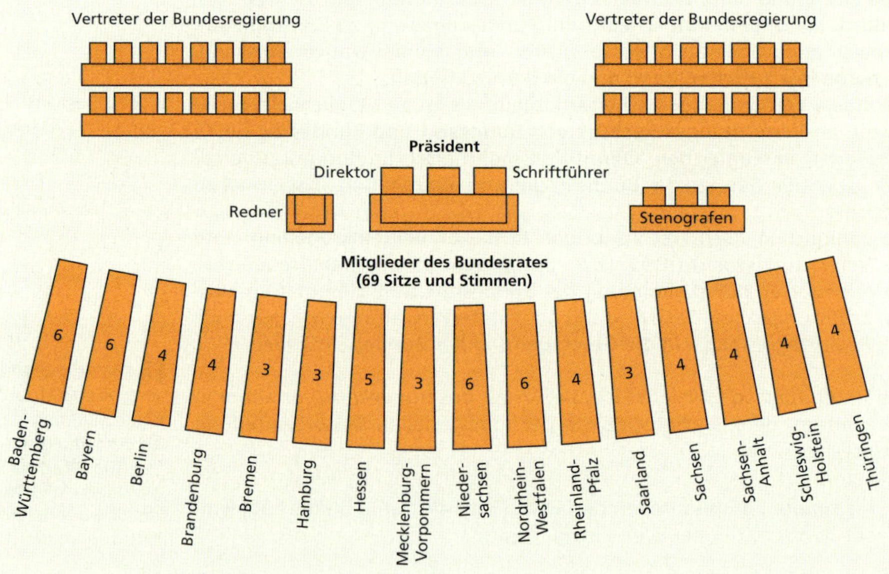

2.4.5 Bundespräsident

> Der Bundespräsident repräsentiert als Staatsoberhaupt der Bundesrepublik Deutschland die Einheit des Staates nach innen und außen.

Der **Repräsentation** nach innen dienen öffentliche Auftritte, Reden, Besuche in den Bundesländern und nach außen die Empfänge ausländischer Staatsgäste sowie eigene Staatsbesuche im Ausland. Der Bundespräsident vertritt die Bundesrepublik völkerrechtlich, so durch Vertragsunterzeichnungen sowie die Beglaubigung und den Empfang von Botschaftern und Gesandten.

Der Bundespräsident wirkt an der Regierung mit, allerdings im Vergleich zum Reichspräsidenten der Weimarer Republik nur mit geringen politischen Kompetenzen. Seine **Amtshandlungen** müssen vom Kanzler oder von Fachministern gegengezeichnet werden. Der Bundespräsident

- unterschreibt und verkündigt Gesetze, im gegebenen Fall den Gesetzgebungsnotstand und den Verteidigungsfall,
- hat das Recht, den Bundeskanzler zur Wahl vorzuschlagen,
- ernennt und entlässt den gewählten Kanzler, Bundesminister, Bundesrichter und -beamte, Offiziere und Unteroffiziere,
- entscheidet über Begnadigungen.

Der Bundespräsident erhält besonderes politisches Gewicht in Krisen zwischen Regierung und Parlament. Er kann dann auf Vorschlag des Bundeskanzlers den Bundestag auflösen (↗ S. 162).

Der Bundespräsident wird nicht direkt vom Volk, sondern von einer eigens dafür zusammentretenden **Bundesversammlung** für fünf Jahre gewählt.

▶ Bei der Mitwirkung an der Regierung handelt der Bundespräsident nicht selbstständig und trägt keine direkte politisch-parlamentarische Verantwortung.

Zusammensetzung der 15. Bundesversammlung (2012)

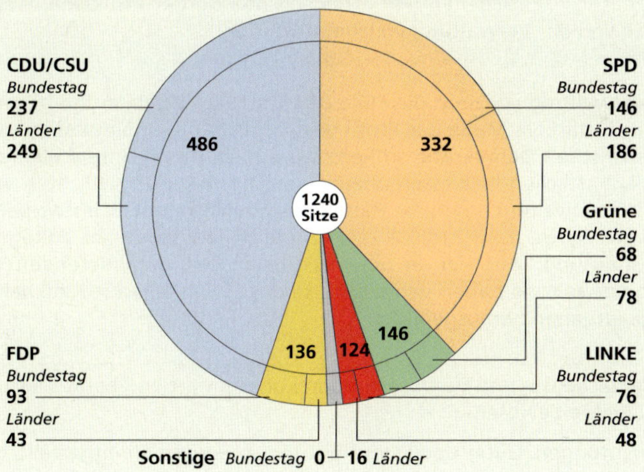

▶ Die **Bundesversammlung** setzt sich aus den Mitgliedern des Bundestags und der gleichen Anzahl von Delegierten der Landesparlamente zusammen. In der Bundesversammlung ist jeder Deutsche über 40 Jahre vorschlagbar und wählbar. Faktisch liegt das Vorschlagsrecht bei den Parteien, die davon insbesondere koalitionspolitischen Gebrauch machen.

> Der Bundespräsident hat in der praktischen Politik keine gestaltende und leitende, sondern eine **pflegende Aufgabe.**

Er hat die Geltung der Verfassung insbesondere bei der Gesetzgebung, der Regierungsbildung und Parlamentsauflösung zu beachten, wirkt politisch-moralisch und mäßigend im Streit zwischen Verfassungsorganen.

Auch in der Öffentlichkeit kann er Ratschläge oder Aufforderungen erteilen – wie der ehemalige Präsident ROMAN HERZOG zu einem „Ruck nach vorn" in seiner 1997 gehaltenen „Berliner Rede". Jeder der bisherigen Bundespräsidenten hat sein Amt in eigener Weise und mit eigenen Akzenten geführt. Einige, wie GUSTAV HEINEMANN und RICHARD VON WEIZSÄCKER, haben ihre politische Autorität durch öffentliche Reden gewonnen.

Bundespräsident JOACHIM GAUCK

Bisherige Bundespräsidenten	
THEODOR HEUSS (1894–1963)	1949–1959
HEINRICH LÜBKE (1894–1972)	1959–1969
GUSTAV HEINEMANN (1899–1976)	1969–1974
WALTER SCHEEL (1919)	1974–1979
KARL CARSTENS (1914–1992)	1979–1984
RICHARD VON WEIZSÄCKER (1920–2015)	1984–1994
ROMAN HERZOG (1934)	1994–1999
JOHANNES RAU (1931–2006)	1999–2004
HORST KÖHLER (1943)	2004–2010
CHRISTIAN WULFF (1959)	2010–2012
JOACHIM GAUCK (1940)	2012–

2.4.6 Verwaltung

> Politische Entscheidungen erreichen den Bürger erst dann, wenn sie von der **Verwaltung** vollzogen werden.

Die Verwaltung vollzieht die Fülle öffentlicher Aufgaben und bestimmt damit in starkem Maße das Profil des politischen Gemeinwesens. In der pluralistischen Demokratie schließt das ein, zwischen unterschiedlichen gesellschaftlichen Interessen abzuwägen, Konflikte zu schlichten sowie administrative und politische Handlungsmöglichkeiten zu entwickeln.
Verwaltung ist nach MAX WEBER zugleich Herrschaft im Alltag und Dienstleistung. Aus der in vorindustrieller Zeit dominierenden Ordnungsverwaltung haben sich seit Mitte des 19.Jh.s verschiedene **Verwaltungsaufgaben** herausgebildet.

Ordnungsverwaltung	Gesetzliche Ge- und Verbote werden konkretisiert und kontrolliert, z. B. im Meldewesen.
Leistungsverwaltung	Einrichtungen, Güter und Dienstleistungen werden bereitgestellt, die nicht privat produziert werden: Versorgung mit Infrastruktur (z. B. Straßen), Verkehrsmittel, Milderung sozialer Unterschiede (z. B. Sozialhilfe), Verbesserung der Lebensbedingungen, Schulen.
Wirtschaftsverwaltung	Verwaltung der Betriebe, Vermögen, Einnahmen der öffentlichen Hand
Politische Verwaltung	Entscheidungsvorbereitung, Planung und Steuerungshilfe für die politische Führung des Bundes und der Bundesländer

Verwaltungsorganisation

In Deutschland sind drei voneinander unabhängige Verwaltungsebenen zu unterscheiden: die des Bundes, der Länder und der Kommunen einschließlich der Gemeindeverbände. Es gibt keinen gemeinsamen Instanzenweg. Die **sachlichen Zuständigkeiten** sind über die drei Verwaltungsebenen verteilt.

Bund	Länder	Kommunen
– Auswärtiger Dienst – Finanzen, Steuern und Zölle – Wasserstraßen und Schifffahrt – Streitkräfte – Bundesgrenzschutz und Bundeskriminalamt (Bundespolizeien) – Nachrichtendienste	– öffentliche Schulen und Hochschulen – öffentliche Sicherheit und Ordnung (Polizei) – Rechtsschutz – Finanzen	– innere Verwaltung – soziale und Gesundheitsdienste, öffentliche Einrichtungen (Sportplätze, Bäder) – Wirtschaftsförderung und Verkehr – Versorgung mit Wasser, Elektrizität, Gas, Fernwärme – Abfallbeseitigung

Die Bundesverwaltung ist auf wenige Zuständigkeiten begrenzt, die Länderverwaltungen sind generell zuständig (Art. 83 GG). Die Länderverwaltungen vollziehen Verwaltungsaufgaben des Bundes sowie ländereigene Aufgaben. Unter Länderaufsicht sind daran entscheidend die Kommunen beteiligt.

Außerhalb der unmittelbaren öffentlichen Verwaltung erbringen **öffentlich-rechtliche Körperschaften, Anstalten** und **Stiftungen** als mittelbare öffentliche Verwaltung wichtige Dienste des modernen Staats:
- Träger der Rentenversicherung, der Arbeitsverwaltung (Bundesagentur für Arbeit, Nürnberg), der gesetzlichen Kranken-, Pflege- und Unfallversicherung, des Rundfunks,
- Deutsche Bundesbank, Frankfurt am Main.

Ferner sind als **nicht öffentliche Einrichtungen** in freier, meistens kirchlicher und gemeinnütziger Trägerschaft an den Diensten des Sozialstaats beteiligt:
- Kindergärten, Jugendheime, Einrichtungen für Behinderte,
- Krankenhäuser,
- private Schulen und Hochschulen.

Im Aufbau ist Verwaltung traditionellerweise hierarchisch und nach Zuständigkeiten geordnet. Tendenzen der Bürokratisierung wird seit den 1990er-Jahren mit einer Verwaltungsmodernisierung durch Einführung von Managementmethoden und E-Government begegnet.

Im Vergleich zu anderen Organisationen erscheint die Verwaltung relativ transparent und berechenbar. Sie stützt sich auf eine gut 200-jährige Verwaltungstradition der deutschen Territorialstaaten und weist auch heute noch ländertypische Unterschiede auf. Mit dem sozialstaatlichen Ausbau erfolgte zwischen 1950 und 1980 ein historisch beispielloses Verwaltungswachstum. Das fand Ausdruck in stark ausgedehnter Bürokratie, gestiegener Spezialisierung sowie vielfältiger Verflechtung und Koordination.

Verwaltungspersonal

> Die zentrale Ressource der Verwaltung ist das **Personal,** das auch über die Wirksamkeit des öffentlichen Dienstes entscheidet.

2009 zählte die Verwaltung 4,5 Mio. Beschäftigte, darunter 2,4 Mio. Frauen. Damit üben 13 % aller Erwerbstätigen in Deutschland Verwal-

2

Verwaltungspersonal (2014):
- Bund: 696 500 (einschließlich Bundeswehr);
- Länder: 2 505 400;
- kommunaler Bereich: 2 201 700.

tungstätigkeiten aus, überwiegend als Fachpersonal, z. B. in Schulen, Krankenhäusern, Bauämtern oder im Forstdienst. Während die Personalausgaben des Bundes nur 10,5 % seiner Gesamtausgaben betragen (2008), kommen diese bei den Ländern auf einen Anteil von 35,1 % und bei den Gemeinden (ohne Stadtstaaten) auf etwa 25 %.

2.4.7 Europäisierung der Politik

Die „Europäisierung" der Politik und des politischen Systems setzte bereits bei Gründung der Bundesrepublik ein.

Hoheitsrechte umfassen jedwede Ausübung öffentlicher Gewalt (Gesetzgebung, Vollzug, Rechtsprechung).

Entsprechend der grundlegenden Integrationsbereitschaft in ein vereintes Europa (Präambel des GG) können **Hoheitsrechte** per einfachem Bundesgesetz auf zwischenstaatliche Einrichtungen Europas übertragen werden (Art. 24 Abs. 1 GG).

Europäisierung bedeutet, neben der deutschen eine europäische Hoheitsgewalt in Deutschland zuzulassen. Dabei geht es um die Öffnung des nationalen politischen Systems für europäisches Recht. Dieses europäische Recht entsteht durch Mitwirkung der deutschen Politik in den Gremien der Europäischen Union. Der Nationalstaat Deutschland ist dadurch in die mittlere Lage zwischen der europäischen Ebene einerseits und der Ebene der Bundesländer, Regionen und Kommunen andererseits geraten (Mehrebenensystem).

Grade der Europäisierung
(Europäisierung auf einer Skala von 1 = nationale Autonomie bis 10 = europäischer Staat)
Länder: 6
Bundesverfassungsgericht: 7
Verbände: 7
Parteien: 3
Währungspolitik: 9
Agrarpolitik: 9
Umweltpolitik: 8
Regionalpolitik: 8
Justiz- und Innenpolitik: 7
(nach: R. STURM, H. PEHLE, 2005)

Die Europäisierung hat verschiedene Gesichter und Folgen:
- Sie ist nicht auf Regierungspolitik begrenzt, sondern ein Prozess, der den Horizont der alltäglichen Wahrnehmung und den Handlungsraum in Politik und Gesellschaft um die europäische Dimension erweitert. Das EU-Ziel „einer immer engeren Union der Völker Europas" (Art. 1 EU-Vertrag) trifft auf eine europäische Pluralität von Wahrnehmungen, die sich aus der Vielfalt der Kulturen und historischen Traditionen speist. Der einheitliche Habitus des Europäers wird noch gesucht.
- Durch die Handlungsimpulse der europäischen Integration verändert sich die deutsche Politik seit den 1950er-Jahren in der Form, im Inhalt und im Prozess.
- Umgekehrt stehen auch die Institutionen, Aufgaben und Interessen der EU unter einem Veränderungsdruck. In größeren Abständen werden Veränderungen in EU-Verträgen festgeschrieben.
- Die Veränderungen auf europäischer und nationalstaatlicher Ebene haben nicht zur Angleichung der politischen Systeme nach einem gemeinsamen Muster geführt.
- Aus Sicht der breiten Öffentlichkeit findet die Europäisierung der Politik weitgehend unbeachtet statt. Erst die Schuldenkrise der Staaten in der Eurozone hat seit 2010 die öffentliche Debatte (zur Europäisierung) gebracht.

In der Agrar-, Wettbewerbs- und Währungspolitik ist die Europäisierung nahezu abgeschlossen. In der Außen-, Sozial-, Kultur- und Bildungspolitik liegen die Entscheidungen nach wie vor stark beim Mitgliedsland.

Bundesregierung:
Typisch ist die Aufteilung der Europazuständigkeit auf das Bundeskanzleramt und alle Ministerien. Die Europapolitiken der Ressorts werden im Finanzministerium und im Auswärtigen Amt sowohl regierungsintern als auch gegenüber dem Ausschuss der ständigen Vertreter (AStV/COREPER) und den ca. 250 Arbeitsgruppen des Rates der EU vertreten.
Die Zersplitterung lässt die deutsche Position in Brüssel häufig spät, zähflüssig und primär reaktiv entstehen.

▶ Die politische Grundordnung Deutschlands (polity) stimmt mit den Grundwerten und -prinzipien der europäischen Integration überein: demokratische und rechtsstaatliche Ordnung, Menschenrechts- und Minderheitenschutz, offene Marktwirtschaft, freier Wettbewerb, plurale Gesellschaft.

Bundestag:
EU-Angelegenheiten beschäftigen das Parlament zweifach:
- EU-Verträge (Primärrecht) müssen vom Parlament gesetzesförmig bestätigt werden.
- Vom Rat und Europäischen Parlament beschlossene Richtlinien sind in deutsches Recht umzusetzen, während Verordnungen unmittelbar gelten und nur zur Kenntnis zu nehmen sind (Sekundärrecht).

Insgesamt gehen vom Parlament wenig europapolitische Aktivitäten aus. Sein Ausschuss für Europäische Angelegenheiten konnte gegenüber den Fachausschüssen des Parlaments bisher keine Wirkung entfalten.

▶ Die meisten Europäisierungsschritte ergeben sich aus den EU-Verträgen und werden von Interessengruppen oder der Ministerialverwaltung über den Rat eingebracht.

Politische Parteien:
Im Rückgriff auf vergangene internationale Zusammenarbeit bildeten deutsche und andere nationale Parteien seit den 1990er-Jahren europäische Parteien. Mitglieder sind nicht Personen, sondern die nationalen Parteiorganisationen, die bisher auch die Wahlen zum Europäischen Parlament durchführten.
Die Europäisierung der deutschen Parteienlandschaft hat begonnen.

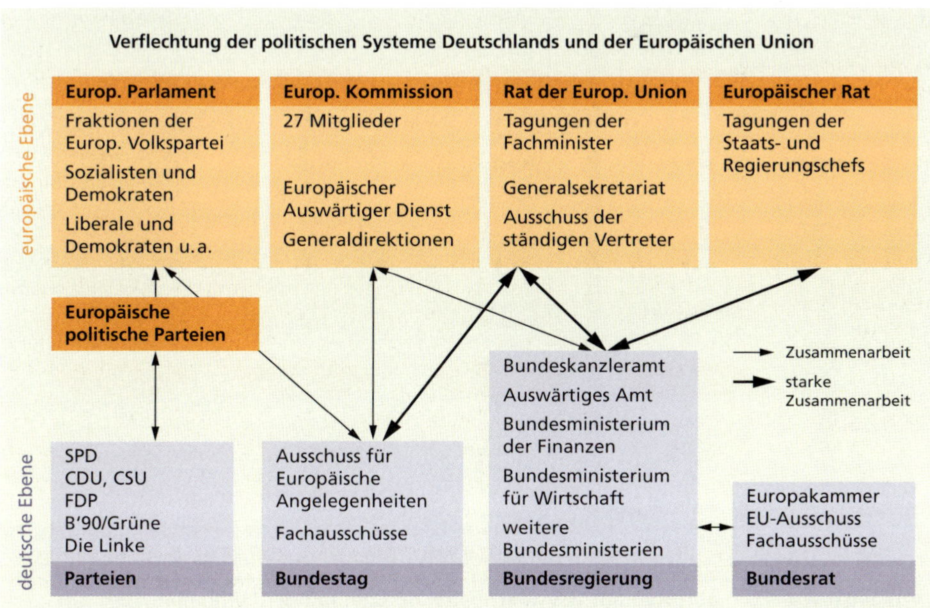

Politisches System Deutschlands

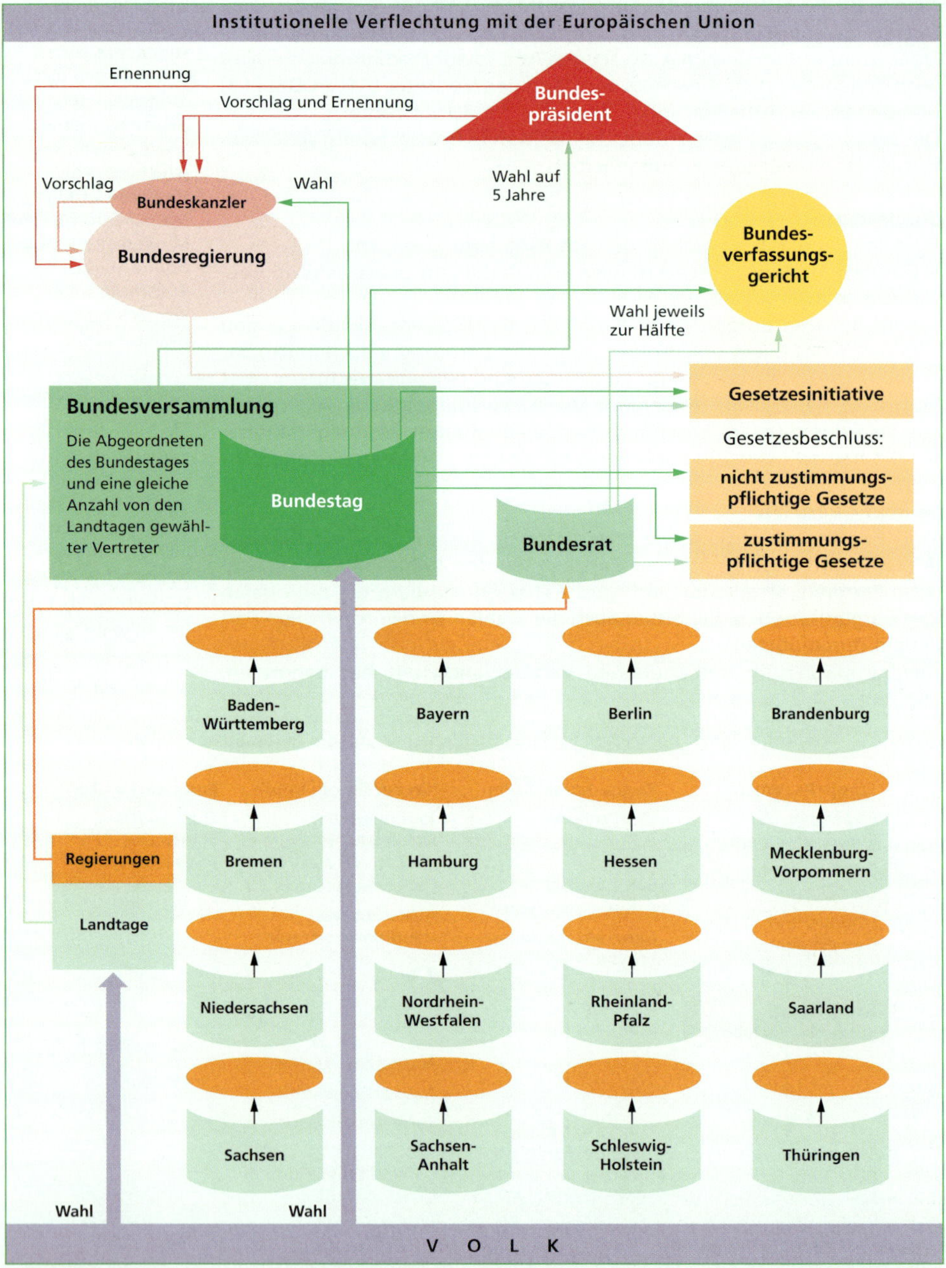

Wissenstest 2 abrufbar auf **www.lernhelfer.de** oder mit der Lernhelfer-App

2.5 Recht und Rechtsprechung

Im gesellschaftlichen Zusammenleben müssen die Menschen ihr Verhalten an Regeln orientieren, damit individuelle Sicherheit, Frieden und eine stabile soziale Ordnung erreicht werden können. Werden Verhaltensvorschriften – **soziale Normen** – verletzt, können sich Nachteile für den Einzelnen ergeben, z. B. gesellschaftliche Ächtung.

Verhaltensvorschriften bzw. soziale Normen verändern sich im Lauf der Geschichte. Sie sind Ausdruck der jeweiligen Gesellschaft und abhängig von kulturellen und religiösen Traditionen.

Rechtsnormen sind eine besondere Form sozialer Normen.

Im Unterschied zu anderen sozialen Normen sind rechtliche Regeln bzw. Rechtsnormen für alle Mitglieder einer Gesellschaft verbindlich. Der Staat kann – in geordneten Verfahren – über sein Gewaltmonopol die Einhaltung der **Rechtsnormen** erzwingen, indem er die Nichteinhaltung bestraft. Das geschieht durch negative Sanktionen.

Das traditionale Recht wurde aus überlieferten Denkvorstellungen und Verhaltensmustern hergeleitet. Die älteste überlieferte Sammlung rechtlicher Regeln ist das Gesetzbuch des babylonischen Königs HAMMURABI aus dem 17. Jh. v. Chr., in dem Vorschriften und Verbote sowie die Folgen bei Regelverletzung festgehalten sind.

Bei Übertretung der Straßenverkehrsordnung drohten z. B. ein Bußgeld oder der Entzug des Führerscheins, bei Diebstahl oder Mord eine Geld- oder Gefängnisstrafe.

Recht ist ein System von verbindlichen Normen und Regelungen für die Organisation des gesellschaftlichen Lebens, gerichtet auf Sicherheit und Ordnung.

Das Gebäude des Bundesverfassungsgerichts in Karlsruhe

Im modernen **Rechtsstaat** wurden Instanzen mit besonderen Kompetenzen geschaffen (Verwaltungen, Polizei und Gerichte), die das Recht in geordneten Verfahren und notfalls auch mit Zwangsmitteln durchsetzen können.
Die **Rechtsordnung** legt praktische Gebote und Verbote sowie Formen und Methoden der Rechtsanwendung fest. Sie ist das Ergebnis politischer Entscheidungen, wird vom Staat gesetzt **(positives Recht)** und schriftlich in einer Verfassung fixiert.

„Positives" Recht ist nicht als Wertung zu verstehen, sondern bedeutet (abgeleitet von lat. ponere = setzen, stellen, legen) bewusst „gesetztes" Recht.

2.5.1 Rechtsordnung der Bundesrepublik Deutschland

Die Bundesrepublik ist ein **freiheitlich-demokratischer Rechtsstaat,** in dem alle wichtigen Bereiche des menschlichen Zusammenlebens über das Recht geregelt werden. Die Rechtsordnung basiert auf positivem Recht, stellt aber „vorstaatliche" Werte – die Würde des Menschen und die Menschenrechte – an den Anfang der Verfassung (↗ S. 104).
Die Geltung des Rechts wird mit dem demokratischen Prinzip begründet, also auf den Willen des Volkes zurückgeführt.

Die Rechtsordnung der Bundesrepublik Deutschland ist aus verschiedenen Rechtsquellen zusammengesetzt, die für unterschiedliche Aufgaben Normen und Regeln festlegen.

Verfassungsrecht

> Das **Grundgesetz,** die Verfassung der Bundesrepublik Deutschland, legt die rechtliche Grundordnung des politischen Gemeinwesens fest. Es setzt unmittelbar geltendes Recht und steht als **oberste Rechtsquelle** über allen anderen Gesetzen.

Oberste staatliche Rechtsquelle	System höchstrangiger rechtlicher Normen, die die Ausgestaltung der gesamten übrigen Rechtsordnung bestimmen (Art. 1 und Art. 20 GG)
Umfassender Vorrang der Verfassung	Bindung aller Staatsgewalten an die Rechtsgrundsätze der Verfassung; alle untergeordneten Rechtsnormen dürfen nicht gegen diese verstoßen und müssen in ihrem Sinn ausgelegt und angewendet werden  1809 Bundesgesetzblatt G 5702 Teil I Nr. 35 Ausgegeben zu Bonn am 19. Juni 2002 Seite
Unveränderliche Grundentscheidungen	demokratisches, bundes-, rechts- und sozialstaatliches Prinzip; Grundsatz der Menschenwürde; Festlegung von bestimmten Organisations- und Verfahrensregeln (z. B. staatliche Gewaltenteilung, Wahlen)
Dauerhaftigkeit und Offenheit	auf Dauer angelegt, um Rechtssicherheit zu erreichen (Selbstschutz der Verfassung in Art. 79 GG), aber (unter erschwerten Bedingungen) veränderbar, um sich an den Wandel der gesellschaftlichen Lebensverhältnisse und den konkreten Einzelfall anpassen zu können
Prinzip des Rechtsstaates	Begrenzung und Kontrolle der Staatsmacht, rechtliche Sicherung von Freiheit und Gleichheit der Staatsbürger (Grundrechte), Ausübung der Staatsgewalt und Gesetzgebung nach gesetzlich festgelegten Formen

Gesetzesrecht

▸ Gesetze sind z. B. das Straßenverkehrsgesetz oder Gesetzessammlungen wie das Strafgesetzbuch oder das Bürgerliche Gesetzbuch.

> **Gesetze** sind das wichtigste Mittel der staatlichen Rechtsetzung. Als allgemeingültige rechtliche Regeln ordnen sie bestimmte Bereiche im gesellschaftlichen Zusammenleben normativ.

In der parlamentarischen Demokratie sind Gesetze das Ergebnis von Mehrheitsentscheidungen im Parlament (Legislative), die nach bestimmten formalisierten **Gesetzgebungsverfahren** ablaufen. Manchen Gesetzen geht eine breite öffentliche Debatte voraus (z. B. Asylrecht).

Allgemeingültigkeit und Abstraktheit	Ein Gesetz gilt nicht nur für den Einzelfall, sondern für alle gleich oder ähnlich liegenden Fälle: Bestimmte Lebenssituationen werden mit bestimmten Rechtsfolgen verknüpft (Gewährung von Rechtssicherheit).
Einzelfallregelung als Ausnahme	Maßnahmengesetze regeln konkrete Einzelfälle (z. B. gesetzliche Festlegung eines Wahltermins).
Gültigkeit durch geordnete Verfahren	Ein Gesetz ist nur dann gültig, wenn es ordnungsgemäß in geregelten Verfahren vom Gesetzgeber (z. B. Bundestag) beschlossen, vom Bundespräsidenten unterzeichnet und veröffentlicht wurde.
Eindeutigkeit und Flexibilität	Rechtssicherheit erfordert in vielen Bereichen die eindeutige Geltung strengen (förmlichen) Rechts; gleichzeitig sind nicht alle Lebenssituationen eindeutig rechtlich geregelt, um im konkreten Einzelfall eine flexible Anwendung des Rechts zu ermöglichen.
Kontinuität und Wandel	Gesetze müssen Kontinuität (Rechtssicherheit) und Anpassung an die sich wandelnden Lebensverhältnisse ermöglichen: Ein Gesetz kann förmlich abgeändert, ergänzt oder aufgehoben werden; viele Gesetze enthalten eine ausdrückliche Ermächtigung der Regierung, nähere Bestimmungen seiner Durchführung zu erlassen oder spezielle Regelungen über Rechtsverordnungen zu treffen.
Prinzip der Auslegung	Bestehende Gesetzeslücken und -unklarheiten werden in der Anwendung des Rechts (Rechtsprechung) über Auslegung (Interpretation) gefüllt und beseitigt; im Extremfall kann die Auslegung zu einer Umdeutung bis hin zur Schaffung neuen Rechts führen („Richterrecht").

Verordnungs- und Satzungsrecht

Rechtsverordnungen sind konkrete Rechtsnormen, die Einzelaspekte von Gesetzen detaillierter regeln und von der Regierung (Exekutive) außerhalb des parlamentarischen Gesetzgebungsverfahrens erlassen werden.
Satzungen werden von öffentlichen Körperschaften festgelegt, gelten aber nur für einen bestimmten Aufgabenbereich und Personenkreis.

Rechtsverordnungen sind z. B. spezielle Ausbildungsverordnungen auf der Basis des Berufsbildungsgesetzes. Zum Satzungsrecht gehören z. B. die Satzung einer Gemeinde, die aufgrund der kommunalen Selbstverwaltung die Gebühren für die städtische Müllabfuhr festsetzen kann, oder die Satzung einer Universität.

Prinzipiell gilt, dass jede Rechtsnorm nur dann Geltung hat, wenn sie durch eine berechtigte Instanz in einem ordnungsgemäßen Verfahren „gesetzt" wurde. Ihre bindende Kraft erhält sie durch **Veröffentlichung.** Jedes Bundesgesetz muss im Bundesgesetzblatt verkündet werden.

2

Rechtsquelle	Ort der Setzung	Voraussetzung für Geltung
Verfassung	verfassungsgebende Versammlung	Einhaltung der parlamentarisch-demokratischen Grundnormen
Gesetze	Parlament (Legislative)	Verabschiedung durch Gesetzgebungsorgane (Bundestag, Landtage), Einhaltung der parlamentarischen Gesetzgebungsverfahren und Übereinstimmung mit der Verfassung
Rechtsverordnungen	Regierungsinstitutionen (Exekutive)	Bundesminister, Bundes- oder Landesregierung müssen ausdrücklich durch ein Gesetz dazu ermächtigt sein, wobei Inhalt, Zweck und Ausmaß der Ermächtigung gesetzlich geregelt sein müssen
Satzungsrecht	öffentliche Körperschaften	Erlass im Rahmen gesetzlich eingeräumter Selbstverwaltung, Bedarf einer gesetzlichen Grundlage und eingeschränkte Geltung

Links: Deutscher Bundestag (Legislative)
Rechts: Bundesministerium der Justiz als Regierungsinstitution (Exekutive)

Normenhierarchie

Der **Vorrang der Verfassung** führt dazu, dass das Verfassungsrecht (Grundgesetz) rechtlicher Maßstab für alle anderen rechtlichen Regelungen „unterhalb" der Verfassung ist.

Die Rechtsordnung in der Bundesrepublik Deutschland ist nach dem **Prinzip der Normenhierarchie** aufgebaut. Die höherrangige Rechtsnorm hat grundsätzlich Vorrang vor der niederrangigeren.

Die **Verfassung** hat die oberste Rangstufe und ist rechtlicher Maßstab für alle anderen Regelungen. Widerspricht eine Rechtsnorm dem Grundgesetz, dann ist sie grundsätzlich verfassungswidrig bzw. „nichtig". Sie hat also keinen rechtlichen Geltungsanspruch.

Im föderalen Staat Bundesrepublik Deutschland gilt zudem der Grundsatz **Bundesrecht bricht Landesrecht** (Art. 31 GG). Das bedeutet, dass das Bundesrecht auf allen Ebenen Vorrang vor Landesrecht hat.

Andererseits sind im Grundgesetz bestimmte Rechtsgebiete der Regelung durch die Bundesländer vorbehalten, z. B. Kultur- und Bildungspolitik, Bauordnungs- und Polizeirecht.

Im Zuge der europäischen Integration gewinnt das **Europarecht** weiter an Bedeutung. Das hat dahingehend Auswirkungen, dass der Deutsche Bundestag in vielen Bereichen nicht mehr als souveräner Gesetzgeber, sondern als Vollzieher europäischer Rechtsetzung agiert.

Das **Europarecht** regelt über „Richtlinien" und Verordnungen die Beziehungen zwischen den europäischen Staaten und die Gemeinschaftspolitik in einzelnen Politikbereichen. Bei nicht ordnungsgemäßer Umsetzung der EU-Richtlinien können Staaten von der Europäischen Kommission durch Klagen vor dem Europäischen Gerichtshof und die Androhung von Bußgeldern zur nationalen Anwendung von **europäischem Gemeinschaftsrecht** gezwungen werden.

In einigen Bereichen, wie Landwirtschaft und Umweltschutz, sind etwa 80 Prozent der deutschen Rechtsvorschriften von EU-Recht geprägt (OECD 2010).

Verfassung, Gesetze, Rechtsverordnungen und Satzungen sind Rechtsquellen der **förmlichen Rechtssetzung.** Von erheblich geringerer Bedeutung sind das Gewohnheitsrecht als überliefertes Recht sowie das sogenannte Richterrecht, das durch die Gesetzesauslegung der Richter bei der Entscheidung von Einzelfällen in der Rechtsprechung entsteht.

Rechtsquellen der förmlichen Rechtssetzung

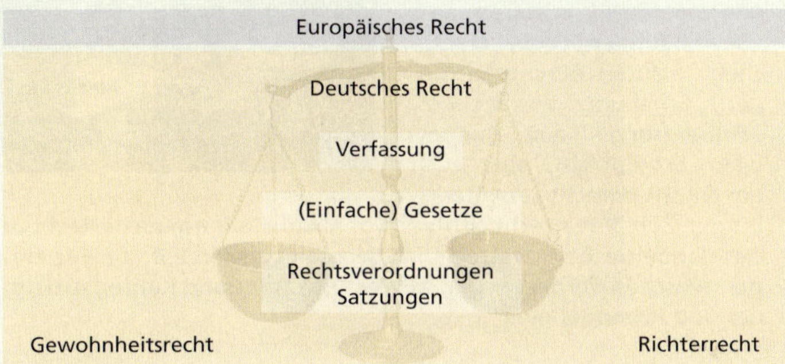

In jedem Rechtsgebiet stehen die verschiedenen Rechtsquellen in einem hierarchischen Verhältnis zueinander.
Mit der ordnungsgemäßen Verabschiedung eines Gesetzes ist eine Entscheidung getroffen, die für alle Gesellschaftsmitglieder verbindlich ist. Der demokratische Rechtsstaat funktioniert aber nur dann, wenn die Bürger die Rechtsnormen nicht vorrangig aus Zwang und Angst vor Bestrafung (wie im Unrechtsstaat) befolgen, sondern weil sie die staatliche Ordnung und staatliches Recht grundsätzlich akzeptieren (Legitimität).

Aufgaben des Rechts

Recht und Gerechtigkeit können auseinanderklaffen. So kann eine Rechtsordnung oder ein Gesetz ungerecht sein (z. B. Rassengesetze im Nationalsozialismus) oder durch Überalterung nicht mehr gerecht sein (z. B. bestimmte Strafvorschriften).

Die wichtigsten **Aufgaben des Rechts** in der Bundesrepublik Deutschland sind Friedenssicherung, soziale Integration und Gerechtigkeit.

Friedenssicherung ist auf das friedliche Zusammenleben der Bürger in einer Gesellschaft gerichtet, **soziale Integration** auf gewaltfreie Konfliktlösung unterschiedlicher Interessen in einer pluralistischen Gesellschaft, **Gerechtigkeit** auf die Sicherung rechtlicher Gleichheit.

2

Die zunehmende Komplexität der pluralistischen, ausdifferenzierten Gesellschaft hat zu einer Flut an neuen Gesetzen und Verordnungen, aber auch zu zahlreichen Änderungen und Ergänzungen bestehender Gesetze geführt. Die **Vielzahl und Kompliziertheit rechtlicher Regelungen** (z. B. Steuergesetzgebung) und vor allem auch die Unverständlichkeit vieler Gesetze (hoher Grad an Verallgemeinerung, unklare Rechtssprache) birgt die Gefahr der **Rechtsfremdheit** in der Bevölkerung, die Rechtsnachteile zur Folge haben kann. Auch für die staatlichen Institutionen, die Recht anwenden (Verwaltung, Rechtsprechung), erweist sich die Normenflut zunehmend als Problem.

In modernen, stark ausdifferenzierten Gesellschaften wie der Bundesrepublik Deutschland erfordern die verschiedenen gesellschaftlichen Teilbereiche besondere Regelungen (z. B. Bildung, Arbeit) sowie Regeln für das Zusammenspiel der Teilbereiche. Es haben sich verschiedene **Rechtsgebiete** herausgebildet, z. B. das Staatsrecht, bürgerliches Recht, Arbeitsrecht, Sozialrecht.

Öffentliches Recht und Privatrecht sind die Hauptzweige des Rechts. Das **öffentliche Recht** regelt die Beziehungen des Staates zu den Staatsbürgern sowie jene der verschiedenen Träger öffentlicher Gewalt (z. B. zwischen Bund und Ländern), das **Privatrecht** die Beziehungen der Bürger, die sich gleichberechtigt gegenüberstehen.

Zum **öffentlichen Recht** gehören u. a. Verfassungs- und Staatsrecht, Verwaltungs- und Strafrecht. Im Einzelnen handelt es sich z. B. um Anordnungen staatlicher Instanzen wie „Bewilligungen" von staatlichen Unterstützungsleistungen, „Erhebung" von Steuern, „Einberufung" zur Bundeswehr, Schulpflicht, aber auch um die Grundrechte der Staatsbürger. Zum **Privatrecht** gehören vor allem das Bürgerliche Recht und das Handelsrecht. Privatrechtlich geregelt werden z. B. die Beziehungen zwischen Vermieter und Mieter, Verkäufer und Käufer, Arbeitgeber und Arbeitnehmer.

Das Recht ist nicht nur Ausdruck und Strukturprinzip einer Gesellschaft, es dient dem Gesetzgeber auch als Instrument, auf die Ordnung und Entwicklung einer Gesellschaft aktiv einzuwirken. Gesetze sind wichtige **Instrumente politischer Führung,** um gesellschaftliche Entwicklungen politisch zu gestalten, zu lenken und zu verändern. Ein Beispiel dafür sind gesetzliche Regelungen zur Verbesserung des Umweltschutzes durch steuerliche Begünstigung schadstoffarmer Autos.

2.5.2 Rechtsprechung, Gerichte

Entsprechend dem Prinzip der Gewaltenteilung ist die **Rechtsprechung** (Judikative) neben Gesetzgebung (Legislative) und Verwaltung (Exekutive) eine eigenständige, unabhängige Staatsgewalt. Sie wird vom Bundesverfassungsgericht, den Gerichten des Bundes und der Länder ausgeübt.

Die **Recht sprechende Gewalt** hat die Aufgabe, bei Konflikten zwischen Staat und Bürger und in Streitfällen zwischen Bürgern „Recht zu sprechen". Das geschieht durch die Anwendung von Gesetzen auf einen konkreten Fall.

In Fällen bedrohten, bestrittenen oder verletzten Rechts entscheiden **Richter** verbindlich und unparteiisch in einem besonderen Verfahren bei Gericht, was Recht ist.

Die Rechtsprechung ist „den Richtern anvertraut" (Art. 92 GG), die nur dem Gesetz unterworfen sind (Art. 97 GG). Richter sind persönlich und sachlich unabhängig, gegenüber den anderen Staatsgewalten nicht an Weisungen gebunden und während ihrer Amtszeit prinzipiell unabsetzbar und unversetzbar.

Der Freiheitsentzug einer Person ist nur aufgrund eines förmlichen Gesetzes und in gesetzlicher Form möglich. Nur ein Richter darf entscheiden, ob und wie lange der Freiheitsentzug zulässig ist.

Gerichtsbarkeiten

In der Bundesrepublik ist die Rechtsprechung aufgrund der vielfältigen Aufgabenbereiche in fünf **selbstständige Gerichtsbarkeiten** untergliedert.

Neben den fünf Gerichtsbarkeiten gibt es **weitere Gerichte,** z. B. Wehrdienstgerichte (Bund), das Patentgericht (Bund), Disziplinargerichte (Bund und Länder).

Die Gerichtsbarkeiten sind jeweils für ein bestimmtes Rechtsgebiet zuständig (Art. 95 Abs. 1 GG):
- die Ordentliche Gerichtsbarkeit, aufgeteilt in Zivil- und Strafgerichte,
- die Allgemeine Verwaltungsgerichtsbarkeit,
- die Finanz-, Sozial- und Arbeitsgerichtsbarkeit.

Die Zuständigkeit ergibt sich aus der Art der Streitigkeiten.

Gerichte	Zuständigkeit/Verfahren
Allgemeine Verwaltungsgerichte	Konflikte zwischen Bürgern und staatlicher Verwaltung; jeder Bürger kann ein Gericht anrufen, wenn er seine Rechte durch Maßnahmen der öffentlichen Verwaltung verletzt sieht (Rechtsschutzgarantie)
Finanzgerichte	Kritik des Bürgers an Verwaltungsakten der Finanzbehörden (Steuerbescheide); jeder Bürger kann das Gericht anrufen, wenn er die rechtmäßige Anwendung steuerrechtlicher Vorschriften durch das Finanzamt anzweifelt (Rechtsbehelf für den Bürger)
Sozialgerichte	Angelegenheiten der Sozialversicherung (z. B. Kranken-, Rentenversicherung); jeder Bürger kann das Gericht anrufen, wenn er seine Rechte im Bereich der Sozialversicherung verletzt sieht
Strafgerichte	Die Staatsanwaltschaft kann Anklage gegen einen Bürger erheben, wenn dieser strafrechtliche Normen verletzt.
Zivilgerichte	Streitigkeiten zwischen Bürgern (Kläger und Beklagte); jeder Bürger kann vor Gericht gegen einen anderen Bürger klagen, um eine rechtlich verbindliche Entscheidung in einer zivilen Streitsache zu erhalten
Arbeitsgerichte	Auseinandersetzungen zwischen Arbeitnehmern und Arbeitgebern und Tarifvertragsparteien (z. B. Gewerkschaften und Arbeitgeberverbände); Arbeitgeber oder Arbeitnehmer oder ihre Interessenverbände können in Streitfällen, die das Arbeitsverhältnis betreffen, ein Gericht anrufen (z. B. bei Konflikten um Kündigungen oder den Umfang von Gehaltsansprüchen)

Jede Gerichtsbarkeit hat eigene Verfahrensregeln und ist in mehrere Instanzen unterteilt, die sich hinsichtlich der Kompetenzen und der personellen Zusammensetzung unterscheiden (Zahl der Richter, Mitwirkung von Laienrichtern). Die **obersten Instanzen der Gerichtsbarkeiten** sind die Obersten Gerichtshöfe des Bundes.

▶ Prinzipiell werden die Gerichte nicht von sich aus tätig, sondern nur auf Antrag (eines Bürgers oder Staatsanwalts).

Eine übergeordnete Sonderstellung nimmt die **Verfassungsgerichtsbarkeit** ein, die die Geltung der Verfassung zu gewährleisten hat. Das Bundesverfassungsgericht kontrolliert – auf Antrag – das gesamte staatliche Handeln in Bezug auf die Normen des Grundgesetzes, die Verfassungsgerichte der Länder kontrollieren die Einhaltung der Landesverfassungen.

Gerichtsbarkeiten der Bundesrepublik Deutschland

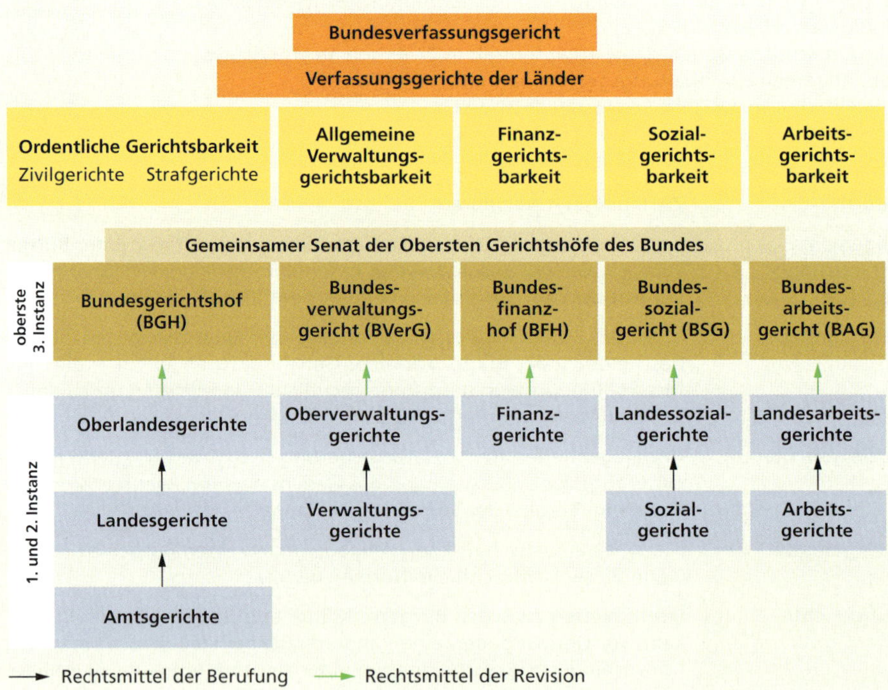

Ein Gerichtsurteil kann von den Prozessbeteiligten angefochten werden, um es durch ein Gericht der höheren Instanz überprüfen zu lassen (Einlegen von Rechtsmitteln). Die wichtigsten Rechtsmittel sind die **Berufung** (Tatsachen- und Rechtskontrolle bei der nächsthöheren Instanz) und die **Revision** (Rechtskontrolle durch die Obersten Gerichtshöfe).

2.5.3 Bundesverfassungsgericht

Das **Bundesverfassungsgericht** ist in Deutschland die übergeordnete Rechtsinstanz zum umfassenden Schutz des Rechtsstaates.

Es ist neben den anderen Staatsgewalten ein selbstständiges und unabhängiges Verfassungsorgan, das keiner anderen Behörde untersteht. Die grundlegenden **Aufgaben des Bundesverfassungsgerichts** sind Kontinuität (Schutz der Verfassung) und Innovation (Verfassungswandel).

Der Oberste Gerichtshof hat eine weitgehende richterliche Kontrolle der Exekutive und Legislative zu gewährleisten. Er ist aber auch eine Instanz, die darüber wacht, dass die Grundrechte eingehalten werden und die Gesetze mit den Grundsätzen des Rechtsstaates und der Verfassung in Einklang stehen. Das Bundesverfassungsgericht hat die Aufgabe, Verstöße gegen das Grundgesetz zu unterbinden, Rechtsnormen festzulegen und weiterzuentwickeln. Die Entscheidungen dieser **„Letztentscheidungsinstanz"** sind für alle staatlichen Organe verbindlich.

Erster Senat des Bundesverfassungsgerichts der Bundesrepublik Deutschland

▸ Das Bundesverfassungsgericht hat schon eine Reihe von grundlegenden, teils spektakulären Entscheidungen gefällt, z. B. über Parteienfinanzierung, Kriegsdienstverweigerung, Datenschutz, die direkte oder indirekte politische Auswirkungen hatten.

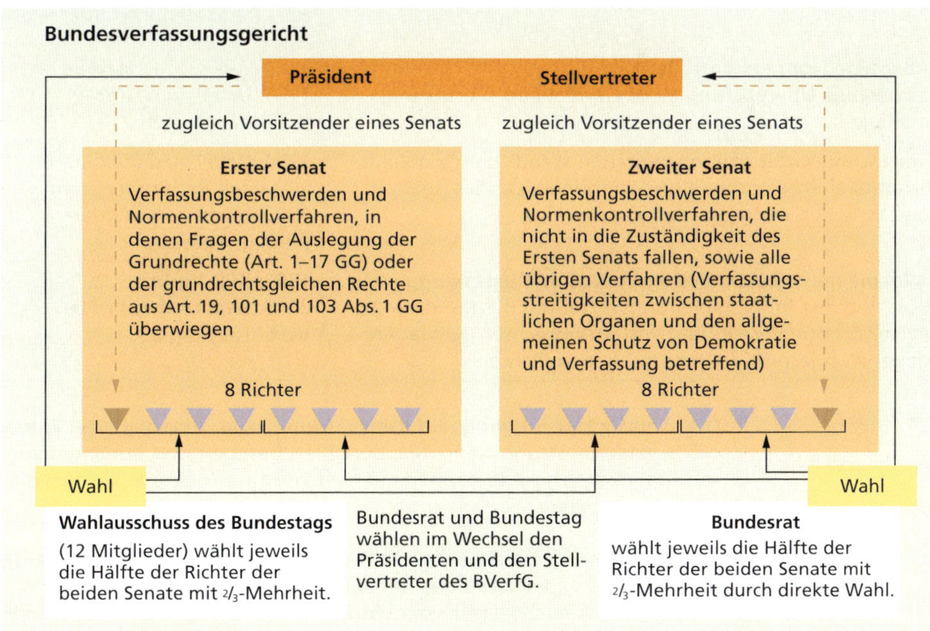

Die **Macht des Bundesverfassungsgerichts** ergibt sich aus der Fülle seiner Kompetenzen und ihrer politischen Bedeutung für den Regierungsprozess. Regierung und Parlament sind an die Verfassung gebunden und können von diesem obersten Gericht in die Schranken gewiesen werden (z. B. durch Nichtigkeitserklärungen von Rechtsnormen, Feststellung der Unvereinbarkeit einer Norm mit dem Grundgesetz).

Die Zahl der **Verfassungsbeschwerden** hängt von politischen und gesellschaftlichen Faktoren ab. So gab es von 1992 bis 1995 einen starken Anstieg, als durch die deutsche Wiedervereinigung viele Rechtsfragen gelöst werden mussten (z. B. Rückgaberegelungen).

Das Arbeitsvolumen des Bundesverfassungsgerichts hat sich seit 1954 verzehnfacht.

Verfassungsbeschwerden machen den größten Anteil an den Vorgängen aus – etwa 6000 jährlich, wobei etwa 97 % als unzulässige oder unbegründete Beschwerden erst gar nicht zur Entscheidung angenommen werden. Normenkontrollverfahren stehen an zweiter Stelle der Bearbeitung.

Rechtsprechung des Bundesverfassungsgerichts

Die Rechtsprechung des Bundesverfassungsgerichts umfasst nach Art. 93 GG vier Bereiche.

Verfassungsbeschwerde: Schutz der Grundrechte der Bürger und des verfassungsmäßig garantierten Rechts	1983: Volkszählungsurteil 1995: „Kruzifix"-Urteil
Konkrete Normenkontrolle: Überprüfung eines Gesetzes im Rahmen eines konkreten Rechtskonflikts	1975: Urteil zum sogenannten „Radikalenbeschluss"
Abstrakte Normenkontrolle: allgemeine Überprüfung eines Gesetzes auf Verfassungsmäßigkeit	1975: Urteil zum Abtreibungsparagrafen 218
Verfassungsstreitigkeiten zwischen staatlichen Organen: Streitigkeiten zwischen Bundesorganen, Landesorganen und zwischen Bund und Land	1994: Urteil zu Out-of-area-Einsätzen der Bundeswehr 1999: Urteil zum Länderfinanzausgleich
Allgemeiner Schutz von Demokratie und Verfassung: Beschwerden im Wahlprüfungsverfahren des Bundestags, Parteiverbote, Verwirkung von Grundrechten, Anklagen gegen Bundespräsidenten und gegen Richter	1956: KPD-Verbot 2003: Scheitern des NPD-Verbotsantrags

Die Antragsberechtigung auf Überprüfung bzw. Entscheidung durch das Bundesverfassungsgericht ist detailliert geregelt und abhängig vom Aufgabenbereich – z. B. können nur Gerichte eine konkrete Normenkontrolle beantragen.

Jeder Bürger kann **Verfassungsbeschwerde** einlegen (Art. 93 Abs. 1 GG), wenn er sich durch staatliche Handlungen in seinen Grundrechten verletzt glaubt. Allerdings muss der vorherige Rechtsweg über die zuständigen Gerichte erst ausgeschöpft sein.

2.5.4 Europarecht und Europäischer Gerichtshof

Europarecht ist supranationales, überstaatliches Recht.

In **engerem Sinne** umfasst es vor allem das Recht der Europäischen Union (Unionsrecht, EU-Recht), das in Primär- und Sekundärrecht unterteilt wird. Das **Primärrecht** umfasst Verträge, die zwischen den EU-Mitgliedstaaten geschlossen wurden. Hier sind die grundlegenden Regelungen über die Ziele und Funktionsweise der Union festgehalten. Das **Sekundärrecht** baut auf diesen Verträgen auf. Es ist dem Primärrecht untergeordnet und besteht hauptsächlich aus Verordnungen und Richtlinien.

Als wichtigste primärrechtliche Basis gelten der Vertrag über die Europäische Union (EU-Vertrag, EUV) und der Vertrag über die Arbeitsweise der Europäischen Union (AEUV). Der EU-Vertrag wurde als Gründungsvertrag 1992 in Maastricht abgeschlossen und mehrmals verändert (zuletzt im Vertrag von Lissabon 2007). Er besteht aus 55 Artikeln und ist in den 23 Amtssprachen der EU abgefasst.

Verordnungen der EU gelten in allen Mitgliedstaaten unmittelbar, ohne dass ein nationales Gesetz zu ihrer Umsetzung erforderlich wäre. Dazu gehört zum Beispiel die Verordnung zur Kennzeichnung von Lebensmitteln. EU-Richtlinien hingegen verpflichten die Mitgliedstaaten dazu, innerhalb einer festgelegten Frist ein bestimmtes Ziel zu erreichen, etwa die Luftschadstoffe um einen gewissen Prozentsatz zu senken. Eine EU-Richtlinie bindet die Regierungen, muss von ihnen aber erst in nationales Recht umgesetzt werden, um eine Rechtswirkung für die Bürger oder Unternehmen im jeweiligen Mitgliedstaat zu haben.

EU-Recht hat Vorrang vor dem nationalen Recht der Mitgliedstaaten, wobei das Primärrecht an der Spitze der Normenhierarchie steht.

Die europäische Wirtschaftsverfassung ist das Kernstück der Europäischen Union und zielt auf die Herstellung eines europäischen Binnenmarktes. Im Zentrum stehen die „vier Grundfreiheiten", die den freien Verkehr von Waren, Personen, Dienstleistungen und Kapital einfordern. Weitere wichtige Regelungen finden sich im Wettbewerbsrecht sowie in den Bestimmungen zu einer gemeinsamen Zollunion und zur Europäischen Wirtschafts- und Währungsunion (EWWU).

Bei allen Rechtsakten der EU sind bestimmte Prinzipien zu beachten (Art. 5 EUV): Die EU soll nur dann tätig werden, wenn sie wirksamer als die Mitgliedstaaten zu handeln vermag (Grundsatz der Subsidiarität). Zudem darf sie bei der Ausübung ihrer Zuständigkeit nicht über das zur Zielerreichung erforderliche Maß hinausgehen (Grundsatz der Verhältnismäßigkeit).

Die Rechtsetzungskompetenzen der EU sind im EU-Vertrag festgelegt und unterscheiden sich in den verschiedenen Politikbereichen.

▶ Der Begriff „Europarecht" bezeichnet verschiedene rechtliche Ordnungen auf europäischer Ebene, die vielfältig miteinander verknüpft sind. Zu unterscheiden ist zwischen Europarecht in weiterem und engerem Sinne.

▶ Das **Europarecht im weiteren Sinne** umfasst neben dem Recht der Europäischen Union auch das Recht anderer europäischer Organisationen (v. a. Europarat, EFTA, OSZE und OECD).

▶ Wenn ein Mitgliedstaat EU-Recht nicht umsetzt, kann die Europäische Kommission ihn beim Europäischen Gerichtshof verklagen (Vertragsverletzungsverfahren).

▶ In der **Charta der Grundrechte der Europäischen Union** sind die Grundrechte im Rahmen der EU umfassend niedergelegt (rechtlich bindend seit 2009).

2

Rechtssetzung in europäischen Politikbereichen			
Zuständigkeit	ausschließliche Zuständigkeit der EU	geteilte Zuständigkeit zwischen EU und Mitgliedstaaten	unterstützende Zuständigkeit der EU
Prinzip	EU kann gesetzgeberisch tätig sein und verbindliche Rechtsakte erlassen; Mitgliedstaaten brauchen für eigene Rechtsakte Ermächtigung der EU	Mitgliedstaaten und EU können verbindliche Rechtsakte erlassen; die Mitgliedstaaten aber nur, wenn die EU ihre Zuständigkeit nicht ausübt	Mitgliedstaaten behalten Gesetzgebungshoheit; EU kann Maßnahmen ergänzen, unterstützen und koordinieren
Geltungsbereiche	Wettbewerbsregeln für Binnenmarkt, Zollunion, Währungspolitik (Euroländer), Teile der gemeinsamen Fischereipolitik, gemeinsame Handelspolitik	u. a. Umwelt, Verkehr, Energie, Verbraucherschutz, Landwirtschaft, Justiz und Inneres (Raum der Freiheit, des Sicherheit und des Rechts)	u. a. Soziales, Gesundheitsschutz, Industrie, Kultur, Tourismus, Bildung, Jugend, Sport, Katastrophenschutz

In der Wirtschafts- und Beschäftigungspolitik kann die EU sowohl Leitlinien bestimmen als auch koordinierend tätig sein. In der gemeinsamen Außen- und Sicherheitspolitik (GASP) ist die EU befugt, die strategischen Interessen der Union und die politischen Leitlinien festzulegen, nicht aber Gesetzgebungsakte zu erlassen.

Eine besondere Bedeutung für das EU-Recht hat die Rechtsprechung des **Europäischen Gerichtshofes (EuGH)**. Er ist das oberste Gericht der Europäischen Union und entscheidet letztinstanzlich über die Auslegung des EU-Rechts. Seine Aufgabe besteht darin, eine einheitliche Auslegung europäischen Rechts zu wahren und den Rechtsschutz innerhalb der EU zu garantieren.

Verfahren beim EuGH können von Organen der Europäischen Union, den Mitgliedstaaten, den Gerichten der Mitgliedstaaten oder Einzelpersonen eingeleitet werden, um Verstöße gegen EU-Recht oder die Rechtsgültigkeit von EU-Rechtsakten überprüfen zu lassen. EU-Bürger können nur dann gegen europäische Entscheidungen klagen, wenn sie „unmittelbar" und „individuell" betroffen sind, etwa bei einem Bußgeldbescheid. Bei der Erfüllung seiner Aufgabe hat sich der Europäische Gerichtshof in vielen Fällen nicht auf die reine Auslegung des Primärrechts (EU-Verträge) beschränkt, sondern im Zuge höchstrichterlicher Rechtsfortbildung auch die Rechtsordnung der Europäischen Union mitgeprägt (Richterrecht). Einige der in der Rechtsprechung entwickelten Grundsätze sind später in das kodifizierte Primärrecht übernommen worden. Dadurch übt die Rechtsprechung des EuGH maßgeblichen Einfluss auf die Entwicklung des Europarechts aus. In der politischen Diskussion wird gelegentlich kritisiert, dass der EuGH europäisches Recht zu weit auslegt oder seine Kompetenzen überschreitet.

Der EuGH ist mit 28 Richtern besetzt, jeweils einem Richter pro Mitgliedstaat. Die Richter werden von ihrem Heimatland in gegenseitigem Einvernehmen mit den anderen Mitgliedstaaten für sechs Jahre ernannt.

▶ EU-Recht und nationales Recht stehen in einem grundsätzlichen Spannungsverhältnis, das insbesondere dann zu Konflikten führen kann, wenn Verfassungsfragen tangiert werden.

▶ Der EuGH ist zu unterscheiden vom Europäischen Gerichtshof für Menschenrechte (EGMR) in Straßburg. Dieser wacht als Organ des Europarates allein über die Einhaltung der Europäischen Menschenrechtskonvention.

▶ Ein Beispiel für folgenreiches Richterrecht des EuGH ist seine Rechtsprechung zum grundsätzlichen Vorrang des EU-Rechts vor nationalem Recht.

Wirtschaft und Wirtschaftspolitik in der sozialen Marktwirtschaft

3

3.1 Soziale Marktwirtschaft in Deutschland

Soziale Marktwirtschaft ist die in der Bundesrepublik Deutschland nach dem Zweiten Weltkrieg aufgebaute Wirtschaftsordnung. Sie zielt darauf, soziale Sicherheit und Gerechtigkeit zu gewährleisten durch wirtschaftspolitische Eingriffe und Maßnahmen, die die Nachteile einer freien unkontrollierten Marktwirtschaft weitestgehend ausschließen.
Die **theoretischen Vorarbeiten** aus Sicht des Liberalismus und der christlichen Soziallehre wurden vor allem von WALTER EUCKEN, ALEXANDER RÜSTOW, ALFRED MÜLLER-ARMACK, LUDWIG ERHARD und WILHELM RÖPKE geleistet.
Diese Ökonomen waren von den Erfahrungen des Nationalsozialismus mitgeprägt. Insbesondere die starke Zentralisierung und Monopolisierung der Unternehmen diente ihnen als abschreckendes Beispiel.

LUDWIG ERHARD (1897–1977)

ALFRED MÜLLER-ARMACK, der sich seit den 1930er-Jahren mit Fragen der Wirtschaftsordnung und Wirtschaftspolitik beschäftigte, prägte den Begriff der „sozialen Marktwirtschaft". Die soziale Zentrierung marktwirtschaftlicher Politik war das Hauptanliegen von MÜLLER-ARMACK. LUDWIG ERHARD führte als Wirtschaftsminister in der Bundesrepublik (von 1949 bis1963) die soziale Marktwirtschaft ein. 1957 erschien sein Buch „Wohlstand für Alle" und 1962 „Deutsche Wirtschaftspolitik". Von 1963 bis 1966 war er Bundeskanzler.

Der Aufbau der Wirtschaftsordnung in Deutschland war auch von Vorgaben und Interventionen der alliierten Besatzungsmächte geprägt.
Seit Einführung der sozialen Marktwirtschaft hat sich die Wirtschaftspolitik erheblich verändert. Eine durchgängig einheitliche deutsche Wirtschaftsordnung wurde nicht verfolgt.
In der Rückschau auf die 1950er- bis 1970er-Jahre wird vielfach vom **„Modell Deutschland"** gesprochen. Damit ist eine Kombination von Lohnzurückhaltung der Gewerkschaften und damit möglicher geringer Inflation, hohem Beschäftigungsstand und relativer Arbeitsplatzsicherheit sowie währungspolitisch ermöglichter Exportüberschüsse gemeint. Die Orientierung „geringe Löhne gegen Arbeitsplätze" unter Aufsicht des Staates unterscheidet sich von einer sozialen Marktwirtschaft, die auf „hohes Wachstum durch Marktwirtschaft bei sozialer Fürsorge für die Verlierer/-innen des Systems" setzt.

Die **soziale Marktwirtschaft** verbindet das Prinzip der Freiheit auf dem Markt mit dem Prinzip des sozialen Ausgleichs.

Die **Kernaufgaben** sind:
- Gewährleistung einer freiheitlichen Wettbewerbsordnung (Kartell- und Monopolverbot),
- soziale Ausrichtung und Konstanz der Wirtschaftspolitik,
- Einkommens- und Vermögensverteilung,
- Garantie von Privateigentum,
- Vertragsfreiheit.

3.1.1 Normative und rechtliche Grundlagen

Soziale Marktwirtschaft basiert auf den **wissenschaftlichen Grundlagen** der Wirtschaftstheorie, der Wirtschaftspolitik und der Finanzwissenschaften.

Wirtschaftstheorie	Wirtschaftspolitik	Finanzwissenschaften
– Mikroökonomie – Makroökonomie – Außenwirtschaftstheorie	– Geldpolitik – Wettbewerbspolitik – Sozialpolitik – Fiskalpolitik	– Steuerpolitik – Investitionspolitik – Subventionspolitik

Die konkrete Gestaltung der sozialen Marktwirtschaft erfolgt auf der Grundlage der Gesetzgebung und Funktionsweise des Staates. Richtungweisend ist das **Grundgesetz.**

„Die Bundesrepublik Deutschland ist ein demokratischer und sozialer Bundesstaat." (Art. 20 Abs. 1 GG)
„Das Recht, zur Wahrung und Förderung der Arbeits- und Wirtschaftsbedingungen Vereinigungen zu bilden, ist für jedermann und für alle Berufe gewährleistet". (Art. 9 Abs. 3 GG)
„Eigentum verpflichtet. Sein Gebrauch soll zugleich dem Wohle der Allgemeinheit dienen." (Art. 14 Abs. 2 GG)

Die Marktwirtschaft ist nicht an sich sozial. Der Staat muss entsprechende Rahmenbedingungen schaffen. Dafür stehen ihm verschiedene Steuerungsinstrumente zur Verfügung.

Marktregulierungen

In Deutschland sind Regulierungen weitverbreitet, z. B. Ladenöffnungszeiten, Mindestpreise, Subventionen. Sie sollen das unternehmerische Verhalten in drei Gebieten beeinflussen.

Strukturregulierung	Die Marktstruktur entscheidet über das Ausmaß des Wettbewerbs in den Märkten.
Preis- und Qualitätsregulierung	Preis- und Qualitätsregulierung soll verhindern, dass ein Missbrauch von Marktmacht durch marktbeherrschende Unternehmen stattfinden kann.
Wettbewerbsförderung	Der Wettbewerb der Märkte soll durch die Unterstützung bestimmter Wirtschaftszweige oder Produktionstechniken gefördert werden.

Mit seiner regulierenden Einflussnahme versucht der Staat, Funktionslücken und Fehlleistungen des Wirtschaftssystems auszugleichen und sozial abzufedern. Seit den 1990er-Jahren werden **Deregulierungen** durchgeführt, z. B. im Post- und Verkehrswesen.

3

Die **Grenzen der staatlichen Eingriffe** liegen bei der privatautonomen Verfügung über die Produktionsmittel, da die Investitionsfreiheit der Unternehmensleitungen nicht eingeschränkt werden soll. Der Staat ist auf die Unternehmen angewiesen. Diese unterliegen aber wirtschaftlichen Zwängen.
Restriktive Maßnahmen des Staates (mögliche Eingriffe in die Einkommens- und Vermögensstruktur, Qualitätsvorschriften, Umweltauflagen) können von den Unternehmen mit „Investitionsstreiks" beantwortet werden. Verschlechtert sich das Investitionsklima, droht die Gefahr höherer Arbeitslosigkeit. Der Staat kann also nur innerhalb gewisser Grenzen intervenieren.

Auf JOSEPH A. SCHUMPETER (1883–1950) berufen sich sowohl neuere Schulen der Wirtschaftstheorie (z. B. die sogenannte „Evolutionäre Ökonomik") wie auch angebotsorientierte Wirtschaftspolitiker.

Der österreichische Nationalökonom JOSEPH A. SCHUMPETER, auf den sich verschiedene Wirtschaftstheoretiker und -politiker berufen, verwies bereits auf die formale Analogie zwischen ökonomischem Wettbewerb und politischem Wettbewerb: In Wahlzeiten wird Wirtschaftspolitik auch in den Dienst des Wettbewerbs um Stimmen gestellt. Mit Blick auf die Dynamik der Wirtschaftsentwicklung sprach SCHUMPETER von **schöpferischer Zerstörung:** Zerstörung plus Neuschöpfung sind untrennbar mit der wirtschaftlichen Entwicklung verbunden. Triebfeder dieser Dynamik sind die Innovationen von Unternehmern.

Der Staat steht zudem im Geflecht der **internationalen Konkurrenz** der Unternehmen. Auf den Geld-, Kapital- und Devisenmärkten wird oft wesentlich mehr verdient als mit Investitionen im Bereich von Gütern und Dienstleistungen. Das wirkt sich auf die staatlichen Auflagen an die Unternehmen aus. Die Steuerungsfähigkeit des einzelnen Nationalstaates wird durch die zunehmende Dynamik des internationalen und transnationalen Kräftefeldes eingeschränkt.
Die Grenzen, die den Staatsinterventionen gesetzt sind, bewirken, dass die Eingriffe des Staates zumeist nicht auf die Behebung der Krisenursachen, sondern nur auf ihre Symptome gerichtet sind. Deshalb wird vielfach gefordert, dass sich der Staat aus der Wirtschaftspolitik zurückziehen und den Markt dem freien Spiel der Kräfte überlassen soll.

Sozialstaatsprinzip

Die Idee des Sozialstaates besteht darin, soziale Sicherheit, soziale Gerechtigkeit und soziale Integration weitestgehend zu realisieren.

Nach dem **Grundgesetz** ist die Bundesrepublik Deutschland ein demokratischer und sozialer Bundesstaat.
Dem Staat ist damit auf der Ebene von Kommunen, Ländern und Bund auferlegt, soziale Gerechtigkeit und soziale Sicherheit zu gewährleisten:
- **soziale Gerechtigkeit** im Sinne einer gerechten Sozialordnung,
- **soziale Sicherheit** im Sinne einer umfassenden Daseinsvorsorge durch staatliche Sozial-, Gesundheits-, Bildungs-, Wohnungs-, Steuer-, Einkommens- und Vermögenspolitik. Daseinsvorsorge ist das Anliegen, für alle Bürger erschwingliche Dienstleistungen und damit Solidarität und Gleichbehandlung zu gewährleisten.

Diese allgemeinen Verfassungsziele sind im Grundgesetz durch verpflichtende, sozial orientierende **Grundrechte** ergänzt.

Grundgesetz	Grundrechte
Artikel 3	Gleichheit vor dem Gesetz, Gleichberechtigung von Männern und Frauen, Verbot der Diskriminierung
Artikel 6	Ehe, Familie und nicht eheliche Kinder stehen unter dem Schutz der staatlichen Ordnung.
Artikel 14	Der Gebrauch des Eigentums soll zugleich dem Wohle der Allgemeinheit dienen.

Die allgemein gehaltene Formulierung des Sozialstaatsprinzips hängt damit zusammen, dass der Sozialstaat kein Gefüge von Institutionen ist, sondern als Prozess verstanden werden muss, der inhaltlich konkret zu gestalten ist. Er muss insofern offen bleiben für ökonomischen und sozialen Wandel.

3.1.2 Zielsetzungen der sozialen Marktwirtschaft

Die wichtigsten **wirtschaftspolitischen Zielsetzungen** der Bundesrepublik Deutschland sind Stabilisierung des Wirtschaftsprozesses, soziale Absicherung der Bürger und Sicherung eines funktionsfähigen Wettbewerbs.

Hauptziele	Unterziele
Stabilisierung des Wirtschaftsprozesses	– Stabilität des Preisniveaus – hoher Beschäftigungsgrad – außenwirtschaftliches Gleichgewicht – stetiges und angemessenes Wirtschaftswachstum – Umweltverträglichkeit
soziale Sicherung	– sozial angemessene Einkommens-, Vermögens- und Lastenverteilung – Schutz der Arbeitnehmer vor wirtschaftlicher Willkür durch die Arbeitgeber
Wettbewerbssicherung	– Verhinderung von Kartellen – Verhinderung von Marktbeherrschung – Verhinderung von Marktmachtmissbrauch

Stabilisierung des Wirtschaftsprozesses

Das 1967 verabschiedete Gesetz zur Förderung der Stabilität und des Wachstums der Wirtschaft (**„Stabilitätsgesetz“,** StabG) verpflichtet den Bund und die Länder zu einer an den „Erfordernissen des gesamtwirtschaftlichen Gleichgewichts“ orientierten Wirtschafts- und Finanzpolitik:

> „Bund und Länder haben bei ihren wirtschafts- und finanzpolitischen Maßnahmen die Erfordernisse des gesamtwirtschaftlichen Gleichgewichts zu beachten. Die Maßnahmen sind so zu treffen, dass sie im Rahmen der marktwirtschaftlichen Ordnung gleichzeitig zur Stabilität des Preisniveaus, zu einem hohen Beschäftigungsgrad und außenwirtschaftlichen Gleichgewicht bei stetigem und angemessenem Wirtschaftswachstum beitragen.“ (§1 des StabG)

3

Das Ziel der **Preisniveaustabilität** (im Sinne einer gesamtwirtschaftlichen Inflationsrate von unter 2 %) ist in der Bundesrepublik zumeist erreicht worden. Als „Messlatte" für einen **hohen Beschäftigungsgrad** wurden bei Inkrafttreten des Stabilitätsgesetzes 1967 niedrige Arbeitslosenquoten von 1 bis 2 % und darunter angesehen, wie sie in der ersten Hälfte der 1960er-Jahre in der Bundesrepublik erreicht werden konnten. In der Zeit von 1974 bis 2006 schwankte die bundesdeutsche Arbeitslosenquote allerdings um die 10 %. 2005 betrug sie 11,7 %, seitdem sank die Quote deutlich (im Jahr 2015 auf 6,5 %). Vollbeschäftigung wird daher wohl noch als ideelles, jedoch nicht mehr als kurz- und mittelfristig erreichbares Ziel der Stabilitätspolitik angesehen.

Die im Stabilitätsgesetz formulierten Ziele werden auch als **„magisches Viereck"** bezeichnet. Zwischen den einzelnen Stabilitätszielen bestehen wechselseitige Abhängigkeiten und Zielkonflikte, die eine gleichzeitige vollständige Erfüllbarkeit aller Ziele unter Umständen verhindern.

Hoher Beschäftigungsgrad	**Preisniveaustabilität**
Wirtschaftspolitische Bedeutung: • Ausschöpfung des gesamtwirtschaftlichen Produktionspotenzials zum Zwecke der allgemeinen Güterversorgung • Vermeidung sozialer Härten infolge unfreiwilliger Arbeits- und Erwerbslosigkeit	*Wirtschaftspolitische Bedeutung:* • Erleichterung der Erwartungsbildung der Wirtschaftssubjekte bezüglich der allgemeinen Preisentwicklung • Förderung der Koordinationsfähigkeit des freien Preisbildungsmechanismus
Stetiges und angemessenes Wirtschaftswachstum	**Außenwirtschaftliches Gleichgewicht**
Wirtschaftspolitische Bedeutung: • der Stetigkeit: Vermeidung oder Dämpfung der konjunkturellen Schwankungen von Wachstum und Beschäftigung • der Angemessenheit: Notwendigkeit eines ausreichenden Wachstums für die Erreichung eines hohen Beschäftigungsgrades in der Zukunft	*Wirtschaftspolitische Bedeutung:* • Erreichung einer langfristig ausgeglichenen Zahlungsbilanz (Devisenzuflüsse = Devisenabflüsse) • Vermeidung eines dauerhaften Nettoabflusses inländischer Ressourcen ins Ausland, Vermeidung einer dauerhaft ansteigenden Nettoverschuldung des Inlands gegenüber dem Ausland

Bis in die 1980er-Jahre kam das Stabilitätsgesetz in der wirtschaftspolitischen Praxis im Wesentlichen in Form einer antizyklischen Fiskalpolitik des Bundes und der Länder zur Anwendung (Globalsteuerung). **Fiskalpolitik** ist grundlegend auf die „Steuerung" der gesamtwirtschaftlichen Güternachfrage durch staatliche ausgaben- und einnahmenpolitische Maßnahmen gerichtet.

Im Sinne einer antizyklischen Fiskalpolitik versuchte der Staat, konjunkturellen Abschwüngen durch eine Erhöhung seiner Ausgaben für Güter und Dienstleistungen bei gleichzeitiger Verringerung seiner steuerlichen Einnahmen entgegenzuwirken bzw. konjunkturelle Überhitzungen durch Verringerung seiner Ausgaben und Erhöhung der Steuereinnahmen zu bekämpfen. Dennoch war die Globalsteuerung im Hinblick auf die Erreichung ihres stabilitätspolitischen Beschäftigungszieles wenig erfolgreich. Zunehmende öffentliche Verschuldung und daraus resultierende Zinsverpflichtungen engten die ausgabenpolitischen Handlungsspielräume der verschiedenen Gebietskörperschaften (Bund, Länder und Gemeinden) spürbar ein.

1970 entfielen nur etwa 3 % der Ausgaben des Bundeshaushaltes auf Zinszahlungen, 2007 waren es etwa 15 %. 2014 betrug die Zinslast etwas über 2 %.

Durch den Stabilitäts- und Wachstumspakt der Europäischen Wirtschafts- und Währungsunion (EWWU) haben sich diese Handlungsspielräume zusätzlich verengt: Danach darf – als eines der Konvergenzkriterien (↗ S. 258) – die jährliche staatliche Nettoneuverschuldung im Grundsatz 3 % des Bruttoinlandsprodukts nicht überschreiten, andernfalls drohen empfindliche finanzielle Sanktionen.

1994 wurde der **Umweltschutz** als Staatsziel in das Grundgesetz (Art. 20a) aufgenommen. Seitdem gilt die Umweltverträglichkeit des Wirtschaftsprozesses als weiteres Stabilitätsziel der sozialen Marktwirtschaft **(„magisches Fünfeck“).**

Umweltschutz als wirtschaftspolitische Aufgabe sowohl in der Bundesrepublik wie auch in anderen Industriestaaten geht davon aus, dass die aus dem Wirtschaftsprozess herrührenden Umweltschäden in Form externer Effekte entstehen, welche über den Markt nicht sanktioniert werden. Deshalb muss die Regulierung dieser Effekte über staatliche Maßnahmen erfolgen.

Umweltschutz als wirtschaftspolitische Aufgabe ↗ S. 263 ff.

Soziale Sicherung

> Die soziale Marktwirtschaft in der Bundesrepublik ist auf eine angemessene Beteiligung aller Bürger am gesellschaftlichen Wohlstand gerichtet.

Das **Sozialstaatspostulat** des Grundgesetzes (Art. 20 Abs. 1 GG) stellt den Staat in die sozialpolitische Pflicht, jedem Bürger, der selbst nicht in der Lage ist, durch eigene Anstrengungen seine Existenz zu sichern, staatliche Unterstützung zu gewähren. Dabei soll ein soziokulturelles Existenzminimum gewährleistet sein. Die Zielsetzungen der sozialen Sicherung beschränken sich dabei nicht auf die reine Daseinsvorsorge. Es wird vielmehr eine Korrektur der sich über den Markt ergebenden „Verteilungsungerechtigkeiten“ hinsichtlich der Einkommens- und Vermögensverhältnisse zugunsten der wirtschaftlich schwachen Marktteilnehmer angestrebt.

Nach der Rechtsprechung des Bundesverfassungsgerichts muss ein **soziokulturelles Existenzminimum** gesichert werden, welches den einzelnen Unterstützungsempfängern neben der Befriedigung der wirtschaftlichen Grundbedürfnisse (Essen, Kleidung, Wohnen) eine angemessene Beteiligung am kulturellen Leben ermöglicht.

In der Bundesrepublik wird diese Zielsetzung vor allem in der **Ausgaben- und Einnahmenpolitik** umgesetzt. Einkommensschwache Haushalte erhalten staatliche Transferzahlungen. Die Finanzierung der gesetzlichen Sozialversicherungen erfolgt im Grundsatz zur Hälfte über Beiträge der Arbeitnehmer und zur anderen Hälfte über Arbeitgeberbeiträge. Durch einen progressiv wirkenden Einkommenssteuertarif nimmt die durchschnittliche Einkommenssteuerbelastung (bezogen auf das zu versteuernde Einkommen) mit der individuellen Einkommenshöhe zu. Bestimmte Güter, wie öffentliche Bildungseinrichtungen, dienen der Verbesserung der Bildungs- und Erwerbsmöglichkeiten insbesondere der wirtschaftlich schwächeren Bevölkerungsschichten. 2014 entfielen fast 50 Prozent der Ausgaben des Bundes auf den Bereich der sozialen Sicherung und stellten den größten Ausgabenposten im Haushalt dar. Der Anteil der insgesamt gewährten Sozialleistungen betrug im selben Jahr etwa ein Drittel des Bruttoinlandsprodukts.

3

Grundlegend ist allerdings zu beachten, dass die Umsetzung des Sozialprinzips nicht zu einer faktischen Aufhebung des marktwirtschaftlichen Leistungsprinzips führen darf.

Wettbewerbssicherung

Das Ziel der bundesdeutschen Wirtschaftspolitik, einen funktionsfähigen Wettbewerb zu sichern, bedeutet vor allem, wettbewerbsbedrohenden Unternehmenskonzentrationen entgegenzuwirken.

Der Bundeswirtschaftsminister kann vom Bundeskartellamt untersagte Zusammenschlüsse erlauben, wenn dies aus Gründen der Gesamtwirtschaft und des Gemeinwohls als notwendig erscheint (§ 8 Abs. 1 GWB).

So verbietet das Gesetz gegen Wettbewerbsbeschränkungen (GWB) im Grundsatz **Kartelle,** d. h. „Vereinbarungen zwischen miteinander im Wettbewerb stehenden Unternehmen, Beschlüsse von Unternehmensvereinigungen und aufeinander abgestimmte Verhaltensweisen, die eine Verhinderung, Einschränkung oder Verfälschung des Wettbewerbs bezwecken oder bewirken"(§ 1). Durch die Kartellbehörde (Bundeskartellamt) ist ein Unternehmenszusammenschluss zu untersagen, wenn von diesem „zu erwarten ist, dass er eine marktbeherrschende Stellung begründet oder verstärkt, ... es sei denn, die beteiligten Unternehmen weisen nach, dass durch den Zusammenschluss auch Verbesserungen der Wettbewerbsbedingungen eintreten und dass diese Verbesserungen die Nachteile der Marktbeherrschung überwiegen" (§ 36, Abs. 1). Zudem ist die „missbräuchliche Ausnutzung einer marktbeherrschenden Stellung durch ein oder mehrere Unternehmen" verboten (§ 9 Abs. 1).

Formen des Missbrauchs einer marktbeherrschenden Stellung im Sinne des GWB (§ 9 Abs. 4)			
Erhebliche und sachlich nicht gerechtfertigte Beeinträchtigung der Wettbewerbsmöglichkeiten anderer Unternehmen auf dem Markt	Weigerung, einem anderen Unternehmen gegen Entgelt Zugang zu eigenen Infrastruktureinrichtungen zu gewähren, wenn das Unternehmen sonst nicht auf den vor- oder nachgelagerten Märkten als Wettbewerber tätig werden kann	Geschäftsbedingungen, die von denjenigen abweichen, die sich bei wirksamem Wettbewerb mit hoher Wahrscheinlichkeit ergeben würden	Geschäftsbedingungen, die ohne sachlichen Grund ungünstiger als die sind, die das Unternehmen selbst auf vergleichbaren Märkten gleichartigen Abnehmern auferlegt

Wirtschaftspolitik, die auf die Verwirklichung der genannten Zielsetzungen orientiert, ist mit einer Vielzahl von Problemen konfrontiert. Sie muss nicht nur jeweils geeignete wirtschaftspolitische Mittel festlegen, was korrekte Ursachen- und Wirkungsanalysen voraussetzt. Sie muss vor allem auch die Zielkonflikte, die zwischen den einzelnen wirtschaftspolitischen Zielsetzungen auftreten können, beherrschen. Die Förderung einer staatlichen Zielsetzung kann zum Abbau einer anderen führen.
Die Wirtschaftsentwicklung eines Landes ist darüber hinaus von weltwirtschaftlichen Rahmenbedingungen geprägt, die außerhalb der nationalen Wirtschaftspolitik liegen.

3.1.3 Akteure von Wirtschaft und Wirtschaftspolitik

Wirtschaft und Wirtschaftspolitik in Deutschland werden von verschiedenen Akteuren gestaltet und beeinflusst, von privaten und öffentlichen, in- und ausländischen, internationalen und supranationalen.

Rechtsformen von Betrieben und Unternehmen (↗ S. 216 ff.)

Akteure der Wirtschaft

Die **Akteure der produzierenden Wirtschaft** sind die Unternehmer auf der einen Seite und die Beschäftigten auf der anderen Seite. Hinzu kommen private Haushalte als Akteure der konsumierenden Wirtschaft und öffentliche Haushalte des Staates.

Im Unterschied zu **öffentlichen Haushalten** z. B. des Bundes oder der Gemeinden sind **private Haushalte** nicht öffentliche Wirtschaftseinheiten, die vorwiegend Konsumgüter nachfragen (↗ S. 201 ff.).

Gemäß dem in der sozialen Marktwirtschaft geltenden Marktprinzip nehmen die **Konsumenten** eine zentrale Stellung ein. Sie bestimmen durch ihre Nachfrage die Produktion der Güter und halten so den Marktmechanismus in Gang:
Durch Angebot und Nachfrage werden die Preise der Güter gebildet. Sie sind „Knappheitsanzeiger" und dienen als Instrumente der Wirtschaftslenkung und des Interessenausgleichs. Durch sie werden Kosten, Erträge, Gewinne und Verluste bestimmt.

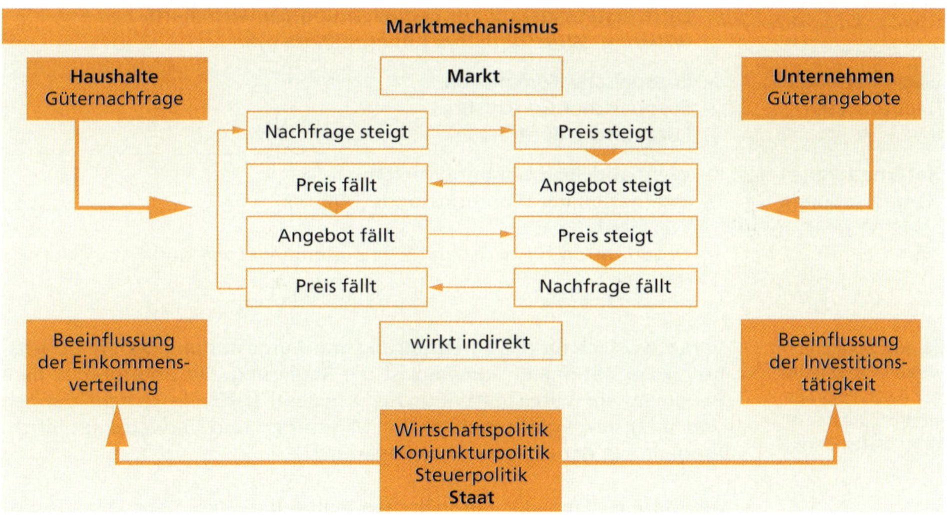

Grafik: Achim Pollert u. a., Schriftenreihe der bpb, Bd. 414, 2004

Der Staat nimmt zwar keinen Einfluss auf Entscheidungen über die Produktion, die Verteilung und den Preis von Gütern und Dienstleistungen, aber er schafft politische Rahmenbedingungen und im Besonderen auch soziale Ausgleiche, nicht zuletzt durch seine **öffentlichen Haushalte.** Das sind die Haushalte des Bundes, der Länder und Gemeinden mit solchen Einrichtungen wie Krankenhäusern oder Schulen, die allen Mitgliedern der Gesellschaft im Rahmen der Daseinsvorsorge zur Verfügung stehen.

3

Akteure der Wirtschaftspolitik

Wirtschaftspolitik und wirtschaftspolitisches Handeln werden in Deutschland von vielen **verschiedenen Organisationen und Institutionen** getragen und mitbestimmt.

Die Akteure nehmen dabei je nach ihrer gesellschaftlichen Funktion oder ihren Tätigkeitszielen auf spezifische Weise Einfluss.

Akteure der Wirtschaftspolitik	
nationale Akteure	– **politische Akteure** auf kommunaler, regionaler und Bundesebene, die die wirtschaftspolitischen Entscheidungen treffen und durchsetzen: Kommunalparlamente und -behörden, Landtage und Landesregierungen, Bundestag mit seinen Ausschüssen, Bundesregierung und Verwaltung, Bundesbank – **private Akteure,** die stärker im vorparlamentarischen Raum wirken bzw. bestimmte Interessengruppen vertreten: Gewerkschaften, Wirtschaftsverbände, Umweltschutzbünde, Kirchen, Nichtregierungsorganisationen – **wissenschaftliche Akteure,** die Wirtschaftsprozesse untersuchen und beratend tätig sind: wissenschaftliche Beiräte der Ministerien, Sachverständigenrat zur Begutachtung der wirtschaftlichen Entwicklung, Wirtschaftsforschungsinstitute u. a.
supranationale Institutionen	– Europäische Kommission – Europäischer Gerichtshof – Europäische Zentralbank
internationale Organisationen	– Welthandelsorganisation (WTO) – Internationaler Währungsfonds (IWF) – Weltbank – Organisation für wirtschaftliche Zusammenarbeit und Entwicklung (OECD)

▶ Das Zusammenwirken verschiedener Akteure prägt letztlich die deutsche Wirtschaftspolitik.

Verantwortlich für die Durchführung und Ausgestaltung der Wirtschaftspolitik im nationalen Rahmen ist die **Regierung.** Sie unterbreitet dem Parlament ihr wirtschaftpolitisches Konzept, trifft die Entscheidungen und setzt ihre Politik mithilfe der Ministerien und Verwaltungseinrichtungen, z. B. der Finanzverwaltung, durch.

Als Mitgliedsland der **Europäischen Union** hat auch Deutschland wirtschaftspolitische Souveränitätsrechte auf diese supranationale Organisation übertragen. So unterliegen z. B. die Handelspolitik und die Agrarpolitik der Europäischen Kommission und dem Rat der Europäischen Union.

Der IWF als eine Sonderorganisation der UNO überwacht z. B. die Geldpolitik, vergibt Kredite und fördert die **internationale Zusammenarbeit** in der Währungspolitik. Das ist auch mit Auflagen an die Mitgliedsstaaten verbunden.

Gewerkschaften und Arbeitgeberverbände

Zu den Grundkonflikten, die die Wirtschaftsentwicklung und -politik in Deutschland beeinflussen, gehören die Interessengegensätze zwischen Arbeitgebern und Arbeitnehmern. Im Zentrum stehen dabei die Lohn- und Gehaltsfragen.

Handlungsakteure sind die Gewerkschaften als Vereinigungen der lohn- und gehaltsabhängigen Beschäftigten und die Unternehmer, die in einer Vielzahl von Arbeitgeberverbänden organisiert sind.

Bundesweiter und branchenübergreifender Dachverband der Arbeitgeber ist die Bundesvereinigung der Deutschen Arbeitgeberverbände (BDA). Er umfasst 51 Bundesfachspitzenverbände und 14 überfachliche Landesvereinigungen (2014) und ist damit Arbeitgeber von 1 Mio. Betrieben, in denen etwa 20 Mio. Arbeitnehmer beschäftigt sind.

Arbeitgeberverbände, wie der Bundesverband der deutschen Industrie (BDI) oder der Bundesarbeitgeberverband Chemie (BAVC), sind zumeist fachlich und regional gegliedert und dienen der gemeinsamen Interessenvertretung gegenüber Gewerkschaften und Staat. In der Regel schließen sie sich zu nationalen, im Rahmen der Europäischen Union auch zu europäischen Dachverbänden zusammen.
Das Haupttätigkeitsgebiet von Arbeitgeberverbänden sind Tarifverhandlungen.

Links: Sitz des Bundesverbandes der Deutschen Industrie (BDI) in Berlin

Rechts: Gebäude der Bundesverwaltung der Gewerkschaft ver.di in Berlin

Gewerkschaften sind freiwillige, demokratische und auf Dauer angelegte Vereinigungen, die für die sozialen und wirtschaftlichen Interessen von Arbeitern, Angestellten, Beamten und Auszubildenden eintreten.

Sie wirken unabhängig von Staat, Kirche und politischen Parteien und vertreten die Interessen ihrer Mitglieder gegenüber Arbeitgebern, Öffentlichkeit und Staat. **Kernaufgabe der Gewerkschaften** ist die Aushandlung von Tarifverträgen, wobei die Arbeitsbedingungen der Gewerkschaftsmitglieder im Mittelpunkt stehen. Das schließt die Sicherung des Arbeitsschutzes, des Schutzes der Gesundheit bei der Arbeit, den Kündigungsschutz sowie besondere Regelungen für die Arbeit von Frauen, Jugendlichen und Schwerbehinderten ein.

Gewerkschaften stehen in Deutschland unter Grundrechtsschutz (Art. 9 Abs. 3 GG), wonach ihnen das Recht auf Bildung von Vereinigungen zur Wahrung und Förderung der Arbeits- und Wirtschaftsbedingungen zusteht.

In Deutschland gliedern sich die Gewerkschaften nicht nach Berufen, sondern nach Wirtschaftsbereichen. Durch das **Industrieverbandsprinzip** wird zum einen zwischengewerkschaftliche Konkurrenz vermieden, zum anderen kann erreicht werden, dass sich die Beschäftigten mit ihrer Gewerkschaft stärker identifizieren.

▶ Als Dachorganisation besitzt der DGB keine Tarifhoheit. Nur die Mitgliedsgewerkschaften sind berechtigt, Tarifverträge abzuschließen.

▶ Der DGB vereint etwa 80 % der deutschen Gewerkschaftsmitglieder (2010).

Das Wirken der Gewerkschaften in Deutschland wird maßgeblich durch den **Deutschen Gewerkschaftsbund** (DGB) geprägt, der als freiwilliger Zusammenschluss acht Einzelgewerkschaften umfasst.

Die im DGB zusammengeschlossenen Gewerkschaften haben 2015 eine Stärke von knapp 6,2 Mio. Mitgliedern. Der DGB versteht sich als Einheitsgewerkschaft und als „Stimme gegenüber den politischen Entscheidungsträgern, Parteien und Verbänden in Bund, Ländern und Gemeinden". Er koordiniert die gewerkschaftlichen Aktivitäten. Auf internationaler Ebene arbeitet der DGB im Europäischen Gewerkschaftsbund (EGB) und im Internationalen Gewerkschaftsbund (IGB) mit und vertritt die deutsche Gewerkschaftsbewegung bei internationalen Institutionen wie der EU und der UNO.

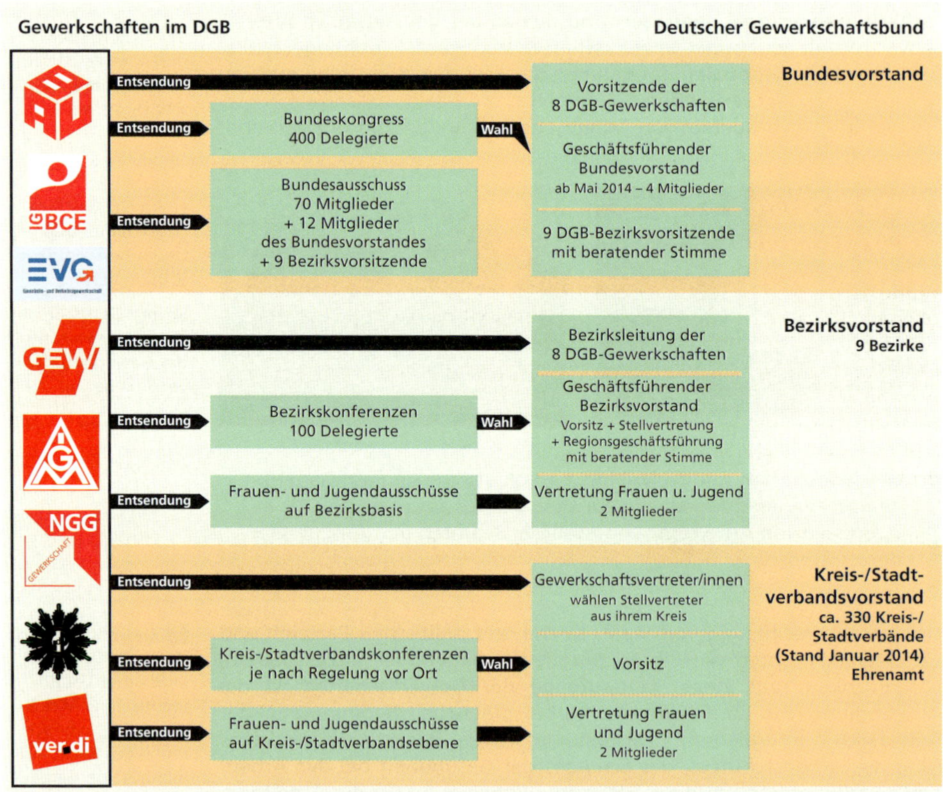

Die größten Gewerkschaftsverbände sind seit Jahren die Industriegewerkschaft Metall und die Vereinigte Dienstleistungsgewerkschaft ver.di. Die Gewerkschaft ver.di wurde 2001 durch den Zusammenschluss mehrerer Einzelgewerkschaften gebildet.
Die Eisenbahn- und Verkehrsgewerkschaft EVG entstand Ende 2010 aus den beiden Eisenbahnergewerkschaften TRANSNET und GDBA.

Speziell für die Interessen junger Menschen tritt die **DGB-Jugend** ein. Das sind Auszubildende, Schülerinnen und Schüler, Studierende, Praktikantinnen und Praktikanten sowie junge Arbeitslose, die in einer der acht DGB-Gewerkschaften organisiert sind.

- 2015 sind 512 179 junge Menschen bis 27 Jahre in der DGB-Jugend tätig. Sie engagieren sich mit zahlreichen Initiativen in den Bereichen Schule, Bildung und Ausbildung und setzen sich aktiv für die Demokratisierung der Gesellschaft ein, so z. B. mit Projekten gegen Rechtsextremismus oder für „Schule ohne Rassismus – Schule mit Courage".

Seit den 1980er-Jahren verzeichnet der DGB einen kontinuierlichen **Mitgliederschwund.** Die Ursachen dafür liegen zum einen in gesellschaftlichen Veränderungen, vor allem im Wandel der Arbeitswelt, und zum anderen im Imageverlust der Gewerkschaften als Interessenvertretungen.

In den meisten westlichen Staaten – mit Ausnahme der skandinavischen Staaten sowie Belgien – und auch in Japan ist ein Rückgang der Mitgliederzahlen bei den Gewerkschaften festzustellen.

- So verändert sich im Besonderen die Beschäftigtenstruktur durch den breiteren Übergang von der Industrie- zur Dienstleistungsgesellschaft, aber auch durch die Zunahme von Teilzeitarbeit.
  In Verbindung damit steht die Gründung bzw. Stärkung spezialisierter Berufsgruppen, z. B. der Gesellschaft für Informatik (GI), als Gegentendenz zum gewerkschaftlichen Engagement.

Kontrovers diskutiert wird im Zusammenhang mit den sinkenden Mitgliederzahlen auch über das sogenannte **Mächtigkeitsprinzip,** wonach eine Gewerkschaft eine hinreichende Durchsetzungskraft durch Organisation und Mitgliederstärke haben müsse, um als tariffähig anerkannt zu werden. Kritiker wenden sich generell gegen dieses Prinzip. Sie machen geltend, dass das Mächtigkeitsprinzip im Widerspruch zum Grundrechtsschutz in Art. 9 Abs. 3 GG steht und dass durch seine Anwendung die großen Gewerkschaften einseitig begünstigt werden.

Das Mächtigkeitsprinzip ist ein vom Bundesarbeitsgericht entwickelter Grundsatz.

Gewerkschaft	**Mitgliederzahl 2014**	**Anteil in %**	**Mitgliederzahl 2010**	**Anteil in %**
IG Bauen-Agrar-Umwelt	280 926	4,6	314 568	5,1
IG Bergbau, Chemie, Energie	657 752	10,8	675 606	10,9
Gewerkschaft Erziehung und Wissenschaft	272 309	4,5	260 297	4,2
IG Metall	2 269 281	37,2	2 239 588	36,2
Gewerkschaft Nahrung-Genuss-Gaststätten	205 908	3,4	205 646	3,3
Gewerkschaft der Polizei	174 869	2,9	170 607	2,8
Eisenbahn- und Verkehrsgewerkschaft (EVG)	203 875	3,3	232 485	3,8
ver.di	2 039 931	33,4	2 094 455	33,8
DGB gesamt	**6 104 851**	**100,0**	**6 193 252**	**100,0**

Tarifautonomie

Die wichtigsten wirtschaftspolitischen Handlungsfelder, auf denen Arbeitgeberverbände und Gewerkschaften in Aushandlung von Verträgen wirken, sind die Arbeitsmarktpolitik sowie die Lohn- und Tarifpolitik. Grundlage dafür ist die Tarifautonomie.

> **Tarifautonomie** ist die Freiheit der organisierten Arbeitnehmer und der ihnen gegenüberstehenden Unternehmerverbände, die Arbeitsbedingungen sowie Löhne und Gehälter durch Verhandlungen und Vereinbarungen ohne Staatseinwirkungen allgemein verbindlich festzulegen.

▶ Um den sozialen Verpflichtungen der Marktwirtschaft gerecht zu werden, muss die Tarifautonomie das Gleichgewicht der Kräfte zwischen Unternehmer- und Arbeitnehmerrechten wahren. Keinem der Tarifpartner darf Monopolmacht zugestanden werden.

Die Tarifvertragsparteien tragen auch Verantwortung für Vollbeschäftigung, Geldwertstabilität und Wachstum und damit für das Gemeinwohl. In Deutschland garantiert das Grundgesetz die **Tarifautonomie:** Grundgesetzlich abgesichert ist auch die **Koalitionsfreiheit,** wonach es Arbeitnehmern und Arbeitgebern freisteht, sich in Gewerkschaften und Verbänden zusammenzuschließen.

„Das Recht, zur Wahrung und Förderung der Arbeits- und Wirtschaftsbedingungen Vereinigungen zu bilden, ist für jedermann und für alle Berufe gewährleistet. Abreden, die dieses Recht einschränken oder zu behindern suchen, sind nichtig, hierauf gerichtete Maßnahmen sind rechtswidrig. Maßnahmen nach den Artikeln 12a, 35 Abs. 2 und 3, Artikel 87a Abs. 4 und Artikel 91 dürfen sich nicht gegen Arbeitskämpfe richten, die zur Wahrung und Förderung der Arbeits- und Wirtschaftsbedingungen von Vereinigungen im Sinne des Satzes 1 geführt werden." (Artikel 9 Abs. 3 GG)

Mitarbeiter der Postbank stehen am 27.04.2015 in Berlin vor einer Postbank Filiale. Nach langen Verhandlungen zwischen Gewerkschaft und Deutscher Bank ist der Tarifstreik beendet.

Nicht der Staat, sondern die Tarifpartner sind für die Vereinbarung von Löhnen, Gehältern und sonstigen Arbeitsbedingungen verantwortlich. Dennoch nimmt auch der Staat im Rahmen gesetzlicher Regelungen Einfluss auf die Bedingungen der Arbeitswelt. Das geschieht durch Regelungen im Bereich des Arbeitsrechts, des Arbeitsschutzes und der Sozialgesetzgebung sowie durch staatlich festgelegte Abgaben an die Sozialversicherungen.

Tarifverträge

Tarifverträge werden auf der Grundlage des **Tarifvertragsgesetzes,** das eine Konkretisierung der garantierten Koalitionsfreiheit ist, ausgehandelt. Es garantiert den Vertragsparteien eine staatsunabhängige Regelung der Arbeitsbedingungen und der Lohnvereinbarungen.

> Tarifverträge haben bestimmte **Funktionen.**

Funktionen von Tarifverträgen			
Schutzfunktion	**Ordnungsfunktion**	**Friedensfunktion**	**Verteilungsfunktion**
Dem im Verhältnis zum Arbeitgeber wirtschaftlich unterlegenen Arbeitnehmer sind unabdingbare Mindestarbeitsbedingungen zu sichern.	Rechtsbeziehungen zwischen den Tarifpartnern werden geregelt und so einheitliche Arbeitsbedingungen im Geltungsbereich geschaffen.	Arbeitskämpfe sind während der Laufzeit des Tarifvertrags verboten. Es herrscht dann „Friedenspflicht".	Innerhalb des tariflichen Geltungsbereichs ist für jede Tätigkeit die absolute Höhe des Lohns und damit auch das Verhältnis der Löhne untereinander festzulegen.

Grundlegend werden zwei **Arten von Tarifverträgen** unterschieden:
- der Flächentarifvertrag, der zwischen einer Gewerkschaft und einem Arbeitgeberverband geschlossen wird und dann für alle Mitgliedunternehmen des Verbandes gilt,
- der Haus- bzw. Firmentarifvertrag, der zwischen einem einzelnen Unternehmen und einer Gewerkschaft geschlossen wird.

Die Gewerkschaften orientieren in den Tarifverhandlungen zumeist auf Flächentarifverträge, da diese einheitliche Arbeitsbedingungen, insbesondere gleiche Arbeitsentgelte, für die gesamte Tarifbranche eines Tarifgebiets garantieren. Demgegenüber legen Firmentarifverträge geltende Arbeitsbedingungen nur für die Beschäftigten innerhalb eines Unternehmens fest.

Die traditionellen Flächentarifverträge geraten gegenwärtig verstärkt in Diskussion. Kritiker verweisen darauf, dass sie den strukturellen und technologischen Wandlungsprozessen, denen die Unternehmen zunehmend ausgesetzt sind, immer weniger entsprechen. Sie geben flexiblen Arbeitsorganisationen und differenzierten Entlohnungssystemen nicht den erforderlichen Gestaltungsspielraum. Es zeigt sich, dass die Regelwerke von Verhandlungen neu zu prüfen sind.

Nach Verhandlungsinhalten werden weitere **Tarifvertragsarten** unterschieden:
- Manteltarifverträge, die grundlegende Fragen des Arbeitsverhältnisses wie Arbeitszeit oder Urlaub regeln – mit langer Laufzeit;
- Rahmentarifverträge, die Tätigkeiten beschreiben und Eingruppierungen nach Niveau vornehmen – mit Laufzeit von mehreren Jahren;
- Vergütungs- bzw. Entgelttarifverträge, die Entgelte oder Ausbildungsvergütungen festlegen – mit kürzerer Laufzeit, zumeist ein Jahr.

Das **Tarifvertragsgesetz** (TVG) trat 1949 in Kraft und wurde 1969 geändert. Es umfasst 13 Paragrafen und fixiert die rechtlichen Rahmenbedingungen für Tarifverhandlungen, u. a. Inhalt und Form des Tarifvertrages, Tarifvertragsparteien, Wirkung der Tarifnormen, Tarifregister, Übersende- und Mitteilungspflicht der Tarifparteien, Bekanntgabe des Tarifvertrages. Von 1949 bis 1999 wurden insgesamt rund 310 000 Tarifverträge im Tarifregister eingetragen.

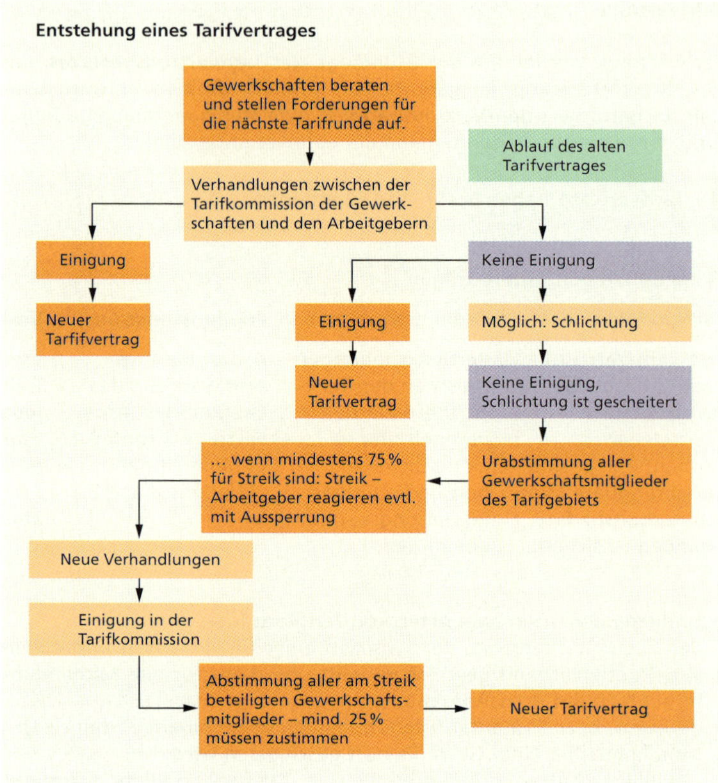

In den neuen Bundesländern haben sich zahlreiche Unternehmen durch Austritt aus den Arbeitgeberverbänden der Verbindlichkeit von Tarifverträgen entzogen.

Im **Tarifvertrag** werden Regelungen in zwei Bereichen festgeschrieben: Im schuldrechtlichen Teil werden die Rechte und Pflichten der Vertragspartner formuliert, während im normativen Teil die ausgehandelten betrieblichen und betriebsverfassungsrechtlichen Vereinbarungen aufgenommen werden. Klassische **Regelungsinhalte** von Tarifverträgen sind die Höhe des Arbeitsentgelds und die Länge der Arbeitszeit. In den letzten Jahren sind weitere Verhandlungsthemen hinzugekommen. Das sind vor allem Fragen der Alters- und Beschäftigungssicherung sowie der betrieblichen Mitbestimmung und der Weiterbildung.

Beide Vertragspartner – die Gewerkschaften wie die Arbeitgeberverbände – verfügen über Mittel, die jeweils andere Seite zum Vertragsabschluss zu bewegen:
- Das gewerkschaftliche Kampfmittel ist der **Streik.** Er kann eingesetzt werden, wenn die Tarifverhandlungen gescheitert sind und eine entsprechende Urabstimmung durchgeführt wurde.
- Arbeitgeber können auf eine **Abwehraussperrung** zurückgreifen. Das ist eine vorübergehende Freistellung der Arbeitnehmer von der Arbeitspflicht ohne Lohnfortzahlung. (Sogenannte „Angriffsaussperrungen" sind allerdings verboten.)

3.2 Wirtschaften im privaten Haushalt

Private Haushalte im Wirtschaftskreislauf:

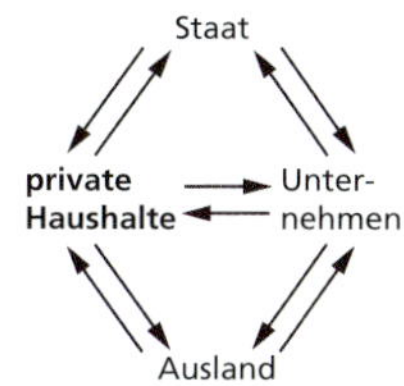

Die privaten Haushalte bilden einen der vier Sektoren der Wirtschaft neben den Unternehmen, dem Staat und dem Ausland (Export und Import).

> Als Anbieter von Arbeitsleistungen und als Gemeinschaften von Verbrauchern sind die privaten Haushalte das Rückgrat der Volkswirtschaft.

Von der Bevölkerung Deutschlands, die rund 81,7 Mio. Menschen umfasst, zählen rund 43,3 Mio. zur Erwerbsbevölkerung. Diese 43,3 Mio. Menschen erzielen als Selbstständige, abhängig Beschäftigte oder Besitzer größerer oder kleinerer Vermögen durch die für den Markt bestimmte Produktion von Gütern und Dienstleistungen und durch die Anlage ihres Vermögens Einkommen, das sie zur Versorgung ihrer Mitglieder mit privaten Gütern und Dienstleistungen, zur Bildung von Ersparnissen sowie zur Zahlung von Steuern und Sozialabgaben für das Gemeinwesen einsetzen.

Das Statistische Bundesamt klassifiziert **Haushaltstypen** nach folgender Einteilung:
- allein lebende Frauen oder Männer,
- Alleinerziehende mit Kind(ern), (Ehe-)Paare ohne Kind,
- (Ehe-)Paare mit Kind(ern),
- sonstige Haushalte (mit weiteren Mitgliedern wie Schwiegereltern oder mit volljährigen Kindern).

Eine offene Frage ist, wie sich das Gewicht des zuletzt genannten Haushaltstyps in Zukunft verändern wird. Da die Bundesregierung mit einem Aktionsprogramm Mehrgenerationenhäuser fördert, könnten sich zukünftig größere Lebensgemeinschaften mit gemeinsamer Haushaltsführung bilden.

3.2.1 Privater Haushalt als Wirtschaftseinheit

> Ein privater Haushalt ist eine Gruppe von verwandten oder persönlich verbundenen Personen, die in der Regel zusammen wohnen, im Rahmen einer gemeinsamen Hauswirtschaft ihre Einkommen gemeinsam verwenden und ihre Ausgaben gemeinsam planen und vornehmen.

In Deutschland gibt es laut Statistischem Bundesamt rund 40,2 Mio. Haushalte (Stand 2014). Der Anteil der Einpersonenhaushalte unter ihnen ist mit fast 41 Prozent deutlich höher als noch zehn Jahre zuvor. Damals lag er noch bei 37,4 Prozent. Hierin spiegeln sich unter anderem zwei Veränderungen wider:
- Die erste Veränderung betrifft die Altersstruktur der Bevölkerung. Durch die langfristig gestiegene Lebenserwartung gibt es immer mehr alte Menschen, die nach dem Tod des Ehepartners oder Lebensgefährten alleine im Haushalt zurückbleiben.
- Die zweite Veränderung betrifft das durchschnittliche Alter, in dem Menschen häusliche Lebensgemeinschaften bilden und eine eigene Familie gründen. Das durchschnittliche Heiratsalter in Deutschland ist bei den ledigen Frauen von 1991 bis 2013 von 26,1 Jahren auf 30,9 Jahre angestiegen, bei den ledigen Männern von 28,5 Jahren auf 33,5 Jahre.

Heute leben in einem privaten Haushalt im Durchschnitt 2,01 Mitglieder. Entsprechend der rückläufigen Tendenz der Haushaltsgröße und der veränderten Lebensgewohnheiten, beispielsweise der erhöhten Erwerbsbeteiligung von Frauen mit Kind(ern), ist heute nicht mehr wie zu Zeiten

3

des Wirtschaftswunders der Vierpersonenhaushalt mit dem männlichen Alleinverdiener repräsentativ. Stattdessen legt das Statistische Bundesamt seinen Wirtschaftsrechnungen privater Haushalte verschiedene Haushaltstypen zugrunde.

Der private Haushalt wird auch als die kleinste Wirtschaftseinheit bezeichnet.

Ökonomisch betrachtet ist ein privater Haushalt eine aus mindestens einer Person bestehende systemunabhängige **Wirtschaftseinheit,** die sich auf die Sicherung der Bedarfsdeckung ausrichtet.

Im Unterschied zu Privathaushalten sind Betriebe Wirtschaftseinheiten, die Sachgüter, Dienstleistungen oder Informationen für den Bedarf anderer Betriebe oder privater Haushalte bereitstellen, die also für den Fremdbedarf produzieren.

Von Betrieben und Unternehmen unterscheiden sich private Haushalte im Besonderen dadurch, dass sie primär konsumieren und nur für den Eigenbedarf produzieren.

3.2.2 Ziele und Grundfunktionen privater Haushalte

Das Ziel eines privaten Haushalts ist es, alle seine Mitglieder bestmöglich mit den Dingen zu versorgen, die sie zum Leben brauchen.

Das entspricht dem in der Volkswirtschaftslehre bestimmten Ziel der Wohlstands- oder Nutzenmaximierung.
Die Bedürfnisse der privaten Haushalte richten sich aber nicht nur auf Gegenstände, die der materiellen Versorgung dienen – zum Beispiel Nahrung, Kleidung, Wohnung. Hinzu kommen immaterielle Güter, zum Beispiel Bildung, Kunst, Sicherheit und das Vertrauen auf einen verlässlichen staatlichen Rahmen, der die Rechte des Einzelnen schützt. Erst die ausgewogene Kombination der Güter, die der Bedürfnisbefriedigung dienen, ermöglicht es dem privaten Haushalt, den größtmöglichen Nutzen für seine Mitglieder zu schaffen.

Die maslowsche Bedürfnispyramide (↗ S. 43) ist ein weitverbreitetes, einfaches Grundmodell zur Klassifizierung der menschlichen Bdürfnisse, das jedoch nicht den Anspruch erhebt, die Realität detailgetreu widerzuspiegeln.

Der amerikanische Psychologe ABRAHAM MASLOW (1908–1970) hat die These aufgestellt, dass die Bedürfnisse des Einzelnen in einem hierarchischen Verhältnis zueinanderstehen. Menschen wenden sich danach erst dann, wenn ihre grundlegenden physiologischen Bedürfnisse (Nahrung, Kleidung, Schutz von Leben und Gesundheit vor äußeren Gefahren) befriedigt sind, „höheren" Bedürfnissen zu – den sozialen Bedürfnissen nach Zuneigung und Zugehörigkeit und den ichbezogenen Bedürfnissen nach Anerkennung und Wertschätzung sowie schließlich dem Drang nach Selbstverwirklichung.

Private Haushalte sind **Gemeinschaften,** die nach materiellem Wohlstand und Realisierung gemeinsamer Wertvorstellungen streben.

Sie tun dies in einem Austausch untereinander, der nicht allein von Marktkriterien bestimmt wird, sondern sich zugleich auch nach den jeweiligen Möglichkeiten und Bedürfnissen des einzelnen Haushaltsmitglieds richtet.

Aus ökonomischer Sicht haben die privaten Haushalte **vier Grundfunktionen:** Auf dem Arbeitsmarkt bieten sie Arbeitsleistungen an, auf dem Gütermarkt fragen sie Konsumgüter nach, auf dem Kapitalmarkt bieten sie Kapital in Form von Ersparnissen an und fragen Kredite zur Finanzierung von Anschaffungen langlebiger Gebrauchsgüter nach.

Sozialwissenschaftliche Forschungs- und Befragungsinstitute publizieren zusammen mit dem Statistischen Bundesamt regelmäßig Daten zur Analyse der Lebensqualität und des gesellschaftlichen Wandels in Deutschland.

Private Haushalte sind also Arbeitsanbieter, Verbraucher, Kapitalanleger und Kreditnehmer.

Links: Für die Arbeit in einer Spinnerei wird **Lohn** gezahlt. Eine zweite Form des Entgelts ist das **Gehalt,** das Angestellte erhalten.
Rechts: Es gibt zahlreiche verschiedene **Sparverträge,** die Kunden in Banken und Sparkassen abschließen können.

Als abhängig Beschäftigte sind Haushaltsmitglieder Lohn- oder Gehaltsempfänger, als Unternehmer beziehungsweise selbstständig Berufstätige erzielen sie Gewinne (sogenannte Residualeinkommen, die sich nach Abzug sämtlicher Kosten des Unternehmens von den durch den Verkauf von Gütern erzielten Erlösen ergeben), als Vermögensbesitzer je nach der Art des Vermögensobjekts beispielsweise Zinsen oder Dividenden (Einkünfte aus Kapitalvermögen).

Bei der Analyse des Arbeitsangebots wägt das Individuum zwischen Freizeit und Arbeitseinkommen ab. Die Standardhypothese der Wirtschaftstheorie lautet, dass das Arbeitsangebot mit zunehmendem Lohn zunächst sinkt, dann steigt und jenseits eines bestimmten Lohnniveaus abermals sinkt.

Im Jahr 2013 setzte sich das durchschnittliche monatliche Bruttoeinkommen der privaten Haushalte in Deutschland von 4086 Euro folgendermaßen zusammen:
- Einnahmen aus Vermögen 10 %,
- Einkommen aus öffentlichen Transferzahlungen 22 %,
- Einkünfte aus Erwerbstätigkeit 63 %,
- sonstige Einnahmen 5 %.

Die **Konsumnachfrage der privaten Haushalte** hängt von einer Vielzahl von Faktoren ab.

Dazu zählen die Bedürfnisse der Mitglieder des Haushalts, die Eignung der Güter zur Befriedigung der Bedürfnisse, die Güterpreise, das Haushaltseinkommen, das Vermögen, das Angebot an öffentlichen Gütern (beispielsweise öffentliche Sicherheit, saubere Luft, öffentlicher Nahverkehr, Naherholungsmöglichkeiten) sowie die erwartete wirtschaftliche Entwicklung.

3

Um die grundlegenden Bedingungen für das sogenannte **Haushaltsoptimum** in einer Wettbewerbswirtschaft herauszuarbeiten und darauf aufbauend die private Konsumnachfrage zu erklären, kann ein stark **vereinfachtes Modell** herangezogen werden, das die sozialen Funktionen des Haushalts im Sinne einer Familie ausblendet und ausschließlich marktgängige Güter einbezieht.

Zum Konzept des Grenznutzens siehe auch S. 43 ff.

Das Modell geht von den folgenden **Kernannahmen** aus:
1. Das Ziel des Haushalts ist es, seinen Nutzen zu maximieren.
2. Der Haushalt verfügt über ein gegebenes Einkommen Y.
3. Sein Einkommen gibt der Haushalt zum Kauf von zwei verschiedenen Gütern (A und B) aus, deren Preise p_A und p_B gegeben sind.
4. Je mehr der Haushalt von einem Gut konsumiert, desto geringer ist sein Grenznutzen, das heißt der Nutzen, den er durch eine zusätzliche Einheit des Gutes gewinnen kann.
5. Die beiden Güter lassen sich gegeneinander austauschen, das heißt, der Haushalt kann seinen Gesamtnutzen beeinflussen, indem er weniger von dem einen und dafür mehr von dem anderen Gut konsumiert.

Gute Beispiele für substitutive Güter, das heißt für Güter, die sich aus der Sicht des Konsumenten gegeneinander austauschen lassen, sind Brot und Kartoffeln. Den entgegengesetzten Fall bilden komplementäre Güter, das heißt solche Güter, die sich nur in einer bestimmten sachlichen und mengenmäßigen Kombination sinnvoll einsetzen lassen. Ein Beispiel dafür sind der Stiel und die Bürste, die zusammen einen Besen bilden.

Der **Nutzen eines Gutes** ist keine objektive Größe, die sich ähnlich exakt messen ließe wie physikalische Konzepte, beispielsweise die Geschwindigkeit, mit der sich ein Körper im Raum fortbewegt. Es lässt sich lediglich aus der Sicht eines Individuums sagen, ob ein bestimmtes Nutzenniveau höher oder niedriger ist als ein anderes.

Die Budgetgerade oder Budgetrestriktion markiert den finanziellen Spielraum des Haushalts.

Haushaltsoptimum im Zwei-Güter-Fall

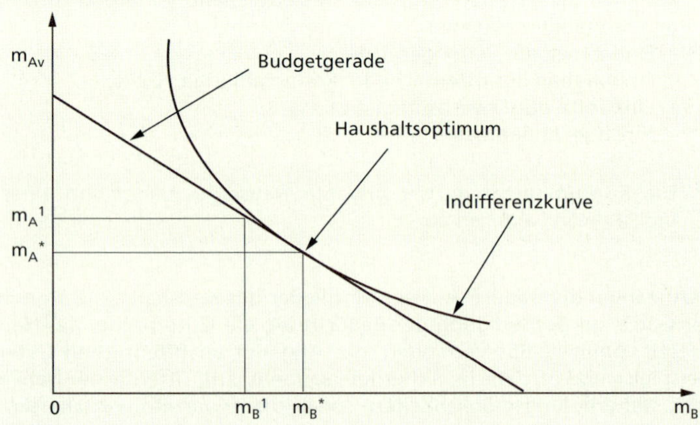

Das gegebene **Haushaltseinkommen** (↗zweite genannte Annahme) lässt sich grafisch in Form der sogenannten Budgetgeraden darstellen. Auf der senkrechten Achse ist das Einkommen des Haushalts angegeben, ausgedrückt in Einheiten des Gutes A. Die Budgetgerade schneidet die senkrechte Achse in dem Punkt, für den gilt: $Y = p_A \times m_A$ (m steht für die Menge). In diesem Punkt wird das gesamte Einkommen für den Konsum des Gutes A eingesetzt.
Entsprechend schneidet die Budgetgerade die waagerechte Achse in dem Punkt, für den gilt:
$Y = p_B \times m_B$.
Dem Haushalt steht nach Maßgabe seines Einkommens Y der Kauf der Güterkombination m_A^1, m_B^1 offen, aber auch alle anderen Güterkombinationen, die auf oder unterhalb der Budgetgeraden liegen.

Die Budgetgerade repräsentiert den **finanziellen Spielraum des Haushalts.** Die Gütermengen, die der Haushalt erwerben kann, hängen bei gegebenem Einkommen von den Preisen der Güter ab. Wählt der Haushalt eine Güterkombination, die unterhalb der Budgetgeraden liegt, so gibt er nicht sein gesamtes Einkommen aus.

Die in absoluten Werten ausgedrückte Steigung der Budgetgeraden entspricht dem Verhältnis der Preise der beiden Güter zueinander:
$p_A \times m_A = Y = p_B \times m_B$,
das heißt $p_A \times m_A = p_B \times m_B$ und
$m_A = p_B/p_A \times m_B$.

▶ Wenn Gut B 2 Euro kostet und Gut A einen Euro, so muss der Haushalt, wenn er sein gesamtes Einkommen ausgibt und mehr von Gut B konsumieren will, auf zwei Einheiten von Gut A verzichten.

Um zu bestimmen, für welche Güterkombination sich der Haushalt entscheidet, muss man wissen, welchen Nutzen ihm die beiden Güter jeweils stiften. Die gängige Haushaltstheorie geht von der plausiblen Annahme aus, dass der Nutzen, den ein Gut stiftet, mit der konsumierten Menge zunimmt, allerdings nicht in gleichbleibenden oder gar wachsenden Raten, sondern in sinkenden Raten. So ist davon auszugehen, dass nach dem ersten Stück Brot der gröbste Hunger gestillt ist. Das Bedürfnis nach jedem weiteren Stück wird zunehmend geringer, bis schließlich die Sättigungsgrenze erreicht ist.

Wendet man das **Prinzip des sinkenden Grenznutzens** auf zwei Güter an, so ergibt sich, dass mit zunehmender Menge von Gut A (und damit zugleich abnehmender Menge von Gut B) der Konsum von Gut A zunehmend weniger attraktiv, dafür aber der Konsum von Gut B zunehmend attraktiver wird. Grafisch lässt sich diese gegenläufige Beziehung durch eine fallende Kurve darstellen, die sogenannte Indifferenzkurve (↗Grafik, S. 204). Die negative Steigung der Kurve bezeichnet die sogenannte Grenzrate der Substitution. Sie drückt in jedem gegebenen Punkt aus, wie viel von Gut A der Haushalt bereit ist aufzugeben, um dafür eine zusätzliche Einheit von Gut B zu erhalten.

▶ Das Konzept des sinkenden Grenznutzens geht auf den deutschen Nationalökonomen HERMANN HEINRICH GOSSEN (1810–1858) zurück.

Für das **Haushaltsoptimum** gilt, dass die Grenzrate der Substitution gleich groß sein muss wie das Preisverhältnis der Güter. Diese Bedingung ist in dem Punkt erfüllt, in dem die Indifferenzkurve die Budgetgerade tangiert.

▶ Die Einkommenselastizität der Nachfrage gibt an, um wie viel Prozent die Nachfrage zunimmt, wenn das Einkommen um ein Prozent steigt.

- Der Verlauf der Nachfrage des Haushalts nach Gut A lässt sich bestimmen, indem gedanklich der Marktpreis von Gut A variiert wird. Wird der Preis gesenkt, so bewirkt dies eine Aufwärtsdrehung der Budgetgeraden in dem Punkt, in dem sie die waagerechte Achse schneidet. Der Haushalt erreicht ein höheres Nutzenniveau, indem er seinen Konsum von Gut A ausweitet. Folglich steigt seine Nachfrage nach Gut A, wenn der Preis von Gut A sinkt. Die Nachfragekurve verläuft also von links oben nach rechts unten.

Was ihre **Funktion auf dem Kapitalmarkt** angeht, so sind die privaten Haushalte in Deutschland wie in vielen anderen hoch entwickelten Volkswirtschaften Nettokapitalgeber.

- Die Sparquote der privaten Haushalte in Deutschland lag 2014 bei 9,4 Prozent des verfügbaren Einkommens.

Die Ersparnisse fließen über den Kapitalmarkt hauptsächlich an die Unternehmen, die sie zur Finanzierung von Investitionen zur Erneuerung und Erweiterung des Produktivvermögens der Volkswirtschaft verwenden, an den Staat, der sie neben den Steuereinnahmen zur Finanzierung der öffentlichen Ausgaben einsetzt, sowie in den Weltpapierhandel.

▶ Die Volkszählung ist eine Totalerhebung, die Einkommens- und Verbrauchsstichprobe (auch Mikrozensus genannt) hingegen eine Stichprobenerhebung (↗ S. 78).

3.2.3 Privater Haushalt als Stätte des Verbrauchs

Private Haushalte sind **Stätten der Befriedigung individueller Konsumbedürfnisse.** Sie verwenden ihr Einkommen zum Erwerb von Gütern und Dienstleistungen sowie zur Bildung von Ersparnissen.

▶ Hinter den Konsumausgaben des Staates verbergen sich Ausgaben beispielsweise zur laufenden Unterhaltung öffentlicher Freizeiteinrichtungen, zum Betrieb von Verkehrsnetzen oder zur Aufrechterhaltung der öffentlichen Ordnung.

Das Statistische Bundesamt führt alle fünf Jahre Einkommens- und Verbrauchsstichproben (EVS) unter einer Auswahl von ungefähr 60 000 privaten Haushalten durch, um die Lebensverhältnisse und deren Veränderungen zu erfassen. Diese Stichproben liefern statistische Informationen über die Ausstattung mit Gebrauchsgütern, die Einkommens-, Vermögens- und Schuldensituation sowie die Struktur der Konsumausgaben privater Haushalte.

- Die privaten Haushalte in Deutschland gaben 2014 rund 1,6 Bio. Euro aus. Das entspricht etwa 55,2 Prozent des Bruttoinlandsprodukts.

Verwendung des Bruttoinlandprodukts (BIP)

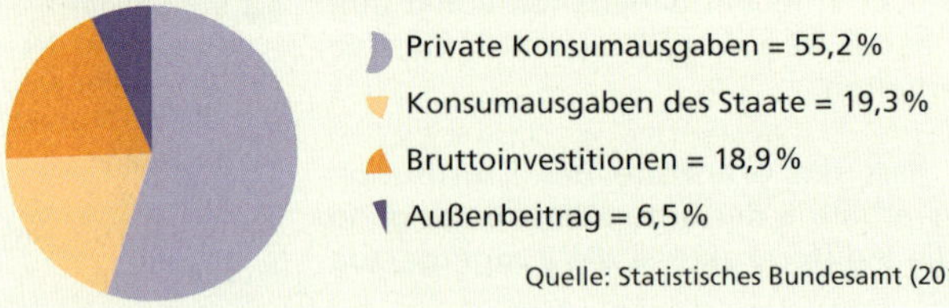

Quelle: Statistisches Bundesamt (2012)

Die in der Grafik genannten Bruttoanlageinvestitionen sind mit den Vorratsveränderungen und dem Nettozugang an Wertsachen verrechnet.

Die Ergebnisse der EVS bilden eine wichtige Grundlage für weitergehende Untersuchungen, unter anderem für die Armuts- und Reichtumsberichterstattung der Bundesregierung und für die Bemessung des Verbrauchs, der den Regelsätzen im Rahmen der sozialen Grundsicherung zugrunde gelegt wird. Außerdem werden die Ergebnisse der EVS zu den Konsumausgaben der privaten Haushalte für die regelmäßige Neufestsetzung des Wägungsschemas der Verbraucherpreisstatistik verwendet und dienen als Datenbasis für die Verwendungsrechnung der volkswirtschaftlichen Gesamtrechnungen (↗ S. 247).

Der **Regelsatz der sozialen Grundsicherung** für einen alleinstehenden Erwachsenen beträgt 391 Euro (Stand: 2014).

Die Berechnung des **Verbraucherpreisindex** beruht auf einem Warenkorb, der alle für die Verbraucher relevanten Waren und Diensleistungen enthält. Die erfassten Güter sind in rund 700 Güterarten und zwölf Ausgabenbereiche eingeteilt. Der Ausgabenbereich 03 enthält beispielsweise 70 verschiedene Güterarten.

Verbrauchsstruktur der privaten Haushalte

Die **Verbrauchsstruktur der deutschen Haushalte** hat sich seit 1995 teils deutlich verschoben. Dies ist vor allem am sinkenden Gewicht des Ausgabenbereichs Nahrung und Bekleidung erkennbar.

Das größte Gewicht in der Zusammensetzung der Konsumausgaben nimmt traditionell der Bereich Wohnen ein, gefolgt von den Bereichen Verkehr und Freizeit.

	Wägungsschema – Gewichtung 2010 – Ausgabenbereich	**Anteil in Prozent**
01	Nahrungsmittel, alkoholfreie Getränke	10,3
02	Tabakwaren, alkoholische Getränke	3,8
03	Bekleidung, Schuhe	4,5
04	Wohnung, Wasser, Gas, Brennstoffe	31,7
05	Einrichtungsgegenstände	5,0
06	Gesundheit, Pflege	4,4
07	Verkehr	13,5
08	Nachrichtenübermittlung	3,0
09	Freizeit, Kultur, Unterhaltung	11,5
10	Bildungswesen	0,9
11	Hotel, Restaurants	4,5
12	Andere Waren und Dienstleistungen	7,0
Summe		**100,00**

Quelle: Statistisches Bundesamt, Rubrik Warenkorb und Wägungsschema, 2013

Der Anteil von Nahrung und Bekleidung ist im langjährigen Vergleich deutlich zurückgegangen – von zusammengenommen rund 20 Prozent im Jahr 1995 auf fast 15 Prozent im zuletzt neu gefassten Wägungsschema des Statistischen Bundesamts. Das Wohnen hingegen schlägt im Vergleich mit 1995 um gut 4 Prozentpunkte stärker zu Buche.

Der **Ausstattungsgrad** in Bezug auf ein bestimmtes Gebrauchsgut gibt an, wie viele von 100 Haushalten über ein oder mehrere Exemplare des betrachteten Gutes verfügen.

Vergleicht man die Entwicklung des Ausstattungsgrades in Bezug auf ein bestimmtes Gebrauchsgut über die Zeit, so erhält man Hinweise darauf, inwieweit der Bedarf der Haushalte nach diesem Gut als gesättigt gelten kann. Nimmt der Ausstattungsgrad tendenziell zu, so bedeutet dies, dass die Nachfrage nach dem betreffenden Gut wächst. Ein rückläufiger Ausstattungsgrad verweist hingegen darauf, dass das betreffende Gut an Attraktivität verliert, beispielsweise weil es nicht mehr dem aktuellen Stand der Technik entspricht und daher zunehmend durch andere Güter ersetzt wird, die den gleichen Zweck effektiver erfüllen.

Der **Ausstattungsbestand** in Bezug auf ein bestimmtes Gebrauchsgut gibt an, über wie viele Exemplare des betrachteten Gutes jeweils 100 Haushalte verfügen.

Ein Kühlschrank fehlte zwischen 1998 und 2008 (dem Jahr der Publikation der neuesten Ergebnisse der EVS) so gut wie in keinem Haushalt. Der Ausstattungsgrad blieb mit über 99 Prozent praktisch konstant.
Rasant zugenommen hat im selben Zeitraum die Ausstattung mit PCs – von knapp 39 Prozent auf gut 74 Prozent (2013 waren es bereits 85,2 Prozent) – sowie mit Internetanschlüssen – von gut 8 Prozent auf gut 64 Prozent Prozent (2013 waren es bereits 80,2 Prozent).

Die verdrängende Kraft des technischen Fortschritts lässt sich besonders gut am Ausstattungsgrad mit analogen und digitalen Fotoapparaten erkennen. Bei Ersteren sank er von 2004 bis 2013 von 75,6 Prozent auf 34,8 Prozent, bei den digitalen Substituten stieg er von 19,4 Prozent auf 73,3 Prozent.

Mobilität und Kommunikation sind für die privaten Haushalte in Deutschland überragend wichtig geworden. Dementsprechend hat sich der Ausstattungsgrad in allen Einkommensklassen deutlich erhöht.

Ausstattungsgrad der privaten Haushalte 2013 in Prozent

Einkommensklasse	Fahrrad	Pkw	PC	Mobiltelefon	Hometrainer
unter 900 €	66,1	34,5	69,8	83,4	10,2
900 bis 1.300 €	69,6	55,9	72,8	86,7	16,0
1.300 bis 1.500 €	72,7	69,3	77,5	88,8	18,5
1.500 bis 2.000 €	77,8	80,0	82,7	92,8	22,9
2.000 bis 2.600 €	84,0	89,2	89,5	95,5	27,4
2.600 bis 3.600 €	88,6	94,4	95,2	97,7	31,1
3.600 bis 5.000 €	92,1	96,6	97,9	98,5	36,1
5.000 bis 18.000 €	98,7	98,0	98,7	98,7	40,3

Quelle: Statistisches Bundesamt, 2014

Die Ausstattungsgrade liegen bei den Gütern, die Mobilität und Telekommunikation betreffen, in den Einkommensklassen ab 1300 Euro bei mindestens knapp 70 Prozent, im Fall des Mobiltelefons sogar bei fast 90 Prozent bzw. deutlich über 90 Prozent. Auch die Diskrepanz des einkommensspezifischen Ausstattungsgrads mit Pkw zwischen den beiden untersten und den übrigen Einkommensklassen überrascht nicht, spiegelt sie doch vor allem die hohen Kosten der Anschaffung und des Betriebs eines Pkw wider. Der Besitz eines Hometrainers konzentriert sich demgegenüber noch stärker auf die höheren Einkommensklassen.

Den höchsten Ausstattungsgrad hatten private Haushalte 2013 im Durchschnitt bei Kühlschränken, Fernsehern, Telefonen und Waschmaschinen.

Es zeigt sich, dass mit wachsendem Einkommen ein Gebrauchsgut in den Blick des Konsumenten rückt, das vielerlei Annehmlichkeiten bietet. Es ist im eigenen häuslichen Umfeld zeitlich flexibel einsetzbar und bedient darüber hinaus ein Bedürfnis, das in wohlhabenden Gesellschaften zunehmend im Vordergrund steht – die Erhaltung der Gesundheit und die Förderung des körperlichen Wohlbefindens.

Private Überschuldung

Ein Problem, das in jüngerer Zeit wachsende Aufmerksamkeit erlangt, ist die private Überschuldung.

Die Schuldenquote stieg 2014 in Deutschland auf 9,9 Prozent und erreichte den höchsten Wert seit Beginn der Finanz- und Wirtschaftskrise 2007/2008.

> Ein privater Haushalt ist überschuldet, wenn sein laufendes Einkommen und seine Reserven nicht ausreichen, um seinen Zahlungsverpflichtungen vollständig nachzukommen. **Überschuldete Haushalte** können sich nicht mehr ausreichend mit den Mitteln versorgen, die sie für den täglichen Lebensunterhalt benötigen.

2014 waren 6,7 Mio. Bundesbürger über 18 Jahre in 3,4 Mio. Haushalten verschuldet. Sie konnten über längere Zeit weder ihre Ausgaben durch ihre Einnahmen decken noch die resultierenden Einnahmendefizite durch Aufnahme von Krediten ausgleichen.

Die Angaben in der Grafik sind dem Creditreform Schuldneratlas 2014 entnommen.

Überschuldete Privatpersonen in Deutschland 2004 bis 2014

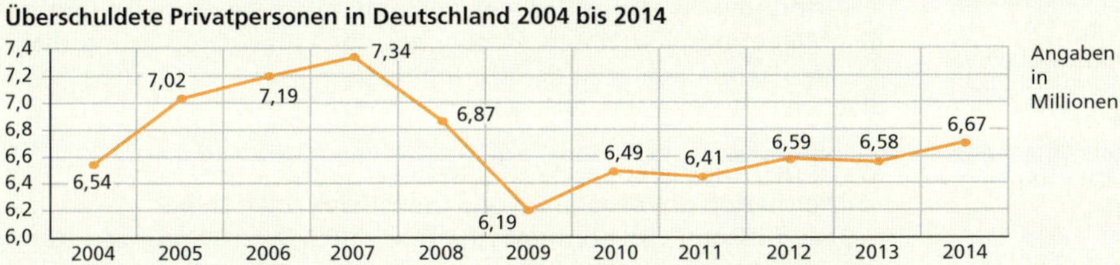

Schuldnerberatungsstellen bieten praktische Hilfsmittel zur Verbesserung der Haushaltsführung an. Dazu zählen beispielsweise Vorlagen zur Erstellung von Haushaltsplänen und zur Führung von Haushaltsbüchern sowie Links zum Download von Software zur Budgetplanung und Budgetanalyse.

Seit Anfang der 1980er-Jahre bieten **Schuldner- und Insolvenzberatungsstellen** in Deutschland im Rahmen des Sozialrechts und der Insolvenzordnung überschuldeten Haushalten Beratung und Unterstützung an. 2014 gab es etwa 1105 anerkannte Schuldnerberatungsstellen, die überwiegend Mitglieder der Wohlfahrts- und Verbraucherverbände sind oder unter deren Trägerschaft stehen.

Überschuldung privater Haushalte 2014 – Hauptauslöser

	Gewicht (in Prozent)
Arbeitslosigkeit	19,1
Trennung, Scheidung, Tod des Partners/der Partnerin	12,4
Erkrankung, Sucht, Unfall	12,1
unwirtschaftliche Haushaltsführung	11,2
gescheiterte Selbstständigkeit	8,1
Zahlungsverpflichtung aus Bürgschaft, Übernahme oder Mithaftung	2,4
gescheiterte Immobilienfinanzierung	2,4
unzureichende Art der Kredit- oder Bürgschaftsberatung	2,1
beratene Personen insgesamt: 13 953	

Quelle: Statistisches Bundesamt, Wiesbaden 2015

3.2.4 Werbung und Verbraucherschutz

Die auf die Zielgruppe der Konsumenten gerichtete Werbestrategie folgt zumeist der sogenannten AIDA-Formel:
A = attention = Aufmerksamkeit erregen,
I = interest = Interesse auf das Produkt lenken,
D = desire of possession = Besitzwunsch anregen,
A = action = zum Handeln, Kaufen bringen

Verbraucher wollen aufgeklärt entscheiden und benötigen dazu seriöse Informationen. Im Allgemeinen haben sie gegenüber den Anbietern einen Informationsnachteil – beispielsweise im Hinblick auf die Qualität der Produkte, aber auch im Hinblick auf die Kosten der Inanspruchnahme von Güter- und Dienstleistungsangeboten. Dies soll durch Maßnahmen des Verbraucherschutzes ausgeglichen werden. Überdies sind die Anbieter bei ihrer Werbung verpflichtet, die Grenzen zu respektieren, die der Gesetzgeber zum Schutz der Privatsphäre und der Selbstbestimmung des Einzelnen gezogen hat.

Werbung ist ein Instrument der Kommunikationspolitik und des Marketings von Unternehmen, das der Verkaufsförderung dient. Ihr Hauptadressat ist der Konsument.

Wichtige Funktionen der Werbung sind
- Information über Produkte und Dienstleistungen sowie
- Beeinflussung des Konsumverhaltens durch Vermittlung von Normen und Verhaltensmustern.

Werbebotschaften gelangen über verschiedene Werbeträger wie Fernsehen, Internet oder Tageszeitung und vielfältige Werbemittel – Plakate, Werbeeinlagen in Zeitungen, Werbeaktionen in Supermärkten – an die verschiedenen Zielgruppen der Käufer. Bei der Formulierung der Werbebotschaften werden die Wertvorstellungen und Einstellungen der Verbraucher berücksichtigt.
Es gibt zwar kein allgemeines europäisches Werberecht und auch keine einheitlichen und umfassenden Regelungen für Werbung in Deutschland, wohl aber Richtlinien und gesetzliche Grundlagen. In Deutschland wird Werbung vor allem durch das Gesetz gegen den unlauteren Wettbewerb (UWG), den Rundfunkstaatsvertrag und das Telemediengesetz geregelt. Regelungswirkung haben Verbraucherschutz- und Jugendschutzgesetze.

Das **Gesetz gegen den unlauteren Wettbewerb** wurde 2004 umfassend novelliert. Es soll einen unverfälschten Wettbewerb ermöglichen und Mitbewerber, Verbraucher und sonstige Marktteilnehmer vor unlauteren geschäftlichen Handlungen schützen.

Verbraucherschutzmaßnahme	Erläuterung	Gesetzliche Basis
Beschränkung vergleichender Werbung	Vergleichende Werbung verfälscht den Wettbewerb zum Nachteil des Mitbewerbers und der Verbraucher, wenn sie auf behaupteten und nicht objektiv nachprüfbaren Eigenschaften der betreffenden Ware beruht.	§ 6 des Gesetzes gegen den unlauteren Wettbewerb (UWG)
Beschränkung telefonischer Werbung	Werbetreibende dürfen Endverbraucher nicht anrufen, um ihnen ihr Angebot vorzustellen, sofern die Adressaten nicht zuvor einer telefonischen Kontaktaufnahme ausdrücklich zugestimmt haben oder bereits Kunden sind.	§ 7 UWG
Verpflichtung zur Preistransparenz	Der Anbieter muss den Preis angeben, der einschließlich der Umsatzsteuer und sonstiger Preisbestandteile zu zahlen ist (Endpreis). Es muss deutlich sein, auf welche Verkaufseinheit, Qualität und Mengeneinheit (Grundpreis) sich der angegebene Preis bezieht.	§§ 1 und 2 Preisangabenverordnung (PAngV)

Der exemplarische Erzeugercode auf dem Hühnerei 0-DE-0712121 wird folgendermaßen entschlüsselt:
- 0 = Haltungsform: ökologische Erzeugung
- DE = Herkunftsland: Deutschland
- 07 = Bundesland: Rheinland-Pfalz
- Die vorletzten vier Ziffern stehen für die Betriebsnummer, die letzte Ziffer ist die Stallnummer des Legebetriebs.

Die Bundesanstalt für Finanzdienstleistungsaufsicht (BaFin) bietet privaten Anlegern den Onlinezugriff auf ihre Unternehmensdatenbank, anhand dieser Daten können sie prüfen, ob ein bestimmtes Institut die Erlaubnis der BaFin zum Betrieb von Bankgeschäften besitzt.

Kennzeichnung von Lebensmitteln	Beispiel Hühnerei: Eier müssen mit einem Code gekennzeichnet werden, der die Rückverfolgung der Eier bis zum Legehennenstall und Einblick in die Form der Haltung der Hennen erlaubt. Darüber hinaus müssen auf der Verpackung die Güteklasse (A oder B) und die Gewichtsklasse (S, M, L oder XL) angegeben werden.	– Verordnung über die Kennzeichnung von Lebensmitteln – Verordnung (EG) Nr. 1234/2007 und Verordnung (EG) Nr. 589/2008
Warenkennzeichnung	Ein Produkt darf nur in den Verkehr gebracht werden, wenn es so beschaffen ist, dass bei bestimmungsgemäßer Verwendung oder vorhersehbarer Fehlanwendung Sicherheit und Gesundheit von Verwendern oder Dritten nicht gefährdet werden. Ein Spielzeug muss z. B. eine Typen-, Chargen-, Modell- oder Seriennummer oder ein anderes Kennzeichen tragen. Zudem müssen auf dem Spielzeug selbst, auf der Verpackung oder in den beigefügten Unterlagen Name und Anschrift des Herstellers angegeben sein. Das GS-Zeichen („geprüfte Sicherheit") belegt, dass das Spielzeug den gesetzlichen Anforderungen entspricht.	– Geräte- und Produktsicherheitsgesetz (GPSG) – Verordnung über die Sicherheit von Spielzeug
Produkthaftung	Hersteller haften für Schäden, die beim Verbraucher infolge eines fehlerhaften Produkts entstanden sind. Der Fehler kann dabei konstruktions-, fabrikations- oder instruktionsbedingt sein. Die Haftung des Herstellers setzt weder einen Vertrag zwischen ihm und dem Endverbraucher voraus noch ein Verschulden des Herstellers. So haftet z. B. ein Sanitärinstallateur fabrikationsbedingt, wenn er Rohranschlüsse nicht lückenlos abgedichtet hat.	Produkthaftungsgesetz (ProdHaftG)
Beratungspflichten im Wertpapiergeschäft	Die Bank muss dem privaten Anleger Informationen zur Verfügung stellen, die ihm eine fundierte Anlageentscheidung	– § 305 des Bürgerlichen Gesetzbuches (BGB)

	unter Berücksichtigung seiner individuellen Risikoneigung ermöglichen. Sie muss zum Beispiel über die Funktionsweise und Risiken der verschiedenen Arten von Wertpapieren aufklären sowie über etwaige Vertriebsprovisionen und andere geldwerte Vorteile, die die Bank von dritter Seite erhält, informieren. Das Ausmaß der Informationspflichten muss die Bank nach den Kenntnissen und Erfahrungen des Anlegers bestimmen.	– § 1 des Kreditwesengesetzes (KWG)

Das Grundmodell zur Selbsteinstufung privater Anleger in Bezug auf ihre Risikoneigung besteht aus den fünf folgenden Klassen:
- sicherheitsorientiert,
- ertragsorientiert,
- wachstumsorientiert,
- chancenorientiert,
- spekulativ.

Zu den gesetzlichen Regelungen des Verbraucherschutzes treten freiwillige Initiativen der Werbewirtschaft im Sinne von Selbstbeschränkung hinzu.

Ein prominentes Beispiel bilden die Robinsonlisten des Deutschen Dialogmarketing Verbands e.V. oder der beim Interessenverband Deutsches Internet e.V. angesiedelten Gemeinnützigen Schutzgemeinschaft für Verbraucherkontakte. Verbraucher können sich vor unerwünschter Werbung schützen, indem sie sich in die Listen eintragen und ihre Adresse gegen den Erhalt unaufgeforderter Werbung via Post, Telefon, E-Mail, Mobilfunk und Faxübermittlung sperren. Seriöse Unternehmen verwenden die hinterlegten Verbraucherdaten zum verschlüsselten Abgleich mit ihren eigenen Werbe- oder Versandlisten und löschen die als gesperrt identifizierten Adressen aus ihren eigenen Listen.

Vorsicht ist geboten bei Anbietern, die kostenpflichtige Einträge in Robinsonlisten anbieten. Es dürfte sich um Personen handeln, die die Bezeichnung „Robinsonliste“ missbräuchlich nutzen. Der Eintrag ist immer kostenfrei.

Verbraucherschutz ist grundlegend darauf gerichtet, die strukturelle Unterlegenheit der Verbraucher gegenüber den Herstellern und Anbietern von Waren und Dienstleistungen auszugleichen.

Eine wichtige Rolle spielen deshalb **Verbraucherschutzorganisationen.** So tragen beispielsweise die Verbraucherzentralen durch Beratung und Publikation von Verbraucherzeitschriften wie „Stiftung Warentest“ oder „Finanztest“ zur Aufklärung der Konsumenten und zur Unterstützung rationaler Kaufentscheidungen bei. In den letzten Jahren hat die öffentliche Wahrnehmung des Verbraucherschutzes stark zugenommen, vor allem im Zusammenhang mit Lebensmittelskandalen, gefährlichen Haushaltsgeräten, Privatisierungen ehemals staatlicher Unternehmen wie Post oder Bahn und Bildung von Gebietskartellen, beispielsweise in der Stromwirtschaft.

3.2.5 Ökologisches Verhalten im Haushalt

Die UGRdL dokumentieren seit dem Jahr 2000 auf Länderebene, inwieweit die Natur durch die Wirtschaft und die privaten Haushalte belastet oder zerstört wird. Indikatoren sind der Energie-, der Flächen-, der Rohstoff- und der Wasserverbrauch sowie die Abfallentsorgung und die Luftemissionen.

Private Haushalte haben direkt als Konsumenten und indirekt als Teilnehmer auf den Güter- und Arbeitsmärkten Verantwortung für die mit dem Wirtschaftsprozess einhergehenden Umweltbelastungen.

Wie hoch der Anteil der privaten Haushalte an der Belastung der Umwelt und am Verbrauch erschöpfbarer Ressourcen ist, wird in den **umweltökonomischen Gesamtrechnungen der Länder** (UGRdL) ausgewiesen.

Den größten Anteil am Ausstoß der Treibgase hatte in Deutschland 2012 das Kohlendioxid mit 87,5 Prozent (1990 waren es 83,5 Prozent). Energiewirtschaft, Industrie, Verkehr, Gewerbe, Handel und Dienstleistung sowie private Haushalte stießen insgesamt 775 Mio. Tonnen Kohlendioxid (CO_2-Äquivalente) aus. Die Treibhausgasemissionen entstammten zu 59 Prozent dem produzierenden Gewerbe und zu 19,4 Prozent den privaten Haushalten. Wie im Nachhaltigkeitsbericht 2014 des Umweltministeriums ausgeführt wird, ist den privaten Haushalten durch ihren Stromverbrauch zusätzlich ein Teil der hohen Emissionen des Produktionsbereichs „Erzeugung und Verteilung von Strom und Gas" anzulasten.

Seit 1978 wird in Deutschland von der Jury Umweltzeichen der Blaue Engel zur Auszeichnung besonders umweltschonender Güter vergeben.

Private Haushalte können auf vielfältige Weise durch autonome Verhaltensänderungen zur **Verringerung der Umweltbelastung** und damit zum Schutz der natürlichen Lebensgrundlagen beitragen.

Dazu gehören:
- bewusstes Einkaufen, beispielsweise die Bevorzugung von Lebensmitteln, die nach ökologischen Grundsätzen erzeugt werden;
- die Meidung von Produkten, deren Vertrieb mit langen Transportwegen verbunden ist;
- die Trennung der Haushaltsabfälle nach ihrer Wiederverwendbarkeit und Wiederverwertbarkeit („Gelbe Tonne", „Gelber Sack"; „Duales System");
- Änderungen des Mobilitätsverhaltens.

Nach Angaben der „Die Grüne Punkt – Duales System Deutschland GmbH" (DSD) wurden 2014 durch die Verwertung von 2,6 Mio. Tonnen gebrauchter Verkaufsverpackungen 68 Mrd. Megajoule an Primärenergie eingespart und der Ausstoß von 1,4 Mio. Tonnen Kohlendioxidäquivalenten vermieden.

Neben Veränderungen der Verbraucherpräferenzen zugunsten der natürlichen Umwelt können auch steigende Marktpreise Verhaltensänderungen im Sinne des Schutzes der Umwelt und eines schonenden Ressourcenverbrauchs bewirken.

Gemessen an der allgemeinen Preisentwicklung von 1991 bis 2010 (plus 43 %) sind die Kosten der privaten Haushalte für Wohnungsmieten, Wasser und Brennstoffe mit einem Plus von 68 Prozent überdurchschnittlich stark angestiegen.

Der Arbeitskreis „Umweltökonomische Gesamtrechnungen der Länder" kommt in seiner Analyse der Stellung der privaten Haushalte im System der Wirtschaft und der Umwelt aus dem Jahr 2009 zu dem Schluss, „... dass die stark gestiegenen Energiepreise 2007 in Verbindung mit dem Beginn der Wirtschaftskrise 2008 zu erheblich geringeren Energieverbräuchen im Bereich der privaten Haushalte geführt haben".

Individuelle Strategien zum Schutz der Umwelt hängen letztlich stark davon ab, wie gut die Verbraucher über die Umwelteffekte des Konsums informiert sind und wie sich die privaten Haushalte im Besonderen auch den Erfordernissen und Möglichkeiten **nachhaltigen Wirtschaftens** stellen.

„Szenarien Nachhaltiger Konsum 2020" ist der Titel einer Studie, die 2008 vom Öko-Institut e. V. vorgelegt wurde. Im Zentrum steht das Kauf- und Nutzerverhalten verschiedener Haushaltstypen im Vergleich.
Die in der Studie ermittelten jährlichen klimarelevanten Emissionen eines Zweipersonenhaushalts im Bereich Strom, differenziert nach verursachenden Produktgruppen und verschiedenen Modell-Haushaltstypen, verweisen auf deutliche Einsparpotenziale bei den Modellen des klimaeffizienten und nachhaltigen Haushalts. Die Einsparpotenziale gelten dabei sowohl für Eigentümer- als auch für Mieterhaushalte.

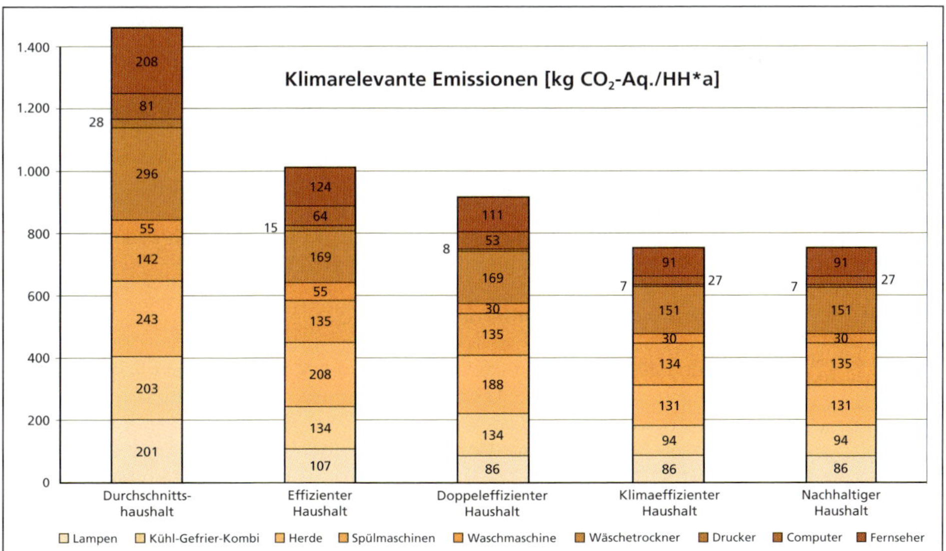

3.3 Wirtschaften im Unternehmen

Unternehmen im Wirtschaftskreislauf:

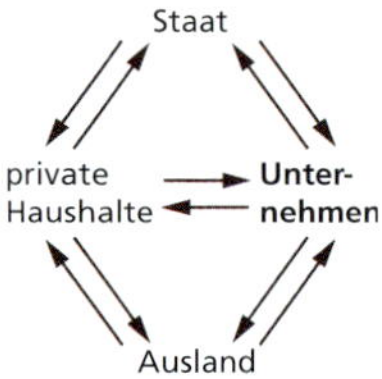

Durch die Bereitstellung von Waren und Dienstleistungen befriedigen Unternehmen den Bedarf privater Haushalte und der anderen am Wirtschaftskreislauf beteiligten Einheiten. In marktwirtschaftlichen Ordnungen folgen sie dabei dem erwerbswirtschaftlichen Prinzip.

Im Mittelpunkt wirtschaftlichen Handelns von privaten Unternehmen steht das Streben nach **Gewinnmaximierung** bzw. nach möglichst großer Rentabilität des eingesetzten Kapitals.

Rentabilität ist eine Kennzahl, die angibt, in welcher Höhe sich das eingesetzte Kapitel verzinst.

Unternehmerisches Handeln unterliegt in Deutschland den Bestimmungen verschiedener gesetzlicher Regelungen und Verordnungen. Das **Bürgerliche Gesetzbuch** (BGB) enthält Bestimmungen zu Vertrags-, Eigentums- und Arbeitsrecht. Das **Handelsgesetzbuch** (HGB) enthält Vorschriften zum Firmen- und Gesellschaftsrecht (↗ S. 202) und gilt für alle Kaufleute bzw. Gewerbetreibenden. Wichtige Rechtsbereiche sind das Steuerrecht, das Wettbewerbsrecht und das Arbeitsrecht.

3.3.1 Betriebe und Unternehmen als Wirtschaftseinheit

Betriebe sind Güter produzierende Wirtschaftseinheiten. **Unternehmen** sind rechtlich-wirtschaftliche Einheiten und können aus mehreren Betrieben bestehen.

Unter betriebswirtschaftlicher Sicht werden Betrieb und Unternehmen voneinander abgegrenzt. Neben marktwirtschaftlich orientierten Betrieben gibt es gemeinnützige und öffentliche Betriebe, die dem Kosten- bzw. Bedarfsdeckungsprinzip folgen. Zu **öffentlichen Unternehmen** gehören z. B. Anstalten des öffentlichen Rechts wie kommunale Sparkassen, Stadtwerke oder Rundfunkanstalten.

Unternehmen sind solche Betriebe, die marktwirtschaftlich orientiert sind und deshalb für die kennzeichnend ist, dass sie
- dem erwerbswirtschaftlichen Prinzip folgen,
- der freien Entscheidung des Unternehmers über Produkte, Preise, Mitarbeiter usw. im Rahmen der gesetzlichen Regelungen unterliegen,
- Privateigentum sind und insofern die Eigentümer die Verfügungsrechte an den Produktionsmitteln und am Gewinn haben.

In Deutschland gibt es 3,2 Mio. marktwirtschaftlich orientierte umsatzsteuerpflichtige Unternehmen (2013).

Klassifikation von Unternehmen

Unternehmen können nach **verschiedenen Merkmalen klassifiziert** werden:
- nach der **Art der Leistungserbringung** (Sachleistungsunternehmen oder Dienstleistungsunternehmen),
- nach **Branchen** oder **Wirtschaftszweigen** (z. B. Unternehmen des Baugewerbes, der Energieversorgung, des Grundstücks- und Wohnungswesens),
- nach vorherrschendem **Produktionsfaktor** (arbeits-, anlage- oder materialintensive Unternehmen),

- nach **Größe** (Zahl der Beschäftigten, des Umsatzes und Gewinns),
- nach dem **Betätigungsfeld** (regional, national, multinational tätig),
- nach der **Rechtsform.**

Sachleistungsunternehmen produzieren materielle Güter unter Einsatz von Rohstoffen oder Teilprodukten (links: Fertigungshalle eines Transformatorenwerks), während **Dienstleistungsunternehmen** immaterielle Leistungen erbringen (rechts: Verkehrsbetriebe).

Klassifikation von Betrieben nach Betriebsgröße

	Kleinst- und Kleinunternehmen	Mittlere Unternehmen	Großunternehmen
Beschäftigte	1 bis 50	50 bis 250	über 250
Umsatzerlös	unter 10 Mio. Euro	10 bis 50 Mio. Euro	über 50 Mio. Euro

Der Klassifikation nach Betriebsgröße liegt eine Empfehlung der Kommission der Europäischen Union zugrunde.

Rechtsformen von Unternehmen

Es gibt verschiedene **Rechtsformen von Unternehmen,** die sich im Hinblick auf unterschiedliche Rahmenbedingungen voneinander unterscheiden.

Bei Unternehmensgründung kann die Rechtsform bis auf wenige Ausnahmen (z. B. Kapitalanlagegesellschaften, Versicherungsunternehmen) frei gewählt und bei sich ändernden Rahmenbedingungen später umgewandelt werden.
Die jeweilige Rechtsform hat Auswirkungen auf:
- die Gründungsvoraussetzungen (z. B. Mindestkapital),
- die Geschäftsführungsbefugnisse,
- die Möglichkeiten der Kapitalbeschaffung,
- die künftige Steuerbelastung,
- die Haftung,
- die Flexibilität bei Kauf oder Verkauf von Eigenkapitalanteilen,
- die Pflichten bei der Rechnungslegung (Aufstellung regelmäßiger Finanzberichte sowie deren Prüfung und Veröffentlichung).

Der möglichen Vielfalt von Unternehmen hat der Gesetzgeber durch eine Vielzahl unternehmerischer Rechtsformen Rechnung getragen.

Das **Einzelunternehmen** ist die häufigste Rechtsform. Die Gründung erfolgt unkompliziert durch Anmeldung eines Gewerbes beim Gewerbeamt, bei Kaufleuten zusätzlich durch Eintrag ins Handelsregister, bei Freiberuflern durch Beantragung einer Steuernummer. Ein bestimmtes Gründungskapital ist nicht vorgeschrieben. Sämtliche Geschäftsführungsbefugnisse, aber auch Risiken liegen beim einzelnen Unternehmer, der für Verbindlichkeiten seines Unternehmens sowohl mit seinem Geschäfts- als auch mit seinem Privatvermögen haftet.

3

Eine Auflistung der anerkannten freien Berufe enthält § 18 des Einkommensteuergesetzes (EStG). Zu den Freiberuflern zählen z. B. Ärzte, Rechtsanwälte, Steuerberater, Designer, Journalisten.

Von den 4,2 Mio. Selbstständigen übt mittlerweile etwa jeder Dritte einen freien Beruf aus (2014). **Freiberufler** gehören zu den Einzelunternehmern, sind aber weder Gewerbetreibende noch Kaufleute, zahlen daher keine Gewerbesteuer und unterliegen nicht der Gewerbeordnung.

Bei einem **Gesellschaftsunternehmen** wird das für die Unternehmensgründung erforderliche Kapital in der Regel von zwei oder mehr Personen aufgebracht. Gesellschaftsunternehmen sind entweder Personengesellschaften oder Kapitalgesellschaften.

Rechtsformen, Merkmale und Besonderheiten von Personen- und Kapitalgesellschaften

	Merkmale	Rechtsformen	Besonderheiten
Personengesellschaft	– Eine Personengesellschaft hat keine eigenständige Rechtspersönlichkeit – Gesellschafter haften auch mit ihrem Privatvermögen. – Grundkapital ist frei wählbar und wird im Gesellschaftsvertrag festgelegt. – Gesellschafter sind meist aktiv an der Geschäftsführung beteiligt. – Steuerpflichtig sind je nach Steuerart entweder die Gesellschafter oder das Unternehmen.	– **OHG** (Offene Handelsgesellschaft) – **KG** (Kommanditgesellschaft) – **GbR** (Gesellschaft bürgerlichen Rechts, auch BGB-Gesellschaft) – **Stille Gesellschaft** – **PartG** (Partnergesellschaft)	Meist sind alle Teilhaber der OHG an der Geschäftsführung beteiligt. Teilhaber in einer KG können Komplementäre (Geschäftsführer) und Kommanditisten (Kapitalgeber) sein. Gründung der GbR erfolgt durch Zusammenschluss von zwei oder mehr Gewerbetreibenden oder Freiberuflern. Angehörige freier Berufe können sich zusammenschließen.
Kapitalgesellschaft	– Eine Kapitalgesellschaft hat eine eigenständige Rechtspersönlichkeit. – Gesellschafter/Aktionäre haften nur in Höhe ihrer Einlage für Unternehmensverbindlichkeiten. – Aufbringung und Erhaltung eines bestimmten Grundkapitals (Stammkapital) sind erforderlich.	– **AG** (Aktiengesellschaft) – **GmbH** (Gesellschaft mit beschränkter Haftung)	Vorteile einer AG sind sehr gute Möglichkeiten der Eigenkapitalbeschaffung und der Anteilsübertragung, Nachteile sind umfangreiche Geschäftsführungs- und Gründungsformalitäten, hohes Mindeststammkapital (50 000 Euro). Die AG kann von mindestens einem Aktionär gegründet werden. Vorteil ist, dass für Unternehmensverbindlichkeiten die GmbH nur in Höhe des Gesellschaftsvermögens haftet.

	– Gesellschafter/Aktionäre sind meist nur Kapitalgeber und nicht an der Unternehmensführung beteiligt. – Kapitalgesellschaften sind selbstständige Steuersubjekte.	 – **GmbH & Co. KG**	Sie wird von mindestens einem Gesellschafter gegründet, Mindeststammkapital sind 25 000 Euro. Die GmbH & Co. KG ist der Rechtsform nach eine KG, wirtschaftlich gesehen eine GmbH. Die Haftung für Verbindlichkeiten erfolgt in Höhe des Stammkapitals.

Im Zuge der Europäisierung der Wirtschaft gewinnen **neue Rechtsformen** an Bedeutung.

So können heute Unternehmen in einem Mitgliedstaat der Europäischen Union auch eine **Rechtsform anderer EG-Mitgliedstaaten** wählen, z. B. die Form der englischen Private Company limited by Shares (Ltd.). Zudem wurden auf EU-Ebene auch europäische Rechtsformen eingeführt, um die grenzübergreifende Zusammenarbeit und den Zusammenschluss von Unternehmen unterschiedlicher Herkunftsländer zu erleichtern.

▪ Seit 2004 gibt es die Europäische Gesellschaft (Societas Europaea, SE, auch Europäische Aktiengesellschaft oder Europa-AG), seit 2006 die Europäische Genossenschaft (Societas Cooperativa Europaea, SCE).

Bei eingetragenen Genossenschaften (e. G.) ist die wirtschaftliche Förderung ihrer Mitglieder Unternehmenszweck. Einlagenhöhe und Haftungsmodalitäten werden von den Mitgliedern bestimmt und in der Satzung festgelegt.

3.3.2 Betriebswirtschaftliche Ziele und Grundfunktionen

Gemäß dem **ökonomischen Prinzip** (↗ S. 47) besteht das Ziel allen unternehmerischen Handelns darin,
- mit gegebenen Mitteln (Input, z. B. Rohstoffe) den größtmöglichen Erfolg (Output, z. B. Gewinn) zu erzielen (Maximumprinzip) bzw.
- ein vorgegebenes Ziel (z. B. bestimmte Gewinnhöhe) mit dem geringstmöglichen Aufwand zu erreichen (Minimumprinzip).

Das ökonomische Prinzip findet seinen rechnerischen Ausdruck in den betrieblichen Kennzahlen für **Wirtschaftlichkeit** und **Produktivität.** Sie liefern einen wichtigen Hinweis auf den zu erwartenden Gewinn und damit auf den Unternehmenserfolg.

Wirtschaftlichkeit und Produktivität werden wie folgt berechnet:
Wirtschaftlichkeit = Wert Output/Wert Input (Wert sollte größer als 1 sein);
Produktivität = Menge Output/ Menge Input (Wert sollte kleiner als 1 sein).

Hohe Wirtschaftlichkeit und Produktivität bilden die wichtigsten **Ziele der Leistungserstellung** jedes Unternehmens.

In Betrieben durchlaufen die Produktionsfaktoren bestimmte Prozesse und Maßnahmen einer Wertschöpfung. Güter niedrigeren Werts (z. B. Rohstoffe) werden umgewandelt zu Gütern höheren Werts. Insofern kann die betriebliche Produktion als **Wertschöpfungskette** beschrieben werden und nach Aufgabe, erbrachter Leistung und zeitlicher Abfolge

3

in einzelne Abschnitte bzw. Funktionsbereiche gegliedert werden. Das sind:
1. Beschaffung und Lagerung (Materialwirtschaft),
2. Produktion (Produktionswirtschaft),
3. Absatz (Absatzwirtschaft).

Das sind die Kernbereiche der Leistungserstellung. Hinzu kommt der Funktionsbereich Finanzen.

Beschaffung und Lagerung

Bei der **Just-in-time-Beschaffung** bzw. -Produktion wird versucht, Termine der Materialzulieferung und Produktion so aufeinander abzustimmen, dass diese an die Fertigungs- und Auftragssituation angepasst sind („Produktion auf Abruf") und auf Lagerung weitgehend verzichtet wird.

Am Beginn der Wertschöpfungskette stehen die Planung und Ermittlung des Materialbedarfs (Roh-, Hilfs- und Betriebsstoffe), seiner Beschaffung, Prüfung (Qualitätsprüfungen) und Lagerung sowie schließlich die Materialentsorgung oder Verwertung von Abfallstoffen. Die **Lagerwirtschaft** kann dabei vor allem bei materialintensiven Produktionsprozessen zu einem wichtigen Kostenfaktor werden. Ein optimaler Lagerbestand sichert den ununterbrochenen, reibungslosen Fortgang der Produktion und die fortgesetzte Lieferbereitschaft zu möglichst geringen Lagerkosten.

Bild: Vollautomatisches Hochregallager mit Palettenstellplätzen und Regalbediengeräten

Ziel der Materialwirtschaft ist die Versorgung der Produktion mit den benötigten Materialien in der erforderlichen Menge und Güte zur rechten Zeit am rechten Ort zu möglichst geringen Kosten.

Produktion

Als **Produktionskapazität** wird die Gütermenge bezeichnet, die bei gegebenen technischen und personellen Voraussetzungen in einem bestimmten Zeitabschnitt maximal hergestellt werden kann. Das **Produktionsvolumen** ist die tatsächlich hergestellte Menge je Zeiteinheit.

Die betriebliche Produktion (Fertigung) ist das Herzstück der Leistungserstellung. Bei Sachleistungsunternehmen erfolgt hier die eigentliche Wertschöpfung durch Herstellung von Gütern aus Roh- oder anderen Stoffen unter Einsatz menschlicher Arbeitskraft und maschineller Hilfe.

Die klassische Dreisektorenhypothese unterscheidet primäre Produktion (Urproduktion, z. B. Landwirtschaft), sekundäre Produktion (Weiterverarbeitung, z. B. Pkw-Produktion, ↗Bild) und tertiäre Produktion (Dienstleistung).

Ziel der betrieblichen **Produktion** ist eine hohe Bruttowertschöpfung.

Bruttowertschöpfung ist der Gesamtwert der im Produktionsprozess erzeugten Waren und Dienstleistungen, abzüglich des Wertes der Vorleistungen.

Um dieses Ziel zu erreichen, müssen Unternehmen ihre Produktion sinnvoll planen und das **Produktionsverfahren** optimal ausgestalten. Das Produktionsverfahren (Produktionstyp) wird maßgeblich durch die Art des Produkts und durch technische Produktionserfordernisse bestimmt. Man unterscheidet:
- nach Anzahl der Produktionsstufen: einstufige Produktion (z. B. Landwirtschaft) und mehrstufige Produktion (z. B. Automobilbau),
- nach dem Auslöser der Produktion: Kunden- bzw. Auftragsproduktion und Marktproduktion,
- nach dem Prozesswiederholungsgrad: Einzel-, Serien-, Sorten- und Massenproduktion,
- nach dem vorherrschendem Produktionsfaktor: arbeitsintensive Produktion und kapitalintensive Produktion,
- nach der Fertigungsart: Handarbeit (manuelle Produktion) und Maschinenarbeit (von der maschinellen bis zur automatisierten Produktion).

Absatz

Die Absatzwirtschaft umfasst alle Bereiche bzw. Maßnahmen eines Unternehmens, die darauf gerichtet sind, die hergestellten Sachgüter oder angebotenen Dienste potenziellen Abnehmern zuzuführen und gegen Entgelt zu überlassen. Absatzwirtschaft und Marketing werden weitgehend synonym verwendet.

Absatzwirtschaft und **Marketing** werden weitgehend synonym verwendet.

Ziel der Absatzwirtschaft ist Erfolg auf dem Absatzmarkt durch den kombinierten, aufeinander abgestimmten Einsatz bestimmter Marketinginstrumente (Marketingmix).

Dem Marketingbegriff liegt **Kundenorientierung** als unternehmerisches Konzept zugrunde, das heißt, alle Aktivitäten eines Unternehmens am Markt sollen sich an den Bedürfnissen der Abnehmer orientieren.
Das ursprünglich aus Japan stammende Konzept des **Lean Managements** erweitert die Grundforderung nach Kundenorientierung um die Forderung nach Kostensenkung.

Um seine Güter erfolgreich abzusetzen, muss sich ein Unternehmen mit den Gegebenheiten des **Absatzmarktes** auseinandersetzen, der durch eine Vielzahl von Faktoren (z. B. Art des Produkts, der Zahl und Verhaltensweise der Nachfrager sowie der Konkurrenten) bestimmt ist. Im Rahmen seiner **Absatzpolitik** versucht das Unternehmen, auf diese Gegebenheiten möglichst optimal zu reagieren.

Um den Markt zu erschließen, zu beeinflussen und zu gestalten, bedient sich die Absatzwirtschaft bestimmter Instrumente.

Marketing- bzw. absatzpolitisches Instrument	Aufgabe
Produktpolitik	markt- und kundengerechte **Gestaltung des Produkts** (z. B. Größe/Menge, Haltbarkeit, Verpackung); Sortimentspolitik (Zahl der Produktarten und Varianten desselben Produkts)

Marktforschung ist ein wichtiges Arbeitsfeld des Marketings. Sie erfasst wirtschaftlich bedeutsame Fakten mit Blick auf die Verbraucher (z. B. Nutzergewohnheiten, Beruf, Einkommen), aber auch mit Blick auf die Branche oder auf Strukturen der Beschaffungs- und Absatzmärkte. Ermittelte Informationen werden vor allem bei der Gestaltung des Marketingmix berücksichtigt.

Kommunikationspolitik	Vermittlung sämtlicher relevanter Informationen über die Produkte und das Unternehmen an die Kunden und die Öffentlichkeit: über Öffentlichkeitsarbeit **(Public Relation, PR)** allgemeine Informationen, über **Werbung** Detailinformationen zu einzelnen Produkten
Preispolitik	Festlegung der Preise sowie zusätzlicher Bezugsbedingungen wie Rabatte oder Kreditfinanzierungsangebote
Distributionspolitik (Vertriebspolitik)	Festlegung der **Absatzkette,** d. h. des Weges eines Produkts zum Verbraucher durch direkte oder indirekte Lieferung (z. B. über Großhändler) und des **Absatzorgans** (Verkauf z. B. durch Außendienstmitarbeiter oder Einzelhändler)

Finanzen

Der Bereich **Finanzen** sorgt für die Deckung laufender Kosten und schafft durch Finanzierungs- und Investitionsmaßnahmen die finanziellen Grundvoraussetzungen für den Fortbestand des Unternehmens.

Wesentliche Instrumente der betriebsbezogenen Finanzwirtschaft sind die **Finanzplanung** – die Berechnung des laufenden Finanzbedarfs und die **Kapitalbedarfsrechnung** – die Ermittlung des künftigen Kapitalbedarfs. Zu den wiederkehrenden Aufgaben gehören außerdem der Ausgleich fälliger Verbindlichkeiten (z. B. gegenüber Lieferanten und Banken, Lohn- und Steuerzahlungen), die Beschaffung und Bereitstellung ausreichender Geld- und Sachmittel für die künftige betriebliche Leistungserstellung sowie die Gewinnausschüttung.

Oberstes **Ziel der Finanzwirtschaft** ist die Sicherung von Rentabilität und Liquidität.

Liquidität und Rentabilität werden auch in Kennzahlen ausgedrückt.

Dabei geht es zum einen um die Fähigkeit des Unternehmens, seinen Zahlungsverpflichtungen zu jedem Zeitpunkt und uneingeschränkt nachkommen zu können, was als **Liquidität** bezeichnet wird. Zum anderen geht es um den finanziellen Erfolg des Gesamtunternehmens oder einzelner Maßnahmen (z. B. einer Investition) im Verhältnis zum dafür benötigten Aufwand, also um gewinnbringenden Einsatz des Kapitals, was **Rentabilität** meint.

- Mangelnde Zahlungsfähigkeit (Illiquidität) kann für einen gewissen Zeitraum durch Finanzierungsmaßnahmen ausgeglichen werden, die jedoch zumeist zusätzliche Kosten verursachen. Im schlimmsten Fall droht dem Unternehmen Zahlungsunfähigkeit (Insolvenz). Im

Rahmen eines Insolvenzverfahrens wird dann das verbliebene Unternehmensvermögen – die Insolvenzmasse – unter den Gläubigern aufgeteilt.
In Deutschland wurden 2014 insgesamt 23 800 Insolvenzen gemeldet. Im Vorjahr waren es noch 26 120.

Im finanzwirtschaftlichen Prozess bilden **Investitionen** eine entscheidende Grundlage. Das sind langfristige Anlagen zur künftigen Erwirtschaftung von Erträgen. Im Mittelpunkt der Planung steht stets die Frage, welche Investition den höchsten Ertrag verspricht. Investitionsmaßnahmen können nach verschiedenen Kriterien klassifiziert werden.

Die Gesamtheit der Investitionen einer Periode wird „Bruttoinvestition" genannt. Die Investitionsrate ist das Verhältnis der Investitionen einer Periode zum bestehenden Kapitalstock eines Unternehmens.

Investitionsart	**Investition erfolgt in**
Investitionsobjekt	– Sach- oder Realgüter (Maschinen, Grundstücke, Vorräte) – immaterielle Güter (z. B. Patente, Lizenzen) – finanzielle Güter (z. B. Aktien)
Investitionszweck	– Erhaltung des Produktionsapparats (z. B. Austausch verbrauchter Maschinenteile) – Erweiterung des Produktionsapparats/Erhöhung der Produktionskapazität – Rationalisierung des Produktionsapparats (Senkung der Kosten z. B. durch den Einsatz neuer Maschinen)
Investitionsfunktion	– Fertigungsinvestition – Investition in Forschung und Entwicklung – Absatzinvestition (z. B. Werbung)

Bei Investitionen geht es darum, wofür Geld ausgegeben wird. Woher das Geld kommt und wie es beschafft werden kann, ist im Funktionsbereich der Finanzierung zu realisieren.

Finanzierung ist die Gesamtheit der Maßnahmen zur Beschaffung von Zahlungsmitteln zum Zweck der Investition, aber auch zur Gewinnausschüttung, Zinszahlung und Schuldentilgung.

Aktiengesellschaften erhöhen ihr Kapital meist durch Ausgabe neuer Aktien (ordentliche Kapitalerhöhung). Eine andere Möglichkeit ist die Ausgabe von Schuldverschreibungen, die nach Ablauf einer Frist zum Umtausch in neue Aktien berechtigen (bedingte Kapitalerhöhung).

Je nach Art und Herkunft des Kapitals werden Eigen- und Fremdfinanzierung sowie Innen- und Außenfinanzierung unterschieden:
- Bei der **Eigenfinanzierung** stammen die Mittel entweder von den bisherigen Eigentümern (Einlagenfinanzierung) oder die Kapitalbeschaffung erfolgt durch die Aufnahme neuer Gesellschafter (Beteiligungsfinanzierung).
- Eine typische Form der **Fremdfinanzierung** ist die Kreditfinanzierung durch Aufnahme eines Bankkredits, wodurch dem Unternehmen Zahlungsverpflichtungen (Schuldendienst) entstehen. Die Gestaltungsmöglichkeiten der Außenfinanzierung werden zum Teil durch die Rechtsform des Unternehmens beeinflusst.

- Bei der **Innenfinanzierung** stammt das Kapital aus dem Unternehmen selbst, z. B. aus Umsatzerlösen oder dem Verkauf von unternehmenseigenen Gegenständen (z. B. Grundstücke). Voraussetzung für Innenfinanzierung ist eine positive Unternehmensbilanz, also ein Zahlungsmittelüberschuss. Bei der **Außenfinanzierung** kommt das Kapital von Einzelpersonen, Banken oder über den Geld- und Kapitalmarkt.

Die Kombination dieser Finanzierungsarten ermöglicht den Unternehmen **vier Arten der Finanzierung:** Außenfinanzierung durch Beteiligungsfinanzierung oder Kreditfinanzierung; Innenfinanzierung durch Selbstfinanzierung oder Rückstellungsfinanzierung.

3.3.3 Standort- und Produktionsfaktoren

▶ Produktionsfaktoren sind alle zur Leistungserstellung im Produktionsprozess eingesetzten Sachgüter und Dienstleistungen. (Inputs).

Die wesentlichen Einflussgrößen der Produktion sind die **Produktionsfaktoren.** Ihre Verfügbarkeit und Kosten sind standortabhängig.

Die Eigenschaften und der Einsatz der Produktionsfaktoren – menschliche Arbeitskraft, Rohstoffe, Maschinen, Grund und Boden, technisches Wissen sowie planende, organisierende, kontrollierende Tätigkeiten – werden nach unterschiedlichen Kriterien klassifiziert. Die klassische Unterscheidung der Produktionsfaktoren geht auf den Wirtschaftswissenschaftler ERICH GUTENBERG (1897–1984) zurück. Bezogen auf die Produktion und die Industriebetriebe sind folgende Merkmale typisch:

1. Klassifizierung der Produktionsfaktoren nach Art ihres Einsatzes im Produktionsprozess	
Potenzialfaktoren (Gebrauchsgüter)	gehen nicht restlos in die Produktion ein, sondern bleiben in ihrem Bestand erhalten und geben Leistungen von ihrem Leistungspotenzial ab; können verschleißabhängig sein (z. B. Maschinen) oder nicht (z. B. Grundstücke).
Repetierfaktoren (Verbrauchsgüter)	werden im Produktionsprozess vollständig verbraucht; können unmittelbar in das Produkt eingehen (z. B. Roh- und Hilfsstoffe) oder selbst kein Bestandteil des Produktes werden (z. B. Betriebsstoffe).
2. Klassifizierung der Produktionsfaktoren nach ihrer Beziehung zum Produktionsobjekt	
Elementarfaktoren	haben eine unmittelbare Beziehung zum Produktionsobjekt, bilden die Grundlage der Leistungserstellung (Rohstoffe, Betriebsmittel, Werkstoffe).
Dispositive Faktoren	sorgen für die sinnvolle Kombination der Elementarfaktoren im Produktionsprozess (z. B. Produktionsplanung).

Ziel jedes Unternehmens ist es, durch geschickte Zielsetzung, Planung, Organisation und Kontrolle (dispositive Produktionsfaktoren) die einzelnen Mengen an Elementarfaktoren (Inputs) im Produktionsprozess so zu kombinieren, dass das gewünschte mengenmäßige Produktionsergebnis (Output) erreicht wird.

Standort

Der geografische Ort, an dem die Produktionsfaktoren eingesetzt werden, ist der Standort eines Unternehmens. Bei der **Standortwahl** muss zunächst entschieden werden, ob ein Unternehmen im Inland oder Ausland gegründet wird (internationale Standortwahl), in welcher Region (regionale Standortwahl), Stadt oder Gemeinde das Unternehmen errichtet wird (lokale Standortwahl). Auch die Anordnung der einzelnen betrieblichen Bereiche und Abteilungen ist festzulegen (innerbetriebliche Standortwahl).

Je nach Tätigkeit des Unternehmens kann es sich um einen Produktions-, Forschungs- und Entwicklungs-, Verwaltungs- oder Verkaufsstandort handeln. Aus der Tätigkeit ergibt sich auch das Maß der Freiheit bei der Wahl des Standorts. Im besten Fall eröffnet ein Standort die Möglichkeit, zu möglichst geringen Kosten möglichst hohe Erträge zu erzielen.

▶ Da in der Regel nicht alle Faktoren bei der Standortwahl abgeschätzt werden können, beinhaltet die Entscheidung ein Risiko.

So siedeln sich Unternehmen der Papierindustrie meist in der Nähe von Waldgebieten an, um Transport- und Lagerkosten möglichst gering zu halten.

Faktoren, die im Standortwettbewerb von Bedeutung sind, werden als **Standortfaktoren** bezeichnet. Unterschieden werden harte und weiche Standortfaktoren.

Harte Standortfaktoren sind alle Sachverhalte und Bedingungen, die für die Standortwahl eines Unternehmens unmittelbar maßgebend sind, z. B. Lohnkosten, Infrastruktur, Belastungen durch Abgaben, staatliche Investitionsförderung, örtliche Steuern.

▶ Für die verschiedenen betrieblichen Funktionsbereiche können unterschiedliche Standortfaktoren von Bedeutung sein. So sind für den Bereich Beschaffung und Produktion z. B. die Nähe zu Rohstoffquellen, Lieferanten oder Dienstleistungsanbietern oder die Infrastruktur wichtig, während für den Absatz die Nähe zu den Kunden oder zu Konkurrenten ausschlaggebend ist.

Weiche Standortfaktoren schlagen sich nicht in allen Fällen unmittelbar im Unternehmenskalkül nieder, prägen jedoch allgemein die Qualität eines Standorts und können etwa bei der Anwerbung qualifizierter Mitarbeiter eine Rolle spielen, z. B. Angebot an sozialen Einrichtungen und Wohnraum, Image der Region, Kultur- und Freizeitangebot.

3.3.4 Organisation von Betrieben

Betriebe sind arbeitsteilige Systeme, die zur Sicherung ihres Erfolgs planvoll organisiert werden. Die unternehmerische Leistungserstellung erfolgt durch zahlreiche sachliche (maschinelle) und personale Aufgabenträger. Voraussetzung für das Erreichen der Unternehmensziele wie z. B. der Gewinnmaximierung ist eine möglichst effiziente Organisation des Zusammenspiels dieser Aufgabenträger.

Die **betriebliche Organisationsstruktur** gibt Auskunft darüber, wer für welche Arbeiten zuständig ist (Aufbauorganisation) und wann und wo diese Arbeiten erledigt werden (Ablauforganisation).

3

Größere Veränderungen innerhalb eines Unternehmens erfordern meist auch eine Änderung seiner Organisationsstruktur. Der gelenkte und systematische Prozess der Veränderung von Verhaltensweisen und Strukturen wird als **Organisationsentwicklung** bezeichnet. Ziele können die Verbesserung von Arbeitsabläufen und Kommunikationsstrukturen oder die Förderung der Eigenverantwortung von Mitarbeitern sein.

Im Rahmen der **Aufbauorganisation** erfolgt die Zuordnung von Aufgaben, Personen und Sachmitteln innerhalb des betrieblichen Beziehungsgefüges, d.h., sie beschreibt Zuständigkeiten und Entscheidungsbefugnisse. Zur Entwicklung der Aufbauorganisation gehört die Schaffung notwendiger Stellen, Abteilungen und Leitungssysteme sowie der Aufbau von Kommunikationssystemen, welche die effiziente Zusammenarbeit zwischen Stelleninhabern, Abteilungen und Leitungssystemen durch geeignete Informationsbeziehungen sicherstellen.
Der zeitliche und räumliche Ablauf eines Arbeitsgangs wird in der **Ablauforganisation** erfasst. Inhalte, Reihenfolge, Zeitdauer und Zeitpunkte von Teilaufgaben werden festgelegt, ebenso wie die Arbeitsbereiche, -wege und -orte.

Lenkung von Betrieben

Die Lenkung eines Betriebs ist angesichts seiner grundlegenden Zielstellung und der Vielfalt der zu beherrschenden und abzustimmenden Prozesse eine komplexe Aufgabe. Sie wird von verschiedenen Organen und Abteilungen auf unterschiedlichen Ebenen wahrgenommen. Zum Funktionsbereich Lenkung gehören im weitesten Sinn alle Bereiche, die nicht unmittelbar mit dem Prozess der Leistungserstellung (Beschaffung, Produktion und Absatz von Gütern) oder den Finanzen befasst sind, sondern mit deren Steuerung.

Der **Funktionsbereich Lenkung** umfasst
- die Informationswirtschaft (Rechnungswesen, Controlling),
- das Personalwesen (Personalwirtschaft),
- die Unternehmensführung (Management).

Das **Rechnungswesen** dokumentiert den Wirtschaftsprozess in Unternehmen durch die Erfassung sämtlicher Geschäftsvorgänge, die Sammlung aller betriebsrelevanten Daten sowie deren Aufbereitung und Interpretation. Es gliedert sich je nach Adressat seiner Arbeit in internes und externes Rechnungswesen.

Internes Rechnungswesen	Es stellt Daten nur unternehmensinternen Personen zur Verfügung (Vertreter von Management, Marketing, Produktion, Controlling), um diese bei Planungs- und Entscheidungsaufgaben zu unterstützen. Wichtige **Instrumente** sind die Investitionsrechnung (Beurteilung des Gewinns, der einem Unternehmen in der Zukunft aus einer Investition erwächst) sowie die Kosten- und Leistungsrechnung (alle im Unternehmen anfallenden Kosten und Leistungen werden so erfasst und ausgewertet, dass z.B. Wirtschaftlichkeit, Rentabilität oder Produktivität laufender oder geplanter Geschäftsvorgänge deutlich und kontrollierbar werden). Diese Daten stehen unternehmensinternen Personen zur Verfügung. Das interne Rechnungswesen liefert außerdem Daten für die Lösung konkreter Probleme (Planungsrechnung) und führt die Betriebsstatistik (z.B. Lagerstatistik oder Personalstatistik).

Externes Rechnungswesen	Hauptaufgabe ist die Erfassung aller außerbetrieblichen Geschäftsvorgänge (mit Kunden, Lieferanten, Schuldnern, Gläubigern) und die Darstellung der finanziellen Situation eines Unternehmens nach außen (z. B. für Finanzamt, Banken, Investoren). Wichtigstes **Instrument** ist die Vorbereitung und Erstellung des Jahresabschlusses.

Das **Controlling** ist ein Bereich, der das Management und die Unternehmensführung durch gezielte Wirtschaftlichkeitsberechnungen unterstützt. So werden Finanzanalysen bereitgestellt, Daten und Kennzahlen ausgewertet und als Vorbereitung wichtiger Entscheidungen Investitions- und Wirtschaftlichkeitsberechnungen durchgeführt. Controllingaktivitäten können sich auf das gesamte Unternehmen beziehen, aber auch auf einzelne Funktionsbereiche (z. B. Marketing-, Produktions-, Finanzcontrolling), auf Einzelprojekte oder auf bereichsübergreifende unternehmensinterne Abläufe (z. B. Prozesscontrolling).

Das **Personalwesen** sichert die Versorgung des Unternehmens mit Arbeitskräften in ausreichender Zahl und mit geeigneter Qualifikation zum richtigen Zeitpunkt. Neben der Ermittlung des Personalbedarfs und der Personalbeschaffung gehört es auch zu den Aufgaben dieses Bereichs, die Eignung der Arbeitnehmer zu prüfen und sie den Arbeitsplätzen zuzuordnen, die Personalakten zu führen sowie die Lohn- und Gehaltsabrechnungen abzuwickeln.

Die **Unternehmensführung** gestaltet und lenkt die Geschicke des Unternehmens. Sie steht den hierarchisch untergeordneten Führungskräften des mittleren und unteren Managements vor.

Zum **Jahresabschluss** eines Unternehmens gehört die Bilanz sowie eine Gewinn-und-Verlust-Rechnung. Für Form und Inhalt von Jahresabschlüssen gelten Vorschriften.

Das Treffen wichtiger Entscheidungen ist ein zentrales Problem wirtschaftlichen Handelns. Hierfür werden bestimmte **Entscheidungsregeln** herangezogen, z. B. die Maximin-Regel: vom schlechtesten Fall auszugehen.

Managementfunktion	Aufgaben	Inhalte
Zielbildung	Formulierung eines angestrebten zukünftigen Zustands (Soll-Zustand) unter Berücksichtigung verschiedener Anspruchsgruppen (Kapitalgeber, Mitarbeiter, Kunden, Lieferanten, Staat, Öffentlichkeit)	Auseinandersetzung mit künftigen Entwicklungstendenzen des Markts, z. B. zunehmende Kundenorientierung und Internationalisierung
Planung	Die strategische Planung legt die langfristige Unternehmenspolitik fest und liefert die Grundlage für die taktische (1 bis 5 Jahre) und operative Planung (bis zu 1 Jahr).	zukunftsorientierte Unternehmensentwicklung durch Planung und Errichtung der notwendigen Aufbau- und Ablauforganisation sowie Treffen relevanter Entscheidungen
Entscheidung	Fällen von objektiv nachvollziehbaren Entschlüssen unter Beachtung bestimmter Regeln (z. B. Maximin-Regel)	
Kontrolle	Vergleich der angestrebten Ziele mit den erreichten Ergebnissen (Soll-Ist-Vergleich) und Ermittlung der Ursachen für Abweichungen	Überprüfung von Umsetzung und Effektivität der Maßnahmen zur Unternehmensentwicklung sowie ggf. Maßnahmen- oder Zielkorrektur

3.3.5 Betriebliche Mitbestimmung

Das Recht der Arbeitnehmer auf Mitbestimmung innerhalb der Unternehmen ist kennzeichnend für das Wirtschaftsmodell der sozialen Marktwirtschaft. Grundidee ist die Sozialpartnerschaft. Überbetrieblich werden verschiedene Interessenlagen zwischen Arbeitgeberverbänden und Gewerkschaften geregelt (↗ S. 198 ff.). Innerbetrieblich ist die Mitbestimmung rechtlich zugesichert durch die Betriebsverfassung, die das Weisungsrecht des Arbeitgebers einschränkt. Die Mitbestimmungsrechte unterscheiden sich zwar entsprechend der Betriebsgröße und des Wirtschaftszweiges, sie haben jedoch grundlegend gleiche Ziele.

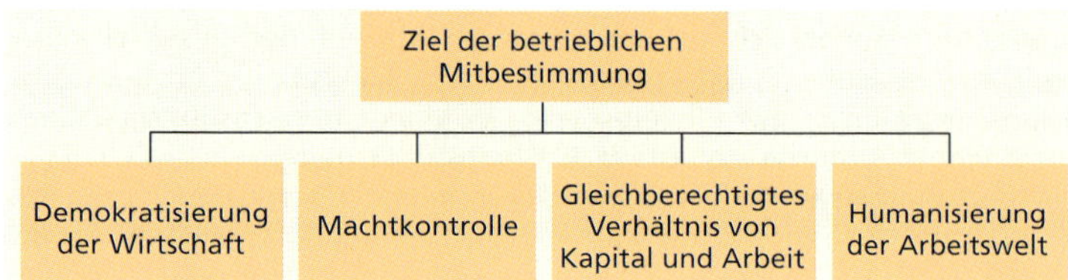

Gesetzliche Grundlagen betrieblicher Mitbestimmung

Unternehmensmitbestimmung – Beteiligung der Arbeitnehmer im Aufsichtsrat nach dem Mitbestimmungsgesetz von 1976 (links) und dem Betriebsverfassungsgesetz von 1952 (rechts)

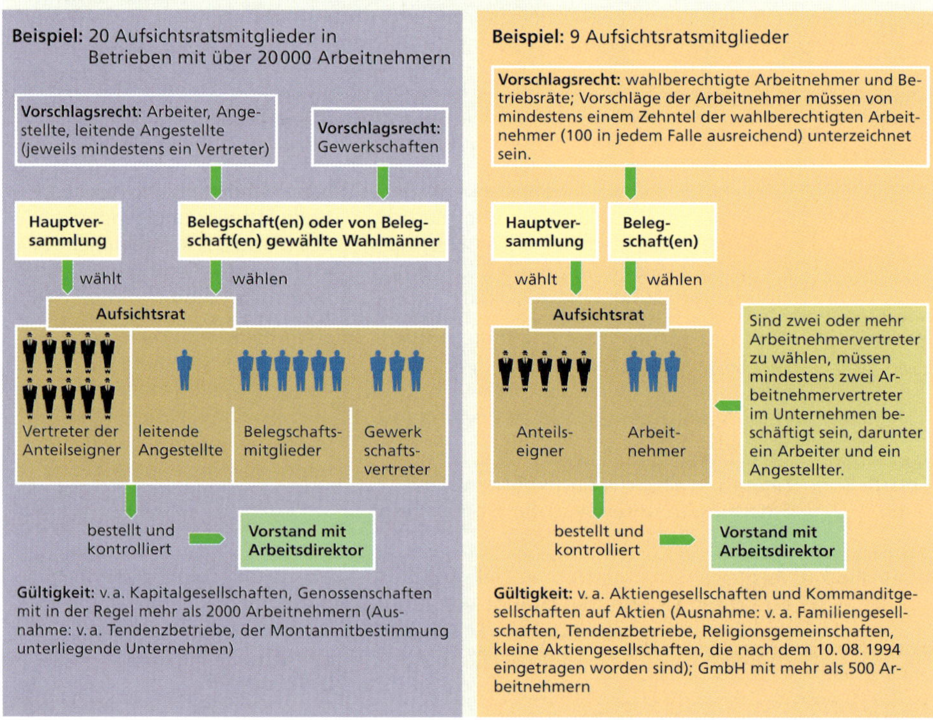

Das **Betriebsverfassungsgesetz (BetrVG)** von 1952 gilt für alle privaten Betriebe mit mindestens fünf wahlberechtigten Arbeitnehmern, zu denen auch die Auszubildenden, nicht aber Vertreter der Geschäftsleitung oder Gesellschafter gezählt werden. Neben dem Betriebsverfassungsgesetz bestehen für bestimmte Unternehmensformen und Wirtschaftszweige zusätzliche Gesetze.

Weitere Mitbestimmungsmöglichkeiten eröffnen sich aus Tarifverträgen, die zwischen Arbeitgebern und Gewerkschaften ausgehandelt werden und in Deutschland rund 90 % aller Arbeitnehmer betreffen.

In Unternehmen mit mehr als 2000 Beschäftigten, die in der Rechtsform einer AG, GmbH, einer Genossenschaft oder einer KGaA (Kommanditgesellschaft auf Aktien) betrieben werden, wird die Mitbestimmung durch das **Mitbestimmungsgesetz** von 1976 geregelt. Das **Montanmitbestimmungsgesetz** von 1951 gilt für alle Unternehmen des Bergbaus und der Eisen und Stahl erzeugenden Industrie mit mehr als 1000 Beschäftigten. Zur Arbeitsweise und Zusammensetzung von Aufsichtsräten und zum Wirken von Betriebsräten gibt es seit Jahren konträre Auffassungen.

Vertreter der **Partizipationstheorie**	Vertreter der **Property-Rights-Theorie**
Mitbestimmung ist ein ökonomischer Vorteil, weil sie durch die Identifikation mit dem Betrieb motivations-, produktivitäts- und leistungssteigernd wirkt.	Wichtige unternehmerische Entscheidungen werden durch das Austragen der Interessengegensätze, wodurch die Wirtschaftlichkeit beeinträchtigt wird.

Betriebsrat

Der von den Arbeitnehmern gewählte **Betriebsrat** vertritt ihre Interessen, indem er umfangreiche Mitbestimmungs-, Initiativ- und Schutzrechte wahrnimmt.

Der Betriebsrat wird in Betrieben mit mindestens fünf Arbeitnehmern alle vier Jahre von den wahlberechtigten Beschäftigten gewählt. Seine Größe richtet sich nach der Anzahl der wahlberechtigten Arbeitnehmer und reicht von einer Person bei 20 und weniger Arbeitnehmern bis zu 35 Betriebsräten in Betrieben mit bis zu 9000 Beschäftigten.

Nach dem Betriebsverfassungsgesetz nehmen Betriebsräte **allgemeine** und **erzwingbare Mitbestimmungsrechte** wahr.

Allgemeine Aufgaben des Betriebsrats nach dem BetrVG (§80)	**Erzwingbare Mitbestimmungsrechte des Betriebsrats nach dem BetrVG (§87)**
Überwachung der Einhaltung der Gesetze, Verordnungen, Betriebsvereinbarungen, Tarifverträge im Interesse der Arbeitnehmer	Fragen der betrieblichen Lohngestaltung; Festsetzung von Akkord- und Prämiensätzen; Auszahlungsmodi der Arbeitsentgelte
Beantragung von Maßnahmen, die der Belegschaft und dem Betrieb dienen	Fragen der betrieblichen Ordnung und des Verhaltens von Arbeitnehmern im Betrieb
Förderung der Eingliederung von Schwerbehinderten und Schutzbedürftigen	Regelung der täglichen und wöchentlichen Arbeitszeit sowie der Pausen

3

Förderung der Beschäftigung älterer Arbeitnehmer im Betrieb	Anordnung von Überstunden und Einführung von Kurzarbeit
Durchführung der Wahl der Jugend- und Auszubildendenvertretung (JAV)	allgemeine Grundsätze der Urlaubsregelung und der Urlaubsplanung
Entgegennahme und Weiterleitung von Anregungen der Arbeitnehmer	Regelungen zur Verhütung von Arbeitsunfällen und Berufskrankheiten
Integration von Ausländern im Betrieb und Förderung des Verständnisses zwischen ausländischen und deutschen Arbeitnehmern	Form, Ausgestaltung und Verwaltung von Sozialeinrichtungen und Einsatz von technischen Überwachungseinrichtungen

Für die betriebliche Ebene gibt es in den EU-Ländern ganz unterschiedliche Organe der Arbeitnehmerbeteiligung. Im internationalen Vergleich hat das in Deutschland entwickelte Mitbestimmungssystem ein besonders hohes Niveau.

Das europäische Recht führt zur Gründung von Betriebsräten in Ländern, die solche Gremien bisher nicht kannten, z. B. in Polen und in Irland, wenn hier auch nicht nach deutschem Vorbild.

Europäische Betriebsräte

In Betrieben und Unternehmen mit mindestens 1 000 Beschäftigten, von denen jeweils mindestens 150 Arbeitnehmer in zwei Mitgliedstaaten der Europäischen Union beschäftigt sein müssen, können europäische Betriebsräte gebildet werden.

Europäische Betriebsräte (EBR) sind Arbeitnehmervertretungen, die in länderübergreifenden Unternehmen wirken. Sie nehmen Informations- und Anhörungsrechte der Belegschaften wahr.

Grundlage des Wirkens ist eine Richtlinie der EU-Kommission von 1994, die 2009 novelliert und in den 27 EU-Staaten – wenn auch unterschiedlich – in nationales Recht umgesetzt wurde. Die Einsetzung eines EBR erfolgt demnach über Verhandlungen zwischen einem „besonderen Verhandlungsgremium", das aus Arbeitnehmervertretern der Mitgliedsländer besteht, und der Leitung des europaweit operierenden Unternehmens. EBR nehmen vor allem Einfluss auf transnationale Vereinbarungen auf Konzernebene, wenn es um Fragen der Restrukturierung, des Arbeits- und Gesundheitsschutzes, der Weiterbildung und Mobilität sowie des Datenschutzes geht.

2014 gab es in 975 europaweit tätigen Unternehmen einen EBR, darunter in 184 deutschen Unternehmen. Insgesamt sind das mehr als ein Drittel der EBR-pflichtigen Unternehmen.

Die wichtigste Unterstützung bei der Gründung von europäischen Betriebsräten kommt von den Gewerkschaften. Sie sehen in ihnen „ein Beispiel für eine durchaus ausgewogene Mischung von Subsidiarität (jeweils nationale Anpassung durch Implementierung), Proporz (Zusammenwirken von Regierungen und Verbänden) und Flexibilität (verschiedene Optionen zur Umsetzung)" und in diesem Sinn eine vierte Ebene betrieblicher Interessenvertretung.

3.4 Staatliche Wirtschaftspolitik

Wirtschaftspolitik bezeichnet alle Maßnahmen des Staates, mit denen der Rahmen für den Wirtschaftsprozess geschaffen wird (Ordnungspolitik) oder direkt in diesen eingegriffen wird (Prozesspolitik).

> Zu den **Hauptzielsetzungen der Wirtschaftspolitik** in der sozialen Marktwirtschaft gehören die Stabilisierung des Wirtschaftsprozesses, die soziale Sicherung der Bürger, eine gerechte Einkommens- und Vermögensverteilung und die Sicherung des Wettbewerbs.

Die vier gesamtwirtschaftlichen Ziele bilden das sogenannte „magische Viereck“, das auch dem Stabilitäts- und Wachstumsgesetz von 1967 zugrunde lag (↗ S. 189). Umweltschutz wird seit den 1990er-Jahren das fünfte Stabilitätsziel. Die Bezeichnung „magisches Viereck“ bzw. „magisches Fünfeck“ deutet darauf hin, dass die gleichzeitige Erreichung der Ziele kaum möglich ist.

Die Stabilitätspolitik im engeren Sinn ist auf folgende **gesamtwirtschaftliche Unterziele** gerichtet:
- auf ein stetiges und angemessenes Wirtschaftswachstum,
- auf einen hohen Beschäftigungsgrad,
- auf Preisniveaustabilität und
- auf ein außenwirtschaftliches Gleichgewicht.

Wichtig für die wirtschaftspolitischen Entscheidungen sind die **Beziehungen der Ziele** zueinander. Sie können harmonisch, konfliktär oder neutral sein. Zielharmonie liegt vor, wenn bestimmte staatliche Maßnahmen die Erreichung mehrerer Ziele ermöglichen, z. B. durch Umweltmaßnahmen gleichzeitig ein höheres Wirtschaftswachstum und ein höherer Beschäftigungsgrad. Ein Zielkonflikt entsteht, wenn ein Ziel erreicht wird, das einem bzw. anderen entgegensteht. Bei Neutralität gibt es keine gegenseitige Zielbeeinflussung.
Der Grad der Zielerreichung kann mithilfe statistischer Kennzahlen erfasst werden. Für die Wirtschaftspolitik sind deshalb aktuelle und zuverlässige gesamtwirtschaftliche Daten besonders wichtig.

3.4.1 Wachstums- und Konjunkturpolitik

> Das **Ziel der Wachstumspolitik** ist die Steigerung des Wirtschaftswachstums, wobei es grundlegend um eine bessere Versorgung der Bevölkerung mit materiellen Gütern geht.

Es werden umfangreiche **amtliche Statistiken** erstellt, vor allem vom Statistischen Bundesamt in Wiesbaden und statistischen Ämtern der Bundesländer sowie von der Bundesbank. Wesentliche Grundlagen dafür sind in einem eigenen Gesetz, dem Gesetz über die Statistik für Bundeszwecke (Bundesstatistikgesetz – BstatG), geregelt.

Wirtschaftswachstum wird erreicht, wenn der Wert der in der Volkswirtschaft in einer Periode produzierten Waren und Dienstleistungen steigt. Dies gilt als wünschenswert, weil damit auch der zu Konsumzwecken zur Verfügung stehende **Güterberg** (Waren und Dienstleistungen) und somit der materielle Wohlstand der Bevölkerung steigt. Aus Sicht des Staates ist Wachstum zudem wünschenswert, weil damit die **Steuereinnahmen** steigen und andere staatliche Maßnahmen finanziert werden können, z. B. für Bildung, Verteidigung oder die öffentliche Sicherheit. Gleichzeitig ist einzuwenden, dass die materielle Güterversorgung nicht gleichbedeutend mit Wohlstand oder einem hohen Lebensstandard ist.

Das langfristige Wirtschaftswachstum wird beeinflusst von der Menge und Qualität der zur Verfügung stehenden Produktionsfaktoren Boden, Arbeit und Kapital und damit vom Produktionspotenzial der Volkswirtschaft. Ökonomische Wachstumstheorien haben gezeigt, dass der technische Fortschritt eine besondere Bedeutung für den Anstieg der Produktivität der eingesetzten Faktoren, im Besonderen für die **Arbeitsproduktivität** hat. Diese wird gemessen als das preisbereinigte Bruttoinlandsprodukt je Erwerbstätigem oder je Erwerbstätigenstunde. In Deutschland wurde seit 1991 eine deutliche Zunahme der Arbeitsproduktivität verzeichnet.

Wachstumspolitik ist langfristig und an den Angebotsbedingungen in der Volkswirtschaft orientiert.

Der Staat kann das langfristige Wirtschaftswachstum über die Entwicklung des Faktorangebots beeinflussen. So sind die Bevölkerungsentwicklung und der Bildungsstand entscheidend für das Arbeitsangebot. Die Investitionstätigkeit der Unternehmen bestimmt das zur Verfügung stehende Realkapital. Der Staat kann z. B. mit finanziellen Anreizen Anlageinvestitionen und die Spartätigkeit der privaten Haushalte fördern.

Wirtschaftswachstum kann gemessen werden an der Entwicklung des realen Bruttonationaleinkommens (**BNE**) bzw. des realen Bruttoinlandsprodukts (**BIP**).

	Einheit	2008	2010	2013
BIP real	Mrd. EUR	2473,80	2476,80	2737,60
Veränderungsrate des BIP zum Vorjahr	%	+1,1	+3,7	+0,4
BNE real	Mrd. EUR	2505,50	2522,75	2813,80

Der Staat kann auf die in der Marktwirtschaft regelmäßig auftretenden **Konjunkturschwankungen** – auf das wiederkehrende Auf und Ab der wirtschaftlichen Aktivität in der Volkswirtschaft – Einfluss nehmen. Nachfrage- und Produktionsschwankungen führen immer wieder zu Veränderungen des Auslastungsgrades der Produktionskapazitäten.
Konjunkturzyklen dauern zumeist zwischen vier und sieben Jahren und bestehen in der Regel aus vier Phasen: Aufschwung (Expansion), Hochkonjunktur (Boom), Abschwung (Rezession) und Tiefstand (Depression). Die **Auf- und Abschwungphasen** haben bestimmte Merkmale:

Merkmale des Wirtschaftsaufschwungs	Merkmale des Wirtschaftsabschwungs
steigende Nachfrage aus dem In- und Ausland	sinkende Nachfrage
steigende Güterproduktion, Abbau von Lagerbeständen	sinkende Güterproduktion, Aufbau von Lagerbeständen
steigende Preise und Zinssätze	sinkende/stagnierende Preise, sinkende Zinssätze
steigende Unternehmergewinne und steigende Löhne	sinkende Unternehmergewinne und stagnierende oder langsamer steigende Löhne
steigende Investitionen	sinkende Investitionen
Rückgang der Arbeitslosigkeit, Zunahme der offenen Stellen	Anstieg der Arbeitslosigkeit, Abnahme der offenen Stellen
abnehmende Sparneigung der privaten Haushalte	zunehmende Sparneigung der privaten Haushalte

Konjunkturpolitik verfolgt das Ziel, die gesamtwirtschaftlichen Schwankungen auszugleichen. Das bedeutet, dass der Staat im Abschwung die gesamtwirtschaftliche Aktivität anregt und in den Phasen des Aufschwungs dämpft, um ein möglichst gleichmäßiges Wirtschaftswachstum zu erreichen.

Die politische Einflussnahme des Staates auf die Auf- und Abschwünge der gesamtwirtschaftlichen Aktivität wird auch als **antizyklische (Finanz-)Politik** bezeichnet.

Damit soll eine gleichmäßige Auslastung des gesamtwirtschaftlichen Produktionspotenzials erreicht werden, sodass es nicht zu Über- oder Unterbeschäftigung kommt. Gleichzeitig soll der Preisanstieg beim Aufschwung begrenzt werden.

Konjunkturanregende Maßnahmen (Abschwung/Depression)	**Konjunkturdämpfende Maßnahmen (Aufschwung/Boom)**
– zusätzliches staatliches Ausgabenprogramm – Steuersenkung – Investitionsprämien oder zusätzliche Abschreibungsmöglichkeiten für Unternehmen (Zinssenkung durch die Zentralbank)	– Verringerung der Staatsausgaben – Steuererhöhung – Beschränkung der Abschreibungsmöglichkeiten der Unternehmen (Zinserhöhung durch die Zentralbank)

Der Staat kann zum einen mit seiner **Ausgabenpolitik direkt** die gesamtwirtschaftliche Nachfrage beeinflussen.

So kann er zur Bekämpfung einer Rezession ein Ausgabenprogramm tätigen, mit dem z. B. öffentliche Bauten oder gemeinnützige Beschäftigung finanziert werden. Die erhöhten Staatsausgaben sollen den Rückgang der Konsumnachfrage der Privathaushalte bzw. der Investitionstätigkeit der Unternehmen ausgleichen. Zur Finanzierung ist die Kreditaufnahme vorgesehen („deficit spending").

Wachstums- und konjunkturpolitische Entscheidungen werden vor allem auf Bundesebene getroffen, vorbereitet in den wirtschaftsrelevanten Ausschüssen des Bundestages. Die wichtigsten **Akteure in diesem Politikbereich** sind das Bundesministerium für Finanzen (BMF) sowie die Deutsche Bundesbank als Teil des Eurosystems, der Zentralbank im Euroraum.

Zum anderen kann der Staat die gesamtwirtschaftliche Nachfrage über die **Steuerpolitik indirekt** beeinflussen.

So kann z. B. im Aufschwung kurzfristig die Einkommensteuer erhöht werden. Damit haben die privaten Haushalte weniger Geld zur Verfügung und schränken ihren Konsum ein. Die zusätzlichen Staatseinnahmen können zudem zur Tilgung der Staatsschulden eingesetzt werden („surplus saving").

Die staatliche Konjunkturpolitik ist aus mehreren Gründen umstritten. So hat sich gezeigt, dass es den Politikern oftmals nicht gelingt, im Aufschwung tatsächlich die Ausgaben zu begrenzen und die Verschuldung wieder abzubauen. Vielmehr kam es zu steigender Staatsverschuldung (↗ S. 241). Außerdem hat die internationale Verflechtung in Handel und Kapitalverkehr dazu geführt, dass Konjunkturmaßnahmen eines einzelnen Staates weniger wirksam sind. Schließlich wird die These vertreten, der Staat selbst trage mit seinen schwankenden Ausgaben zu den Konjunkturausschlägen bei.

Als Erwerbstätige gelten alle Personen, die mindestens einer Erwerbstätigkeit nachgehen, unabhängig von der wöchentlichen Arbeitszeit. Zu den Erwerbslosen zählen alle Personen, die mindestens 15 Jahre alt sind, nicht unmittelbar am Erwerbsleben teilnehmen, aber eine Erwerbstätigkeit suchen, unabhängig davon, ob sie beim Arbeitsamt als arbeitslos gemeldet sind. Beide Gruppen zusammen bilden die Erwerbspersonen.

3.4.2 Beschäftigung und Arbeitsmarktpolitik

Volkswirtschaftlich von großer Bedeutung und ein Schwerpunkt der staatlichen Politik ist die Arbeitsmarktentwicklung.

Die staatliche **Arbeitsmarktpolitik** nimmt regulierend auf das Zusammenspiel von Arbeitsangebot und Arbeitsnachfrage Einfluss. Das Hauptziel dieser Politik besteht darin, zur Erhaltung vorhandener und zur Entstehung zusätzlicher Arbeitsplätze beizutragen.

Die Erfassung des Beschäftigungsstandes bildet dafür die Grundlage. Er wird mit der Beschäftigungs- oder Erwerbsquote gemessen:

$$\textbf{Erwerbsquote} = \frac{\text{Anzahl der Erwerbstätigen}}{\text{Gesamtbevölkerung im Erwerbsalter}} \times 100$$

Je höher diese Quote ist, desto größer sind das gesamtwirtschaftliche Arbeitsangebot und damit auch die potenziell erreichbare Wirtschaftsleistung. Zudem steigen tendenziell die Steuereinnahmen und die Sozialversicherungsbeiträge. Aus statistischer Sicht hat die Erwerbsquote zudem den Vorteil, weniger stark von der (politisch beeinflussbaren) Definition von registrierter Arbeitslosigkeit abzuhängen.

Entwicklung der Erwerbstätigkeit in Deutschland 2008 bis 2011 – nach Inlandskonzept

Wie die Grafik zeigt, wurden seit 2005 Fortschritte erzielt bei der Senkung der Arbeitslosigkeit. Das sagt aber noch nichts über die Qualität der hinzugekommenen Erwerbstätigkeit (Qualifikation, Entlohnung usw.) aus.

Quelle: Statistisches Bundesamt, 2011

Die direkte **Bekämpfung von Arbeitslosigkeit** gilt als ein zentrales Teilziel der staatlichen Arbeitsmarktpolitik.

Arbeitslosigkeit hat sowohl gesamtwirtschaftlich – durch den Ausfall von Steuern und Sozialabgaben und die Entwertung von Qualifikationen – als auch individuell – durch den sinkenden Lebensstandard, Entmutigung, sozialen Abstieg – gravierende negative Folgen. Deshalb werden die Zahlen der registrierten Arbeitslosen sowie die Arbeitslosenquote stark beachtet. Diese wird wie folgt gemessen:

$$\textbf{Arbeitslosenquote} = \frac{\text{registrierte Arbeitslose}}{\text{zivile Erwerbspersonen}} \times 100$$

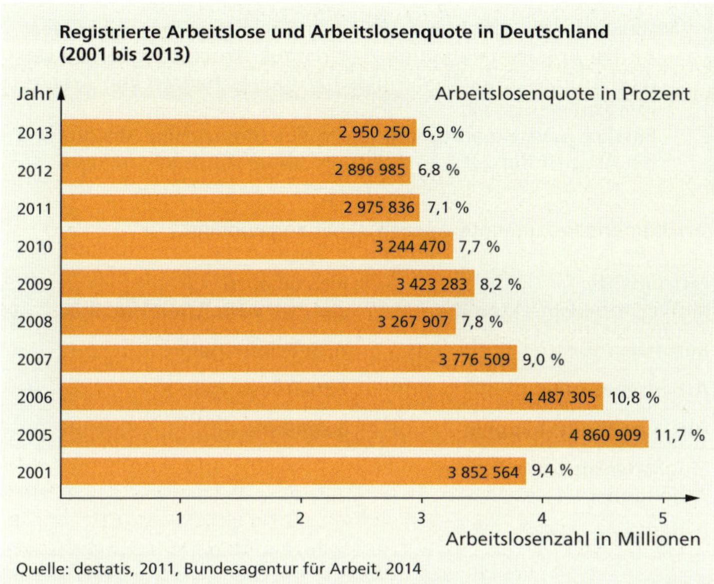

Der Einsatz von Steuern und Staatsausgaben zu konjunktur- und wachstumspolitischen Zwecken wird auch als **Fiskal- bzw. Finanzpolitik** bezeichnet.

Die Grafik zeigt, dass die Anzahl der bei der Bundesagentur für Arbeit registrierten Arbeitslosen seit ihrem Höchststand im Jahre 2005 deutlich gesunken ist. Dementsprechend ist die Arbeitslosenquote zurückgegangen, was als Erfolg der Arbeitsmarktpolitik gelten kann.

Es besteht kein grundsätzlicher Zielkonflikt zwischen einer hohen Erwerbsquote und einer niedrigen Arbeitslosenquote. Gleichwohl bestehen Differenzen im Detail. Neben der ausgewiesenen gibt es die **verdeckte Arbeitslosigkeit** (oder stille Reserve). Sie umfasst alle Personen, die Erwerbsarbeit anstreben, aber nicht als arbeitslos registriert sind, weil sie entweder keinen Anspruch auf Leistungen haben oder an arbeitsmarktpolitischen Maßnahmen teilnehmen. Zu Ersteren zählen z. B. Hausfrauen oder -männer, die nach der Kindererziehung wieder arbeiten möchten, oder Schüler und Studierende, die ihren Abschluss hinauszögern. Ihr geschätzter Umfang beträgt bis zu einer Million Personen.

Arten von Arbeitslosigkeit nach Ursachen

- saisonale Arbeitslosigkeit, z. B. in der Bauwirtschaft
- friktionelle oder Sucharbeitslosigkeit, z. B. beim Übergang von der Ausbildung in den Beruf
- konjunkturelle Arbeitslosigkeit infolge eines gesamtwirtschaftlichen Nachfragerückgangs
- strukturelle Arbeitslosigkeit durch Nichtübereinstimmung von Arbeitsnachfrage in ihren Merkmalen mit dem vorhandenen Arbeitsangebot

Wenn eine zuvor verdeckt arbeitslose Person eine Erwerbstätigkeit aufnimmt, steigen zwar die Beschäftigungs- und die Erwerbsquote. Die Arbeitslosenquote bleibt jedoch unverändert, weil die Person nicht als arbeitslos registriert war.

Gründe für die strukturelle Arbeitslosigkeit sind starke Veränderungen der Berufsanforderungen durch technischen Fortschritt, nicht passende Qualifikationen oder regionale Ungleichgewichte. Aus ökonomischer Sicht sind die konjunkturelle und die strukturelle Arbeitslosigkeit die wichtigsten Ursachen für die Arbeitslosigkeit in Deutschland.

3

Im Unterschied zu anderen Ländern gibt es in Deutschland keinen allgemeinen Mindestlohn, sondern nur gesetzliche Regelungen auf Branchenebene, z. B. im Bauhauptgewerbe, in der Gebäudereinigung und in der Pflegebranche. Gleichwohl bestehen gesetzliche Rahmenbedingungen, z. B. im Hinblick auf die zulässige Höchstarbeitszeit oder den Urlaubsanspruch.

Maßnahmen der Arbeitsmarktpolitik sind zwei Bereichen zugeordnet:
- **Aktive Arbeitsmarktpolitik** zielt darauf, Arbeitslosigkeit zu verhindern bzw. die (Wieder-)Beschäftigungschancen von Arbeitslosen zu verbessern.
- **Passive Arbeitsmarktpolitik** dient der finanziellen Absicherung bei Arbeitslosigkeit.

Verschiedene Instrumente werden dabei angewendet.

Instrumente aktiver Arbeitsmarktpolitik	Instrumente passiver Arbeitsmarktpolitik
Berufsberatung	Arbeitslosengeld
Arbeitsvermittlung	Arbeitslosengeld II
Aus- und Weiterbildung	Sozialhilfe
Eingliederungszuschüsse an Arbeitgeber	
Gründungszuschüsse	

Daneben dient auch die Konjunkturpolitik (↗ S. 232) der Bekämpfung von Arbeitslosigkeit, indem der Staat versucht, den Abschwung zu dämpfen. Dagegen greift der Staat nur in begrenztem Umfang in die **Lohnfindung** ein. Dafür sind in erster Linie die Tarifparteien zuständig (↗ S. 197 f.).

In der Tabelle ist der Teilnehmerbestand im Jahresdurchschnitt ausgewiesen.

Die wichtigste Trägerin der staatlichen Arbeitsmarktpolitik in Deutschland ist die **Bundesagentur für Arbeit** (BA) in Nürnberg. Sie zahlt nicht nur das Arbeitslosengeld als Lohnersatzleistung aus, sondern finanziert auch eine Vielzahl von Maßnahmen der aktiven Arbeitsmarktpolitik mit zuletzt über 1,5 Mio. Teilnehmern im Jahresdurchschnitt.

Teilnehmer an Maßnahmen der aktiven Arbeitsmarktpolitik		2010	2009
Vermittlungsunterstützende Leistungen		225 714	254 126
	Teilnahme an Maßnahmen zur Aktivierung und berufliche Eingliederung	223 364	131 760
Qualifizierung		215 961	263 649
	berufliche Weiterbildung	188 782	197 966
	berufliche Weiterbildung behinderter Menschen	18 318	17 729
Förderung der Berufsausbildung		376 220	356 349
	vertiefte und erweiterte Berufsorientierung	63 424	51 624
	berufsvorbereitende Bildungsmaßnahmen	65 075	67 600
	Berufsausbildung Benachteiligter	123 827	131 367
	Maßnahmen zur Ausbildung behinderter Menschen	41 774	43 046

Beschäftigungsbegleitende Leistungen		365 265	371 393
	Förderung abhängiger Beschäftigung	211 105	226 349
	Förderung der Selbstständigkeit	154 160	145 044
Beschäftigung schaffende Maßnahmen		311 304	338 300
	Arbeitsgelegenheiten nach § 16d SGB II („Ein-Euro-Jobs")	308 461	322 018
Sonstiges		61 291	97 916
Summe		**1 555 755**	**1 681 733**

Quelle: Bundesagentur für Arbeit, 2011

Die gesamtwirtschaftliche Effektivität dieser arbeitsmarktpolitischen Instrumente ist umstritten. Bemängelt wird vielfach, dass Eingliederungszuschüsse für in Arbeit kommende Arbeitslose gezahlt werden, obwohl Arbeitgeber sie ohnehin eingestellt hätten und mit den „Ein-Euro-Jobs" reguläre Arbeitsplätze ersetzt würden. Die Maßnahmen wurden eingeschränkt auf die Förderung der Weiterbildung, der Arbeitsgelegenheiten sowie Eingliederungs- und Gründungszuschüsse (2013 insgesamt 778 770 Maßnahmen).

Die Bundesagentur für Arbeit verfügt über einen Jahreshaushalt in Höhe von mehr als 50 Mrd. Euro, zum größten Teil finanziert aus den Beiträgen der Arbeitnehmer und Unternehmen zur gesetzlichen Arbeitslosenversicherung. Die BA untersteht der Aufsicht des Bundesministeriums für Arbeit und Soziales (BMAS).

3.4.3 Sozialpolitik

Soziale Sicherung ist eine zentrale Staatsaufgabe in der sozialen Marktwirtschaft, die sich aus dem Sozialstaatsgebot in Artikel 20 GG ableitet. Sie ist grundlegend auf die angemessene Beteiligung aller Bürgerinnen und Bürger am gesellschaftlichen Wohlstand gerichtet.

Die **Sozialpolitik** des Staates zielt auf den Schutz vor wirtschaftlicher und sozialer Not sowie auf den Ausgleich wirtschaftlicher Folgen von Arbeitslosigkeit, Krankheit, Unfall, Invalidität und Alter.

Das entspricht nicht nur der sozialen Gerechtigkeit, sondern ist auch von großer wirtschaftlicher Bedeutung: So, wie eine gute Wirtschaftspolitik die (finanziellen) Voraussetzungen für eine gute Sozialpolitik schafft, schafft eine gute Sozialpolitik u. a. mit dem sozialen Frieden die Voraussetzungen für die sich entwickelnde Wirtschaft. Die sozialen Sicherungssysteme erfüllen zudem eine wichtige konjunkturpolitische Funktion. Sie bewirken in der Abschwungphase automatisch eine Stabilisierung.

Die gesetzlichen **Sozialversicherungen** umfassen fünf sogenannte Zweige, und zwar die Rentenversicherung, die Krankenversicherung, die Pflegeversicherung, die Arbeitslosenversicherung und die Unfallversicherung.

Die gesetzlichen **Sozialversicherungen** bilden einen Kernbestandteil der sozialen Sicherungssysteme in Deutschland.

Die Beitragshöhe zu den Sozialversicherungen wird mit Ausnahme der Unfallversicherung durch das Bundesgesetz festgelegt.

Die Träger der Sozialversicherungen – u. a. gesetzliche Krankenkassen und Berufsgenossenschaften – sind rechtsfähige Körperschaften des öffentlichen Rechts mit Selbstverwaltung, die sich zu Bundesverbänden zusammengeschlossen haben. Sie erfüllen die ihnen zugewiesenen Auf-

Sozialleistungen umfassen alle Geld- und Sachleistungen, die privaten Haushalten oder Einzelpersonen vom Staat beziehungsweise von öffentlich-rechtlichen Körperschaften oder von Unternehmen zur Deckung bestimmter sozialer Risiken und Bedürfnisse gewährt werden.

2010 wurden Sozialleistungen in Höhe von insgesamt 760,6 Mrd. Euro gezahlt, davon rund 27,8 Mrd. Euro Verwaltungsausgaben. Die Finanzierung der Leistungen erfolgte durch die Sozialbeiträge der Arbeitgeber (33,4 %) und der Versicherten (28,5 %) und zu mehr als einem Drittel durch den Staatshaushalt (36,4 %).

Mit dem steigenden Wohlstand konnten die sozialen Sicherungssysteme ausgebaut und erweitert werden. Erst 1995 wurde die gesetzliche Pflegeversicherung als eigener, fünfter Zweig eingeführt.

gaben in eigener Verantwortung, unterliegen aber der staatlichen Aufsicht, im Besonderen den zuständigen Bundesministerien für Arbeit und Soziales (BMAS) sowie für Gesundheit (BMG).
Neben den Sozialversicherungen gibt es **weitere gesetzliche Sozialleistungen,** die der Staat aus dem öffentlichen Haushalt finanziert. Dazu zählen u. a. das Arbeitslosengeld II, die Sozialhilfe, das Kinder- und Elterngeld oder die Ausbildungsförderung. Auch tragen die Arbeitgeber über die gesetzlich vorgeschriebene Entgeltfortzahlung im Krankheitsfall zur sozialen Sicherung bei.

Die Bundesregierung veröffentlicht jährlich das **Sozialbudget,** einen zahlenmäßigen Überblick über das System der sozialen Sicherung.

Umfang der Sozialleistungen (ohne Verwaltungsausgaben) nach Funktionen 2014

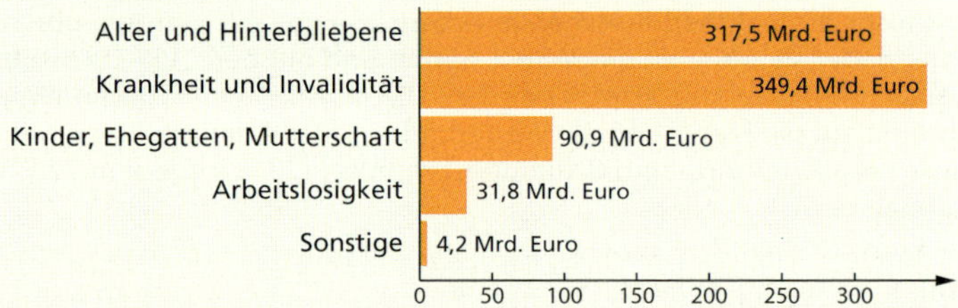

Quelle: BMAS, Sozialbudget 2014

Setzt man die Summe der Sozialleistungen ins Verhältnis zum Bruttoinlandsprodukt, so ergibt sich die **Sozialleistungsquote.** Sie betrug 30,4 % im Jahr 2010. Langfristig betrachtet zeigt sich eine erhebliche Zunahme der Sozialleistungen in absoluten Werten, aber auch relativ zum BIP.

So stiegen die Sozialleistungen von 1960 bis 2010 von mehr als 28 Mrd. Euro auf etwa 760 Mrd. Euro, also fast auf das 27-Fache. Das BIP stieg auf das 16-Fache. Dementsprechend nahm die Sozialleistungsquote von 18,3 % auf 30,4 % zu. Das bedeutet eine Zunahme um fast zwei Drittel. Nahezu ein Drittel des BIP wird somit für Sozialleistungen aufgewendet.

Die sozialen Sicherungssysteme stehen gegenwärtig vor großen Herausforderungen. Teilweise wurden bereits Reformen durchgeführt, über weitere wird intensiv diskutiert. Zwei der wichtigsten Problemkreise sind:
- Die Sozialversicherungen knüpfen in der Regel an **unselbstständiger Beschäftigung** an. Damit sind in erster Linie auch nur die sozialversicherungspflichtigen Beschäftigten abgesichert. Selbstständige, geringfügig Beschäftigte („400-Euro-Jobber") und andere Gruppen sind damit nicht erfasst. Deren Absicherung muss auf anderen Wegen erfolgen.
- Sinkende Geburtenzahlen und die gleichzeitig steigende Lebenserwartung führen zu einem **demografischen Wandel.** Die Ausgaben vor allem der Renten-, Kranken und Pflegeversicherung steigen, während gleichzeitig die Anzahl der Beitragszahler zurückgeht. Für dieses Problem muss eine Lösung gefunden werden.

3.4.4 Finanz- und Geldpolitik

> Als **Finanz- oder Fiskalpolitik** wird die Gesamtheit der politischen und gesetzgeberischen Maßnahmen bezeichnet, die der Ordnung und Gestaltung der öffentlichen Einnahmen und Ausgaben – der Staatsfinanzen – dienen.

Die staatliche Einnahmeerzielung ist die Voraussetzung für das Tätigen von Ausgaben zur Erfüllung der Staatsaufgaben. Dies betrifft nicht nur wirtschaftspolitische Ziele, sondern auch die Bereiche Verteidigung, Justiz und Polizei oder Bildung und Kultur. Über Art und Umfang dieser Aufgaben entscheiden Parlament und Regierung.

Ausgaben und Einnahmen für einen bestimmten Zeitraum werden als „Haushaltsperiode" oder „Haushaltsjahr" bezeichnet.

Träger der Finanzpolitik sind in Deutschland die öffentlichen Haushalte des Bundes, der Länder und der Gemeinden sowie die gesetzlichen Sozialversicherungen. Außerdem verfügt die Europäische Union über einen eigenen Haushalt, zu dem die Bundesrepublik Beiträge leistet und aus dem Zahlungen wiederum nach Deutschland fließen. Das Volumen der Sozialversicherungen ist mit Abstand am größten, es umfasst nahezu die Hälfte des Gesamthaushalts.

Aufteilung des öffentlichen Gesamthaushalts im Jahre 2010

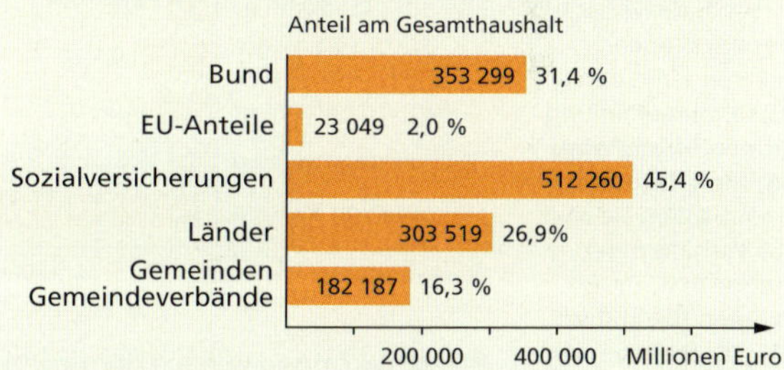

Quelle: destatis, 2011

Die Ausgaben und Einnahmen für einen bestimmten Zeitraum werden in einem **Haushaltsplan** zusammengestellt, den das Parlament nach Vorlage der Regierung verabschiedet. Im Gesamthaushalt verteilen sich die **öffentlichen Ausgaben** auf die verschiedenen Politikbereiche. Für die Verwendung der Mittel in den einzelnen Ressorts sind auf Bundesebene die jeweiligen Bundesministerien verantwortlich.

Ausgaben des Bundes im Jahr 2015 (Gesamtausgaben 301,6 Mrd. Euro)

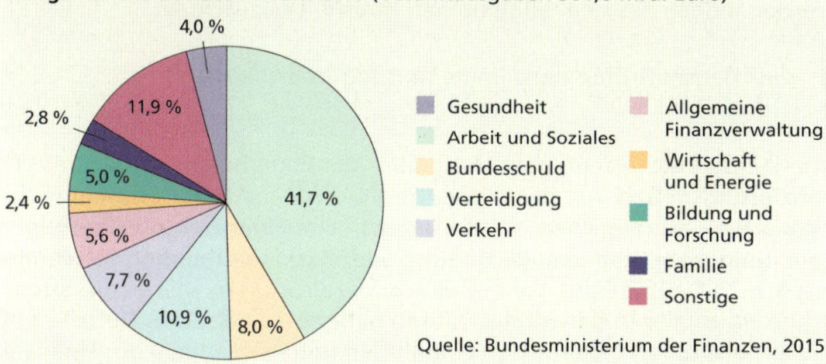

Quelle: Bundesministerium der Finanzen, 2015

Der drittgrößte Posten im Bundeshaushalt 2015 ist der Schuldendienst (Zins- und Tilgungszahlungen). Diese Mittel können nicht für politische Maßnahmen verwendet werden.

Den Ausgaben stehen die **Einnahmen** der öffentlichen Haushalte gegenüber, die vor allem aus Steuern und Sozialabgaben kommen.

Steuern sind Geldleistungen der Steuerpflichtigen (Haushalte, Unternehmen) an den Staat ohne Anspruch auf direkte Gegenleistung. **Gebühren** werden dagegen für bestimmte Leistungen erhoben, z. B. für die Ausstellung eines Personalausweises. Steuern dienen in erster Linie der Einnahmenerzielung für den öffentlichen Haushalt. Darüber hinaus sollen sie auch das Verhalten der Bürger bzw. Unternehmen beeinflussen. Die Besteuerung des Energieverbrauchs soll z. B. auch zu Sparsamkeit anregen.

2012 waren die Umsatzsteuer, die Lohnsteuer und die Energiesteuer die aufkommensstärksten Steuern.

Steueraufkommen 2012 nach Steuerarten

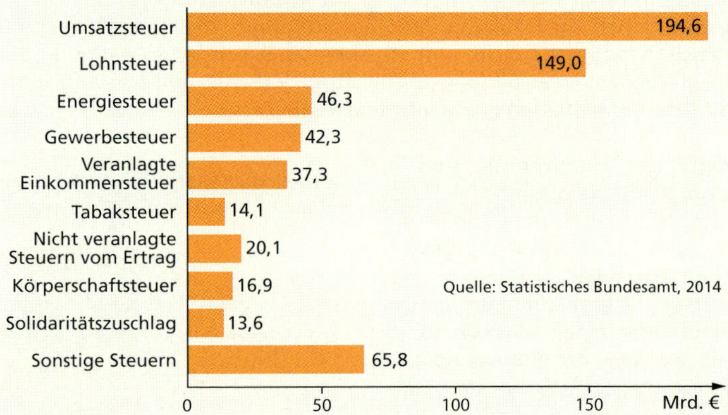

Steuern können je nach dem wirtschaftlichen Bezug eingeteilt werden in
- Steuern auf die Einkommensentstehung (z. B. Lohnsteuer der Arbeitnehmer, Gewerbesteuer und Körperschaftsteuer der Unternehmen),
- Steuern auf die Einkommensverwendung (z. B. Umsatzsteuer, Mineralölsteuer, Tabaksteuer),
- Steuern auf das Vermögen (z. B. Grundsteuern, Erbschaft- und Schenkungsteuer, Vermögensteuer).

Die zweite wichtige Einnahmeart der öffentlichen Haushalte sind die **Sozialabgaben.** Das sind die von Arbeitnehmern und Arbeitgebern getragenen Beiträge zu den verschiedenen Zweigen der Sozialversicherung (↗ S. 237). Einzelne Sozialversicherungen, v. a. die Rentenversicherung, werden jedoch aus dem allgemeinen Haushalt bezuschusst.

Der Haushaltsplan muss immer ausgeglichen sein.

Der hohe Fehlbetrag im Jahr 2009 (↗ Grafik, S. 241) zeigt z. B. den Finanzbedarf zur Bewältigung der damaligen Weltwirtschaftskrise.

Übersteigen die öffentlichen Ausgaben die Einnahmen, so liegt ein **Finanzierungsdefizit** vor, das durch Kreditaufnahme (oder Entnahme aus Rücklagen) ausgeglichen werden muss. Ein **Finanzierungsüberschuss** kann umgekehrt zur Schuldentilgung oder Rücklagenbildung verwendet werden. In Deutschland wie in vielen anderen Staaten weisen die öffentlichen Haushalte in den letzten Jahren nahezu ausnahmslos Defizite auf. Die Differenz von öffentlichen Einnahmen und Ausgaben – der **Finanzierungssaldo** – spiegelt zumeist wichtige (politische) Entwicklungen wider.

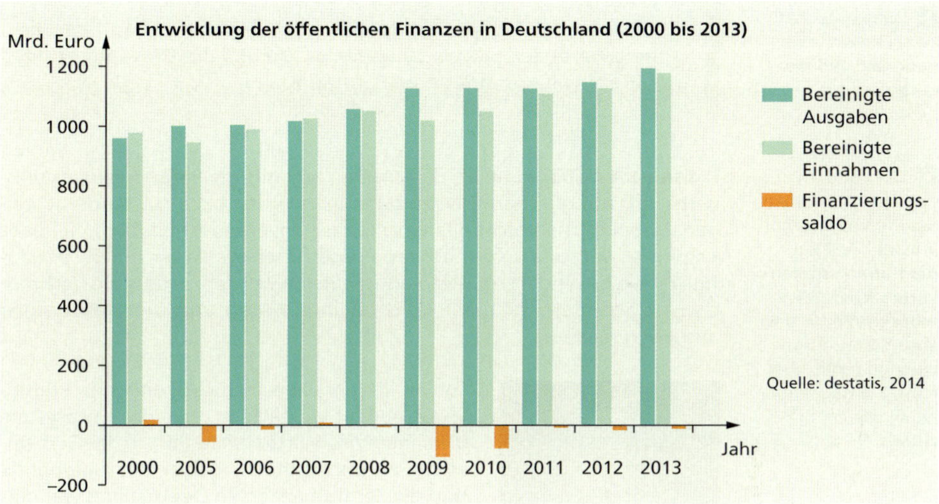

Die regelmäßigen Defizite führten zu einem wachsenden **Schuldenstand** der öffentlichen Hand in Deutschland.

Allein seit 1990 hat er sich mehr als verdreifacht und lag Ende 2009 bei über 1,6 Bill. Euro. Das waren mehr als 20000 Euro pro Einwohner. Ende 2013 betrugen die Schulden 2,1 Bill. Euro.

Die **steigende öffentliche Verschuldung** ist aus mehreren Gründen problematisch. Sie führt dazu, dass die öffentliche Hand einen immer größeren Teil ihrer Einnahmen für Zinszahlungen aufwenden muss und nicht für andere Zwecke verwenden kann. Außerdem werden die finanziellen Lasten für die heutigen Ausgaben auf zukünftige Generationen verschoben. Sie müssen die heute gemachten Schulden zurückzahlen, ohne dass sie darüber mitentscheiden konnten. Schließlich können die hohen Staatsschulden dafür sorgen, dass zu wenig Kapital für Unternehmen zur Verfügung steht. Deshalb gibt es seit Langem Bestrebungen zur Begrenzung der Neuverschuldung und zum Abbau der Staatsverschuldung.

Im Juni 2009 wurde die sogenannte **Schuldenbremse** in das Grundgesetz aufgenommen. Demnach muss der Bund seine Neuschulden bis 2016 auf höchstens 0,35 Prozent des Bruttoinlandsprodukts begrenzen. Die Bundesländer dürfen ab 2020 überhaupt keine neuen Kredite mehr aufnehmen. Nur im Falle von Naturkatastrophen und „außergewöhnlichen Notsituationen" dürfen laut Grundgesetz diese Grenzen überschritten werden.

Über weitere wichtige Instrumente zur Beeinflussung der gesamtwirtschaftlichen Entwicklung verfügt die **Geldpolitik.** Die Verwendung eines allgemein anerkannten Tausch- und Zahlungsmittels ist in einer hochgradig arbeitsteiligen Volkswirtschaft wie in Deutschland von zentraler Bedeutung.

Aus volkswirtschaftlicher Sicht erfüllt **Geld** drei wichtige Funktionen: als Tauschmittel, Recheneinheit (der Wert aller Güter kann direkt verglichen werden) und Wertaufbewahrung.

Geldpolitik hat zwei Ebenen: eine nationale und die europäische.

Das vorrangige **Ziel der Geldpolitik** ist nach dem Vertrag über die Arbeitsweise der Europäischen Union (AEUV) die Gewährleistung der Preis(niveau)stabilität im Euroraum.

Der Rat der Europäischen Zentralbank hat Preisniveaustabilität als „Anstieg des Harmonisierten Verbraucherpreisindex (HVPI) für das Euro-Währungsgebiet von unter, aber nahe 2 % gegenüber dem Vorjahr" präzisiert.

Preisniveaustabilität heißt, dass im Durchschnitt die Preise in einer Volkswirtschaft auf gleichem Niveau gehalten werden bzw. nur moderat steigen. Dabei müssen nicht alle Einzelpreise unverändert bleiben. Vielmehr kommt es darauf an, dass höhere Preise für einige Güter durch rückläufige Preise bei anderen Gütern ausgeglichen werden, sodass die Verbraucher im Schnitt nicht mehr Geld für ihre Waren und Dienstleistungen ausgeben müssen.

Eurotower der Europäischen Zentralbank in Frankfurt am Main

Soweit es ohne Beeinträchtigung der Preisniveaustabilität möglich ist, hat das Eurosystem die allgemeine Wirtschaftspolitik in der Gemeinschaft zu unterstützen. **Träger der Geldpolitik** sind die Zentralbanken. In Deutschland war dies bis Ende 1998 die Deutsche Bundesbank. Mit der Europäischen Währungsunion (↗ S. 258 f.) ging diese Aufgabe Anfang 1999 auf das Eurosystem über. Die Europäische Zentralbank (EZB) mit Sitz in Frankfurt und die nationalen Zentralbanken der Mitgliedstaaten, die den Euro eingeführt haben, bilden das Eurosystem.

Inflation bezeichnet die Geldentwertung (Sinken des Geldwertes), die sich durch ständiges Steigen des allgemeinen Preisniveaus für Endprodukte ausdrückt. Gewissermaßen das Gegenteil ist die **Deflation,** d.h. das anhaltende Sinken des Preisniveaus für Endprodukte.

Unvereinbar mit dem Ziel der Preisniveaustabilität sind (übermäßige) **Inflation** oder **Deflation.** Beides ist mit gravierenden ökonomischen Problemen verbunden.

Die Geldpolitik beruht darauf, dass das Bankensystem auf die Versorgung mit Zentralbankgeld angewiesen ist. Die Zentralbank kann die Konditionen (Zinssatz, Menge) für diese **Refinanzierung** festlegen und auf diesem Wege die Geldversorgung des Bankensystems steuern.
Erhöht die Zentralbank die Zinsen, so wird die Versorgung mit Zentralbankgeld für die Geschäftsbanken teurer und sie nehmen weniger in Anspruch. Die Banken geben ihrerseits die geldpolitischen Impulse über ihre Kreditvergabe bzw. Einlagenpolitik an die Unternehmen und die privaten Haushalte weiter (sog. Transmissionsmechanismus). Letztlich geht es darum, drohende Inflation durch eine Verknappung der Geldmenge zu verhindern.

Mit dem **Mindestreservesatz** (im Euroraum gegenwärtig zwei Prozent) kann ebenfalls die Geldmenge beeinflusst werden.

Zentralbanken setzen bei ihren Geschäften mit dem Bankensektor verschiedene **geldpolitische Instrumente** ein. Dies sind im Fall der EZB zum einen Offenmarktgeschäfte, bei denen die Zentralbank auf eigene Initiative Wertpapiere von den Geschäftsbanken ankauft. Zum anderen sind das sogenannte ständige Fazilitäten, welche die Kreditinstitute von sich aus in Anspruch nehmen können. Von bestimmten Bilanzpositionen müssen die Banken zudem einen festen Prozentsatz als **Mindestreserve** bei der Zentralbank halten.

Besondere Beachtung findet der Zinssatz für die regelmäßig angebotenen Hauptrefinanzierungsgeschäfte des Eurosystems. Er gilt als sogenannter **Leitzins** im Euroraum.

Leitzins ist der von der zuständigen Zentralbank festgelegte Satz zur Steuerung des Geld- und Kapitalmarkts.

Die **Preisentwicklung** kann mithilfe des Verbraucherpreisindexes (VPI) statistisch **gemessen** werden.

Der VPI misst die durchschnittliche Preisentwicklung aller Güter, die von privaten Haushalten für Konsumzwecke gekauft werden. Die nachgefragten Waren und Dienstleistungen werden in einem sogenannten **Warenkorb** nach Bereichen zusammengefasst und gewichtet. Die konkrete Preisbeobachtung erfolgt landesweit monatlich auf Stichprobenbasis.

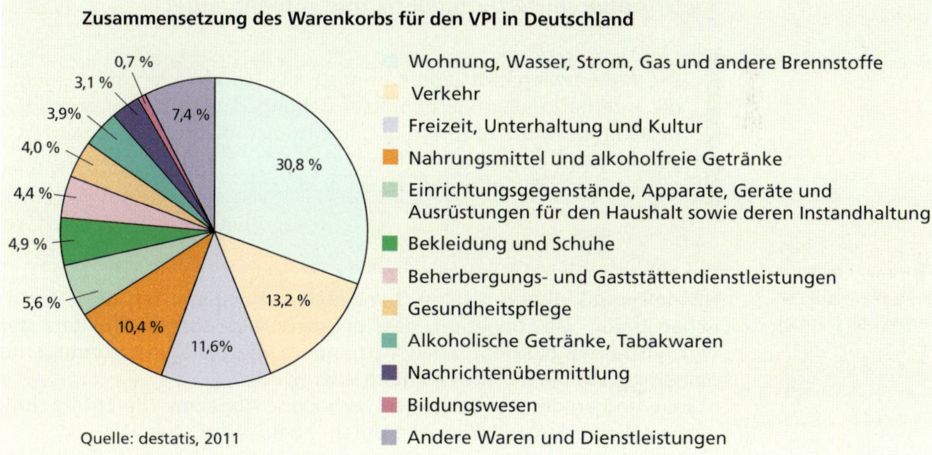

Die Veränderungsrate des VPI wird oftmals als **Inflationsrate** bezeichnet. Sie stellt neben der Entwicklung der Geldmenge eine zentrale Zielgröße der Geldpolitik dar.

Wie in der Grafik ersichtlich ist, sorgte 2009 die Wirtschaftskrise für ein stagnierendes und teilweise sinkendes Preisniveau. Das wieder einsetzende Wachstum im darauffolgenden Jahr ließ auch das Preisniveau steigen.

Quelle: destatis, 2015

Problematisch sind folgende negative Konsequenzen von inflationären Prozessen:
- eine Beeinträchtigung der Funktionsfähigkeit des Preismechanismus, weil es unklar ist, ob Preissteigerungen eine Folge der allgemeinen Inflation sind oder ob die betreffenden Produkte teurer werden, weil die Nachfrage steigt, sodass die Produktion ausgeweitet werden sollte;
- unkontrollierte und vielfach als „ungerecht" empfundene Umverteilungen, weil einerseits Sparvermögen entwertet werden und andererseits der reale Wert von Schulden verringert wird;
- eine Beeinträchtigung der internationalen Wettbewerbsfähigkeit, weil sich inländische Güter für das Ausland relativ verteuern, wenn die dortigen Preise weniger stark steigen.

3.4.5 Außenwirtschaftspolitik und Außenhandel

Die **Außenwirtschaftspolitik** umfasst alle Maßnahmen, mit denen die internationalen Wirtschaftsbeziehungen, also der internationale Güter- und Kapitalverkehr, beeinflusst und gesteuert werden sollen. Das Ziel dieser Politik besteht in der Steigerung des Wohlstands durch den internationalen Austausch.

Durch die Einbindung in die EU verbleiben Deutschland nur geringe eigene Kompetenzen in der Handelspolitik. Sie werden vor allem durch die EU-Kommission in Absprache mit den Mitgliedstaaten wahrgenommen. Dazu trifft sich wöchentlich der vom Rat bestellte handelspolitische Ausschuss.

Zwischen den EU-Mitgliedstaaten sind Handelsbeschränkungen grundsätzlich verboten (↗ Binnenmarkt).

Der sich speziell auf den Warenverkehr beziehende Bereich der **(Außen-) Handelspolitik** gehört zu den Gemeinschaftskompetenzen der Europäischen Union. Das bedeutet, dass beispielsweise über den Einsatz der wichtigsten handelspolitischen Instrumente wie Zölle und Kontingente einheitlich auf der EU-Ebene entschieden wird.
- *Zölle* sind an den Landesgrenzen erhobene Abgaben. Die Entrichtung von Zöllen erfolgt für die Ein-, Durch- oder Ausfuhr von Waren.
- *Kontingente* sind mengenmäßige Begrenzungen im grenzüberschreitenden Warenverkehr. Sie legen z. B. fest, wie viele Tonnen Zucker pro Jahr in die EU eingeführt werden dürfen.

Ein wichtiges Mittel der Handelspolitik sind **Handelsverträge.** Darin verpflichten sich zwei oder mehr Staaten gegenseitig zu Handelserleichterungen. Die Europäische Kommission, die im Auftrag des Rates der EU und in Abstimmung mit dem „Ausschuss für Handelspolitik" wirkt, ist zuständig für die Aushandlung von Handelsabkommen, die Änderungen von Zollsätzen, Zoll- und Handelsbestimmungen sowie Schutzmaßnahmen.

Die Europäische Union hat beispielsweise im Oktober 2010 ein neues Freihandelsabkommen mit Südkorea unterzeichnet, das seit 1. Juli 2011 angewendet wird. Es sieht den weiteren Abbau von Zöllen (geschätzt 1,6 Mrd. € Importzölle) und anderen Handelshemmnissen vor.

Die Bundesrepublik Deutschland ist eng mit den Volkswirtschaften anderer Länder verflochten, innerhalb der Europäischen Union und darüber hinaus. Unter den wichtigsten Aus- und Einfuhrländern befinden sich sieben bzw. sechs EU-Mitglieder.

Die wichtigsten Handelspartner Deutschlands (2014)			
Ausfuhr		**Einfuhr**	
Land	**Mrd. Euro**	**Land**	**Mrd. Euro**
Frankreich	100,6	Niederlande	87,8
USA	95,9	China	79,8
Großbritannien	79,1	Frankreich	66,7
China	74,3	USA	49,2
Niederlande	72,7	Italien	48,5
Österreich	55,8	Belgien	39,5
Italien	54,2	Schweiz	39,4
Polen	47,7	Großbritannien	38,5
Schweiz	46,2	Russland	38,3
Belgien	42,0	Österreich	36,2

Quelle: destatis, 2015

Als **Export** (Ausfuhr) wird der Verkauf von Waren und Dienstleistungen ins Ausland bezeichnet. **Import** (Einfuhr) ist der Bezug von Waren und Dienstleistungen aus dem Ausland.

Für die **deutsche Volkswirtschaft** sind Handelsbeziehungen substanziell. Deutschland ist ein rohstoffarmes Land.

Im Jahr 2014 importierte Deutschland Erdöl und Erdgas für über 76 Mrd. Euro, landwirtschaftliche Erzeugnisse für über 27,4 Mrd. Euro, Kokereierzeugnisse und Mineralölerzeugnisse für über 27,4 Mrd. Euro und Erze für knapp 7,3 Mrd. Euro.
In noch größerem Umfang wurden Industrieerzeugnisse eingeführt, so z. B. Kraftfahrzeuge aus Frankreich, Italien und anderen Ländern oder Fertigwaren aus Fernost. Umgekehrt kauft das Ausland v. a. diejenigen Güter, bei deren Produktion Deutschland Vorteile besitzt.

Die wichtigsten deutschen Ausfuhrwaren 2014

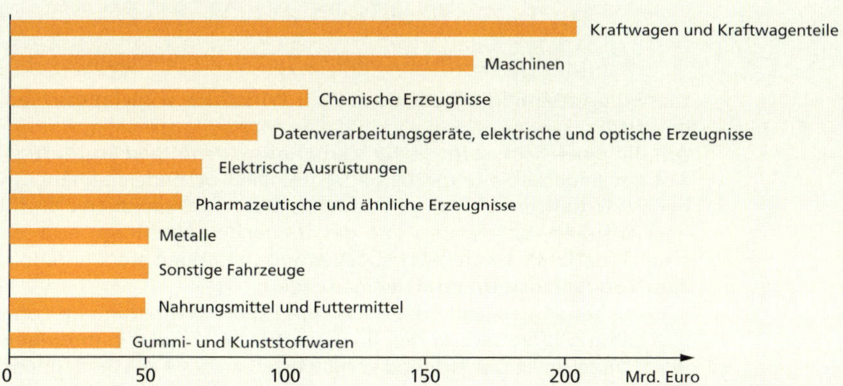

Quelle: Statistisches Bundesamt, 2015

Der grenzüberschreitende Warenverkehr wird in der **Außenhandelsstatistik** des Statistischen Bundesamts erfasst. Die gesamten wirtschaftlichen Transaktionen mit der übrigen Welt (auch Dienstleistungen, Kapitalverkehr u. a.) werden in der **Zahlungsbilanz** systematisch zusammengefasst.

Die deutsche Volkswirtschaft ist stark auf den Export vor allem von Industrieerzeugnissen ausgerichtet. Sie weist eine hohe **Exportquote** auf. Ein Drittel der in Deutschland produzierten Waren und Dienstleistungen wird ins Ausland verkauft.

Die Exportquote misst den prozentualen Anteil der Ausfuhren an der gesamten Wirtschaftsleistung (BIP) nach folgender Formel:

$$\textbf{Exportquote} = \frac{\text{Ausfuhr}}{\text{BIP}} \times 100$$

Dadurch, dass Deutschland seit Jahren wertmäßig mehr Güter aus- als einführt, hat sich ein steigender **Exportüberschuss** herausgebildet, der in der amtlichen Statistik als Außenhandelsbilanz bezeichnet wird.

Im Anschluss an die deutsche Wiedervereinigung war der Wert 1991 zunächst aufgrund des großen inländischen Bedarfs vergleichsweise niedrig, stieg dann aber nahezu ununterbrochen an. Einen Höchststand erreichte der Exportüberschuss im Jahre 2007 – vor den weltweiten Wirtschafts- und Finanzkrisen – mit gut 195 Mrd. Euro. Nach wirtschaftlicher Erholung liegt er 2014 bei 213,6 Mrd.Euro.

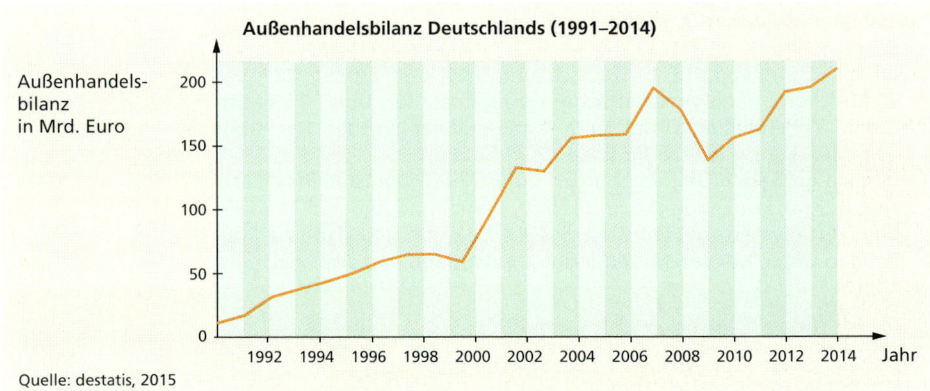

Die **Exportorientierung** der deutschen Wirtschaft wird unterschiedlich beurteilt.
Auf der einen Seite sorgt sie für Wirtschaftsaktivität und Beschäftigung. Auf der anderen Seite macht sie Deutschland besonders abhängig von der Wirtschaftsentwicklung in anderen Staaten. Deutschland profitiert vom dortigen Aufschwung und der steigenden Nachfrage nach deutschen Produkten. Umgekehrt leidet es auch besonders stark unter einem Abschwung in den Hauptabnehmerländern.
Kritiker befürchten außerdem, dass die Exportorientierung zu Lohnzurückhaltung führe und so die Binnennachfrage schwäche. International wird Ländern wie Deutschland vorgeworfen, dass sie zu wenig importieren und damit zu Ungleichgewichten im Welthandel beitragen. (China und Russland weisen ebenfalls hohe Exportüberschüsse auf.)

Volkswirtschaftliche Gesamtrechnung (VGR)

Für die Begründung und Prüfung seiner Wirtschaftspolitik benötigt der Staat umfangreiche und zuverlässige Informationen über die wirtschaftliche Situation und Entwicklung. Diese werden im Rahmen der Volkswirtschaftlichen Gesamtrechnung (VGR) zusammengestellt.

Die VGR erfasst das Wirtschaftsgeschehen einer Volkswirtschaft für einen abgeschlossenen Zeitraum quantitativ. Die **zentralen Größen** sind das Bruttoinlandsprodukt (BIP) und das Bruttonationaleinkommen (BNE). Das **BIP** ist ein Maß für die Produktionsaktivität einer Volkswirtschaft, also für die in einem bestimmten Zeitraum im Inland erbrachten wirtschaftlichen Leistungen. Für die Ermittlung des BIP ist der geografische Ort der Leistungserbringung ausschlaggebend (Inlandskonzept). Das **BNE** erfasst dagegen die Wirtschaftsleistung der inländischen Personen (Inländerkonzept).

Es gibt **drei Wege zur Inlandsproduktsberechnung,** die in der Gesamtsumme ein identisches Ergebnis erbringen:
- die Entstehungsrechnung, in der die Werte aller neu produzierten Güter in den einzelnen Wirtschaftsbereichen erfasst werden,
- die Verwendungsrechnung, in der die Aufteilung des produzierten Güterbergs nachfrageseitig dargestellt wird,
- die Verteilungsrechnung, in der die Einkommen, die durch den Verkauf von Waren und Dienstleistungen entstehen, summiert werden.

Entstehung, Verwendung und Verteilung des BIP 2014 (in Mrd. Euro)

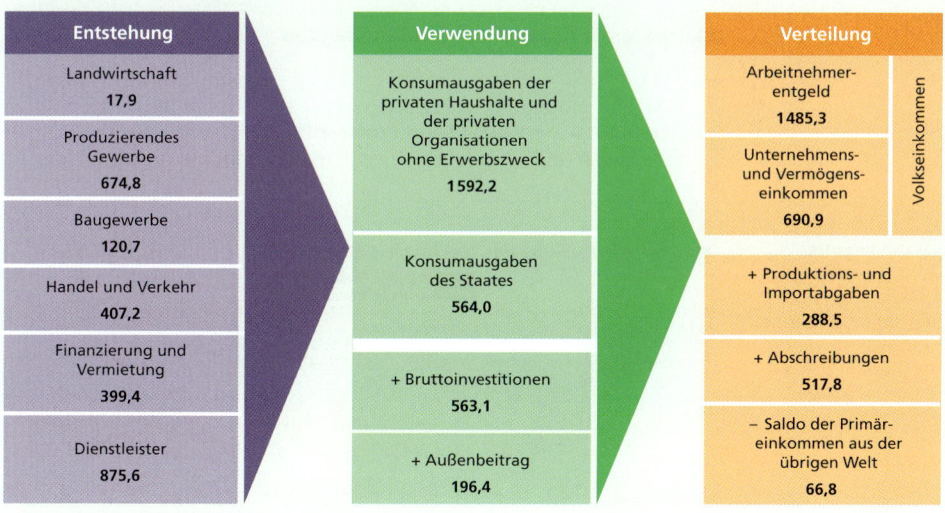

Quelle: Bundesamt für Statistik, 2014

3.5 Deutschland in Europa

Die Rolle Deutschlands hat sich seit Gründung der Europäischen Gemeinschaft für Kohle und Stahl 1951 grundlegend gewandelt. Im Prozess der Ausgestaltung des europäischen Einigungsprozesses übernahm die Bundesrepublik Deutschland ein hohes Maß an Verantwortung und Initiative. Nach wie vor zeichnet sich der europäische Einigungsprozess aufgrund gegenläufiger gesellschaftlicher und ökonomischer Entwicklungen durch starke Spannungen und Schwankungen aus.

▶ Vor allem auf den sekundären Sektor stützte sich die günstige konjunkturelle Erholung nach dem Krisenjahr 2009.

Als wirtschaftsstrukturelle Besonderheit Deutschlands zeigte sich der im Vergleich zu Nachbarländern höhere Anteil des gewerblich-industriellen Sektors gegenüber den agrarischen und dienstleistenden Sektoren der Wirtschaft. Entsprechend dominieren Güter des produzierenden Sektors, insbesondere Maschinen und Erzeugnisse der Kraftfahrzeug- und der chemischen Industrie, den Außenhandel mit den EU-Ländern zu fast zwei Drittel.

3.5.1 Wirtschaftsstandort Deutschland

Deutschland unterliegt wie jede andere Industriegesellschaft einem steten Wandel ihrer wirtschaftlichen Rahmenbedingungen. Neue Technologien, eine veränderte Nachfragestruktur, die fortschreitende globale Wirtschaftsverflechtung und Schwankungen auf den internationalen Finanzmärkten stellen hohe Anforderungen an die Anpassungsfähigkeit des Wirtschaftsstandortes Deutschland.

Intersektorale Aspekte des Strukturwandels

> Wie alle modernen Volkswirtschaften besteht die deutsche Wirtschaft aus einer **Vielzahl von Wirtschaftsbereichen,** in denen die unterschiedlichsten Arten von Wirtschaftsleistungen erbracht werden.

▶ Die Begriffswahl „primärer“, „sekundärer“ und „tertiärer“ Sektor ist historisch begründet und bezieht sich auf die schrittweisen Verschiebungen der wirtschaftlichen Bedeutung der Sektoren im Zuge des Industrialisierungsprozesses der Volkswirtschaften.

Klassische Dreiteilung der Wirtschaftssektoren

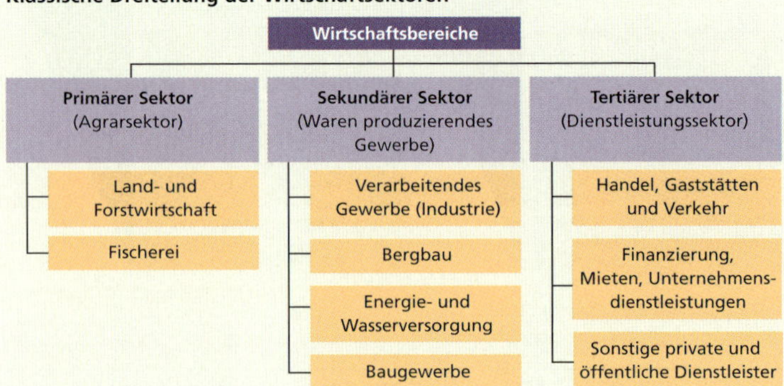

Zwischen den drei Sektoren der Wirtschaft bestehen deutliche Unterschiede im Hinblick auf die im Zeitverlauf erreichbaren Produktionszuwächse – der Zuwächse der realen, also inflationsbereinigten Bruttowertschöpfung pro Beschäftigtem.

Bruttowertschöpfung ist der Produktionswert der im Inland innerhalb eines bestimmten Zeitraums erzeugten Endprodukte aller Sektoren.

Die höchsten Produktionszuwächse finden sich im sekundären Sektor, hier vor allem im verarbeitenden Gewerbe (Industrie). Der primäre Sektor ist dagegen durch mittlere Produktionszuwächse gekennzeichnet, während die Produktivitätszuwächse im tertiären Sektor in der Vergangenheit eher gering waren.

Die **Verschiebung der Wirtschaftstätigkeit** zwischen den Sektoren ist ein Wesensmerkmal moderner Gesellschaften und hat hauptsächlich technologische Ursachen.

In allen industrialisierten Volkswirtschaften vollzieht sich ein Strukturwandel von der Agrar- zur Industriegesellschaft und von dieser zur Dienstleistungsgesellschaft. Der Umwandlungsprozess von der Industrie- zur Dienstleistungsgesellschaft wird als Tertiärisierung bezeichnet.

Anteile der Sektoren an der Bruttowertschöpfung der Bundesrepublik

	Früheres Bundesgebiet			Deutschland		
	1970	**1980**	**1990**	**1991**	**2002**	**2013**
Primärer Sektor	3,3 %	2,0 %	1,5 %	1,4 %	1,0 %	0,8 %
Sekundärer Sektor	48,4 %	41,5 %	37,7 %	36,4 %	31,0 %	30,2 %
Tertiärer Sektor	48,3 %	56,5 %	60,8 %	62,2 %	68,0 %	69,0 %

Quelle: Statistisches Bundesamt, 2014

Wenngleich Deutschland im Vergleich zu anderen hoch entwickelten Industriestaaten nach wie vor einen hohen Anteil an industrieller Produktion (Waren produzierendes Gewerbe) aufweist, nimmt der tertiäre Sektor weiter zu. Der primäre Sektor nimmt auf bereits sehr niedrigem Niveau weiter ab.

Die volkswirtschaftliche Bedeutung der einzelnen Sektoren mit ihren zugeordneten Wirtschaftszweigen ergibt sich zum einen aus dem Anteil an der Bruttowertschöpfung und zum anderen aus dem Anteil der Erwerbstätigen. Beide Entwicklungen ergeben ein ähnliches Bild.

Erwerbstätige nach Wirtschaftssektoren 2013 (in Prozent)

Land	Landwirtschaft	Waren produzierendes Gewerbe	Dienstleistungen
Deutschland	1,4	28,4	70,1
Großbritannien	1,0	19,0	78,9
Polen	12,2	30,7	57,1
Italien	3,5	28,0	68,5

Quelle: eurostat, 2011

3

Intrasektorale Aspekte des Strukturwandels

Der wirtschaftliche Strukturwandel in der Bundesrepublik Deutschland ist auch durch Verschiebungen der Wirtschaftstätigkeit innerhalb des primären, sekundären und tertiären Sektors gekennzeichnet.

Im Zuge der technologischen Entwicklung und der sich wandelnden Güternachfragestruktur verlieren einzelne Branchen an Bedeutung, während andere an wirtschaftlichem Gewicht gewinnen oder neu entstehen. Das sind **intrasektorale Wandlungsprozesse.**

Wichtige Wachstumsbranchen innerhalb des **sekundären Sektors** sind Fahrzeugbau, Automatisierungstechnik, Nanotechnologie, Energieerzeugung, Informations- und Kommunikationstechnologien. Andere Industriezweige wie die deutsche Schwerindustrie – z. B. Schiffbau oder Stahlerzeugung sind seit Ende der 1970er-Jahre in eine anhaltende Absatzkrise geraten sind, was zu einem drastischen Abbau der Produktionskapazitäten und der Beschäftigungszahlen geführt hat.

Beispiele der neuen **Kreativökonomie** sind:
- Entertainment, Musik (Messe Popcom), Film,
- Design, Mode (Messe Bread & Butter),
- subkulturelle Büros, Galerien, Clubs,
- Mikrounternehmer, Technobastler.

Innerhalb des **tertiären Sektors** sinkt seit Mitte der 1980er-Jahre die Anzahl der Beschäftigten im (westdeutschen) Handwerk. Deutliche Zuwächse erzielen die Bereiche
- Handel, Verkehr, Erholung,
- Banken, Versicherungen,
- Gesundheit, Ausbildung, Regierung und Verwaltung,
- Kultur- und „Kreativökonomie".

Sektor	Beispiele gegenwärtiger intrasektoraler Veränderungen
Primärer Sektor	Der Anteil ökologisch ausgerichteter landwirtschaftlicher Betriebe nimmt stetig zu.
Sekundärer Sektor	Der Bedarf an erneuerbaren Energiequellen steigt infolge des Ausstiegs aus der Kernenergie deutlich.
Tertiärer Sektor	Informationsdienstleistungen, z. B. soziale Netzwerke wie Facebook oder Google, werden stark nachgefragt. Eine erwerbswirtschaftlich orientierte Kultur- und Kreativökonomie weitet sich aus.

Auf den amerikanischen Soziologen DANIEL BELL (1919–2011) geht zurück, Dienstleistungen nicht lediglich in der Wirtschaft zu erkennen, sondern auch in Gesellschaft, Kultur und Politik. Sie zusammen kennzeichnen den von ihm geprägten Typ der postindustriellen Gesellschaft.

Regionale Aspekte des Strukturwandels

Der strukturelle Wandel in Deutschland betrifft die einzelnen Regionen in unterschiedlichem Maße, weil die Ansiedlung von Produktionsstätten nicht gleichmäßig verteilt ist. Das hat sowohl natürliche Ursachen (z. B. Rohstoffvorkommen, Meereszugang, klimatische Bedingungen), aber auch technologische (z. B. Patente, Verfahren) oder wirtschaftspolitische Gründe (z. B. qualifizierte Arbeitskräfte, regionale Verkehrsanbindung, regionale Wirtschaftsförderung).

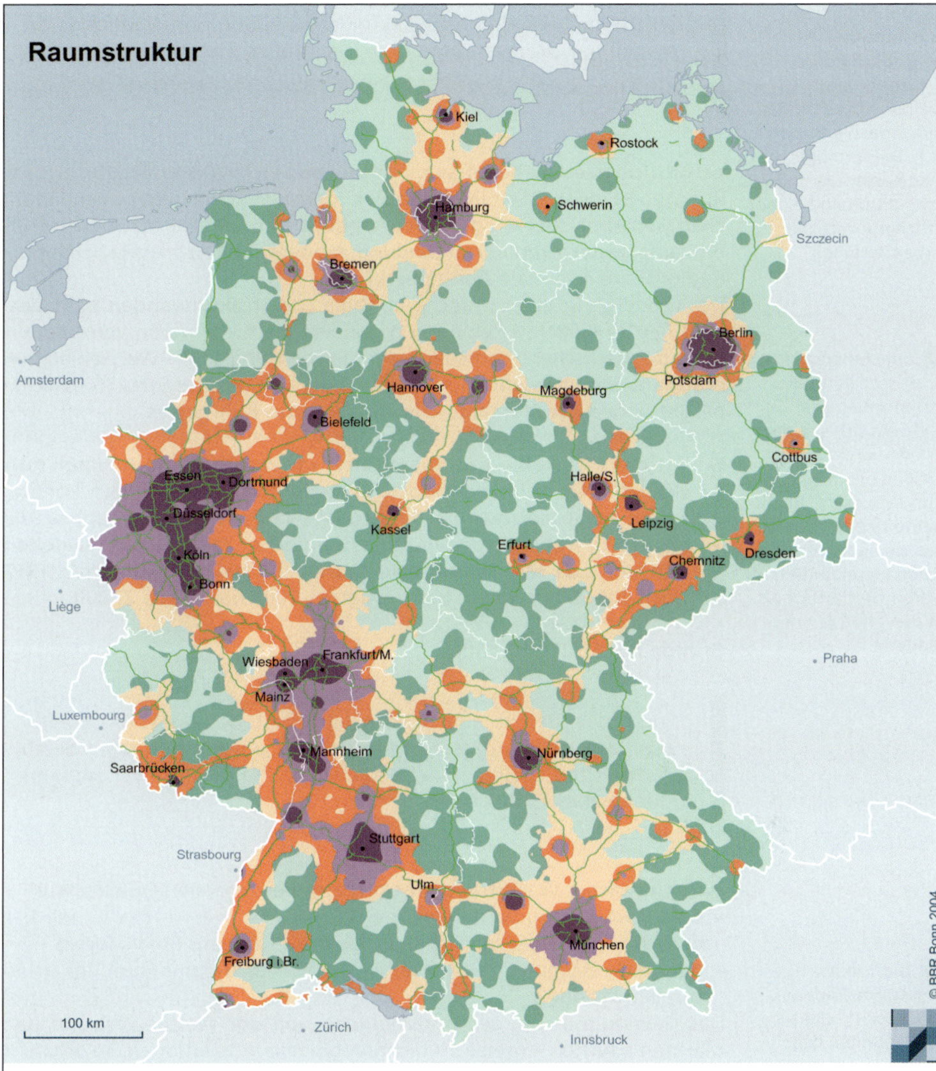

Raumstruktur
nach Zentrenerreichbarkeit und Bevölkerungsdichte

- Innerer Zentralraum
- Äußerer Zentralraum
- Zwischenraum mit Verdichtungsansätzen
- Zwischenraum geringer Dichte
- Peripherraum mit Verdichtungsansätzen
- Peripherraum sehr geringer Dichte
- Bundesautobahn

Quellen:
Laufende Raumbeobachtung des BBR, Laufende Raumbeobachtung des BBR Europa, Erreichbarkeitsmodell des BBR, Projektergebnisse Espon Projekt Nr. 1.1.1
Datengrundlagen:
Fortschreibung des Bevölkerungsstandes des Bundes und der Länder, ATKIS: Basis-DLM, LOCAL Demographie - infas GEOdaten, Bevölkerungsdaten der nationalen Statistischen Ämter auf Gemeindebasis, Einteilung der MEGA: Espon Datenbank

Anmerkung:
Die Raumtypen basieren auf einer Überlagerung der Zentrenerreichbarkeit und der Bevölkerungsdichte im Umkreis von 12 km.

3

Die Ansiedlung von Industriezweigen zieht häufig die Ansiedlung weiterverarbeitender Industriezweige nach sich. Dies ermöglicht eine kostensparende Produktion und eine effiziente vertikale Arbeitsteilung.

Typisch für den sekundären Sektor ist die Bildung von **Verdichtungsräumen** bzw. Wirtschaftszentren. Hier konzentrieren sich die industriellen Produktionsstätten einzelner (und verwandter) Branchen.

Verdichtungsräume liegen zumeist im Umkreis größerer Städte, z. B. im Ruhrgebiet oder Rhein-Main-Gebiet, und verfügen gegenüber ländlichen Gebieten über ein größeres Angebot an qualifizierten Arbeitskräften, eine bessere Verkehrsanbindung, modernere Kommunikationsnetze und größere regionale Absatzmärkte.
Der Niedergang einer Branche im Zuge des Strukturwandels trifft deshalb häufig einzelne Regionen besonders stark. So waren vom Niedergang der deutschen Schiffsbauindustrie vornehmlich die Werften an den norddeutschen Küstenregionen betroffen, von der Krise des Steinkohlebergbaus und der Stahlindustrie vor allem das Ruhrgebiet.

Eine besonders drastische Form des Strukturwandels vollzieht sich seit der Wiedervereinigung 1990 in den neuen Bundesländern. Bis heute sind dort weitaus weniger Menschen im sekundären Sektor beschäftigt als in den alten Bundesländern.

Als die Steinkohle des Ruhrgebiets im Vergleich mit anderen Fördergebieten nicht mehr kostengünstig produziert werden konnte, setzte ein Strukturwandel der Region ein. Der Kraftfahrzeugbau, die chemische Industrie und Produktionen neuer Technologien siedelten sich an, z. B. Mikroelektronik. Waren im Steinkohlebergbau 1957 noch 605 000 Personen beschäftigt, so 2009 nur knapp 27 000.

Gründe des Strukturwandels

Strukturwandel ist eine **Zwangsläufigkeit** des marktwirtschaftlichen Wachstumsprozesses. Er kann nicht aufgehalten, aber durch die Wirtschaftspolitik sozial begleitet und in Grenzen verlangsamt oder beschleunigt werden.

Wirtschaftliches Wachstum speist sich aus drei zentralen Quellen, aus
- dem Bevölkerungswachstum,
- dem Wachstum des sachlichen Produktivvermögens (Realkapital),
- dem technischen Fortschritt als wesentlichem Triebmoment des strukturellen Wandels.

Das Gewinninteresse der Unternehmen und der Wettbewerb auf den Märkten schaffen Anreize zu technologischen Innovationen. So entsteht der Anreiz, durch die Entwicklung neuer, kostengünstigerer Produktionsverfahren Kostenvorteile gegenüber der Konkurrenz zu erlangen und höhere Gewinne zu erwirtschaften. Wettbewerber werden so gezwungen nachzuziehen, um nicht vom Markt verdrängt zu werden bzw. verlorene Marktanteile zurückzugewinnen.

Die volkswirtschaftliche Bedeutung von Produktinnovationen liegt nicht nur darin, dass hierdurch für die Konsumenten eine größere Produktvielfalt geschaffen wird, sondern auch darin, dass die gesamtwirtschaftliche Sättigungsgrenze weiter nach außen verschoben wird.

Der **Wettbewerb** sorgt letztlich für eine branchenweite Verbreitung der wirtschaftlichsten Produktionstechnologien. Gleichzeitig führt er dazu, dass die erzielten Kostenvorteile über die Absatzpreise an die Nachfrager von Gütern weitergegeben werden.

Zudem besteht für die einzelnen Unternehmen der Anreiz, sich durch die Entwicklung neuer Produkte **(Produktinnovation)** weitere Absatzmärkte zu erschließen. Die dabei erzielbaren Extraprofite reizen andere Unternehmen zur Erzeugung vergleichbarer Produkte (Imitationen) an, sodass mittelfristig auch auf den neu geschaffenen Produktmärkten ein funktionierender Wettbewerb entsteht.
Da im Zuge der technologischen Entwicklung die realen Pro-Kopf-Einkommen ansteigen, kommt es zudem zu einkommensbedingten Verschiebungen in der Güternachfragestruktur. Denn die Nachfrage nach den jeweiligen Gütern reagiert unterschiedlich elastisch auf Einkommensänderungen. So nehmen mit wachsenden realen Einkommen der Haushalte deren relative Ausgabenanteile für Güter des täglichen Bedarfs – insbesondere für Nahrungsmittel und Kleidung – ab, während die Anteile für Güter des gehobenen Bedarfs ansteigen. Manche Branchen stoßen im Zuge dieser Entwicklung an absolute Sättigungsgrenzen, sodass sich deren Güterabsatz nicht weiter steigern lässt. In anderen Branchen verringert sich die mengenmäßige Nachfrage sogar absolut.

Strukturwandel fördert eine höhere Effizienz der Produktion, eine quantitativ und qualitativ verbesserte Güterversorgung der Konsumenten und langfristig Beschäftigungsmöglichkeiten. Grundlegend ist er wohlfahrtsfördernd.

Soziale Folgen des Strukturwandels

> Neue Technologien erfordern im Regelfall auch neue – zumeist anspruchsvollere – fachliche Kenntnisse und Fertigkeiten der Beschäftigten (Qualifikationen).

Noch in den 1960er-Jahren war die Industrieproduktion in der Bundesrepublik weitgehend durch eine „tayloristische" Arbeitsteilung in monotone, einfache Arbeitsschritte geprägt, die von un- oder angelernten Arbeitern ausgeführt werden konnten. In der Gegenwart ist der spezialisierte Facharbeiter der typische deutsche Industriearbeiter. Seine Tätigkeit erfordert komplexe Arbeitsschritte und ein hohes spezifisches Fachwissen. Ebenso sind die qualifikatorischen Anforderungen in immer mehr Dienstleistungsbereichen infolge des rasanten technischen Fortschritts der Kommunikations- und Informationstechnologien deutlich gestiegen. Das trifft insbesondere auf den Bereich der Finanz- und Unternehmensdienstleistungen zu. Der strukturell bedingte Fachkräftebedarf, der z. B. auch für hoch qualifizierte Tätigkeiten in der IT-Branche und in der Forschung entstanden ist, gibt immer wieder Anlass für Diskussionen um eine sinnvolle und gezielte Einwanderungspolitik.

„Taylorismus" geht auf den Arbeitsökonomen FREDERICK WINSLOW TAYLOR (1856–1915) zurück, dessen wissenschaftliche Rationalisierungsmethoden maßgeblich zur Entwicklung der Fließbandfertigung beitrugen.

Wandel der industriellen Produktion in den VW-Werken: Pkw-Montage 1950 und 2005.

Mismatch, engl. mismatched = nicht zusammenpassend; Mismatch-Arbeitslosigkeit ist strukturelle Arbeitslosigkeit.

Die Änderungen der fachlichen Anforderungsprofile im Strukturwandel haben zur Folge, dass nicht alle Beschäftigten ihre Qualifikation in ausreichender Weise anpassen können. Auch weisen nicht alle Arbeitnehmer die notwendige räumliche Mobilität auf, um im Falle größerer Betriebsstilllegungen in der heimischen Region in andere, prosperierende Regionen abzuwandern. Infolgedessen kommt es zu sogenannter **Mismatch-Arbeitslosigkeit,** die umso höher ausfällt, je schneller bzw. tief greifender sich der Strukturwandel vollzieht.

Staatliche Eingriffe in den Strukturwandel

Die mit dem Strukturwandel verbundenen sozialen Probleme erfordern begleitende staatliche Maßnahmen zur Abwendung entstehender Härten. Dafür stehen in der sozialen Marktwirtschaft drei wirtschaftspolitische **Handlungsstrategien** offen, die nebeneinander verfolgt werden können:

Unternehmenssubventionen sind zweckgebundene staatliche Hilfen an Betriebe und Wirtschaftszweige durch die Gebietskörperschaften Bund, Länder und in begrenztem Umfang auch Gemeinden.

- Gewährung von Lohnersatzleistungen der von Arbeitslosigkeit Betroffenen (Arbeitslosengeld),
- Verlangsamung des Strukturwandels durch (zeitlich befristete) staatliche Hilfen zur Erhaltung von am Markt nicht mehr wettbewerbsfähigen Unternehmen (Subventionen),
- Gewährung staatlicher Hilfen zur Anpassung an den Strukturwandel für betroffene Regionen und Unternehmen (Subventionen) und Arbeitnehmer (Weiterbildungs- und Fortbildungsmaßnahmen).

Das bedeutendste Instrument der bundesdeutschen Strukturpolitik ist die Gewährung von **Unternehmenssubventionen.**

Es gibt unterschiedliche Formen und Zwecke der Unternehmenssubventionierung.

Formen und Zwecke der Subventionsgewährung

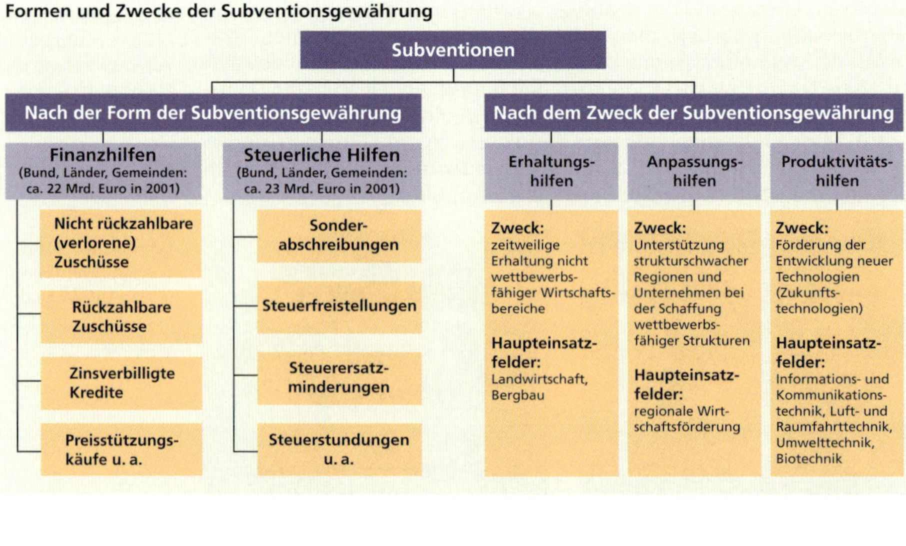

Das Ausmaß und die Struktur der in Deutschland praktizierten Subventionspolitik werden kritisch beurteilt. Durch die wachsende Verschuldung der öffentlichen Haushalte sind zum einen die finanziellen Spielräume zunehmend enger geworden, zum anderen ist etwa ein Drittel der Subventionen für die Erhaltung unrentabler Wirtschaftsbereiche gebunden. Nach wie vor werden weniger als 5 % für die Förderung innovativer Technologien ausgegeben. Insgesamt werden jährlich rund 50 Mrd. Euro für Subventionen bereitgestellt. Hinzu kommen etwa 6 Mrd. Euro aus dem Agrarhaushalt und aus Strukturförderprogrammen der EU.

Im Hinblick auf eine zukunftsorientierte Gestaltung des Strukturwandels ist die Subventionierung unrentabler Unternehmen und Wirtschaftszweige ein zweifelhaftes Instrument, weil sie mit strukturkonservierenden Effekten verbunden ist, die Anpassungsfähigkeit der Volkswirtschaft an den Strukturwandel schwächen, anstatt sie zu stärken.

3.5.2 Binnenmarkt der Europäischen Union

Zusammen mit der Zollunion (Verbot von Ein- und Ausfuhrzöllen) ist der **Binnenmarkt** ein Wesensmerkmal der Europäischen Union. Als Kernbestandteil hat er großen Einfluss auf weitere Politikbereiche.

Ohne Binnengrenzen und mit einer gemeinsamen Außengrenze (Zollunion) gewährleistet der Binnenmarkt die „vier Freiheiten“: freier Personen-, Waren-, Dienstleistungs- und Kapitalverkehr.

Die „vier Freiheiten“ des EG-Binnenmarktes

Freier Personenverkehr
- Wegfall von Grenzkontrollen
- Harmonisierung der Einreise-, Asyl-, Waffen-, Drogengesetze
- Niederlassungs- und Beschäftigungsfreiheit für EU-Bürger
- verstärkte Außenkontrollen

Freier Dienstleistungsverkehr
- Liberalisierung der Finanzdienste
- Harmonisierung der Banken- und Versicherungsaufsicht
- Öffnung der Transport- und Telekommunikationsmärkte

Freier Warenverkehr
- Wegfall von Grenzkontrollen
- Harmonisierung oder gegenseitige Anerkennung von Normen und Vorschriften
- Steuerharmonisierung

Freier Kapitalverkehr
- Größere Freizügigkeit für Geld- und Kapitalbewegungen
- Schritte zu einem gemeinsamen Markt für Finanzdienstleistungen
- Liberalisierung des Wertpapierverkehrs

„Der Binnenmarkt umfasst einen Raum ohne Binnengrenzen, in dem der freie Verkehr von Waren, Personen, Dienstleistungen und Kapital gemäß den Bestimmungen der Verträge gewährleistet ist.“ (Art. 26 Abs. 2 AEUV)

Bereits im Gründungsvertrag der Europäischen Wirtschaftsgemeinschaft (EWG) steht der gemeinsame Markt im Mittelpunkt.

Durch Austausch und Mobilität trägt der Binnenmarkt wesentlich zum Wohlstand in der EU bei, indem er den innergemeinschaftlichen Han-

3

del fördert, die Produktivität erhöht und Kosten senkt. Dies wird z. B. durch verstärkten Wettbewerb und Abschaffung der Zollformalitäten erreicht. Der Binnenmarkt stärkt die Konkurrenzfähigkeit der Europäischen Union auf dem Weltmarkt gegenüber den USA, Japan und China. Der gestiegene Handel zwischen den Mitgliedstaaten macht zwei Drittel des gesamten EU-Handels aus.

Die Liberalisierung des Binnenmarkts erfolgt, indem Mitgliedstaaten nationale Vorschriften wechselseitig anerkennen oder aber einheitliche, zentrale EU-Vorschriften akzeptieren:
- Verbot von Binnenzöllen und Abgaben gleicher Wirkung.
- Die Kommission erarbeitet Regelungen a) zum Abbau der Binnenzölle, b) zur zentralen Regulierung oder Harmonisierung der zahlreichen länderspezifischen Produktstandards und Regulierungen, zu Praktiken der Subventions- und Auftragsvergabe (nichttarifäre Handelshemmnisse).
- In den ungeregelten Fällen gilt das Prinzip, die in einem Land produzierten Güter (Ursprungsland) auch in den anderen Mitgliedstaaten zu akzeptieren (Prinzip der gegenseitigen Anerkennung).
- Verbot von Kartellen und anderen Formen der Wettbewerbsbeschränkung sowie Kontrolle von Unternehmensfusionen (europäisches Wettbewerbsrecht).

Eine der Grundvoraussetzungen für die Realisierung eines EU-weiten Binnenmarkts war die zum 1. Januar 1970 vollendete Zollunion. Bereits zum 1. Juli 1968 trat sie für gewerbliche Produkte in Kraft.

Um den europäischen Binnenmarkt in der jetzigen Form zu realisieren, bedurfte es einer Reihe grundsätzlicher **Weichenstellungen, Entscheidungen** und **Instrumente:**
1985 erarbeitete die Europäische Kommission ein Binnenmarktprogramm mit 282 Einzelmaßnahmen, die bis Ende 1992 zur Vollendung des gemeinsamen Marktes umgesetzt werden sollten. Hinzu kam ein Harmonisierungsansatz, der bestimmte Mindeststandards für bestimmte Produkte vorsah, um den Wettbewerb nach und nach von unnötigen Hemmnissen zu befreien. Auf dieser Grundlage wurden viele Richtlinien und Verordnungen erlassen, um den Binnenmarkt zu stärken und weiter zu entwickeln. Die Warenverkehrsfreiheit und der gemeinsame Kapitalmarkt bildeten hierbei den Kern inklusive einer Synchronisierung des Dienstleistungssektors (Dienstleistungsrichtlinie 2006).

Vereinbarungen zur detaillierten Harmonisierung sind mühevoll und dauern Jahre, zum Beispiel bei den vereinbarten Standards für Scheibenwischer acht Jahre, bei Mineralwasser 15 Jahre, bei Gasflaschen aus Aluminium zehn Jahre.

Der Binnenmarkt als dynamischer Prozess

> Der Binnenmarkt ist noch nicht vollendet, da sich bei den „vier Freiheiten" unterschiedliche Grade der Zielerreichung entwickelt haben.

Die Vollendung des Binnenmarkts ist eng mit der gemeinsamen Handels-, Wettbewerbs- sowie Verkehrspolitik und dem Aufbau der transeuropäischen Netze verzahnt.

Die Integration der unterschiedlichen Märkte ist infolge nach wie vor vorhandener nationaler politischer Hemmnisse und technischer Entwicklungen nicht abgeschlossen. Hinzu kommt, dass die Binnenwanderung nach wie vor gering ist. Insofern konnten die Potenziale des Binnenmarktes nicht voll ausgeschöpft werden. Zum einen wurden noch nicht alle Binnenmarktvorschriften durch die Mitgliedstaaten in nationales

Recht umgesetzt, zum anderen erweist sich die Realisierung des Binnenmarktes generell als ein dynamischer Prozess mit ständig neuen Herausforderungen.

Um einen erneuten Impuls zu setzen, wurde 2011 die sogenannte **Binnenmarktakte** – „Zwölf Hebel zur Förderung von Wachstum und Vertrauen" – von der europäischen Kommission erarbeitet.

In der Binnenmarktakte heißt es: „Um in den kommenden zehn Jahren zur Erreichung der Ziele der Strategie Europa 2020 beizutragen, muss der Binnenmarkt neu ausgerichtet werden und an Dynamik gewinnen."

Wie unvollendet der Binnenmarkt noch ist, zeigen die **Dienstleistungsmärkte**. Obwohl der Anteil der Dienstleistungen am Bruttoinlandsprodukt in den Mitgliedsländern auf über zwei Drittel geschätzt wird, spielen grenzüberschreitende Dienste nach wie vor nur eine vergleichbar geringe Rolle.
In Berufen der Ärzte, Rechtsanwälte, Architekten und Wirtschaftsprüfer wird die Zulassung national geregelt, im Gesundheitswesen, in der Massenkommunikation, sogar im Verkehrswesen gelten nationale Traditionen, Mentalitäten und Sprachen. Wenn nationale Präferenzen der Konsumenten zur nationalen Marktabschottung der Produzenten beitragen, lassen sich auch darauf Wohlfahrtsverluste durch überhöhte nationale Preise zurückführen.

Dienstleistungen sind Leistungen einer selbstständigen, gewerblichen, kaufmännischen, handwerklichen oder freiberuflichen Erwerbstätigkeit (Art. 57 AEUV).

Ein Beispiel für den noch nicht vollendeten Binnenmarkt ist der schwierige Prozess der Öffnung und Liberalisierung der Telekommunikationsmärkte, worauf die nach wie vor sehr hohen **Roaminggebühren** für Telefonate per Handy und die mobile Datennutzung (Internet) im Ausland verweisen.

Die Europäische Kommission hat in den vergangenen Jahren viele Anstrengungen unternommen, die überhöhten Gebühren im EU-Ausland stufenweise zu reduzieren. Obwohl der Widerstand der nationalen Telekommunikationskonzerne nach wie vor sehr hoch ist, hat sich die EU das Ziel gesetzt, bis 2015 die in der EU geltenden Roaminggebühren abzuschaffen bzw. auf ein Minimum zu reduzieren sowie neue Anbieter zuzulassen, um den Wettbewerb zu beschleunigen.

Roaming (to roam; engl. = wandern, umherziehen) hat sich als Schlagwort für die grenzüberschreitende Nutzung mobiler Kommunikation etabliert.

Jahr	Anrufe aus dem Ausland (Cent/Min.)	eingehende Anrufe Inland (Cent/Min.)	SMS
2009	43	19	11
2010	40	16	11
2011	37	13	11
2012	34	10	11

Quelle: eurostat

3.5.3 Europäische Wirtschafts- und Währungsunion

Ein einheitlicher Wirtschaftsraum bedingt auch eine einheitliche Währung. Währungsunion bedeutet, dass die unterschiedlichen Währungen von Staaten zu einem einheitlichen Währungsraum zusammengeschlossen werden. Dies ist die Voraussetzung für die Vermeidung von Schwankungen der Wechselkurse und die Senkung der Kosten bei grenzüberschreitenden Geschäften. Die Währungsunion ist eine wichtige Maßnahme zur Stärkung des Binnenmarkts. Zudem kann sich die EU mit einer einheitlichen, stabilen Währung auf dem Weltmarkt besser behaupten. Die gemeinsame Währung ist ein Symbol für eine starke Europäische Union. 2015 haben 19 Mitgliedsländer den Euro eingeführt. Großbritannien, Dänemark und Schweden zählen nicht dazu.

▶ Bei der Euroeinführung wurden die nationalen Währungen zu festgelegten Umrechnungskursen ausgetauscht (z. B.: 1 Euro = 1,95583 DM).

Um die **Europäische Wirtschafts- und Währungsunion** (EWWU) zu verwirklichen, wurden in der Einheitlichen Europäischen Akte (EEA) die rechtlichen Grundlagen geschaffen.

Darin eingeschlossen war die Festlegung von **Konvergenzkriterien** für die Zeit vor der Aufnahme in die EWWU: anhaltende Preisstabilität, keine übermäßigen Haushaltsdefizite, stabile Wechselkurse und mäßige langfristige Zinssätze. Diese Kriterien sollen gewährleisten, dass die Mitgliedsländer einen stabilen Währungsraum bilden.

▶ Die 19 Länder der Eurozone sind: Deutschland, Frankreich, Belgien, Niederlande, Luxemburg, Spanien, Portugal, Finnland, Griechenland, Slowenien, Österreich, Slowakei, Zypern, Malta, Italien, Irland, Estland, Lettland, Litauen (2015).

Mit der Wirtschafts- und Währungsunion wird
- die Währungspolitik vergemeinschaftet und von der neu geschaffenen unabhängigen Europäischen Zentralbank verantwortet,
- die Wirtschaftspolitik in nationaler Kompetenz belassen und soll auf EU-Ebene jedoch koordiniert werden.

Ziel der aus Supranationalität und Intergouvernementalität gebildeten Wirtschafts- und Währungsunion ist die gemeinsame Währung mit hoher Preisstabilität bei ausgewogener und dauerhafter Wirtschaftsentwicklung und hoher Beschäftigung.

Für die praktische Arbeit vereinbarte der **Stabilitäts- und Wachstumspakt** (1997) Teilnahmeregeln, die insbesondere der Sicherung der Haushalte dienen sollen:
- Die Mitgliedsländer verpflichten sich zu solider Haushaltspolitik, wobei ein ausgeglichener Haushalt als mittelfristiges Ziel angestrebt werden soll.
- Die Euroländer legen mittelfristige Stabilitätsprogramme vor, die übrigen Länder verpflichten sich zur Ausarbeitung von Konvergenzprogrammen.
- Kommission und Ministerrat überwachen die Haushaltsdisziplin.
- Ein „Frühwarnsystem" soll einem Haushaltsdefizit (größer als 3 % des BIP) und damit übermäßiger Verschuldung entgegenwirken – als Verschuldungsgrenze gelten 60 % des BIP.
- Der Ministerrat gibt Empfehlungen zum Defizitabbau, bei Nichtbeachtung der Empfehlungen können Sanktionen (z. B. Geldbuße) auferlegt werden.

▶ Mindestens alle zwei Jahre werden die Konvergenzkriterien überprüft. Alle EU-Staaten, die die Kriterien erfüllen, müssen der Eurozone beitreten, es sei denn, sie hätten sich wie Großbritannien und Dänemark dagegen entschieden.

Hinzu kommen noch
- das **Gebot der Preisstabilität** (die durchschnittliche Inflationsrate darf nicht mehr als 1,5 % über denen der drei Länder liegen, die im Vorjahr die niedrigste Inflationsrate aufzuweisen hatte) und
- das **Gebot der langfristigen Zinssätze** (der durchschnittliche Zinssatz für langfristige Geldanlagen darf maximal 2 Prozentpunkte über dem Zinssatz der drei preisstabilsten Länder des Vorjahres liegen).

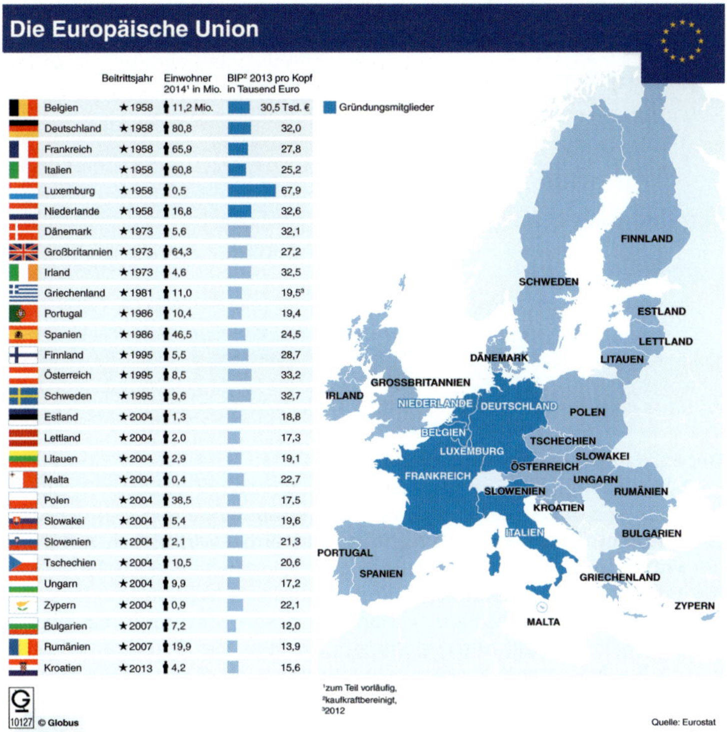

Noch 1996 konnten 14 der damals 15 EU-Mitgliedstaaten die Konvergenzkriterien als Grundvoraussetzung des vereinbarten Stabilitäts- und Wachstumspakts nicht erfüllen. Einerseits unternahmen die Mitgliedsländer große Anstrengungen, sich den Kriterien anzunähern, andererseits wurde nicht mehr auf die vollständige Erfüllung aller Kriterien bestanden, 13 Länder erfüllten nun auf Basis der gelockerten Kriterien die Voraussetzungen, wobei Großbritannien, Dänemark und Schweden sich gegen die Einführung des Euro entschieden hatten.
Angesichts nur unvollständig sanierter nationaler Haushalte konnten Mitgliedsländer, zum Beispiel Deutschland und Frankreich, die Kriterien des Stabilitätspakts nicht einhalten. Als Folge beschlossen die EU-Fachminister 2005 dessen Aufweichung. Der Lissabonner Vertrag (2007) hat die Steigerung des Wachstumspotenzials und die solide Haushaltslage als die „beiden fundamentalen Ziele“ (Vertragserklärung 30) erneut bekräf-

tigt. Antizyklisch sollen danach bei günstiger Konjunktur Haushaltsüberschüsse erwirtschaftet und bei Konjunktureinbrüchen wachstumsförderlich eingesetzt werden. Ob und wann es einen Vorrang eines der beiden Ziele gibt, ist unter den Mitgliedsländern umstritten.

Die **Währungspolitik** ist der Preisstabilität verpflichtet. Sie wird von der Europäischen Zentralbank (EZB) und dem Europäischen System der Zentralbanken (ESZB) in alleiniger Verantwortung gestaltet.

Aufbau des Europäischen Systems der Zentralbanken

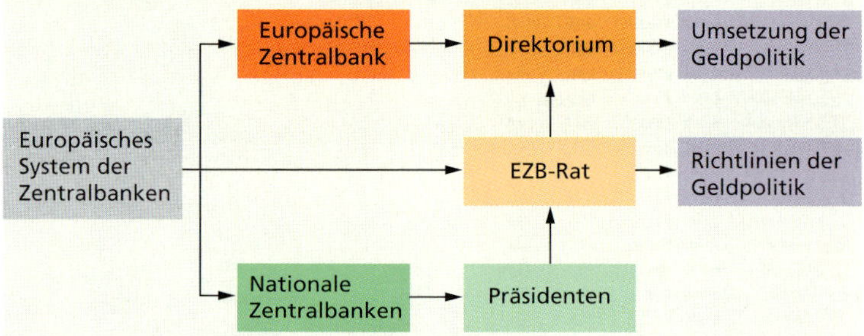

Der Euro in der Staatsschuldenkrise

Die 2007 in den USA als Immobilienkrise einsetzende und sich weltweit ausbreitende **Finanzmarkt- und Wirtschaftskrise** wirkte sich aufgrund der engen Verflechtungen auch auf den europäischen Wirtschaftsraum aus. Alle EU-Mitgliedstaaten sahen sich mit dieser akuten Krise konfrontiert und mussten haushalts-, finanz- und konjunkturpolitisch gegensteuern. Mit Konjunkturprogrammen zulasten der Stabilitätskriterien wurde die Nachfrage angekurbelt (zum Beispiel durch Prämierungen beim Autoneukauf). **Griechenland** traf die Krise besonders hart, denn das Land zeichnete sich zum einen durch ein sehr hohes Haushaltsdefizit und entsprechender Staatsverschuldung aus, zum anderen durch ein sehr geringes Wirtschaftswachstum. Dies hatte eine Reihe interner struktureller Ursachen:

- einerseits geringe Staatseinnahmen aufgrund umfänglicher Schattenwirtschaft (Schwarzarbeit), geringer Steuersätze, Steuerzurückhaltung, Steuerhinterziehung, Korruption,
- andererseits Ineffizienz und Intransparenz der Staatsausgaben.

Da Griechenlands internationale Bonität sank, konnte es sich am Kapitalmarkt nicht mehr zu erträglichen Zinssätzen refinanzieren.

Die Euroländer eröffneten dem Land erstmals 2010 und seitdem fortgesetzt freiwillige Kredite, erhöht um Kredite des Internationalen Währungsfonds, mit denen ein Staatsbankrott abgewendet wurde. Bei schwacher Konjunktur bemüht sich das Land seitdem um Haushaltssanierung.

Damit der Wirtschaftsraum der Eurozone nicht in den Sog der Staatsschuldenkrise seiner Mitgliedsländer gerät, werden seit 2010 Hilfsmaßnahmen beschlossen, die Stabilität der Währungsunion durch einen **Rettungsschirm** abzusichern:

- Notfallfonds für akute, kurzfristige Krisen von 60 Mrd. Euro aus dem EU-Haushalt, Auszahlung erfolgt unter strengen Auflagen;
- Euro-Rettungsfonds der Europäischen Finanzstabilisierungsfazilität (EFSF) mit einer Laufzeit bis Mitte 2013; stark verschuldete Länder erhalten unter strengen Auflagen Kredite, die der Fonds sich leiht und den hilfsbedürftigen Ländern nach Bedarf zur Verfügung stellt;
- permanenter Rettungsschirm als europäischer Stabilitätsmechanismus (ESM), der den EFSF spätestens 2013 ablösen soll.

Fazilität meint den von Banken eingeräumten Finanzierungsrahmen (Kredite).

Neben Griechenland haben Irland und Portugal Kapitalhilfe in Anspruch genommen.

Geldfluss im Europäischen Rettungsfonds

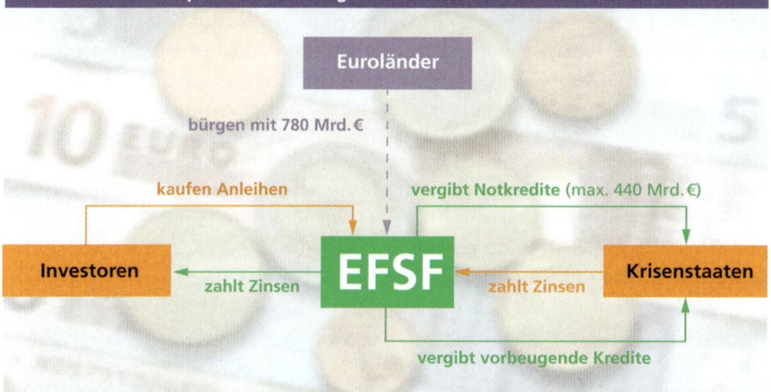

Gestaltet nach: www.tagesschau.de/wirtschaft/efsf126.html

Der europäische Rettungsfonds EFSF hat ein Finanzvolumen von 440 Mrd. Euro. Dafür ist eine Garantiesumme von 780 Mrd. nötig, da ein Teil als Sicherheit hinterlegt werden muss. Deutschland trägt 211 Mrd. Euro.

Eine erste Bilanz der Wirtschafts- und Währungsunion fällt zwiespältig aus. Im ersten Jahrzehnt nach Einführung erwies sich die neue Währung als stabil und international anerkannt, auch die Wirtschaftspolitiken der Mitgliedsländer wurden koordiniert.
In der Krise seit 2008 zeigen sich Risse in der Architektur der EWWU:

- Die Regeln reichten nicht, ausgeglichene Haushalte der Mitgliedsländer zu garantieren.
- Die Regeln wurden zudem verletzt, als a) Kredite zur Finanzierung von Defiziten anderer Länder herangezogen wurden, b) die Europäische Zentralbank schwach bewertete Staatsanleihen als Sicherheit akzeptierte und aufkaufte.
- Die Wettbewerbsfähigkeit der Länder glich sich nicht an, sondern entwickelte sich auseinander.

In der Logik der Wirtschafts- und Währungsunion liegt es, neben der supranationalen Währungspolitik auch die Finanz- und Wirtschaftspolitik stärker zu vergemeinschaften, was von Großbritannien traditionell abgelehnt wird und worüber es in der EU unterschiedliche Ansichten gibt.

3

Europäische Struktur- und Regionalpolitik in Deutschland

Für drei Bereiche der wirtschaftsstrukturellen Entwicklung in Deutschland sind die **Förderprogramme und -fonds der Europäischen Union** hoch relevant: für den Ausgleich regionaler Differenzen (Konvergenz), die Stärkung der Wettbewerbsfähigkeit einschließlich Beschäftigung sowie die grenzüberschreitende Zusammenarbeit. Diese Themen stehen im Mittelpunkt mehrjähriger Programme der EU, mit denen

a) das große wirtschaftliche und soziale Gefälle innerhalb und zwischen den Mitgliedstaaten verringert, die europäische Kohäsion gestärkt und
b) die internationale Wettbewerbsfähigkeit der Regionen erhöht werden soll.

Die Mittel der Struktur- und Kohäsionsfonds der EU stellen jeweils die Grundbeträge für Investitionen und Fördermaßnahmen zur Verfügung, die durch Finanzmittel der Mitgliedstaaten aufgestockt werden müssen. Die EU-Förderung in Deutschland im Zeitraum 2000 bis 2006 in Höhe von 29 Mrd. Euro führte so zu Investitionen von insgesamt über 70 Mrd. Euro und rund 0,5 Mio. neuen Arbeitsplätzen. Darunter waren 80 Wissenschaftsprojekte in Sachsen, 460 Projekte in Thüringen zur Wasserversorgung, zusätzliche Ausbildung für 1,5 Mio. Personen in Deutschland. Alle deutschen Grenzregionen sind im Rahmen transregionaler und -nationaler Projekte mit denen der Nachbarländer verbunden.
Seit 2014 ist die EU darauf gerichtet, Wachstum, Beschäftigung und europäische territoriale Zusammenarbeit mit Finanzmitteln (2014–2020) in Höhe von 351,9 Mrd. Euro zu fördern, davon 182,2 Mrd. Euro für weniger entwickelte Regionen.

Förderfähige Regionen im Rahmen der Strukturfonds EFRE und ESF (2014–2020) in Deutschland

weniger entwickelte Regionen (BIP pro Kopf < 75 % des EU-27 Durchschnitts) in Deutschland nicht vorkommend

Übergangsregionen (BIP pro Kopf zwischen ≥ 75 % und < 90 % des EU-27 Durchschnitts)

Entwickelte Regionen (BIP pro Kopf < 90 % des EU-27 Durchschnitts)

3.6 Ökologie und Marktwirtschaft

Marktwirtschaftliches Handeln bewirkt den Verbrauch von Energieträgern und anderen Rohstoffen. Diese Ressourcen stehen aber nicht unbegrenzt zur Verfügung. Sie sind zumeist nicht erneuerbar. Außerdem hat ihr Einsatz Nebenwirkungen (externe Effekte), die zu einer Schädigung der Umwelt und zur Verschlechterung der Lebensbedingungen führen können. Dem Wirtschaftswachstum sind Grenzen gesetzt. Es ist deshalb ein Grunderfordernis, die dauerhafte Qualitätssicherung der Umwelt in das Zielsystem der Ökonomie aufzunehmen.

Der **Club of Rome** wurde 1968 gegründet. Zentrale Begriffe seines Wirkens sind „vernetztes Denken" und „Nachhaltigkeit". Der Bericht „Die Grenzen des Wachstums" hatte das Ziel, die Zusammenhänge und Folgen von Wirtschaftswachstum aufzuzeigen.

3.6.1 Umweltprobleme und Wachstumsgrenzen

Der wirtschaftliche Aufschwung in den Industrieländern in den 1950er- und 1960er-Jahren hatte erhebliche Umweltbelastungen zur Folge. 1972 legte der „Club of Rome" einen Bericht vor, der die „Grenzen des Wachstums" aufzeigte und ein neues Leitbild der Verantwortung für Natur und Umwelt prägte. In den 1980er-Jahren erhielt Umweltpolitik weltweit Gewicht in der nationalen und internationalen Wirtschaftspolitik.

Umweltpolitik ist die Summe aller wirtschaftspolitischen Maßnahmen, die zur Verbesserung oder Aufrechterhaltung der Umweltqualität führen. Sie ist langfristig auf den Ausgleich des Gegensatzes zwischen Ökonomie und Ökologie gerichtet.

Petrolchemische Pilotanlage zur Umwandlung von Altkunststoff

Wirtschaftspolitisches Handeln ist also auf den Erhalt der Umweltmedien Boden, Gewässer, Klima und Luft in guter Qualität auszurichten. Das beinhaltet vor allem, sparsam mit den knappen Rohstoffen umzugehen, sie möglichst wiederzuverwenden (Recycling), den Produktionsprozess möglichst in Form geschlossener Kreisläufe zu organisieren (Kreislaufwirtschaft), erneuerbare (regenerative) Energieträger zu entwickeln, vorausschauend ökologische Fehlentwicklungen und Umweltbelastungen zu vermeiden und bereits aufgetretene Schädigungen zu beseitigen.

In Deutschland sind durch den Abbau der Energiestoffe Braun- und Steinkohle, Uranerz, Erdöl und Erdgas erhebliche Umweltschäden entstanden. Biotope und Ökosysteme wurden beeinträchtigt, Nutzungspotenziale zerstört. Zahlreiche Maßnahmen der Rekultivierung bzw. Renaturierung sind notwendig, um langfristig landschafts- und umweltökologische Veränderungen zu bewirken.

	Flächeninanspruchnahme	Beeinträchtigungen der Oberflächengewässer und des Grundwassers	Atmosphärische Emissionen	Industriebrachen und Altlasten
Steinkohle	etwa 5 000 km^2 direkte und indirekte Inanspruchnahme durch Halden und Bergsenkungen	Einleitung von über 100 Mio. m^3 Wasser mit hohen Salzgehalten in die Vorfluter Rhein, Lippe und Emscher	klimarelevante Methanemissionen	Bodenkontaminationen an Gewinnungs- und Verarbeitungsstandorten durch unsachgemäßen Umgang mit Betriebsmitteln und mit spezifischem Schadstoffinventar
Braunkohle	etwa 2 300 km^2 direkte Inanspruchnahme durch Abbauflächen	großflächige Grundwasserabsenkungen, kritische Wasserqualität in Tagebaurestseen durch saure Sickerwässer	keine klimarelevanten Emissionen	
Erdöl und Erdgas	geringe Beeinträchtigungen	Gefahr der Grundwasserkontamination durch Bohrsätze – Einleitung von Öl und ölhaltigem Produktionswasser in die Nordsee	Methanverluste bei Gewinnung und Verteilung in Höhe von maximal 2 %	Oberflächenkontamination der Anlagen und der Umgebung des Betriebsgeländes
Uran	37 km^2 Betriebsfläche z. T. radioaktiv und/oder mit Schwermetallen kontaminiert	Entstehung saurer und mit Radionukliden belasteter Sickerwässer durch Pyritoxidation in Halden und Säurezusätze in Aufbereitungsrückständen	Emission von Radon und Thorium – dadurch erhöhtes Lungenkrebsrisiko	Oberflächenkontamination der Anlagen und der Umgebung des Betriebsgeländes; schwach radioaktive Abfälle

Wirtschaftswachstum

Umwelterfordernisse angemessen in der Wirtschaftspolitik zu berücksichtigen ist mit der Fragestellung verbunden, ob und in welchem Niveau wirtschaftliches Wachstum möglich ist.
Vielfach wurde die Forderung nach einem **„Nullwachstum"** (Nullwachstum = Wachstumsrate mit Wert null) erhoben. Nullwachstum bewirkt bei einer wachsenden Bevölkerung allerdings, dass das Pro-Kopf-Sozialprodukt abnimmt. Das muss nicht zwangsläufig zu einem Rückgang des Wohlstands führen. Aber umweltorientierte Umstrukturierungen der Wirtschaft müssen mit dem Wachstumsindikator Sozialprodukt verbunden werden, was schwer zu berechnen ist. Besonders auch unter dem Aspekt des Abbaus der Arbeitslosigkeit wurde das Konzept des **qualitativen Wachstums** entwickelt. Auf der Grundlage einer umweltökonomischen Gesamtrechnung und mit Ökobilanzen soll eine Zunahme der Pro-Kopf-Lebensqualität ohne zunehmende Umweltbelastungen bzw. sogar mit steigender Umweltqualität erreicht werden.
Die Festlegung einer richtigen **Wachstumsrate** wird bis in die Gegenwart aber kontrovers diskutiert. Übereinstimmung besteht dahingehend, dass Wachstum dort erfolgen muss, wo Technologien hervorgebracht werden, die die Umweltbelastung verringern oder Produkte bzw. Prozesse ermöglichen, die einen schonenderen Konsum bewirken.

Ein gewisses Wirtschaftswachstum wird einerseits als unerlässlich für den Abbau der Arbeitslosigkeit betrachtet. Andererseits wird bezweifelt, ob Umweltschutz Arbeitsplätze schaffen kann.

Umweltverbrauch bei unterschiedlichen Wachstumsverläufen

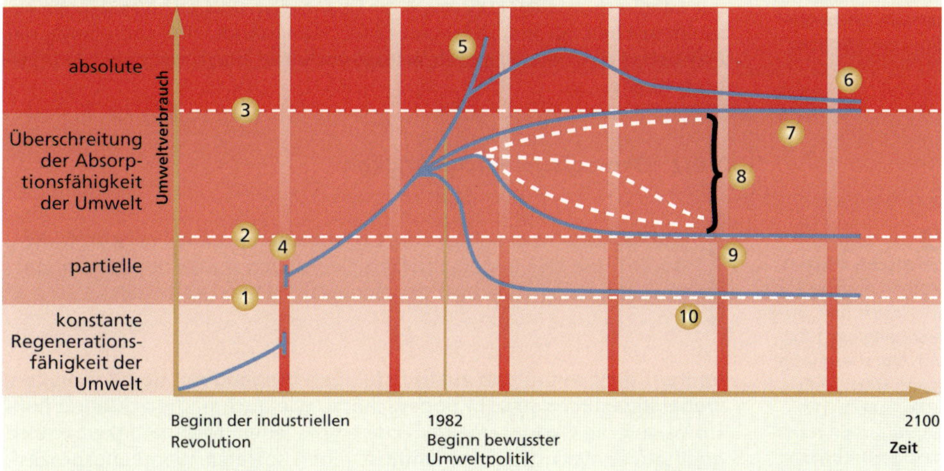

1 Grenze, bis zu der die Umwelt dauerhaft nicht geschädigt wird

2 Grenze, ab der die Regenerationsfähigkeit partiell überschritten ist

3 Grenze des Eintretens unumkehrbarer Schäden

4 Überschreitung der Regenerationsfähigkeit im 19. Jh.

5, 6, 7: mit einsetzender Umweltpolitik Übergang von den Wachstumsphasen 5 und 6 zu 7

7 Wachstumstrend bei der gegenwärtigen Umweltpolitik

8 Nullwachstum hat je nach Umstrukturierung der Wirtschaft verschiedene Effekte

9 Produktion nimmt zu bei gleicher bzw. sogar steigender Umweltqualität

10 steigende Umweltqualität, Rückgang von Produktion und materiellem Wohlstand

3

Vgl. Entwicklung der Weltbevölkerung ↗S. 436

Wachstumsgrenzen werden auch im Zusammenhang mit dem anhaltenden **Bevölkerungszuwachs** in der Welt diskutiert. Ein Grundproblem besteht darin, dass vor allem in den Entwicklungsländern die Bevölkerung stark wächst und diese zudem hinsichtlich des Konsums einen großen Nachholebedarf im Vergleich zu den Industrieländern haben. Das hat Folgen für die Umwelt. Vor allem die Industrieländer sind gefordert, einen größeren materiellen und finanziellen Beitrag zur Finanzierung des Umstiegs auf umweltverträgliches Wirtschaften zu leisten.

Agenda 21

Folgekonferenzen der UN-Umweltkonferenz in Rio fanden 1994 in Kairo, 1997 in Kyoto, 2001 in Bonn und Marrakesch sowie 2002 in Johannesburg statt. Das Schlussdokument des 2007 in New York durchgeführten Umweltgipfels unterschrieben die EU-Staaten nicht, weil es hinter den Ergebnissen von Johannesburg zurückblieb.

1992 wurde in Rio de Janeiro von mehr als 170 Staaten ein Aktionsprogramm für das 21. Jh. verabschiedet, das auf eine nachhaltige Nutzung der natürlichen Ressourcen orientiert. Wesentlicher Ansatz ist dabei die Integration von Umweltaspekten in alle anderen Politikbereiche.
Das Aktionsprogramm enthält Festlegungen u. a. zur Armutsbekämpfung und Bevölkerungspolitik, zu Handel und Umwelt, zur Abfall-, Chemikalien-, Klima- und Energiepolitik, zur Landwirtschaftspolitik sowie zu finanzieller und technologischer Zusammenarbeit der Industrie- und Entwicklungsländer. Die Umsetzung der Ergebnisse des Umweltgipfels erfolgt vor allem durch nationale Aktionsprogramme.

3.6.2 Ökologische Nachhaltigkeit

Der Begriff der **Nachhaltigkeit** stammt aus der Forstwirtschaft und wurde erstmalig um 1700 von Oberberghauptmann HANS CARL VON CARLOWITZ geprägt. Sein Nachhaltigkeitskonzept sollte eine dauerhafte Bewirtschaftung des regionalen Waldbestandes garantieren und somit eine für die damalige Zeit wesentliche Grundvoraussetzung des Silberbergbaus langfristig sichern.

Ökologische Nachhaltigkeit ist grundlegend darauf gerichtet, die Bedürfnisse der gegenwärtigen Generation zu befriedigen, ohne die Lebenschancen künftiger Generationen zu gefährden.

Im Kern geht es um den zukunftsfähigen Umgang mit den Ressourcen, wobei Ressourcen sowohl Bodenschätze wie auch nachwachsende Rohstoffe und die Ökosysteme der Erde einschließen. Nachhaltigkeit betont qualitatives Wachstum und umfasst einen sozialen Wandlungsprozess, der zu neuen Wertvorstellungen und Konsumgewohnheiten führen soll.

Begriff der Nachhaltigkeit

Nachhaltigkeit und Nachhaltigkeitsstrategien haben begrifflich solche ökologischen Leitbilder wie „ökologisches Gleichgewicht" oder „Schließung von Stoffkreisläufen" abgelöst. Die Auffassungen über den Begriffsinhalt gehen jedoch bis in die Gegenwart auseinander. Es werden zwei konträre Positionen vertreten.

Enge Definition	Weite Definition
Zentrales Merkmal ist das Fließgleichgewicht; das bedeutet z. B.: – Es sollen nicht mehr Schadstoffe in die Umweltmedien geleitet werden, als diese abbauen können. – Der Staat soll nicht mehr einnehmen, als er ausgibt. Soziale, ökonomische und kulturelle Zusammenhänge werden nicht erfasst. Die ökologische Säule hat Priorität. Normativ liegt der Schwerpunkt auf **Generationengerechtigkeit.** Diese Definition wird als umweltpolitisches Leitbild vor allem von Ökologen vertreten.	Neben dem Prinzip des Fließgleichgewichts werden weitere Aspekte begrifflich erfasst, z. B.: – sozialer Ausgleich, – Nord-Süd-Ausgleich, – Geschlechtergerechtigkeit. Hinsichtlich der Dimensionen sind mehrere Säulen gleichberechtigt, so die ökologische, ökonomische, soziale u. a. Ethisch begründet zielt diese Definition auf **inter- und intragenerationelle Gerechtigkeit.** Seit 1989 – mit dem Abschlussbericht der zweiten Enquetekommission des Deutschen Bundestages – ist diese Definition überwiegend verbreitet.

Nationale Nachhaltigkeitsstrategie

2002 hat die Bundesregierung eine Nachhaltigkeitsstrategie beschlossen und seitdem regelmäßig weiterentwickelt. Sie enthält:
- die Leitlinien der Nachhaltigkeit: Generationengerechtigkeit, sozialen Zusammenhalt, Lebensqualität und internationale Verantwortung,
- Ziele für 35 Indikatoren in den zentralen Handlungsfeldern: u. a. Staatsverschuldung, Flächenverbrauch, Ausgaben für Bildung und Forschung, Raucherquote, Einfuhren aus Entwicklungsländern,
- Fortschrittsberichte (alle zwei Jahre) zur Umsetzung der Strategie.

Im **Indikatorenbericht 2014** zur nachhaltigen Entwicklung in Deutschland wird festgestellt, dass für einige Indikatoren die eingesetzten Zielwerte bzw. Zieljahre erreicht wurden bzw. bald erreicht werden, es bei einigen anderen aber Defizite gibt. Teilweise sind Indikatoren verändert und an die EU-Ziele 2020 angepasst worden. Erreicht wurden die Zielwerte u. a. bei der Bildung, der Staatsverschuldung und bei erneuerbaren Energien.

Seit dem Weltgipfel in Rio 1992 wird hinsichtlich nachhaltiger Entwicklung nicht mehr nur auf den langfristigen Schutz von Umwelt und Ressourcen, sondern gleichermaßen auf ökonomische und soziale Ziele orientiert. Das wird auch als „Drei-Säulen-Konzept" oder „Magisches Dreieck der Nachhaltigkeit" bezeichnet.

Ein Ziel der Bundesregierung im **Bildungsbereich** war es, die Studienanfängerquote in Deutschland bis zum Jahr 2010 auf 40 % zu erhöhen und in den Folgejahren auf hohem Niveau weiter auszubauen und zu stabilisieren. 2012 wurden nach Schwankungen 53,2 Prozent erreicht. Der Anteil der Anfänger einer beruflichen Ausbildung, die eine Studienberechtigung nachweisen konnten, stieg 2012 auf 23,9 Prozent – 2003 waren es noch 14,0 Prozent.
Bei den **Erneuerbaren Energien** stieg im Zeitraum 1990 bis 2013 der Anteil am Endenergieverbrauch von 2 Prozent auf 12,3 Prozent. Das für 2020 (↗ Grafik S. 268) neu gesetzte Ziel wird sicher überboten, wenn sich eine Weiterentwicklung wie in den letzten fünf Jahren vollzieht. Die Bundesregierung setzt weiterhin verstärkt auf den Ausbau erneuerbarer Energieträger wie Wasser- und Windkraft, Solarenergie, Geothermik und Biomasse.

Informationen zur Nachhaltigkeitsstrategie und zur Tätigkeit des 2001 eingesetzten Rates für Nachhaltige Entwicklung sind im Internet zu finden unter www.nationale-nachhaltigkeitsstrategie.de oder www.nachhaltigkeitsrat.de.

Der Umstieg auf natürliche Energiequellen bedeutet nicht nur, dass wichtige fossile Energieträger wie Öl und Gas gespart werden. Es werden auch CO_2-Emissionen und damit das Ausmaß des Klimawandels gemindert. Und für die Wirtschaft entstehen mehrere Effekte: Sie wird unabhängiger von Energieimporten, kann den Ressourcenverbrauch reduzieren und die Versorgungssicherheit erhöhen. Technische Innovationen und Effizienzgewinne sind dadurch möglich.

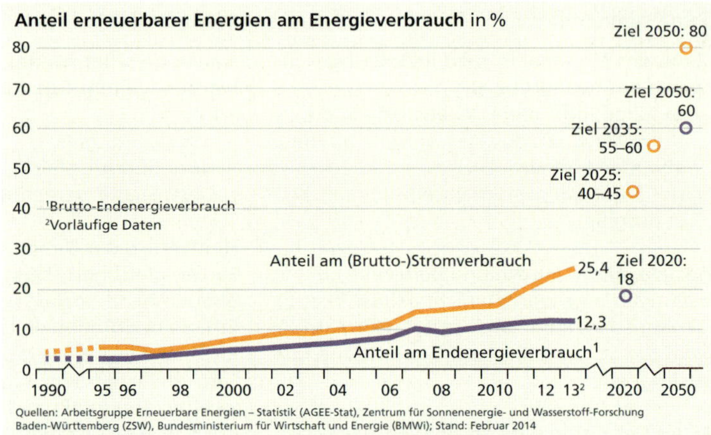

Zu den Indikatoren, die sich nach dem Bericht 2014 „in eine falsche Richtung" oder „auf falscher Wegstrecke" zum Ziel entwickeln, gehören u. a. die Erhaltung der Artenvielfalt und Landschaftsqualität, die wirtschaftliche Zukunftsvorsorge sowie Gesundheit und Ernährung.

In den Jahren von 2001 bis 2011 hat sich der Zielwert für den Schutz der **Artenvielfalt** deutlich verschlechtert, er lag nur noch bei 63 % und war damit auf den tiefsten Wert abgesunken. Als wichtigste Ursachen für den Rückgang der Artenvielfalt werden die intensive land- und forstwirtschaftliche Nutzung, die Zersiedelung der Landschaft und die Versiegelung der Flächen gesehen. Zusätzliche Anstrengungen von Bund, Ländern und den Kommunen in möglichst allen Politikfeldern werden gefordert. Im Bereich **Gesundheit** entwickelten sich Übergewicht und Fettleibigkeit der deutschen Bevölkerung ab 18 Jahren seit 1999 stetig rückläufig zum Ziel, den Anteil der Menschen mit Adipositas zu verringern. 2009 wurden 14,7 % der Bevölkerung als adipös eingestuft, 1999 lag der Anteil noch bei 11,5 %.

3.6.3 Instrumente staatlicher Umweltpolitik

Sicherung der Umweltqualität kann auf vielfältige Weise von der Wirtschaftspolitik erreicht werden. Es werden verschiedene **Instrumente** angewendet.

Zum Instrumentarium der Umweltpolitik gehören regulative und marktwirtschaftliche Instrumente.

Regulative Instrumente sind vor allem Gebote und Verbote, z. B. das Setzen von Grenzwerten für die Emission bestimmter Schadstoffe. Sie haben den Nachteil, dass nach Erfüllung der entsprechenden Vorschrift kein weiterer Anreiz für das jeweilige Unternehmen zur Verstärkung umweltschützender Aktivitäten besteht.

Marktwirtschaftliche Instrumente zielen auf eine Steuerung über Preise ab. Wird z.B. die Verschmutzung der Luft mit einer festen Steuer pro Tonne Kohlendioxid belastet, entsteht ein ständiger Anreiz für das Unternehmen, eine weitere Verringerung der Emission anzustreben.
Grundlegend geht es darum, dass negative externe Effekte durch die Erhebung von Umweltabgaben internalisiert werden sollen.

Dieser Ansatz wurde bereits in der ersten Hälfte des 20. Jh.s von dem britischen Volkswirtschaftler ARTHUR PIGOU entwickelt.

Pigou-Steuer

Pigou-Steuer ist eine Steuer auf Güter, deren Produktion oder Verbrauch mit Umweltschädigungen verbunden ist, die über den Markt nicht als Kosten bei den Verursachern anfallen (negative externe Effekte).

ARTHUR CECIL PIGOU (1877–1959)

Die Steuererhebung soll dieses Marktversagen durch Güterpreise „heilen", welche die entstehenden Umweltschäden angemessen berücksichtigen (Internalisierung). Die **ökonomische Wirkung** einer Pigou-Steuer besteht in der Erhöhung des Absatzpreises des betreffenden Gutes mit der Folge einer verringerten Nachfrage bzw. Produktion. Dabei ist es für die Steuerwirkung letztlich unerheblich, ob die Pigou-Steuer bei den Verbrauchern oder den Produzenten erhoben wird.

Fällt sie direkt bei den Verbrauchern an (z.B. in Form einer speziellen Verbrauchsteuer), erhöht sie den Preis für die Verbraucher unmittelbar. Wird sie bei den Produzenten erhoben, wirkt sie wie eine Erhöhung der Produktionskosten, die an die Verbraucher über höhere Absatzpreise weitergegeben wird. In beiden Fällen tragen also am Ende die Verbraucher die Steuerlast.

Im Grundsatz soll durch die Pigou-Steuer eine **„marktgerechte" Bewertung** des öffentlichen Gutes „Umwelt" erreicht werden. Die Steuererhebung soll zu solchen Güterpreisen führen, die entstünden, wenn die Umweltschädigungen von vornherein als Kosten bei den Verursachern angefallen wären. Es geht also um eine angemessene Reduktion der Umweltbelastung nach den Kriterien des Marktes. Für die Realität ergibt sich dabei das Problem, dass für das öffentliche Gut „Umwelt" keine Marktpreise existieren, an denen sich der Staat im Hinblick auf die Steuerhöhe orientieren könnte. Insofern ist die Pigou-Steuer ein theoretisches Konzept, die angestrebte „Quasi-Marktlösung" lässt sich in der Realität nur annähernd erreichen.

Die Subventionsgewährung muss – soll sie volkswirtschaftlich sinnvoll sein – über die resultierende Schadstoffreduktion die Wohlfahrt der Bürger mehr erhöhen, als sie auf der Finanzierungsseite die Bürger belastet.

Eine Alternative zur Pigou-Steuer stellt die sogenannte **Pigou-Subvention** dar: Die Verursacher von Umweltschäden erhalten finanzielle oder steuerliche Subventionen, wenn sie durch technische Maßnahmen die Schadstoffemission verringern. Diese Subventionen müssen jedoch auch finanziert werden.

Umweltpolitisches Instrumentarium

> **Umweltpolitische Instrumente** sind Mittel, die der Staat einsetzt, um die Produzenten und die Konsumenten zu veranlassen, entsprechend den festgelegten umweltpolitischen Zielen Maßnahmen der Vermeidung, Verringerung oder Beseitigung von Umweltbelastungen zu ergreifen.

Umweltpolitisches Instrumentarium

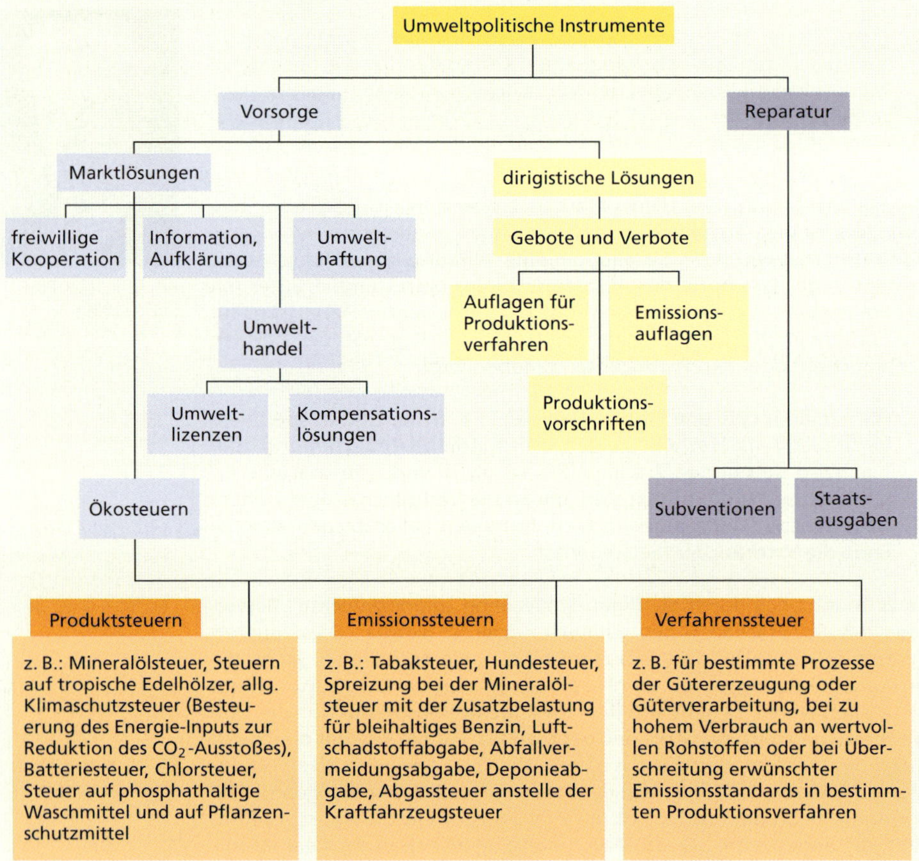

Prinzipien staatlicher Umweltpolitik

Die Anwendung und Durchsetzung der verschiedenen Instrumente erfolgt ausgehend von vier Grundprinzipien staatlicher Umweltpolitik.

Vorsorgeprinzip	Potenzielle Umweltschäden werden durch vorbeugende Maßnahmen verhindert – das betrifft z. B. Emissionsminderung, Abwasseraufbereitung, sparsamen Umgang mit Umweltgütern.
Verursacherprinzip	Betriebswirtschaftlich als externe Kosten erfasste Umweltschäden werden von den „Schadensproduzenten" in ihre Wirtschaftlichkeitsrechnung aufgenommen – das betrifft z. B. Verfahren und Produktnormen, Abgaben und Gebühren.
Gemeinlastprinzip	Die durch die Umweltbeeinträchtigung entstandenen Kosten werden durch die öffentliche Hand getragen – z. B. Rekultivierung von Tagebauhalden.
Kooperationsprinzip	Gesellschaftliche Akteure übernehmen Mitverantwortung, wobei Betroffene (Verursacher oder Geschädigte) in Entscheidung über umweltpolitische Maßnahmen einbezogen werden; aufkommende Kosten übernimmt der Staat dann, wenn das Verursacherprinzip nicht anwendbar ist – z. B. bei Altlastensanierung.

Zur **Durchsetzung umweltpolitischer Ziele** verfügt der Staat über verschiedene Instrumente – Rechtsmittel, Verfahren und fiskalische Möglichkeiten, die spezifisch angewendet werden. Mit ihrem „Grünbuch" von 2007 orientiert die Europäische Kommission nachdrücklich auf den verstärkten Einsatz der marktwirtschaftlichen Instrumente.

Ordnungsrecht	Genehmigungsbedingungen, Auflagen, Grenzwerte und Normen, sonstige Ge- und Verbote, Umweltstrafrecht
Planung	Bauleitplanung, Luftreinhaltepläne, Abfallwirtschaftspläne, Landes- und Regionalplanung, Umweltverträglichkeitsprüfung
Öffentliche Ausgaben	Finanzierung nach dem Gemeinlastprinzip, Subventionen für Umweltforschung, umweltbewusste Beschaffungspolitik
Öffentliche Einnahmen	Steuern, Sonderabgaben, Gebühren, Tarife, Bußgelder, Umweltlizenzen und -zertifikate
Kooperation	Verhandlungen zwischen Staat und potenziellen Verursachern („freiwillige Selbstverpflichtung")
Information und Warnungen	durch das Umweltministerium, durch Umweltämter oder Umweltbüros
Partizipation	Bürgerbeteiligung und Anhörung, Mediationsverfahren und Volksentscheide

Die Vorgabe von Grenzwerten, die Erhebung von Emissionssteuern und der Handel mit Emissionslizenzen gehören zu den staatlichen Instrumenten, die in der Umweltpolitik mit **unterschiedlicher Effizienz** angewendet werden.

Grenzwerte	Durch die Vorgabe der maximal zulässigen Emissionsmengen pro Verursacher soll die ökologische Effizienz gesichert werden. Das Umweltziel wird damit direkt erreicht. Eine Steuerung ist aber nur bezogen auf den einzelnen Verursacher möglich. Die insgesamt entstehenden Emissionen können nur geschätzt werden. Ökonomische Effizienz besteht dagegen nicht, da die Verursacher jeweils unterschiedliche Kosten der Schadstoffreduktion haben. Die ökonomische Effizienzbedingung eines überall gleichen Preises für dasselbe Gut ist somit verletzt.
Emissionssteuer	Jeder Verursacher zahlt für das Gut „Umweltnutzung" den gleichen Preis. Damit ist ökonomische Effizienz bei der Schadstoffreduktion gegeben. Das Umweltziel ist jedoch nur schwer erreichbar, denn die Umweltpolitiker kennen die privatwirtschaftlichen Kosten der Verursacher nicht und müssen bei der Festsetzung der Emissionssteuer immer wieder korrigierend eingreifen, um das Umweltziel zu erreichen.
Emissionslizenzen	Die zulässigen Emissionsmengen werden für eine ganze Region und nicht nur für einzelne Verursacher festgelegt. Ökologische Effizienz wird damit besser gewährleistet als bei Grenzwerten. Durch den Handel von Emissionslizenzen ist ein einheitlicher Preis für die Emission von Schadstoffen gewährleistet. Somit besteht auch ökonomische Effizienz bei der Schadstoffreduktion.

Ökosteuer

Ökosteuern sind darauf gerichtet, umweltschädigende Aktivitäten finanziell zu belasten und so Anreize zum schonenden Umgang mit natürlichen Ressourcen zu setzen.

In der Praxis sollte eine Ökosteuer in der Höhe angesetzt werden, die notwendig ist, um die umweltpolitisch vorgesehene Zielstellung zu erreichen. Aber auch in finanzpolitischer Hinsicht sollte die Ökosteuer möglichst eng an der angestrebten Externalität ansetzen.

Ist die Zielsetzung der Umweltpolitik eine Verringerung der Kohlendioxidemissionen, dann wäre z.B. eine pauschale Energiesteuer mit festen Sätzen pro Kilowattstunde Strom falsch konstruiert. Es würde nicht berücksichtigt, dass verschiedene Energieträger wie Erdgas, Steinkohle und Windenergie ganz unterschiedliche Kohlendioxidemissionen haben.

Doppelte Dividende meint, dass neben den gesetzten ökologischen Zielen gleichzeitig auch eine Verringerung der Arbeitslosigkeit erreicht werden kann.

Die **Einnahmeerzielung** ist ein ausschlaggebender Aspekt für die Einführung von Ökosteuern, wobei Einnahmeerzielung und Anreize zum Umweltschutz nicht im Gegensatz stehen müssen. Umstritten ist allerdings, ob mit der Einführung von Ökosteuern eine doppelte Dividende erzielt werden kann. Bei der **ökologischen Steuerreform** in Deutschland spielt diese Frage eine große Rolle.

Pro ——— doppelte Dividende ——— Kontra	
Einnahmen aus den Ökosteuern werden zur Finanzierung einer Senkung des Beitragssatzes in der Rentenversicherung genutzt. Durch die so erreichte Verringerung der Lohnnebenkosten wird ein Impuls für mehr Beschäftigung entstehen.	Durch die Verteuerung der Energie verringert sich die Investitionstätigkeit der Unternehmen, was sich beschäftigungshemmend auswirkt. Die Gewerkschaften können in Tarifverhandlungen einen Ausgleich für die Verteuerung der Energie durchsetzen, sodass ein möglicher Beschäftigungsimpuls wieder aufgehoben wird. Notwendige Reformen der Sozialsysteme werden durch Ausgleich von Defiziten über Ökosteuern behindert.

In der Bundesrepublik werden seit 1999 **Ökosteuern** erhoben. Im Rahmen der ökologischen Steuerreform wurden das Mineralölsteuergesetz und die Mineralölsteuerverordnung geändert, das Stromsteuergesetz und die Stromsteuerverordnung neu geschaffen.

Die erste Stufe der Steuerreform sah die Erhöhung der Steuersätze für Kraftstoffe, Erdgas und Heizöl sowie die Einführung einer Stromsteuer vor. Anfang Januar 2003 trat die fünfte und letzte Stufe der ökologischen Steuerreform in Kraft. Neben weiteren Erhöhungen der Mineralölsteuer und der Stromsteuer wurde festgelegt, dass die Unternehmen mehr belastet werden, um eine effizientere Energienutzung zu bewirken.

Das **Prinzip der Ökosteuer** besteht darin, Energie zu verteuern, damit sparsam damit umgegangen und die Umwelt geschont wird. Ein großer Teil der Einnahmen aus der Ökosteuer fließt in die Rentenkasse, ein weiterer Teil wird für die stärkere Förderung erneuerbarer Energien – wie Biomasse oder Sonnenenergie – eingesetzt.

Jahr	Einnahmen (in Mio. Euro)	davon in Rentenversicherung	für erneuerbare Energien
1999	4300	4300	100
2001	11800	11200	200
2003	18700	16100	100
2005	17800	15900	100
2007	18700	15600	200
2009	18900	15700	200

Insgesamt zeichnet sich ab, dass Art und Umfang des umweltpolitischen Instruments Ökosteuer in der Praxis weniger den Zielen der Umweltpolitik als vielmehr wirtschaftspolitischen Zielstellungen unterliegen.

Das ist vor allem auf zwei Gründe zurückzuführen:
- auf die Notwendigkeit der vorrangigen Bekämpfung der hohen Arbeitslosigkeit,
- auf die zunehmend an Bedeutung gewinnenden „schleichenden" Umweltprobleme, die gegenüber den „klassischen" Umweltproblemen erst längerfristig in Erscheinung treten, aber irreversibel sind.

„Klassische" Umweltprobleme sind solche unmittelbar erfassbaren wie Luftverschmutzung oder Gewässerverunreinigung. **„Schleichende" Umweltprobleme** sind z. B. Klimafolgeschäden, wie die Entstehung des Ozonlochs, Artenschwund oder der Verlust fruchtbarer Böden.

Ökoaudit

EMAS ist die englische Bezeichnung des europäischen Umwelt-Audit-Systems „Eco-Management and Audit Scheme".
Audit weist darauf hin, dass es um eine systematische umwelttechnische und umweltrechtliche Betriebsprüfung geht.

> Das **Ökoaudit** (auch EMAS) ist ein Umweltmanagementsystem, das Unternehmen hilft, Umweltvorschriften einzuhalten und den betrieblichen Umweltschutz kontinuierlich zu verbessern. Es setzt auf freiwillige Teilnahme.

Ökoaudit ist ein gemeinschaftliches europäisches und internationales System zur Bewertung und Verbesserung des betrieblichen Umweltschutzes. Grundlage bildet die **Ökoaudit-Verordnung,** die 2001 neu aufgelegt wurde.
Im Rahmen des Ökoaudits werden Verfahren entwickelt und Maßnahmen erarbeitet, die zum einen darauf gerichtet sind, moderne Umwelttechnologien tatsächlich zum Einsatz zu bringen. Zum anderen sollen sie bewirken, dass Umweltschädigungen im Zuge betrieblicher Tätigkeit weitestgehend vermieden werden. Die Einhaltung der Maßnahmen wird durch regelmäßige Kontrollen – sogenannte Audits – sichergestellt.
Die Maßnahmen des betrieblichen Umweltschutzes werden in Umwelterklärungen, die bei der Industrie- und Handelskammer bzw. der Handwerkskammer registriert werden, festgehalten. Bei Erfüllung der Vorgaben dürfen die Unternehmen mit dem neuen **Ökoaudit-Logo** werben.
Das ist neben der höheren Rechtssicherheit und der effektiveren Eigenüberwachung ein wichtiger Anreiz für die Unternehmen.

Anzahl und Verteilung der EMAS-Organisationen in den Bundesländern

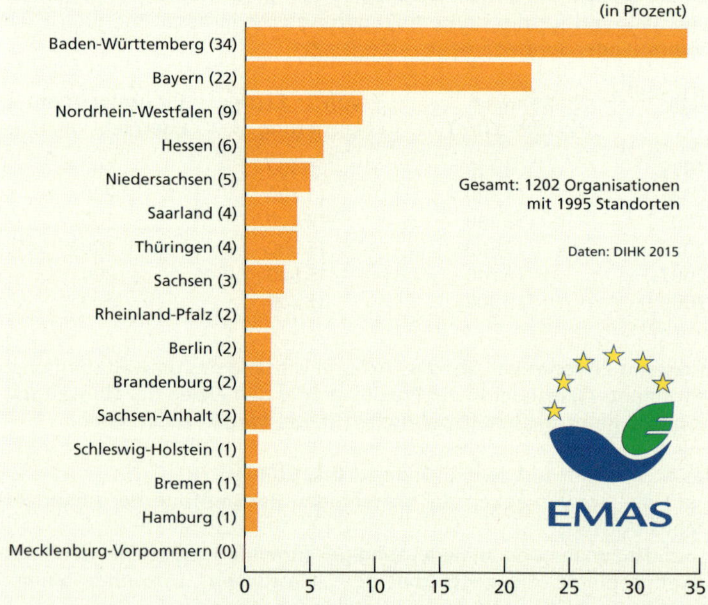

Gesellschaft im Wandel

4

4

4.1 Soziologische Grundbegriffe und Leitlinien

Gesellschaft, abgeleitet von ahd. sal = Raum und ahd. gesellio = Saalgenosse

Das Gesellschaftsverständnis vor dem 18. Jh. betonte neben den sozialen Beziehungen stärker den Raum, in dem Menschen leben. Redewendungen wie „Gesellschaftsräume", „jemandem Gesellschaft leisten" oder „eine Gesellschaft geben" erinnern daran. Im sozialmoralischen Sinn spricht die moderne Philosophie von Gesellschaft als gesitteter Menschheit und seit der Französischen Revolution von der bürgerlichen Gesellschaft.

Die **Gesellschaft** besteht aus den Beziehungen zwischen Menschen, aus Interaktionen, die sich wiederholen und sich zu Verhaltensregeln und Institutionen verdichten.

Soziale Beziehungen bestehen beispielsweise zwischen Eltern und Kindern, Verkäufern und Käufern, Herrschenden und Beherrschten. Erprobte und allgemein befolgte Verhaltensmuster ergeben Institutionen, von denen die Familie, Schule, Kirche, Partei und das Unternehmen besonders wichtig sind. Alle diese Aktionen (Handlungen), Verhaltensvorschriften (Normen) und Wechselwirkungen bilden die Gesellschaft als ein dichtes Gefüge von zwischenmenschlichen Verhaltens- und Handlungsweisen.

Mit der theoretischen, empirischen und kritischen Erforschung aller Aspekte des sozialen Zusammenlebens der Menschen in Gemeinschaften und Gesellschaften befasst sich die **Soziologie als Wissenschaft.** Sie fragt im Anschluss an MAX WEBER nach Sinn und Strukturen des sozialen Handelns (Handlungstheorie) sowie nach den die Handlungen regulierenden Werten und Normen. Untersucht die allgemeine Soziologie generelle Gegenstände wie Gruppe, Rolle, Norm, Wandel, Schichtung, so analysieren die speziellen Soziologien gesellschaftliche Teilbereiche wie Jugend, Alter, Arbeit, Großstadt.

Individuelle Ungleichheit meint die Unterschiede der psychischen und der äußeren Erscheinung der Menschen, z. B. Körperhöhe und Alter.

Individuelle Gleichheit beinhaltet, dass alle Menschen gegenüber dem Staat dieselben Rechte und Pflichten haben (Gleichheit als individuelles Freiheitsrecht).

Soziologische Untersuchungen gehen vom gesellschaftlichen **Grundtatbestand der sozialen Ungleichheit** unter den Menschen aus.

Die in der Gesellschaft begehrten, jedoch **knappen Güter** sind systematisch und langfristig ungleich auf die Gesellschaftsmitglieder verteilt. **Sozialer Wandel** ist die gesellschaftliche Veränderung, in der eine soziale Ungleichheit durch eine andere abgelöst wird. Über das Maß an gerechtfertigter (legitimer) gesellschaftlicher Ungleichheit werden gesellschaftspolitische Auseinandersetzungen geführt. Vor allem die Forderungen nach Gleichheit der Menschen vor dem Gesetz und nach realer Chancengleichheit sind grundlegend für vielfältige gesellschaftspolitische Maßnahmen, mit denen soziale Ungleichheit auf das „notwendige Maß" beschränkt werden soll.

4.1.1 Individuum und Gesellschaft

Individuum und Gesellschaft sind eng miteinander verflochten: Das Individuum braucht als „soziales Wesen" die Gesellschaft und die Gesellschaft ist ohne Individuen nicht denkbar. Sie besteht aus den Beziehungen zwischen Menschen und ihren aufeinander bezogenen Handlungen **(Interaktionen).**

- MAX WEBER (1864–1920) entwickelte eine Typologie sozialen Handelns, die vier Idealtypen umfasst: Bei zweckrationalem Handeln werden die Ziele, verfügbaren Mittel und möglichen Folgen rational gegeneinander abgewogen. Wertrationales Handeln erfolgt aufgrund einer Überzeugung (z. B. auf der Basis religiöser oder ethischer Werte), affektuelles Handeln ist durch Gefühlszustände bestimmt und traditionelles Handeln bezeichnet eingelebtes, gewohnhaftes Handeln.

Allen sozialen Handlungen liegen Normen zugrunde. **Soziale Normen** sind allgemein geltende Handlungsvorschriften, die ein typisches Handeln für konkrete Situationen festlegen und damit Verhaltensregelmäßigkeiten schaffen. Sie vereinfachen das soziale Miteinander, indem Erwartungen über das Verhalten anderer möglich werden. Gleichzeitig begrenzen Normen individuelle Handlungsfreiräume.
Normen werden in der Regel aus Werten abgeleitet, die ethisch-moralische Vorstellungen über die wünschenswerte Form des Zusammenlebens zum Ausdruck bringen, etwa Demokratie, Gerechtigkeit, Umweltschutz.

> **Normen** sind notwendiger Bestandteil von Gesellschaften. Sie regeln die Art und Weise des menschlichen Zusammenlebens.

Das Einhalten der Normen wird durch positive und negative **Sanktionen** abgesichert: Bei abweichendem Verhalten reagiert die Gesellschaft mit Maßnahmen, um die Einhaltung der Verhaltensvorschriften durchzusetzen.

- Positive Sanktionen belohnen konformes Verhalten, z. B. durch verbale Anerkennung oder beruflichen Aufstieg. Negative Sanktionen können von Missbilligung über soziale Ausgrenzung bis hin zu konkreten Strafen der Gesetzgebung reichen.

Bei hoher Relevanz werden Normen als Rechtsnormen fixiert bzw. durch Gesetze kodifiziert, um hohe Verbindlichkeit zu schaffen und ihre Durchsetzung über Sanktionen zu ermöglichen.

- Dem Schutz der Menschenwürde wird in der Bundesrepublik Deutschland größte Bedeutung zugemessen. Deshalb wurde diese Norm zum Leitprinzip der Verfassung erhoben: „Die Würde des Menschen ist unantastbar." (Art. 1 Abs. 1 GG)

Individuen nehmen **soziale Positionen** ein, d. h. bestimmte Plätze im Strukturgefüge der Gesellschaft. Jede soziale Position ist mit einer so-

▶ Der Begriff „Individuum" (lat.: das Unteilbare) kennzeichnet den Menschen als unverwechselbare Person mit besonderen Eigenschaften und Interessen, Wünschen und Bedürfnissen und als Träger von Rechten und Pflichten.

▶ Nach MAX WEBER verfolgt der Handelnde einen subjektiv gemeinten Sinn, d. h., er möchte etwas Bestimmtes zum Ausdruck bringen. **Soziales Handeln** ist darüber hinaus auf andere Menschen bezogen.

▶ Soziale Normen können sich in verschiedenen Gesellschaften stark unterscheiden, z. B. in modernen und traditionellen Gesellschaften.

▶ Im Unterschied zu Normen sind Bräuche (Weihnachten, Geburtstagsfest usw.) soziale Gewohnheiten, deren Einhaltung freigestellt ist und die bei Nichteinhaltung nicht sanktioniert werden.

▶ Soziale Positionen sind mit sozialem Status verbunden, der über die Rangstellung des Einzelnen in der Gesellschaft bestimmt (z. B. Einkommen, Macht und Prestige).

4

Eine soziale Gruppe umfasst mindestens drei Mitglieder, die über längere Zeit in einem Kommunikations- und Interaktionsprozess stehen und ein Gefühl der Zusammengehörigkeit entwickeln.

zialen Rolle verknüpft. Diese legt fest, was der Rollenträger zu tun hat (Pflichten), was er nicht tun darf (Verbote) und was er tun kann (Rechte).

Soziale Rollen sind Bündel von Erwartungen, die sich an das Verhalten der Träger von Positionen richten.

Jede Person nimmt in ihren sozialen Beziehungen eine Vielzahl von Rollen ein, die mit verschiedenen Verhaltenserwartungen verknüpft sind. Dadurch können **Rollenkonflikte** entstehen, wenn sich eine Person in einer Situation unvereinbaren oder widersprüchlichen Rollenerwartungen gegenübersieht.

Die Herausbildung einer Gruppenidentität kann dazu führen, dass die Eigengruppe aufgewertet und Fremdgruppen abgewertet werden, z. B. Diskriminierung von Menschen aufgrund ihrer Hautfarbe, ihrer sexuellen Orientierung oder ihres Geschlechts.

Auch eine Schule bildet ein System verschiedener Rollen. Dazu gehören z. B. die Rollen des Schulleiters, des Lehrers, des Hausmeisters und des Schülers.

In der Gesellschaft bilden sich **soziale Gruppen** heraus. Die Gruppenmitglieder teilen gemeinsame Normen und Werte und entwickeln eine Gruppenidentität (Wirgefühl). Damit einher geht eine Unterscheidung von „Eigengruppe“ und „Fremdgruppe“. Innerhalb der Gruppe entwickelt sich ein Geflecht aufeinander bezogener sozialer Rollen (Gruppenführer, Opportunist, Außenseiter usw.).

Formen sozialer Gruppen

Primärgruppe	**Sekundärgruppe**
– sehr enge, direkte und persönliche Verbindungen – gering spezialisierte und relativ beständige Beziehungen – wenig Gruppenmitglieder	– zufällige, kurzfristige, indirekte oder unregelmäßige Kontakte (emotionale Neutralität) – Gruppenzusammenhang ergibt sich meist über die Erfüllung gemeinsamer Ziele und Aufgaben – relativ viele Mitglieder
Beispiele: Familie, Freunde, Nachbarschaft	Beispiele: Schulklasse, Arbeitsteam, Sportverein

Der Begriff „Peergroup“ leitet sich ab von engl. peer = der Gleiche. Zu Peergroups zählen Freundescliquen und Jugendgruppen, aber auch Banden und Straßengangs.

In vielen Peergroups wird mit Objekten oder Symbolen die Gruppenzugehörigkeit signalisiert, etwa durch Konsumartikel (z. B. bestimmte Marken bei Handys und Turnschuhen), den Kleidungsstil oder eine favorisierte Musikrichtung.

Eine besondere Rolle spielen sogenannte Peergroups (auch Peers). Als zentrale Bezugsgruppen für Heranwachsende haben sie vor allem im Kindes- und Jugendalter einen hohen Stellenwert.

Peergroups sind Gruppen von Gleichaltrigen, die sich spontan und informell bilden.

Peergroups übernehmen wichtige Sozialisationsfunktionen, da sie Kinder und Jugendliche bei der Herausbildung einer eigenen Identität und Persönlichkeit unterstützen. Die Gruppenstandards bieten Orientierung, können aber auch Gruppendruck ausüben.

4.1.2 Gesellschaftsmodelle

Gesellschaftsmodelle sind Auslegungen oder Annahmen, mit denen soziale Beziehungen bzw. typische Verhaltens- und Handlungsweisen der Lebenswirklichkeit interpretiert werden.

Gesellschaftsmodelle sind Hilfsmittel, um wichtige Trends und Probleme aufzuzeigen. Sie haben eine deutende oder Leitfunktion für tiefer gehende Gesellschaftsanalysen.

Gesellschaftsmodelle sind keine Theorien im engeren Sinn. Sie dienen der Charakterisierung von Gesellschaften, eröffnen den Zugang zu strukturellen Wandlungsprozessen, signalisieren aber auch Ängste, Hoffnungen und Befürchtungen. Vielfach in Gegenüberstellung zu anderen, meist früheren Gesellschaftstypen werden im Sinne von Grundmodellen **Begriffspaare** zur Charakterisierung von Gesellschaften gebildet.

Statische und dynamische Gesellschaft	in Anlehnung an AUGUSTE COMTE (1798–1857), der den Begriff „Soziologie" prägte und einführte
Primitive und komplexe Gesellschaft	in Anlehnung an ÉMILE DURKHEIM (1856–1917) und andere
Bürgerliche und sozialistische Gesellschaft	in Anlehnung an marxistische Theoretiker, insbesondere an KARL MARX (1818–1883)
Offene und geschlossene Gesellschaft	in Anlehnung an KARL R. POPPER (1902–1994): „Die offene Gesellschaft und ihre Feinde", 1944
Pluralistische und monokratische Gesellschaft	in Anlehnung an GEORGES GURVITCH (1894–1965)
Antagonistische und nicht antagonistische Gesellschaft	in Anlehnung an WOLFGANG ABENDROTH (1906–1985) – etwa gleichbedeutend mit bürgerlicher und sozialistischer Gesellschaft
Industrielle und postindustrielle Gesellschaft	in Anlehnung an DANIEL BELL (1919–2011): „Die nachindustrielle Gesellschaft", 1975
Entwickelte Industriegesellschaften und Entwicklungsländer	Gesellschaftstypen mit unterschiedlichem Entwicklungsniveau, die das gegenwärtige Nord-Süd-Gefälle in der Welt markieren

Bis heute wird „Gesellschaft" vorwiegend national definiert. Im Zuge des Globalisierungsprozesses wird aber zunehmend auch über die Herausbildung einer **„Weltgesellschaft"**, die zu einer Umformung des Sozialen beitragen wird, diskutiert.

Grundzüge und Elemente der Herausbildung einer Weltgesellschaft ↗ S. 455 ff.

Gesellschaftsbegriffe als Zeitdiagnose

Seit den 1950er-Jahren werden in der Bundesrepublik verschiedene Modelle aufgestellt, die wichtige Tendenzen der gesellschaftlichen Entwicklung thesenhaft interpretieren.

Modell	Beschreibung
Zweidrittelgesellschaft	kommt aus dem politischen Journalismus und verweist seit Mitte der 1970er-Jahre auf die Spaltung der Bevölkerung in einen Teil (zwei Drittel), der über Arbeitsplätze verfügt und im Wohlstand lebt, und einen anderen Teil (ein Drittel) mit niedrigem Lebensniveau – infolge von Arbeitslosigkeit, schlechter Ausbildung, unzureichender beruflicher Qualifikation, Behinderung, Armut, sozialer Diskriminierung u. a.
Postmoderne Gesellschaft	ist als Gegenbegriff zur „Modernen Gesellschaft" in den 1980er-Jahren entstanden und orientiert auf die Umsetzung der effizienter gewordenen Produktionstechnologien für Bedürfnisbefriedigung und Werteentwicklung; kennzeichnet einerseits eine Gesellschaft, in der die Differenzierung von weltanschaulichen Orientierungen, Wertesystemen, Einstellungen, Lebensstilen und damit die Möglichkeiten für die individuelle Lebensgestaltung zunehmen; andererseits verstärken sich damit Orientierungsschwierigkeiten, Gegensätze, Widersprüche und Konflikte, mit denen sich die einzelnen Menschen auseinandersetzen müssen.
Risikogesellschaft	1986 von dem Soziologen ULRICH BECK (1944–2015) vorgeschlagene Bezeichnung für die hoch entwickelte Industriegesellschaft, die Risiken mit zunehmend globaler Gefährdung des Lebens produziert; solche Risiken wie Langzeit- und Dauerarbeitslosigkeit, Ozonloch oder Atomenergie (Reaktorkatastrophe in Tschernobyl) betreffen dabei alle Menschen, unabhängig von ihrer sozialen Stellung in der Gesellschaft; sie beeinflussen die gesellschaftlichen Entwicklungen, sind aber nur begrenzt zu bewältigen.
Dreiteilung der Gesellschaft	Der Sozialphilosoph OSKAR NEGT (geb. 1934) konstatiert 2006 eine Dreiteilung der bundesdeutschen Gesellschaft: Ein Drittel hat Erwerbsarbeit, ist integriert und gesellschaftlich anerkannt; ein Drittel befindet sich in prekären Beschäftigungsverhältnissen und sozialer Unsicherheit; ein Drittel bilden die wirtschaftlich „Überflüssigen", die dauerhaft ausgegrenzt, in Armut und ohne Perspektive leben.

▶ Das Gesellschaftsbild der sogenannten **Erlebnis- oder Spaßgesellschaft** wurde Anfang der 1990er-Jahre von dem Soziologen GERHARD SCHULZE (geb. 1944) entwickelt. Er legte den Übergang von einer „Knappheitsgesellschaft" zu einer „Überflussgesellschaft" zugrunde.

Darüber hinaus werden unter Hervorhebung bestimmter Merkmale oder Tendenzen weitere Modelle diskutiert, so

- die **Wohlstandsgesellschaft,** die den relativ hohen Lebensstandard und Massenkonsum in Einheit mit einem hohen Maß an sozialer Sicherheit in den Mittelpunkt rückt; dabei werden auch Modelle entwickelt, die auf einen weniger güterintensiven Lebensstil und auf ressourcenschonendes Wirtschaften gerichtet sind;
- die Erlebnis- oder **Spaßgesellschaft,** die Konsum und Freiheit, Individualisierung und Lifestyle, Pop-, Körper- und Medienkultur als prägende Werte und Bedürfnisse einer Überfluss produzierenden Gesellschaft hervorhebt,
- die **multikulturelle Gesellschaft,** die den Wandel der national-homogenen Gesellschaft erfasst und sowohl die Erfordernisse wie auch Probleme der Integration oder Assimilation von Bürgern unterschiedlicher ethnischer oder religiöser Herkunft aufzeigt.

Gesellschaftlicher Strukturwandel

Komplexere Erklärungsansätze für strukturelle Wandlungsprozesse werden durch Modelle auf der Grundlage der Drei- bzw. **Vier-Sektoren-Theorie** vorgenommen. Diese stellt die wirtschaftliche Tätigkeit in den Mittelpunkt und geht von einer Schwerpunktverlagerung vom primären Sektor (Agrarsektor) zum sekundären (Industriesektor) und von diesem zum tertiären (Dienstleistungssektor) aus. In der Gegenwart vollzieht sich der Übergang zu einem vierten, dem Informationssektor. Ihm entspricht die Informations- oder Kommunikationsgesellschaft.

Statistische Eckdaten für **strukturellen Wandel** sind der Anteil der Sektoren an der volkswirtschaftlichen Wertschöpfung und an der Verteilung der Erwerbstätigen auf die Sektoren.

Vier-Sektoren-Modell

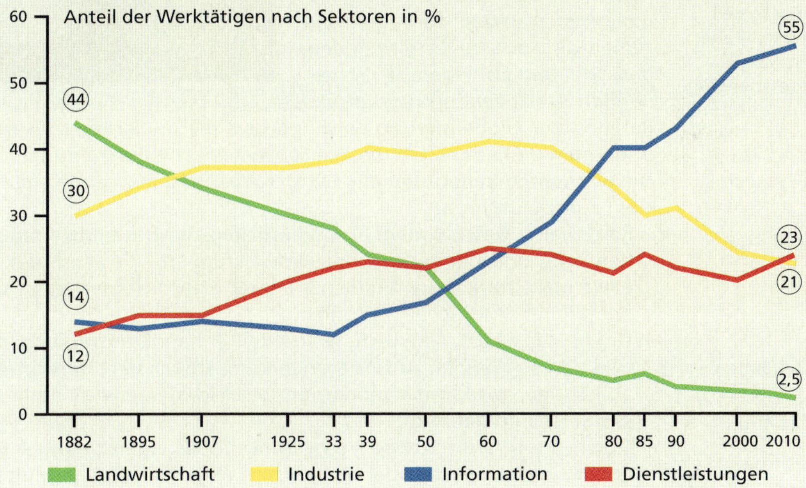

Quelle: W. DOSTAL, Demografie und Arbeitsmarkt 2010 – Perspektiven einer dynamischen Erwerbsgesellschaft, in: H. J. BULLINGER (Hrsg.), Zukunft der Arbeit in einer alternden Gesellschaft, Stuttgart 2001, S. 33

Bis in die 1880er-Jahre war Deutschland eine **Agrargesellschaft,** fast die Hälfte der Erwerbstätigen war im primären Sektor beschäftigt. Vom Ende des 19. Jh.s bis in die 1970er-Jahre durchlief Deutschland die Phase einer **Industriegesellschaft.** Immer mehr Erwerbstätige arbeiteten im sekundären Sektor, in den Sechzigerjahren fast die Hälfte. Der Anteil der Dienstleister stieg an und überholte in den 1970er-Jahren den inzwischen rückläufigen Anteil der Erwerbstätigen in der Produktverarbeitung. Der tertiäre Sektor dominierte schließlich in der Beschäftigung und in der Wertschöpfung und damit die industrielle **Dienstleistungsgesellschaft.** Mit der Entwicklung neuer Technologien (Halbleiter, Computer, Software) und dem Aufbau eines Kommunikationsnetzes durch Internet, Mobiltelefon und E-Commerce setzt sich seit Beginn der 1990er-Jahre die **Informationsgesellschaft** durch. Schon 2000 arbeiteten über 40 % der Erwerbstätigen in entsprechenden Berufen bzw. ausgestatteten Berufsbereichen.

Informationsgesellschaft ist ein in den 1970er-Jahren in Japan geprägter und von dem Soziologen DANIEL BELL in den 1990er-Jahren verbreiteter Begriff.

Wie schon die Übergänge von der Agrar- zur Industriegesellschaft ist auch der Übergang zur Informationsgesellschaft mit weitreichenden Auswirkungen auf die sozialen Beziehungen der Menschen, auf ihr Wertesystem, ihre Mobilität, ihr Freizeitverhalten u.a. verbunden. Zu einem grundlegenden Faktor wird dabei das Wissen, weshalb auch von einer **Wissensgesellschaft** gesprochen wird. Charakteristisch ist, dass die Verfügbarkeit über Wissen sowohl für jeden Einzelnen als auch für Unternehmen und Staaten zu einem entscheidenden Wettbewerbskriterium im Rahmen der Globalisierung wird und dass die modernen Informations- und Kommunikationssysteme alle Lebensbereiche durchdringen.

Die Wissensgesellschaft fußt auf dem Begriff der Informationsgesellschaft. Sie stellt aber besonders heraus, dass Informationen nur Rohmaterial sind, die erst durch Aneignung und Verarbeitung – also durch Wissen – Bedeutung gewinnen.

Die wachsende **Bedeutung des Faktors Wissen** ist auf verschiedene Ursachen zurückzuführen:
- Reichweite, Geschwindigkeit und Effizienz der Datenübertragung haben aufgrund der technischen Entwicklungen, vor allem der Mikroelektronik, stark zugenommen – immer mehr Informationen sind für immer mehr Menschen verfügbar.
- Um in Wirtschaft, Gesellschaft und Politik handlungsfähig zu bleiben und den steigenden Anforderungen am Arbeitsplatz gerecht werden zu können, wird in der modernen Gesellschaft generell mehr Wissen des Einzelnen benötigt.
- Durch die fortschreitende Vernetzung bisher eigenständiger Fachbereiche und den Ausbau der technischen Voraussetzungen (Multimedia) erweitern sich die Möglichkeiten zum Erwerb von Wissen ständig – das Wissen verdoppelt sich mittlerweile etwa alle fünf Jahre und die Hälfte der neuen Erkenntnisse ist schon nach drei bis vier Jahren überholt.

Die Bundesregierung hat 2006 ein Aktionsprogramm „iD2010 –Informationsgesellschaft Deutschland" beschlossen, das auf die Ausgestaltung der Informationsgesellschaft in den Bereichen Gesetzgebung, Technologieförderung, Anwendung von Informations- und Kommunikationstechnologien in Wirtschaft, Staat und Gesellschaft gerichtet ist. Das Programm wird als eine wichtige Grundlage für die Zusammenarbeit der Regierung mit der Wirtschaft und der Wissenschaft betrachtet.

Die Wissensgesellschaft birgt **Chancen und Risiken.** Sie wird daran gemessen werden, ob und wie es ihr gelingt, allen den Zugang zu Informationen und zur Wissensaneignung zu gewähren, damit eine Teilung der Bevölkerung in Gutinformierte und Nichtinformierte, in Bildungsbesitzer und Bildungsverlierer vermieden wird.

In der Gegenwart verfügen nicht alle Menschen in den Industrieländern über die bildungsmäßigen und finanziellen Voraussetzungen zur Teilhabe an den modernen Kommunikationssystemen. Die Entwicklungsländer sind im Hinblick auf Technologie und Forschung insgesamt stark benachteiligt (↗S. 458).

Die Wissensgesellschaft muss aber auch klären, inwieweit eine Kommerzialisierung des Wissens (z.B. die Finanzierung von Internetseiten durch Werbung) den freien Zugang erschwert und wie der Schutz des geistigen Eigentums sowie der Datenschutz im Netz zu gewährleisten sind.

4.1.3 Leitlinien gesellschaftlicher Entwicklung

Die Vielfalt der Deutungen sozialer Strukturen und Wandlungsprozesse in der Gesellschaft setzt grundlegende Werte oder Leitlinien gesellschaftlicher Entwicklung nicht außer Kraft. Als Basis der europäischen Verfassungsbewegung und des demokratischen Rechtsstaats bilden sie allgemeine und grundlegende Orientierungsmaßstäbe.

▶ Werte sind allgemeine Orientierungsmaßstäbe bei Handlungsalternativen. Aus Werten leiten sich Normen und Rollen ab, die das Alltagshandeln bestimmen.

„Die Werte, auf die sich die Union gründet, sind die Achtung der Menschenwürde, Freiheit, Demokratie, Gleichheit, Rechtsstaatlichkeit und die Wahrung der Menschenrechte, einschließlich der Rechte der Personen, die Minderheiten angehören. Diese Werte sind allen Mitgliedstaaten in einer Gesellschaft gemeinsam, die sich durch Pluralismus, Nichtdiskriminierung, Toleranz, Gerechtigkeit, Solidarität und die Gleichheit von Frauen und Männern auszeichnet." (Art. 2 des Vertrags über die Europäische Union)

Freiheit, soziale Gerechtigkeit und Solidarität sind grundlegende Leitlinien einer demokratischen Gesellschaft.

▶ In der Französischen Revolution wurden die Werte Freiheit, Gleichheit, Brüderlichkeit zur Grundlage der 1789 proklamierten „Erklärung der Menschen- und Bürgerrechte".

Freiheit

Der demokratische Rechtsstaat garantiert die **Freiheit des Einzelnen,** indem er ihn durch Gesetze gegen Übergriffe schützt. Die von ihm verfolgte Sozialpolitik soll den Einzelnen wirtschaftlich absichern und ihm freiheitliche Entscheidungsspielräume geben. Dennoch besteht immer ein Spannungsverhältnis zwischen dem Staat und der individuellen Freiheit.

▶ Freiheit bedeutet allgemein die Unabhängigkeit von äußerem, innerem oder durch Menschen bzw. Institutionen bedingtem Zwang. Die Politik begreift Freiheit als äußere Unabhängigkeit und die unter das Völkerrecht gestellte Gleichberechtigung eines Staates sowie als Recht eines Volkes, über seine staatliche Ordnung selbst zu entscheiden. Freiheit schließt auch das Recht der Staatsbürger ein, an der Ausübung der Staatsgewalt teilzuhaben; sie ist auf die Sicherung von Rechten des Einzelnen gerichtet.

Auch demokratisch gefällte Entscheidungen gewährleisten keine unumschränkte Freiheit, da zum einen jede Regelung nur bestimmte Verhaltensweisen erlaubt und sich zum anderen demokratische Mehrheitsentscheidungen gegen eine Minderheit richten. Um die Freiheit anderer zu sichern, können gesellschaftlich ausgeschlossene Verhaltensweisen mit Freiheitsentzug geahndet werden.

In der Bundesrepublik wird wie in den rechtsstaatlichen Demokratien Minderheiten ein besonderer Schutz gegeben.

Soziale Gerechtigkeit

Das Grundanliegen der Verwirklichung **sozialer Gerechtigkeit** ist eine möglichst ausgewogene Verteilung von Lebens- und Entfaltungschancen, von Anstrengungen, Belastungen, Kosten, Belohnungen und Glücksmöglichkeiten auf die Angehörigen einer Gesellschaft, einer Familie und anderer sozialer Institutionen, z. B. einer Schulklasse.
Die inhaltlichen Vorstellungen darüber, was soziale Gerechtigkeit oder ausgewogene Verteilung sind und wie sie gewährleistet werden können, gehen jedoch erheblich auseinander.

Verhältnismäßigkeit	Gleichheit
Jeder soll erhalten, was und so viel ihm zusteht, je nach seinen Fähigkeiten und seinen Anstrengungen, die er für die Entwicklung der Gesellschaft eingebracht hat. Eine solche Gerechtigkeitsvorstellung liegt z. B. dem „Leistungsprinzip" oder dem „Verursacherprinzip" zugrunde. Es wird eine Gesellschaft angestrebt, in der der Lebensstandard des Einzelnen in erster Linie von seiner eigenen Leistung abhängt.	Jeder soll Gleiches erhalten – ohne Zwecksetzung seines Tuns für die Gesellschaft. Jedem Menschen sollen dieselben Grundrechte gewährt werden, jeder soll seine Persönlichkeit frei entwickeln und gleichberechtigt an der Gestaltung der Gesellschaft, der Familie oder einer anderen Institution teilnehmen können. Es wird eine Gesellschaft angestrebt, die dem Einzelnen einen bestimmten Lebensstandard sichert, auch wenn er weniger leistet. Vor allem der Staat soll vorsorgen für Alter, Krankheit, Arbeitslosigkeit.

In der Bundesrepublik Deutschland wird angestrebt, das Prinzip der Verhältnismäßigkeit mit dem Gleichheitsprinzip zu verbinden, indem benachteiligten Bevölkerungsgruppen durch soziale Sicherungen (z. B. Sozialhilfe) ein Minimum an Existenzmöglichkeiten gewährt wird. Die Bestimmung dieses Minimums ist allerdings ein ständiger Streitpunkt.

Solidarität

Solidarität ist ein gesellschaftliches Orientierungs- und Verhaltensprinzip, das aus dem Zusammengehörigkeitsgefühl von Individuen oder Gruppen erwächst und sich in gegenseitiger Hilfe und Unterstützung äußert. Es findet im Solidarprinzip in der Bundesrepublik Anwendung (z. B. in der Sozialversicherung). Je nach weltanschaulicher und gesellschaftspolitischer Grundorientierung wird es aber verschieden interpretiert.

Solidarität	
… nach Auffassung des Liberalismus und der bürgerlichen Ethik	Solidarität ist Gegenpol zu einem extremen Egoismus und Individualismus, der die eigenen Interessen in den Vordergrund rückt und andere Menschen oder Gruppen für seine eigenen Interessen benutzt; das Solidarprinzip verweist darauf, dass die Gesellschaft in erster Linie ein Gefüge gegenseitiger Abhängigkeiten darstellt und somit Rücksichtnahme, Hilfe und Unterstützung notwendig sind; insbesondere sozial Schwächere sollen von den sozial Stärkeren Hilfe erfahren.
… nach marxistischer Auffassung	Solidarität ergibt sich als Notwendigkeit aus der ökonomischen Entwicklung des Kapitalismus; vor allem Ausbeutung und Verelendung der Arbeiterklasse bedingen die Entfaltung der Klassensolidarität als Voraussetzung für die Überwindung der Klassengesellschaft; Solidarität gehört zugleich zu den sozialistischen Moral- und Erziehungsgrundsätzen.
… nach Auffassung evangelischer und katholischer Soziallehren	Das Solidaritätsprinzip wird aus Grundannahmen über die menschliche Natur abgeleitet; dazu gehört, dass der Mensch allein lebensunfähig ist und er deshalb nur in der Gemeinschaft, in Solidarität mit anderen Menschen überleben kann.

4.2 Gesellschaftsstrukturen und Sozialisation

Strukturen beschreiben den **Aufbau einer Gesellschaft,** ihre einzelnen Bereiche oder Elemente sowie die Beziehungen und Zusammenhänge zwischen ihnen. Solche Teilbereiche können die Familien-, Verwandtschafts- und Geschlechterbeziehungen oder umfassender die soziale Struktur der Bevölkerung sein. Die gesellschaftlichen Grundphänomene sind die **Bevölkerung** und die Existenz sowie der Zusammenhang **ungleicher Gruppen.**

Zu den wichtigen Elementen einer Gesellschaft zählen auch die Instanzen, die die Anpassung der Individuen an Bevölkerungsgruppen beeinflussen und steuern (Sozialisation).

4.2.1 Bevölkerung

Die **Bevölkerung als soziale Struktur** umfasst ihre demografische Grundgliederung, ihre Mobilität, die sozialen Lebenslagen sowie die Bevölkerungsgruppen, zusammengefasst in Klassen, Schichten und Milieus.

Demografie ist die Wissenschaft von der Struktur und Entwicklung einer Bevölkerung, deren Ursachen und der Vorhersage.

Die **Bevölkerung** bilden alle Einwohner mit Hauptwohnung in Deutschland. Ihre Entwicklung bzw. Bewegung ist Teil des gesamtgesellschaftlichen Fortgangs. Die Bevölkerung
- wird von gesellschaftlichen und politischen Faktoren wie Geburtenhäufigkeit, durchschnittliche Lebenserwartung, Zu- und Abwanderungen, Krisen, Friedens- oder Kriegszeiten beeinflusst und
- nimmt selbst Einfluss auf die soziale und wirtschaftliche Entwicklung, insbesondere bei den Familien- und Haushaltsformen, den Bildungs- und Erwerbschancen und der Rentenversicherung.

In Deutschland leben 81,2 Mio. Einwohner (2014), davon sind 51 % Frauen. Das entspricht einer Bevölkerungsdichte von 226 Personen je km^2. In der EU insgesamt liegt diese bei 116 Personen (2013).

In der EU (28 Mitglieder) ist Deutschland das bevölkerungsreichste Land, gefolgt von Frankreich und Großbritannien mit 66 bzw. 64 Mio., Italien mit 60 Mio., Spanien und Polen mit 47 bzw. 39 Mio. Einwohnern (2013).

Bevölkerungsentwicklung

Die **Bevölkerungsentwicklung** ergibt sich aus den Veränderungen der Geburtenzahlen (generatives Verhalten), der Lebensdauer (Sterblichkeit) sowie der Zu- und Abwanderung.

In Deutschland (West) ist die Bevölkerungsentwicklung seit 1945 insgesamt positiv verlaufen, wobei sich drei Phasen voneinander abheben:
- Wachstum bis 1974 mit hoher Geburtenzahl (Babyboom) und hoher Zuwanderung von Vertriebenen, Flüchtlingen und Ausländern,

- Stagnation in der Zeit von 1975 bis 1984/86 mit Geburtenrückgang („Pillenknick") und geringer Zuwanderung,
- erneutes Wachstum zwischen 1988 und 1992 aufgrund zugewanderter Spätaussiedler und Übersiedler,
- seit 2003 Bevölkerungsrückgang aufgrund niedriger Geburtenzahl und geringerer Zuwanderung, seit 2013 erneut Bevölkerungszuwachs.

▶ Den steigenden Bevölkerungszahlen in Westdeutschland entspricht ein Anstieg der statistischen Bevölkerungsdichte – lebten 1950 205 Einwohner je km², waren es 2013 260 Einwohner je km².

Bevölkerungsentwicklung in Deutschland 1939–2013 (in Mio.)

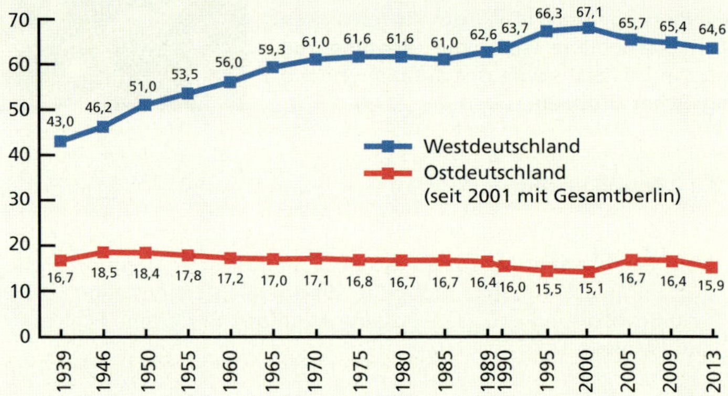

Quelle: Statistisches Bundesamt, Wiesbaden

Die **langfristige Entwicklung** in Deutschland ist dreifach gekennzeichnet: durch Geburtenrückgang, steigende Lebensdauer und Zuwanderung.

Die DDR war von Beginn an ein **Auswanderungsland,** dessen Bevölkerungszahl zwischen 1948 und 1989 von 19,1 auf 16,4 Mio. sank – trotz eines Babybooms in den 1960er-Jahren sowie bevölkerungs- und familienpolitischer Fördermaßnahmen, die in den 1970er-Jahren zu steigenden Geburtenzahlen führten.

Geburtenrückgang

Die Geburtenentwicklung folgte dem langfristigen Trend in Industriegesellschaften. In knapp einhundert Jahren sank statistisch die durchschnittliche Zahl von Kindern je Frau von knapp 5 auf 1,4 in den 1970er-Jahren. 2009 liegt sie in Deutschland bei 1,36. Die Zahl der Gestorbenen je 1 000 Einwohner überragt die der Geborenen (10:8 im Jahr 2010). Die **einheimische Bevölkerung** nimmt ab.
Der Geburtenrückgang hat verschiedene Ursachen, die mit dem Wandel der Familien, Geschlechterbeziehungen und Erziehungsstilen, ferner mit dem medizinischen Fortschritt, der Wirtschaftslage, politischen Krisen und veränderten Lebensplanungen zusammenhängen.

Altersstruktur

Die **Altersstruktur** folgt aus Geburtenhäufigkeit, Sterblichkeit, Lebensdauer und besonderen Einschnitten durch Kriege, Krisen oder massenhafte Krankheiten.

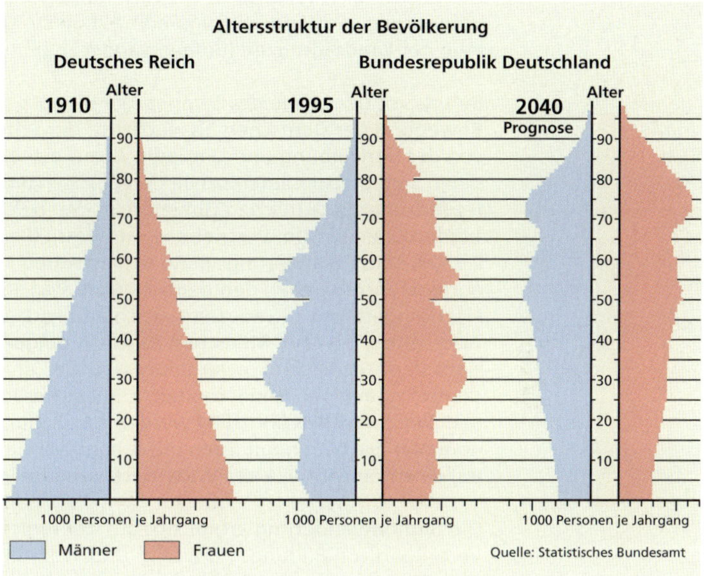

In den „Lebensbäumen" spiegelt sich der Wandel des letzten Jahrhunderts wider, wobei neben den Kriegen die abnehmende Säuglingssterblichkeit und die zunehmende Lebenserwartung wichtige Bestimmungsgrößen sind.
Im 20. Jh. erhöhte sich die **Lebensdauer der Deutschen** um rund 30 Jahre. Die Lebenserwartung der Ostdeutschen, die zwei bis drei Jahre kürzer als die der Westdeutschen war, nähert sich an. Die durchschnittliche Lebensdauer der Männer ist bis zu sechs Jahre kürzer als die der Frauen, was auf besondere Arbeitsbelastungen und Berufsrisiken der Männer sowie auf einen gesundheitsbewussteren Lebensstil der Frauen zurückgeführt wird.
Markantes Merkmal ist die **Alterung der Bevölkerung.** Der Anteil der Menschen ab 60 Jahre steigt, während der der Jüngeren unter 20 Jahre sinkt. Die Lebenserwartung wächst bei gleichzeitigem Geburtenrückgang und verschiebt dadurch die **Altersstruktur** ständig zugunsten der älteren Menschen. Die Revolution der Lebensdauer hat weitreichende Folgen, die zunehmend erörtert werden:
- Eine längere, relativ stabile Lebensplanung wird möglich.
- Die drei traditionellen Lebensphasen Ausbildung, Beruf und Altersruhe lassen sich zeitlich und in der Abfolge neu einteilen.
- Kosten für Gesundheit und Alterssicherung werden noch steigen.
- Die Sicherung der Altersgenerationen mit Renten und Pflege durch Versicherungsbeiträge („Generationenvertrag") wird brüchig.

4

Bevölkerungswanderung

Westdeutschland zählt seit 1945 zu den wichtigsten Zuwanderungsländern der Welt. Ostdeutschland nahm zunächst zahlreiche Zuwanderer auf, wurde insgesamt aber bald Auswanderungsland. Die **territoriale Mobilität** ist dreifach geprägt: durch hohe Ost-West-Wanderung, Ausländerzuzug und häufige Zu- und Fortzüge innerhalb der Landesgrenzen (Binnenwanderung).

Bereits vor dem Ende des Zweiten Weltkrieges setzte die **Ost-West-Bewegung** der Deutschen als Flucht vor der Roten Armee ein, gefolgt von der Vertreibung und Umsiedlung aus ost- und südosteuropäischen Siedlungsgebieten sowie den polnisch und sowjetisch verwalteten früheren deutschen Gebieten. In den beiden neuen Staaten fanden über 12 Mio. Vertriebene und Umsiedler Aufnahme.
Die Ost-West-Wanderung setzte sich zwischen 1950 und der Grenzabriegelung zwischen den deutschen Staaten 1961 mit 3,6 Mio. meist Flüchtlingen fort, die aus Ostdeutschland nach Westdeutschland wechselten. 0,5 Mio. Menschen zogen in umgekehrter Richtung.
Nach dem Zerfall der Sowjetunion stieg die Zahl der Aussiedler von deutschstämmigen Minderheiten, z. B. aus Kasachstan und der Ukraine. Zwischen 1988 und 1994 wurden fast 2 Mio. Menschen aufgenommen. Sie trafen mit ihren meist handwerklichen Qualifikationen auf eine hoch entwickelte Wirtschaft, was ihre Integration erschwerte.

Die **Binnenwanderung** ergibt sich aus der regional unterschiedlichen Verteilung von Bildungs-, Erwerbs- und Wohnmöglichkeiten. Hinzu kommt die regionale Vielfalt der Landschaften, Kulturen und Traditionen. Bis in die 1960er-Jahre zogen die Menschen insbesondere in die industriellen Ballungszentren von Nordrhein-Westfalen, Baden-Württemberg und Hessen – vorzugsweise in mittelgroße Städte, während die großstädtische Bevölkerung stagnierte. Vor allem ungleich verteilte Erwerbschancen und ein allgemeines Wohlstandsgefälle sorgten nach der deutschen Vereinigung dafür, dass viele Ostdeutsche in die alten Bundesländer abwanderten, zwischen 1989 und 2000 über 2,6 Mio. Menschen. Dem standen Fortzüge von Westdeutschen nach Ostdeutschland – vor allem Selbstständige und Angestellte – gegenüber, was 1996 und 1997 zu einer nahezu ausgeglichenen Mobilität führte. Die neuen Länder verloren in den zehn Jahren nach 1991 0,5 Mio. Menschen, davon die Hälfte jünger als 30 Jahre.

Seit 1962 sorgen zuwandernde **ausländische Arbeitnehmer,** zunächst aus Italien, dann vor allem der Türkei und Jugoslawien, für eine positive Wanderungsbilanz. Sie ist negativ in der Wirtschaftsrezession 1966/67 und 2008 bis 2012. Die Bundesrepublik verlassen seit den 1960er-Jahren jährlich 0,4 bis 1 Mio. Menschen, meist in europäische oder amerikanische Länder. Neben 6,8 Mio. Ausländern haben auch 9,1 Mio. Deutsche einen **Migrationshintergrund** (2013). Ausländische Arbeitskräfte werden inzwischen nicht nur für einfache Tätigkeiten benötigt. In Handel und Dienstleistung eröffneten sich ihnen gute Integrations- und Aufstiegsmöglichkeiten (Ethno-Gewerbe, ausländischer Mittelstand).

4.2.2 Sozialstruktur und soziale Ungleichheit

Soziale Ungleichheit äußert sich im **Aufbau der Gesellschaft** – in der Sozialstruktur – nach Schichten oder Klassen, Milieus, sozialen Lagen oder Lebensstilen.

In den Aufbau der Gesellschaft fließen die wahrnehmbaren Unterschiede in der **Ausstattung** der Gruppen und Individuen mit Macht, Einkommen und Vermögen, mit Ausbildung, Kultur, Weltanschauung oder Prestige ein. Einfluss auf die Sozialstruktur nehmen auch die politischen, ökonomischen und gesellschaftlichen Grundregelungen als **Basisinstitutionen.** In Deutschland wie in den meisten westlichen Ländern sind das demokratische Herrschaft, Marktwirtschaft, Trennung von Kirche und Staat und Menschenrechte. Alle Einflussfaktoren zusammengenommen bestimmen den gesellschaftlichen Ort der Menschen.

Soziologische Theorien

Die Soziologie verfügt mit der älteren Klassentheorie und der jüngeren Schichtungstheorie über **zwei Traditionen,** die Gesellschaftsordnung und den Ort der einzelnen Gruppen zu bestimmen.

Soziologie ist die Wissenschaft, die die Bedingungen und Formen des menschlichen Zusammenlebens (die sozialen Beziehungen) in Gruppen, Institutionen und der Gesellschaft untersucht.

Klassentheorie	Schichtungstheorie
Die auf KARL MARX zurückgehende **Klassentheorie** sieht die Stellung der Gesellschaftsmitglieder im Produktionssystem bestimmt. Anhand der Produktionsverhältnisse ließen sich im 19. Jh. die gegensätzlichen Klassen der Kapitalisten und der Proletarier gut unterscheiden. Es konnten jedoch nicht Angestellte, Beamte, Landwirte, kleine Händler als Klassen identifiziert werden.	Die **Schichtungstheorie** des 20. Jh.s folgt der Tradition MAX WEBERS, zwischen sozialen Rangordnungen zu unterscheiden, die anhand des Ansehens bzw. Status, des Einkommens und der Macht bestimmt sind. In dieser Sicht ist es zweitrangig, ob von Klassen oder Schichten gesprochen wird.

Der deutsche Soziologe THEODOR GEIGER (1891–1952) entwickelte das grundlegende Schichtungsmodell.

Die Begriffe **Klasse** oder **Schicht** fassen Menschen in ähnlicher sozialer, ökonomischer und kultureller Lage zusammen.

Ähnliche Lebenserfahrungen prägen ähnliche Persönlichkeitsmerkmale – Einstellungen, Interessen, Lebensstile – und Lebenschancen.

Die marxistische Klassentheorie wird in entwickelten Industrie- und Dienstleistungsgesellschaften kaum noch vertreten, da zwei entscheidende Voraussetzungen nicht mehr gegeben sind. Zum einen wurde die Schichtstruktur nicht homogener und einfacher bis hin zur Zwei-Klassen-Gesellschaft, sondern differenzierter und beweglicher.

RALF DAHRENDORF (1929–2009), deutscher Soziologe und liberaler Politiker, begründete in Kritik der marxistischen Klassenanalyse eine Theorie des gesellschaftlichen Wandels.

4

Zum anderen gewannen die Klassenkonflikte des 19. Jh.s seitdem nicht an Schärfe, sondern flauten ab.

Sollen soziale Ungleichheiten und Unterschiede der Schichtung durch Gesellschaftspolitik verringert oder gar völlig aufgehoben werden, müssen deren Ursachen bekannt sein. Es werden drei **Theorien der Verursachung von sozialer Schichtung** unterschieden:
- die marxistische Theorie, für die unterschiedliche Orte der Menschen im Produktionsprozess maßgeblich sind,
- die funktionalistische Theorie, die Schichtung aus der Arbeitsteilung und den ungleichen Belohnungen der Tätigkeiten herleitet,
- die liberale Theorie, die – wie z. B. bei ADAM SMITH – die sozialen Belohnungen aus dem Angebot und der Nachfrage bezüglich der jeweiligen Tätigkeit erklärt.

Mit den Theorien der Verursachung von sozialer Schichtung lassen sich einzelne Aspekte erklären, eine umfassende Schichtungstheorie gibt es nicht.

Sozialstruktur

Sozialstruktur umfasst die Wechselwirkungen und die Stellungen der Gruppen im gesellschaftlichen Gesamtaufbau, bestimmt nach sozial relevanten Merkmalen wie Beruf, Alter, Geschlecht, Bildung, Einkommen und Einfluss.

Die Sozialstruktur ist ein dynamisches, von Veränderungen durchzogenes Gefüge. Dennoch kann die Sozialstruktur für Gesellschaftsmitglieder den Charakter von Objektivität im Sinne von Vorgegebenem annehmen. Um in gegebene gesellschaftliche Ungleichheiten erfolgreich einzugreifen, ist die regelmäßige **Analyse der Sozialstruktur** notwendig. Das ist vor allem für folgende Aufgaben wichtig:
- für die Einlösung verfassungs- und europarechtlicher Gebote, z. B. die Einteilung der Wahlkreise mit etwa gleicher Bevölkerungsanzahl, die Angleichung der Lebensbedingungen oder das Diskriminierungsverbot,
- für fundierte Planungen und Prognosen von Bund, Ländern und Kommunen, z. B. für ein angemessenes Angebot an infrastrukturellen Einrichtungen für die verschiedenen Altersgruppen sowie generell für sozial- und bevölkerungspolitische Maßnahmen,
- zur Klärung des Sachverhalts sozialer Konflikte, z. B. der Anfälligkeit einzelner Gruppen gegenüber dem Rechtsradikalismus.

Die dynamische Entwicklung der Sozialstruktur zeigt sich z. B. in der grundlegenden Umwälzung der Lebensbedingungen der Ostdeutschen seit 1989.

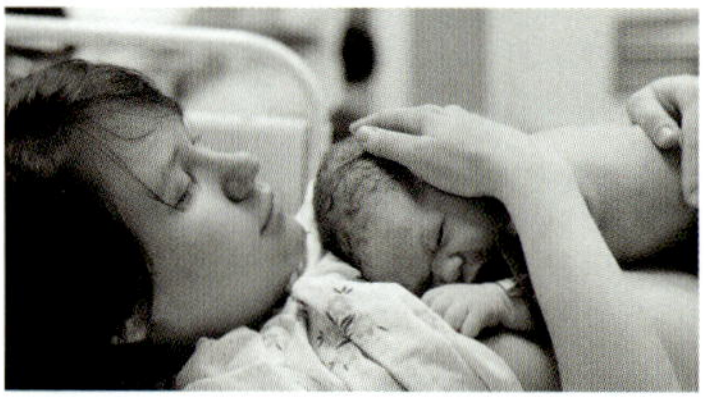

Bei der **Sozialstrukturforschung** kommen vier Analyseansätze zum Einsatz. Sie unterscheiden sich in Fragestellung und Methodik. Der traditionelle Ansatz fragt nach Klassen oder Schichten, die neueren fragen nach sozialen Lagen, Milieus oder sozialer Ausgrenzung.

Soziale Schichten	Soziale Lagen	Soziale Milieus
entwickelt in den 1930er-Jahren	entwickelt in den 1980er-Jahren	entwickelt in den 1980er-Jahren
vertikale soziale Ungleichheiten zwischen oben und unten	vertikale und horizontale soziale Ungleichheiten	vertikale und horizontale soziale Ungleichheiten
Unterschiede in den objektiven Lebensbedingungen, wie Beruf, Einkommen, Ausbildung, Einfluss, Sozialprestige	Unterschiede in den objektiven Lebensbedingungen und bei horizontalen Kriterien wie Alter, Geschlecht, Kinderzahl	Unterschiede in den Wertorientierungen und Einstellungen zur Arbeit, zu Konsum, Familie und Partnerschaft, zur Politik sowie Unterschiede in den Lebensstilen

Anhand der genannten Kriterien und deren Verbreitung in der Bevölkerung werden soziale Gruppierungen gebildet. Danach wird untersucht, welche der Kriterien welchen sozialen Gruppen typischerweise zuzuordnen sind. Ziel ist es zu ermitteln, wie stark sozioökonomische und subjektive Verfestigungen – in Form von Klasse, Schicht, Lage oder Milieu – auf die konkreten Lebensbedingungen der Menschen durchschlagen.

Soziale Schichtung

> **Soziale Schichtung** stellt die vertikal-hierarchische Gliederung der größeren Bevölkerungsgruppen dar, die sich durch objektive und subjektive Merkmale unterscheiden.

Die Soziologen sind schon früh auf die Tendenz der Bevölkerung gestoßen, sich aufgrund sozialer Abstiege aus der Oberschicht und sozialer Aufstiege aus der Unterschicht in der gesellschaftlichen Mitte, in der Mittelschicht zu konzentrieren. Sie versuchten, gesellschaftliche Ungleichheiten in **vereinfachenden Modellen** zu erfassen. Als Kriterien gelten u. a. der Beruf, Mentalitäten und neuerdings auch die ethnische Herkunft.

Als vereinfachende Modelle entwickelte KARL MARTIN BOLTE beispielsweise die „Zwiebel" (1967), **RALF DAHRENDORF** ein „Haus" (1965).

RALF DAHRENDORF unterschied sieben Schichten, deren Mitglieder sich nach der Position in Wirtschaft und Politik sowie nach Mentalitäten ähneln. Im unteren Teil des Hauses finden sich die Unterschicht der „sozial Verachteten" (dauernd Erwerbslose, sozial Abgesunkene, Obdachlose, Handlanger, Kriminelle u. a.), die umfängliche Arbeiterschaft und einfache Dienstleister. Im oberen Hausteil sind die Selbstständigen (Mittelstand), die aufgestiegene Arbeiterelite, Verwaltungsangestellte und die Elite zu finden. Auf diesem Grundriss entwarf RAINER GEISSLER (geb. 1930) das „Haus der Westdeutschen" für das Jahr 2002. Es enthält Hinweise auf **wichtige gesellschaftliche Entwicklungen:**
- Die Arbeiterschaft schrumpft, sozial und politisch problematisch ist die instabile große Gruppe der Un- und Angelernten.
- Angestellte und Beamte nehmen inzwischen gut die Hälfte aller Erwerbspositionen ein (Tertiärisierung, Dienstleistungsgesellschaft).
- Die Integration der ausländischen Bevölkerung erfolgt über Erwerbstätigkeit.

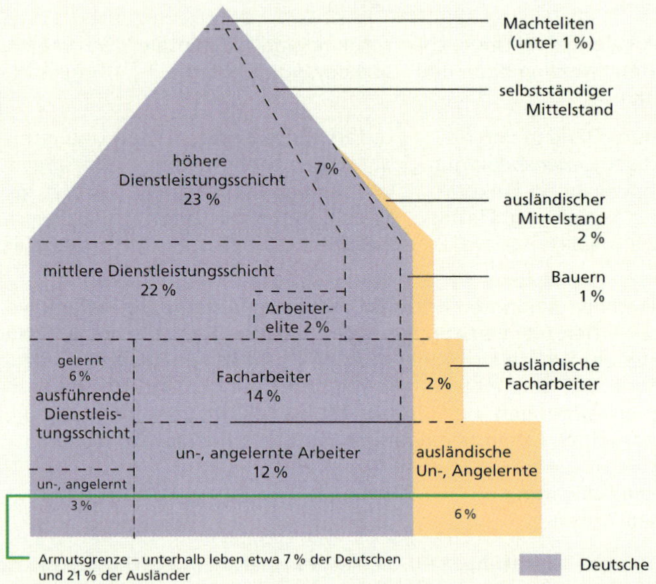

Quelle: R. GEISSLER, Die Sozialstruktur Deutschlands, 2006

So hat die 17. Shell Jugendstudie 2015 ein Schichtmodell verwendet, das die befragten Jugendlichen entsprechend zuordnet:
Oberschicht 13 %,
obere Mittelschicht 25 %,
Mittelschicht 29 %,
untere Mittelschicht 22 %,
Unterschicht 11 %.

Soziologische Untersuchungen belegen, dass wichtige Lebenschancen häufig schichttypisch verteilt werden. Dies gilt in Deutschland besonders für Bildungschancen, darüber hinaus für Risiken wie Armut und Arbeitslosigkeit (JÜRGEN BAUMERT, REINER GEISSLER, OLAF GROH-SAMBERG).

Das seit den 1990er-Jahren vor allem in Frankreich entwickelte Konzept der Ex- und Inklusion, der sozialen Ausgrenzung und des sozialen Einschlusses fragt nicht danach, wer in der Ober-, Mittel- oder Unterschicht ist, sondern danach, wer „drinnen" oder „draußen" ist. Angesichts gesellschaftlicher Spaltungen und Brüche richtet es den Blick auf die extrem Benachteiligten.
Dies sind die durch Arbeitslosigkeit, Armut, Wohnen in schlechten Lagen entweder Gefährdeten oder bereits an den gesellschaftlichen Rand Gedrängten. Zwischen den Polen „drinnen" oder „draußen" bilden die Gefährdeten die Zone des **Prekariats,** die Zone der „sozialen Verwundbarkeit" (ROBERT CASTEL, 2000).

Bei allen gesellschaftlichen Veränderungen blieb die starke Mitte weiterhin profilgebend für die Schichtung in oben, Mitte, unten.

Die sozialen Schichten in den alten und den **neuen Ländern** nähern sich an. Eliten und Dienstklasse der DDR lösten sich mit der deutschen Vereinigung auf. Der wirtschaftsstrukturelle Umbruch nach der Vereinigung führte zum Abbau des Großteils der landwirtschaftlichen Arbeitsplätze. Ein neuer Mittelstand bildet sich langsam wieder heran. Wenngleich auch Ostdeutschland zur Dienstleistungsgesellschaft tendiert, sieht sich die Bevölkerung weiterhin als „Arbeitergesellschaft".

Subjektive Schichteinstufung (in Prozent)

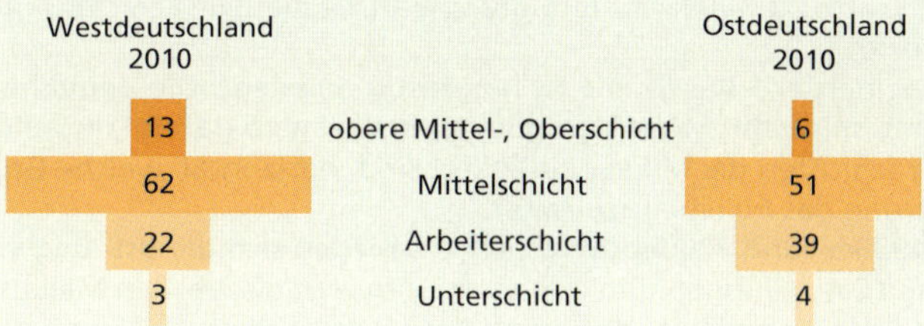

Quelle: ALLBUS, kumuliert, Datenreport 2011

Die **Schichteinstufung** nach objektiven Kriterien wie Beruf und Ausbildung kann von der Selbsteinstufung abweichen, die regelmäßig durch repräsentative Befragungen der Deutschen erhoben wird (Wohlfahrtssurvey). Sehen sich die Westdeutschen seit Langem als Mittelschichten-, so die Ostdeutschen als Arbeitergesellschaft. Tatsächlich ist der Anteil der Arbeiterhaushalte in den neuen Ländern höher.

Soziale Lagen

Soziale Lagen fassen Menschen nach Berufsgruppen (vertikales Kriterium) und weiteren Kriterien wie Alter, Geschlecht und Region (horizontale Kriterien) zusammen.

Vor allem in der **Wohlfahrtsforschung** werden soziale Lagen untersucht. Seit 1985 wird alle zwei Jahre ein umfassender „Datenreport" zu den objektiven Lebensbedingungen und dem subjektiven Wohlbefinden im vereinten Deutschland herausgegeben. Dargestellt wird, wie materielle Ressourcen (Einkommen, Besitz u. a.) und Lebenszufriedenheit bei Frauen und Männern sowie den Altersgruppen verteilt sind. Aus der Kombination der verschiedenen Merkmale entstanden **18 Soziallagen.** In den unteren problematischen Soziallagen lassen sich Arbeitslose sowie Un- und Angelernte als Gruppen mit geringer materieller Ausstattung, niedriger Selbsteinstufung und hoher Unzufriedenheit identifizieren. Den Gegenpol bilden die Soziallagen der leitenden Angestellten und höheren Beamten.

Der Datenreport wird vom Statistischen Bundesamt, dem Wissenschaftszentrum Berlin (WZB) in Verbindung mit dem Deutschen Institut für Wirtschaftsforschung, Berlin, herausgegeben.

4

Soziale Milieus

> **Soziale Milieus** fassen Menschen mit ähnlicher Lebensauffassung und Lebensweise zu Subkulturen zusammen.

Subkultur ist das Muster der Lebensführung einer Gruppe.

Die **Milieuforschung** entwickelte sich aus der kommerziellen Markt- und Wahlforschung. Sie arbeitet mit repräsentativen Interviews. Deren Angaben zu Wertorientierungen, Einstellungen, sozialen Beziehungen werden nach subkulturellen Mustern gruppiert und diese im Schichtungsaufbau verortet.
Die Heidelberger Sinus-Studie ist langfristig angelegt. Die deutsche Bevölkerung ist in zehn Milieus gruppiert. Vertikal wird gezeigt, in welchen sozialen Schichten die Milieus verankert sind, horizontal, welche Grundorientierung das Milieu auszeichnet.
In den 1990er- und 2000er-Jahren unterschieden sich die ost- und westdeutschen Einstellungen und Gewohnheiten weniger bei den Milieus der unteren Schichten als bei den Leitmilieus. Waren dies die Gruppen des protestantischen konservativen Bildungsbürgertums, der entmachteten DDR-Führung sowie der Karriere- und Statusbeflissenen in Ostdeutschland, so die drei Milieus der Etablierten, der Postmaterialisten und der Intellektuellen in Westdeutschland.

Der Soziologe M. RAINER LEPSIUS (1928–2014) hat vier sozialmoralische Milieus als vertikale gesellschaftlich-politische Lager identifiziert:
- konservatives Milieu,
- bürgerlich-protestantisches Milieu,
- katholisches Sozialmilieu,
- protestantisch sozialdemokratisches Milieu.

Trends der Milieubildung sind:
- In der oberen, mittleren und unteren Gesellschaftsschicht bildeten sich unterschiedliche Milieus.
- Die subkulturelle Pluralisierung ist in der Mitte am stärksten ausgeprägt.
- Der gesellschaftliche und wirtschaftliche Wandel seit den 1980er-Jahren hat Milieus neu hervorgebracht oder anders akzentuiert, z. B. die jüngere, gut ausgebildete, mobile Subkultur des Milieus der Experimentalisten oder die individualistische Lebensstilgruppe des Milieus der Performer.
- West- und Ostdeutschland gleichen sich an, ostspezifisch bleibt das Milieu der DDR-Elite.

Der französische Soziologe PIERRE BOURDIEU (1930 bis 2002) hat mit seinem Werk über die Pariser Gesellschaft („Die feinen Unterschiede", 1979) die Milieu- und Lebensstilstudien entscheidend beeinflusst.

Von den sozialen Milieus lassen sich **Lebensstile** nur schwer abgrenzen. Auch sie sind subkulturelle Muster alltäglicher Lebensführung. Jedoch rücken sie Fragen des Geschmacks und kulturelle Interessen stärker in den Mittelpunkt und gehen mit sozialer Abgrenzung einher.

Wie die soziologische Erforschung der verschiedenen Aspekte der Sozialstruktur insgesamt belegt, ist die **deutsche Gesellschaft** ohne integrierte, homogene und politisch organisierte Großgruppen. Die individuellen Freiräume wurden größer und die Vielfalt der sozialen Gruppierungen hat zugenommen, ohne deshalb jegliche Schichtung der sozialen Ungleichheiten aufzuheben.
Einem „Trend zur Mitte" stehen gesellschaftliche Spannungen wie die Polarisierung von Reichtum und Armut sowie lang währende Bildungsungleichheit entgegen.

Soziale Milieus in Deutschland (2009) – Sinus-Studie

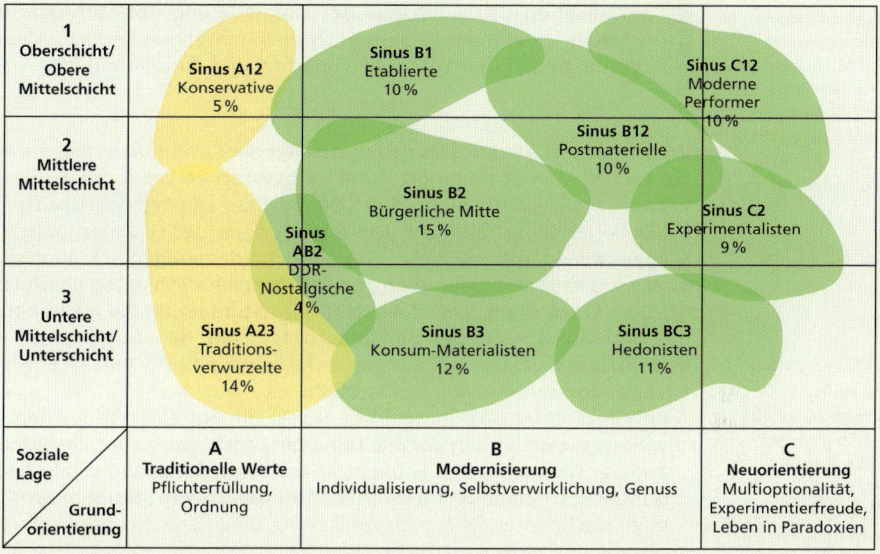

Gesellschaftliche Leitmilieus
- Etablierte (10 %): Das selbstbewusste Establishment = Erfolgsethik, Machbarkeitsdenken und ausgeprägte Exklusivitätsansprüche
- Postmaterielle (10 %): Das aufgeklärte Nach-68er-Milieu = liberale Grundhaltung, postmaterielle Werte und intellektuelle Interessen
- Moderne Performer (10 %): die junge, unkonventionelle Leistungselite = intensives Leben – beruflich und privat, Multioptionalität, Flexibilität und Multimediabegeisterung

Traditionelle Milieus
- Konservative (5 %): das alte deutsche Bildungsbürgertum = konservative Kulturkritik, humanistisch geprägte Pflichtauffassung und gepflegte Umgangsformen
- Traditionsverwurzelte (14 %): die Sicherheit und Ordnung liebende Kriegsgeneration = verwurzelt in der kleinbürgerlichen Welt bzw. in der traditionellen Arbeiterkultur
- DDR-Nostalgische (4 %): die resignierten Wendeverlierer = Festhalten an preußischen Tugenden und altsozialistischen Vorstellungen von Gerechtigkeit und Solidarität

Hauptstrommilieus
- Bürgerliche Mitte (15 %): der statusorientierte moderne Hauptstrom = Streben nach beruflicher und sozialer Etablierung, nach gesicherten und harmonischen Verhältnissen
- Konsummaterialisten (12 %): die stark materialistisch geprägte Unterschicht = Anschluss halten an die Konsumstandards der breiten Mitte als Kompensationsversuch sozialer Benachteiligungen

Hedonistische Milieus
- Experimentalisten (9 %): die extrem individualistische neue Bohème = ungehinderte Spontaneität, Leben in Widersprüchen, Selbstverständnis als Lifestyle-Avantgarde
- Hedonisten (11 %): die spaßorientierte moderne Unterschicht = Verweigerung von Konventionen und Verhaltenserwartungen der Leistungsgesellschaft

Quelle: Sinus Sociovision 2009

4

4.2.3 Sozialisation

Sozialisation, engl. socialisation = wahrscheinlich Rückübersetzung des für das Werk des Soziologen GEORG SIMMEL (1858–1918) zentralen Begriffs „Vergesellschaftung"

Sozialisation ist der Prozess der Eingliederung der Menschen in Gruppen, indem sie die in den Gruppen geltenden Normen, Überzeugungen, Verhaltensformen erlernen und danach handeln.

Immer geht es darum, sich neben den Normen und Konventionen auch die Fertigkeiten anzueignen, diese im praktischen Leben anwenden zu können. Sozialisation meint dann den Aufbau von Persönlichkeitsstruktur und Handlungsfähigkeit. Die Erwartungen der Gruppen gelten als aufgenommen (internalisiert), wenn sie von denjenigen, die aufgenommen werden wollen oder sollen, als Selbstverständlichkeiten empfunden werden. Einen erheblichen Sozialisationsbeitrag leistet die Nachahmung des Verhaltens wichtiger Bezugspersonen, mit denen Menschen sich identifizieren.

Sozialisation kann sich einerseits mit dem pädagogischen Auftrag der Erziehung, andererseits mit dem psychologischen Begriff der Entwicklung der Persönlichkeit überschneiden. Ein **weites Sozialisationsverständnis** nimmt beides mit auf.

Sozialisation umfasst drei Bestandteile:
- die Gesamtheit aller äußeren Einflüsse, die auf einen Menschen einwirken, die Erziehung durch Eltern oder Lehrer, aber auch die Einflüsse anderer Menschen und Gruppen sowie die allgemeinen Lebensbedingungen in einem bestimmten Kulturkreis, einem bestimmten Volk, einer bestimmten Zeit, sozialen Schicht, einer Berufs- oder Herkunftsgruppe und einer spezifischen Familie;
- die innere Verarbeitung dieser Einflüsse und damit die Herausbildung einer psychischen Struktur (Identitätsbildung);
- die unter diesen Umständen gebildeten Einstellungen und Verhaltensweisen des Menschen, die im positiven Falle sozial erwünscht sind, im negativen Falle sozial unerwünscht oder selbstschädigend sein können.

Sozialisationsinstanzen

Der gesellschaftliche **Kern von Sozialisation** liegt in der im Zeitablauf und von Land zu Land abweichenden sozialen Struktur der **Sozialisationsinstanzen.**

Sozialisationsinstanzen vermitteln als gesellschaftliche Einrichtungen Werte, Ziele, Wissen und steuern den Lern- bzw. Aneignungsprozess. Da die Sozialisation nicht nur Kinder und Jugendliche, sondern auch Erwachsene betrifft, lassen sich **drei Phasen** unterscheiden, in denen einzelne Sozialisationsinstanzen besondere Bedeutung erlangen.

Primäre Phase	In der frühkindlichen Phase werden die Grundstrukturen der Persönlichkeit (Sprache, Denken, Empfinden) herausgebildet und grundlegende Muster für soziales Verhalten entwickelt. Dieser Prozess wird geleitet von der Erziehung der Eltern oder anderer Bezugspersonen. **Sozialisationsinstanzen** sind Eltern und Familie, Kindergärten, Vorschuleinrichtungen, Kirchen.

Sekundäre Phase	In dieser Phase lernt der bereits handlungsfähige Mensch in der Schule und im Berufsleben neue Verhaltensweisen hinzu und entwickelt vorhandene weiter. Er erlernt, welche Verhaltensweisen (Rollen) von ihm erwartet werden, welche tolerierbar sind oder Tabus verletzen. Er muss sich mit Gleichaltrigen über gesellschaftliche Konventionen und Normen auseinandersetzen. **Sozialisationsinstanzen** sind Schule, Gruppen Gleichaltriger (Peergroups), Freizeitgruppen, Arbeits- und Berufsgruppen, kirchliche Gruppen, politische Organisationen, Massenmedien.
Tertiäre Phase	Durch die sich wandelnde Gesellschaft, durch Krisen in Politik und Wirtschaft verändern sich die Erwartungen an die Menschen, womit ein lebenslanger Lernprozess verbunden ist. Weiter- bzw. Erwachsenenbildung gewinnen an Gewicht. Auch veränderte Lebensläufe und Lebensplanungen bewirken fortgesetzte Sozialisation. **Sozialisationsinstanzen** sind Berufsgruppen, Freizeit-, Bildungs-, Kultur-, Kirchengruppen, politische Organisationen, Massenmedien.

Im Idealfall ergänzen sich die drei Sozialisationsphasen. Allerdings können sich die Inhalte der verschiedenen Phasen auch gegenseitig in Frage stellen. In modernen Gesellschaften mit verringerter Arbeits- und vergrößerter Freizeit sind Gruppen Gleichaltriger, Freizeitgruppen und Massenmedien stärker als in der industriegesellschaftlichen Epoche an der Vermittlung von Werten und Verhaltensweisen beteiligt.

Die Familie ist die am häufigsten auftretende Form sozialer Gruppen. Sie ist die einzige, in der mindestens zwei Generationen vertreten sind, und sie ist durch eine besondere Art von Beziehungen (Privatheit, Dauerhaftigkeit, Nähe und Intimität) geprägt.

> Die **grundlegenden Sozialisationsinstanzen** sind nach wie vor Eltern, Familien, Alleinerziehende und die Schulen.

Medien als Sozialisationsinstanz

Die **Medien** werden als wichtige Sozialisationsinstanz anerkannt, seitdem die neuen Kommunikationsmedien Handy und Computer mit Internet wie auch die „älteren" Medien Funk und Fernsehen, CD-Player, Bücher, Zeitschriften und Kinos fester Bestandteil des Alltags insbesondere auch von Kindern und jungen Menschen wurden. Die Wirkung der neuen Medien ist räumlich und zeitlich kaum begrenzt.

Soziale Wirkungen der Medien		
Vermittlung von Handlungsweisen, Rollenverhalten, Normen, Werten und gesellschaftlichen Konventionen	**Vermittlung von Möglichkeiten der sozialen Orientierung innerhalb einer von Einzelnen nicht mehr überschaubaren Welt**	**Vermittlung von täglichen Informationen**
In den international verflochtenen Gesellschaften der Gegenwart können Menschen die von ihnen erwarteten Rollen nicht nur von ihrer sozialen Umwelt erfahren. Sie müssen auch aus den Medien lernen.	Der Einzelne kann im Rahmen seiner eigenen Erfahrungswelt nicht mehr alle Kenntnisse und Bewertungen erwerben, die er für sein Leben und die Kommunikation mit anderen Menschen braucht.	Sie sind Anhaltspunkte für das alltägliche Leben in Familie, Ausbildung, Beruf und Freizeit, z. B. Veranstaltungshinweise, Nachrichten zum Konflikt- und Krisenverhalten, zu Berufs- und Wirtschaftsstatistiken.

Sozialisationsinhalte und -wege

Die **Sozialisationsinhalte** sind von den beteiligten Gruppen zu verantworten. Sie sind dennoch nicht beliebig, da sie generell Teil des Wertehaushalts von Gesellschaft und Politik sind. Sie sind damit auch den Debatten um gesellschaftliche, politische und religiöse Grundwerte, der Rechtsprechung der Gerichte, dem Wandel der Erziehungsstile, der politischen Kultur wie der Kultur insgesamt unterworfen.

Man unterscheidet vier **Erziehungsstile,** von denen der autoritäre stark an Bedeutung verloren hat:
- der **autoritäre** (vormals herrschende) Erziehungsstil, der Arbeit und Leistung betont, auf Gehorsam und Strafe orientiert;
- der **autoritative** (entscheidende) Erziehungsstil, der auf Anforderung, Förderung und Unterstützung setzt;
- der **permissive** (freizügige) Erziehungsstil, der akzeptierend und wenig steuernd ist;
- der **indifferente** (gleichgültige, unbestimmte) Erziehungsstil, der den Kindern gegenüber zwischen Vernachlässigung und Feindseligkeit liegt.

Auch die durch Gruppeneinflüsse sozialisierte Persönlichkeit ist normalerweise durch ein bestimmtes Maß an Selbstständigkeit und Autonomie gegenüber der Gesellschaft gekennzeichnet. Zudem sind Normen und Konventionen häufig nicht eindeutig und erlauben deshalb verschiedene Interpretationen. Sich gegenüber solchen biegsamen Normen oder Konventionen zu verhalten, erfordert ein hohes Maß an eigenständiger, aktiver Anpassungsfähigkeit.

Sozialisation wird von zwei Ausgangspunkten her betrieben:
- als eine Art Dressur **(Konditionierung)**, in der Normen, Einstellungen, Rollen, Fähigkeiten angenommen werden, um mehr oder weniger reflexhaft und mechanisch ausgeführt zu werden,
- als **eigenständige Anpassung** (Identitätsbildung) innerhalb der Wechselbeziehungen mit Sozialisationsinstanzen und Gruppen.

Für den Weg der eigenständigen Anpassung spricht, dass Sozialisation als Dressur erfahrungsgemäß nicht zu einer vollständigen Überformung unangepasster Einstellungen und Reaktionen führt.

4.2.4 Medien in der Alltags- und Lebenswelt

> Medien sind Brücken, die Individuen und Gruppen – das Publikum – mit den Welten der Politik, Wirtschaft und Kultur verbinden.

Medien beobachten das Geschehen, aber auch die Menschen beobachten die Ereignisse nah und fern. Zugleich beobachtet das Publikum die Medien beim Beobachten (reflexive Wahrnehmung), um die Güte der medialen Botschaften einschätzen zu können. In den modernen Gesellschaften ist es nur kleinen Gruppen möglich, miteinander direkt zu kommunizieren: der Familie im gemeinsamen Haushalt, der Fußballmannschaft, dem Kabinett der Minister, dem Vorstand des Unternehmens, den gleichaltrigen Gruppen oder der Lehrerschaft einer Schule. Jede andere Kommunikation verläuft nicht face to face (informelle Kommunikation) oder face to many faces (Vortragskommunikation), sondern mittels Medien (Massenkommunikation).

Informationen über Ereignisse gelangen an Medien, deren Redaktionen eine Auswahl an ihre Rezipienten weitergeben, die die Ereignisse möglicherweise auch direkt beobachtet haben. Die Rezipienten kommunizieren untereinander und mit Nichtrezipienten mit dem Ziel, Informationen untereinander abzugleichen.

> Medien, Ereignisse und Publikum bilden das **Kommunikationssystem.**

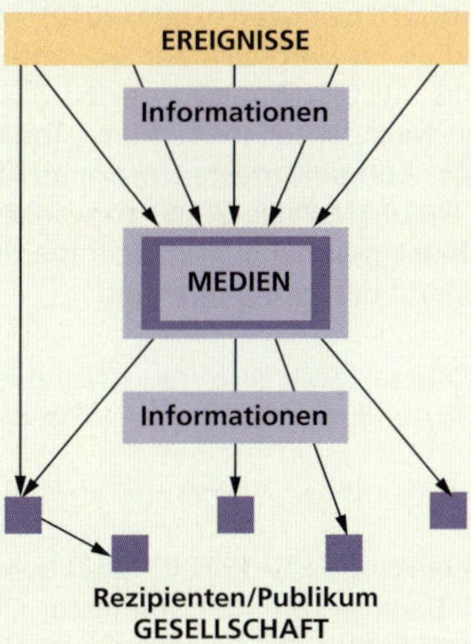

Einflüsse der Kultur:	Wahrheitsverständnis, Berufsethos
der Wirtschaft:	Anzeigenaufträge, Medienbesitz
der Politik:	Mediengesetze, Steuern, Einflüsse bei öffentlich-rechtlichen Medien, Zensur

Medien sind allgegenwärtig:
- Prospekte und Anzeigen von Waren und Diensten,
- Bücher, Zeitungen, Zeitschriften,
- Filme, Videos, DVDs, CDs,
- Telefon, Mobilfunk, Fernsehen, Hörfunk,
- Skripte und Regieanweisungen,
- Gesetze, Gerichtsurteile, Parteiprogramme,
- Wahlplakate,
- Internet als Plattform für Kommunikation, Werbung, Wissenssammlung,
- Medien zu den Medien: Programmzeitschriften, Datenbanken, Kataloge.

Aus dem Kommunikationsprozess entsteht **Öffentlichkeit,** in der es darauf ankommt, sich gemeinsamer Bestände an Wissen und Meinungen und daraus abgeleiteter Normen und Werte zu vergewissern. Konsensbildung ist die zentrale Aufgabe von Öffentlichkeit.
Das Informationsbedürfnis der Menschen wächst mit den technischen Möglichkeiten, es zu befriedigen. Die Anzahl, Dichte und Reichweite der Informationen stiegen mit der weltweiten Verbreitung von Schriften und Sprachen sowie mit den epochalen Erfindungen des Buchdrucks (1452), der Zeitung (1609), des Telegrafs (1809), Telefons (1872), Films (1895), Radios (1918), Fernsehens (1931), Personal Computers (1981) und des Internets/WWW (1992).

4

Das Fernsehen und zunehmend das Internet sind die **Leitmedien** der allgemeinen Information und Alltagsorientierung.

▶ Printmedien werden auch im Internet gelesen. Die Tageszeitungen sind mit täglich durchschnittlich 48 Mio. Lesern weiterhin ein wichtiges Medium der alltäglichen Meinungsbildung. Auch die Buchlektüre ist weiterhin verbreitet.

Immer mehr Zeit widmen die Deutschen den Medien. Bei den 14- bis 49-Jährigen waren es 1999 täglich 6,5 Stunden, im Jahr 2003 schon 8 und 2010 fast 9 Stunden, die aber auch Leerlaufphasen der Geräte umfassen.

Tägliche Mediennutzung der 14- bis 49-Jährigen (in Min.)

Medien	1999	2003	2010	2012
Fernsehen	146	156	206	205
Hörfunk	143	160	120	149
Internet	9	49	95	107
Tageszeitungen	24	22	18	19
Zeitschriften	15	15	9	8

Quelle: SevenOne Media 2003, 2010, 2012

▶ Die Medien prägen den durchschnittlichen **Tagesverlauf** der Menschen:
- Radio und Zeitungen frühmorgens,
- Internet besonders zwischen 11 und 19 Uhr,
- Fernsehen vor allem zwischen 20 und 21 Uhr.

Unterschiedlich gehen **junge Menschen** (14- bis 29-Jährige) mit Medien um. Fernsehen, Internet und Hörfunk nutzten im Jahr 2010 täglich 77 bzw. 74 oder 68 % der Jugendlichen (ARD/ZDF/Langzeitstudie, 2010). Mit Ausnahme der Bücher spielen Printmedien im Vergleich zur Gesamtbevölkerung eine erheblich geringere Rolle. Im Urteil der Bürger wird das öffentlich-rechtliche **Fernsehen** mit den Nachrichtensendungen „Tagesschau" und „heute" als das „kritischste, kompetenteste, informativste und glaubwürdigste Medium" (OSKAR NIEDERMAYER, 2005) angesehen. Hier werden Sachkunde und Verlässlichkeit geschätzt, während die Privatsender bei Machart und Präsentationsstil besser abschneiden.

Mit dem **Internet** hat sich in sehr kurzer Zeit eine neue Technik durchgesetzt, die den Alltag, die Ausbildung, Beruf und Wissenschaft revolutioniert.

▶ Bei den 22- bis 25-Jährigen steigt die Nutzung des Internets mit dem Alter an. Sie verwenden dafür im Durchschnitt fast 15 Stunden pro Woche. Die attraktivsten Inhalte sind:
- Netze wie Facebook, Schüler- oder Studi-VZ,
- Enzyklopädien und Suchmaschinen,
- E-Mails,
- Computerspiele,
- Videos und Musik.

In Haushalten und Betrieben wurde die elektronische Post (E-Mail) neues Kommunikationsmedium, Handel und Bankverkehr (E-Commerce, Onlinebanking) erhielten eine neue Nutzerdimension. Es eröffneten sich neue Wege der Selbstdarstellung und Werbung (Webseiten) sowie neue politische Beteiligungsformen (E-Demokratie). Und über elektronische Suchmaschinen (z. B. Google) stehen neue Daten- und Wissensspeicher (z. B. Wikipedia) und neue Medien (Onlinejournalismus) zur Verfügung. Das Internet gilt seit 2004 auch als „Mitmachnetz" (Web2), der Nutzer wird zum Autor. So ist das Internet Sozialraum und Geschäftsforum.

Wie die 17. Shell Jugendstudie 2015 ergab, ist das Internet unter Jugendlichen (12- bis 25-Jährige) nahezu vollständig verbreitet. Die Jugendlichen gruppieren sich als Info-Nutzer (Anteil 25 %) oder als Medienkonsumenten (24 %), als digitale Bewohner (20 %), als Gelegenheitsnutzer (19 %) und als Selbstdarsteller (12 %).

4.3 Sozialer Wandel

Im Zuge der Modernisierung der Gesellschaft verändern sich ihre Sozialstruktur und die gesellschaftlichen Wertvorstellungen.

> **Sozialer Wandel** ist ein tief greifender Veränderungsprozess in der Struktur der modernen Gesellschaft.

Er kann die Gesamtgesellschaft, gesellschaftliche Teilbereiche, Institutionen, Wertvorstellungen, soziale Gruppen oder Individuen betreffen.
In Deutschland vollzieht sich mit dem weiteren wissenschaftlich-technischen Fortschritt, vor allem der digitalen Revolution und der globalen Verflechtung in Wirtschaft und Politik, ein grundlegender sozialer Wandel. Seine Haupttendenzen sind:

- Herausbildung der industriellen **Dienstleistungsgesellschaft** (Verlagerung der wirtschaftlichen Produktion auf den Dienstleistungssektor, dadurch Wandel der Arbeitswelt und der Berufe),
- Übergang zu einer **Wissensgesellschaft** (steigende Bildungsstandards und Qualifikationsanforderungen, Zunahme informationsbezogener Tätigkeiten, neue und veränderte Kommunikationsformen),
- Durchlässigkeit **sozialer Schichten** (der traditionelle Zusammenhang zwischen Lebenslagen und sozialer Zugehörigkeit durch Herkunft wird lockerer, aber nicht aufgehoben),
- Fortbestehen von **sozialen Ungleichheiten** (z. B. in Bezug auf Bildung und Arbeit, Einkommen und Vermögen) mit der Gefahr einer „gespaltenen Gesellschaft",
- Fortschritte bei der **Gleichstellung der Geschlechter** (vor allem im Bildungssystem und auf dem Arbeitsmarkt, Wandel der Geschlechterbeziehung und -rollen),
- Strukturwandel der bürgerlich-traditionellen Familie (u. a. Rückgang der Kinderzahl, Bedeutungsverlust der Ehe) und Pluralisierung der Lebensformen (z. B. nichteheliche Lebensgemeinschaften, Alleinerziehende),
- Geburtenrückgang und steigende Lebenserwartung (Überalterung der Gesellschaft) führen zu einem **demografischen Wandel,** der die wirtschaftliche Produktivität und die Sozialsysteme bedroht,
- zunehmende Verwandlung der Gesellschaft in Richtung einer multiethnischen **Einwanderungsgesellschaft** durch Migranten.

Modernisierung beschreibt einen bestimmten Typus sozialen Wandels von traditionalen Gesellschaften zu hochgradig arbeitsteiligen, wirtschaftlich entwickelten, funktional differenzierten und demokratisierten Gesellschaftssystemen. (MANFRED G. SCHMIDT)

Theorien und Analysen des sozialen Wandels zielen auf das Verstehen und Erklären gesellschaftlicher Entwicklungen im historischen Zusammenhang. Im Zentrum stehen Art, Ausmaß, Ursachen und Wirkungen, aber auch Verlauf und Tempo von Veränderungen sozialer Systeme.

4.3.1 Wandel in der Arbeits- und Berufswelt

Die sozioökonomischen und demografischen Veränderungen gehen mit einem Wandel in der Arbeitswelt einher. Er ist gekennzeichnet durch eine Ausweitung des Dienstleistungssektors, die Folgen der technologischen Entwicklung (z. B. Informatisierung der Produktion) sowie durch Prozesse der Globalisierung.

Die Schichtstruktur der Erwerbstätigen verändert sich:
- weniger Arbeiter,
- mehr Angestellte und Beamte,
- weniger „klassische" Selbstständige (z. B. Handwerker) und neue selbstständige Berufe (z. B. freie Berater).

Der **Strukturwandel der Arbeitswelt** zeigt sich im Entstehen und Verschwinden ganzer Wirtschaftszweige und Berufe, in veränderten Arbeitszeiten und Beschäftigungsverhältnissen.

Durch die veränderte Arbeitsnachfrage sterben Berufe aus oder verlieren an Bedeutung (z. B. Bergwerksarbeiter und Landwirte), in anderen Berufen verändert sich aufgrund neuer Technologien das Anforderungsprofil (z. B. durch notwendige Computerkenntnisse). Es entstehen neue Branchen und Arbeitsplätze (z. B. Callcenter), aber auch **neue Berufe** vor allem im wachsenden Dienstleistungs- und Kommunikationssektor sowie durch Forschung, Entwicklung und Anwendung neuer Technologien (z. B. Mikroelektronik, Informations- und Biotechnologie).

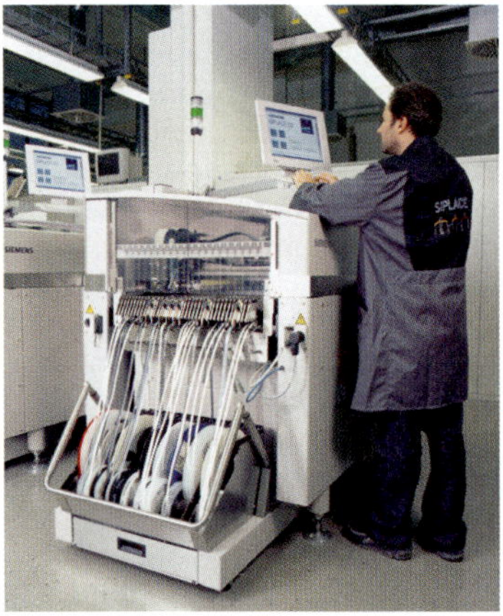

Qualitätskontrolle im Elektronikfertigungsbereich

Auch Wertveränderungen in der Gesellschaft – wie die gestiegene Bedeutung des Umweltschutzes – können sich grundlegend auf Wirtschaft und Berufswelt auswirken.

Als zukunftsträchtige, wachsende Berufsbranchen gelten gegenwärtig Gesundheit und Pflege, Freizeit, Bildung, Umwelt, Biotechnologie, Informations- und Kommunikationstechnologie. Deutliche Beschäftigungsgewinne werden im Dienstleistungsbereich, insbesondere bei unternehmensbezogenen Dienstleistungen erwartet.

Mit dem Bedeutungszuwachs des Umweltschutzes sind z. B. neue Berufe im ökologischen Landbau oder bei der Entwicklung regenerativer Energien entstanden. In den 1990er-Jahren entstanden im Zuge der Ausweitung der sogenannten neuen Medien zahlreiche neue Berufe und Tätigkeiten, wie Onlineredakteur oder IT-Spezialist.
Zu den neuen Berufen zählen auch Multimediagestalter (gestaltet digitale Informationen und Videoanimationen für Internet oder CD-ROM) oder Mechatroniker (kombiniert Maschinenbau, Elektrotechnik und Informatik).

Wandel in der Arbeitswelt

Der Wandel der Arbeitszeiten und der Arbeitsverhältnisse fordert vom Arbeitnehmer mehr **Flexibilität und Mobilität** in Arbeit und Beruf – mit weitreichenden Folgen für das gesamte Leben.

Flexibilisierung der Arbeit bedeutet für den Beschäftigten, dass sich der geregelte Arbeits- und Lebensrhythmus mit fixen Zeiteinteilungen (Arbeit – Freizeit, Ausbildung – Arbeit – Rente) tendenziell auflöst

- durch einen Rückgang der Vollzeiterwerbstätigkeit und die Zunahme von zeitlich befristeten Arbeitsverhältnissen und Nebentätigkeiten,
- durch eine flexiblere Gestaltung der Arbeitszeiten (z.B. Gleitzeit, Arbeitszeitkonten) und neue Arbeitszeitmodelle (z.B. Teilzeitmodelle).

Mobile Arbeitsplätze (z.B. Telearbeit) ermöglichen ortsunabhängige Tätigkeiten unter Nutzung der neuen Informations- und Kommunikationstechniken. Der Arbeitnehmer kann – mit der Firmenzentrale medial vernetzt – je nach Bedarf im Büro, zu Hause oder unterwegs arbeiten.

Arbeitsmarktprognosen verweisen auf die wachsende Bedeutung beruflicher Mobilität im 21. Jh. Der Arbeitnehmer wird im Laufe seines Lebens Arbeitsplatz und Arbeitsort, auch Beruf und Tätigkeiten mehrfach wechseln. Phasen der Erwerbstätigkeit werden sich häufiger mit Phasen der Erwerbslosigkeit, der Weiterbildung und der Familienarbeit abwechseln. Auch die Möglichkeiten des Internets haben die Arbeitswelt grundlegend verändert. Die damit verbundene „Virtualisierung der Arbeit“ wird in Zukunft noch weiter zunehmen. Das bedeutet, dass die Arbeitsvorgänge immer stärker von virtueller, d.h. nicht persönlicher Kommunikation und Interaktion geprägt sind.

Teilzeitmodelle sind u.a.:
- Stellenteilung (Jobsharing),
- Altersteilzeit.

Auch **Zeitkonten** (Ansparung von Mehrarbeit, die bei Bedarf in Freizeit oder Geld „ausgezahlt“ wird) dienen der Flexibilisierung von Arbeit.

> Der Wandel in der Arbeitswelt führt zu einem Bedarf an neuen Fähigkeiten und erhöhten Qualifikationen der Beschäftigten.

In vielen Berufen der Zukunft werden notwendig sein:
- qualifizierte Schul- und Ausbildungsabschlüsse,
- fachübergreifende Schlüsselqualifikationen, soziale und kommunikative Fähigkeiten, Fremdsprachenkenntnisse und Medienkompetenz,
- die Bereitschaft zum selbstständigen, lebenslangen Lernen.

Die Schere der Beschäftigungschancen zwischen den unteren und oberen Qualifikationsebenen wird dadurch vermutlich wachsen.

Eine Prognose des IAB geht davon aus, dass die Entwicklung des deutschen Arbeitsmarktes bis 2020 von einer Diskrepanz zwischen Arbeitskräftebedarf und -angebot (sog. Mismatch) gekennzeichnet ist. Es besteht die Gefahr, dass es aufgrund eines Mangels an gut ausgebildeten Arbeitskräften langfristig zu einem Fachkräftedefizit bei gleichzeitig hoher Unterbeschäftigung kommen könnte.

Das Institut für Arbeitsmarkt- und Berufsforschung (IAB) der Bundesagentur für Arbeit veröffentlicht regelmäßig aktuelle Arbeitsmarktdaten (IAB-Kurzberichte).

Berufswahl und Ausbildung

Der Beruf entscheidet nicht nur über die individuellen Chancen auf dem Arbeitsmarkt, sondern hat Auswirkungen auf das gesamte Leben. Deshalb ist die Entwicklung eines realistischen Berufswunsches und die Wahl des Berufs von großer Bedeutung. Dabei muss geprüft werden, ob die eigenen Interessen und Fähigkeiten mit den tatsächlichen Anforderungen

4

Beruf kann definiert werden als „Bündel von Tätigkeiten, die fachspezifische Kenntnisse und Fertigkeiten erfordern" (Bundesagentur für Arbeit).

des Berufes zusammenpassen. Aber auch die künftigen Berufsaussichten sollten in die Entscheidung einbezogen werden.

Für die richtige Berufswahl, den Berufserfolg und die Zufriedenheit im Berufsleben sind vor allem die eigenen Interessen und Fähigkeiten entscheidend.

In der Bundesrepublik Deutschland gibt es verschiedene Möglichkeiten, sich für einen Beruf zu qualifizieren. Jeder Beruf erfordert Kenntnisse und Fähigkeiten, die durch eine spezifische Ausbildung erworben werden und durch Berufserfahrung und Weiterbildung immer weiter zu ergänzen sind („lebenslanges Lernen").

Voraussetzung für eine Berufsausbildung im dualen System ist ein Berufsausbildungsvertrag zwischen Auszubildendem und Ausbildungsbetrieb.

Die wichtigsten Ausbildungsgänge		
staatlich anerkannte Lehre/Ausbildung in Betrieb und Berufsschule („duales System")	schulische Ausbildung an einer Berufsfachschule	Studium an Fachhochschule oder Hochschule
z. B. Lehrberufe im Handwerk (Schreinerin, Kfz-Mechaniker); kaufmännische Berufe für Einzelhandel oder Büro	v. a. Assistentenberufe im technischen, naturwissenschaftlichen, medizinischen und kaufmännischen Bereich; Berufe im Sozial- und Gesundheitswesen	akademische Berufe, z. B. Arzt, Rechtsanwältin, Architekt, Ingenieurin; Berufe im künstlerischen Bereich

Die Entwicklung des Arbeitsmarktes spricht dafür, dass sich ein Studium lohnt, wenn die persönlichen Voraussetzungen gegeben sind. Zum einen ist langfristig ein steigender Bedarf an Akademikern absehbar, zum anderen werden in einem Studium wichtige fachübergreifende „Schlüsselqualifikationen" erworben – wie Analysefähigkeit oder breit anwendbare Arbeitsmethoden –, die eine Ausübung verschiedener Berufe erlauben. Hochschulabsolventen haben die besten Chancen auf dem Arbeitsmarkt, auch wenn nicht alle Qualifikationen gleichermaßen nachgefragt werden.

An Berufsfachschulen werden die fachlichen Inhalte eines Ausbildungsberufs gelehrt; die Ausbildung dauert mindestens ein Jahr und enthält theoretische und praktische Anteile (v. a. durch Praktika).

Während eine Berufsausbildung zielgerichtet für einen Beruf qualifiziert, ermöglicht das Studium eines bestimmten Faches oft breitere berufliche Einsatzmöglichkeiten in unterschiedlichen Tätigkeitsfeldern.

Dagegen haben Geringqualifizierte ein sehr hohes Arbeitslosigkeitsrisiko. Eine abgeschlossene Berufsausbildung oder ein Hochschulabschluss sind somit eine wichtige Voraussetzung für die erfolgreiche Teilhabe am Arbeitsmarkt.

- Im Jahr 2011 lag die Arbeitslosenquote bei Personen ohne Berufsabschluss bei 19,6 Prozent, bei Hochschulabsolventen dagegen nur bei 2,4 Prozent (Institut für Arbeitsmarkt- und Berufsforschung 2013).

Grundstruktur des Bildungswesens der Bundesrepublik Deutschland

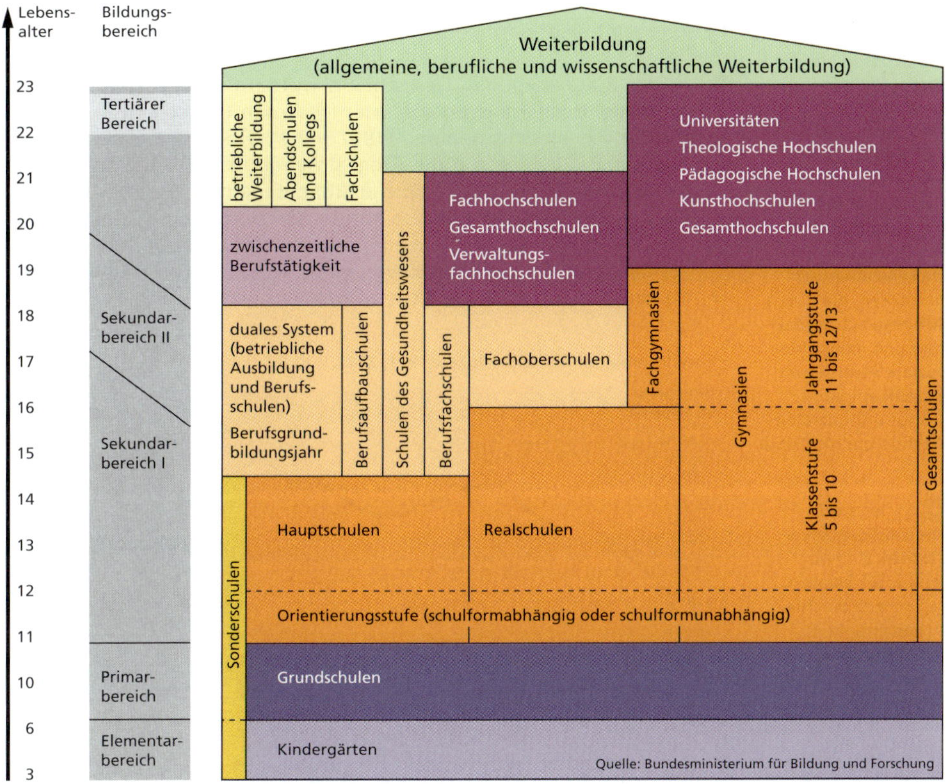

Arbeitslosigkeit

Die hohe **Massenarbeitslosigkeit** ist in allen modernen Industriestaaten die größte wirtschaftspolitische und soziale Herausforderung der Gegenwart. Sie ist die Folge eines tief greifenden gesellschaftlichen und ökonomischen Strukturwandels (strukturelle Arbeitslosigkeit)

- aufgrund des wissenschaftlich-technischen Fortschritts und der Einführung moderner Informations- und Kommunikationstechnologien (Automatisierung, Rationalisierung, Flexibilisierung von Arbeit), die mit einem Abbau von Arbeitsplätzen vor allem im Landwirtschaftssektor und in der Industrie verbunden ist,
- durch die internationale Verlagerung von Arbeitsplätzen im Zuge der Globalisierung („Billiglohnländer").

Von der **strukturellen Arbeitslosigkeit** sind zu unterscheiden:
- die saisonal bedingte Arbeitslosigkeit (z. B. im Baugewerbe),
- die konjunkturelle Arbeitslosigkeit (aufgrund zyklischer Schwankungen der Volkswirtschaft).

In der Bundesrepublik Deutschland stieg die Zahl der Arbeitslosen über längere Zeit kontinuierlich an. Die Hauptursache liegt im Arbeitsplatzabbau bei gleichzeitigem absoluten Anstieg der Erwerbspersonen (Berufseintritt geburtenstarker Jahrgänge, Arbeitskräftezuwanderung, gestiegene Erwerbstätigkeit von Frauen, deutsche Vereinigung).
Bestimmte Bevölkerungsgruppen sind von Erwerbslosigkeit besonders stark betroffen: Frauen, Ausländer, Bürger in den neuen Ländern und Personen mit einer geringen schulischen und beruflichen Qualifikation.

In der Bundesrepublik Deutschland wurde die hohe Erwerbslosenquote der Nachkriegszeit auf unter 1 % in den 1960er-Jahren gesenkt. Sie lag mit einer Ausnahme (1967 = 2,1 %) bis 1974 unter 2 %. Im September 2015 betrug die Arbeitslosenquote 6,2 % bei ca. 2,7 Mio. gemeldeten Arbeitslosen (Quelle: Bundesagentur für Arbeit).
Die seit 1990 etwa doppelt so hohe Arbeitslosenquote in den neuen Bundesländern ist vor allem auf Probleme des Umgestaltungsprozesses nach der Wende 1989/90 von einer sozialistischen Planwirtschaft zu einem marktwirtschaftlichen System zurückzuführen.

Aufgrund der starken Zunahme von befristeten und ungeschützten Arbeitsverhältnissen (z. B. Zeitarbeit, unbezahlte Praktika, selbstständige Tätigkeiten), Langzeitarbeitslosigkeit und Niedriglöhnen hat sich das sogenannte Prekariat als neue soziale Gruppierung herausgebildet. Soziologen bezeichnen damit Menschen in prekären, unsicheren Lebensverhältnissen, die durch Arbeitsplatzunsicherheit und mangelnde soziale Absicherung permanent von Armut und sozialem Abstieg bedroht sind.

In der **amtlichen Arbeitslosenstatistik** sind nur jene Erwerbslosen registriert, die ihre Arbeitslosigkeit gemeldet haben. Die tatsächliche Zahl der Arbeitslosen wird etwa doppelt so hoch geschätzt – auch aufgrund der sogenannten **verdeckten Arbeitslosigkeit.**

Entwicklung der Arbeitslosigkeit 1991–2013

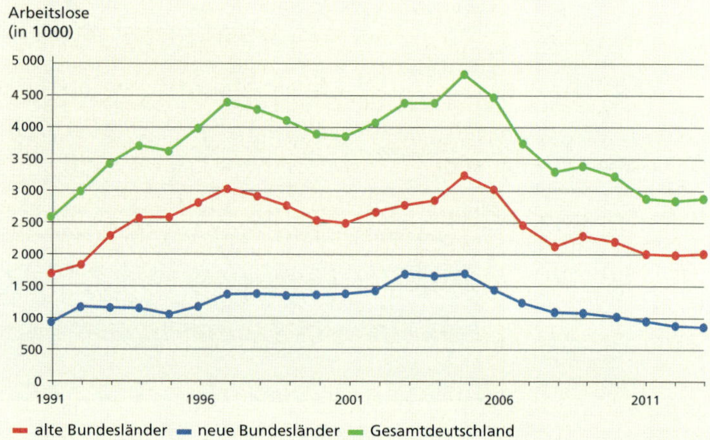

Quelle: Bundesagentur für Arbeit

Die Folgen **lang andauernder Arbeitslosigkeit** sind für den Einzelnen wie für die Gesellschaft im Ganzen gravierend.

Folgen für den Arbeitslosen	Folgen für die Gesellschaft/den Staat
Geldsorgen und Wohlstandseinbußen; Anerkennungs- und Sinnverluste, verringertes Selbstwertgefühl, Depression („nicht mehr gebraucht werden"); Gefahr der Vereinsamung	wachsende Ausgaben für staatliche Transferleistungen (v. a. Grundsicherung für Arbeitsuchende ALG II, Sozialhilfe), – fehlende Steuereinnahmen und Beiträge für Sozialversicherungen; sinkende Produktivität und geringere internationale Wettbewerbsfähigkeit der Wirtschaft

Politisch umstritten sind die geeigneten Strategien zur **Bekämpfung der Arbeitslosigkeit** (↗ S. 236 f.).

- Das liberal-konservative Konzept der Deregulierung setzt auf die Verringerung staatlicher Eingriffe in den Markt, um privatwirtschaftliche Aktivitäten zu stärken (z. B. Lockerungen im Arbeits- und Tarifrecht, Erleichterungen von Existenzgründungen, Privatisierung). Das gewerkschaftliche Konzept der Arbeitszeitverkürzung zielt darauf ab, das knappe Gut „Arbeitsplatz" gerechter unter Arbeitnehmern und Arbeitslosen zu verteilen.

Strukturelle Arbeitslosigkeit ist dadurch gekennzeichnet, dass in einem Umbruchprozess auf dem Arbeitsmarkt eine Diskrepanz zwischen den Fähigkeiten der Arbeitnehmer und den veränderten, durch den Fortschritt geforderten Qualifikationen entsteht oder die vorhandenen Fähigkeiten nicht mehr nachgefragt werden.

Der starke Rückgang von Arbeitsplätzen und der Wegfall ganzer Berufszweige kann zum Teil durch neue Beschäftigung im wachsenden Dienstleistungs-, Informations- und Kommunikationssektor ausgeglichen werden. Die neuen Arbeitsplätze erfordern in der Regel auch andere und umfassendere Kompetenzen der Erwerbstätigen, die auf dem Arbeitsmarkt (noch) nicht ausreichend vorhanden sind.
Im Zusammenhang mit dem absehbaren demografischen Wandel (sinkender Anteil der erwerbsfähigen Bürger) wird im Laufe dieses Jahrzehnts eine langfristige Wende auf dem deutschen und europäischen Arbeitsmarkt erwartet. Sie birgt aber auch neue Probleme.

Bis 2010	Ab 2010
– mehr Erwerbspersonen als Arbeitsplätze – hohe Arbeitslosigkeit, hoher Anteil an Unterbeschäftigung – fehlende Beiträge in Sozialversicherungen (Arbeitslosen-, Kranken-, Renten- und Pflegeversicherung)	– Bevölkerungsrückgang und Alterung der Gesellschaft, weniger verfügbare Arbeitskräfte – Fachkräftemangel in bestimmten Branchen und Berufen – Finanzierbarkeit der sozialen Sicherungssysteme fraglich (Gefahr durch hohe Belastungen bei immer weniger Beitragszahlern)

4.3.2 Wandel der Werte und der politischen Kultur

In der Gesellschaft der Bundesrepublik vollzieht sich ein **Wertewandel.** Gesellschaftliche oder kulturelle Wertvorstellungen in der Bevölkerung verändern sich grundlegend und längerfristig.

Werte sind allgemeine Prinzipien, die die Einstellungen eines Menschen zu konkreten Themen oder Phänomenen prägen. Als übergeordnete Auffassungen vom wünschenswerten Ideal bilden sie Zielorientierungen des Handelns.

In der Bundesrepublik Deutschland setzte Mitte der 1960er-Jahre vor allem in der jüngeren Generation ein beschleunigter Wertewandel ein. Das spiegelten z. B. die Studentenproteste 1968 und die Herausbildung der neuen sozialen Bewegungen in den 1970er-Jahren wider. Dieser grundlegende Wertewandel fand in allen demokratischen Wohlfahrtsstaaten statt, in denen durch sozialstaatliche Politik die materielle Versorgung

Der Soziologe HELMUT KLAGES (geb. 1930) beschrieb den **Wertewandel** als zwiespältigen Prozess mit Chancen und Risiken: Einem Bedeutungsverlust der Pflicht- und Akzeptanzwerte, wie Pflichterfüllung und Gehorsam, Bindungs- und Anpassungsbereitschaft, Ordnungsliebe und Fleiß, steht eine Stärkung der Selbstentfaltungswerte gegenüber, was mit größeren persönlichen Freiheiten verbunden ist.

und Sicherheit der Bürger zunehmend gewährleistet war. Wichtigstes **Kennzeichen des Wertewandels** seit den 1960er-Jahren ist eine zunehmende Individualisierung und Pluralisierung der Werte. Der traditionelle bürgerliche Wertekanon verlor seine Monopolstellung.
An Bedeutung gewannen solche **Wertebereiche** wie
- individuelle Selbstentfaltung, was sich in Selbstverwirklichung, Sinn- und Identitätssuche, Infragestellung von traditionellen Normen und Autoritäten, Selbstständigkeit, Individualität und Durchsetzungsfähigkeit, aber auch in einer stärkeren Genuss-, Konsum- und Spaßorientierung niederschlägt,
- soziale und ökonomische Verantwortung für die Umwelt (Schonung natürlicher Ressourcen) sowie für Frieden und Menschenrechte, verbunden mit Wachstums-, Konsum- und Globalisierungskritik,
- Demokratisierung und Gleichberechtigung, gerichtet auf gesellschaftliche und politische Mitgestaltung sowie auf Gleichstellung von Mann und Frau.

Der **gesellschaftliche Wertewandel** wurde als Fortschritt hin zu mehr Freiheit und Partizipation der Bürger interpretiert, aber auch negativ als **Werteverfall** beklagt und für zahlreiche Krisenerscheinungen in der Gesellschaft verantwortlich gemacht.

In der Schwächung der Pflicht- und Akzeptanzwerte wie auch in der Stärkung der Selbstentfaltungswerte wurden die Ursachen für Egoismus („Ego-Gesellschaft"), individuelles Anspruchsdenken, Konsum- und Genussorientierung („Spaß- und Freizeitgesellschaft"), abnehmenden Gemeinsinn, soziale Verantwortungslosigkeit, sinkendes politisches Engagement und den Verlust moralischer Standards gesehen.

In der deutschen Gesellschaft der Gegenwart zeigt sich aber eher eine komplexe, **pluralistische Wertewelt,** in der unterschiedlichste Wertorientierungen nebeneinander bestehen und sich individuell oder gruppenspezifisch mischen, z. B. individuelle Selbstverwirklichung mit Leistungsorientierung, Genuss- mit Pflichtwerten, Pragmatismus mit sozialem Bewusstsein.

In einer parlamentarisch-repräsentativen Demokratie wie der Bundesrepublik Deutschland sind Wahlen die allgemeinste Form politischer Beteiligung. Zudem hat der Bürger verschiedene Möglichkeiten politischer Partizipation und gesellschaftlichen Engagements, wie die Mitgliedschaft in Organisationen und Verbänden, die Teilnahme an Initiativen oder einzelnen Aktionen.

Politische Mitwirkung und „Politikverdrossenheit"

In den 1990er-Jahren wurden in der deutschen Bevölkerung, insbesondere in der jungen Generation, **Krisenerscheinungen** im Hinblick auf ihr politisches Engagement festgestellt. Das äußerte sich in
- einem geringen bis fehlenden politischen Interesse und in geringen Kenntnissen über politische Themen,
- sinkender Wahlbeteiligung und periodischen Erfolgen radikal-populistischer Splitterparteien,
- geringer politischer Mitwirkung der Bürger, sinkenden Mitgliederzahlen in politischen Parteien, Gewerkschaften und Verbänden.

Diese Tendenzen wurden als alarmierend für die demokratische politische Kultur interpretiert und häufig auf „Politikverdrossenheit" zurückgeführt. **„Politikverdrossenheit"** wurde zu einem Sammelbegriff für Haltungen der Bürger zu politischen Themen, Institutionen oder Akteuren, in denen Vorbehalte, Desinteresse, Unzufriedenheit, Misstrauen oder Ablehnung zum Ausdruck kommen.

Interesse an Politik steigt – Politisches Interesse 2002–2015 im Vergleich
Jugendliche im Alter von 12 bis 25 Jahren (Angaben in %)

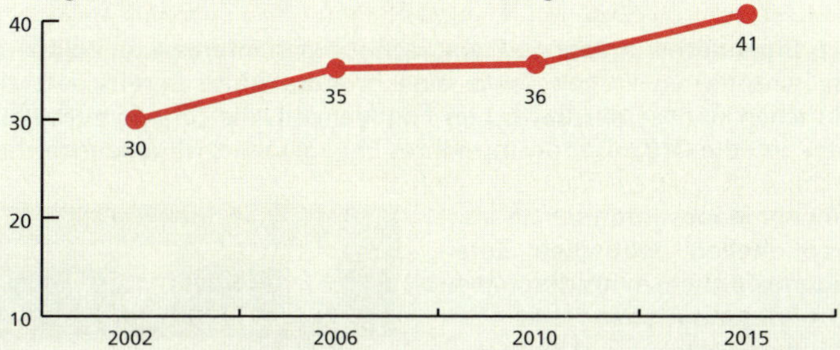

▶ Die Ursachen von Politikverdrossenheit sind vielfältig: Sie reichen von mangelhafter (politischer) Bildung bis zu Erfahrungen der Bürger, dass Politiker ihre Wahlversprechen nicht einhalten oder korrupt sind, worauf Parteienskandale verweisen.

Trotz einzelner Befunde und Entwicklungen ist in der Gesellschaft der Bundesrepublik weder ein allgemeines Desinteresse an Politik noch eine fundamentale Ablehnung der Grundprinzipien freiheitlicher Demokratien festzustellen. Häufig bezieht sich „Politikverdrossenheit" auf Unzufriedenheit oder mangelndes Vertrauen gegenüber Politikern und Parteien als Repräsentanten der Politik.

▶ Die Begriffe **Politiker-** oder **Parteienverdrossenheit** kennzeichnen zumeist genauer die Ursache kritischer oder ablehnender Einstellungen von Bürgern gegenüber Politik.

Zufriedenheit mit dem Funktionieren der Demokratie[1] 1991–2012 (in Prozent)

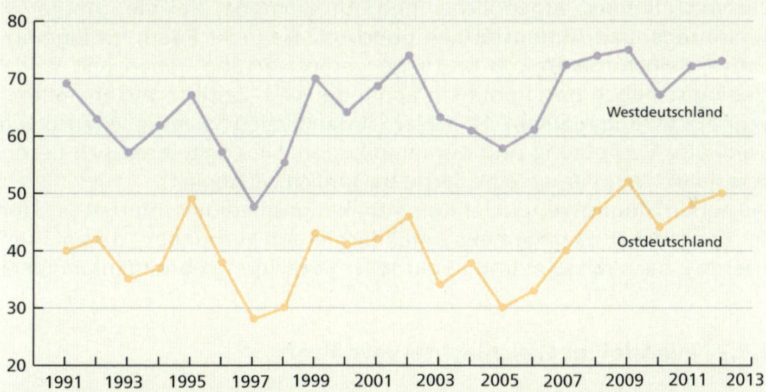

[1]Fragestellung: „Sind Sie mit der Art und Weise, wie die Demokratie in Deutschland funktioniert, alles in allem gesehen sehr zufrieden, ziemlich zufrieden, ziemlich unzufrieden oder völlig unzufrieden?"; Anteil „sehr zufrieden, ziemlich zufrieden" Datenbasis: Eurobarometer 2013

Die **Grundtendenzen der politischen Einstellungen** der Bürger in der Bundesrepublik sind

- breite Zustimmung zur demokratischen Idee und zu den Grundprinzipien freiheitlicher Demokratien,
- mittlere bis geringe Zufriedenheit mit der aktuellen Funktionsweise und Leistungsfähigkeit des politischen Systems in der Bundesrepublik,
- wenig Vertrauen in etablierte Politikinstitutionen (z. B. Parteien, Bundesregierung) und in die Bereitschaft politischer Akteure, die Bedürfnisse und Interessen der Bürger zu berücksichtigen,
- hohes Vertrauen in Institutionen der Exekutive und Judikative (z.B. Polizei, Gerichte) und besonders der jungen Generation in nicht eta-

▶ Die Grundtendenzen der politischen Einstellungen der Bundesbürger wurden verschiedenen Erhebungen von ALLBUS und dem Datenreport 2013 des Statistischen Bundesamtes entnommen.

blierte Politikinstitutionen, wie Bürgerinitiativen oder NGOs (z. B. Greenpeace).

Auch **Jugendliche** und junge Erwachsene zeigen Interesse an Politik und gesellschaftlichen Fragen sowie eine grundsätzliche Bereitschaft zum politischen und gesellschaftlichen Engagement. Ihr Zugang zum Politischen und die Organisationsform ihres Engagements ist gekennzeichnet durch:

- abnehmendes Interesse an konventionellen politischen Beteiligungsformen in traditionellen Großorganisationen wie Verbänden, Parteien und Kirchen,
- große Bedeutung der Freiwilligenarbeit in Vereinen,
- große Zustimmung für die Ideen der Umwelt-, Friedens-, Menschenrechtsgruppen und der Globalisierungskritiker bei mittlerem, konstantem Beteiligungsniveau,
- starke Zunahme von politischem und sozialem Engagement bei befristeten, konkreten Projekten und Aktionen.

Büro von Attac, der Organisation von Globalisierungskritikern, in Frankfurt a. M. 2002

Die Befunde zu politischem Interesse und zum Engagement Jugendlicher beziehen sich auf die Ergebnisse der DJI-Jugendsurveys 1997 und 2003 sowie der Shelljugendstudien 2006, 2010 und 2015.

Die Vorstellungen Jugendlicher sind auf spontane, flexible, offene Organisations- und Aktionsformen gerichtet, die mehr Raum für Eigeninitiative, Selbstorganisation und Eigenverantwortung geben und weder ideologisch noch parteipolitisch abhängig sind. Zeitlich und thematisch begrenztes Engagement ist vielen Jugendlichen wichtig, ebenso wie weltweite Vernetzung und Kommunikation. Sie engagieren sich besonders dann, wenn ihnen eine Sache persönlich wichtig ist.
Die neuen Möglichkeiten des Kommunikationsmediums Internet sind mit dem politischen Engagement Jugendlicher eng verbunden, da sie ihrem Interesse nach flexibler und punktueller Beteiligung entgegenkommen.

4.3.3 Wandel im Geschlechterverhältnis

Die heutigen Rechte der Frauen sind Ergebnis eines jahrhundertelangen Emanzipationsprozesses – zum einen als weibliche Befreiung aus traditionellen Rollenmustern, Lebensweisen und vorurteilsbeladenen Klischeevorstellungen und zum anderen als Kampf gegen die Vormachtstellung des Mannes und die Unterdrückung der Frau in Gesellschaft und Staat.

In Deutschland und anderen entwickelten Industriestaaten haben sich die Rolle, das Selbstverständnis und die Lebenssituation von Frauen im 20. Jh. grundlegend gewandelt.
In der Bundesrepublik ist die **Gleichberechtigung der Geschlechter** als gesellschaftliches Grundprinzip verfassungsrechtlich verankert.

„Männer und Frauen sind gleichberechtigt." (Art. 3 Abs. 2 GG)

Da die juristische Gleichberechtigung allein nicht ausreichte, um in der Praxis eine tatsächliche Gleichstellung zu erreichen, wurde das Grundgesetz 1994 noch ergänzt.

„Der Staat fördert die tatsächliche Durchsetzung der Gleichberechtigung von Frauen und Männern und wirkt auf die Beseitigung bestehender Nachteile hin."

Gleichstellung umfasst neben gleichen Rechten und Pflichten für Männer und Frauen Diskriminierungsverbote, Chancengleichheit sowie Abbau von sozialen Ungerechtigkeiten in der Gesellschaft.

Mit dem **Amsterdamer Vertrag** 1999 erhielt die Gleichstellungspolitik der Europäischen Union eine rechtliche Grundlage. Die konkreten Maßnahmen sind in den einzelnen europäischen Staaten jedoch national geregelt (z. B. Frauenförderung, Gleichstellungsbeauftragte).

In der Bundesrepublik Deutschland entwickelte sich die **neue Frauenbewegung** in den 1970er-Jahren aus Impulsen der Studentenbewegung und parallel zu anderen neuen sozialen Bewegungen wie Umwelt- oder Bürgerrechtsbewegung.

Die neue Frauenbewegung setzte sich für gleiche Rechte und Chancen von Frauen und Männern – Gleichstellung von Mann und Frau – in allen Lebensbereichen ein. Zentrale Ziele waren:
- gleicher Zugang zu Bildung, Ausbildung, allen Berufen, Macht- und Entscheidungspositionen, um eine gleichberechtigte Teilhabe in den Strukturen und Institutionen von Politik, Wirtschaft und Gesellschaft zu begründen,
- gleichberechtigte Geschlechterbeziehung und Aufhebung der traditionellen Rollen- und Arbeitsteilung in der Familie,
- Anerkennung frauenspezifischer Interessen, Bedürfnisse und Sichtweisen sowie Schaffung autonomer Freiräume.

Die **Forderungen der Frauenbewegung** haben die gesellschaftliche Realität in Deutschland in kontinuierlichen Diskussions- und Aushandlungsprozessen weitgehend verändert und zahlreiche Fortschritte in Bezug auf Gleichberechtigung gebracht:
- Das Selbstverständnis von Frauen und Männern ist mehrheitlich vom Gleichheitsanspruch getragen.
- Typische Mädchen- bzw. Jungensozialisationen wurden deutlich abgeschwächt (im Erziehungsstil dominiert die Norm der Gleichbehandlung der Geschlechter).
- Die Zukunftsvorstellungen und Orientierungen von Männern und Frauen hinsichtlich Familien- und Berufsorientierung sowie Partnerschaftlichkeit haben sich weitgehend angeglichen.
- Die Dominanz von typisch männlichen und weiblichen Lebensmustern und Rollen wurde aufgehoben, es entstanden ein modernisiertes Geschlechterverhältnis, mehr Wahlmöglichkeiten für Frauen (Familie, Kinder und/oder Karriere) und vielfältigere Formen von Sexualität.
- Bildungsstand und -chancen haben sich angeglichen, ebenso wie das Ausbildungsniveau von Frauen und Männern (teilweise bessere Bildungsabschlüsse von Frauen).
- Die weibliche Erwerbstätigkeit ist gestiegen, was auch auf mehr Teilhabe- und Einflussmöglichkeiten von Frauen in Gesellschaft, Wirtschaft und Politik verweist.
- Die Rechtsgrundlagen der Gleichstellung wurden verändert, z. B. durch Reformen des Ehe-, Familien- und Scheidungsrechts, eine kontinuierliche Gleichstellungspolitik wird betrieben.

Die Frauenbewegung kritisierte u. a. die Dominanz der männlichen Form in der Sprache und kämpfte für die sprachliche Repräsentanz von Frauen (Bürgerinnen und Bürger). Gegenwärtig werden zunehmend geschlechtsneutrale Formulierungen, wie „fachgerecht" statt „fachmännisch" oder „Studierende" statt „Studenten" bevorzugt.

Frauen wurden erst 1909 in ganz Deutschland zum Studium zugelassen. 2012 hatten in Deutschland 32,9 % der Frauen und 31 % der Männer zwischen 30 und 34 Jahren einen Hochschulabschluss (Eurostat).

Stellung der Frau in der DDR

Auch in der DDR war die **Gleichberechtigung von Mann und Frau** in der Verfassung verankert. Die Umsetzung dieses Ziels unterschied sich aber erheblich von der Situation in der Bundesrepublik Deutschland, in der in den 1950er- und 1960er-Jahren das traditionell-bürgerliche Familien- und Frauenmodell dominierte.

Nach den Grundsätzen der Ideologie und **Staatspolitik in der DDR** war die wichtigste Voraussetzung für die soziale, ökonomische und politische Befreiung der Frau ihre Eingliederung in die Arbeitswelt. Das Ziel war, Frauen in die Erwerbstätigkeit voll einzubeziehen (Vollzeitberufstätigkeit). Die staatliche Politik war deshalb darauf gerichtet, die erforderlichen Strukturen für die Vereinbarkeit von Beruf und Familie zu schaffen. Das war verbunden mit einer systematischen und aktiven Frauen- und Familienförderung, u.a. durch staatliche Kinderbetreuungseinrichtungen, besondere Leistungen für Mütter und berufliche Fördermaßnahmen. Diese Politik zeitigte **Fortschritte** und legte **Defizite** in der praktischen Gleichstellung von Frauen offen. Einerseits hatte sich im Vergleich zur Bundesrepublik ein höheres Niveau an Bildung, Ausbildung und Erwerbstätigkeit der Frauen entwickelt, andererseits blieben auch in der DDR geschlechtsspezifische Ungleichheiten bestehen: Frauen wurden schlechter bezahlt, hatten geringere Karrierechancen, waren häufiger teilzeitbeschäftigt und es gab nur wenige Frauen in gehobenen Positionen und einflussreichen Leitungsfunktionen. Der Anteil erwerbstätiger Frauen mit Kindern war hoch, aber die traditionelle Rollenverteilung in der Familie bestand weitestgehend fort und führte eher zu einer Doppelbelastung der Frauen durch Erwerbsarbeit und Familienarbeit.

▸ In der **DDR** wurde der Grundsatz vertreten, dass sich die Gleichstellung der Geschlechter in der Berufstätigkeit von Mann und Frau sowie in gleichen Rechten und Pflichten der Ehepartner in allen Fragen des Zusammenlebens (Berufsausübung, Haushaltsführung, Kindererziehung) zeigt.

Ungleichheiten auf dem Arbeitsmarkt

Trotz der Erfolge der Frauenbewegung und der Garantie der Gleichberechtigung im Grundgesetz, trotz der mittlerweile erfolgten Angleichung des Bildungsstandes und Ausbildungsniveaus von Männern und Frauen blieben auch in der Bundesrepublik Deutschland soziale und politische **Benachteiligungen von Frauen** bis heute bestehen, insbesondere auf dem Arbeitsmarkt und in der Familie. Das gilt auch für die Länder der Europäischen Union.

▸ In den 101 börsennotierten und mitbestimmungspflichtigen Unternehmen in Deutschland lag der Frauenanteil 2015 in Aufsichtsräten bei 22,1 %, in den Vorständen bei 4,8 % (Woman-on-Board-Index).

Geschlechtsspezifische Benachteiligungen von Frauen auf dem Arbeitsmarkt	Europäische Union (28 Mitgliedstaaten)	Bundesrepublik Deutschland
niedrigeres Einkommen	Frauen verdienen in der Stunde im Schnitt 16 % weniger als Männer.	21 % weniger
geringere Erwerbsbeteiligung aufgrund von Betreuungspflichten	68 % der Mütter zwischen 25 und 49 Jahren sind erwerbstätig, 87 % der Väter	73 % der Mütter gehen einer Erwerbstätigkeit nach, 93 % der Väter

Geschlechtsspezifische Benachteiligungen von Frauen auf dem Arbeitsmarkt	Europäische Union (27 Mitgliedstaaten)	Bundesrepublik Deutschland
mehr Teilzeitbeschäftigung	32 % der Frauen arbeiten Teilzeit, 8 % der Männer	45 % der Frauen, 9 % der Männer
weniger Entscheidungs- und Führungspositionen in Politik, Wirtschaft und Wissenschaft	28 % der nationalen Parlamentssitze, 33 % der wirtschaftlichen Führungspositionen, 26 % der Professuren werden von Frauen besetzt.	36 % der nationalen Parlamentssitze, 26 % der wirtschaftlichen Führungspositionen, 20 % der Professuren

Die Zahlen sind Publikationen des Statistischen Amts der Europäischen Union und des Statistischen Bundesamts 2014 entnommen.

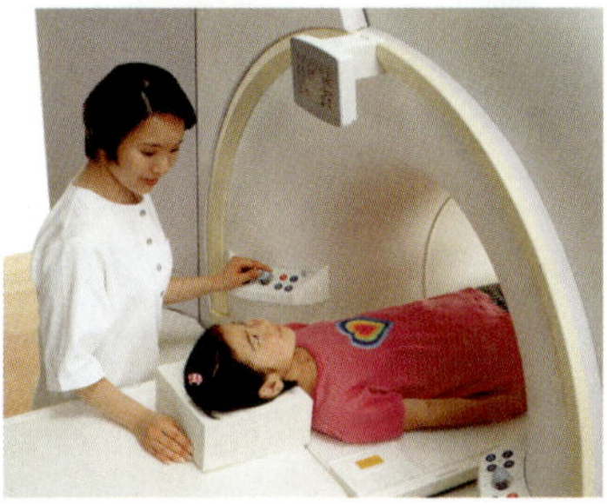

Eine wichtige Ursache dieser Ungleichheiten ist die eingeschränkte Berufswahl junger Frauen, die sich weniger für technikorientierte, naturwissenschaftliche und innovative Berufe in wachsenden Zukunftsbranchen (z. B. neue Technologien) entscheiden. Junge Frauen und Männer wählen nach wie vor überwiegend „Frauen-" bzw. „Männerberufe".

Typische „Frauenberufe"	Typische „Männerberufe"
Berufe in den Bereichen Erziehung/ Pädagogik, Gesundheit, Soziales (z. B. Kindergärtnerin, Krankenschwester, Lehrerin, Ärztin), Kunst/Kultur und Sprachen, Büro und Einzelhandel, Reinigungsbereich	Berufe in den Bereichen Technik, Elektronik, Mechanik, Ingenieur- und Bauwesen, Maschinenbau (z. B. Kfz-Mechaniker, Industriemechaniker, Informatiker, Ingenieur), Naturwissenschaften, Verkehrswesen

Statistisch gesehen handelt es sich dann um „Frauen-" oder „Männerberufe", wenn 80 % oder mehr Frauen bzw. Männer die Erwerbspositionen in einem bestimmten Beruf besetzen.

Die Unterscheidung in „Frauen- und Männerberufe" beruht auch auf traditionellen Rollenbildern über die geschlechtsspezifische „Eignung" für bestimmte Berufe (körperliche und intellektuelle Fähigkeiten, soziale Kompetenzen). Viele Tätigkeiten in typischen „Frauenberufen" ähneln unbezahlten Tätigkeiten im privaten Haushalt (Hausarbeit, Kindererziehung, Pflege). Sie sind häufig gesellschaftlich weniger anerkannt und werden geringer entlohnt.

Zur Erweiterung des Berufsspektrums von Mädchen und jungen Frauen gibt es immer wieder staatliche Modellversuche und Maßnahmen, z. B. die zeitweise Trennung von Jungen und Mädchen in bestimmten Unterrichtsfächern, aber auch Förderprogramme, z. B. für gewerblich-technische Ausbildungsberufe.

Eine wichtige Ursache für die Ungleichheiten auf dem Arbeitsmarkt liegt in der ungleichen Verteilung der Aufgaben innerhalb der Familie.

Ungleichheiten in der Familie

In der Familie ist die gleichberechtigte, partnerschaftliche Aufteilung der Aufgaben noch nicht erreicht, nach wie vor dominiert die Zuständigkeit der Frau für Haushalt und Kindererziehung.
Einerseits ist die **Erwerbstätigkeit der Frauen** selbstverständlich geworden, andererseits übernehmen Frauen auch weiterhin **Verantwortung für Familie** und Kinder. Mögliche Folgen oder Gefahren sind:

Ein wesentlicher Grund für das Überleben der „überkommenen" geschlechtsspezifischen familiären Arbeitsteilung liegt in der Stabilität der traditionellen Rollenbilder (Frau als Hausfrau, Mutter und Ehefrau, Mann als berufstätiger Ernährer der Familie). Die traditionelle Arbeitsteilung ist zwar noch vorherrschend, wird in der jüngeren Generation aber schon vielfach durchbrochen.

- eine Doppelbelastung der Frauen durch Familienarbeit und Berufstätigkeit (Stress, hoher Koordinierungsaufwand),
- Konflikte durch kollidierende Leitbilder von „guter Hausfrau und Mutter" „erfolgreicher, berufstätiger Frau" (Vernachlässigung von Mutterrolle oder Karriereorientierung),
- geringere zeitliche Flexibilität und reduzierte Leistungsfähigkeit im Beruf (Teilzeitbeschäftigungen, „Karrierebrüche", Erwerbsunterbrechungen, begrenzte Aufstiegschancen),
- höheres Kündigungsrisiko, materielle Unsicherheit, schlechtere Einstellungschancen aufgrund möglicher späterer Mutterschaft, erschwerter beruflicher Wiedereinstieg nach der Familienphase,
- geringere Rentenansprüche.

Die Vereinbarkeit von **Familie und Beruf** ist nach wie vor ein Frauenproblem.

Seit 2007 haben alle Arbeitnehmer in Deutschland ein Anrecht auf Elternzeit (bis zu 3 Jahre) und Elterngeld (12–14 Monate). 2012 nahmen nur knapp 7 % der Väter, aber etwa 85 % der Mütter zwölf Monate Elternzeit und Elterngeld in Anspruch.

In Deutschland wählen die meisten Frauen zur Vereinbarkeit von Beruf und Familie das **„Dreiphasenmodell"** (Berufstätigkeit bis zur Geburt des ersten Kindes – Familienphase – Rückkehr in die Erwerbsarbeit). In der zweiten Erwerbsphase entscheiden sie sich überwiegend für Teilzeitarbeit, die jedoch weniger Aufstiegs- und Karrierechancen bietet. Dagegen wählen die meisten Männer das **erwerbszentrierte Lebenslaufmodell** (berufliche Karriere und Vollzeitstelle) und setzen Familienarbeit und Kindererziehung in Verantwortung der Frau voraus.
Die Mehrheit der Frauen orientiert sich am Bild der modernen, emanzipierten Frau. Aspekte des traditionellen Frauenbildes (z. B. Mutterrolle) werden mit neuen Werten wie Karriereorientierung und neue Pädagogik in der Kindererziehung kombiniert. Die Mehrheit der Männer akzeptiert zwar die neue Frauenrolle, orientiert sich selbst aber überwiegend noch am traditionellen männlichen Rollenbild, was sich z. B. in der geringen Inanspruchnahme der Elternzeit zeigt. Zudem sind Politik und Wirtschaft, insbesondere Arbeits- und Berufswelt, nach wie vor an männlichen Lebens- und Verhaltensmustern ausgerichtet.

4.3.4 Lebensformen und Familie im Wandel

Der soziale Wandel in Deutschland hat die privaten **Lebensformen** und die **Familie** als die am weitesten verbreitete Grundform menschlichen Zusammenlebens stark verändert.

Lebensformen sind relativ stabile Muster privater Beziehungen, die als Formen des Allein- oder Zusammenlebens (mit oder ohne Kinder) aufgefasst werden. Die zentralen Kriterien zur Beschreibung von Lebensformen sind die Haushaltsgröße und Generationenzusammensetzung, die sozialrechtliche Stellung der Personen, der Familienstand (verheiratet, ledig, verwitwet, geschieden) und die Kinderzahl.

In der vorindustriellen Zeit dominierte das Ideal der **Großfamilie,** die neben Familienmitgliedern mehrerer Generationen und Verwandten auch familienfremde Personen umfasste (Haushaltsfamilie mit Produktionsfunktion, z. B. Familienbetriebe in Handwerk und Landwirtschaft).
Das Ideal der bürgerlichen **Kleinfamilie** ist in Europa in der zweiten Hälfte des 18. Jh.s entstanden. Im 19. Jh. breitete sich dieses Leitbild zunehmend in allen Schichten aus.

Modell der bürgerlichen Familie

Räumlich **getrennte Wohn- und Arbeitsstätte:** Herauslösen der Erwerbstätigkeit aus der Familie; familiäre Tätigkeiten, wie Altersversorgung oder Kindererziehung, werden zum Teil an den Staat abgegeben.

Mann und Frau leben als verheiratetes Paar mit Kind(ern) in einer (zwei Generationen umfassenden) **Haushaltsgemeinschaft.**

Ehe beruht auf Liebe und Zuneigung, ist auf Dauer angelegt und wird durch Kinder vervollständigt. **Sexualität** zur Fortpflanzung und als Liebeszeichen in der Ehe (Monogamie).

Polare Definition der **Geschlechtsrollen:** Vater ist Familienoberhaupt, sorgt als „Ernährer" mit seiner Berufstätigkeit außer Haus für die Existenzsicherung der Familie und nimmt am öffentlichen Leben teil. Frau ist als Ehefrau und Mutter für Familienarbeit, Haushalt und Kindererziehung zuständig.

In der Bundesrepublik der 1950er- und 1960er-Jahre dominierte in Ideal und Lebensform die **bürgerliche Kernfamilie** mit nicht erwerbstätiger Mutter und zwei Kindern („Normalfamilie"). Geringe Scheidungsraten, hohe Heiratsneigung, frühes Heiratsalter und höhere Geburtenraten waren weitere Merkmale.

In der DDR wurde das „sozialistische Familienideal" verfolgt, das der bürgerlichen Kleinfamilie ähnelte, aber die erwerbstätige Mutter einschloss.

Der soziale Wandel in der Bundesrepublik Deutschland zeigt in der Veränderung der Lebensformen einen Monopolverlust und eine **Veränderung der bürgerlichen Familie** sowie eine Pluralisierung der Lebensformen.

Die bürgerliche Familie befindet sich in einem Strukturwandel.

4

Im Jahr 2014 wurden in Deutschland rund 386 000 Ehen geschlossen und 166 200 Ehen geschieden (Statistisches Bundesamt).

Strukturwandel der bürgerlichen Familie	
Rückgang der Kinderzahl	– Abnahme der Mehrkinderfamilien (vorherrschendes Modell: Zwei-Kinder-Familien) – wachsende Kinderlosigkeit von Frauen, „späte Mutterschaft“
Geltungs- und Bindungsverlust der Ehe	– starker Rückgang der Eheschließungen bei kontinuierlichem Anstieg der Scheidungsquote – starker Anstieg (und zunehmende gesellschaftliche Akzeptanz) der nichtehelichen und gleichgeschlechtlichen Lebensgemeinschaften, der Alleinlebenden und Alleinerziehenden
Pluralisierung der Lebensformen und veränderte Familien- und Haushaltsstrukturen	– Abnahme von „Normalfamilien“-Haushalten – Zunahme von neuen Lebensformen: nichteheliche Lebenspartnerschaften, Paare ohne Kinder, alleinerziehende Mütter, Singles, „Patchwork“-Familien, Wohngemeinschaften – **Abnahme der Haushaltsgröße** (insbesondere Rückgang der Mehr-Generationen-Haushalte) bei wachsender Haushaltszahl; starker Anstieg der Einpersonenhaushalte bzw. von Alleinlebenden, wachsender Anteil von Haushalten ohne Kinder

Die Charakterisierung des Strukturwandels der Familie beruht auf der regelmäßigen Sozialberichterstattung (Datenreport), die Zusammenstellung der Haushaltsgrößen auf Angaben des Statistischen Bundesamtes.

Haushalte nach Zahl der Personen (Anteile in Prozent 1970 bis 2030)

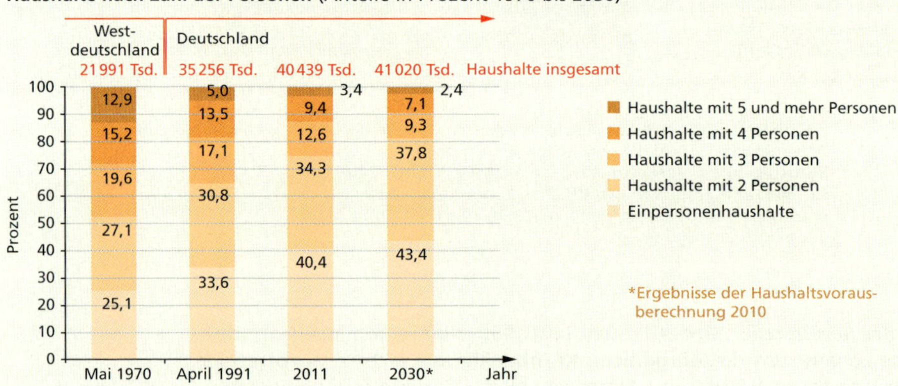

Quelle: Statistisches Bundesamt

Die Geburtenrate ist in Deutschland – wie zumeist in Europa – sehr niedrig. 2014 lag sie bei „durchschnittlich“ 1,4 Kindern pro Frau.

Der Wandel der Lebens- und Familienformen steht in engem Zusammenhang mit
- dem demografischen Wandel (Geburtenrückgang, steigende Lebenserwartung),
- einem Wandel des Geschlechterverhältnisses (veränderte Rollenbilder von Mann und Frau, weibliche Berufstätigkeit, Doppelverdienerfamilien, gleichberechtigte Partnerschaft, partizipativeres Eltern-Kind-Verhältnis, veränderte Erziehungsziele),

- einem Wandel der Werte in Bezug auf Familie, Ehe, Kinder, Partnerschaft und einer Ausweitung der „Normalitätsvorstellungen",
- Tendenzen der Individualisierung und Pluralisierung in entwickelten Gesellschaften (Individualisierung des Lebenslaufs, Differenzierung der privaten Lebensformen),
- politischen Reformen im Ehe-, Familien- und Scheidungsrecht.

In Deutschland dominiert nach wie vor das „Normalitätsmuster" der bürgerlichen Kernfamilie, eine Pluralisierung hat vor allem im Nichtfamiliensektor – bei den Lebensformen ohne Kinder – stattgefunden.

Im Zentrum der Veränderungen in Ehe und Familie steht die veränderte Rolle der Frau (vor allem weibliche Erwerbstätigkeit), die mit einer größeren Wahlfreiheit der Lebensgestaltung verbunden ist (ökonomische Unabhängigkeit, Option der Scheidung, Leben mit Kindern oder ohne Kinder).

Abweichungen vom traditionellen Familienmodell und individualisierte Lebensformen finden sich überdurchschnittlich stark in Großstädten und in höheren Bildungsschichten. Dagegen dominieren in sozialen Unterschichten die herkömmlichen privaten Lebensformen. Von Armut bedroht sind vor allem junge Familien, Alleinerziehende und kinderreiche Haushalte (verstärkt in ausländischen Familien).

Lebensformen
Eltern/-teile, Kinder in Familien, Personen in einer Partnerschaft ohne Kinder und Alleinstehende (in Tausend, 2011)

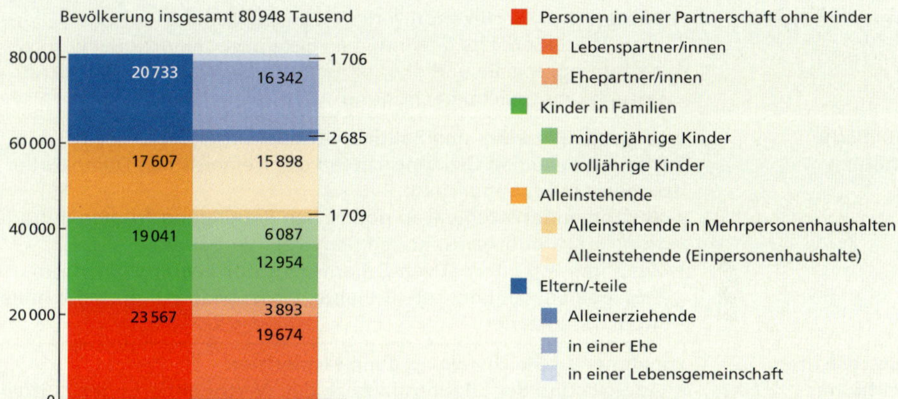

Quelle: Statistisches Bundesamt, Mikrozensus 2011

Die überwiegende Mehrheit der deutschen Bevölkerung gibt an, dass eine Familie zum Lebensglück notwendig ist. Zugleich nimmt die Zahl **Alleinlebender** (Singles) zu, wobei viele von ihnen eine feste Partnerschaft ohne gemeinsamen Haushalt haben bzw. eine Partnerschaft nicht grundsätzlich ablehnen. **Gleichgeschlechtliche Lebensformen** haben zunehmende gesellschaftliche Akzeptanz und eine Grundlage rechtlicher Gleichstellung (Partnerschaftsgesetz vom 01. 08. 2001) gefunden.

Die tendenziell nachlassende Bindungskraft des traditionellen Familienmodells und die Verstärkung individualisierter Lebensformen eröffnen zwar neue Handlungsmöglichkeiten, führen aber auch dazu, dass durch Verhandlungs- und Abstimmungsprozesse neue Arrangements und Regelungen im Zusammenleben von Partnern und Familienmitgliedern, aber auch zwischen Familie und Beruf gefunden werden müssen.

Die Zunahme der Alleinlebenden ist zurückzuführen auf den Anstieg des Durchschnittsalters bei Heirat und Geburt, auf gewachsene Scheidungsraten, gestiegene Lebenserwartung und größere Autonomie der jungen Generation.

4

Tendenzen des sozialen Wandels

In Deutschland vollzieht sich aufgrund des wissenschaftlich-technischen Fortschritts, der Globalisierung und demografischer Entwicklungen ein grundlegender sozialer Wandel. **Haupttendenzen** sind: Herausbildung der industriellen Dienstleistungsgesellschaft, Erhöhung des Stellenwertes von Bildung und Qualifizierung, Durchlässigkeit sozialer Schichten, Verringerung der sozialen Unterschiede zwischen den Geschlechtern, Differenzierung der Formen des privaten Zusammenlebens, stärkere Ausprägung einer multiethnischen Einwanderungsgesellschaft. Der tief greifende **strukturelle Veränderungsprozess** betrifft die Arbeitswelt, Wertorientierungen und politische Kultur, Geschlechterverhältnis und private Lebensformen.

Arbeitswelt	**Herausbildung einer Dienstleistungs- und Wissensgesellschaft** • veränderte Arbeitsnachfrage und Tätigkeitslandschaft: Entstehen von neuen Berufen und Tätigkeiten, Bedarf an neuen Qualifikationen und erhöhten Qualifikationen der Beschäftigten • veränderte Arbeitsverhältnisse und Arbeitszeiten: Forderung nach mehr Flexibilität und Mobilität in Arbeit und Beruf (neue Chancen und Risiken) • steigende strukturelle Massenarbeitslosigkeit
Wertorientierungen	**Pluralisierung und Individualisierung der Werte („Wertewandel")** • bürgerlicher Wertekanon verliert Vorrangstellung • neue Wertebereiche gewinnen an Bedeutung (individuelle Selbstentfaltung, soziale und ökonomische Verantwortung, Demokratisierung und Gleichberechtigung)
Politische Kultur	**wachsende Parteien- und Politikerverdrossenheit,** aber breite Zustimmung zu den Grundprinzipien der freiheitlichen Demokratie; besonders bei Jugendlichen: • abnehmendes Interesse an politischen Beteiligungsformen in traditionellen Großorganisationen (Parteien, Verbände) • Zunahme von alternativen Organisationsformen und befristetem Engagement für konkrete Projekte, insbesondere mittels des neuen Mediums Internet
Geschlechterverhältnis	**zunehmende Gleichstellung der Geschlechter** • Angleichung des Bildungsniveaus, der Wertorientierungen, Sozialisations- und Lebensmuster von Männern und Frauen • weiterhin bestehende Benachteiligungen von Frauen – auf dem Arbeitsmarkt (höhere Arbeitslosenquote, schlechtere Bezahlung bei gleicher Qualifikation, geringer Anteil an Führungspositionen in Politik, Wirtschaft, Wissenschaft, weniger Karrierechancen) – in der Familie (traditionelle Arbeitsteilung, Vereinbarkeit von Familie und Beruf als Frauenproblem)
Lebensformen und Familie	**Pluralisierung der Lebensformen** • Monopolverlust und Strukturwandel der bürgerlichen Familie (Rückgang der Kinderzahl, Geltungs- und Bindungsverlust der Ehe, Abnahme der Haushaltsgröße, gleichberechtigtere Geschlechterrollen)

Wissenstest 5 abrufbar auf **www.lernhelfer.de** oder mit der Lernhelfer-App

4.4 Spannungsfelder sozialer Ungleichheit

Soziale Ungleichheiten entstehen dadurch, dass die wichtigen sozialen Güter unter den Mitgliedern einer Gesellschaft unterschiedlich verteilt sind.

▶ Welche Güter in einer Gesellschaft als wertvoll gelten, ist abhängig von der jeweiligen Zeit, der Kultur und dem politischen System. Mit dem gesellschaftlichen Wandel ändern sich auch die Formen sozialer Ungleichheit.

In entwickelten Gesellschaften bestimmen **vier Basisdimensionen** sozialer Ungleichheit über soziale Vor- und Nachteile und wirken sich entscheidend auf die Lebensbedingungen und -chancen des Einzelnen aus:
- materieller Wohlstand, z. B. Einkommen und Vermögen,
- Wertschätzung (Prestige), z. B. Beruf mit wenig oder viel Ansehen,
- Macht und Einfluss, z. B. Entscheidungsposition in der Wirtschaft,
- Bildung, z. B. niedriger oder hoher Bildungsabschluss.

Darüber hinaus gibt es **weitere Dimensionen** sozialer Ungleichheit, die die Lebensqualität und -chancen der Menschen dauerhaft beeinflussen. Das sind die Bedingungen bei der Arbeit (physische, psychische Belastung), in der Freizeit (Umfang der freien Zeit, finanzielle Möglichkeiten der Freizeitgestaltung), des Wohnens (Wohnumfeld, Wohnungsausstattung), der sozialen Sicherheit (Risiken am Arbeitsplatz, in der Gesundheit, im Alter) sowie die Integrationschancen (Diskriminierung, Vorurteile).
Die Verteilung der Vor- und Nachteile innerhalb der verschiedenen Dimensionen ist stark abhängig vom Beruf, aber auch von Geschlecht, Alter, Generation, Nationalität, Wohnregion und Kinderzahl.

▶ Entscheidend für **soziale Gerechtigkeit** ist nicht nur die Frage, wie die wichtigen Güter in einer Gesellschaft verteilt sind, sondern auch, wie stabil die gesellschaftlichen Vor- und Nachteile sind und welche Chance der Einzelne hat, eine ungünstige Lebenslage zu verbessern (z. B. durch Ausbildung und Leistung).

In bestimmten Bevölkerungsgruppen konzentrieren sich nachteilige Lebensbedingungen. **Randständigkeit** ergibt sich meist aus einer Anhäufung verschiedener ungünstiger Faktoren, die weitere soziale Ungleichheiten hervorrufen oder verstärken. **Soziale Randgruppen** leben häufig in Armut und sozial isoliert. Sie sind nicht oder nur unvollständig in die „Kerngesellschaft" eingegliedert, ihre gesellschaftliche Teilhabe ist gering, sie sind häufiger Diskriminierungen ausgesetzt.
In der Bundesrepublik Deutschland gibt es zahlreiche **Spannungsfelder sozialer Ungleichheit:** zwischen Ost und West, den Geschlechtern, kinderlosen Paaren und kinderreichen Familien, Arbeitsplatzinhabern und Arbeitslosen. Sie können zu gravierenden gesellschaftlichen Konflikten führen und bergen die Gefahr einer „gespaltenen" Gesellschaft.
Soziale Ungleichheiten mit hohem Konfliktpotenzial ergeben sich aus Einkommens- und Vermögensunterschieden (Reichtum und Armut), dem Generationenkonflikt (Jung und Alt) und der gesellschaftlichen Integration von Ausländern (Migranten und Mehrheitsgesellschaft).

▶ Zu den **sozialen Randgruppen** in Deutschland gehören z. B. Obdachlose, Drogenabhängige, Strafentlassene, Langzeitarbeitslose, Teile der ausländischen Bevölkerung und der Alleinerziehenden.

4

4.4.1 Armut und Reichtum

In Ost- und Westdeutschland entwickelten sich die Lebensbedingungen nach dem Zweiten Weltkrieg sehr unterschiedlich: In der Bundesrepublik führte die Dynamik der sozialen Marktwirtschaft zu einer regelrechten „Wohlstandsexplosion". Die DDR mit zentralistischer Planwirtschaft schaffte zwar gewisse Wohlstandssteigerungen, blieb aber hinter der Wohlstandsentwicklung Westdeutschlands weit zurück.

In der Bundesrepublik Deutschland gab es nach dem Zweiten Weltkrieg einen erheblichen Wohlstandsanstieg, der auch den Lebensstandard der wirtschaftlich schwachen Schichten verbesserte. Er äußerte sich in
- der Steigerung des Einkommens (Pro-Kopf-Einkommen der Bevölkerung, Realeinkommen der Haushalte), verbunden mit erheblichem Anstieg der Kaufkraft,
- der Verbesserung der Wohnqualität durch mehr Wohnraum (Anstieg der Wohnfläche pro Person) und besser ausgestattete Wohnungen (Bad, moderne Heizung),
- der steigenden Ausstattung mit Konsumgütern (Pkw, moderne Haushaltsgeräte und Kommunikationsmedien),
- einer Bildungsexpansion (bessere Bildung und höhere Bildungsabschlüsse im Bevölkerungsdurchschnitt),
- einer Verkürzung der Arbeitszeit und einem erheblichen Anstieg von Urlaub und Freizeit.

Für die Bevölkerungsmehrheit der Bundesrepublik ist auch in der Gegenwart ein relativ hoher, allerdings ungleich verteilter Lebensstandard kennzeichnend. Nach der deutschen Einheit 1990 entstand zudem eine neue regionale Dimension sozialer Ungleichheit. Es gab zwar eine deutliche Annäherung, aber noch keine Angleichung der Lebensverhältnisse in den neuen und alten Ländern. Neue soziale Ungleichheiten mit erheblichem Konfliktpotenzial sind entstanden, vor allem durch Armut, Arbeitslosigkeit und Überalterung in bestimmten Regionen.

Einkommens- und Vermögensunterschiede

Die Verteilung der Vermögen und Einkommen ist ein wichtiger Ausdruck für soziale Gerechtigkeit in einer Gesellschaft.

Nettoeinkommen sind die verfügbaren Einkommen, also das Geld, das Einzelnen oder Haushalten nach Abzug der Steuern und Sozialabgaben zur Verfügung steht. Nettovermögen umfasst v. a. Sach- und Geldvermögen, Immobilienbesitz, private Versicherungen.

In der Bundesrepublik existieren trotz des insgesamt hohen Wohlstandsniveaus erhebliche soziale **Ungleichheiten in Einkommen und Vermögen** und den damit verbundenen Lebenschancen.

In Bezug auf das Einkommen zeigen sich schichtspezifische Unterschiede zwischen den Bildungs- und Berufsgruppen. Je besser die Ausbildung und je höher qualifiziert der Beruf, desto größer ist die Chance auf ein höheres Einkommen.

Zu den einkommensstarken Gruppen gehören Selbstständige, höhere Beamte und Angestellte. Besonders einkommensschwach sind Un- und Angelernte.

In der Bundesrepublik Deutschland haben sich im letzten Jahrzehnt die Einkommensgruppen zunehmend voneinander entfernt. Haushalte mit hohen Einkommen konnten dieses stark steigern. Die Wohlhabenden sind zahlreicher und vermögender geworden. Gleichzeitig stieg die Zahl der überschuldeten Haushalte und der Menschen mit Niedrigeinkommen, das auch absolut gesunken ist.

Die **Vermögensunterschiede** sind in der Bundesrepublik noch erheblich stärker ausgeprägt als die **Einkommensunterschiede.** Im reichsten Bevölkerungszehntel, das fast die Hälfte des Volksvermögens besitzt, zeigt sich eine starke Vermögenskonzentration (verbunden mit hoher Sparquote), während die zwei ärmsten Zehntel der Bevölkerung im Durchschnitt keinen Besitz bzw. häufig Schulden haben.

Auch innerhalb Deutschlands zeigt sich eine Ungleichverteilung des Vermögens: Das durchschnittliche Nettovermögen der Haushalte in Westdeutschland ist etwa zweieinhalbmal so hoch wie in Ostdeutschland.

Quelle: Jahresgutachten 2014/2015 des Sachverständigenrates für Wirtschaft, S. 383, Daten zur Abb. 90
Datenbasis: SOEP/DIW

Eine wissenschaftliche Methode zur Beschreibung von Einkommens- und Vermögensungleichheiten ist die Unterteilung der Bevölkerung nach der Höhe ihres Einkommens/Vermögens in zehn Gruppen, um den Anteil der jeweiligen Zehntel (Dezile) am gesellschaftlichen Gesamteinkommen/-vermögen darzustellen.

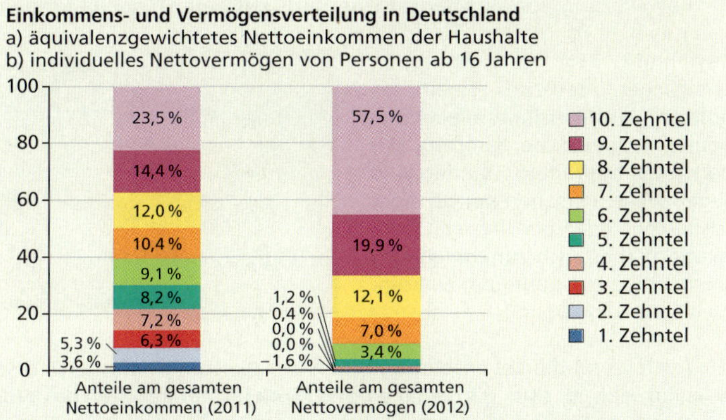

Quelle: Jahresgutachten 2014/2015 des Sachverständigenrates für Wirtschaft, a) S. 374, Tabelle 24; b) S. 383, Daten zur Abb. 90
Datenbasis: SOEP/DIW

Hohe Vermögen werden in der Regel durch Erbschaften schichtspezifisch an die nächste Generation weitergegeben. Zudem haben Personen mit einer besseren Ausbildung auch bessere Chancen zu eigener Vermögensbildung. Die Vermögenskonzentration wird sich vermutlich noch weiter verstärken. Gleichzeitig lebt eine Randschicht der Armen an oder unterhalb der Armutsgrenze.

Armut

In Wohlstandsgesellschaften wie der Bundesrepublik Deutschland ist Armut ein relatives Phänomen. Es geht um ein menschenwürdiges Leben.

Armut wird deshalb nicht nur an den Mangel notwendiger Güter, sondern auch an den Ausschluss von üblichen Lebensgewohnheiten und an geringere gesellschaftliche Teilhabechancen gekoppelt.

Der wissenschaftliche Begriff der **Armut,** der den nationalen Armutsberichten der europäischen Staaten zugrunde liegt, orientiert sich an einem relativen Armutskonzept. Gemessen an der „Armutsrisikoquote" der EU (60 %-Grenze) waren in Deutschland 2013 etwa 16 % der Bevölkerung armutsgefährdet (Statistisches Bundesamt).

Armut beinhaltet den Mangel an materiellen, kulturellen und sozialen Mitteln und verursacht soziale und psychische Probleme. Diese können zu einer umfassenden Verarmung (Deprivation) des Lebens führen.

Entsprechend dem Grundgesetz (Art. 20 Abs. 1 GG) ist der Staat verpflichtet, jedem Bürger den Mindeststandard einer menschenwürdigen Existenz zu gewährleisten (soziokulturelles Existenzminimum). Bei insgesamt hohem Wohlstandsniveau wird Armut als eine – auf den mittleren Lebensstandard bezogene – Benachteiligung aufgefasst. Als armutsgefährdet gilt demnach, wer weniger als 60 % des mittleren Nettoeinkommens in seinem Land zur Verfügung hat. Das ist die von der Europäischen Union politisch festgelegte „offizielle" Armutsgrenze („Armutsrisikoquote"). Zur Bekämpfung von Einkommensarmut dienen in der Bundesrepublik verschiedene staatliche Unterstützungsleistungen.

- Ende 2013 erhielten in Deutschland rund 7,4 Mio. Menschen (9,1 % der Bevölkerung) soziale Mindestsicherungsleistungen (Stat. Bundesamt).

Der Anteil der Armen in der Gesellschaft ist schwer zu bestimmen, da es unterschiedliche Auffassungen darüber gibt, wann ein Mensch in Armut lebt. Die Statistiken zu Sozialleistungen sind nur begrenzt aussagekräftig, da nicht alle Menschen mit berechtigten Ansprüchen die Hilfeleistung auch beantragen. Offensichtlich ist mit einem großen Anteil an „verdeckter Armut" zu rechnen.

Bestimmte Bevölkerungsgruppen unterliegen statistisch einem erhöhten **Armutsrisiko:** alleinerziehende, kinderreiche Familien, Arbeitslose, Migranten, Kinder und Jugendliche, Personen mit geringer schulischer oder beruflicher Qualifikation, aber auch zunehmend Erwerbstätige mit geringem Einkommen („working poor").

- Auch wenn die Lebensbedingungen der meisten Kinder in Deutschland sehr gut sind, gibt es eine hohe Kinderarmut inmitten des Wohlstands: Jedes sechste Kind in Deutschland lebt in relativer Armut, am häufigsten der Nachwuchs von alleinerziehenden Müttern.

Die Modelle der „Zweidrittelgesellschaft" oder einer Dreiteilung der Gesellschaft (↗ S. 280) spiegeln die soziale Polarisierung in der Bundesrepublik wider.

Die **Ursachen der Armut** sind vor allem anhaltende Massenarbeitslosigkeit (steigende Zahl der Langzeitarbeitslosen), das Zerfallen des bürgerlichen Familienmodells (mehr Alleinerziehende) und Lücken im System der sozialen Sicherung (z. B. ungenügende familienpolitische Unterstützung kinderreicher Familien). Seit den 1960er-Jahren hat sich in der Bundesrepublik eine wachsende **Armutskluft** herausgebildet.

Der Unterschied im Lebensstandard zwischen den Armen und der Mehrheit des Bevölkerungsdurchschnitts hat sich vergrößert. Zusätzlich hat sich die Schere zwischen Arm und Reich weiter geöffnet.

- 2013 gab es in Deutschland ca. 1 Mio. Vermögensmillionäre (World Wealth Report). Gleichzeitig war jeder zehnte Bundesbürger (6,58 Mio.) überschuldet und verfügte über keinerlei Vermögen (Schuldneratlas 2013).

Informationen zur Vermögens- und Einkommensentwicklung finden sich in den Armuts- und Reichtumsberichten der Bundesregierung (2001, 2005, 2008 und 2014).

4.4.2 Generationenkonflikt

Wie in vielen entwickelten Industriestaaten ist auch in Deutschland ein **demografischer Wandel** festzustellen. Niedrige Geburtenraten und steigende Lebenserwartung führen zur Schrumpfung und Überalterung der Gesellschaft. Dadurch wird auch das **Generationenverhältnis** unausgewogen.

> Das zahlenmäßig unausgeglichene Verhältnis zwischen Jung und Alt birgt die Gefahr eines grundsätzlichen **Generationenkonflikts,** wenn die Lebenschancen und -risiken zwischen den Generationen ungleich verteilt sind.

Dieser Konflikt entsteht
- bei der **Verteilung von Ressourcen:** Konkurrenz auf dem Arbeitsmarkt wegen Knappheit der Arbeitsplätze; zukünftig ökonomische Belastung der kommenden Generationen durch hohe Staatsverschuldung; langfristig ökologische Belastung durch Umweltzerstörung;
- bei der **Verteilung von gesellschaftlichem Einfluss:** Besetzung von politischen und wirtschaftlichen Entscheidungspositionen; innovative Kräfte kontra Beharrung; Problem der „Besitzstandswahrung".

Viele Wissenschaftler sehen die Bevölkerungsentwicklung als gesellschaftspolitisch höchst problematisch an und prognostizieren massive negative Folgen: Zusammenbruch der sozialen Sicherungssysteme (immer weniger Beschäftigte, immer mehr Rentner), Abnahme der wirtschaftlichen Produktivität und Innovationsfähigkeit (Mangel an qualifizierten Nachwuchskräften) und insgesamt sinkender Wohlstand.

Ein erhebliches Konfliktpotenzial bergen vor allem die sozialen Ungleichheiten zwischen der älteren Generation und jungen Familien, die Folgen der Arbeitsmarktsituation und die Altersversorgung. Während die Altersarmut in der Bundesrepublik erheblich an Bedeutung verloren hat, ist die junge Generation von Armut bedroht. Darauf verweist die hohe Armutsquote bei Kindern und Jugendlichen, kinderreichen Familien, Alleinerziehenden und allein lebenden, jungen Erwachsenen.

Die junge Generation ist auch von den **Krisenerscheinungen auf dem Arbeitsmarkt** besonders stark betroffen. Das äußert sich in höherer Arbeitsplatzunsicherheit bzw. Bedrohung durch Arbeitslosigkeit, in ungesicherten Arbeitsverhältnissen und Stagnation der Einkommen.
Die gestiegenen Risiken im Arbeitsleben verstärken sich noch durch den 2002 eingeleiteten Umbau des Sozialstaats, der auch von den jüngeren Generationen mehr Mobilität und Flexibilität auf dem Arbeitsmarkt erwartet.

4

Die Altersversorgung hängt unmittelbar mit der Betreuung und Pflege der wachsenden Zahl alter Menschen, vor allem mit der Funktionsfähigkeit des Rentensystems zusammen.

Generationenvertrag

Die Idee des **Generationenvertrags** ist:
Die junge, erwerbstätige Generation sorgt für Erziehung und Unterhalt der Kinder (Folgegeneration) und finanziert gleichzeitig durch Pflichtbeiträge die laufenden Renten der älteren Generation, die bereits aus dem Arbeitsleben ausgeschieden ist. Als Beitragszahler erwerben die Arbeitnehmer Ansprüche auf eine Altersrente, die wiederum durch die Beiträge der nachfolgenden Generation finanziert werden muss.
Die Rentenansprüche einer Generation werden demnach durch die Erwerbstätigkeit der nachfolgenden Generation gesichert.

In der Bundesrepublik Deutschland basiert das System der gesetzlichen Rentenversicherung auf einem staatlich organisierten **Umlageverfahren zwischen den Generationen.** Dieses Modell folgt dem Konzept des Generationenvertrags, das die Finanzierung der Renten durch die Folgegeneration vorsieht.

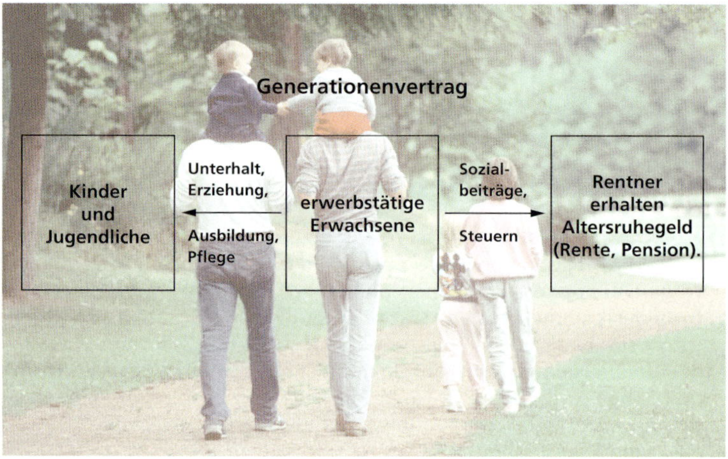

Die **Funktionsfähigkeit** des umlagefinanzierten Systems basiert darauf,
- dass das Zahlenverhältnis zwischen Erwerbstätigen, Kindern und Rentnern ungefähr stabil ist, dass also die erwerbstätige Generation eine annähernd gleich große Zahl von Kindern (Zwei-Kinder-Kernfamilie) als künftige Beitragszahler aufzieht, und
- dass genügend Erwerbstätige ausreichend Rentenbeiträge einzahlen bzw. der Arbeitsmarkt ausreichend Arbeitsplätze bereitstellt.

Der demografische Wandel ist durch eine niedrige Geburtenrate (weniger als zwei Kinder) und durch längere Lebensdauer gekennzeichnet.

Der geltende „Generationenvertrag" und die damit verbundene Umlagefinanzierung wurden 1957 mit einer Rentenreform eingeführt. Anfang der 1990er-Jahre wurde deutlich, dass angesichts des demografischen Wandels die bisherigen Leistungen des Rentensystems nicht aufrechterhalten werden können. Politische Maßnahmen sind u. a. das Absenken des Rentenniveaus, die staatliche Förderung einer zusätzlichen individuellen Altersvorsorge (z. B. „Riester-Rente"), die Erhöhung der Beitragsätze zur gesetzlichen Rentenversicherung oder eine Verlängerung der Lebensarbeitszeit.

Die gesellschaftlichen Entwicklungen der letzten Jahrzehnte haben die Voraussetzungen für das bisherige Rentensystem stark verändert. Durch den **demografischen Wandel** ist die Zahl der Erwerbstätigen zurückgegangen, die der Rentner jedoch stark gestiegen. Zudem hat sich die Rentenbezugsdauer infolge steigender Lebenserwartung und Möglichkeiten der Frühverrentung deutlich verlängert. Mit der Entwicklung von der Industrie- zur Dienstleistungs- und Informationsgesellschaft vollzieht sich ein **Wandel in der Arbeitswelt** (flexiblere Arbeitsverhältnisse, Massenarbeitslosigkeit), was sich auch in geringeren und unsicheren Beitragseinnahmen niederschlägt. Mögliche Wege zum Ausgleich des demografischen Problems werden in höherer wirtschaftlicher Produktivität, in familienpolitischen Maßnahmen, in einer Reform der sozialen Sicherungssysteme und in geregelter Zuwanderung gesehen. Kontrovers wird debattiert, ob das **umlagefinanzierte Rentensystem** auch zukünftig noch die Alterssicherung ermöglichen kann, ob es reformiert oder durch ein anderes Modell ersetzt werden sollte.

▶ Politiker und Wissenschaftler sind sich darin einig, dass die Folgen des demografischen Wandels nicht durch einzelne Maßnahmen gelöst werden können. Sie können z. B. nicht allein durch Zuwanderung ausgeglichen werden. Nach einer Studie der Vereinten Nationen müssten die EU-Länder eine sehr hohe Zahl an Zuwanderern aufnehmen, um die erwerbstätige Bevölkerung stabil zu halten. In Deutschland wären demnach 500 000 Zuwanderer pro Jahr notwendig.

Alternative Modelle sind z. B.
- das **kapitalgedeckte System,** in dem für die künftigen Rentner Rücklagen gebildet werden, u. a. durch staatliche Fonds, Betriebsrenten, private Vermögensbildung, oder
- das System der **steuerfinanzierten Grundrente,** in dem die Steuerzahler für jeden Bürger eine Mindestsicherung im Alter finanzieren (wobei die Höhe unabhängig von früherer Berufstätigkeit ist), die durch private Vorsorge ergänzt wird.

Weitverbreitet ist auch die Auffassung, dass die kollektive Sicherung reduziert und die Eigenverantwortung für die Altersvorsorge zunehmen muss, was auf eine Kombination aus staatlicher, privater und betrieblicher Vorsorge hinausläuft.

4.4.3 Migration und Integration

Die Bundesrepublik Deutschland ist faktisch ein **Einwanderungsland.**

Die deutsche Bevölkerung wird durch vielfältige **Migrantengruppen** ergänzt.

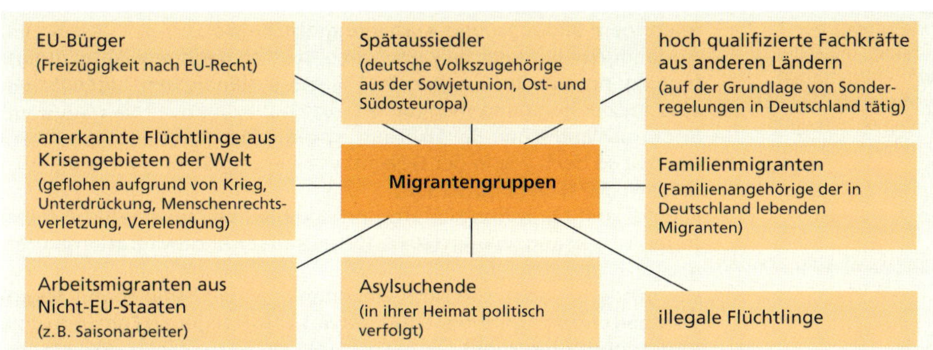

Im Jahr 2014 lebten in Deutschland rund 16,4 Mio. Menschen mit Migrationshintergrund, davon 8,2 Mio. Ausländer (Statistisches Bundesamt). Etwa jeder fünfte Ausländer in Deutschland wurde bereits hier geboren und gehört damit zu den Migranten der zweiten und dritten Generation.

In vielen EU-Ländern ist der nominelle Ausländeranteil wesentlich geringer als in Deutschland, da sehr viel mehr Migranten eingebürgert werden, z. B. in Schweden etwa viermal mehr (Eurostat).

Integration, lat. integratio = Wiederherstellung eines Ganzen – der Zusammenschluss von Teilen zu einer Einheit; soziologisch die Eingliederung von Personen oder Gruppen in Gesellschaft bzw. Staat

Die **Arbeitsmigranten** und ihre Familien bilden den größten Teil der ausländischen Bevölkerung in Deutschland. Die meisten von ihnen stammen aus Ländern, in denen die Bundesrepublik aufgrund eines Arbeitskräftemangels im Zuge des „Wirtschaftswunders“ in den 1950er- und 60er-Jahren „Gastarbeiter“ anwarb: aus der Türkei, Jugoslawien, Italien, Griechenland. Viele Arbeitsmigranten sind zu Einwanderern geworden, die längerfristig oder auf Dauer im Land bleiben. Migranten leisten einen wichtigen Beitrag zur wirtschaftlichen Entwicklung und bereichern das gesellschaftliche Zusammenleben kulturell. Ihre **Integration** bleibt jedoch eine dauerhafte Aufgabe von Staat und Gesellschaft. Die Arbeits- und Lebensverhältnisse der **Migranten** haben sich seit den 1980er-Jahren deutlich verbessert und es gab Integrationsfortschritte, besonders bei der größten Gruppe der Arbeitsmigranten und ihren Familien durch begrenzten sozialen Aufstieg, Verbesserung des Rechtsstatus, der Bildungs- und Berufschancen sowie der Einkommens- und Wohnverhältnisse. Zudem nahm in der breiten Bevölkerungsmehrheit die Akzeptanz der ethnischen Minderheiten kontinuierlich zu und die sozialen Kontakte verbesserten sich – im Freundeskreis, in der Nachbarschaft, am Arbeitsplatz. Dennoch sind die sozialen Ungleichheiten keineswegs überwunden.

Ungleiche Chancen

In der Bevölkerungsgruppe der Personen mit Migrationshintergrund verfügen 39,2 % über keinen berufsqualifizierenden Abschluss, dagegen nur 15,2 % der Personen ohne Migrationshintergrund (Statistisches Bundesamt, Mikrozensus).

Die sozialen Ungleichheiten zwischen ausländischer Bevölkerung bzw. der Bevölkerung mit Migrationshintergrund und der deutschen Mehrheitsgesellschaft sind nach wie vor gravierend:
- Ausländer sind im Durchschnitt schlechter qualifiziert als Deutsche (niedrigere Bildungs- und Ausbildungsabschlüsse).
- Ausländische Jugendliche weisen eine deutlich geringere Ausbildungsbeteiligung auf. 2012 haben 29,4 % der ausländischen Jugendlichen eine Ausbildung begonnen (60 % Deutsche).
- In der ausländischen Bevölkerung ist die Arbeitslosenquote mehr als doppelt so hoch wie in der Gesamtbevölkerung (2013: 14,4 % bei Ausländern, 6,2 % bei Deutschen).
- Familien mit Migrationshintergrund sind häufiger auf staatliche Transferleistungen angewiesen (2012: 15 %; Familien ohne Migrationshintergrund: 7 %).
- Das mittlere monatliche Nettoeinkommen ist bei Familien mit Migrationshintergrund geringer (2012: etwa 13 % weniger als Familien ohne Migrationshintergrund).

- Menschen mit Migrationshintergrund haben ein doppelt so hohes Armutsrisiko (Armutsgefährdungsquote 2012: 26 %; Menschen ohne Migrationshintergrund 12,3 %).
- Ausländische Bevölkerungsgruppen leben durchschnittlich schlechter und beengter als die deutsche Bevölkerung (mehr Personen in kleineren Wohnungen, oft hohe Umwelt- und Verkehrsbelastungen).

In großen Teilen der ausländischen Bevölkerung konzentrieren sich diese sozialen Ungleichheiten, was mit begrenzten Möglichkeiten gesellschaftlicher Teilhabe sowie der Gefahr sozialer Isolation und Perspektivlosigkeit verbunden ist. Auch spezifische **Migrantenprobleme,** wie Trennungserfahrungen, Kultur- und Identitätskonflikte sowie Diskriminierungserlebnisse, verstärken soziale Ungleichheiten.

▶ Die Zahlen zur Situation von Ausländern sind Angaben des Statistischen Bundesamtes und dem 10. Bericht der Beauftragten der Bundesregierung für Migration, Flüchtlinge und Integration über die Lage der Ausländerinnen und Ausländer 2014 entnommen.

In der mit knapp 3 Mio. größten Gruppe der ethnischen Minderheiten in Deutschland, den Türkischstämmigen, zeigt sich z. B. eine starke Konzentration sozialer Ungleichheiten. Sie bestehen in schweren und belastenden Arbeiten, Konflikten zwischen deutscher und traditioneller Heimatkultur, schlechten Deutschkenntnissen, hohen Isolationstendenzen und Bildungsdefiziten.

▶ Die international vergleichenden PISA-Studien der OECD (seit 2002, zuletzt 2015) kamen zu dem Ergebnis, dass im deutschen Bildungssystem noch deutliche Benachteiligungen von Migrantenkindern bestehen.

Zentral für die Integration ethnischer Minderheiten sind die Bildungs- und Berufschancen der **Migrantenkinder,** da sie über die Lebenschancen künftiger Generationen entscheiden. Trotz festzustellender Bildungsfortschritte zeigen sich bei Migrantenkindern nach wie vor erheblich geringere **Bildungs- und Berufschancen.**

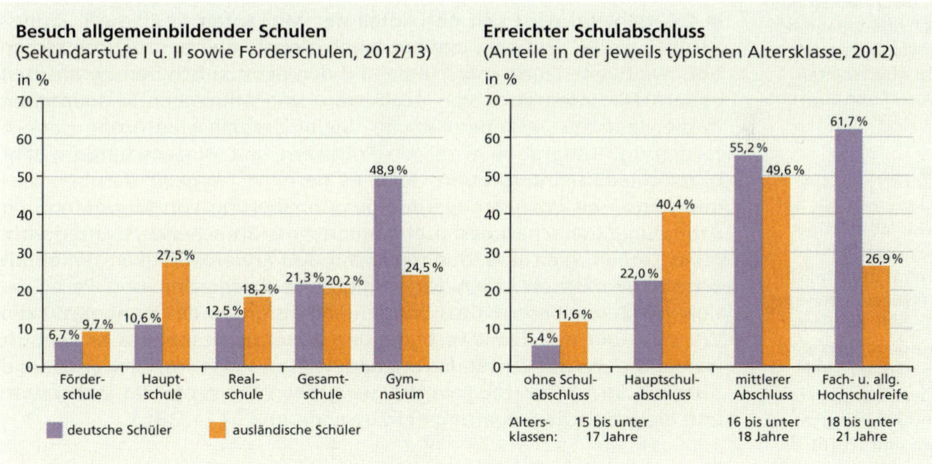

Quelle: 10. Bericht der Beauftragten der Bundesregierung für Migration, Flüchtlinge und Integration über die Lage der Ausländerinnen und Ausländer in Deutschland, 2014; S. 62 Tab. 7 und S. 63 Tab. 8. Daten: Statistisches Bundesamt

Die **Ursachen für die Bildungsproblematik** der Migrantenkinder liegen in mangelnden Sprachkompetenzen, Schwierigkeiten der Migrationssituation (z. B. Kulturdifferenzen), familiären Bedingungen (z. B. geringe Lernunterstützung) sowie an Defiziten der schulischen Förderung (z. B. Mängel im interkulturellen Verständnis oder im Deutschunterricht).

Diese Bildungsdefizite wirken sich negativ beim Übergang in die Arbeitswelt aus, vor allem auch angesichts der Lehrstellenknappheit und der wenigen Ausbildungsplätze. Sie gelten als zentrale Ursache für Integrationsprobleme der jungen Migrantengeneration und können gravierende Folgen nach sich ziehen, wie ein hohes Risiko der Arbeitslosigkeit, Randständigkeit, Kriminalität. **Integrationsdefizite** werden zudem durch fremdenfeindliche Einstellungen und Gewalt gegen Ausländer verstärkt.

Die Abschottung ethnischer Gruppen innerhalb von Städten wird auch als problematische Bildung von „Parallelgesellschaften" bezeichnet.

Für das Jahr 2014 registrierte das Bundesministerium des Innern bei „politisch motivierter Kriminalität – rechts" 17 020 Straftaten und 1 029 Gewalttaten. 3 945 Straftaten wurden als fremdenfeindlich, 1 596 als antisemitisch eingestuft.

Im Jahr 2015 waren weltweit so viele Menschen auf der Flucht wie seit dem Zweiten Weltkrieg nicht mehr. Ein wesentlicher Grund dafür ist der Bürgerkrieg in Syrien. Seit 2011 befinden sich rund 7,6 Mio. Syrer innerhalb des Landes auf der Flucht, ca. 4 Mio. sind ins Ausland geflohen (Vereinte Nationen). Von der Migrationswelle ist auch Deutschland betroffen, das eine rasche Integration der anerkannten Flüchtlinge anstrebt.

Gewalt gegen Ausländer findet zwar nur bei einer kleinen Bevölkerungsminderheit Sympathien, kann aber im Zusammenhang mit alltäglichen Formen der Ausländerfeindlichkeit und Diskriminierung – Beleidigungen, Benachteiligungen und Ausgrenzungserfahrungen – vielfältige psychische Belastungen und weiterwirkende Folgen mit sich bringen. Besonders in Großstädten verursachen Integrationsdefizite auch Tendenzen der Segregation oder Abschottung. Diese können zur Herausbildung von sozialen Brennpunkten führen, wenn sich verschiedene Probleme bündeln, wie massive Sprachschwierigkeiten, religiöser Fundamentalismus, Kriminalität, Armut und Arbeitslosigkeit.

Integration – Integrationspolitik

In Deutschland wird sich der Anteil der Migranten in Zukunft voraussichtlich weiter erhöhen, bedingt durch globale und europäische Migration, weltweite Flüchtlingsströme und den ökonomisch-demografischen Bedarf. Die Integration von Ausländern und ethnischen Minderheiten in die deutsche „Kerngesellschaft" bleibt deshalb eine große Herausforderung. Integration wird von Politikern und Wissenschaftlern sehr unterschiedlich interpretiert, aber es herrscht Einigkeit darüber, dass Integration als Prozess gegenseitiger Annäherung von Migranten und Aufnahmegesellschaft gestaltet werden muss. Spracherwerb, interkulturelles Lernen, gleiche Bildungschancen und Erwerbstätigkeit gelten als zentrale Voraussetzungen für erfolgreiche Integration und Partizipation von Zuwanderern. Dass Deutschland aufgrund des demografischen Wandels und des damit verbundenen Arbeitskräftedefizits in Zukunft verstärkt auch auf Zuwanderung angewiesen sein wird, ist weitgehend Konsens. Strittig sind jedoch die geeigneten Konzepte der Integration und die politische Steuerung der Zuwanderung (↗S. 338 f.).

Das Statistische Bundesamt hat auf Basis langfristiger demografischer Trends die jährliche Nettozuwanderung bis 2060 berechnet. Ausgegangen wird von einer hohen Zuwanderung von 500 000 Personen pro Jahr (2016), die bis 2021 auf 100 000 bis 200 000 Personen abflacht und sich anschließend auf diesem Niveau stabilisiert (13. koordinierte Bevölkerungsvorausberechnung 2015).

Das Konzept der „multikulturellen Integration" verfolgt eine Politik, die Akzeptanz und Chancengleichheit ethnischer Minderheiten mit dem Prinzip der „Einheit in Verschiedenheit" verbindet. Ziel sind gesellschaftliche Bedingungen, in denen Mehrheit und ethnische Minderheiten auf der Basis gemeinsamer Sprache, Regeln und Grundwerte der freiheitlich-demokratischen Grundordnung im gegenseitigen Respekt für die jeweiligen sozialen und kulturellen Besonderheiten gleichberechtigt und in Frieden miteinander leben.

4.5 Gesellschaftspolitik

Gesellschaftspolitik umfasst die Ziele und Mittel, mit denen in die Beziehungen der Menschen eingegriffen wird, um soziale Ungleichheiten zu verringern oder zu vermeiden.

Die Ziele und Mittel, mit denen in die Beziehungen der Menschen eingegriffen werden soll, sind selbst das Ergebnis politischer Entscheidungen.

Jeweils auf politischen Entscheidungen beruhend, umfasst sie neben Sozialpolitik oder Gesundheitspolitik weitere Politikfelder.
Die gesellschaftspolitischen Entscheidungen folgen meistens einem landestypischen „Entwicklungspfad", der durch den Typ der Gesellschaft und des politischen Systems sowie durch Tradition eingegrenzt wird. In einer kollektivistischen Gesellschaft stehen ganzheitliche Ziele vor denen von Gruppen, Familien oder Individuen. In einer individualistischen Gesellschaft haben die Ziele der Gesellschaftsmitglieder Vorrang.
Der deutsche Entwicklungspfad versucht, beide Orientierungen zu verbinden („mittlerer Weg") durch
- umfassende gesellschaftspolitische Gestaltungskonzepte und
- ständige Rückbindung an die vielfältigen und widersprüchlichen Mitgliederinteressen. Das geschieht über politische Wahlen oder im Rahmen der Selbstverwaltung der Sozialversicherungen.

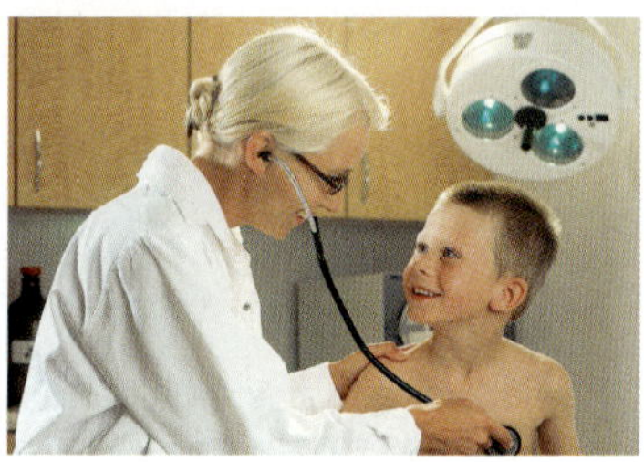

4.5.1 Sozialpolitik

Sozialpolitik umfasst traditionellerweise die Maßnahmen des Staates, der Sozialversicherungen und der Betriebe, die allen Mitgliedern der Gesellschaft Schutz und Sicherung gegen Not- und Mangellagen gewährleisten.

Ursprünglich war **Sozialpolitik** eine Antwort der Reichsregierung unter OTTO VON BISMARCK (1815–1898) auf die soziale Not beim Übergang von der Agrar- zur Industriegesellschaft (soziale Frage des 19. Jh.s). Inzwischen wurde sie zur Grundlage des modernen **Sozialstaats** und dessen Minimalziel, ein menschenwürdiges Dasein aller zu sichern (Art. 20 Abs. 1 GG). Starke Impulse erhielt sie aus der sozialistischen Arbeiterbewegung und der christlichen Soziallehre sowie generell aus den demokratischen Strömungen.

Sozialpolitik bildet eine Voraussetzung für die Entfaltung der Einzelnen. In ihrem Mittelpunkt steht die **soziale Sicherheit** der Erwerbstätigen und ihrer Angehörigen in Form vorgeschriebener Mitgliedschaften in **Sozialversicherungen.** Die Ausgaben der Versicherungen werden aus den Beiträgen und staatlichen Zuschüssen finanziert (Umlagefinanzierung im „Generationenvertrag"). Die Beiträge teilen sich Arbeitnehmer und Arbeitgeber, ausgenommen die Unfallversicherung – die zu 100 % der Arbeitgeber trägt – und die Pflegeversicherung, für die die Rentner den vollen Beitrag zahlen.

Das Maß der Sicherung wird politisch entschieden. Das betrifft die Einrichtung der Versicherung, Leistungsarten und -höhen (z. B. Geld- oder Sachleistungen), Beiträge. Ein wichtiger Teil der **Sozialgesetze** ist im Sozialgesetzbuch zusammengefasst.

Sozialrecht

soziale Vorsorge	soziale Entschädigung	soziale Förderung	soziale Hilfe
Grundsicherung für Arbeitssuchende („Hartz IV") (SGB II) Krankenversicherung (SGB V) Unfallversicherung (SGB VII) Rentenversicherung (SGB VI) Pflegeversicherung (SGB XI)	Kriegsopferversorgung (BVG) SED-Unrechtsopfer-Entschädigung (StrRehaG, VwRehaG) Soldatenopferversorgung (SVG) Impfgeschädigtenversorgung (BSeuchG) Kriminalopferversorgung (OEG)	Ausbildungsförderung (AFG, BaföG) Kindergeld (BKGG) Arbeitsförderung (SGB III) Elterngeld (BEEG) Unterhaltsvorschuss (UhVorschG) Wohngeld (WoGG) Schwerbehindertenhilfe (SchwbG)	Kinder- und Jugendhilfe (SGB VIII) Sozialhilfe (SGB XII)

Die Sozialpolitik folgt zwei grundlegenden Zielen.

Soziale Sicherheit	– Schutz vor wirtschaftlicher und sozialer Not als Folge von Arbeitslosigkeit, Krankheit, Unfall, Invalidität und Alter – Unterstützung von Erwerbslosen
Soziale Gerechtigkeit	– Startgerechtigkeit (z. B. beim Berufseintritt) – Gleichbehandlung von Frau und Mann – Lohn- und Preisgerechtigkeit, Ausgleich unterschiedlicher Familienlasten, Ausgleich krasser Einkommens- und Vermögensdifferenzen – Hilfe für sozial Schwache

Träger der sozialpolitischen Maßnahmen sind die öffentliche Verwaltung von Bund, Ländern und Kommunen und die freie Wohlfahrtspflege. Typisch für Deutschland ist die starke Stellung der **Sozial- bzw. Wohlfahrtsverbände,** wie der Arbeiterwohlfahrt, des Deutschen Caritas Verbandes oder des Deutschen Roten Kreuzes. Sie sind privatrechtlich und in Selbstverwaltung organisiert und genießen einen gesetzlich begründeten Vorrang vor öffentlichen sozialpolitischen Maßnahmen.
Gesellschaftliche und soziale Konflikte regelt die Politik vorzugsweise durch **sozialpolitische Maßnahmen** zugunsten der jeweils betroffenen Individuen, Familien oder Gruppen. Sozialpolitische Einsatzkriterien bestimmen dabei, wie etwas nicht sein soll (negative Kriterien).

So führt die Verwahrlosung von Kindern als sozialpolitische Antwort z.B. zur Kinderfürsorge mit Beratung, zur Bevormundung bis zur zwangsmäßigen Trennung von Kind und Eltern.

Fast 80 000 Institutionen engagieren sich in der Jugendhilfe, entweder bei der Betreuung einzelner Jugendlicher, bei der Beratung (Erziehungs-, Suchtfragen) oder der sozialpolitischen Familienunterstützung.

Der soziale Frieden in der Gesellschaft wird im starken Maße durch Sozialpolitik gewährleistet. Sie ist Teil der Wohlfahrtsentwicklung. Wohlfahrt entsteht für die Gesellschaftsmitglieder aus dem Angebot dreier Versorgungssysteme:
- des Marktes,
- des Staates,
- des „3. Sektors" der Sozialverbände, Stiftungen und Selbsthilfeorganisationen.

In Deutschland besteht deshalb **Wohlfahrtspluralismus,** dessen Wahlmöglichkeiten für die Gesellschaftsmitglieder allerdings durch die starke Verbandsmacht der Wohlfahrtsverbände erheblich eingeschränkt sind.

Modell Deutschland

Die Sozialpolitik in der Nachkriegszeit war bestrebt, jene durch ein „soziales Netz" aufzufangen, die in der Wettbewerbswirtschaft nicht zum Erfolg gelangten. **Sozialpolitik** wurde als ergänzendes Element der sozialen Marktwirtschaft verstanden. Die Bindung an den Arbeits- und Wirtschaftsprozess lockerte sich in den 1970er-Jahren zugunsten des sozialpolitischen Ziels der Einkommensangleichung mittels Umverteilung. **Einkommensumverteilungen** finden statt über
- Steuern (durch zahlreiche Steuerbefreiungen),
- direkte Einkommenszuweisungen an bestimmte Gruppen (z.B. zur Fürsorge, Kinder- und Elternschaft, Ausbildung, Wohnungsmiete, Sparförderung),
- Ausweitung der sozialpolitischen Leistungen hin zur Beschäftigungs-, Familien-, Randgruppen-, Wohn- und Vermögenspolitik.

Ein Anstieg der finanziellen Aufwendungen schlägt sich nieder in erhöhten Beiträgen, Lohnnebenkosten sowie steuer- und schuldenfinanzierten Staatszuschüssen.

Sozialpolitisch bedeutsam sind die Regulierungen des Arbeitsschutzes und der Arbeitsbeziehungen im Tarif- und Arbeitsrecht (↗ S. 199).

Quote der Sozialabgaben in Deutschland
(Sozialversicherungsbeitrag in Prozent des Bruttoverdienstes)

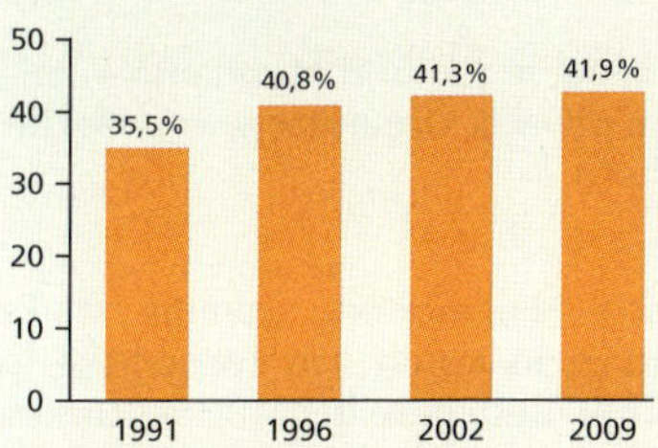

Sozialleistungsquote in Deutschland
(öffentliche Sozialleistungen in Prozent des Bruttoprodukts)

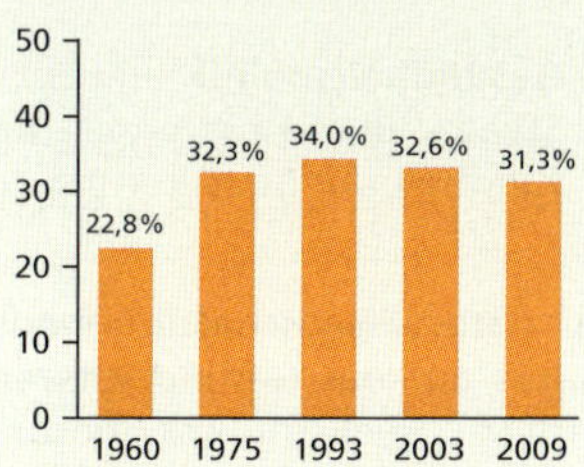

Quelle: Berichte der Bundesministerien für Arbeit und Soziales sowie Gesundheit, 2010

Datenquelle: Bundesministerium für Arbeit und Soziales, 2015

Sozialleistungen insgesamt: 849,2 Mrd. Euro

Verwaltungskosten: 32,6 Mrd. Euro

Öffentliche Sozialleistungen in Deutschland 2015

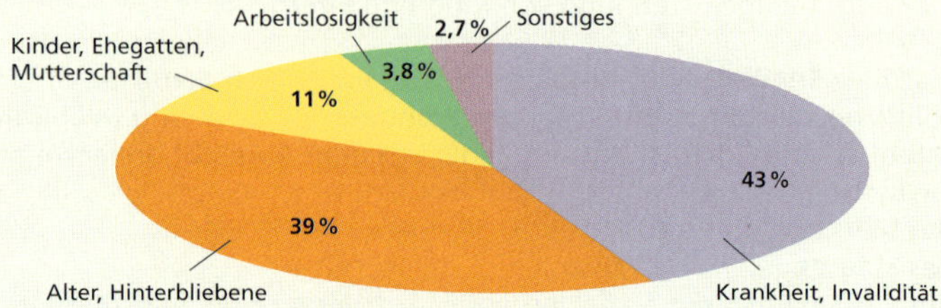

Den Ausdruck „Modell Deutschland" verwandte erstmals die SPD im Wahlkampf 1976.

Ausgehend vom Regierungsprogramm Agenda 2010 und einem Kommissionsbericht (Hartz-Kommission) wurde 2003 der Kampf gegen die Arbeitslosigkeit intensiviert und reformiert. Hartz I bis IV (2003 bis 2005) fasst arbeitsmarkt- und versicherungspolitische Maßnahmen des Gesetzgebers zusammen.

Die seit 1949 stabile soziale, ökonomische und politische Entwicklung führte dazu, von einem **Modell Deutschland** zu sprechen und es auch den europäischen Nachbarn zu empfehlen. Seit den 1980er-Jahren haben sich die Bedingungen durch Arbeitslosigkeit, Wachstumsschwäche, deutsche Vereinigung, Finanzkkrise (2008) und internationalen Wandel (Globalisierung) erheblich verändert.

Bei längerer Lebenserwartung (demografischer Wandel) und damit längerer Alterszeit reicht die gesetzliche Krankenversicherung (GKV) nicht mehr aus, den gewohnten Lebensstandard auch im Alter zu halten. Sollte die Versicherung dies weiterhin leisten, müssten die Beiträge der Versicherten ungewöhnlich und damit inakzeptabel stark ansteigen. Durch die Gesetzgebung seit den 1990er Jahren entstand ein **neues System der Alterssicherung:**

- Das allgemeine Rentenniveau sank, da die jährliche Anpassung nun dem Netto- und nicht mehr dem Bruttolohn folgt, das Renteneintrittsalter ansteigt (bis auf 67 Jahre, Ausnahmen bei 63) und die abnehmende Zahl der Beitragszahler im Verhältnis zur Rentnerzahl berücksichtigt wird (demografischer bzw. Nachhaltigkeitsfaktor). Die Standardrente soll nicht unter 46 % des Brutto-Einkommens geraten. Eigenbeiträge steigen an.
- Die Rentenversicherten müssen nunmehr zusätzlich privat – zum Beispiel über die kapitalfinanzierte Riester-Rente – und über den Betrieb (Betriebspensionen) vorsorgen. Dafür sollen sie rund 4 % des privaten Einkommens aufwenden.

4.5.2 Gesundheitspolitik

Die Bestimmung von Gesundheit – und im Gegenzug von Krankheit – unterliegt dem historischen Wandel.

Gesundheitspolitik umfasst die Regelungen und Maßnahmen des Staates, der Selbstverwaltung und privater Organisationen, die Gesundheit der Bevölkerung zu sichern.

Die naturwissenschaftlich-medizinische Entwicklung nimmt starken Einfluss auf das Gesundheitsverständnis. Es lassen sich körperliche (somatische), seelische (psychosomatische) und gesellschaftliche Gesundheitsanteile unterscheiden. Die Gesundheitsdefinition der Weltgesundheitsorganisation (WHO) als „Zustand völligen körperlichen, geistigen und sozialen Wohlbefindens" wird in Deutschland nicht zugrunde gelegt.

Die **Ziele der deutschen Gesundheitspolitik** sind:
- Freisein der Bevölkerung von Krankheit, insbesondere Bewahrung der Arbeitsfähigkeit,
- Angebot einer hauptsächlich nachsorgenden (kurativen) Medizin, ergänzt um vorbeugende Maßnahmen und Gesundheitsvorsorge.

Die **deutsche Gesundheitspolitik** folgt seit Gründung der gesetzlichen Krankenversicherung 1883 einem mittleren Entwicklungspfad zwischen den Ordnungsmodellen des Marktes und des Staates. Sie verfügt über ein eigentümliches System der „Vielfachsteuerung" (P. HERDER-DORNEICH) mit einem generellen Vorrang der Selbstverwaltung.

Marktwirtschaftliche Gesundheitspolitik herrscht z. B. in den USA und in der Schweiz vor, ein staatliches Versorgungssystem in Großbritannien.

Konzertierte Aktion im Gesundheitswesen	
Bund und Länder	**Sozial- bzw. Wohlfahrtsverbände**
– politisch-gesellschaftliche Rahmenrichtlinien des Bundes (Bundesministerium für Gesundheit, Bundeszentrale für gesundheitliche Aufklärung) – Bund-Länder-Programm der Krankenhausfinanzierung – Länderplanung des Krankenhausbaus – öffentlicher Gesundheitsdienst der Länder und Kommunen (Gesundheitsämter)	– **Verbände der Krankenkassen** (unterschiedliche Kassenarten) der Versicherten, mit paritätischer Selbstverwaltung der beitragsleistenden Versicherten und der Arbeitgeber – **kassenärztliche Vereinigungen** als Pflichtvereinigungen der Ärzte regulieren in Verhandlungen die Preise (Honorare) der medizinischen Leistungen, die Vorgaben medizinischer Leistungserbringung (regionale Ärzteverteilung und ambulante Versorgung der Bevölkerung)

Das **Gesundheitswesen** kombiniert drei Steuerungsarten: die staatlich-hierarchische Steuerung mit korporatistischen Beziehungen zwischen Staat und Verbänden und verhandlungsdemokratischen Beziehungen zwischen den Verbänden. Die Verbände spielen dabei die größte Rolle.

Ein Resultat der „Vielfachsteuerung" ist dessen langfristige Stabilität über verschiedene politische Systeme des 20. Jh.s hinweg.

Die wichtigste Institution des Gesundheitswesens ist die **gesetzliche Krankenversicherung** (GKV) als Universalversicherung für rund 90 % der Bevölkerung – neben Privatversicherungen und der Beamtenversorgung. Die Pflegeversicherung (1995) ist als beitragsfinanzierte Sozialversicherung aufgebaut. Durch die Gesundheitsreform von 2007 wurde bis 2009 die Versicherungspflicht für alle in gesetzlicher und privater Versicherung mit einem bundeseinheitlichen Beitragssatz eingeführt (2015: 14,6 %). Es wurde ein zentraler Gesundheitsfonds gebildet, aus dem die Krankenkassen einen einheitlichen Beitrag für jeden Versicherten erhalten. Der Fonds speist sich aus den Beiträgen der Versicherten, der Arbeitgeber und aus staatlichen Zuschüssen.

Alternativen zur Pflegeversicherung sind die private Vorsorge und die steuerfinanzierte Volksversicherung.

Die **öffentlichen Gesamtausgaben** für Gesundheit sind seit den 1970er-Jahren aufgrund der medizinischen Fortschritte (Apparatemedizin), dem ansteigenden Lebensniveau der Bevölkerung und der längeren Lebensdauer stark gestiegen. 2012 betrugen die Gesundheitsausgaben in Deutschland insgesamt 300,0 Mrd. Euro. Davon entfielen auf die gesetzliche Krankenversicherung 172,4 Mrd. Euro.

4.5.3 Familienpolitik

Familie, lat. familia = Hausgenossenschaft

Die **Familienpolitik** umfasst alle Maßnahmen, die dem rechtlichen Schutz von Ehe, Familie, nicht ehelichen Kindern (Art. 6 GG) und ihrer materiellen Förderung dienen.

Sie ist darauf gerichtet,

- das Ehe-, Verwandtschafts-, Kindschafts- und Vormundschaftsrecht zu regeln,
- die drei **Familienfunktionen** Nachwuchs, Persönlichkeitsentwicklung und Sozialisation zu fördern,
- daraus abgeleitete Förderungen, insbesondere der Familiengründung, Kindererziehung, der Vereinbarkeit von Beruf, Mutter- bzw. Vaterschaft und Familie sowie des Existenzminimums für Kinder zu sichern.

Von den 11,6 Mio. Familien (alle Eltern-Kind-Gemeinschaften) in Deutschland (2014) leben 69 % als Ehepaare, 7,5 % als Lebensgemeinschaften und 22 % als Alleinerziehende.

Familienpolitik ist eine **Querschnittsaufgabe,** die sozial-, wirtschafts-, bildungs- und wohnungspolitische Themen umfasst. Familienangelegenheiten werden vom Bundesministerium für Familie, Senioren, Frauen und Jugend (gegründet 1953), von Länderministerien und von Beratungsstellen der Kommunen, Kirchen und Sozialverbänden betreut.
Anders als in der DDR haben die bundesdeutschen Regierungen der Nachkriegszeit versucht, an das bürgerliche Familienleitbild der Jahrhundertwende anzuknüpfen und die nicht berufstätige Ehefrau und Familienmutter zur Norm zu machen.

Von den Müttern und Vätern mit mindestens einem Kind unter 15 Jahren waren 2009 56 Prozent bzw. 83 Prozent erwerbstätig. Mit der Familiengründung geben meistens Mütter ihren Beruf auf. Bei 74 Prozent der Ehepaare war der Vater in Vollzeit, die Mutter in Teilzeit erwerbstätig. Das ist die traditionelle Kombination.

Die DDR orientierte sich an der klassischen marxistischen und sozialdemokratischen Vorstellung, durch weibliche Berufstätigkeit und Kinderbetreuung außerhalb der Familie die gleichberechtigte Teilung der häuslichen Pflichten zu erreichen.

Quelle: Statistisches Bundesamt 2011, Mikrozensus

Kindesalter	Erwerbstätigenquote 2009 in Prozent	
	Mütter	Väter
10–14	70	84
6–9	66	84
3–5	59	83
unter 3	30	81

Keines der bisher in Deutschland praktizierten familienpolitischen Leitbilder konnte die Teilung der häuslichen Pflichten bewirken, ausgenommen in der Kindererziehung. In der Bundesrepublik stehen sich seit Längerem **zwei familienpolitische Konzepte** entgegen.

Die Familie mit berufstätiger Ehefrau und Mutter, die ihre Berufstätigkeit in der Phase, in der die Kinder geboren und betreut werden, befristet unterbricht. Nach diesem Konzept werden z. B. Kinderkrippen für Kleinkinder und Tagesmütter gefördert.	Die Familie mit nicht berufstätiger Ehefrau und Mutter, die ihre familiären Pflichten langfristig in den Mittelpunkt rückt. Nach diesem Konzept wurden z. B. Mütter durch Erziehungsgeld gefördert.

Sozialdemokratische, liberale und grüne Regierungen neigen zum ersten Konzept, bürgerlich-konservative (und katholische) Regierungen zum zweiten.

Wichtige **familienpolitische Maßnahmen** in der Bundesrepubik sind:
- Einführung des Kindergelds als Kernstück des Familienlastenausgleichs (1954),
- Förderung des Eigenheimbaus durch unverzinsliche Darlehen,
- Förderung von Alleinerziehenden (Unterhaltsvorschuss, wenn der zweite Elternteil nicht zahlt; Betreuungs- und Erziehungsfreibeträge im Steuerrecht),
- Ehe- und Familienrechtsreform von 1977 (partnerschaftliche Ehe ersetzt das Leitbild der Hausfrauenehe),
- Erziehungsurlaub und Anerkennung von Erziehungsjahren in der Rentenversicherung (1986),
- Berücksichtigung nicht ehelicher und gleichgeschlechtlicher Lebensgemeinschaften,
- Kinderzuschlag für gering verdienende Eltern (2005),
- Elterngeld für berufstätige Eltern, die zur Kinderbetreuung im Beruf pausieren (2007),
- Ausbau von Kindertagesstätten und -gärten (2009).

Familienpolitische Maßnahmen sind generell an der Gleichberechtigung der Frau orientiert.

Der monetäre Familienlastenausgleich erfolgt im Steuerrecht (Freibeträge) und als direkte Finanzzuweisung (Kindergeld, Elterngeld).

4.5.4 Gleichstellungs- und Geschlechterpolitik

Gleichstellungs- und **Geschlechterpolitik** (Gender-Mainstreaming) fordern und fördern ausgehend von der Verfassungsnorm die Gleichberechtigung der Geschlechter.

Die rechtlichen und gesellschaftlichen Grundlagen der Gleichstellungs- und Geschlechterpolitik sind:
- der Grundsatz der Gleichberechtigung von Frau und Mann (Art. 3 Abs. 2 GG) sowie Art. 23 der Charta der Grundrechte der EU,

- die aus der deutschen Vereinigung (Einigungsvertrag) herrührende Konkretisierung des Grundgesetzes von 1994, nach der der Staat die „tatsächliche" Gleichberechtigung fördert und auf die Beseitigung von „bestehenden Nachteilen" hinwirkt (Art. 3 Abs. 3 GG),
- das Gleichbehandlungsgesetz (2006),
- die dem Gleichberechtigungsgrundsatz angepassten Regelungen im Arbeits- und Dienstrecht, im Sozialversicherungs-, Witwen- und Waisenrecht,
- der sozialgeschichtliche Wandel der Familie von der patriarchalischen zur partnerschaftlichen Familie,
- der sozialgeschichtliche Prozess der Emanzipation der Frau.

Mit dem Verbot der Benachteiligung von Frauen oder Männern befassen sich **Gleichstellungsbeauftragte** oder Ämter des Bundes, der Länder, der Kommunen sowie Körperschaften öffentlichen Rechts und Betriebe. Sie haben die Gesetzesanwendung zu kontrollieren, persönliche Beratung öffentlich anzubieten und dienen als allgemeine Ansprechstelle. Als Instrumente zur Herstellung von Chancengleichheit werden genutzt:
- **Frauenförderprogramme** in Ausbildung und Beruf sowie
- **Frauenquoten** in politischen Organisationen, Unternehmen und im öffentlichen Dienst.

Geschlechterpolitik (Gender-Mainstreaming) ist der Prozess und die Methode, um die Geschlechterperspektive in die Gesamtpolitik aufzunehmen.

Geschlechterpolitik ist eine zweite, umfassendere Strategie zur Erreichung von **Chancengleichheit.** Politische Entscheidungen und Maßnahmen sind danach so zu betreiben, dass in jedem Politikfeld und auf allen Entscheidungsebenen die Ausgangsbedingungen und Auswirkungen auf beide Geschlechter berücksichtigt werden.

Gleichstellungspolitik	Geschlechterpolitik
– geht von bestimmten, konkreten Problemstellungen, die Ungleichheit der Geschlechter beinhalten, aus – nur bestimmte Ämter oder Personen (z. B. Frauenausschuss oder Gleichstellungsbeauftragte) suchen nach Lösungen – kurze Zeiträume	– alle politischen Entscheidungen und Maßnahmen werden unter der geschlechtsspezifischen Perspektive betrachtet – alle politischen Akteure prüfen alle politischen Entscheidungen und Maßnahmen auf Geschlechterungleichheiten – längere Zeiträume

Patriarchat, griech. patriarches = Sippenoberhaupt, griech. archein = herrschen, lat., griech. pater = Vater; Herrschaft des männlichen Sippenoberhauptes in Politik, Wirtschaft und Gesellschaft (Gegensatz ist Matriarchat)

Emanzipation, lat. emancipatio = Entlassung in die Selbstständigkeit; die reformerische Frauenbewegung setzt auf Demokratisierung und Sicherungsnetze gegen strukturelle Abhängigkeit (z. B. durch Sozial- und Beschäftigungspolitik), die radikale Frauenbewegung auf generellen Herrschaftsabbau

Gender-Mainstreaming, engl. gender = Geschlecht, engl. mainstreaming = Hauptströmung

4.5.5 Ausländerpolitik

Ausländerpolitik umfasst die politisch entschiedenen Ziele und Maßnahmen, die die Zuwanderung nach und den Aufenthalt in Deutschland von Personen ohne deutsche Staatsbürgerschaft betreffen.

Ausländerpolitik regelt die rechtlichen, sozialen und politischen Aspekte der Stellung von Ausländern.

Im Rahmen der **Ausländerpolitik** werden die Bedingungen, unter denen die Zuwanderung und der Aufenthalt erfolgen, geregelt. Nicht die Ausgrenzung, sondern die Integration ist das grundsätzliche Ziel bundesdeutscher Ausländerpolitik.

2014 lebten in Deutschland 8,2 Mio. Ausländer (Ausländerzentralregister) bzw. nach anderer Zählung 7,2 Mio. (Statistisches Bundesamt, Mikrozensus). Sie leben vor allem in Großstädten und industriellen Ballungszentren der alten Bundesländer.

Entsprechend dem Prinzip der konkurrierenden Gesetzgebung liegt die ausländerrechtliche Kompetenz beim Bund. Die Länder sind vor allem für Bildungsfragen und die Kommunen für die Versorgung mit Wohnungen, Vorschul- und Freizeiteinrichtungen zuständig.
Die deutsche Ausländerpolitik erwies sich lange Zeit als problematisch, da sie ohne Konzept und Perspektive war.

Phasen der Ausländerpolitik	
1955–1973 Anwerbung	Arbeitskräfte aus Mittelmeerländern werden aufgrund des Arbeitskräftemangels in Deutschland angeworben; etwa 14 Mio. Ausländer kommen, etwa 11 Mio. kehren zurück (Rotationsprinzip); 1956 wird das **erste Ausländergesetz** verabschiedet; 1973 erfolgt ein Anwerbestopp wegen Ölkrise und Wirtschaftsrezession.
1973–1980 Konsolidierung	Durch Familiennachzug und Geburten steigt die ausländische Wohnbevölkerung an, obwohl die Arbeitnehmerzahl unter 2 Mio. sinkt; teilweise besteht Interesse an Einwanderung.
1980–1998 Abwehr und Begrenzung	Deutschland ist Ziel von **Flüchtlingen** aus internationalen Krisengebieten; 1980 gibt es 108 000 Asylbewerber; Kriegs- und Bürgerkriegsflüchtlinge kommen in den 1990er-Jahren vor allem aus Bosnien-Herzegowina und dem Kosovo; Begrenzungsmaßnahmen werden diskutiert; das Asylrecht wird 1993 eingeschränkt (Drittstaatenregelung), die Einbürgerung wird erleichtert (Rechtsanspruch nach 15 Jahren Daueraufenthalt); die Zahl erwerbstätiger Ausländer steigt zwischen 1987 und 1993 von 1,8 auf 3,0 Mio.
seit 1998 Akzeptanz und Integration	Stärkeres Bemühen, Ausländer zu akzeptieren und zu integrieren; das 2000 geänderte Staatsangehörigkeitsgesetz erleichtert erneut die Einbürgerung: a) Anspruch besteht schon nach acht Jahren Daueraufenthalt. b) Doppelte Staatsbürgerschaft wird möglich, zunächst mit Optionszwang, seit 2014 ohne. 2005 tritt das **Zuwanderungsgesetz** in Kraft. Seit 2012 starke Anstieg der Flüchtlinge und Asylbewerber aus Nahost, den Balkanländern, Afghanistan.

4

Nationale Minderheiten in Deutschland sind Dänen (Südschleswig), Friesen, Sorben, deutsche Sinti und Roma.

Der Aufenthalt kann entweder durch eine befristete Aufenthaltserlaubnis oder durch eine unbefristete Niederlassungserlaubnis genehmigt werden.

Bundesstaatliche Einrichtungen im Rahmen der Ausländerpolitik sind: Beauftragte für Migration, Flüchtlinge und Integration (Bundeskanzleramt), Beauftragter für Aussiedlerfragen und nationale Minderheiten (Bundeskanzleramt), Bundesamt für Migration und Flüchtlinge, Nürnberg.

Die USA, die sich traditionell als **Einwanderungsland** verstehen, begrenzen die Zuwanderung aus einzelnen Herkunftsländern durch jährliche Höchstquoten. In Frankreich, Italien und den Niederlanden sind Bedingungen und Quoten für die Einwanderung festgelegt.

Ausländerpolitik wird in Deutschland zunehmend als **Integrationspolitik** verstanden.

Statt des Begriffs „Ausländer" werden solche neutralen Begriffe bevorzugt wie „Migrant" oder „Arbeitsmigrant", statt „Einwanderung" der Begriff „Zuwanderung". Zuwanderung meint dabei den Zuzug von Personen aus dem Ausland, die die Absicht haben, dauerhaft in Deutschland zu leben. Das gilt sowohl für Ausländer als auch für Personen deutscher Volkszugehörigkeit, die bisher im Ausland gelebt haben, also für Aussiedler.

Nach dem im Jahr 2000 reformierten Staatsbürgerschaftsrecht erwerben Ausländer, die an der deutschen Staatsangehörigkeit interessiert sind, nach acht Jahren rechtmäßigen Aufenthalts einen Anspruch auf Einbürgerung. Dies setzt voraus, dass sie sich zur freiheitlichen und demokratischen Grundordnung bekennen, nicht vorbestraft sind und den eigenen Lebensunterhalt bestreiten können.

Die **Einbürgerung** von Ausländern hatte nach der Reform der Staatsbürgerschaft sogleich einen Höhepunkt: 186 688 (2000). Zwischen 2001 und 2010 ließen sich durchschnttlich 125 000 Auslänger pro Jahr einbürgern, 2013 waren es 112 353 (davon 27 970 Türken).
Bei **Wanderungen** über Deutschlands Grenzen übertraf die Zahl der 2013 zugezogenen Ausländer (1,1 Mio.) die der fortgezogenen (0,6 Mio.) – ein deutlicher Wanderungsüberschuss.

Das 2005 verabschiedete **Zuwanderungsgesetz** bildet den rechtlichen Rahmen
- für die Steuerung und Begrenzung der Zuwanderung im Ganzen,
- für Integrationsmaßnahmen,
- für die Erfüllung humanitärer Verpflichtungen (Flüchtlinge).

Hinsichtlich des **Zugangs zum Arbeitsmarkt** gilt weiterhin ein Anwerbestopp. Höchstqualifizierte haben Zugang zum Arbeitsmarkt, Qualifizierte dann, wenn nicht schon ein Beschäftigter vorhanden ist, Selbstständige bei Bedarf und einer Mindestinvestition. Das Integrationsklima hat sich verbessert.

Es ist gesetzlich festgelegt, dass alle Zuwanderer, Ausländer mit längerem Aufenthalt, Spätaussiedler und Unionsbürger (EU) staatliche **Integrationskurse,** die ihre eigenen Bemühungen um Eingliederung unterstützen, erhalten. Das sind zwei Sprachkurse von jeweils dreihundert Stunden zum Erwerb von Deutschkenntnissen für den Alltag und ein Orientierungskurs von 30 Stunden, der Grundwissen des Rechts, der Geschichte und der Kultur vermittelt.

4.5.6 Gesellschaftspolitik der Europäischen Union

Die Sozialpolitik der Europäischen Union ist darauf gerichtet, die Arbeits- und Lebensbedingungen der Arbeitnehmer zu verbessern und anzugleichen, den sozialen und gesundheitlichen Schutz zu erhöhen und Diskriminierungen aller Art zu bekämpfen.

Sie soll den Binnenmarkt funktionsfähig machen, indem die innereuropäische Mobilität der Personen und der Dienste erleichtert wird.
Für eine breit angelegte Gesellschaftspolitik fehlt das Mandat der Mitglieder. Die Europäische Union errichtet einen Binnenmarkt, strebt eine Wirtschafts- und Währungsunion an – aber eine Sozialunion steht nicht auf ihrem Programm.
Die Europäische Union bekennt sich zur „sozialen Marktwirtschaft" (Art. 3 EUV). Die Vertragsschließenden wiederholen mit dieser Programmformel, was sie als Antwort auf die soziale Frage des 19./20. Jh.s auf der Ebene des Nationalstaats schon praktizieren: gesellschaftliche Spaltungen in reich und arm, gesund und krank, sicher und ungeschützt, als Folge des marktwirtschaftlichen Wettbewerbs durch sozialstaatliche Umverteilungen zu mildern und auszugleichen. Auf der EU-Ebene ist der Binnenmarkt nach dem liberalen Wettbewerbsprinzip mit vier Freiheiten organisiert.

Dass die EU programmatisch nicht auf eine Sozialunion orientiert, überrascht insofern, als sich in den vertraglichen Regelungen der EU wiederholt Begriffe wie „soziale Gerechtigkeit", „Solidarität", „sozialer Schutz" (Art. 2–6 EUV) finden, die auf eine aktive Gesellschaftspolitik schließen lassen. Auch das generelle Ziel einer „immer engeren Union der Völker Europas" (Art. 1 EUV) ließe das erwarten.

Für die **Gestaltung der sozialen Dimension** stehen **zwei Wege** offen: Ein sozialer Ausgleich kann erstens durch ein zentrales, einheitliches europäisches Sozialmodell auf Binnenmarktebene erreicht werden oder zweitens auf einzelstaatlicher Ebene durch dezentrale, uneinheitliche Sozialpolitiken der EU-Mitgliedsländer.

Die wenigen Kompetenzen, die den EU-Institutionen bisher übertragen wurden, sprechen für den zweiten Weg. Die Mitglieder verteidigen ihre nationalen Zuständigkeiten und Sozialbudgets, über die sich ihre nationalen Politiken in starkem Maß legitimieren. Die verfassungs-, sozial- und rechtsstaatlichen Kompetenzen sind der Kitt, der die Nationalstaaten zusammenhält und Bevölkerungsidentität schafft. Eine Arbeitsteilung zwischen liberaler Marktordnung auf der zentralen und sozialstaatlicher Ordnung auf der nationalen Ebene erschwert es mithin, Bindungen und Identität einer europäischen Bevölkerung zu erreichen.
Die Europäische Union wurde als gemeinsamer Markt und nicht als soziale und politische Gemeinschaft gegründet, woran sich bisher grundsätzlich nichts änderte. Dennoch setzten schon 1974 mit einem Aktionsprogramm sozialpolitische Maßnahmen ein, die die Arbeitsbedingungen der Arbeitnehmer und die Gleichstellung der Geschlechter länderübergreifend verbessern helfen.
Auch wenn von Gesellschaftspolitik in einem umverteilenden Sinne nicht gesprochen werden kann, so doch von einer eng gefassten Sozialpolitik, in deren Zentrum **Beschäftigungsprobleme** stehen und für die die Europäische Union und die Mitgliedsländer gemeinsam zuständig sind.

Sozialpolitische Etappen	
1974–1980	– Grundlegung des europäischen Arbeits- und Sozialrechts – Arbeitnehmerschutz bei Massenentlassungen, Betriebsfusionen und -übergängen – Gleichbehandlung der Geschlechter
1980–1989	– Stagnation durch britisches Dauerveto
1989–1996	– Einheitliche Europäische Akte mit zwei Bereichen: Gesundheit und Sicherheit am Arbeitsplatz und sozialer Dialog zwischen Gewerkschaften und Arbeitgeber – Gemeinschaftscharta der sozialen Grundrechte (Sozialcharta) – Vertrag von Maastricht mit sozialpolitischem Kapitel
1996–2000	– Eintritt Großbritanniens in sozialpolitische Regelungen – Amsterdamer Vertrag mit dem Grundrecht der Nichtdiskriminierung
seit 2000	– Ausbau durch Vertrag von Lissabon mit den drei sozialen Grundwerten Gerechtigkeit, Solidarität und Nichtdiskriminierung und Kapiteln zur Sozialpolitik (Titel X, XI AEUV) – 2008 neue Europäische Sozialagenda und umfangreiches Sozialpaket mit drei Zielen: mehr Chancen durch qualifizierte Arbeitsplätze; für Benachteiligte Zugang zu Bildung, sozialem Schutz und Gesundheit; Solidarität zwischen Generationen, Regionen sowie Reichen und Armen

Mittels Verträgen, Verordnungen und Richtlinien hat die Europäische Union einen Sockel sozialer Rechte geschaffen, der nicht mehr unterschritten werden darf. Als einsetzbare Instrumente stehen im Mittelpunkt:
- die Vereinbarungen von arbeitsrechtlichen Mindeststandards,
- die Koordination der dezentralen nationalen Systeme der sozialen Sicherheit und der Beschäftigung.

Da der Europäischen Union das Recht fehlt, die Sozialpolitiken der Einzelstaaten durch Vereinbarungen verbindlich zu harmonisieren (Gemeinschaftsmethode, harte Regelsetzung), bietet sie die **Methode der offenen Koordinierung** an (weiche Regelsetzung).

An die Stelle von Rechtsvorschriften treten dann unverbindliche Ziele und Leitlinien, die von interessierten Mitgliedsländern zu sozialpolitischen Fragen gemeinsam bestimmt und in nationalen Aktionsprogrammen umgesetzt werden. Nach dieser Methode entstand 1997 die seitdem mehrfach erneuerte europäische Beschäftigungsstrategie. Sie wurde mit materiellen Anreizen aus dem **Europäischen Sozialfonds** und mit hartem EU-Recht verknüpft, um so wirksam Beschäftigung, Berufsausbildung und die Lohngleichheit von Mann und Frau zu fördern.

▶ Der Europäische Sozialfonds wurde schon 1957 gegründet und fördert die Beschäftigung jährlich im Umfang von rund 10 Mrd. Euro.

Der weichen Regelsetzung dient ähnlich der **soziale Dialog,** mit dem die EU Arbeitgeber und Gewerkschaften über Fachdiskussionen, freie vertragliche Beziehungen und Vereinbarungen in die Sozialpolitik einbeziehen will. Daraus kann EU-Recht werden, wie 1996 zum Elternurlaub und 1997 zur Teilzeitarbeit.

Internationale Politik und Friedenssicherung

5

5.1 Grundlagen und Akteure internationaler Politik

5.1.1 Internationale Politik und Völkerrecht

Internationale Politik handelt von Krieg und Frieden, von Unterdrückung und Befreiung, von Weltordnung und Regionalbündnissen, Außenhandel, Entwicklungshilfe und Konfliktregelung. Sie beinhaltet die Prozesse und Problembereiche, die über den Handlungsrahmen eines einzelnen Staates hinausgehen und in vielfältigen Aktionen und Formen Ausdruck finden.

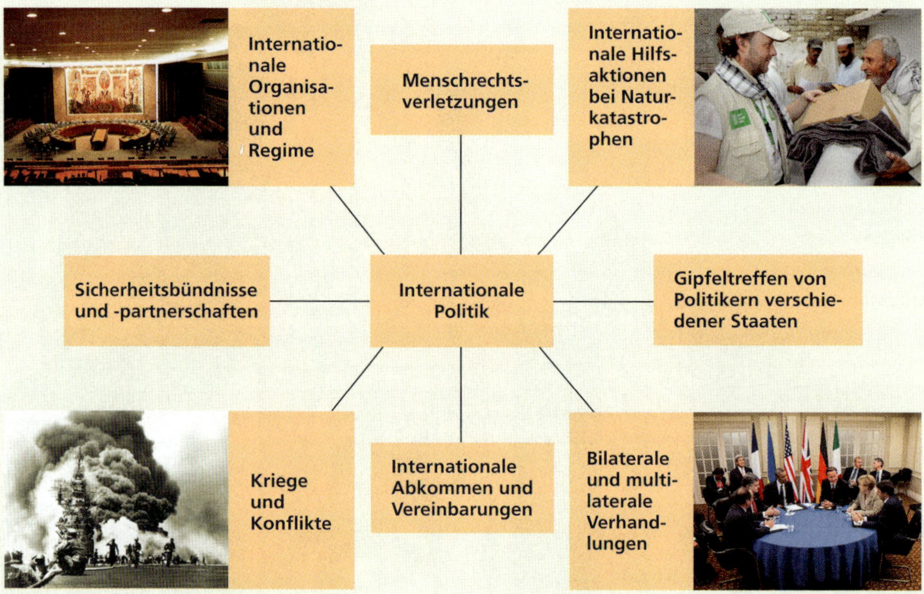

Internationale Politik umfasst die Beziehungen, Normen und Institutionen, die die Staaten und internationale staatliche Organisationen untereinander unterhalten.

Die Begriffe „internationale Politik" und „internationale Beziehungen" werden teilweise auch synonym verwendet. Immer öfter wird zudem von „Weltpolitik" gesprochen.

Sie ist somit eine „Teilmenge der Gesamtmenge der internationalen Beziehungen", die sowohl die Aktionen zwischen den Staaten und staatlichen Organisationen wie auch zwischen den staatlichen und nicht staatlichen Organisationen umfassen. Internationale Beziehungen finden Ausdruck in Maßnahmen der Kooperation (z. B. Abschluss zwischenstaatlicher Verträge), die zur Wahrung und Herbeiführung von Frieden geeignet sind, aber auch in kriegerischen Auseinandersetzungen.

Gegenstandsbereiche und Strukturmerkmale

Die **Gegenstandsbereiche** der internationalen Politik stecken ein breites inhaltliches Spektrum ab.

Die Politikwissenschaft versucht, die komplexe Wirklichkeit mit diesen Gegenstandsbereichen zu durchdringen.

Internationale Organisationen	– Vereinte Nationen – Militärbündnisse, z. B. NATO – internationale Verbände, z. B. internationaler Schriftstellerverband PEN u. a.
Internationale Wirtschaftsbeziehungen/ Zusammenarbeit	– internationale Handelspolitik – Entwicklungspolitik – Weltbank(gruppe) – internationale Finanzpolitik
Problembereiche der internationalen Politik	– Bevölkerungsentwicklung/-politik – Weltreligionen und Weltpolitik – nukleare Rüstung und Rüstungskontrolle u. a.
Geschichte der internationalen Politik	– Deutsche Wiedervereinigung – Entkolonialisierung – Ost-West-Konflikt u. a.
Theorie/Theoriebildung	– Außenpolitik – Global Governance – Völkerrecht/internationales Recht u. a.

Mitte des 20. Jh.s gab es z. B. noch folgende Gegenstands- oder Problembereiche der internationalen Politik:
- Berlin-Problem,
- chinesisch-sowjetischer Konflikt,
- Kalter Krieg,
- Kuba-Krise.

Die Gegenstandsbereiche der internationalen Politik sind nicht ein für alle Mal festgelegt. Sie spiegeln vielmehr die Veränderungen und Problemlagen, die sich im internationalen Geschehen vollziehen bzw. herausbilden wider.

> Im ausgehenden 20. und beginnenden 21. Jh. sind gravierende Veränderungen eingetreten, die einen **neuen Handlungsrahmen** für die internationale Politik darstellen.

Seit dem Zusammenbruch der UdSSR und des sowjetischen Machtblocks sind die USA die einzig verbliebene Supermacht, die sowohl diplomatisch als auch militärisch ihre Rolle zur Geltung bringt. Es zeichnet sich aber ab, dass sich diese Dominanz im Laufe des 21. Jahrhunderts durch neue internationale Mächte, wie China und Russland, relativieren wird.

Dieser Handlungsrahmen ist durch bestimmte Strukturmerkmale gekennzeichnet:
- durch Multipolarität (mit der Aufhebung des Ost-West-Konflikts wurde die Bipolarität der Weltordnung durch mehrere Machtschwerpunkte – USA, Russland, Europa, Ostasien – abgelöst);
- durch Globalisierung (die Tendenz zur Erweiterung und Zentralisierung der Beziehungen und Abhängigkeiten auf Weltebene verstärkt sich);
- durch Regionalisierung (regionale Mächtegruppen, Wirtschaftsräume und Handelsblöcke gewinnen an Einfluss – das führt zur Pluralisierung der Welt);
- durch Ökonomisierung (internationale Politik und Beziehungen werden immer mehr durch Wirtschaftsfragen und den Weltfinanzmarkt bestimmt);

Neue Staaten, Kriege und bewaffnete Konflikte seit 1990 (Stand: 2014)

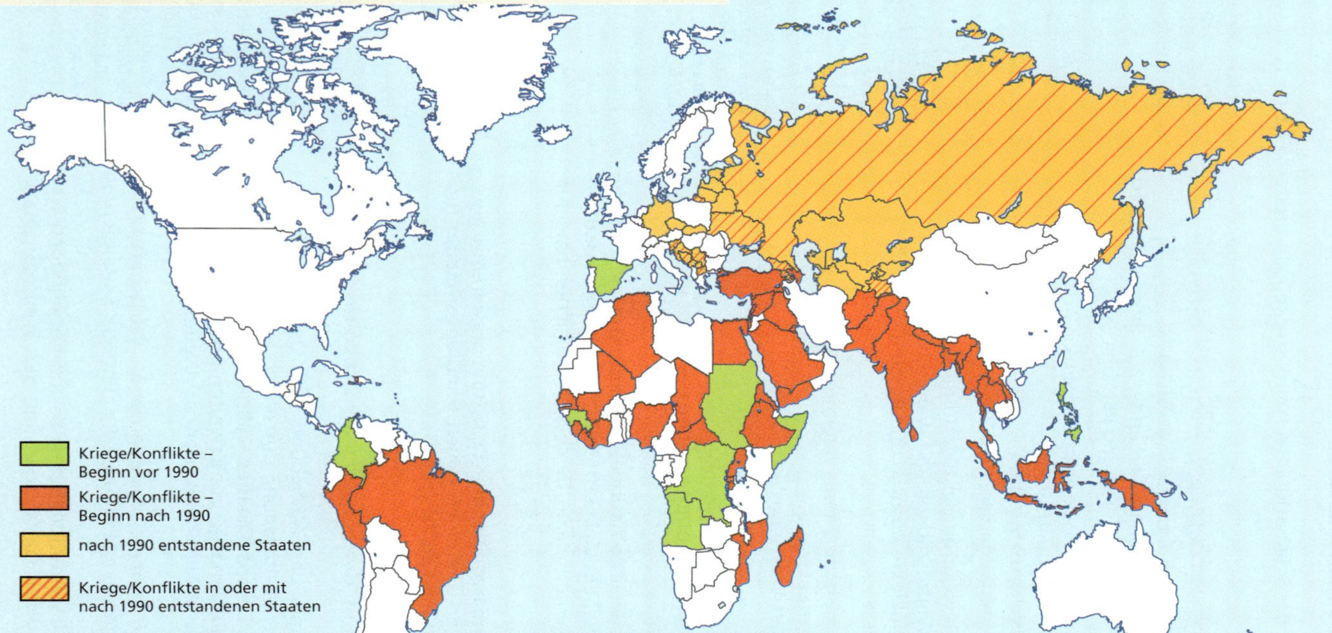

Staatengründungen nach 1990

Armenien
Aserbaidschan
Bosnien und Herzegowina
Estland
Georgien
Kasachstan
Kirgisistan
Kosovo
Kroatien
Lettland
Litauen
Mazedonien
Moldawien
Montenegro
Serbien
Slowakische Rep.
Slowenien
Tadschikistan
Tschechische Rep.
Turkmenistan
Ukraine
Usbekistan
Weißrussland
Deutschland (nach Wiedervereinigung)

Staaten (Beginn der Kriege/Konflikte nach 1990)

Europa: Bosnien und Herzegowina, Jugoslawien, Kroatien, Makedonien, Russland, Slowenien, Ukraine

Afrika: Äthiopien, Burundi, Côte d'Ivoire, Eritrea, Liberia, Madagaskar, Mali, Mosambik, Nigeria, Ruanda, Senegal, Sierra Leone, Sudan, Tschad, Uganda, Zentralafrik. Republik

Lateinamerika: Mexiko, Haiti, Peru

Asien: Bangladesch, Indien, Indonesien, Laos, Myanmar, Nepal, Osttimor, Pakistan, Sri Lanka, Thailand

Orient: Afghanistan, Ägypten, Algerien, Armenien, Aserbaidschan, Jemen, Georgien, Israel, Kuwait, Libanon, Saudi-Arabien, Syrien, Tadschikistan, Tunesien, Türkei

Staaten (Beginn der Kriege/Konflikte vor 1990)

Europa: Spanien

Afrika: Angola, Guinea, Kongo, Somalia, Sudan

Amerika: Kolumbien

Asien: Philippinen, Sri Lanka

Quellen: Jahresberichte und Datenreihen der AKUF Hamburg

- durch Transnationalität (transnationale Konzerne und zivilgesellschaftliche Akteure beeinflussen zunehmend das Handeln von Staaten und internationalen Organisationen);
- durch Interdependenz (die Ausweitung der internationalen staatlichen und gesellschaftlichen Beziehungen ist mit zunehmender gegenseitiger Abhängigkeit in Politik, Wirtschaft, Kultur, Sicherheit und Ökologie verbunden).

Diese Prozesse manifestieren sich in einem Geflecht von Interessengegensätzen und Konfliktherden. Sie schließen Instabilitäten sowie wirtschaftliche, soziale und ethnische Ungleichentwicklungen in der Welt ein.

Das vielfältige Geflecht von Interessengegensätzen und Konfliktherden wird häufig als „neue Unübersichtlichkeit" bezeichnet. Die Erwartungen, dass sich nach dem Ende des Ost-West-Gegensatzes ein weltweiter Prozess der Demokratisierung und Zivilisierung der internationalen politischen und ökonomischen Beziehungen vollziehen könnte, wurden nicht erfüllt.

Die nach 1990 neu gegründeten Staaten des Ostblocks entwickelten sich widersprüchlich, nicht wenige gehören mittlerweile zu den ärmsten Entwicklungsländern. In Ländern der Dritten Welt brechen alte Konflikte wieder auf, entstehen neue, zerfallen Staaten. Der weltweite Terrorismus hat eine neue Gefahrendimension angenommen.

Ziele und Rechtsgrundlagen internationaler Politik

Am Beginn des 21. Jh.s ist die **internationale Politik** vor allem auf die Lösung der globalen Probleme Frieden und Sicherheit, wirtschaftliche Entwicklung der armen Regionen, die Beherrschung wirtschaftlicher Krisen und Ungleichgewichte sowie auf Umweltschutz und Schutz der Menschenrechte gerichtet.

Darin spiegeln sich die Kernprobleme in der Welt, die gemeinsam vereinbartes Handeln der Staaten und internationaler Organisationen notwendig machen. Es bedarf bestimmter Rechtsgrundlagen wider.

Die entscheidende Rechtsgrundlage internationaler Politik ist das **Völkerrecht.** Es umfasst die Gesamtheit der Normen, die die Beziehungen zwischen den Staaten regeln.

Das Völkerrecht beruht auf einem stark vom europäischen Denken beeinflussten Gewohnheitsrecht und auf Vereinbarungen, die zwischen souveränen Staaten geschlossen werden. Die wichtigsten Normen des Völkerrechts entstehen durch **Verträge.** In der internationalen Politik wird ein ganzes Spektrum verschiedenartiger Verträge genutzt:
- Friedens-, Handels-, Nichtangriffs-, Freundschaftsvertrag,
- Menschenrechtskonvention,
- Waffenstillstandsabkommen,
- Wirtschaftsabkommen,
- Verteidigungspakt,
- Charta der Vereinten Nationen.

Man unterscheidet
- allgemeines Völkerrecht, das für alle Staaten gilt, und
- partikulares Völkerrecht, das nur für die an Vereinbarungen beteiligten Staaten gilt.

Im Gegensatz zu innerstaatlichem Recht gibt es im Völkerrecht keine Instanz, die für die Durchsetzung der Normen sorgt und Rechtsverlet-

1928 traten über 50 Staaten dem Briand-Kellogg-Pakt bei, einem Vertrag zur Ächtung des Krieges als Mittel der Politik.

zungen ahndet. Bis in das 20. Jh. hinein nahm jeder Staat für sich in Anspruch, internationalen Konflikten, Streitfragen mit Nachbarstaaten oder Vertragsbrüchen mit militärischen Mitteln, mit Krieg zu begegnen. Erst mit dem Völkerbund im Rahmen des Versailler Vertrages 1919 und den später daraus hervorgegangenen Vereinten Nationen sind Organisationen geschaffen worden, die es ermöglichen, internationale Konflikte ohne Kriege zu lösen und den Frieden zu sichern.

5

Die **Charta der Vereinten Nationen**, die am 26. Juni 1945 verabschiedet wurde, ist inzwischen von fast allen Staaten der Welt unterzeichnet worden.

Die **UN-Charta** ist eines der wichtigsten völkerrechtlichen Dokumente. Es beinhaltet vor allem folgende Grundsätze und Normen:

- Erhaltung des Weltfriedens,
- friedliche Schlichtung aller Streitigkeiten,
- freundschaftliche Zusammenarbeit auf der Grundlage der Gleichberechtigung und Selbstbestimmung der Völker.

„Die Vereinten Nationen setzen sich folgende Ziele:
1. den Weltfrieden und die internationale Sicherheit zu wahren und zu diesem Zweck wirksame Kollektivmaßnahmen zu treffen, um Bedrohungen des Friedens zu verhüten und zu beseitigen, Angriffshandlungen und andere Friedensbrüche zu unterdrücken und internationale Streitigkeiten oder Situationen, die zu einem Friedensbruch führen können, durch friedliche Mittel nach den Grundsätzen der Gerechtigkeit und des Völkerrechts zu bereinigen oder beizulegen ..." (Charta der Vereinten Nationen, Art. 1, Abs. 1)

5.1.2 Akteure und Aktionsformen auf internationaler Ebene

Die Hauptakteure auf internationaler Ebene sind die **Regierungen.** Sie betreiben – als Einzelne betrachtet – Außenpolitik und – zusammen gesehen – internationale Politik.

Souverän sind solche Staaten, die in ihren Beziehungen zu anderen Staaten keinem fremden Willen und keiner anderen Rechtsordnung als dem Völkerrecht unterworfen sind.

Die Regierungen handeln dabei als **Vertreter souveräner Staaten.** Das geschieht in enger Wechselwirkung mit ihrem innenpolitischen, sozialen, wirtschaftlichen und kulturellen Umfeld. Sie verfügen deshalb nicht über einen beliebigen Handlungsspielraum, da gesellschaftliche Kräfte direkt (z. B. im Ergebnis eines Volksentscheids) oder indirekt (z. B. durch Mobilisierung der Öffentlichkeit) ihr außenpolitisches Wirken beeinflussen und einschränken.

Die Bevölkerung Großbritanniens hatte sich 1999 in einem Referendum mehrheitlich gegen die Einführung des Euro ausgesprochen. Das stand den europaorientierten Bestrebungen der britischen Regierung entgegen, ihre Handlungsoption wurde eingeschränkt.

Staaten und ihre Regierungen bilden aber auch Kooperationen, um gemeinsame Interessen und Ziele in der internationalen Politik zu vertreten. Sie wirken dann als internationale Regierungsorganisationen, als Staatengruppen, in Bündnissen oder supranationalen Einrichtungen. Neben den Staaten und ihren Regierungen nehmen weitere internationale wie auch nationale gesellschaftliche und substaatliche Akteure Einfluss auf das internationale Geschehen. Ihre Bedeutung nimmt unter den Bedingungen der fortschreitenden Globalisierung weiter zu.

Einzelakteure (Regierungen, Personen, soziale Gruppen), die sich zusammenschließen, werden als **kollektive Akteure** bezeichnet. Die meisten im System der internationalen Beziehungen wirkenden Akteure sind kollektive Akteure.

> Die internationalen Beziehungen werden durch verschiedene **Akteure** gestaltet. Sie wirken in unterschiedlichen **Aktionsformen** mit verschiedenen Handlungsoptionen und -möglichkeiten.

Akteure	Aktionsformen und Handlungsoptionen	Beispiele
Alle Akteure	internationale Beziehungen	Gesamtheit der politischen, wirtschaftlichen, kulturellen Beziehungen auf internationaler Ebene
Supranationale (übernationale, überstaatliche) Einrichtungen	supranationale Politik und Verfahren (Wahrnehmung von Weisungs- und Strafbefugnissen gegenüber Staaten und Personen)	– Internationaler Strafgerichtshof – Kriegstribunale – Streitschlichtungsverfahren der WTO
Staatenverbund	supranationale und zwischenstaatliche Politik (Integration als regionale Friedens- und Wertegemeinschaft, auf Problemlösungen orientiert)	– Europäische Union
Staatengruppen **Internationale Organisationen, Bündnisse**	internationale Politik (Gestaltung der Beziehungen zwischen den Staaten und den internationalen staatlichen Organisationen)	– G 8 (Gruppe der führenden Industrieländer) – G 20 (Gruppe der führenden Industrie- und Schwellenländer) – UNO, Weltbank, IWF, OSZE – NATO, Rio-Pakt
Einzelne Regierungen	Außenpolitik (Wahrnehmung der allgemeinpolitischen, wirtschaftlichen, militärischen und soziokulturellen Interessen eines Staates in seinem internationalen Umfeld)	– amerikanische Irak-Politik – deutsche Europapolitik – australische Einwanderungspolitik
Einzelressorts, substaatliche Verwaltungseinheiten	transstaatliche Politik (grenzüberschreitende Kooperation mit Einrichtungen anderer Staaten)	– Zusammenarbeit von Ministern verschiedener Staaten in EU-Fachministerräten – Städtepartnerschaften

5

Akteure	Aktionsformen und Handlungsoptionen	Beispiele
Nationale Zivilgesellschaft (innergesellschaftliche Organisationen, Verbände, soziale Bewegungen)	außenpolitische Einflussnahme (durch Lobbyarbeit oder Mobilisierung der öffentlichen Meinung)	Haltungen von – Gewerkschaften – Industrieverbänden – Friedensgruppen zum Einsatz der Bundeswehr in Krisenregionen
Internationale Zivilgesellschaft (Parteien, Kirchen, Interessengruppen, soziale Bewegungen)	transnationale Politik (grenzüberschreitende Einflussnahme auf Entscheidungsträger in der internationalen Politik – begrenzte Handlungsmöglichkeiten)	– Internationale Handelskammer (ICC) – Greenpeace oder Amnesty International – NGO-Gegenkonferenzen zu Wirtschaftsgipfeln

5.1.3 Deutsche Außen- und Europapolitik

„Im Bewusstsein seiner Verantwortung vor Gott und den Menschen, von dem Willen beseelt, als gleichberechtigtes Glied in einem vereinten Europa dem Frieden der Welt zu dienen, hat sich das Deutsche Volk kraft seiner verfassungsgebenden Gewalt dieses Grundgesetz gegeben." (Präambel des Grundgesetzes)

Multilateralismus, (lat. = Vielseitigkeit) ist das Gegenteil von Unilateralismus, bei dem ein Staat seine Interessen einseitig durchzusetzen trachtet, ungeachtet gemeinsamer Regeln. Bilateralismus meint zweiseitige Beziehungen. Die deutsche Entwicklungspolitik wird z. B. überwiegend bilateral betrieben.

Ziele deutscher Außenpolitik

Die **deutsche Außenpolitik** wird vor allem vom Grundgesetz, der geografischen Lage und Größe des Staates, von seiner Geschichte und seiner Wirtschaftskraft bestimmt.

Daraus ergeben sich die grundlegenden, **langfristigen Ziele** der Außenpolitik, die weitestgehend unabhängig von Regierungswechseln oder Parteiendifferenzen in Einzelfragen gelten und vertreten werden. Zu den langfristigen Zielen, die im Grundgesetz für die Bundesrepublik Deutschland vorgegeben sind, gehören:
- die europäische Einigung,
- die Verpflichtung zum Frieden,
- die Mitwirkung in kollektiven Sicherheitsorganisationen,
- die Wahrung des Völkerrechts und der Menschenrechte.

Die Realisierung dieser Ziele erfolgt stets unter Einwirkung internationaler Politik und unter sich vollziehenden Veränderungen in der Welt. Deshalb werden Prioritäten gesetzt und aktuelle Zielsetzungen unter Berücksichtigung neuer Anforderungen präzisiert. Das erfolgt durch Regierungsvereinbarungen und -erklärungen, durch Parteibeschlüsse und Reden von einflussreichen Politikern. Die seit den 1990er-Jahren grundlegend veränderte Situation in Europa und der Welt hat zur Bestimmung folgender aktueller außenpolitischer **Ziele Deutschlands** geführt:
- Stärkung des Multilateralismus,
- Einbindung in die europäische Gemeinschaft und Weiterentwicklung der EU,
- Fortführung des transatlantischen Bündnisses mit den USA,
- Heranführung der östlichen Nachbarstaaten an westliche Strukturen,

- Integration in das internationale Handelssystem und Vertretung einer gerechten Weltwirtschaftsordnung.

Diese außenpolitischen Ziele werden sowohl von den Regierungsparteien als auch von den Oppositionsparteien vertreten – ungeachtet immer wieder auftretender Streitpunkte in Einzelfragen, wie beispielsweise in der Frage der Haltung Deutschlands zur amerikanischen Kriegspolitik im Irak.

> Die Rolle **Deutschlands als außenpolitischer Akteur** ist in den beiden Jahrzehnten seit Aufhebung der deutschen Teilung und der Überwindung der Ost-West-Konfrontation deutlich gewachsen. Deutschland hat in Europa und in der Welt als Regionalmacht an Gewicht gewonnen.

Kein Staat in Europa hat aus der grundlegenden Veränderung des internationalen Systems in den 1990er-Jahren einen vergleichbar großen Gewinn ziehen können wie Deutschland.

Das ist vor allem auf folgende Tatsachen zurückzuführen:

1. Deutschland hat nach der Überwindung der Teilung 1990 seine volle Souveränität erhalten und damit neue Handlungsspielräume in der Außenpolitik gewonnen. Aber es muss sich auch höheren Erwartungen und Anforderungen stellen.

Durch den am 12.09.1990 unterzeichneten Zwei-plus-Vier-Vertrag wurden Souveränitätsvorbehalte der Alliierten gegen Deutschland, die seit Ende des Zweiten Weltkriegs noch bestanden, aufgehoben.

2. Mit mehr als 81 Mio. Einwohnern ist Deutschland das bevölkerungsreichste Land in Westeuropa und innerhalb der EU. Seine zentrale geografische Lage in Europa bewirkt, dass hier die meisten europäischen Nord-Süd- und Ost-West-Verbindungen bestehen.
3. Deutschland ist von Nachbarn umgeben, mit denen es freundschaftlich verbunden ist und auf der Grundlage von Verträgen eine enge, grenzüberschreitende Zusammenarbeit unterhält. Das hat vor allem auch für den politischen Zusammenhalt in der EU Gewicht.
4. Die Überwindung des Ost-West-Konflikts 1990 und die Prozesse der Globalisierung haben zu einer Relativierung militärischer Macht und zur Erhöhung des Stellenwertes ökonomischer Macht geführt. Deutschland ist der wirtschaftlich stärkste Staat Europas und und gehört neben den USA, Japan und China zu den ökonomisch stärksten Mächten der Welt, gemessen am Bruttosozialprodukt.
5. Angesichts dessen, dass nicht mehr nur zwei, sondern mehrere Machtzentren in der Welt bestehen und Deutschland zu den größeren europäischen Mächten gehört, kommt ihm auch eine größere politische Verantwortung für die Entwicklung der Region Europas zu.

5

Aktiv gestaltende Einwirkung auf die internationale Umwelt ist auch gemeint, wenn von „kooperativem Internationalismus" gesprochen wird. Dabei geht es darum, andere Partner dafür zu gewinnen, mithilfe von zivilen Maßnahmen das internationale System zu stabilisieren.

Entsprechend der gewachsenen Verantwortung Deutschlands wurden seit den 1990er-Jahren neue Orientierungen und Handlungsprämissen in der deutschen Außenpolitik verankert, die eine aktiv gestaltende Einwirkung auf die internationale Umwelt begründen. Das betrifft z. B. die Entwicklungspolitik, den höheren Stellenwert der Umweltpolitik, die Europapolitik und die Teilnahme an zivilen und militärischen Friedensmissionen der Vereinten Nationen.

So hat das Bundesverfassungsgericht 1994 bestätigt, dass es dem Grundgesetz entspricht, wenn die Bundeswehr auch internationale Einsätze zur Bewahrung von Frieden und zur Sicherung des Völkerrechts sowie der Menschenrechte (humanitäre Interventionen) mit Zustimmung des Deutschen Bundestages durchführt.

Die Mitgliedschaft Deutschlands in der Europäischen Union ist seit den 1990er-Jahren der wichtigste Ausgangspunkt für die Vertretung deutscher Interessen in Europa und in der Welt.

Deutsche und europäische Interessen lassen sich vielfach nicht auseinanderhalten. Die Europäische Union ist zugleich Ziel und Instrument der deutschen Außenpolitik.

Deutsche Außenpolitik ist Europapolitik, denn sie wirkt vor allem in und für Europa.

Die Europäische Union bildet nicht nur einen stabilen institutionalisierten Rahmen für die deutsche Außenpolitik, sondern sie bündelt auch die Kräfte für die Verfolgung der Ziele und Interessen Deutschlands in der Außen-, Sicherheits- und Entwicklungspolitik.
Auch deshalb hat Deutschland ein besonderes Interesse an der Bewältigung der Herausforderungen bei der Gestaltung der europäischen Integration und ist ein maßgeblicher Akteur dieses Gestaltungsprozesses.

Im 2009 in Kraft getretenen Vertrag von Lissabon wurde die ESVP in „Gemeinsame Sicherheits- und Verteidigungspolitik (GSVP)" umbenannt. Sie beinhaltet mehrere Neuerungen, darunter die bessere Koordination der Rüstungspolitik und eine wechselseitige Beistandsklausel, in die auch die neutralen Staaten einwilligten.

Mit der Einfügung des „Europa-Artikels" in das Grundgesetz (Art. 23 GG) 1991 wurde die Mitwirkung Deutschlands bei der Verwirklichung eines vereinten Europas zum Staatsziel erhoben: „Zur Verwirklichung eines vereinten Europa wirkt die Bundesrepublik Deutschland bei der Entwicklung der Europäischen Union mit ...".

Die Entwicklungsfortschritte der EU in den 1990er-Jahren gehen wesentlich auf den Einsatz Deutschlands zurück. So liegt dem Schengen-Raum eine bilaterale deutsch-französische Initiative zugrunde. Deutschland setzte sich nachhaltig für die Entwicklung der europäischen Wirtschafts- und Währungsunion ein. Die europäische Sicherheits- und Verteidigungspolitik (ESVP), die Teil der gemeinsamen Außen- und Sicherheitspolitik (GASP) ist, wurde während der deutschen Ratspräsidentschaft 1999 initiiert und besonders durch Impulse Deutschlands weiter ausgestaltet.

Der deutschen Außenpolitik liegt somit ein Verständnis zugrunde, das davon ausgeht, nationale Interessen in und durch internationale Organisationen zu verfolgen, in enger Absprache mit den Verbündeten zu handeln und internationale Normen zum Maßstab des eigenen Handelns zu machen.

Akteure deutscher Außenpolitik

Die außenpolitischen Ziele werden durch eine Vielzahl von Akteuren mit spezifischen Kompetenzen und verschiedenen Einflussmöglichkeiten realisiert.

> Dem Bund obliegt laut Grundgesetz die Pflege der auswärtigen Beziehungen. Initiativrecht und Gestaltungsmacht hat die **Bundesregierung.**

Bundeskanzler/in	– Richtlinienkompetenz – Wahrnehmung diplomatischer Funktionen, z. B. Staatsbesuche – Koordination von Kabinettsausschüssen mit Vertretern verschiedener Ministerien, z. B. koordiniert der Bundessicherheitsrat die Sicherheits- und Verteidigungspolitik
Auswärtiges Amt = Außenministerium	 – Pflege und Förderung der auswärtigen Beziehungen zu anderen Staaten und internationalen Organisationen – Beobachtung des Meinungsbildungsprozesses in europäischen Institutionen und Anzeigen von Handlungsbedarf durch eine EU-Koordinierungsgruppe des Auswärtigen Amtes – Tätigkeit des „Staatssekretärausschusses für Europafragen" als höchstrangiges Koordinierungsgremium der deutschen Europapolitik – Erarbeitung außenpolitischer Analysen und Konzeptionen sowie Handlungsanweisungen für die deutschen Auslandsvertretungen – Einbringen außenpolitischer Aspekte in Kabinettssitzungen
Andere Ministerien	Viele Ministerien tragen oder beeinflussen die Außenpolitik, z. B. – Verteidigungsministerium: Zuständigkeiten für die Sicherheitspolitik, – Ministerium für wirtschaftliche Zusammenarbeit und Entwicklung: Zuständigkeiten für bi- und multilaterale Entwicklungszusammenarbeit. Jedes Bundesministerium hat eine Fachabteilung für Europafragen, die von einem Europabeauftragten des Ministeriums geleitet wird.

Mitsprache-, Kontroll- und Exekutivrechte haben darüber hinaus in Fragen der Außenpolitik
- der Bundespräsident, der Deutschland völkerrechtlich vertritt, formell Verträge mit auswärtigen Staaten schließt und mit der Bundesregierung zusammenarbeitet;
- der Bundestag, der dem Abschluss von außenpolitischen Verträgen zustimmen muss, der den Verteidigungsfall erklärt oder über den Einsatz

5

1990 verabschiedete der Bundestag z. B. eine Erklärung zur Gültigkeit der deutsch-polnischen Grenze. Das hatte großes politisches Gewicht für die weitere Gestaltung der Beziehungen zu Polen.

der Bundeswehr in Krisenregionen beschließt; der das Budgetrecht, so auch über den Verteidigungshaushalt, innehat; der über strategisch wichtige außenpolitische Aktionen befindet; der über die Ausschuss- und Plenararbeit Entscheidungs- und Kontrollrechte wahrnimmt und Öffentlichkeit organisiert;
- die Bundesländer, die Verträge mit subnationalen Einheiten anderer Länder schließen;
- der Bundesrat, der an internationalen Verträgen mitwirkt, so bei Kriegs- und Friedensschlüssen, und der zustimmen muss bei der Übertragung von Hoheitsrechten auf die EU;
- das Bundesverfassungsgericht, das Klagen zur Verfassungsmäßigkeit von außenpolitischen Handlungen und Verträgen prüft.

Diplomatie, griech. = Pflege der Beziehungen zwischen Staaten durch Verhandlungen und dabei angewandte Methoden

Die Gestaltung und Pflege der internationalen Beziehungen ist die zentrale Aufgabe **diplomatischer Tätigkeit.** Diese erstreckt sich auf ein weites Feld und umfasst
- bilaterale Beziehungen (Botschaften),
- multilaterale Beziehungen (ständige Vertretungen bei internationalen Organisationen),
- Sondermissionen,
- Ad-hoc-Gesandtschaften sowie
- die Arbeit im Außenministerium.

Diplomatische Tätigkeit schließt auch informelle Diplomatie ein.

Die Bundesrepublik Deutschland unterhielt 2015 zu mehr als 195 Staaten diplomatische Beziehungen.
In den 234 deutschen Auslandsvertretungen – Botschaften, Generalkonsulate, Konsulate und Vertretungen bei internationalen Organisationen – waren etwa 3 000 Mitarbeiterinnen und Mitarbeiter des Auswärtigen Dienstes tätig. Zusätzlich arbeiteten 345 Honorarkonsuln ehrenamtlich im Auftrag des Auswärtigen Amts. Sie werden dort eingesetzt, wo berufskonsularische Vertretungen aus verschiedenen Gründen nicht sinnvoll sind.

In den letzten Jahrzehnten sind vor allem die **multilateralen Beziehungen** stark ausgebaut worden. Die Bundesrepublik Deutschland unterhält ständige Vertretungen bei den Vereinten Nationen in New York und deren europäischen Büros und Unterorganisationen in Genf und Wien, bei der Europäischen Union und der NATO in Brüssel, bei der OECD und der UNESCO in Paris, beim Europarat in Straßburg sowie bei den internationalen Organisationen in Rom.

Schnittstelle für den Informationsfluss zwischen Brüssel und Berlin ist die ständige Vertretung der Bundesrepublik Deutschland bei der Europäischen Union. Im Jahr 2015 sind hier rund 190 Mitarbeiterinnen und Mitarbeiter tätig. Sie wirken zum einen dafür, deutsche Interessen in den Institutionen der EU – im Rat, gegenüber der Europäischen Kommission und dem Europäischen Parlament – zu vertreten. Zum anderen nehmen sie aktiv an Entscheidungs- und Rechtssetzungsverfahren der Europäischen Union teil.
Die deutsche ständige Vertretung übt also eine doppelte Vermittlerrolle aus.

Darüber hinaus nimmt eine Vielzahl **gesellschaftlicher Akteure** Einfluss auf die Außenpolitik, so auch direkt im Ausland tätige.
Zu ihnen gehören
- Auslandsbüros von Parteistiftungen,
- Außenhandelskammern des Deutschen Industrie- und Handelstages,
- Einrichtungen des Goethe-Instituts, das dem Auswärtigen Amt angeschlossen ist und sich der Pflege und Darstellung deutscher Kultur im Ausland widmet.

5.2 Europäische Union

Die Europäische Union hat sich aus bescheidenen Anfängen zu einer der großen Wirtschaftsmächte der Welt entwickelt. Fünf westeuropäische Demokratien gründeten 1951 einen gemeinsamen Markt nur für die Produktion von Kohle und Stahl. Heute sind es 28 Staaten ganz Europas, die eine umfassende wirtschaftliche und politische Union entwickeln. Und weitere Länder wollen beitreten.

▶ Seit 2013 umfasst die EU eine Fläche von 4,4, Mio. km² mit 505 Mio. Einwohnern.

Die EU ist weder eine internationale Organisation wie die UNO noch eine Föderation wie die Vereinten Staaten von Amerika, sondern ein „Staatenverbund" nach eigenem Recht. Ihre Mitgliedstaaten sind unabhängige, souveräne Nationen. Sie übertragen und bündeln aber einen Teil ihrer Hoheitsrechte, um gemeinsam wirtschaftliche Stärke und politischen Einfluss zu erreichen. Hoheitsrechte werden in internationalen Verträgen, die die Mitgliedstaaten untereinander abschließen, gesammelt und auf gemeinsame Institutionen der EU übertragen. Diese Institutionen üben Entscheidungsbefugnisse in geregelten Verfahren aus, wobei auch die Verfahren in völkerrechtlichen Verträgen zwischen den Mitgliedstaaten vereinbart werden.

> Die Europäische Union beruht von Beginn an auf **internationalen Verträgen.**

▶ Vertragsgrundlagen der EU sind die Verträge über die Gründung der
- Europäischen Gemeinschaft für Kohle und Stahl 1951,
- Europäischen Atomgemeinschaft 1957,
- Europäischen Wirtschaftsgemeinschaft 1957, weiterentwickelt zur Europäischen Union durch
  - den Vertrag von Maastricht 1992,
  - den Vertrag von Amsterdam 1997,
  - den Vertrag von Nizza 2001,
  - den Vertrag von Lissabon 2007.

Integrationsziel ist die „Verwirklichung einer immer engeren Union der Völker Europas" (Art. 1 EUV) in einem offenen, bürgernahen Prozess. Geschichte, Kultur und Traditionen der Mitgliedstaaten sollen auch zukünftig respektiert werden. Ein zentralisierter europäischer Superstaat wird nicht angestrebt.

5.2.1 Erweiterung und Vertiefung als Wege der Integration

Die Idee, die europäische Staaten und Völker zu einer „Union" zusammenzuführen, wurde seit dem 18. Jh. häufiger geäußert. Aber erst 1945, nach dem Zweiten Weltkrieg, wurde mit der Gründung der Europäischen Gemeinschaft für Kohle und Stahl (EGKS) der erste Schritt auf dem Weg der Integration getan.
Die Gründungsakteure folgten starken **Motiven und Interessen.** Sie stimmten darin überein, neue Kriege in Europa unmöglich zu machen. Den Gründern ging es vor allem darum,
- statt erneuter nationalistischer Machtpolitik einzelner Staaten Wege zu einer europäischen Gemeinschaft der Demokratien zu suchen und eine Friedensmacht in Europa zu schaffen;
- an die Stelle getrennter Nationalwirtschaften einen europäischen Wirtschaftsraum zu setzen, der kostengünstige Massenproduktion und ungehinderten Austausch über die Ländergrenzen hinweg ermöglicht;

- sich durch wirtschaftliche und politische Zusammenarbeit der beteiligten Länder besser gegenüber den aus dem Zweiten Weltkrieg hervorgegangenen Weltmächten USA und Sowjetunion behaupten zu können.

Entwicklung der EU seit 1993

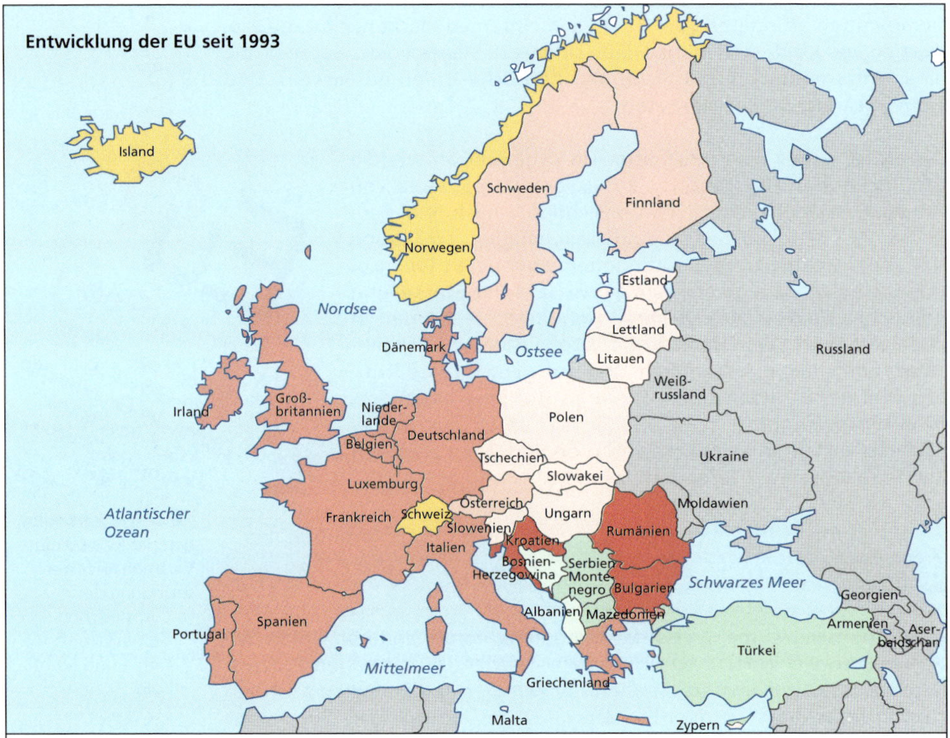

EG-Mitgliedstaaten seit 1993
EU-Mitgliedstaaten seit 1995
EU-Mitgliedstaaten seit 2004
EU-Mitgliedstaaten seit 2007
Staaten, die eine Mitgliedschaft bisher ablehnten
Staaten, um deren Beitritt verhandelt wird
Staaten, deren Beitritt erwogen wird

Europäische Integration

Europäische Integration bedeutet inzwischen zweierlei:
- Entwicklung der wirtschaftlichen und politischen Beziehungen zwischen den Staaten,
- Herausbildung eines politischen Systems der EU, das die europäische Ebene mit denen der Mitgliedstaaten und deren Regionen/Ländern verknüpft (Mehrebenensystem).

In der Tradition der klassischen liberalen Ökonomie wird ökonomische Integration vor allem dadurch erreicht, dass Hindernisse zwischen nationalen Märkten beseitigt werden.

Wichtige Handelshemmnisse zwischen Ländern sind Zolltarife, Aus- und Einfuhrbeschränkungen, Produktregelungen, zum Beispiel Gesundheitsvorschriften. Sie zu beseitigen setzt Gegenseitigkeit voraus. Die Welthandelsorganisation (WTO) ist ein Forum, auf dem globale Vereinbarungen zur Handelsliberalisierung getroffen werden, wenngleich nur langsam voranschreitend. Die Europäische Union nutzt, dass auch regionale Liberalisierungsabkommen erlaubt sind.

Entsprechend verschiedenen wirtschaftspolitischen Maßnahmen, mit denen sich Handelshemmnisse zwischen Ländern reduzieren lassen, werden die verschiedenen **Formen der ökonomischen Integration** von der Freihandelszone über die Zollunion, den Binnenmarkt bis zur Wirtschaftsunion unterschieden.

Nach ADAM SMITH (1723–1790) und DAVID RICARDO (1772–1823) verringert alles die Wohlfahrt, was den Handel behindert. Ist Wohlfahrtssteigerung durch Arbeitsteilung und Spezialisierung und dadurch erzielte Kostenvorteile ein Integrationsimpuls, so länderübergreifender technischer Fortschritt ein anderer.

Die Europäische Union ist eine **Zollunion** mit einem gemeinsamen Außenzoll gegenüber Drittländern, der als supranationale Institution alle Zolleinnahmen zufließen. Sie ist zugleich **Binnenmarkt** (oder „Gemeinsamer Markt"), indem nicht nur der Warenverkehr, sondern auch die Mobilität von Dienstleistungen, Arbeitskräften und Kapital liberalisiert ist (die vier Grundfreiheiten, ↗ S. 255). Sie wird **Wirtschaftsunion** in dem Maße, wie zur marktbezogenen Harmonisierung und Koordination und zur Währungsunion des Euros auch Entscheidungen der EU zur Finanz-, Struktur- und Sozialpolitik treten.

Beim Ausbau der Union bleibt die soziale Integration unberücksichtigt, obgleich sie die wirtschaftliche Integration stark beeinflusst, positiv oder negativ.

Wenn Politikwissenschaftler die **politische Integration** erklären, rücken sie den Prozess der Integration in den Blickpunkt. Sie fragen nach dessen Ursachen, Bedingungen und zugleich normativ nach wünschbaren Integrationsformen. Der **Funktionalismus** erkennt die europäische Integration als einen sich selbst verstärkenden – und daher im Grunde unpolitischen – „Spill-over"-Prozess, in dem sachlogisch-funktionale Verknüpfungen dafür sorgen, dass zwischenstaatliche Harmonisierungen in einem Bereich die in benachbarten Bereichen nach sich ziehen. Bedingung ist allerdings, dass dieser Prozess von einer Autorität integrationspolitisch unterstützt wird, zum Beispiel von der Europäischen Kommission.

Seit der Schuldenkrise 2009 steht insbesondere die Europäisierung der Finanzpolitik der Mitgliedstaaten auf der Tagesordnung.

Auf die internen Prozesszusammenhänge blickt auch der Föderalismus, wenn er zum Beispiel die stärkere Parlamentarisierung der EU mit ihrer gewachsenen Regelungskompetenz begründet. Dagegen ergibt sich für den **Intergouvernementalismus** der Integrationsprozess primär als Resultat nationalstaatlicher Interessen. Im Zusammenspiel zweier Ebenen bemühen sich Mitgliedsregierungen, die national bestimmten Präferenzen ihrer Wähler- und Interessengruppen auf Ebene der EU in Verhandlungen mit anderen Regierungen durchzusetzen. Konnte der Funktionalismus die anfängliche Entwicklung einer „stillen Europäisierung" recht gut erklären, so der Zwei-Ebenen-Ansatz insbesondere den Gang der EU-Erweiterungen und Vertragsänderungen.
Neuere Ansätze befassen sich demgegenüber enger mit Vorgängen der politischen Steuerung (Governance), der Europäisierung der verschiedenen Politikfelder und den Prozessen der öffentlichen Rechtfertigung der europäischen Integration.

„Intergouvernementalismus" bezeichnet in der EU die zwischenstaatliche Zusammenarbeit der Mitgliedsländer.

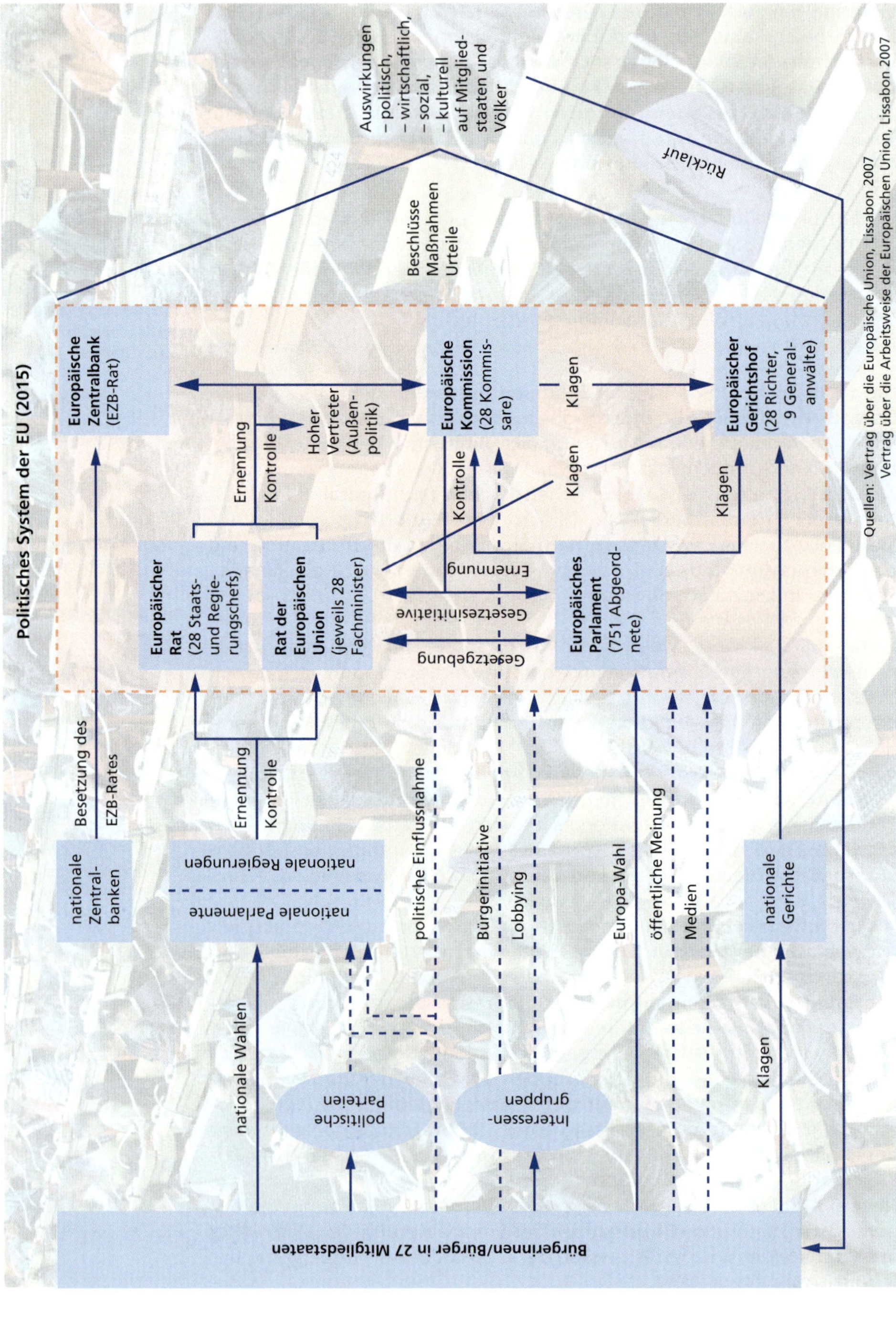

Quellen: Vertrag über die Europäische Union, Lissabon 2007
Vertrag über die Arbeitsweise der Europäischen Union, Lissabon 2007

Erweiterung und Vertiefung

Die Entwicklung der europäischen Integration vollzog sich von Anfang an in verschiedenen Phasen als Prozess der Erweiterung und Vertiefung.

> **Erweiterung** meint das Offenhalten der Gemeinschaft für neue Mitgliedstaaten und für weitere Themen bzw. Politikfelder.

> Aus sechs wurden 28 Mitglieder, umgeben von assoziierten Mitgliedern wie der Türkei und Ländern in besonderer Partnerschaft wie die afrikanischen Mittelmeerländer oder frühere europäische Kolonien. Aus dem einen Politikfeld der in der EGKD vergemeinschafteten Kohle- und Stahlindustrie wurden inzwischen rund 25 Bereiche.

Nach dem Zerfall der Sowjetunion zeigten die ost- und südosteuropäischen Länder großes Interesse an der europäischen Integration. Die EU beschloss daraufhin 1993 allgemeine Beitrittskriterien. Demnach kann nicht jeder Staat, sondern nur derjenige der EU beitreten, der diese Kriterien erfüllt.
Sie beinhalten bestimmte politische und wirtschaftliche Voraussetzungen sowie Verpflichtungen zur Übernahme aller bereits vorhandenen Rechtsvorschriften und Verfahren (Acquis communautaire) und sind als **Kopenhagener Kriterien** bekannt:

> „Als Voraussetzung für die Mitgliedschaft muss der Beitrittskandidat eine institutionelle Stabilität als Garantie für demokratische und rechtsstaatliche Ordnung, für die Wahrung der Menschenrechte sowie die Achtung und den Schutz von Minderheiten verwirklicht haben; sie erfordert ferner eine funktionsfähige Marktwirtschaft sowie die Fähigkeit, dem Wettbewerbsdruck und den Marktkräften innerhalb der Union standzuhalten. Die Mitgliedschaft setzt ferner voraus, dass die einzelnen Beitrittskandidaten die aus einer Mitgliedschaft erwachsenden Verpflichtungen übernehmen und sich auch die Ziele der politischen Union sowie der Wirtschafts- und Währungsunion zu eigen machen können …"
> (Schlussfolgerungen des Vorsitzes des Europäischen Rates, 1993)

Acquis-Kriterium bezeichnet die Fähigkeit, sich die aus der EU-Mitgliedschaft erwachsenden Verpflichtungen und Ziele zu eigen zu machen.

Die Frage nach den **Grenzen Europas** wird nach wie vor kontrovers diskutiert. Generell findet das integrierte Europa dort die Grenze, wo seine Werte und Verfahren von benachbarten Staaten nicht akzeptiert werden.

Die Einhaltung nur der politischen Kriterien ist bereits eine Voraussetzung für die Aufnahme von Verhandlungen.

> **Vertiefung** bezeichnet die Reformen, die die Institutionen der Europäischen Union stärken und die das Gemeinschaftsrecht sowie den Verfassungsverbund von Mitgliedstaaten und EU-Organen ausweiten.

Diese Reformen
- verändern die Zusammensetzung und Organisation der Organe,
- erweitern die Anwendung von Mehrheitsabstimmungen anstelle von Einstimmigkeit,

- erhöhen den Anteil des Gemeinschaftsrechts anstelle nationaler Regeln, zum Beispiel durch Harmonisierung des Handelsrechts,
- ermöglichen Übergänge auf den Integrationsstufen von der Zoll- zur Wirtschaftsunion.

In der praktischen Politik hat die EU bisher ein Gleichgewicht zwischen den beiden Wegen angestrebt. Erweiterungen waren in der Regel mit Vertiefungen verbunden.

5

Etappen des Integrationsprozesses

Nach dem Kriegsende 1945 gingen die europäischen Staaten zwei Wege der grenzüberschreitenden Kooperation.

Versuch der Einigung Europas in **Form einer Föderation** und auf der Grundlage einer gemeinsamen Verfassung	Vereine der Europabewegung gründeten 1949 den **Europarat** als Organisation zur Förderung der Zusammenarbeit, Verständigung und Annäherung der Völker mit Sitz in Straßburg. Ihm gehören inzwischen fast alle Staaten des europäischen Kontinents an. Der bisher wichtigste Beschluss des Europarats war die **Europäische Konvention zum Schutz der Menschenrechte und Grundfreiheiten** (1950). Anders als bei der Menschenrechtserklärung der UNO (1948) können Menschenrechtsverletzungen durch den Europäischen Gerichtshof für Menschenrechte geahndet und damit Menschenrechte effektiv geschützt und bekräftigt werden.
Versuch der **wirtschaftlichen Zusammenarbeit** verschiedener Staaten, die sich zur politischen Kooperation ausweiten sollte	Dieser Weg wurde eröffnet mit der Europäischen Gemeinschaft für Kohle und Stahl unter Leitung der supranationalen Hohen Behörde in Luxemburg. Sie war die erste europäische Gemeinschaft mit eigenen Kompetenzen und legte den **Grundstein der europäischen Integration.**

Hauptetappen auf dem Weg von der EGKS zur Schaffung und Ausgestaltung der Europäischen Union waren folgende:

Unterzeichnung der Römischen Verträge von den Staats- und Regierungschefs der sechs EU-Gründerstaaten 1957.

- 1957 begannen die sechs Gründerstaaten, ausgehend von den Erfolgen mit dem gemeinsamen Markt für Kohle und Stahl, einen großen Markt für den freien Austausch von Waren, Kapital und Personen aufzubauen. Das wurde in den „Römischen Verträgen" vereinbart.
- 1968 waren zwischen den Ländern bereits alle Zölle abgeschafft und damit wurde die **Zollunion** verwirklicht. Ein gemeinsamer Außenzoll wurde schrittweise eingeführt. Durch Annäherung der Wirtschaftspolitik der Mitgliedstaaten entwickelten sich in den 1960er-Jahren gemeinsame Handels-, Agrar- und Kernenergiepolitiken. Damit wurde es möglich, Landwirtschaft und Industrie zu modernisieren und die Versorgung mit Lebensmitteln und Energiequellen zu sichern.
- Ab 1975 fanden wirtschaftlich schwache Regionen besondere Unterstützung durch Fonds für Regionalentwicklung. Die Gemeinschaften übernahmen nun auch Aufgaben in der Sozial-, Umweltschutz- und Währungspolitik.

Mehrheitsentscheidungen wurden erst mit dem Übergang zur Europäischen Union 1992 möglich.

Seit 1979 wird das Europäische Parlament in Straßburg alle fünf Jahre gewählt.

Dagegen scheiterten Versuche einer politischen Union und gemeinsamen Verteidigungspolitik. Französische Politiker waren noch nicht bereit, weitere Hoheitsrechte auf die Gemeinschaft zu übertragen. Auch scheiterte der Versuch, das Einstimmigkeitsprinzip im Ministerrat der Europäischen Wirtschaftsgemeinschaft (EWG) bzw. der Europäischen Gemeinschaft (EG) durch Mehrheitsentscheidungen zu ersetzen. Dennoch waren die gemeinschaftlichen Maßnahmen insgesamt so erfolgreich, dass Dänemark, Großbritannien und Irland 1973 beitraten, gefolgt 1981 von Griechenland sowie 1986 von Portugal und Spanien.

- Zwischen 1975 und 1985 wurden trotz oder auch wegen der Erweiterung nur wenige gemeinschaftliche Lösungen erzielt. „Europessimismus" breitete sich aus. Ein 1985 vorgelegtes Weißbuch der Europäischen Kommission und der sich in der „Einheitlichen Europäischen Akte" 1986 äußernde politische Wille der Regierungen und Parlamentarier brachten wieder Bewegung in die Entwicklung. Es wurde das – dann auch erreichte – Ziel gesetzt, den **gemeinsamen Binnenmarkt** bis 1993 zu vollenden.
- 1990 veränderte sich die Landkarte Europas durch die Wiedervereinigung Deutschlands und die Demokratisierung der ost- und südosteuropäischen Länder, die sich von der Sowjetunion lösten, grundlegend. 1995 traten die neutralen Staaten Finnland, Österreich und Schweden der EU bei. Neun Jahre später wurden in einem großen historischen Akt die Länder der Osterweiterung Mitglieder, gefolgt 2007 von Bulgarien und Rumänien (vgl. Karte, S. 354).
- 1992 verhandelten die Mitglieder den Übergang der europäischen Gemeinschaften in die **Europäische Union,** der auf Grundlage des Maastrichter Vertrags 1993 vollzogen wurde. Zu ihren Aufgaben zählt seitdem auch die gemeinsame Außen- und Sicherheitspolitik sowie die Zusammenarbeit in der Justiz- und Innenpolitik. Es wurde eine Europäische Wirtschafts- und Währungsunion (EWWU) auf den Weg gebracht, die in drei Stufen 2002 verwirklicht war, als zwölf Mitgliedsländer den Euro als gemeinsame Währung einführten. Die Geld- und Währungspolitik obliegt der neu geschaffenen Europäischen Zentralbank.
- In den 1990er-Jahren waren Fragen nach dem Konzept und der Grundidee der Union an den Rand geraten. Nach vergeblichen Versuchen auf Regierungskonferenzen in Amsterdam (1997) und Nizza (2000), mit einer **Generalüberholung des politischen Systems** der EU zu beginnen, verhandelte ein Konvent den Entwurf einer europäischen Verfassung (2003). Da deren Ratifizierung in Frankreich und den Niederlanden scheiterte, brachte erst der Vertrag von Lissabon (2007) die erwartete Reform. Während einerseits die neuen Aufgaben die zwischenstaatlich vereinbarte Steuerung der Union stärkten (Drei-Säulen-Modell), erhielt andererseits das Europäische Parlament erweiterte Kompetenzen bei der Gesetzgebung und der Kontrolle der EU-Institutionen.

▶ Ein **Weißbuch** ist eine Sammlung mit Vorschlägen zum Vorgehen in einem bestimmten Bereich. Das 1985 vorgelegte Weißbuch der Europäischen Kommission hatte das Thema „Vollendung des Binnenmarktes".

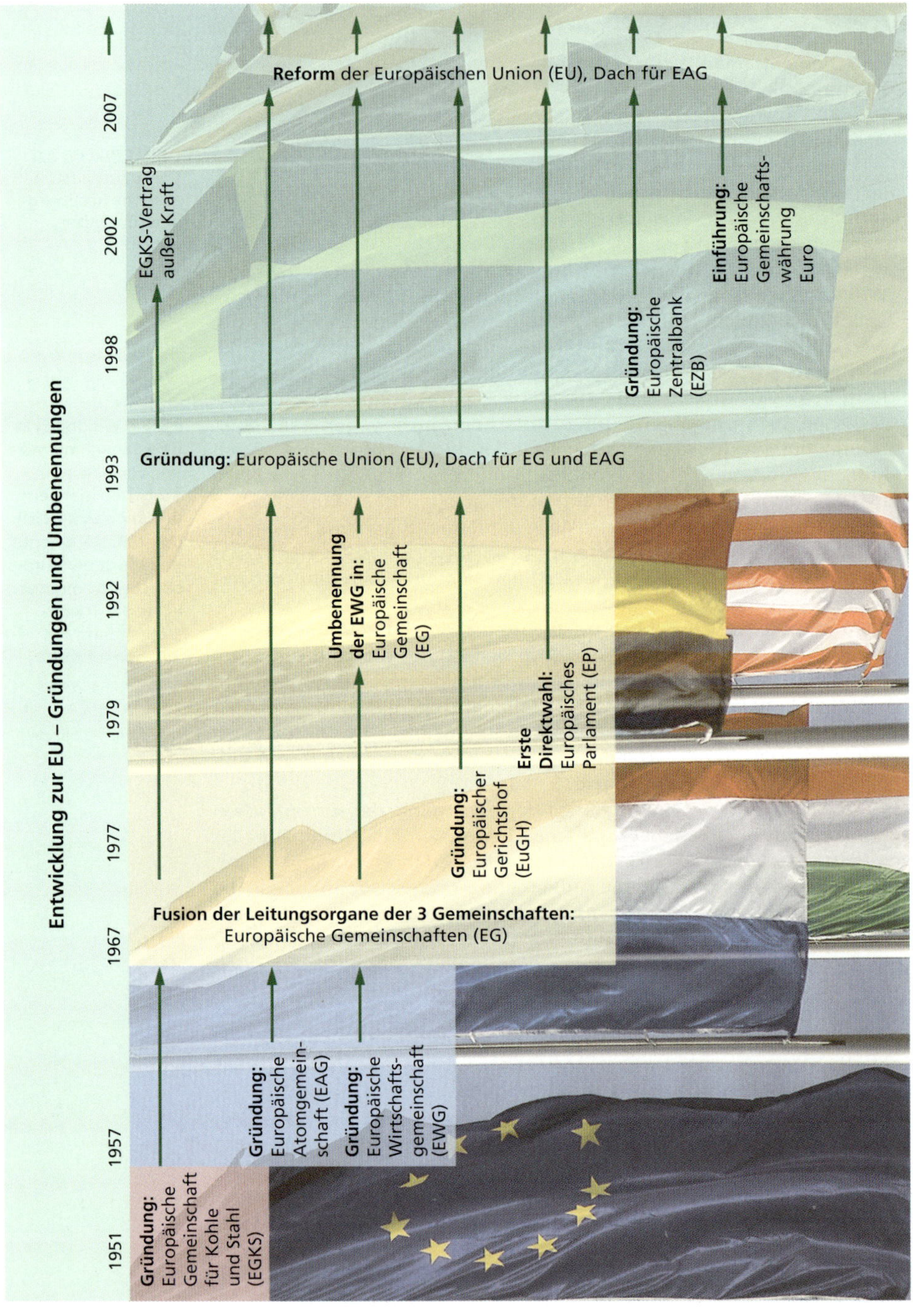
Entwicklung zur EU – Gründungen und Umbenennungen
1951
1957
1967
1977
1979
1992
1993
1998
2002
2007
Gründung: Europäische Gemeinschaft für Kohle und Stahl (EGKS)
Gründung: Europäische Atomgemeinschaft (EAG)
Gründung: Europäische Wirtschaftsgemeinschaft (EWG)
Fusion der Leitungsorgane der 3 Gemeinschaften: Europäische Gemeinschaften (EG)
Gründung: Europäischer Gerichtshof (EuGH)
Erste Direktwahl: Europäisches Parlament (EP)
Umbenennung der EWG in: Europäische Gemeinschaft (EG)
Gründung: Europäische Union (EU), Dach für EG und EAG
Gründung: Europäische Zentralbank (EZB)
EGKS-Vertrag außer Kraft
Einführung: Europäische Gemeinschaftswährung Euro
Reform der Europäischen Union (EU), Dach für EAG

5.2.2 Entscheidungsverfahren und Organe der EU

Den **Kern des politischen Systems** der Europäischen Union bilden sechs Organe bzw. Institutionen (↗ S. 356).

Für sie alle ist charakteristisch:
- Jede Institution erfüllt bestimmte Funktionen.
- Indem eine Institution ihre Aufgaben erfüllt, erbringt sie zugleich die Voraussetzungen dafür, dass auch die anderen Institutionen ihre Funktionen erfüllen können.
- Die Institutionen weisen den Akteuren bestimmte Aufgaben und Kompetenzen zu sowie auch die Mittel, ihre Kompetenzen auszuüben.

Eine solche Kompetenz ist z.B. die Aufgabe der Europäischen Kommission, wöchentlich in Brüssel zu tagen und über aktuelle Fragen des Wettbewerbs im Binnenmarkt zu entscheiden, nachdem diese Fragen zuvor in der Verwaltung der Generaldirektion Wettbewerb bis zur Entscheidungsreife vorgeklärt wurden.
Es entsteht ein **funktionaler Zusammenhang** aller Institutionen untereinander, wodurch das politische System gekennzeichnet ist. Dessen institutioneller Rahmen wird durch das europäische Primärrecht festgelegt und betrifft
- Handlungsräume, die Themenbereiche der Politik,
- Wege und Verfahren der Entscheidung,
- Umsetzungs- und Kontrollverfahren.

Das Zusammenwirken der Institutionen folgt dem **Prinzip der Gewaltenteilung und -verschränkung.** Jedoch lassen sich diese Prinzipien der nationalstaatlich organisierten Demokratie nicht direkt auf die Union übertragen, denn der EU fehlt das durch Sprache, Kultur und Geschichte geeinte europäische Volk (demos). Es fehlt ihr auch eine über alle Ländergrenzen hinweg bekannte und akzeptierte Führungsschicht (Elite) und aufgrund der europäischen Sprachenvielfalt sogar eine europäische Öffentlichkeit.

Die EU ist gezwungen, neue trans- und international-demokratische Formen des guten Regierens zu entwickeln.

Mit Ausnahme des Europäischen Gerichtshofs und der Europäischen Zentralbank sowie des Europäischen Rechnungshofs haben alle Organe legislative Funktionen. Die Aufgabe der Exekutive teilen sich der Europäische Rat, der Rat und die Kommission, während die Judikative nur dem Gerichtshof zufällt.
Hauptmerkmal der EU ist es, gemeinschaftliches (supranationales) Entscheiden und Handeln mit zwischenstaatlicher (intergouvernementaler) Zusammenarbeit der Mitgliedsländer zu vereinen. Die EU arbeitet insofern auf zwei Entscheidungswegen, hat zwei Gesichter und Institutionen, die jederzeit in der Lage sind – und sei es während einer Sitzung –, von einem zum anderen Entscheidungsverfahren zu wechseln.

▶ Die nachträgliche Kontrolle der Haushaltsführung der EU in Einnahmen und Ausgaben übernimmt der Europäische Rechnungshof, in den jedes Mitgliedsland einen Vertreter entsendet (Sitz Luxemburg).

Intergouvernementale Zusammenarbeit und Methode	Supranationale Zusammenarbeit und Methode
– Dies ist die traditionelle Form der Zusammenarbeit von Staaten untereinander. – In Verhandlungen wird zwischen den unterschiedlichen Interessen von Nationalstaaten auf der Grundlage von Einstimmigkeit ein Kompromiss ausgearbeitet.	– Form der Zusammenarbeit, bei der Staaten nationale Kompetenzen an gemeinsame überstaatliche Institutionen übertragen haben, in denen meistens auf der Grundlage von Mehrheitsentscheidungen rechtsverbindliche Regelungen für die Mitgliedstaaten getroffen werden
– Der Rat entscheidet allein, meistens mit qualifizierter Mehrheit. – Das Parlament berät und kontrolliert. – Die Gesetzesinitiative teilen sich Kommission, Rat, Europäischer Rat (als Impulsgeber).	– Der Rat stimmt mit qualifizierter Mehrheit ab. – Das Parlament stimmt generell mit einfacher Mehrheit ab. – Die Kommission hat das Monopol der Gesetzesinitiative.

Die Organe der EU sind unterschiedlich zusammengesetzt und nehmen verschiedene Aufgaben wahr.

Organe der EU und ihre Aufgaben			
Organ/Sitz	**Zusammensetzung**	**Funktion**	**Merkmal**
Europäischer Rat (ER)	Staats- und Regierungschefs, Präsident des ER, Kommissionspräsident, unterstützt durch den Hohen Vertreter für Außen- und Sicherheitspolitik	Abstimmung über die politische Entwicklung und die langfristigen Ziele der europäischen Integration: – Leitlinien- und Impulsfunktion	intergouvernemental
Rat der Europäischen Union (Ministerrat, Rat) Brüssel	Fachminister der Regierungen der Mitgliedstaaten, z. B. Außenministerrat	Beschluss und Lenkung von Maßnahmen in Politikfeldern: – Entscheidungs- und Rechtsetzungsfunktion – Legislativfunktion	intergouvernemental
Europäische Kommission (EK) Brüssel	28 Kommissare (davon 1 Präsident und mehrere Vizepräsidenten) zugleich Chefs der Verwaltung/Generaldirektionen	Umsetzung und Einhaltung der Gemeinschaftspolitik und des Gemeinschaftsrechts: – Exekutivfunktion – Legislativfunktion (Initiativmonopol) – Repräsentationsfunktion (in internationalen Organisationen)	supranational
Europäisches Parlament (EP) Straßburg Brüssel Luxemburg	751 Abgeordnete (davon 1 Präsident, 14 Vizepräsidenten, Mandate verteilt nach einem länderspezifischen Schlüssel)	Gesetzgebung, Kontrolle der Kommission, der Außen- und Justizpolitik: – Legislativfunktion – Kontrollfunktion	supranational

Europäischer Gerichtshof (EuGH) Luxemburg	28 Richter (1 Richter pro Mitgliedstaat) und 9 Generalanwälte	Auslegung und Überwachung der Einhaltung des Gemeinschaftsrechts: – Kontrollfunktion – Rechtsprechungsfunktion	supranational
Europäische Zentralbank (EZB) Frankfurt a. M.	6 Direktoren (davon 1 Präsident und 1 Vizepräsident); EZB-Rat: Direktoren, Präsidenten der nationalen Zentralbanken	Sicherung der Währungs- und Preisstabilität; Unterstützung der Wirtschaftspolitik	supranational
Europäische Investitionsbank (EIB) Luxemburg	Vertreter der Mitgliedstaaten	Gewährung von Darlehen und Bürgschaften zur Förderung des gemeinsamen Marktes	supranational
Wirtschafts- und Sozialausschuss (WSA) Brüssel	350 Vertreter von wirtschaftlichen und sozialen Organisationen der Zivilgesellschaft (davon 1 Präsident)	Anhörungsrecht bei Rat und Kommission (Beratungspflicht)	nicht staatlich (Interessenverbände)
Ausschuss der Regionen (AdR) Brüssel	350 Vertreter von Regionen, Städten und Gemeinden (davon 1 Präsident)	Anhörungsrecht bei Rat und Kommission	regional

Europäisches Parlament

> Das Europäische Parlament ist das von den EU-Bürgerinnen und -Bürgern nach nationalem Wahlrecht alle fünf Jahre **direkt gewählte Vertretungsorgan** der EU.

Das EP arbeitet an drei Orten: in Straßburg, in Brüssel und in Luxemburg.

Das Parlament hat das Recht, über jede Frage der EU zu beraten. Seine **Befugnisse** umfassen klassische Parlamentsfunktionen:
- Gesetzgebung (in Verbindung mit dem Rat),
- Mitwirkung bei Ernennungen (Europäische Kommission, Europäischer Rechnungshof, Europäische Zentralbank),
- Haushaltsrecht (Entlastung der Kommission),
- Kontrolle (Misstrauensvotum gegenüber Kommission), umfängliche Kontrollinstrumente (Berichtspflichten aller EU-Institutionen, Fragerechte, Klagerecht),
- Bearbeitung von Petitionen.

Die in den EU-Mitgliedstaaten gewählten Abgeordneten haben sich nach der Wahl 2014 in acht **transnationalen Fraktionen** zusammengeschlossen.

Fraktionen im Europäischen Parlament (2015)

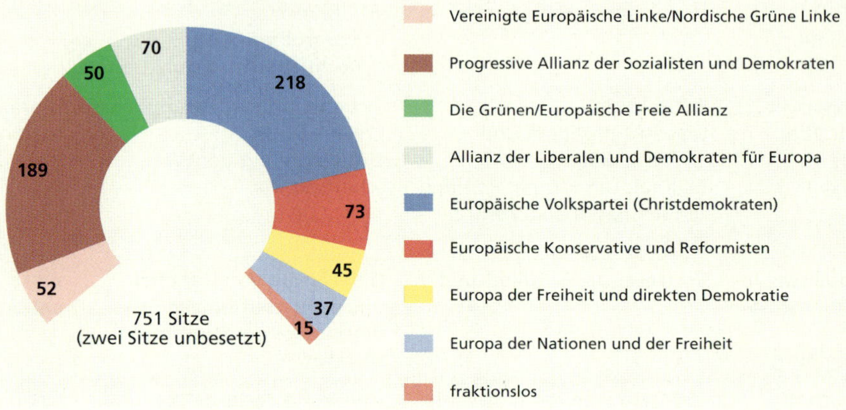

Die EU hat keine „Regierung", die sich auf eine parlamentarische Mehrheit im EP stützt. Es gibt hier keine Regierungsfraktion und keine Oppositionsparteien. Die Hauptarbeit leisten die Parlamentarier in 22 Ausschüssen zu Querschnittsaufgaben wie Haushaltskontrolle, Petitionen und zu den einzelnen Politikfeldern in Form von Gesetzesberatung, Anhörungen und Initiativberichten.

Das Parlament hat seine Mitwirkung an der Politik der EU stark ausweiten können und ist heute neben der Kommission einer der Motoren der Fortentwicklung. Es war 1958 (EWG-Vertrag) nur knapp zu einem Drittel an politischen Entscheidungen beteiligt, seit 2009 (Inkrafttreten des Lissaboner Vertrags) aber bereits zu rund zwei Drittel.

Quelle: Art. 294 AEUV

Verfahren der ordentlichen Gesetzgebung

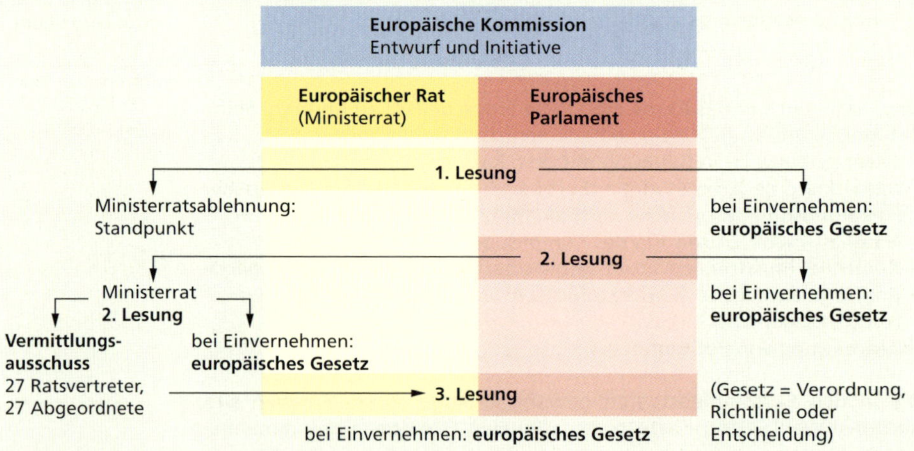

Europäischer Rat

Der Europäische Rat setzt sich aus den Staats- und Regierungschefs, seinem Präsidenten sowie dem Präsidenten der Europäischen Kommission zusammen. An den Sitzungen ist der Hohe Vertreter für die gemeinsame Außen- und Sicherheitspolitik beteiligt. Er ist ein politisches Leitungsorgan, aber an der formellen Entscheidungsfindung (Gesetzgebung) nicht beteiligt.

> Der Europäische Rat ist seit 2009 eines der Organe der EU. Er gibt die für die europäische Integration erforderlichen Impulse und **legt** die allgemeinen **politischen Zielstellungen fest.**

Der Europäische Rat traf zum Beispiel die Grundsatzentscheidungen zur Wirtschafts- und Währungsunion, zur Direktwahl der europäischen Parlamentarier, zur Osterweiterung der EU und zum Vertrag von Lissabon. Zu internationalen Krisen formuliert er Orientierungspunkte.

Ratspräsidenten 2009–2014: HERMAN VAN ROMPUY (geb. 1947, Belgien), seit 2014: DONALD FRANCISZEK TUSK (↗Foto, geb. 1957, Polen)

Sein Präsident ist neben dem Kommissionspräsidenten und dem Hohen Vertreter einer der Repräsentanten der EU im internationalen System. Seit 1980 befasst er sich immer häufiger auch mit Gesetzesentscheidungen, die vom Rat der EU an ihn weitergereicht werden (Letztentscheidung).
Der Europäische Rat wählt für zweieinhalb Jahre einen Präsidenten, der die in der Regel vier Sitzungen pro Jahr vorbereitet. Die Sitzungsergebnisse finden als „Schlussfolgerungen" Eingang in die Arbeit der EU.

Rat der Europäischen Union

> Der Rat der Europäischen Union – auch der Rat oder Ministerrat – ist das **zentrale Beschluss- und Lenkungsorgan der EU.**

Der Rat der Europäischen Union setzt sich aus je einem Fachminister jedes Mitgliedslandes zusammen. Jedes Mitgliedsland verfügt über eine Stimme bzw. über gewichtete Stimmen.

Der Rat repräsentiert die Regierungen der Mitgliedstaaten im politischen System der EU und verbindet die nationalstaatlichen Interessen mit der EU-Ebene. Ihm obliegt zusammen mit dem Europäischen Parlament die Gesetzgebung, er erlässt Rechtsvorschriften und beobachtet deren Durchführung. Er entscheidet in außen- und sicherheitspolitischen Fragen und hat Koordinierungsbefugnis im Bereich der gemeinsamen Wirtschafts- und Beschäftigungspolitik.

Der Rat der EU tagt in neun verschiedenen Zusammensetzungen 70- bis 80-mal im Jahr für die **Aufgabenfelder:**
- allgemeine Angelegenheiten und Außenbeziehungen,

- Wirtschaft und Finanzen (einschließlich Haushalt),
- Justiz und Inneres (einschließlich Katastrophenschutz),
- Beschäftigung, Sozialpolitik, Gesundheit und Verbraucherschutz,
- Wettbewerbsfähigkeit und Tourismus (einschließlich Binnenmarkt, Industrie, Forschung),
- Verkehr, Telekommunikation und Energie (einschließlich audiovisueller Bereich),
- Landwirtschaft und Fischerei,
- Umwelt,
- Bildung, Jugend und Kultur.

Der wichtigste Rat ist der für „Allgemeine Angelegenheiten und Außenbeziehungen", also der **Rat der Außenminister.** Er ist u. a. für die Vor- und Nachbereitung der europäischen Gipfel des Europäischen Rats und für die Durchführung sämtlicher außenpolitischer Maßnahmen zuständig.

Europäische Kommission

Hervorgegangen aus der Hohen Behörde (1951) der EGKS nimmt die Europäische Kommission innerhalb der EU drei Rollen wahr:

- Motor der Integration: Förderung der gemeinsamen Interessen mittels Gesetzesinitiativen, wofür sie generell das Vorschlagsmonopol hat, und durch mehrjährige Programmplanung,
- Hüterin der Verträge und des erlassenen Unionsrechts (zusammen mit dem Europäischen Gerichtshof),
- Exekutive der EU: Ausführung des Haushalts und der Programme, Koordination von Maßnahmen, Außenvertretung der EU.

> Die Kommission **repräsentiert die Supranationalität der EU.** Ihre 27 Mitglieder sind auf das Unionswohl verpflichtet. Sie handeln unabhängig von den Regierungen der Mitgliedsländer.

Der luxemburgische Politiker JEAN-CLAUDE JUNCKER (↗Foto, geb. 1954) ist seit 2014 Präsident der Europäischen Kommission.

Die Kommission besteht aus dem Kollegium der 28 Kommissare und der ihnen unterstellten Verwaltung. Ihre Ernennung auf fünf Jahre wird zwischen Europäischem Rat, Mitgliedsregierungen und Europäischem Parlament abgestimmt, Letzteres wählt den Kommissionspräsidenten. Rund 26 000 Verwaltungsangestellte verteilen sich auf 22 Generaldirektionen für Politikfelder und 26 Fachdienste, Ämter und Agenturen, zum Beispiel für Statistik, Dolmetschen oder Forschung.

> Die Kommission ist **Akteur in allen Phasen politischer Entscheidungen** in der EU.

Sie setzt etwa 1000 beratende Ausschüsse und Expertengruppen ein, in denen nationale Beamte und Sachverständige mitwirken können, um Entscheidungen vorzubereiten und umzusetzen. Daran beteiligen sich auch Lobbyisten von Unternehmen, Verbänden, Nichtregierungsorganisationen und Beraterfirmen.

Im **Haushalt der EU** spiegeln sich die in Verhandlungen beschlossenen politischen Prioritäten.

Der Finanzrahmen der EU 2014–2020 (Ausgaben in %)

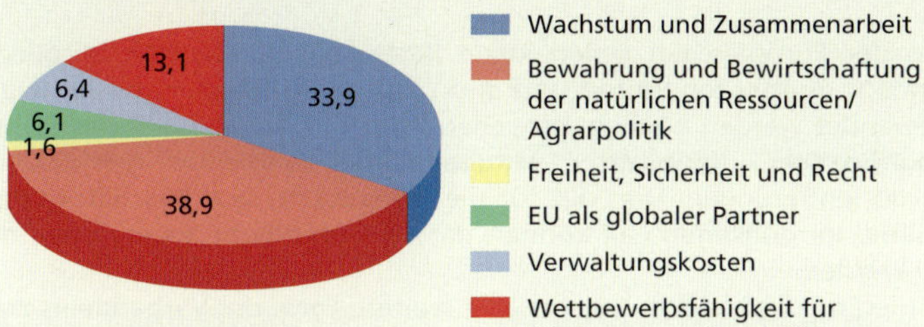

Quelle: Europäische Kommission, 2015

Entscheidungsverfahren

Aufgabenfülle und zwei Entscheidungswege lassen es nicht zu, nur nach einer einzigen Regel zu entscheiden. Wenn mit dem Lissabonner Vertrag (2007) die Aufgaben stark zunahmen, über die statt mit Einstimmigkeit nun in qualifizierter Mehrheit entschieden wird, dann ist daran ein Wechsel vom völkerrechtlichen Prinzip „ein Land – eine Stimme" zum staatsrechtlich-demokratischen „ein Bürger – eine Stimme" zu beobachten.

Eine **qualifizierte Mehrheit** ist gemäß Lissabonner Vertrag, wenn die Stimmen mindestens 55 % der Mitgliedsländer und zugleich 65 % der Unionsbevölkerung repräsentieren, wodurch eine Blockademehrheit kleiner Länder vermieden werden kann. Diese Regel wird bis zum 1. November 2024 gelten. Bis dahin wird die Qualifizierung durch **gewogene Stimmen** erreicht, die die Landesgröße beachten, sodass zum Beispiel Malta drei Stimmen und Deutschland 29 Stimmen einsetzen kann.

Angewendet werden in den EU-Gremien drei **Abstimmungsregeln.**

Das betrifft Beschlüsse mit
- **Einstimmigkeit** – in der gemeinsamen Außen- und Sicherheitspolitik durch Europäischen Rat und Rat,
  - bei einfachen Vertragsänderungen durch den Europäischen Rat,
  - bei der Festlegung von Haushaltsgrenzen durch den Rat;
  ähnlich ist der Konsens als Regelfall im Europäischen Rat (der Einstimmigkeit nahe),
- **einfacher Mehrheit** der abgegebenen Stimmen – dem Regelfall im Europäischen Parlament (absolute Mehrheit in zweiter Lesung und 2/3-Mehrheit bei Misstrauensanträgen) und im Direktorium der Europäischen Zentralbank,
- **qualifizierter Mehrheit** – dem Regelfall im Rat.

Die Abstimmung ist Schlusspunkt einer Entscheidung, die entweder als Weisung erfolgt oder sich aus Verhandlungen oder Wettbewerben ergibt.

Im Rahmen der Institutionen der EU stehen im Mittelpunkt **Verhandlungen** der Regierungsvertreter der Mitgliedsländer untereinander und mit der Leitung und Verwaltung der EU.

Verhandelt wird
- inter- oder transgouvernemental – nur öffentliche Akteure,
- intermediär – öffentliche Akteure mit Vertretern gesellschaftlicher Interessen in Verbänden, Unternehmen, Organisationen,
- als gesellschaftliche Selbstregelung – nur gesellschaftliche, private Akteure.

Wo der Europäischen Union keine Zuständigkeit von den Mitgliedsländern übertragen wurde und also „harte" EU-Regelungen nicht angewendet werden können, erreichen „weiche" Regelungen der Selbstkoordination interessierter Mitgliedsländer immerhin gemeinsame Sachorientierungen. Dies gilt für die **Wirtschafts- und Beschäftigungspolitik.** Im günstigen Fall können daraus verbindliche Regelungen der EU werden.
In diesen Politikfeldern kommt eine weitere Form des Verhandelns zum Einsatz: das **Netzwerk** als informelles Kommunikations- und Interaktionsnetz von öffentlichen und privaten Akteuren. Im Unterschied zu Verhandlungen unter Regierungsmitgliedern, die in Demokratien meistens mit nationalen Parteiwettbewerben gekoppelt sind, kennen sie keine starren Fronten. Zudem können sie außerhalb der bestehenden Institutionen agieren. Sie sind deshalb zum einen besonders für die länderübergreifende Vorbereitung von EU-Entscheidungen geeignet und zum Zweiten für „weiche" Regelungen in Politikfeldern außerhalb einer umfassenden EU-Zuständigkeit. Sie können Initiativen sowohl von oben, von der Kommission, als auch von unten, aus nationalen Fachverwaltungen oder privaten Organisationen, aufnehmen. Es entstehen dann Verflechtungszusammenhänge, die vom lokalen Referenten bis zum Ratsmitglied in Brüssel reichen können. Unklar an der offenen Methode bleibt deren Kontrolle und Legitimation. Bedeutung erlangten derartige **Governance-Formen** bei der Koordinierung von Politikfeldern mit einzelstaatlicher Zuständigkeit in der Sozial-, Beschäftigungs- und Gesundheitspolitik.

▸ Weiche Regelungen sollen harte Regelungen (verbindliche Richtlinien, Verordnungen) ergänzen, sollen Impulse der EU-Institutionen mit nationaler Politikverantwortung verknüpfen und wechselseitiges Lernen ermöglichen.

Für die Selbstkoordination wurde seit 2000 das Verfahren der „**Offenen Methode der Koordination** (OMK)" entwickelt.

Dieses Verfahren zielt darauf ab,
- freiwillig zwischen Mitgliedsländern gemeinsame Leitlinien mit Zeitplan und Kontrollindikatoren zu vereinbaren,
- deren Umsetzung in nationale und regionale Aktionspläne zu organisieren und
- im Sinne gegenseitigen Lernens zu bewerten.

In Verbindung mit EU-Gremien, in deren „Schatten", beteiligen sich daran staatliche und nicht staatliche Akteure.

In der **Beschäftigungspolitik** geht es darum, wenigstens Mindeststandards und gemeinsame Ziele zu vereinbaren. Ausgehend von einem Vorschlag der Kommission (Art. 148 AEUV) werden in Verhandlungen auf mehreren Ebenen Ziele und Leitlinien der Europäischen Beschäftigungsstrategie fixiert:
- Schaffung von mehr Arbeitsplätzen, um die Beschäftigungsquoten auf durchschnittlich 70 %, für Frauen auf 60 % und für die Älteren auf 50 % anzuheben,
- Arbeitslosen spätestens nach zwölf Monaten (Jugendlichen nach sechs) einen neuen Platz anbieten,
- mindestens 85 % der 22-Jährigen mit der Sekundarstufe II abschließen lassen,
- das durchschnittliche Renteneintrittsalter um fünf Jahre anheben.

Die offene Methode sieht vier miteinander verflochtene Schritte vor, diese Ziele in freier Vereinbarung daran interessierter Mitgliedsländer umzusetzen:
- gemeinsame Leistungskennziffern,
- jährliche Berichte, nationale Aktionspläne,
- systematischer zwischenstaatlicher Vergleich (benchmarking),
- ein zusammenfassender gemeinsamer Beschäftigungsbericht mit Einschätzungen und Empfehlungen (naming und shaming).

Die offene Methode zielt auf konsensuale Abstimmung gemeinsamer Ziele, auf Lernprozesse durch Lösungsvergleich und moralischen Wettbewerb. In der Beschäftigungspolitik beförderte sie die Konvergenz der nationalen Beschäftigungspolitiken in Richtung der erfolgreichen Länder.

Mindeststandards werden als Mittel angesehen, mit Mindestvorschriften für soziale oder Arbeitsleistungen Angleichungen zwischen Mitgliedsländern zu erreichen. Dadurch sollen vor allem Unterbietungswettbewerbe (Sozialdumping) zwischen nationalen Märkten bzw. Sozialstaatsregelungen vermieden werden. Jedoch scheitern Mindeststandards, wenn die beteiligten Länder in Wirtschaft und Gesellschaft nicht homogen genug sind.

Politikangleichung durch die „offene Methode" der Koordinierung

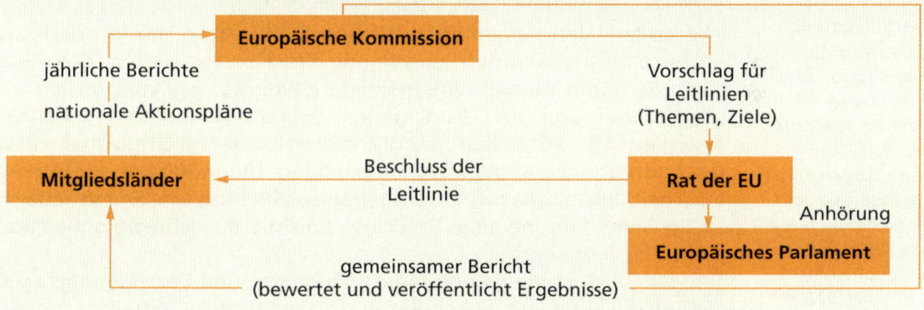

Nimmt man alle Entscheidungswege, -verfahren und -ebenen der EU zusammen in den Blick, dann ergeben sich zwei **kritische Punkte:**
- Die Ebenen der Verhandlungen und der Legitimation der EU fallen auseinander. Sind die Entscheidungen auf europäischer Bühne zu treffen, so wird die demokratische Legitimation der transnationalen Demokratie EU durch Wahlen innerhalb der Mitgliedsländer erbracht (asymmetrische Demokratie).
- In der hoch verflochtenen Union stehen den Akteuren viele Möglichkeiten offen, als Vetospieler Problemlösungen zu blockieren, was der Politikwissenschaftler FRITZ W. SCHARPF als „Verflechtungsfalle" kritisierte.

5

5.2.3 Gemeinsame Außen- und Sicherheitspolitik

Die Europäische Union ist schon aufgrund ihrer Bevölkerungszahl sowie Wirtschafts- und Finanzkraft ein bedeutender internationaler Akteur. Sie ist gefragt bei Herausforderungen wie Klimawandel, Energie- und Rohstoffknappheit, Staatszerfall, Migration, internationalem Terrorismus, Massenvernichtungswaffen.

> Die in den Verträgen von Maastricht (1992) und Lissabon (2007) begründete **gemeinsame Außen- und Sicherheitspolitik** (GASP) beschreibt den zentralen außen- und sicherheitspolitischen Handlungsrahmen mit Zielen, Akteuren und Instrumenten.

Außenpolitisch relevant sind neben der GASP die Politikfelder der gemeinsamen Handelspolitik als Teil des Binnenmarkts sowie die Energie-, Umwelt- und Verkehrspolitiken, für die sowohl die Union als auch die Mitgliedsländer zuständig sind.
Außen- und Sicherheitspolitik soll den Werten eines friedlichen Interessenausgleichs folgen und ihnen „weltweit zu stärkerer Geltung verhelfen" (Art. 21, Abs. 1, EUV). Ihre **allgemeinen Ziele** sind:
- die Wahrung ihrer Werte und Interessen, insbesondere Unabhängigkeit, Sicherheit und Unversehrtheit,
- multinationale und multilaterale Lösungen,
- Festigung des Friedens, der Demokratie, Rechtsstaatlichkeit und der Menschenrechte (ziviles Krisenmanagement),
- die schrittweise Festlegung einer gemeinsamen Verteidigungspolitik,
- die Entwicklung der Weltwirtschaft, der Umweltstandards.

▶ Im Solidaritäts- und Beistandsfall handeln Union und Mitgliedsländer, „wenn ein Mitgliedstaat von einem Terroranschlag, einer Naturkatastrophe oder einer von Menschen verursachten Katastrophe betroffen ist" (Art. 222, Abs. 1 AEUV).

Alle außen- und sicherheitspolitischen Maßnahmen müssen nach zwischenstaatlicher Methode einstimmig beschlossen werden. Die Zielerreichung hängt deshalb entscheidend davon ab, wie weit es den Mitgliedstaaten und den EU-Organen gelingt, nationale Standpunkte anzugleichen, um zu einer möglichst geschlossenen Einflussnahme auf das internationale Geschehen zu gelangen. Um möglichen EU-internen Entscheidungsblockaden zu entgehen, ist es Mitgliedsländern erlaubt, an der Durchführung eines Beschlusses nicht teilzunehmen, ohne diesen jedoch zu verhindern.
Teil der GASP ist die **gemeinsame Sicherheits- und Verteidigungspolitik (GSVP)**, die zivile und im Sonderfall auch militärische Mittel zur Verteidigung im Solidaritäts- und Beistandsfall zur Krisenbewältigung, Konfliktverhütung und Abrüstung einsetzen kann. Die zivilen und militärischen Mittel haben die Mitgliedstaaten aufzubringen. Doch hat die Union Ansätze zu einer eigenen Förderstruktur aufbauen können, als
- Stärkung der technisch-industriellen Verteidigungsgrundlagen der Mitgliedsländer (Europäische Verteidigungsagentur),
- multinationale Gefechtsgruppen,
- ständige Zusammenarbeit daran interessierter Mitgliedsländer.

Eine ständige europäische Armee ist nicht vorgesehen, wohl aber feststehende, abrufbare militärische Kontingente der Mitgliedstaaten.

Die Europäische Union engagiert sich vor allem bei der **Lösung ziviler Krisen** durch den Einsatz von Polizisten und Experten für Recht, Verwaltung, Politik, Katastrophenschutz und Menschenrechte.

Die EU ist z. B. an Aktionen des zivilen Krisenmanagements beteiligt
- in Bosnien-Herzegowina (seit 2003): Aufbau von Polizei und Rechtsstrukturen,
- im Kongo (seit 2005): Unterstützung der Polizei und staatlichen Sicherheit,
- im Irak (seit 2005): Aufbau der Justiz,
- in palästinensischen Autonomiegebieten (seit 2005): Überwachung des Grenzübergangs zu Ägypten.

Zur Beilegung militärischer Krisen beteiligte sie sich
- in Mazedonien (2003): Stabilisierung der Sicherheitslage,
- im Kongo (2006): Unterstützung der UN-Mission zur Aufrechterhaltung der öffentlichen Ordnung während Wahlen.

Der Hohe Vertreter der GASP ist zugleich als Kommissar für Außenbeziehungen in die internen Abläufe der Europäischen Kommission einbezogen („Doppelhut"). Die Position hat seit 2014 die Italienerin FEDERICA MOGHERINI (↗ Foto, geb. 1973) inne.

Das seit dem Lissabonner Vertrag erheblich aufgewertete Interesse an einer abgestimmten Politik der Union auch dann, wenn die nationale außen- und sicherheitspolitische Autonomie der Mitgliedsländer bestehen bliebe und im nationalen Interesse von den Regierungen genutzt würde, führte zu einer **eigenständigen Leitungsstruktur** innerhalb der EU. Als ständiger Repräsentant für die GASP wurde die Position eines Hohen Vertreters für die gemeinsame Außen- und Sicherheitspolitik geschaffen. Er steht an der Spitze des Europäischen Auswärtigen Dienstes mit 136 Delegationen (Botschaften weltweit 2011) und zahlreichen Sonderbeauftragten in Krisenregionen.

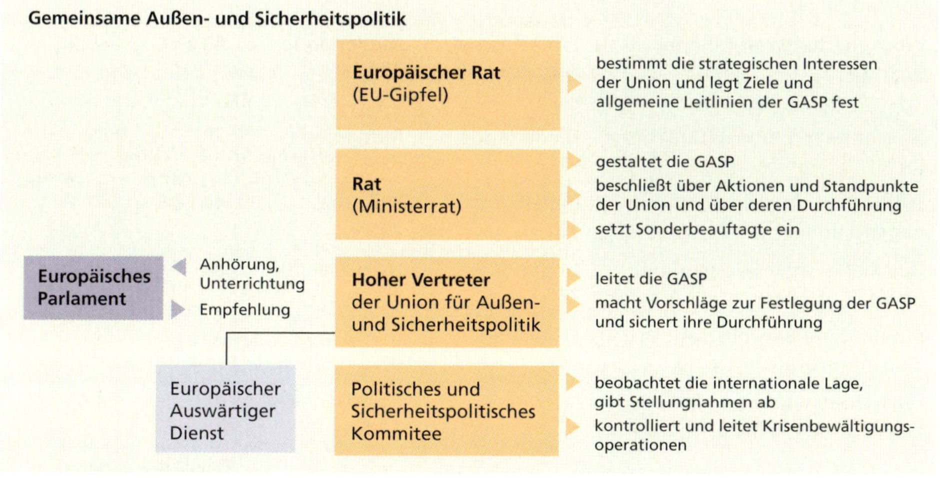

5.2.4 Zukünftige Gestalt der Europäischen Union

Ob die Europäische Union rechtlich und politisch eine bestimmte finale Ordnung anstrebt, zum Beispiel die föderale Ordnung eines Bundesstaates, haben die Verträge und die EU-Mitgliedsländer bisher offengelassen. Ihr bisheriges Profil als demokratische internationale Organisation entwickelte sich in einem Prozess fortlaufender Veränderungen von Inhalt und Form, niedergelegt in den Verträgen seit 1951.

Ihre **eigentümliche Dynamik** gewinnt die EU vor allem aus einer Reihe von ökonomischen, sozialen und politischen Gegensätzen und den sich daraus ergebenden Aufgaben für die EU-Politik.

Das sind im Besonderen die **Gegensätze:**
- der ökonomischen und sozialen Entwicklung in und zwischen Mitgliedsländern (unterschiedliche Verteilung von Einkommen, Arbeit und Bildung sowie unterschiedliche Standards der sozialen Sicherheit) und
- der politischen Regierungsformen und -traditionen (parlamentarisch, semipräsidentiell und präsidentiell sowie öffentliche Mentalitäten).

Europa zu integrieren, meint deshalb die ständige Verpflichtung, Regelungen zu finden, mit denen die erhebliche Heterogenität im Lebensstandard, in den objektiven und subjektiven Lebensverhältnissen abgebaut werden kann.

Unterschiedliche Lebensverhältnisse in der EU (2009/10)

	Land mit		Mittelwert EU 27	Wert Deutschland
	höchstem Wert	niedrigstem Wert		
Beschäftigte mit befristetem Vertrag (in %)	Polen 27	Rumänien 1	14	15
Wochenarbeitszeit Männer (in Std.)	Tschechische Republik 42,1	Niederlande 37,5	40,6	40,3
Haushalte mit Internetanschluss (in %)	Niederlande 91	Rumänien 42	70	82
Luftverschmutzung der Wohngegend (in %)	Italien 73	Finnland 22	44	27
Haushalte ohne Jahresurlaub (in %)	Ungarn 74	Niederlande 10	34	27
Erneuerbare Energie des Energieverbrauchs (in %)	Schweden 44	Malta 0	10	9
Wirtschaftswachstum 2010 im Verhältnis zu 2009, BIP (in %)	Schweden 5,7	Griechenland −4,5	1,8	3,6

Quelle: Datenreport 2011

Gegensätze ganz anderer Art bestehen in der Europäischen Union in den unterschiedlichen Regelungsprinzipien, an denen sich die Handlungen der Union ausrichten. Es sind dies sechs **gegensätzliche Orientierungen:**
- intergouvernementale oder supranationale politische Führung,
- Einstimmig- oder Mehrstimmigkeit der Entscheidungsverfahren,
- direkte Legitimation durch das Europäische Parlament oder indirekte Legitimation über nationale Wahlen,
- Integration als räumliche Erweiterung oder funktionale Vertiefung,
- Wahrung nationaler Identität und Sprache oder Förderung europäischer Identität und einer gemeinsamen Sprache (Englisch),
- Integration in gleicher Geschwindigkeit für alle oder differenziert nach Mitgliedergruppen.

Eine unabhängige Reflexionsgruppe wurde vom Europäischen Rat eingesetzt, um die Anforderungen, die sich für Europa im Zeithorizont bis 2030 stellen werden, zu ermitteln, zu analysieren und Lösungsvorschläge zu unterbreiten.

Diese Differenzen und unterschiedlichen Orientierungspunkte markieren die typischen Konfliktfelder der EU. Sie umreißen den internen Stoff, aus dem die zukünftige Gestalt der EU erwächst. Hinzu treten die Einflüsse, die extern aus globaler Verflechtung und internationaler Konkurrenz einwirken.

Vor diesem Hintergrund setzen **beobachtbare Zukunftsmodelle** die Akzente unterschiedlich.

Erweiterung zu einer **Wirtschafts- und Sozialunion**	Sollte im Gleichgewicht von wirtschaftlicher, sozialer und ökologischer Entwicklung erfolgen, wie es die Reflexionsgruppe Europa 2030 des Europäischen Rats vorschlägt (2010). Dies bedeutet zentrale makroökonomische Abstimmung der Geld-, Finanz- und Lohnpolitiken und eine gemeinsame Regierungsstruktur. Zentral ist dabei der Ausbau einer wettbewerbsfähigen und nachhaltigen sozialen Marktwirtschaft.
Ausbau der „stillen" Föderation zum **Bundesstaat**	Durch ihre weitere Parlamentarisierung, das heißt durch ein einheitliches Wahlrecht zur Wahl des Europäischen Parlaments und der Fortentwicklung des Rats als zweiter Länderkammer.
Ausweitung zu einer **deliberativen supranationalen Union**	Durch Einbezug und Verflechtung mit gesellschaftlichen Gruppen. In der Sache betroffene Bürger kommen mit Experten und Bürokraten anstelle von Mehrheitsentscheidungen in freier Aussprache und Aushandlung zum verbindlichen Konsens.
Stagnation	Wenn die Führungsgruppen keine Antwort finden auf supranationale Erwartungen (Demokratisierung), auf Ansprüche an globale Wirksamkeit (Klima, Finanzen, Migration), auf materielle und ideelle Versorgungserwartungen der Bevölkerung.
Fortgesetzte **pragmatische Integration**	Die auch im Lissabonner Vertrag (2007) vorherrschende technokratische Legitimation wird nicht überwunden, es bleibt beim Europa der Resultate. Innerhalb einzelner Politikfelder entwickeln sich dichte Governance-Netzwerke.
Europäische flexible **Integration in verschiedenen Geschwindigkeiten**	Unterscheidbare Räume aus „willigen" Mitgliedsländern, zum Beispiel der Eurozone, des Schengener Abkommens, und deren Ausweitung zu einem voranschreitendem Kern- und einem nachfolgenden Randeuropa.

Die Europäische Union als Mehrebenensystem

Mit der Europäischen Union ist bisher kein supranationaler Staat entstanden, der gestützt auf souveräne Staatsgewalt autonom handeln kann. Jedoch erfüllt die Union Funktionen eines Staats. Politische Entscheidungen und ihre Durchsetzung sind nur möglich, wenn über mehrere Ebenen hinweg europäische und nationale Institutionen zusammenwirken. Die Union ist insofern ein Verfassungsverbund, in dem hoheitliche Kompetenzen in allen öffentlichen Politikbereichen von der nationalen auf die europäische Ebene übertragen und die legislativen Zuständigkeiten vertraglich aufgeteilt wurden.

Die EU ist in politikwissenschaftlicher Sicht ein Mehrebenensystem, in dem sich Akteure nicht nur horizontal innerhalb von Staaten, sondern ebenso mit Akteuren anderer Ebenen zu koordinieren haben. Klassisch für diese Verflechtung sind in Deutschland Länder-Länder-Beziehungen, die sich mit Länder-Bund-Beziehungen sowie mit Parteibeziehungen kreuzen und verflechten. Die europäische Verflechtung ist gekennzeichnet durch

- die unterschiedlichen Formen der Gemeinschaftsmethode und der Art und Weise, zwischenstaatliche Zusammenarbeit zu handhaben,
- den Einsatz der drei Grundformen, mit denen Akteure sich koordinieren können:
  - Weisung, die auf Hierarchie, auf einem Über- und Unterordnungsverhältnis beruht,
  - Verhandlung zwischen gleichgestellten Akteuren,
  - Wettbewerb zwischen gleichberechtigten Akteuren im Markt.

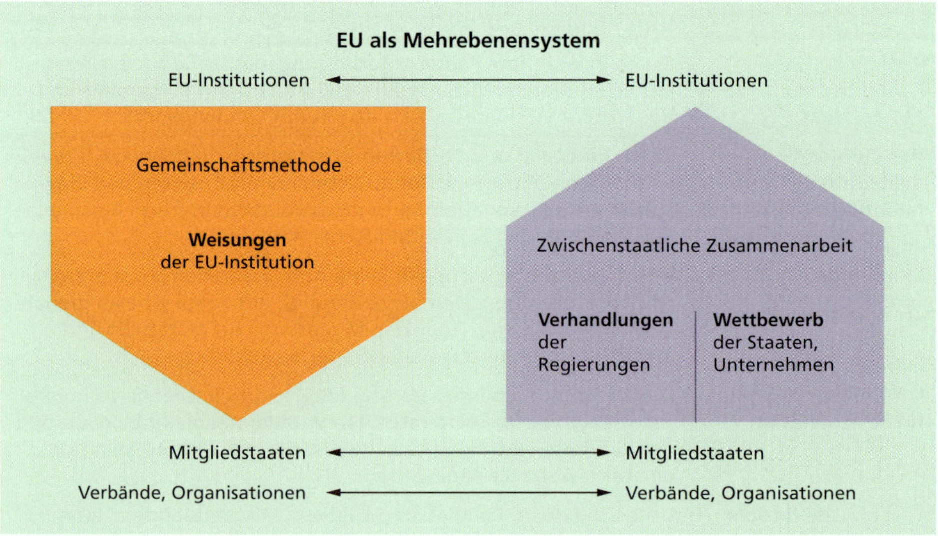

Wissenstest 5 abrufbar auf **www.lernhelfer.de** oder mit der Lernhelfer-App

5.3 Weltpolitische Konflikte und Friedenssicherung

Am Beginn des dritten Jahrtausends werden in der Welt etwa vierzig Kriege gezählt. Die Mehrzahl davon sind bewaffnete Auseinandersetzungen innerhalb von Staaten oder in Gebieten, wo es keine staatliche Macht mehr gibt und Gewalt allgegenwärtig ist. Aber es brechen auch immer wieder bewaffnete Konflikte zwischen Staaten aus, wie zwischen Indien und Pakistan, die beide über Atomwaffen verfügen.

Links:
Start einer Langstreckenrakete in Pakistan

Rechts:
Im 3. Golfkrieg stürzten die Amerikaner das irakische Regime von Saddam HUSSEIN.

2003 führte eine von den USA dominierte Allianz einen Präemptivkrieg gegen Irak (↗ S. 384) und besetzte das Land. Krieg sollte hier wie auch in Afghanistan das Mittel gegen den internationalen Terrorismus und die Verbreitung von Massenvernichtungsmitteln sein.

> Die Herausforderungen für eine internationale **Politik der Friedenssicherung** sind nicht geringer geworden als im vergangenen Jahrhundert.

▶ Das 20. Jh. war vor allem durch zwei Weltkriege und Rüstungswettläufe auf dem Gebiet der Atomwaffen sowie der Raketentechnik gekennzeichnet.

Die zahlreichen neuen Kriege im 21. Jh. zeigen an, dass bewaffnete Gewalt andere, vielfältigere Erscheinungsformen angenommen hat. Es bleibt eine grundlegende Aufgabe der Politik, Krieg und Gewalt aus dem Leben der Völker zu verbannen.

5.3.1 Ursachen und Strukturen von Kriegen und Konflikten

Politik der Friedenssicherung stützt sich auf Konzeptionen, denen ein bestimmtes Verständnis von Frieden und Gewalt zugrunde liegt.
Vielfach wird Frieden als Abwesenheit von Krieg definiert. Da es aber auch ohne Krieg unfriedliche Zustände gibt, in denen Menschen unterdrückt, gequält, vertrieben und getötet werden, ist Frieden umfassender als Nicht-Krieg.

> **Frieden** ist Abwesenheit von personaler und struktureller Gewalt, den Hauptformen von Gewalt.

5

Gewaltdreieck

Die Unterscheidung von Gewaltformen geht auf den norwegischen Friedensforscher JOHAN GALTUNG (geb. 1930) zurück.

Es werden verschiedene Gewaltformen unterschieden:
- direkte, personale Gewalt (gegen Personen gerichtete, sichtbare Gewalt),
- indirekte, strukturelle Gewalt (in der Struktur unmenschlicher, ungerechter Verhältnisse liegend),
- kulturelle Gewalt (symbolische Gewalt in religiöser und ideologischer Form, in Erziehung und in den Medien).

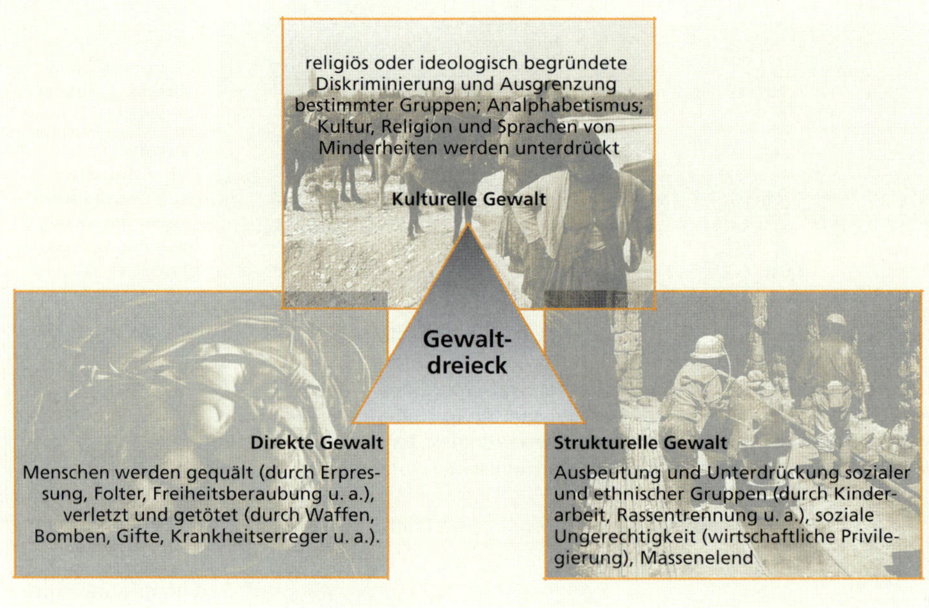

„Wenn das Gewaltdreieck auf seine ‚direkten' und ‚strukturellen' Füße gestellt wird, dann erscheint die kulturelle Gewalt als die Legitimation von beidem. Richtet man das Dreieck hingegen auf seine ‚direkte Gewalt'-Spitze aus, so vermittelt es eine Vorstellung von den strukturellen und kulturellen Quellen direkter Gewalt. Natürlich bleibt das Dreieck immer ein Dreieck – aber das Bild, das produziert wird, ist unterschiedlich." (JOHAN GALTUNG: Kulturelle Gewalt, in: Der Bürger im Staat, 1993, S. 108)

Zusammenhang von Gewalt und Frieden

Dem differenzierten Gewaltverständnis entspricht eine Unterscheidung von negativem und positivem Frieden.

Negativer Frieden liegt vor, wenn keine personale direkte Gewalt herrscht. **Positiver Frieden** liegt vor, wenn keine strukturelle, indirekte Gewalt herrscht.

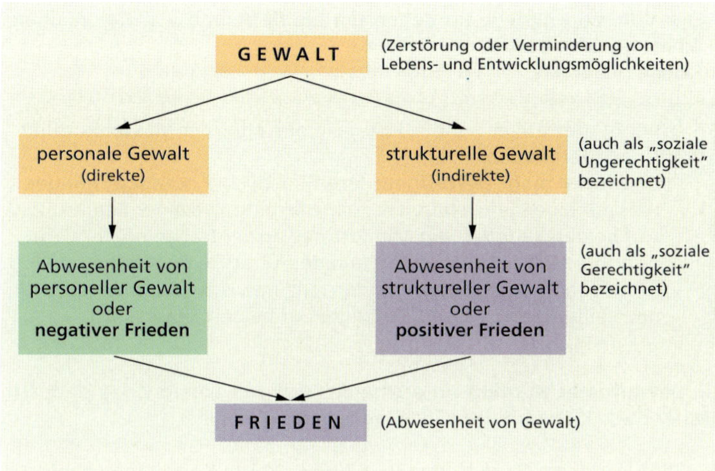

Negativer Frieden	Positiver Frieden
herrscht, wo die Waffen schweigen, aber ungelöste soziale und politische Spannungen weiterbestehen – z. B. in Einsatzgebieten von UN-Friedenstruppen, in denen streitende Parteien getrennt und kontrolliert werden müssen, wie in Zypern oder im Kosovo.	herrscht, wo der Staat und das Gesellschaftssystem die demokratische Zustimmung der Bürger besitzt – z. B. in den Staaten der Europäischen Union, die Demokratien sind und auf der Grundlage von Vertragswerken zusammenarbeiten.

Definitionen von Krieg

Krieg als gesellschaftliche Erscheinung wird unter verschiedenen Gesichtspunkten – qualitativen und quantitativen – bestimmt.

> Unter qualitativer Sicht ist **Krieg** ein mit Waffengewalt ausgetragener **Machtkonflikt** zwischen Völkerrechtsubjekten (Staaten, Bündnissen) oder zwischen Bevölkerungsgruppen innerhalb eines Staates zur gewaltsamen Durchsetzung politischer, wirtschaftlicher, ideologischer oder militärischer Interessen.

Es werden zumeist **fünf Kriegstypen** unterschieden:
- Antiregimekriege, in denen gekämpft wird, um Regierende zu stürzen oder um das politische System bzw. die Gesellschaftsordnung zu erhalten oder zu verändern;
- Autonomie- und Sezessionskriege, in denen um größere regionale Autonomie innerhalb des Staatsverbandes oder um Sezession vom Staatsverband gekämpft wird;
- zwischenstaatliche Kriege, in denen sich Streitkräfte von Regierungen mindestens zweier staatlich verfasster Territorien gegenüberstehen, und zwar ohne Rücksicht auf ihren völkerrechtlichen Status;

▶ Die Kriegstypen sind weitestgehend nach der Hamburger Arbeitsgemeinschaft Kriegsursachenforschung (AKUF) benannt.

Zahlreiche Kriege lassen sich nicht eindeutig einem der Typen zuordnen, sodass sich Mischtypen bilden.

Die quantitative Definition des Krieges geht auf die Hamburger Arbeitsgemeinschaft Kriegsursachenforschung (AKUF) zurück.

- Dekolonisationskriege, in denen um die Befreiung von Kolonialherrschaft gekämpft wird;
- Kriege neuer Art.

Unter quantitativer Sicht ist Krieg ein gewaltsamer **Massenkonflikt** mit den Merkmalen:
- Zwei oder mehr bewaffnete Streitkräfte sind beteiligt, mindestens auf einer Seite stehen reguläre Streitkräfte einer Regierung.
- Auf beiden Seiten ist ein Mindestmaß an zentral gelenkter Organisation der Kriegführenden und des Kampfes gegeben.
- Bewaffnete Operationen finden mit gewisser Kontinuität und nach einer planmäßigen Strategie auf beiden Seiten statt.

Ein **bewaffneter Konflikt** unterscheidet sich von einem Krieg dadurch, dass er diese Kriterien nicht in vollem Umfang erfüllt.

2009 wurden z. B. 25 Kriege und 7 bewaffnete Konflikte gezählt. Als Gewaltkonflikte wurden die Auseinandersetzungen in Äthiopien, Mali, Nigeria, Senegal, Pakistan, Iran und Peru eingestuft, weil hier die kriegerischen Handlungen zwischen im Wesentlichen gleichen Akteuren entweder nur noch mit geringer Kontinuität weitergeführt oder unterbrochen wurden.

Kriegsursachen

Allgemeine Kriegsursachen sind Interessengegensätze, unvereinbare Ansprüche und Machtkonkurrenz zwischen Staaten oder gesellschaftlichen Gruppen.

Dabei geht es um Machtvergrößerung durch Gewinn von ökonomischen Ressourcen, Territorien und Bevölkerungen (z. B. Anschluss von Minderheiten jenseits der Grenzen) und/oder um den Anspruch, Vormacht (Hegemonialmacht) in einer Region zu sein. Auch die Ablenkung von inneren Spannungen durch außenpolitische Abenteuer kann eine Kriegsursache sein, ebenfalls die politische Entscheidung, Konflikte mit bewaffneter Gewalt auszutragen.
Kriege werden vorbereitet durch materielle, soziale und geistige Aufrüstung.

Materielle Aufrüstung	**Quantitativ:** – Erhöhung der Truppenstärke – Vergrößerung der Zahl der Waffensysteme (Panzer, Raketen, Flugzeuge) **Qualitativ:** – technische Verbesserung der Systeme (z. B. Automatisierung, Elektronisierung) – Neuentwicklungen (z. B. Laserwaffen, Kleinstatombomben)

Soziale Aufrüstung	– Militarisierung und Mobilisierung der Gesellschaft (z. B. im Bildungswesen und in der Jugenderziehung) – Glorifizierung von Militär – Aufstellen paramilitärischer Verbände
Geistige Aufrüstung	– Erzeugen von Feindbildern (z. B. „Frankreich ist Deutschlands Erbfeind" vor 1914; „Achse des Bösen", US-Präsident BUSH 2002 über Irak, Iran, Nordkorea)

Die **Kriegsursachenforschung** stellt Faktoren der Kriegsentstehung (Rüstungswettläufe, unvereinbare Ziele von Staaten, psychologische und ideologische Massenmobilisierung) und ihre Verflechtungen fest und sie misst anhand möglichst vieler Kriege deren Dauer, die Art und Zahl der Beteiligten, die Höhe der militärischen und zivilen Opfer, die Kriegskosten sowie den Umfang der Zerstörungen. Auf dieser Basis sind Kriegsstatistiken und auch Kriegswarnungen möglich. Doch sie ersetzen nicht qualitative politische und historische Einzelanalysen von Kriegen.

Moderner Krieg

Die Art, wie die Menschen Krieg führen, entwickelte sich historisch in Abhängigkeit vom jeweiligen Kulturniveau und von den technischen Voraus-setzungen. Heeresorganisation, Waffentechnik, Strategie und Ziele der Kriegführung unterschieden sich in verschiedenen Epochen.

Etwa im 17. Jh. begann mit der Einführung der Feuerwaffen, mit der Aufstellung stehender Heere und der Ausrüstung von Kriegsflotten durch die europäischen Nationen die Herausbildung der modernen Kriegsweise.

Kennzeichen des modernen Krieges sind Verstaatlichung, Massenhaftigkeit, Technisierung, Entgrenzung.

Verstaatlichung	Massenhaftigkeit	Technisierung	Entgrenzung
– Staat als Kriegsherr und als Kriegsorganisator – Waffen = Staatseigentum – politische Kriegsbegründungen	– allgemeine Wehrpflicht – ökonomische und ideologische Mobilisierung der ganzen Gesellschaft	– Kampfentscheidungen durch technisch potenzierte und massierte Waffenwirkung – Schnelligkeit und Automatisierung aller Systeme	– Krieg zu Lande, zu Wasser und unter Wasser, in der Luft und mittels Satelliten/Raketen im erdnahen Kosmos – Vernichtungskraft potenziert sich in immer kürzeren Zeiträumen – höhere zivile als militärische Opfer

Links: Einsatz des Geschützes „Dicke Berta" im Ersten Weltkrieg

Rechts: Landung der Alliierten in der Normandie 1944

Die Entwicklung des modernen verstaatlichten, politisch motivierten Krieges vollzog sich in Etappen. Sie begann mit den Kabinettskriegen des Absolutismus, umfasst die Massenkriege der Nationalstaaten im 19. und 20. Jh., die beiden Weltkriege 1914–1918 und 1939–1945 und reicht bis zur atomaren Abschreckung und zum Ost-West-Konflikt 1946–1989.

Die **Massenkriege** der Nationalstaaten waren charakterisiert durch Massenaufgebote – die allgemeine Wehrpflicht wurde festgesetzt. Die Technisierung der Kriegführung begann (1866 Erfindung des Dynamits), es wurden strategische Vernichtungsschlachten geführt.

An den beiden **Weltkriegen,** die um die Hegemonie im internationalen System geführt wurden, nahmen immer mehr Staaten teil. Die Zahl der Opfer – vor allem Zivilisten – wuchs um ein Vielfaches und die Zerstörungen waren langfristig. Der Gegner sollte vernichtet, nicht nur geschlagen werden. Die Kriegführung wurde industrialisiert. Masseneinsatz von Maschinengewehren und schwerer Artillerie prägten den Ersten Weltkrieg, fortschreitende Entgrenzung den Zweiten Weltkrieg: Flächenbombardements, Massenerschießungen, Vertreibungen, Taktik der „verbrannten Erde" waren Kennzeichen.

Das **atomwaffengestützte Abschreckungssystem** zwischen den beiden Militärblöcken NATO und Warschauer Pakt unter der Führung der beiden Weltmächte USA und Sowjetunion beruhte auf dem „Gleichgewicht des Schreckens". Das Risiko eines Krieges war wegen der „totalen Waffen" (Atom- und Wasserstoffbomben, ballistische Raketen) unkalkulierbar geworden. Die Kriegführung verschob sich auf kostspielige und existenzbedrohende Rüstungswettläufe, auf strategisch fundierte Drohungen und Gegendrohungen sowie auf „Stellvertreterkriege" (z. B. die Kriege in Korea, Vietnam oder Afghanistan).

Nach 1990 wurde eine Vielzahl „neuer" Kriege gezählt, die regional entstanden und die durch eigene Merkmale gekennzeichnet sind.

5.3.2 Kriege neuer Art

Im neuen Jahrtausend setzt sich ein Trend fort, der bereits in der zweiten Hälfte des vergangenen Jahrhunderts begann: Gewaltsame Konflikte konzentrieren sich auf die Armuts- und Krisenregionen des Südens, wobei vergleichsweise wenige zwischenstaatliche Kriege geführt werden.

Kriege und bewaffnete Konflikte 1945–2014 Quelle: Jahresberichte und Datenreihen der AKUF Hamburg

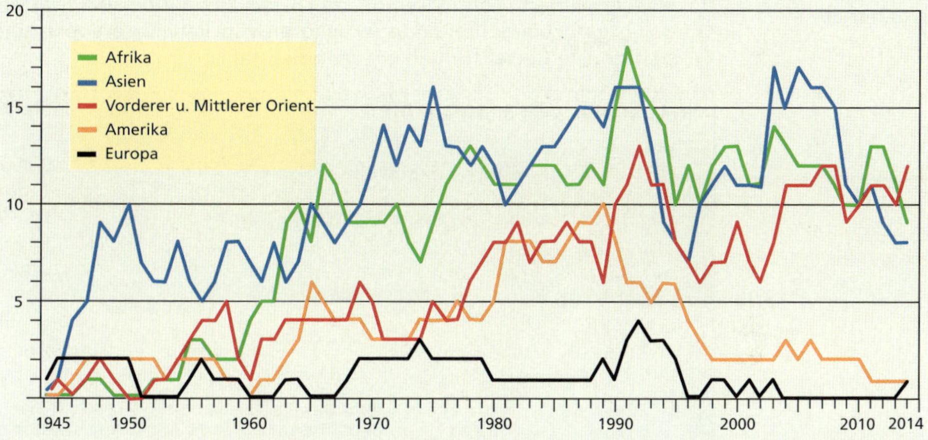

Die überwiegende Zahl der Gewaltkonflikte findet innerhalb von Staaten und in grenzüberschreitenden Kriegsregionen unter zunehmender Beteiligung nicht staatlicher Akteure statt. Die Kriege der Gegenwart unterscheiden sich von den klassischen Kriegen des 19. und 20. Jh.s durch eigene Merkmale.

Die **Wesensmerkmale der neuen Kriege** sind Regionalisierung, Entstaatlichung und Asymmetrierung der Gewalt.

Regionalisierung

Regionalisierte Kriege sind die heute gängigste Konfliktform.

Das sind innerstaatliche Kriege, in denen die Nachbarstaaten und Großmächte direkt mit Streitkräften oder mittelbar – durch Waffenlieferungen, finanzielle oder logistische Unterstützung – einbezogen sind. Kriegerische Gewalt reicht dabei häufig über die Grenzen hinaus. Nachbarstaaten oder aus ihnen stammende substaatliche Akteure, wie Rebellen oder Milizen, greifen ein.
Zugleich überschreiten Kriegsflüchtlinge und -vertriebene die Grenzen. Grenznahe Flüchtlingslager in Nachbarstaaten werden zu Rückzugs- und Rekrutierungsbasen für die bewaffnete Opposition und Regierungstruppen nehmen bei deren Verfolgung keine Rücksicht auf Staatsgrenzen.

▶ Über 90 Prozent der Kriege nach 1945 wurden in Regionen der Dritten und ehemaligen Zweiten Welt gezählt. Von den 238 Kriegen, die in der Zeit von 1945 bis 2007 geführt wurden, fanden 68 in Asien, 64 in Afrika südlich der Sahara, 60 im Vorderen und Mittleren Orient, 30 in Süd- und Mittelamerika und 16 in Europa statt. 2014 gab es 9 Kriege und gewaltsame Konflikte in Afrika, 8 in Asien, 12 im Orient, jeweils einen in Amerika und in Europa.

▶ Die verschiedenen grenzüberschreitenden Aktionen werden auch als „Spillover-Effekte" bezeichnet.

Die Völkermordaktionen in der **Demokratischen Republik Kongo** sollen mehr als 2,5 Mio. Menschen das Leben gekostet haben.

An den beiden Kriegen, die 1996 in der **Demokratischen Republik Kongo** geführt wurden, waren eine Vielzahl von Rebellen und mehrere Nachbarstaaten beteiligt (Ruanda, Uganda, Burundi, Angola, Simbabwe u. a.).
Am **Horn von Afrika** bilden Teile der Territorien mehrerer Staaten eine besondere Konfliktregion durch die Zirkulation von Waffen, durch grenzüberschreitende Aktivitäten von Rebellengruppen und traditionale Gewaltformen wie Viehdiebstahl.

Regionale Kriege in Afrika

Entstaatlichung und Asymmetrierung kriegerischer Gewalt

Neue Kriege werden nicht mehr erstrangig um politische Ziele geführt, sondern verfolgen zumeist ökonomische Zwecke. Das ist mit einer **Entstaatlichung des Krieges** verbunden.

Die Ausrichtung von Kriegen vorrangig auf ökonomische Zwecke erschwert zunehmend eine Unterscheidung zwischen ihnen und organisierter (Gewalt-)Kriminalität.

In Krisenregionen, in denen Staaten schwach, gescheitert oder völlig zerfallen sind, wie z. B. in Somalia oder Afghanistan, besteht kein staatliches Gewaltmonopol. Staaten werden entweder zu Gewaltakteuren unter anderen oder der Staat bzw. seine militärischen Machtmittel und Institutionen, wie Polizei und Verwaltung, sein Territorium und seine Bürger, werden selbst Beute von bewaffneten Gruppierungen.
Kriege drehen sich demzufolge häufig nicht um die Eroberung der Staatsmacht bzw. Regierungsgewalt oder um die Errichtung neuer staatlicher Strukturen. Sie werden vielmehr wegen wirtschaftlicher Zwecke geführt. Die Ausrichtung auf vorrangig ökonomische Ziele von Kriegen ist ein Ausdruck ihrer „Entstaatlichung" bzw. „Privatisierung". Es ändern sich damit auch die **Formen der Kriegführung:**

- Der Krieg ist nicht mehr erstrangig gegen ein bewaffnetes Gegenüber gerichtet, sondern gegen die **Zivilbevölkerung.** Es gibt keine klaren Frontverläufe und an die Stelle von Schlachten treten Massaker, Massenvergewaltigungen, systematische Plünderungen und Vertreibungen, z. B. in Ruanda 1994. Darin spiegelt sich die **Asymmetrierung der kriegerischen Gewalt** wider.

Massaker an den Tutsi in Ruanda
Etwa 800 000 Menschen wurden in wenigen Wochen getötet.

- Ursprünglich einheitliche bewaffnete Formationen spalten sich im Verlauf solcher Kriege oft in verschiedene, untereinander rivalisierende und sich bekämpfende Gruppen. Es bestehen lose Kommandostrukturen. **„Warlords"** und ihre zumeist jugendlichen Zuläufer sind aus persönlichem Profit- und Machtstreben an der Aufrechterhaltung von Kriegsökonomien interessiert und sorgen für eine endlose Fortsetzung von Kriegen – in der westafrikanischen Kriegsregion Liberia, Guinea, Sierra Leone wird z. B. über Jahrzehnte Krieg geführt.

Warlords, engl. = Kriegsherren; Akteure, die im Zuge von Bürgerkriegen und Staatsverfall bestimmte Territorien kontrollieren, ihre Macht mit privaten Armeen sichern und von Kriegsökonomien profitieren (Ausnutzung von Ressourcen und Bevölkerung)

- **Staatliche Sicherheitskräfte** sind ebenfalls oft gespalten und stehen vielfach nicht unter der Kontrolle ihrer jeweiligen Regierungen, zumal sie schlecht oder gar nicht besoldet werden. Sie führen deshalb auch auf eigene Rechnung Krieg zum Zweck des Beutemachens. Damit befördern sie noch den Zerfall des Staates, den sie eigentlich schützen sollen. Das ist z. B. in Afghanistan, Somalia und der Demokratischen Republik Kongo zu beobachten.

Diese Art der **Kriegführung** ist grundlegend verbunden mit einer Zurücknahme der Zivilisation, mit der Ausweitung von Kriegsökonomien sowie mit der Transformation von Gewalt in die Nachkriegszeit.

Zurücknahme der Zivilisation	Krieg wird die Lebensform ganzer Generationen; Zwangsrekrutierungen, Einsatz von Kindersoldaten In West- und Zentralafrika, Kambodscha und auf den Philippinen kämpfen etwa 300 000 Minderjährige (UNO-Angaben 2003).
Entstehung von Kriegsökonomien	Waffen- und Drogenhandel, Ressourcenverschleuderung, Erpressung von Hilfsorganisationen, Tätigkeit von Söldneragenturen und privaten Sicherheitsfirmen Angola und Westafrika verkaufen „blutige Diamanten" und Erdöl.
Transformation von Gewalt	Nachkriegszeiten werden Vorkriegszeiten, Kriegsgewalt geht in organisierte Gewaltkriminalität über. In El Salvador wurden nach Beendigung des Bürgerkrieges in der zweiten Hälfte der 1990er-Jahre jährlich mehr Menschen getötet als während des Krieges.

5

Kriege im Irak (2003), in Afghanistan (2001), in Syrien (2011)

Präemptivkrieg, engl. pre-emptive = vorbeugend; in der Militärsprache: einem unmittelbar erwarteten gegnerischen Angriff durch eigenen Angriff zuvorkommend (zu unterscheiden von präventiv)

Der Krieg, den die USA im Bündnis mit Großbritannien gegen den Irak und sein diktatorisches Regime im März 2003 führten, war in der ersten Phase ein zwischenstaatlicher Krieg. Er wurde erklärtermaßen als Präemptivkrieg geführt, um terroristischen Gefahren und dem Einsatz angeblich vorhandener Massenvernichtungswaffen vorzubeugen.

Der **Irak-Krieg** war ein Hegemonialkrieg, der auf eine politische Neuordnung des Nahen Ostens zielte.

In der zweiten Phase wandelte sich der Krieg zu Säuberungsoffensiven gegen antiwestlich, religiös oder kriminell motivierte Aufständische und Terroristen in einem zerfallenden Staat.

Kriegsparteien	– USA-geführte Allianz gegen das Regime SADDAM HUSSEINS im Irak – Besatzungsmacht gegen Aufständische, Milizen, islamistische Guerilla und Terroristen
Legitimation	– Kampf gegen internationalen Terrorismus – Regimewechsel im Irak, Förderung von Demokratie und Freiheit im Nahen Osten
Kriegsziele	– politische Neuordnung des Nahen Ostens – Sicherheit vor terroristischer Bedrohung – Zugriff auf die zweitgrößten Ölreserven der Welt
Militärstrategie	Erste Phase: – Aufbau weit überlegener militärischer Macht – zielgenaue Schläge bei Luftwaffenangriffen, keine Frontenbildung, schnellster Vormarsch Zweite Phase – Säuberungs- und Vergeltungsaktionen von festen Stützpunkten aus – Suche nach Waffen, Anwendung aggressiver Verhörmethoden
Medienbild	– Befreiung des irakischen Volkes durch technisch absolut überlegene amerikanische Soldaten – vom Militär organisierte patriotische Berichte – Gegenpropaganda in arabischen Sendern
Kriegsergebnisse, realpolitisch	– Irak unter amerikanischem Militärprotektorat mit machtloser, nicht akzeptierter Regierung – drohender Bürgerkrieg, kurdischer Landesteil ist faktisch autonom – USA sind unmittelbar präsente Regionalmacht. – Iran als wichtigster Konkurrent gewinnt an Einfluss.
Kriegsergebnisse, weltpolitisch	– Die stärkste Militärmacht kann die Probleme der Region nicht lösen. – Schwächung des internationalen Terrorismus nicht nachweisbar – Einfluss der EU im Nahen Osten gering und umstritten
Kriegstyp-bestimmung	– Supermacht-Ordnungskrieg, gerichtet auf Regimewechsel und politische Neuordnung der Region – wandelt sich zum Säuberungskrieg ohne Fronten

Der 2001 von den USA und ihren Verbündeten geführte Krieg gegen Afghanistan war die erste große militärische Reaktion auf die Terroranschläge vom 11. September 2001.

Der **Afghanistan-Krieg** war ein Antiterrorkrieg.

Er richtete sich sowohl gegen die Terrororganisation Al-Qaida (↗S. 389) als auch gegen das seit Mitte der 1990er-Jahre in Afghanistan herrschende islamisch-fundamentalistische Taliban-Regime, das Al-Qaida-Führer und -Anhänger unterstützte.

Die Hauptphase des Krieges endete mit der Einsetzung einer im Ausland gebildeten Interimsregierung im Dezember 2001 (Petersberger Afghanistan-Konferenz bei Bonn) und mit der Aufstellung der UN-Schutztruppe „International Security Assistance Force" (ISAF) – etwa 36 000 Soldaten der NATO unter US-Führung. Deutschland stationierte etwa 3 000 Soldaten, die wie alle ISAF-Kommandos Schutz- und Sicherungsaufgaben haben und beim Wiederaufbau des Landes helfen. Seit Mitte 2013 ziehen sich die UN-Schutztruppen zurück. Sie übergeben stufenweise die Verantwortung für die Sicherheit an afghanische Behörden. Doch die Lage spitzte sich 2015 wieder zu. Taliban-Kämpfer stürmten die Provinzmetropole Kundus, ermordeten Regierungskräfte, erbeuteten Waffen und Fahrzeuge.

Neben den wiedererstarkenden Taliban stellen die mächtigen Provinzfürsten bzw. Warlords das größte Hindernis für den Aufbau einer wirksamen afghanischen Zentralregierung dar.

▶ **Taliban** bezeichnet eine Gruppe radikaler Islamisten, die sich gegen jeden ausländischen Einfluss auf die afghanische Gesellschaft richten. Sie treten für „Glaubensreinheit" und ausschließlich islamisches Recht ein.

Die Provinzfürsten sind die Hauptverdiener an der Opiumproduktion in Afghanistan, die die größte der Welt ist.

Der in **Syrien** geführte Krieg ist ein **Bürgerkrieg** zwischen den Regierungstruppen des Präsidenten AL-ASSAD und Kämpfern verschiedener Oppositionsgruppen. Mit zunehmender Dauer wurde die militärische Auseinandersetzung zu einem Konflikt mit geostrategischen Dimensionen.

Auslöser der Kampfhandlungen waren 2011 friedliche Demonstrationen im Zuge des Arabischen Frühlings, gegen die die Regierung gewaltsam vorgegangen war. Als bewaffneter Arm der syrischen Opposition wurde die sehr heterogen zusammengesetzte Freie Syrische Armee gebildet, die sich nach und nach aber zersplitterte. Interessengruppen aus dem Ausland gewannen immer mehr an Einfluss. Sie unterstützten die Rebellen mit Geld und Waffenlieferungen und griffen auch direkt in den Krieg ein. Außerdem nahm im Laufe der bewaffneten Auseinandersetzungen der Zulauf von dschihadistischen Kämpfern zu verschiedenen Oppositionsgruppen erheblich zu.

Das ursprüngliche Ziel einer Demokratisierung des Landes wird mittlerweile von einer Reihe religiöser und ethnischer Konflikte überlagert und der Bürgerkrieg zerfällt immer mehr in Einzelkonflikte. Auf syrischem Boden geht die türkische Armee mit Luftangriffen gegen Kurden vor, kämpfen die USA gegen Terrorgruppen des Islamischen Staates, während sich Russland auch mit Waffen und Kampfhandlungen auf die Seite des Regimes stellt.

▶ Nach Angaben von Menschenrechtsorganisationen forderte der Konflikt bis Ende 2015 mehr als 220 000 Opfer. 11,6 Mio. Syrer sind auf der Flucht (etwa 7,6 Mio. als Binnenflüchtlinge und 4 Mio. außerhalb des Landes).

5.3.3 Transnationaler Terrorismus

Terror, lat. terror = Schrecknis, Schreckensnachricht

Terrorismus als eine Form politisch motivierter Gewaltanwendung reicht weit in die Geschichte zurück. Er hat jedoch verschiedene Ausprägungen erfahren. Seit Beginn der 1980er-Jahren trat neben den nationalen Terrorismus verstärkt der internationale. Die terroristischen Anschläge vom 11. September 2001 setzten eine weitere Zäsur.

Islamistische Terroranschläge seit dem 11. September 2001 (Auswahl)

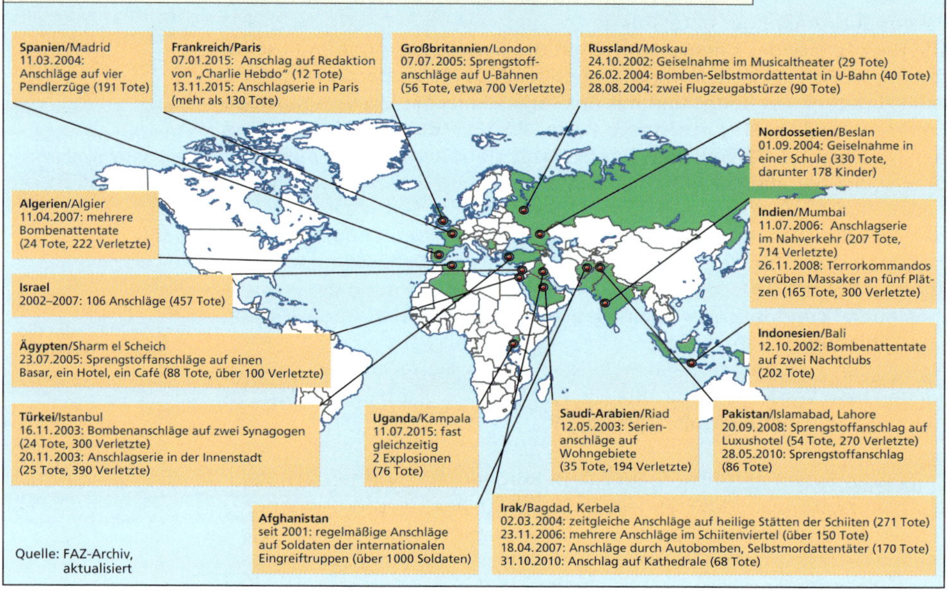

Begriff und Typen des Terrorismus

Terrorismus ist nicht identisch mit staatlich organisiertem oder geduldetem Terror („Staatsterror"). Er unterscheidet sich auch vom Terror als Kriegsphänomen oder als revolutionäres Kampfmittel.

Terrorismus ist eine selbstständige politisch-militärische Gewaltstrategie nicht staatlicher Akteure. Sie zielt vorrangig darauf, Furcht und Schrecken bei der Zivilbevölkerung zu erzeugen, um einen Gegner empfindlich zu schwächen.

Terroristische Gewaltstrategie setzt auf psychische Effekte. Nicht die Einnahme eines Territoriums, sondern die Einschüchterung einer Bevölkerung, bestimmter sozialer Gruppen oder Personen wird angestrebt. Ziele mit Symbolgehalt – z. B. religiöse Orte, Denkmäler, Regierungsgebäude – werden angegriffen, um einen Gegner zu provozieren oder zu demütigen.

Öffentliche Verkehrsmittel und Einrichtungen sind Anschlagsorte, um zu signalisieren, dass jeder erreicht werden kann. Attentate auf Personen, Entführungen und Erpressungen gehören dazu.

Terroristische Anschläge sind zugleich eine Übermittlungsform **politischer Botschaften** an Freund und Feind, denn Terroristen verstehen sich als Interessenvertreter von „Unterdrückten". Daraus speist sich vielfach das Bewusstsein moralischer Überlegenheit. Religiös motivierter Terrorismus, der seit den 1980er-Jahren deutlich zugenommen hat, ist lediglich außerweltlich legitimiert. Solche Anschläge sind mit wesentlich mehr Opfern verbunden.

Im Pariser Konzertsaal „Bataclan" starben 2015 während eines Rockkonzerts 89 Menschen durch einen Angriff bewaffneter Islamisten.

In der Gegenwart sind drei **Typen des Terrorismus** präsent: der nationale Terrorismus, der internationale Terrorismus und der transnationale Terrorismus.

Nationaler Terrorismus wird auch als „interner Terrorismus" bezeichnet.

Die ersten beiden Typen sind Vor- oder Entwicklungsstufen des transnationalen Terrorismus.

Nationaler Terrorismus	**Internationaler Terrorismus**	**Transnationaler Terrorismus**
Anwendung von Gewalt innerhalb eines Staates – Täter und Opfer unterliegen der gleichen staatlichen Autorität; zielt auf die Veränderung einer nationalen Ordnung	Anschläge auf Bürger oder das Territorium eines anderen Staates – Täter und Opfer gehören verschiedenen Staaten an; zielt auf die Veränderung einer nationalen Ordnung	Agieren in transnationalen Netzwerken und Räumen – ohne lokale Verortung; der Westen (bes. Weltmacht USA) ist erklärter Gegner; zielt auf Veränderung der internationalen Ordnung
– „klassische" Form des Terrorismus, bildete sich im 19. und 20. Jh. heraus – stand/steht im Zusammenhang mit antikolonialen Befreiungsbewegungen, sozialrevolutionären Ideologien, ethnonationalem Separatismus oder religiösem Fundamentalismus – ist weltweit vorherrschend	– Bilden von Außenstellen, ohne Stammsitz aufzugeben – Kooperation zwischen Terrorgruppen, z. B. bei OPEC-Attentat 1975 in Wien – Arbeitsteilung zwischen Kommandostrukturen und rekrutierten Attentätern – Internationalisierung der Finanzierung und Logistik	– transnationale Ideologie – dezentrale netzwerkartige Organisationsformen global – Leitungsebene, „Operateure", Terrorzellen mit kooperierenden Terrorgruppen verbunden – multinationales Unternehmen mit zahlreichen Finanzierungsformen
Typische Beispiele für die Zeit nach 1945: – baskische ETA – kurdische PKK – deutsche RAF – nordirische IRA	Beispiele: – palästinensische Hamas – libanesische Hisbollah jeweils mit weltweiten Verbindungen bis nach Lateinamerika und Westafrika	Prototyp: transnationales Netzwerk Al-Qaida Attentat auf das World Trade Center 2001 Islamischer Staat

5

Islamistisch-fundamentalistischer Terrorismus

Fundamentalismus ist eine Überzeugung oder soziale Bewegung, die ihre Interpretation einer inhaltlichen Grundlage (Fundament) als einzig wahr annimmt.

Seit den 1990er-Jahren hat terroristische Gewalt durch islamistisch-fundamentalistische Gruppierungen und insbesondere durch das **transnationale Netzwerk Al-Qaida** eine neue Dimension erreicht.

Nach Schätzungen starben bei den Anschlägen auf das WTC und das Pentagon mehr als 3000 Menschen.

Grundlage ist die fundamentalistische Reaktivierung der Werte und Traditionen des Islamismus in Verbindung mit neuen Strategien, Mitteln und Organisationsformen terroristischer Gewaltanwendung. Vor allem die Anschläge auf das World Trade Center in New York und das Verteidigungsministerium (Pentagon) in Washington am 11. September 2001 spiegeln das Gefahrenpotenzial wider, das von den weltweit agierenden islamistisch-terroristischen Gruppierungen ausgeht.

Kennzeichnend für den „neuen" Terrorismus ist vor allem:

- Er richtet sich gegen die „Verwestlichung" der islamischen Weltreligion und propagiert eine globale Konfliktlinie zwischen „Ungläubigen" und „Rechtgläubigen". Der Aufruf zur Führung eines „Heiligen Krieges" gegen die Ungläubigen, wozu u.a. die USA, Israel und Europa gerechnet werden, ist ideologisch unterlegt. Zentral ist dabei die militante Interpretation des Begriffs **Dschihad,** der den Kämpfern die „heilige Pflicht" auferlege, den Islam zu verteidigen, auszuweiten und einen Gottesstaat zu errichten.
- Neben „weiche" Ziele von Terroranschlägen, wie Bahnhöfe oder Hotels, wo Zivilisten getötet und verletzt werden, treten verstärkt „harte" Ziele. Dazu gehören Machtsymbole westlicher Länder, wie das Pentagon oder Botschaften, aber auch Kulturdenkmäler, Kirchen oder Synagogen. Die strategische Absicht ist offensichtlich: Es sollen hohe Öffentlichkeitswirkungen erreicht werden, durch Opfer und durch Zerstörung von Kulturgut.
- Die Bereitschaft zur **asymmetrischen Kriegführung,** sowohl durch organisierte Gewaltanwendung als auch durch Selbstmordattentate, gehört zu den neuen Merkmalen. Letztere sind vor allem in der religiösen Verherrlichung des Märtyrertods motiviert. Terroristische Anschläge werden im Sinne der asymmetrischen Kriegführung offensiv geplant. Anschläge mit hoher medialer Relevanz, Direktangriffe in die Zentren des Feindes, Gleichzeitigkeit des Operierens an verschiedenen Schauplätzen sind Beleg dafür.
- Die terroristischen Gruppierungen bedienen sich weltumspannender, dezentraler Netzwerke, die unterschiedlich eng miteinander verknüpft sind und dennoch eine hohe Koordinationsfähigkeit und Schlagkraft erreichen. Sie operieren transnational, indem sie alle Möglichkeiten der globalisierten Welt nutzen: moderne Kommunikationsmittel und Logistik, globale Finanzgeschäfte, technische Neuerungen.

Der Begriff **Dschihad** (= sich bemühen) hat im Islam eine doppelte Bedeutung: Er bezieht sich auf individuelle Anstrengungen um den Glauben („großer Dschihad") und er bezeichnet die – auch gewaltsam geführte – Auseinandersetzung mit den „Ungläubigen" („kleiner Dschihad").

Terrornetzwerk der Al-Qaida und Islamischer Staat

Al Qaida ist ein weltweit operierendes Terrornetzwerk meist sunnitischer und dschihadistischer Organisationen, das als Prototyp des „neuen" Terrorismus gilt.

Al-Qaida ist von der UNO als terroristische Vereinigung eingestuft. Die Mitgliedstaaten sind verpflichtet, Sanktionen gegenüber Individuen und Vereinigungen durchzusetzen, die mit ihr in Verbindung stehen.

Das Terrornetzwerk Al-Qaida wurde 1989 gegründet und hat seinen Ursprung in Afghanistan. Bis 2011 prägte der Gründer und Anführer OSAMA BIN LADEN (1957–2011) das weltweite Agieren terroristischer Gruppierungen im Rahmen einer neuen Organisationsform. Mit Al-Qaida trat an die Stelle klar abgegrenzter Organisationen ein globales Geflecht verschiedener Terrorgruppen. Die einigende Grundlage ist die Dschihad-Ideologie, der eine Doppelfunktion zukommt: Sie dient als Handlungsanleitung für jeden einzelnen Kämpfer und sie ist verbindendes Element für die Mitglieder der transnationalen Gruppen. Al Qaida ist seit 1993 für zahlreiche schwere Gewaltaktionen in vielen Ländern der Welt verantwortlich. Seit den Anschlägen im September 2001 auf das World Trade Center und das Pentagon stellt das Netzwerk eine permanente islamistische Bedrohung dar.

Al-Qaida wird häufig mit „Basis" übersetzt, bedeutet aber auch Regel, Fundament, Liste.

Der **Islamische Staat** (IS) ist eine fundamentalistische Organisation, die das Ziel hat, weltweit den Kalifat (Gottesstaat) zu errichten. 2004 aus einer dschihadistisch-salafistischen Gruppe hervorgegangen, verfolgt sie brutal Andersdenkende und Andersgläubige.

Im Nahen Osten beherrschen die „Gotteskrieger" bereits ein Gebiet mit rund 8 Mio. Menschen, und zwar in den Staaten Syrien, Irak, Libanon, Israel, Palästina und Jordanien. In den eroberten Gebieten werden die Gesetze der Scharia durchgesetzt. Der IS ist nicht nur eine Kampftruppe, er hat eine fest gegliederte Organisationsstruktur mit Exekutive, Kabinett und Abteilungen. Er verfügt über enorme Ressourcen an Waffen und Kriegern sowie über große finanzielle Einnahmequellen. Seine Propaganda ist professionell organisiert, wobei besonders seine Brutalität mit willkürlichen Hinrichtungen und Körperstrafen öffentlich zur Schau gestellt wird. Die Krieger des IS zerstören Kulturdenkmäler, auch Kirchen und selbst Moscheen, mit der Absicht, das kulturelle Gedächtnis der Menschheit auszulöschen. Über soziale Netzwerke verbreiten die Islamisten ihre Botschaften und werben neue Mitglieder.

Der IS wird auch als Islamischer Staat im Irak und der Levante (ISIL), als Islamischer Staat im Irak und in Syrien (ISIS) oder als Islamischer Staat Irak und Großsyrien (ISIG) bezeichnet.

Propaganda-Foto der Terrormiliz „Islamischer Staat"

5

5.3.4 Konfliktfeld Nahost

Der **Nahe Osten** ist seit vielen Jahrzehnten eine der konfliktreichsten Regionen der Welt. Die zahlreichen Krisen und Kriege beeinträchtigen sowohl die regionale Entwicklung wie auch die internationale Sicherheit erheblich.

Es gibt besondere **Faktoren** im Nahen Osten, die Konflikte begünstigen:

- Über 60 % der Erdölreserven der Welt lagern in dieser Region. Das hat wesentlich zur Entstehung von Konfliktzonen entlang der Seetransportwege Persischer Golf, Suezkanal, Horn von Afrika geführt. Außerdem ist ein extremes Wohlstandsgefälle zwischen den Staaten mit und ohne Ölvorkommen entstanden.
- Es hat sich eine sehr unterschiedliche ökonomische, ideologische, religiöse und politische Entwicklung der Staaten vollzogen. In einigen Staaten fanden Revolutionen gegen westliche Abhängigkeit statt. In anderen Staaten wurden die Monarchien mit wohlfahrtsstaatlichen Orientierungen gefestigt, so in Kuwait oder Saudi-Arabien.
- Unklare, teilweise willkürliche Grenzziehungen zwischen den Staaten durch die ehemaligen Kolonialmächte sind bis in die Gegenwart Ursache von Konflikten verschiedener Ausmaße.
- Wasserknappheit und der Streit um die Nutzung der Flüsse bilden ein Konfliktfeld, in dem die Türkei eine Schlüsselrolle einnimmt.

▶ Der Nahe Osten umfasst die arabischen Staaten des Maschrik (Syrien, Libanon, Jordanien, Irak, besetzte palästinensische Gebiete), der Arabischen Halbinsel (Saudi-Arabien, Kuwait, Katar, Bahrain, Vereinigte Arabische Emirate, Oman, Jemen), Ägypten sowie Israel und die Türkei als nicht arabischen Staat.

▶ Viele Staaten des Nahen Ostens verfügen über reiche Erdöl- und Erdgasvorkommen, die hohe Einnahmen bringen, obwohl keine produktive Eigenleistung dahintersteht. Man spricht in diesem Sinn von **Rentenökonomie** oder von Rentierstaaten. Die Renten werden eher willkürlich verteilt (Patrimonialismus), was mit einer Vernachlässigung nationaler Wirtschafts- und Sozialbelange einhergeht. Das schafft ebenfalls Konfliktpotenzial.

▶ In der Türkei entspringen die wichtigsten Flüsse der Region.

Hauptkonflikt

Der **arabisch-israelische Konflikt** ist der Hauptkonflikt (Nahostkonflikt). Er beinhaltet territoriale, politische, sozioökonomische und kulturell-religiöse Streitpunkte. Im Kern stehen sich Israel und die Palästinenser gegenüber.

Nach der 1948 erfolgten Gründung des Staates Israel als einzigem Staat auf dem Territorium des ehemaligen britischen Mandatsgebiets wurde die **Stellung zu Israel** Dreh- und Angelpunkt arabischer Politik. Es war ein ausdrückliches Ziel der 1945 gegründeten Arabischen Liga, die Unabhängigkeit Palästinas zu vertreten. Die Bildung des selbstständigen Staates Israel konnte sie jedoch nicht verhindern.
1948 wurde der erste arabisch-israelische Krieg geführt. Ihm folgten weitere Kriege, von denen mehrere um Palästina geführt wurden. An diesen Kriegen waren auch die Nachbarstaaten Ägypten, Syrien, Libanon, Jordanien, Irak und Saudi-Arabien beteiligt. Sie unterstützten weitgehend die Palästinenser, verfolgten aber gleichzeitig eigene Machtinteressen.

Die Gründung des Staates Israel entsprach einem Teilungsbeschluss der Vereinten Nationen. Ein palästinensischer Staat wurde jedoch nicht gegründet.

Der Arabischen Liga, die ihren Sitz in Kairo hat, gehören 21 Mitgliedstaaten Afrikas und Asiens sowie der nicht vollständig anerkannte Staat Palästina, der durch die PLO vertreten wird, an. Die Liga dient vor allem der Streitschlichtung zwischen den Mitgliedern sowie der Wahrung ihrer Souveränität und der arabischen Außeninteressen.

Seit 1967 (Sechs-Tage-Krieg) hält Israel die Westbank, Ostjerusalem, den Gazastreifen und die Golanhöhen besetzt und erweiterte sein Territorium erheblich. Die ebenfalls eroberte Sinai-Halbinsel wurde 1982 an Ägypten zurückgegeben.

Bewaffnete Auseinandersetzungen im Nahen Osten	
1848	Unabhängigkeitskrieg Israels
1956	Suezkrise
1967	Sechs-Tage-Krieg Israels gegen Ägypten und Syrien
1973	Jom-Kippur-Krieg Ägyptens und Syriens gegen Israel
1978	Eroberung des Südlibanon durch israelische Truppen
1980–1988	Irakisch-Iranischer Krieg
1982	Krieg zwischen Israel und Libanon
1987–1990	Erste Intifada (palästinensischer Aufstand gegen Israel)
1990– 1991	Besetzung und Annexion Kuwaits durch den Irak-Golfkrieg zur Befreiung Kuwaits
1994	Bürgerkrieg im Jemen
2000	Zweite Intifada
2003	Amerikanisch-Britischer Krieg gegen den Irak
2006	Iraelische Militäraktionen in Südlibanon (Reaktion auf Raketenbeschüsse der Hisbollah)
2008	Israelische Militäraktion im Gazastreifen (Reaktion auf Raketenangriffe der Hamas)
2012	Israelische Militäroperation gegen Hamas-Einrichtungen im Gaza-Streifen
2014	Eskalation des Konfliktes zwischen Israel und Palästina zum Krieg

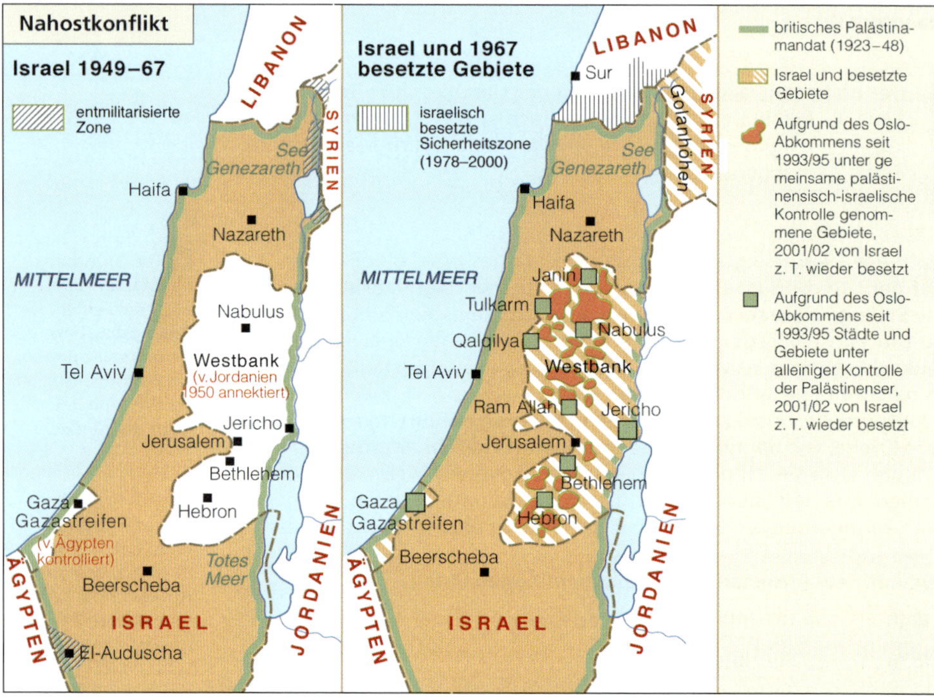

1964 wurde die Palästinensische Befreiungsorganisation PLO gegründet, die zur Dachorganisation verschiedener palästinensischer Gruppierungen wurde. Die größte war die Fatah.

Zionismus: 1893 geprägte Bezeichnung für die Bewegung zur Errichtung eines jüdischen Staates in Palästina. THEODOR HERZL (1860–1904) gab dieser Idee auf dem 1. Zionistischen Weltkongress 1897 eine feste Form. Es begann eine forcierte Einwanderung der in aller Welt zerstreuten und verfolgten, Pogromen ausgesetzten Juden. Der Holocaust hatte diese Situation noch zugespitzt.

> „Die Befreiung Palästinas ist vom arabischen Standpunkt aus nationale Pflicht. Ihr Ziel ist es, der zionistischen und imperialistischen Aggression gegen die arabische Heimat zu begegnen und den Zionismus in Palästina auszutilgen."
> (Palästinensische Nationalcharta vom 17. Juli 1968)

Die PLO wurde 1974 von allen arabischen Staaten als einzige rechtmäßige Vertreterin des palästinensischen Volkes anerkannt und zur UNO zugelassen. 1993 unterzeichneten Israel und die PLO nach ihrer gegenseitigen Anerkennung in Washington das **Gaza-Jericho-Abkommen,** einen Rahmenplan zur langfristigen Verwirklichung des Selbstbestimmungsrechts der Palästinenser (Bild: PLO-Chef JASSIR ARAFAT (1929–2004) und der israelische Ministerpräsident ITZHAK RABIN [1922–1995] mit US-Präsident BILL CLINTON [geb. 1946] nach der Unterzeichnung).

Konfliktregelung

Es gab bereits eine Vielzahl unterschiedlicher Initiativen zur Beilegung des Konflikts. Verschiedene Akteure auf regionaler und internationaler Ebene vertraten dabei aber oft diametrale Ansichten, weshalb eine umfassende Lösung bisher nicht möglich wurde. So verliefen auch die wenigen Aktivitäten der Anrainerstaaten ergebnislos, weil sie durch gegensätzliche Positionen blockiert wurden. Das erschwerte auch ein erfolgreiches Wirken der Arabischen Liga.
Die **Vereinten Nationen** nahmen wiederholt zu den Konflikten im Nahen Osten Stellung und verabschiedeten eine Reihe wichtiger Resolutionen.

Die Resolution S 242/1967 zu Palästina, die eine der wichtigsten ist, forderte den „Rückzug der israelischen Streitkräfte aus den ... besetzten Gebieten, die Respektierung und Anerkennung der Souveränität, der territorialen Integrität und der politischen Unabhängigkeit jedes Staates der Region und dessen Recht, innerhalb sicherer anerkannter Grenzen frei von Androhungen oder Akten der Gewalt in Frieden zu leben".

Neben dem arabisch-israelischen Hauptkonflikt bestehen im Nahen Osten weitere Spannungsherde mit hohem Konfliktpotenzial, so am Persischen Golf (Irak, Iran) und im Jemen. Auch das länderübergreifende Kurdenproblem ist ein immer wieder aufbrechendes Konfliktfeld.
Die UNO hat zu mehreren Konflikten Stellung genommen, z. B. mit der Resolution 678/1990 zum 2. Golfkrieg:
Der Irak wurde ultimativ aufgefordert, das besetzte Kuwait zu räumen. Die irakischen Truppen wurden dann unter Billigung der UNO durch Koalitionstruppen unter amerikanischer Führung zurückgedrängt.

Aber erst nach dem Ende des Kalten Krieges und des 2. Golfkrieges wurde die Aufnahme von Friedensverhandlungen möglich. Das Abkommen von Oslo 1993 galt zunächst als Durchbruch im Nahostfriedensprozess. Es setzte jedoch nur einen normativen Rahmen und griff solche anstehenden Entscheidungsfragen wie Staatsbildung, israelische Siedlungen, Lösung der palästinensichen Flüchtlingsfrage und Zukunft Jerusalems nicht auf.

Das **Oslo-Abkommen** zwischen Israel und den Palästinensern enthielt vor allem Sicherheitsregelungen, die Orientierung auf einen Teilrückzug der isarelischen Truppen und Rechtsfragen zu den wirtschaftlichen Beziehungen. Mitte der 1990er-Jahre wurde im Rahmen des Oslo-Abkommens eine Teilautonomie für palästinensische Gebiete festgeschrieben, die den Abzug des israelischen Militärs aus palästinensischen Städten vorsah. Dennoch stockte der Friedensprozess wieder. Auch solche Initiativen wie die Roadmap (2003), die vom Quartett UNO, Europäische Union, USA und Russland als ein Friedensfahrplan für den Nahen Osten entwickelt wurde, sowie die Genfer Initiative (2006) wurden nicht umgesetzt.

Nach dem Wahlsieg der Hamas 2007 spaltete sich die palästinensische Führung: Die gemäßigte Fatah stellte offiziell die palästinensische Autonomiebehörde. Die Hamas, die international als terroristisch eingestuft wurde, übernahm die Führung im Gazastreifen.

2011 einigten sich beide Gruppierungen auf die Bildung einer Übergangsregierung als wichtigen Schritt auf dem Weg zu einem unabhängigen Palästina. Das würde – wie auch das Genfer Abkommen – auf eine Zweistaatenlösung hinauslaufen, was Israel allerdings zu verhindern sucht. Die internationale Gemeinschaft setzt weiterhin auf Verhandlungen.

Konfliktlagen

Die wichtigsten Probleme, die einer Regelung bedürfen, betreffen die Errichtung eines palästinensischen Staates, die Gestaltung der Siedlungs- und Flüchtlingspolitik sowie die Rolle Jerusalems als Hauptstadt.

Staat	Die Grenzen eines palästinensischen Staates waren bisher nicht eindeutig definiert. (Möglich wäre die Staatsbildung auf der Westbank und im Gazastreifen. Die getrennten Gebiete könnten durch einen Korridor verbunden sein.)
Siedlungen	Seit dem Sechs-Tage-Krieg 1967 betreibt Israel eine gezielte Siedlungspolitik, die Ende der 1990er-Jahre noch verstärkt wurde. Mehr als 400 000 israelische Siedler auf der Westbank und im nahezu geschlossenen Siedlungsring um Jerusalem erschweren die Staatsbildung Palästinas erheblich. Eine Auflösung der Siedlungen wäre jedoch sehr kompliziert.
Flüchtlinge	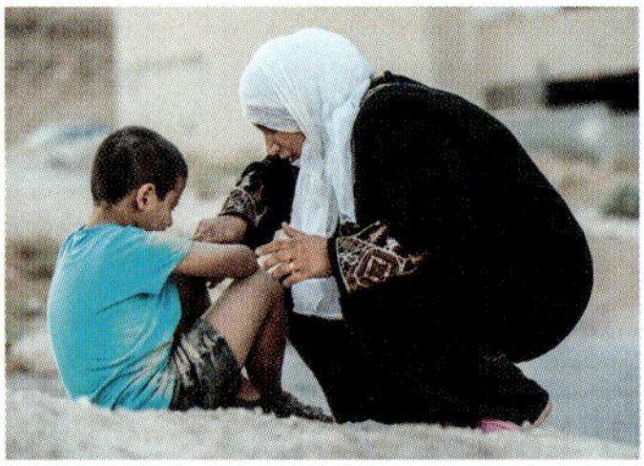 Mit 5,3 Mio. Flüchtlingen bilden die Palästinenser eine der größten Flüchtlingsgruppen der Welt. Sie geht vor allem auf die Kriege in den Jahren 1947/48 und 1967 zurück. Die palästinensische Seite drängt auf ein Rückkehrrecht. Eine unkontrollierte Rückkehr der palästinensischen Flüchtlinge würde den jüdischen Charakter des Staates Israel infrage stellen. Entschädigung statt Rückkehr wäre ein Lösungsweg. Bis heute leben viele Palästinenser weiter in Israel (Bild: Palästinenserin in Jerusalem).
Jerusalem	 Mit der Klagemauer, dem Felsendom, der Al-Aksa-Moschee auf dem Tempelberg und der Grabeskirche ist Jerusalem das Zentrum der Heiligtümer von drei Weltreligionen: Judentum, Islam und Christentum. Israel hat Jerusalem zur ewigen, ungeteilten Hauptstadt erklärt, Palästina beansprucht Ostjerusalem als Hauptstadt eines künftigen palästinensischen Staates. (Bild: Klagemauer und Felsendom unmittelbar nebeneinander)

Die Regelung dieser Konfliktfelder wäre ein wichtiger Schritt auf dem Weg zu einem dauerhaften Frieden im Nahen Osten.

5.3.5 Konfliktregelung und Sicherung des Friedens

Die Zahl der Kriege und kriegerischen Konflikte ist seit Beginn des 21. Jh.s deutlich gesunken:
- 1992 wurden 55 Kriege und Bürgerkriege gezählt.
- 2001 gab es schätzungsweise 155 politische Konflikte in der Welt, von denen 38 gewaltsam ausgetragen wurden.
- 2010 wurde Gewalt als Mittel der Auseinandersetzung in 32 Kriegen und Konflikten angewendet.

Dennoch bestehen lang dauernde latente Konflikte mit hohem Gefahrenpotenzial weiter – z. B. der Nahostkonflikt – und es sind neue Gefährdungen der internationalen Sicherheit entstanden. Sie erwachsen aus der neuen Qualität des Terrorismus, aus der Weiterverbreitung von Nuklearwaffen und aus der Vielzahl von innerstaatlichen Kriegen, Regionalkonflikten und zerfallenden Staaten vor allem in Asien und Afrika.

Im Unterschied zu manifesten Konflikten, die offenkundig bzw. klar erkennbar sind, werden schwelende Konflikte als latente bezeichnet.

Die vielfältigen Bedrohungen und Instabilitäten in der heutigen Welt stellen neue Herausforderungen für eine wirksame Friedenspolitik und für den Umgang mit Konflikten verschiedener Art dar.

Zivilisierungsprozess und Konzepte der Friedenssicherung

Wie Frieden innerhalb von Staaten und zwischen ihnen hergestellt und dauerhaft erhalten werden kann, ist eine Frage, die bereits seit dem Mittelalter in zahlreichen Schriften und Friedensplänen behandelt wurde.

Auf die Philosophen THOMAS HOBBES und IMMANUEL KANT gehen gegensätzliche, noch heute diskutierte Grundmodelle von Lösungen des Friedensproblems zurück.

THOMAS HOBBES (1588–1679)	IMMANUEL KANT (1724–1804)

Der Naturzustand vor aller Zivilisation ist der „Krieg aller gegen alle“ (bellum omnium contra omnes), in dem der „Mensch dem Menschen ein Wolf“ ist (homo homini lupus). Das vernünftige Eigeninteresse gebietet, durch Vertrag eine Zwangsgewalt einzurichten, einen absoluten Souverän für alle. Alle treten ihre Rechte an ihn ab, der wiederum alle als seine Untertanen vor Gewalt schützt. Auch Staaten befinden sich im Dauerkrieg untereinander, solange nicht eine Hegemonialmacht alle durch absolute Gewalt im Zaum hält.	Der ewige Frieden ist eine notwendige Vernunftidee, die nur mittels einer Rechtsgemeinschaft von Republiken (Demokratien) verwirklicht werden kann, also nicht von Feudalmonarchien. „Das Völkerrecht soll auf einen Föderalismus freier Staaten gegründet sein.“ Die vernunftgeleiteten Regeln dieser Gemeinschaft bilden den Inhalt von KANTS Schrift. Seine Idee einer „weltbürgerlichen Verfassung“ für alle Menschen gründet auf den gemeinsamen Besitz der Erde. Wichtig ist: „Der Friedenszustand muss … gestiftet werden.“

Modell von HOBBES	Modell von KANT
Frieden durch Hegemonie (Vormachtstellung) einer Supermacht; statt des rechtlosen Naturzustandes alles Recht bei dieser Macht; Frieden = Sicherheit vor Krieg und Gewalt (negativer Frieden)	Frieden durch Gemeinschaftsbildung: Rechtsgemeinschaft der Staaten – Weltbürgergemeinschaft der Menschen; Sklaverei und Kolonialismus sind Rechtsverletzungen; Frieden = Herrschaft des Rechts (positiver Frieden)

5

DIETER SENGHAAS (geb. 1940) ist einer der bedeutendsten deutschen Friedensforscher der Gegenwart.

Zivilisation: auf Dialog, Verständigung und Übereinkunft gegründete Form der Beziehungen in einer Gesellschaft, die dem Einzelnen Sicherheit und Freiheit gibt.

Frieden als Zivilisierungsprozess

Frieden ist nicht nur ein Zustand, der unter bestimmten Bedingungen eintritt, sondern ein Prozess.

„Frieden muss begriffen werden als ein gewaltfreier und auf die Verhütung von Gewaltanwendung gerichteter Prozess." (DIETER SENGHAAS, 1999)

Die Erfahrungen Europas zeigen, dass dauerhafter Frieden mit gelungener Vergemeinschaftung innerhalb von Gesellschaften und zwischen den Staaten zusammenhängt. Sie sichert eine Koexistenz, in der Konflikte ohne Gewalt in zivilen, vereinbarten Formen ausgetragen werden.

Gelungene Zivilisierung und Frieden sind insofern identische Tatbestände.

Der Zivilisierungsprozess „Frieden" setzt sich aus sechs Komponenten (Bausteine) zusammen, die **„das zivilisatorische Hexagon"** bilden.

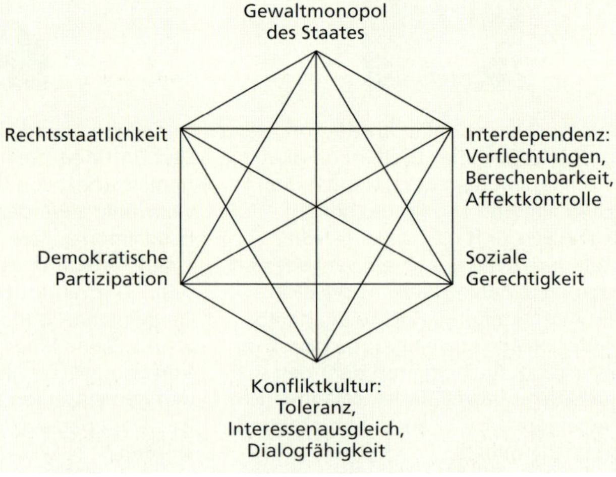

Das „zivilisatorische Hexagon" wurde von DIETER SENGHAAS in Analyse des weltpolitischen Umbruchs 1989/90 entwickelt.

In diesem Friedens- und Zivilisationsmodell wirken alle sechs Komponenten mit allen zusammen, keine ist unwichtig.

So ist z. B. für jeden Zivilisierungs- und Friedensprozess die Entprivatisierung von Gewalt wesentlich; sie steht als legitime (gesetzliche) nur dem Staat zu. Das bedeutet aber auch, dass diese Gewalt durch Rechtsstaatlichkeit geregelt ist.
Ein anderer Zusammenhang besteht z. B. darin: Nur dann, wenn die Bürger in die politischen Prozesse einbezogen sind („demokratische Partizipation"), legen sie Wert auf zivile Austragung von Konflikten mittels Dialog und Interessenausgleich. Zudem bildet soziale Gerechtigkeit (Chancen- und Verteilungsgerechtigkeit) die Grundlage dafür, dass alle selbstbeherrscht und kompromissfähig zusammenwirken (Komponente „Interdependenz").

Konflikte und Konfliktaustragung

Konflikte sind vielschichtig und in allen gesellschaftlichen Bereichen zu finden.

Konflikte sind nicht grundsätzlich negativ zu bewerten. Sie sind normal in Gesellschaften, die ständigen Veränderungsprozessen unterliegen. Die Vermeidung von Konflikten ist also weder möglich noch wünschenswert, weil sonst gesellschaftliche Entwicklung blockiert würde.

Ein **Konflikt** enthält drei Grundmerkmale bzw. Komponenten:
- einen Widerspruch, der Ausdruck der Unvereinbarkeit von Interessen, Zielen oder Bedürfnissen mindestens zweier Konfliktparteien ist,
- ein Konflikt anzeigendes bzw. verschärfendes Verhalten der Konfliktparteien,
- eine bestimmte Konflikthaltung, die eine Bewertung der anderen Parteien bis zur Bildung von Feindbildern einschließt.

Diese Komponenten sind eng miteinander verbunden. Dargestellt in einem **Konfliktdreieck** zeigen sie an, wie Konflikte zu analysieren sind bzw. wie mit ihnen umzugehen ist.

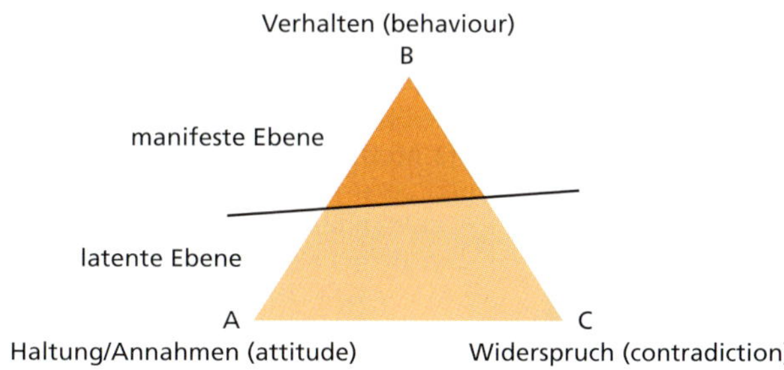

Das Dreieck verweist auf die Beachtung folgender Zusammenhänge:
- Ein Widerspruch allein reicht nicht aus, um einen Konflikt zu begründen. Der Widerspruch muss auch in der Unvereinbarkeit von Zielen oder Bedürfnissen bewusst sein und sich in entsprechendem Verhalten niederschlagen.
- Eine gelingende Konfliktbearbeitung muss an allen drei Ecken ansetzen. Nicht nur auf das Verhalten und die Haltung der Konfliktparteien ist einzuwirken, sondern auch auf die „objektiven" Ursachen des Widerspruchs.
- Ziel der Einwirkung auf Konflikte ist nicht ihre Abschaffung, sondern das Finden von Wegen, sie möglichst gewaltfrei auszutragen.

Das **Konfliktdreieck** wurde von dem bekannten Konfliktforscher JOHAN GALTUNG (geb. 1930) als Werkzeug für die Konfliktanalyse entwickelt.

5

Die Austragung von Konflikten kann konfrontativ – bis zur Gewaltanwendung eskalierend – und konsensorientiert – durch Kompromiss deeskalierend – erfolgen.

Eskalation eines Konflikts bedeutet Steigerung der Konfliktintensität, d. h., die Unversöhnlichkeit wächst und mündet in den Einsatz von Gewalt.

Deeskalation eines Konflikts ist auf die schrittweise Verminderung der Konfliktintensität und letztlich auf das Erreichen eines Konsens zwischen den Konfliktpartnern gerichtet.

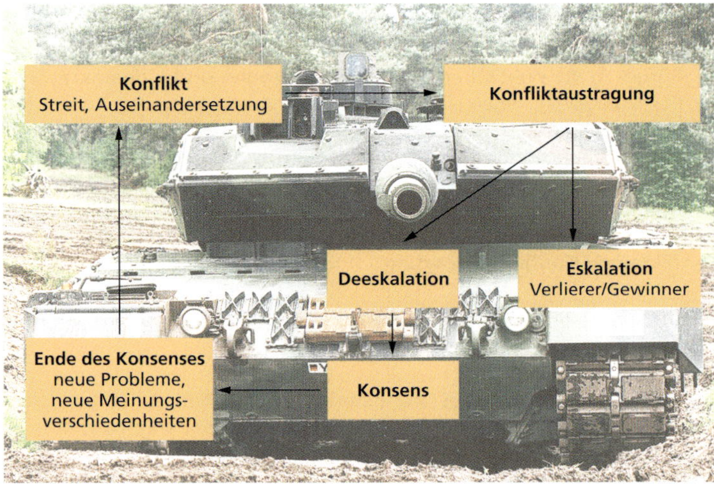

Minderung der Konfliktintensität und Finden von Kompromissen kann durch das **Einschalten einer dritten Instanz,** eines Vermittlers oder Schlichters, zwischen den Konfliktparteien erreicht werden.

Eines der wichtigsten Tätigkeitsfelder der Hauptabteilung Politische Angelegenheiten der UN ist die Konfliktvermittlung (Mediation). 2008 wurde ein Stand-by-Team aus Mediationsexperten gebildet, das innerhalb von 72 Stunden einsatzbereit ist.

Als zivile Austragungsformen von Konflikten sind aber auch Mittel oder Methoden des **gewaltlosen Widerstands** bekannt:
- Die Methode der symbolischen Gewalt schließt Gewalt gegen Personen, aber nicht gegen Sachen aus. Sie wurde z. B. angewendet in den Auseinandersetzungen um die Atommülltransporte nach Gorleben.
- Gewaltfreier Widerstand ist eine Methode, die auf das Wirken MAHATMA GANDHIS, den Führer der indischen Unabhängigkeitsbewegung, zurückgeht. Indien errang 1947 seine Unabhängigkeit, nicht zuletzt durch die Weigerung der Inder, mit den britischen Kolonialbehörden zusammenzuarbeiten und ihren Befehlen zu gehorchen (ziviler Ungehorsam).
- „Soziale Verteidigung" ist eine auf Gewaltlosigkeit beruhende Haltung und Aktionsform gegen Gewaltherrschaft oder feindliche Besetzung eines Landes. Die friedliche Revolution in der DDR 1989/90 oder die orangefarbene Revolution in der Ukraine 2004 sind Beispiele. Mittel sind vor allem Nichtzusammenarbeit, Demonstrationen, Streiks, Protest.

MAHATMA GANDHI (1869–1948)

Friedensmodelle in der internationalen Politik

In der internationalen Politik der Neuzeit sind zwei **Modelle der Friedenssicherung** zwischen den Staaten wirksam geworden:
- das Modell des Mächtegleichgewichts („Balance of Power"),
- das Modell der Weltorganisation der Staaten (Völkerbund, UNO).

Die europäischen Großmächte hatten 1914 mit Weltmarktkonkurrenz, Wettstreit um koloniale Eroberungen, Rüstungswettlauf, Auffassung von Politik als „Überlebenskampf der Nationen" das Interesse am Mächtegleichgewicht beseitigt.

Gleichgewichtspolitik bedeutete seit dem 19. Jh., dass keine der großen europäischen Mächte (wie Frankreich, Großbritannien, Österreich, Russland, Preußen) oder ein Staatenbündnis ein Übergewicht über die anderen erlangen durfte – etwa durch zu großen Land- oder Bevölkerungszuwachs nach einem gewonnenen Krieg.
- Diesem Grundsatz folgte der Wiener Kongress 1815 nach dem Ende der Herrschaft Napoleons. Das System der gleichgewichtigen Bündnisse brach jedoch nach mehreren Krisen (u. a. Balkankriege 1912 und 1913) und mit dem Beginn des Ersten Weltkrieges 1914 endgültig zusammen.
- Gleichgewichtspolitik als Basis der Friedenssicherung hatte zwischen den beiden Militärblöcken NATO und Warschauer Pakt während des Ost-West-Konflikts 1946–1989 auch eine wesentliche Rolle gespielt, im Sinn eines „strategischen Gleichgewichts". Dem lag zugrunde, dass es unter den Bedingungen der wechselseitigen atomaren Abschreckung in den 1960er-Jahren unmöglich geworden war, eine politisch wirksame militärische Überlegenheit zu erreichen. Trotzdem wurde der quantitative und qualitative Rüstungswettlauf insbesondere bei den Atomwaffen und den Interkontinentalraketen immer wieder mit der Sicherung eines „stabilen strategischen Gleichgewichts" begründet. Es gab keinen Nachweis für ein perfektes Gleichgewicht, stattdessen ließ die ständige Weiterentwicklung der Waffensysteme immer neue „Risiken der Verwundbarkeit" entstehen. Allerdings zeigten die 1972 geführten amerikanisch-sowjetischen Verhandlungen über die Begrenzung strategischer Rüstungen (SALT, ↗S. 401), dass das **Gleichgewichtsprinzip** im Sinne der Wahrung der strategischen Parität im Kräfteverhältnis beider Mächte für Rüstungskontrolle und Abrüstung wesentlich war.

Die Karikatur stellt den sowjetischen Staatschef NIKITA S. CHRUSTSCHOW (1894–1971) und den amerikanischen Präsidenten JOHN F. KENNEDY (1917–1963) dar.

„Parität" bedeutet Gleichheit oder Gleichstellung.

Das **Modell der Weltorganisation von Staaten** zur Friedenssicherung stellte eine Reaktion auf die Weltkriege des 20. Jh.s dar. Kriegsausbrüche sollten verhindert werden durch die Bildung internationaler Institutionen, die Sicherheit garantieren, sowie durch die Vervollkommnung des Völkerrechts und seiner Geltung.
- Seit dem Ende des Ersten Weltkrieges ist dieses Konzept der völkerrechtlich begründeten Gemeinschaft der Staaten, verbunden mit dem Prinzip der kollektiven Sicherheit, wirksam geworden, und zwar zuerst im Völkerbund (1920–1945).

Dem Modell der Weltorganisation von Staaten liegt die schon von I. KANT geäußerte Einsicht zugrunde, dass es in einer enger werdenden, aufeinander angewiesenen Weltgemeinschaft der Staaten und Völker nur eine gemeinschaftliche Friedenssicherung geben kann (↗S. 397).

Links: US-Präsident WOODROW WILSON (hier auf einer Parade in New York) hat den Völkerbund zwar ins Leben gerufen – aufgrund eines politischen Umschwungs sind die USA aber nie Mitglied geworden. Rechts: Sitzungssaal des Sicherheitsrates der Vereinten Nationen

- Nach dem Zweiten Weltkrieg wurde im 20. Jh. zum zweiten Mal der Versuch unternommen, das friedliche Zusammenleben der Staaten und Völker mittels einer Weltorganisation zu erreichen: mittels der **Organisation der Vereinten Nationen** (↗ S. 405 ff.), gegründet 1945. Als eine „zwischenstaatliche" Organisation, deren Mitglieder die Staaten der Welt sind, ist sie dem Ziel verpflichtet, „den Weltfrieden und die internationale Sicherheit zu wahren" (Artikel 1 der UN-Charta). Weitergehender als die Völkerbundsatzung enthält die Charta der Vereinten Nationen die strikte Ächtung des Krieges, das Gewaltverbot und das Nichteinmischungsgebot in innere Angelegenheiten der Staaten, ferner die Verpflichtung zur Achtung der Menschenrechte.

5.3.6 Rüstungskontrolle und Abrüstung

Abrüstung, Rüstungskontrolle und -begrenzung sind Kernaufgaben der Friedenssicherung.

Abrüstung ist im engeren Sinn der Abbau oder die Verminderung von Waffenbestand und Truppenstärke bis hin zu vollständiger Abrüstung. Im weiteren Sinn schließt Abrüstung auch Maßnahmen der Rüstungsbegrenzung und -kontrolle ein.

Erste Initiativen einer internationalen Abrüstung gab es Ende des 19. Jh.s als Reaktion auf den beginnenden Rüstungswettlauf der imperialistischen Großmächte. Pazifistische Friedensgesellschaften und einzelne Intellektuelle traten entschieden für eine allgemeine und totale Abrüstung ein.

▶ In den 1950er-Jahren wurden wirksame Abrüstungsschritte besonders dringlich wegen der Gefahr eines Weltkrieges mit Atomwaffen sowie ihrer Weiterverbreitung an immer mehr Staaten.

Nach dem Ersten Weltkrieg initiierte der Völkerbund Abrüstungskonferenzen, die jedoch an den gegensätzlichen Interessen der Staaten scheiterten. Erst nach dem Zweiten Weltkrieg hatte Abrüstungspolitik Erfolg. Seit den 1960er-Jahren wurden zahlreiche international bedeutsame Rüstungskontroll- und Abrüstungsabkommen ausgehandelt und überwiegend in Kraft gesetzt. Doch bestehen auch in der Gegenwart Gefahren, die vor allem aus dem internationalen Waffenhandel sowie aus der Weiterverbreitung von Massenvernichtungswaffen erwachsen.

Abrüstungsabkommen/Jahr (Stand: Oktober 2011)	Unterzeichner
Atomteststopp-Abkommen 1963 (keine Kernwaffenversuche in der Atmosphäre, im Weltall und unter Wasser)	112 Staaten
Vertrag über friedliche Nutzung des Weltraums zwischen USA, UdSSR und Großbritannien 1967	85 Staaten
Atomwaffensperrvertrag (über Nichtweiterverbreitung) zwischen USA, UdSSR und Großbritannien 1968 – in Kraft 1970,1995 verlängert	178 Staaten
Vertrag über Verbot von Atomwaffen auf dem Meeresgrund zwischen USA, UdSSR und Großbritannien 1971	74 Staaten
ABM-Vertrag (Anti-Ballistic-Missiles) über Begrenzung der Raketenabwehrsysteme 1972	USA, UdSSR
SALT-I-Vertrag über Begrenzung der strategischen Rüstung (Interkontinentalraketen und Raketen-U-Boote) 1972	USA, UdSSR
Abkommen über Verbot biologischer und toxischer Waffen 1972	140 Staaten
SALT-II-Vertrag über Begrenzung der strategischen Rüstung (Raketen mit Mehrfachsprengköpfen) 1979 – nicht ratifiziert	USA, UdSSR
Konventionen zum Verbot besonders grausamer Waffen (z. B. Geschosse mit Kunststoffsplittern, Napalmbomben) 1983	35 Staaten
KVAE-Dokument (Konferenz über vertrauensbildende und Sicherheitsmaßnahmen in Europa) 1986	35 Staaten der KSZE (↗ S. 409)
INF-Abkommen (Intermediate Nuclear Forces) über Vernichtung der atomaren Mittelstreckenwaffen 1987	USA, UdSSR
Abkommen über konventionelle Abrüstung in Europa 1990 (Vertrag gilt als Beendigung des Kalten Krieges)	NATO und Warschauer Pakt
START-I-Vertrag (Strategic Arms Reduction Talks) über Obergrenzen nuklearer Trägersysteme 1991 – neuer Vertrag über die Reduktion der strategischen Nuklearwaffen 2010	USA, UdSSR
START-II-Vertrag über Zahl und Träger strategischer Gefechtsköpfe 1993 – ratifiziert 1997 bzw. 2000	USA, Russland
Vertrag über das umfassende Verbot von Nuklearversuchen (CTBT) 1996	154 Staaten (ratifiziert)
Konvention über das Verbot chemischer Waffen 1993 – in Kraft 1997, Überprüfungskonferenzen 2003 und 2008	188 Staaten (gezeichnet)
Vertrag über die Ächtung von Landminen (Ottawavertrag, ↗ S. 457) 1997, in Kraft 1999	153 Staaten
Vertrag von Semei über kernwaffenfreie Zone in Zentralasien (Verbot von Tests, Stationierung, Besitz und Herstellung von Kernwaffen) 2006, in Kraft 2009	Kasachstan, Kirgisistan, Tadschikistan, Turkmenistan und Usbekistan
Vertrag von Pelindoba über eine atomwaffenfreie Zone in Afrika 1996, in Kraft 2009	53 Staaten (alle Staaten Afrikas)

Abrüstungspolitik (ARP) zielt darauf, die materielle Kriegsvorbereitung, Rüstungswettläufe und die Verbreitung von Massenvernichtungsmitteln zu stoppen, rückgängig zu machen und die Ergebnisse zu kontrollieren (verifizieren).

Dabei werden solche politischen Mittel genutzt wie Abrüstungsdiplomatie, Unterbreiten von Vorschlägen zur Abrüstung, Initiieren von Verhandlungen, Vorlegen von Entwürfen für Abrüstungsabkommen, Einrichten von Überwachungskommissionen. Vor allem geht es darum,

- angehäufte Waffenbestände auszumustern und zu vernichten (z. B. Panzer, Raketen),
- Entwicklung und Produktion von Massenvernichtungsmitteln (z. B. chemischer und bakteriologischer Waffen) zu verbieten,
- Entwicklung und Produktion von inhumanen Waffen (z. B. Erblindungswaffen, Nervengase, Personenminen) zu verbieten,
- waffenfreie Zonen zu errichten (z. B. in der Antarktis, auf dem Meeresboden, im Kosmos),
- Rüstungsbudgets zu verringern.

Verträge über kernwaffenfreie Zonen wurden bisher für die Antarktis (1959), den Weltraum (1967) und den Meeresboden (1971) sowie für die Regionen Lateinamerika/Karibik (1967), Südpazifik (1985), DDR/Berlin (1990), Südostasien (1990), Afrika (1996) und Zentralasien (2006) abgeschlossen.

Rüstungskontrollpolitik (RKP) richtet sich darauf, die Rüstungen der Staaten gemeinsam zu begrenzen und zu kontrollieren, und zwar so, dass ein militärisches Gleichgewicht erhalten bleibt und Fehlreaktionen sowie Krieg aus Zufall auszuschließen sind.

Das kann erreicht werden durch:
- Abbau von Überkapazitäten auf beiden Seiten,
- Festlegung von Höchstgrenzen bei Zahl und Reichweite von Waffensystemen,
- Festlegung von Höchstgrenzen bei Produktionskapazitäten,
- Absenken von Rüstungsausgaben,
- „Einfrieren“ bestehender Militärpotenziale (dürfen nicht verändert oder umgruppiert werden),
- Verbot der Entwicklung neuer Waffensysteme oder Waffengattungen,
- Testverbote für Atomwaffen.

Da auch U-Boote Atomraketen abfeuern können, waren sie Gegenstand der Waffenkontrollgespräche.

Gemessen an der Forderung, den Krieg durch **allgemeine und totale Abrüstung** aus dem Leben der Völker zu verbannen, den Waffenhandel zu unterbinden und die Welt zumindest von Massenvernichtungsmitteln zu befreien, sind die Resultate bisheriger Rüstungskontroll- und Abrüstungspolitik bescheiden. Das hat **zwei Gründe:**

1. Die Staaten sehen ihre Sicherheit immer noch am ehesten durch militärische Stärke garantiert, besonders durch militärische Überlegenheit und einen militärgestützten Supermachtstatus.
2. Nach dem Ende des Ost-West-Konflikts sind neue Risiken für die internationale Sicherheit entstanden.

Die Verbreitung von Massenvernichtungswaffen, also von Nuklearwaffen, chemischen und biologischen Waffen (ABC-Waffen), beinhaltet eine Zerstörungsgefährdung mit überregionalen Auswirkungen. Die Möglichkeiten des Erwerbs von Material und Know-how-Technologien über den Handel haben sich mit dem Ende des Kalten Krieges deutlich verbessert. Es besteht zudem die Gefahr, dass Staaten und Regime, die sich bedroht und international benachteiligt fühlen, dieses Know-how illegal beschaffen. Der Waffenhandel mit seinen hohen Gewinnspannen hat sich globalisiert und kriminalisiert – nicht mehr nur Staaten handeln mit Waffen.
Der internationale Terrorismus verfügt über eigene Netzwerke, die von staatlichen Strukturen unabhängig sind. Darüber hinaus sind aus dem Zusammenbruch der Sowjetunion vier neue Atomwaffenstaaten hervorgegangen: neben Russland die Ukraine, Weißrussland und Kasachstan.

Die technischen Kenntnisse, speziell die zum Bau von Atomwaffen, werden auch als „Nuclear Know-how" („gewusst wie") bezeichnet.

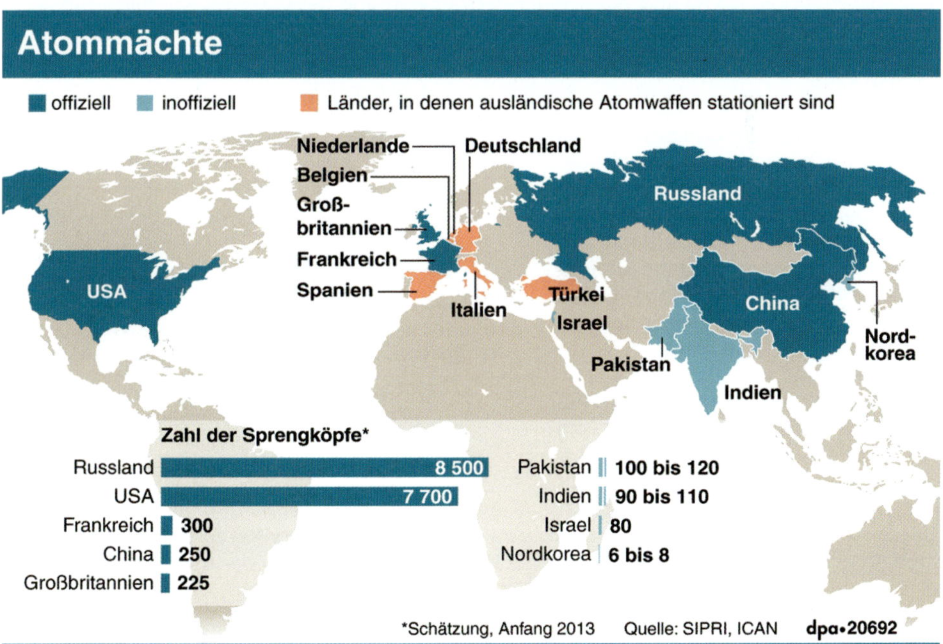

Konzepte und Politik der Friedenssicherung

Politik der Friedenssicherung stützt sich auf Konzeptionen, denen ein bestimmtes Verständnis von Frieden und Gewalt zugrunde liegt.

Frieden ist die Abwesenheit von personaler und struktureller Gewalt, den Hauptformen von Gewalt.	**Negativer Frieden** liegt vor, wenn keine personale (direkte) Gewalt herrscht.
	Positiver Frieden liegt vor, wenn keine strukturelle (indirekte) Gewalt herrscht.

Friedenspolitik – wie auch Kriegspolitik – wird seit der Entstehung von Staaten betrieben. Sie richtet sich gegen die Austragung von Interessengegensätzen zwischen Staaten, Bündnissen oder gesellschaftlichen Gruppen mittels (militärischer) Gewalt. Wie sich Frieden herstellen und dauerhaft garantieren lässt, wird in der Geschichte seit Langem mit zahlreichen Friedensplänen und Initiativen sowie mit Friedensmodellen verfolgt.

Gegensätzliche Grundmodelle der Lösung des Friedensproblems gehen auf THOMAS HOBBES und IMMANUEL KANT (17./18. Jh.) zurück. Als **Modelle der Friedenssicherung** in der Neuzeit gelten
- das Modell des Mächtegleichgewichts („Balance of Power"),
- das Modell der Weltorganisation der Staaten, was nach dem Ersten Weltkrieg durch den Völkerbund und nach dem Zweiten Weltkrieg durch die Vereinten Nationen verwirklicht wurde.

Gleichgewichtspolitik bedeutete seit dem 19. Jh., dass keine Macht oder kein Staatenbündnis ein Übergewicht erlangen durfte – z. B. Erhaltung eines strategischen Gleichgewichts zwischen den Militärblöcken NATO und Warschauer Vertrag während des Ost-West-Konflikts. Die Weltorganisation von Staaten sollte bzw. soll dahingehend wirken, dass Kriegsausbrüche verhindert werden und durch die Vervollkommnung des Völkerrechts internationale Sicherheit garantiert werden kann.

Frieden ist als Prozess und nicht nur als Zustand zu begreifen. Die Erfahrungen in Europa zeigen, dass dauerhafter Frieden mit gelungener Zivilisation innerhalb von Gesellschaften und zwischen den Staaten zusammenhängt und dass Konflikte ohne Gewalt, also in zivilen, konsensorientierten Formen ausgetragen werden können.

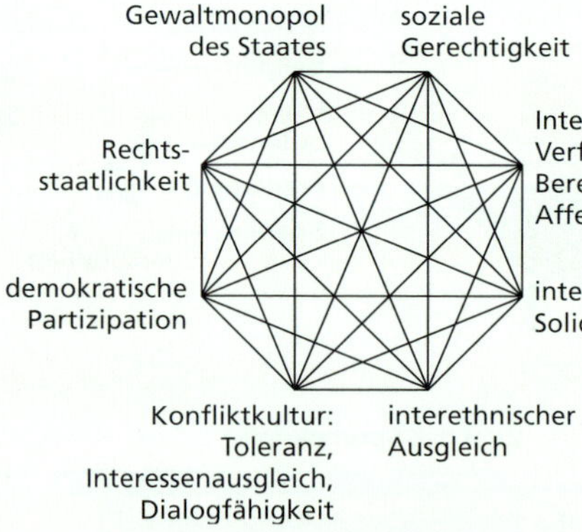

Im Idealfall basiert Frieden als Zivilisierungsprozess auf „Bausteinen", die miteinander verbunden sind und als „zivilisatorisches Hexagon" oder sogar als „zivilisatorisches Oktagon" gefasst werden können. Darin spiegeln sich nicht nur die komplexen Strukturen des Friedens wider, sondern auch die komplexen Prozesse einer Politik konstruktiver Friedensgestaltung.

Wissenstest 6 abrufbar auf **www.lernhelfer.de** oder mit der Lernhelfer-App

5.4 Organisationen und Instrumente umfassender Sicherheit

In den Jahren des Ost-West-Konflikts beruhte die internationale Sicherheit vor allem auf der gegenseitigen Abschreckung der feindlichen Supermächte USA und Sowjetunion. Das „Gleichgewicht des Schreckens" war durch Rüstungswettlauf und durch die Gefahr eines unkontrollierten atomaren Zusammenstoßes gekennzeichnet. In den 1990er-Jahren hat sich eine neue sicherheitspolitische Situation herausgebildet, die auch eine Neuakzentuierung der Sicherheitspolitik erforderte.

Seit den 1990er-Jahren vollzog sich ein Wandel vom erweiterten Sicherheitsbegriff zu einem umfassenden. Im Konzept der umfassenden Sicherheit werden militärische und zivile Mittel gleichrangig und miteinander verknüpft betrachtet.

> Seit Beginn des 21. Jh.s ist **umfassende Sicherheit** das Ziel internationaler Politik. Sie berücksichtigt politische, ökonomische, ökologische, gesellschaftliche und kulturelle Bedingungen und Entwicklungen und erfordert multinationale Kooperation.

Das Konzept der umfassenden Sicherheit geht davon aus, dass die gegenwärtigen und künftigen Bedrohungen nicht ausschließlich militärischer Natur sind, sondern eine **Vielfalt an Risiken** beinhalten:
neben Terrorismus, Proliferation von Massenvernichtungswaffen und Trägertechnologien, asymmetrischen Kriegen und Kriegsökonomien auch den Zusammenfall von Staaten, Unterentwicklung und Massenarmut, Umweltzerstörungen, Bevölkerungsexplosion, Drogenkriminalität und Menschenhandel, Epidemien, Ressourcenknappheit, Anfälligkeit der Informationstechnologie und weitere.

Einer solchen komplexen und globalen Bedrohungslage können die Staaten und internationalen Organisationen nur im Zusammenwirken begegnen, wobei das ganze Arsenal an militärischen und zivilen Mitteln und Instrumenten genutzt und eingesetzt werden muss. Ein Schwerpunkt der sicherheitspolitischen Strategien liegt auf der **Konfliktprävention.**

Wichtig in der Zusammenarbeit der Staaten sind sowohl die kollektive Verteidigung (z. B. NATO, ↗ S. 412) als auch die kollektive Sicherheit (z. B. OSZE, ↗ S. 409).

	Umfassende Sicherheit	
↓ **Bereiche**	↓ **Erfordernisse**	↓ **Strategien**
↓ wirtschaftliche, soziale, ökologische, militärische Sicherheit ↓	↓ ressortübergreifende, multilaterale Koordinierung, Integration, Zusammenarbeit mit internationalen Organisationen ↓	↓ Konfliktvorbeugung Gewaltbeendigung Konfliktnachsorge ↓
	mehrdimensionaler Ansatz aus politischen, wirtschaftlichen, entwicklungs- und sicherheitspolitischen **Instrumenten**	

5

5.4.1 Vereinte Nationen und Weltfriedensordnung

Vereinte Nationen, engl. = **U**nited **N**ations (UN); auch Organisation der Vereinten Nationen = **U**nited **N**ations **O**rganization (UNO)

Die **Vereinten Nationen** (UN) sind eine Staatenverbindung zur Sicherung des Weltfriedens und zur Förderung der internationalen Zusammenarbeit.

Die Vereinten Nationen wurden am 24. Oktober 1945 als Nachfolgeorganisation des Völkerbundes gegründet. Hauptsitz ist New York. Ihr gehören 193 Staaten an (2015).

Sie wurden nach dem Zweiten Weltkrieg als überstaatliche Organisation, vor allem ausgehend von den Erfahrungen des Kampfes gegen den Nationalsozialismus und Faschismus, gegründet. Ihr Grundanliegen besteht in der Beilegung von internationalen Streitigkeiten und Friedensbrüchen durch friedliche Mittel und in der Lösung von Konflikten durch die Anwendung wirksamer Kollektivmaßnahmen.

Ziele und Aufgaben der UN

Die **UN-Charta** wurde am 26. Juni 1945 beschlossen. Die enthaltenen Ziele und Grundsätze sind weltweit zu gültigen Normen des Völkerrechts und der kollektiven Sicherheit geworden.

Die **UN-Charta** beinhaltet die Ziele und Grundsätze, die für alle Mitgliedstaaten bindend sind. Sie ächtet den Krieg und betont den **Grundsatz des Gewaltverbots,** indem sie die Mitgliedstaaten verpflichtet, auf jegliche Androhung oder Anwendung von Gewalt in den internationalen Beziehungen zu verzichten (Art. 2). Zugleich verankert sie ausdrücklich das Recht zur individuellen und kollektiven Selbstverteidigung.

Hinsichtlich der **Streitbeilegung** unterscheidet die Charta zwei Vorgehensweisen, die entsprechend dem Eskalationsgrad (der Zuspitzung) des jeweiligen Konflikts angewendet werden können:

Friedliche Beilegung von Streitigkeiten (Kap. VI)	Maßnahmen bei Bedrohung oder Bruch des Friedens und bei Angriffshandlungen (Kap. VII)
Bei Konflikten, die die internationale Sicherheit bedrohen, sollen sich die Streitparteien „zunächst um eine Beilegung durch Verhandlung, Untersuchung, Vermittlung, Vergleich, Schiedsspruch, gerichtliche Entscheidung, Inanspruchnahme regionaler Einrichtungen oder Abmachungen oder durch andere friedliche Mittel eigener Wahl“ bemühen.	Das können Sanktionsmaßnahmen sein, wie Unterbrechung der wirtschaftlichen oder diplomatischen Beziehungen, der Verkehrsverbindungen und der Telekommunikation. Es können aber auch „mit Luft-, See- oder Landstreitkräften die zur Wahrung oder Wiederherstellung des Weltfriedens … erforderlichen Maßnahmen“ durchgeführt werden.

Der Einsatz von UN-Streitkräften unterliegt der Zustimmung der vetoberechtigten ständigen Mitglieder des Sicherheitsrats.

Einsätze von sogenannten Blauhelm-Soldaten werden in der Charta nicht erwähnt. Sie haben sich in der Praxis entwickelt und gelten im Sinne der Charta als rechtmäßig.
Der Einsatz der UN-Friedenstruppen zur Friedenserhaltung ist nur mit Einverständnis aller Konfliktparteien möglich und bedarf der Zustimmung des Sicherheitsrates.

Eine wichtige Aufgabe ist der **Abrüstungsdialog.** Er wird von der Generalversammlung wahrgenommen, gestützt auf die Arbeit der UN-Abrüstungskommission und auf die Genfer Abrüstungskonferenz. Die Abrüstungskommission, die sich aus allen Mitgliedern der UN zusammensetzt, ist das einzige universelle Diskussionsforum für Rüstungskontrollthemen.

Struktur und Tätigkeit der Vereinten Nationen (2015)

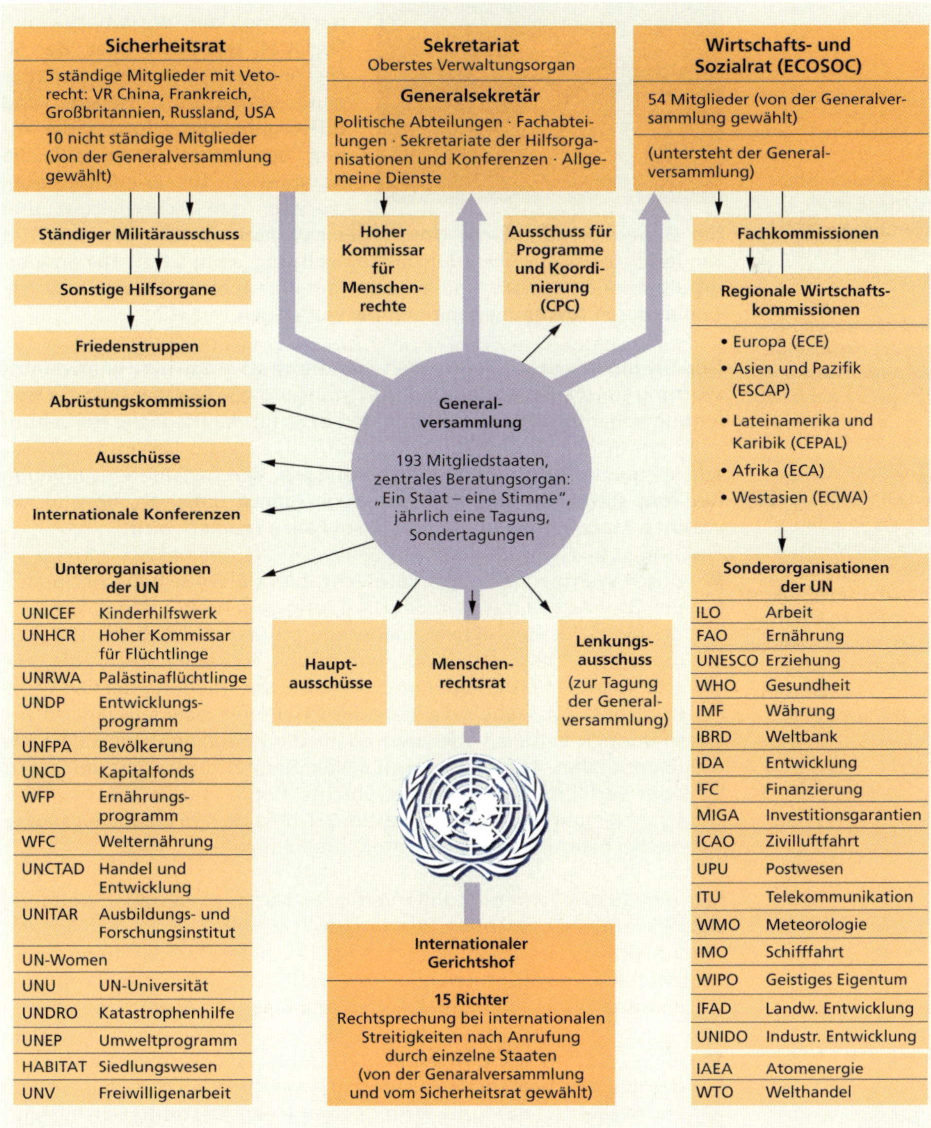

Die UN realisiert ihre Ziele und Aufgaben durch die Tätigkeit verschiedener Gremien: durch Hauptorgane, Neben- und Hilfsorgane sowie durch eigenständige Sonderorganisationen.

Das UNO-Hauptquartier befindet sich in New York.

Zu den **Hauptorganen** der UN gehören seit 1994 die Generalversammlung, der Wirtschafts- und Sozialrat, das Sekretariat, der Sicherheitsrat sowie der Internationale Gerichtshof. **Neben- und Hilfsorgane** unterstützen die Arbeit der Hauptorgane, z. B. die Kommission für Friedenskonsolidierung, den Sicherheitsrat und die Generalversammlung. **Unterorganisationen** der UN sind u. a. das Kinderhilfswerk UNICEF oder das Umweltprogramm UNEP. Die Sonderorganisationen der UN sind als eigenständige internationale Organisationen durch Abkommen mit den UN verbunden.

Die Kommission für Friedenskonsolidierung, die 2006 gegründet wurde, begleitet friedenskonsolidierende Maßnahmen und erarbeitet nachhaltige Wiederaufbaustrategien nach Konflikten.

Der **UN-Sicherheitsrat** (auch Weltsicherheitsrat) trägt die Hauptverantwortung für die Einleitung und Durchführung von Maßnahmen zur Beilegung von internationalen Konflikten bzw. für die friedliche Herbeiführung politischer Veränderungen. Er trifft als einziges Organ der UN für alle Mitglieder verbindliche Entscheidungen. Von der Übereinstimmung der fünf ständigen Sicherheitsmitglieder hängt dabei ab, ob und mit welchen Maßnahmen in den einzelnen Fällen reagiert wird.

UNICEF, Abkürzung für engl. **U**nited **N**ations (**I**nternational) **C**hildrens (**E**mergency) **F**und = Kinderhilfsfonds der UN (Weltkinderhilfswerk); wurde 1946 gegründet und ist heute in 160 Entwicklungsländern tätig

Durch Wahrnehmung des Vetorechts blockierten sich die Antipoden des Ost-West-Konflikts in der UN häufig gegenseitig und damit auch die Möglichkeiten aktiver Friedensgestaltung. So blieb die Tätigkeit der UN bis 1990 vielfach auf Vermittlungsaufgaben beschränkt, wie z. B. im Nahen Osten oder in Zypern. Nach Aufhebung der Ost-West-Konfrontation haben die Vereinten Nationen eine Vielzahl an Resolutionen verabschiedet und damit die jahrelange Selbstblockade überwunden. Allerdings wurden viele Resolutionen nicht umgesetzt oder verfehlten auch die gewünschte Wirkung, wie z. B. das Wirtschaftsembargo gegen den Irak im 2. Golfkrieg 1991, das weit stärker die Bevölkerung als das diktatorische Regime traf.

Seit den 1990er-Jahren sind die Vereinten Nationen in neuer Weise gefordert – sowohl hinsichtlich der Ausgestaltung eines wirksamen Systems der kollektiven Sicherheit als auch hinsichtlich der Demokratisierung ihrer Entscheidungsstrukturen und der Bewältigung ihrer Finanzprobleme, die immer weniger Friedensmissionen und Blauhelmeinsätze zulassen.

In den letzten beiden Jahrzehnten stellten sich vermehrt Aufgaben der militärischen Friedenssicherung – zwischen, aber auch innerhalb von Staaten. Die UN, die nicht über eine eigene Streitmacht verfügt, ist deshalb auf Truppenkontingente ihrer Mitglieder angewiesen.

- UN-Missionen können ein vielfältiges und komplexes Aufgabenspektrum abdecken. Ihr Erfolg hängt aber sowohl von der Kooperationsbereitschaft örtlicher Konfliktparteien als auch von der Mittelausstattung und der politischen Unterstützung durch die Staaten der Vereinten Nationen ab. Nicht selten beeinträchtigen internationale Interessenunterschiede ihr Wirken oder verhindern sogar ihr Zustandekommen. Auch die Übernahme von Operationen durch die militärische Organisation der NATO kann problematisch werden, wie sich 2011 im Falle Libyens mit einer weiter gefassten Interpretation der UN-Resolution zum Schutz der libyschen Zivilbevölkerung zeigte.

Die **Agenda für den Frieden** wurde 1992 von dem damaligen Generalsekretär der UN, BOUTROS GHALI, vorgelegt. Es sind nach wie vor wichtige Vorschläge für die Stärkung der friedenssichernden Rolle der Vereinten Nationen.

Agenda für den Frieden

Bei der anstehenden Neuprofilierung des Wirkens der UN steht der Ausbau des Konzepts des **Peacekeeping** (der Friedenssicherung) im Vorfeld von Gewaltausbrüchen bzw. die Konfliktprävention im Mittelpunkt. Für dieses Konzept wurde 1992 mit der „Agenda für den Frieden", die eine abgestufte, auf verschiedene Konfliktsituationen flexibel anwendbare Orientierung beinhaltet, der Grundstein gelegt.

Agenda für den Frieden

Agendaprinzip	Vorbeugende Diplomatie (preventive diplomacy)	Friedensschaffung (peacemaking)	Friedenssicherung (peacekeeping)	Friedenskonsolidierung (post-conflict peacebuilding)
Ziel	Spannungsabbau, Vermeidung einer Konfliktsituation	Beendigung eines offenen Konflikts	Entschärfung einer entstandenen Konfliktsituation	Sicherung von Frieden nach Beendigung eines Konflikts
Schritte/ Maßnahmen	– Früherkennung eines Konflikts durch Beobachtung – Verhandlungen, Hilfe bei Vertrauensbildung zwischen Konfliktparteien	– Verhandlung, Vermittlung, Schiedsspruch (z. B. durch den Internationalen Gerichtshof), wirtschaftliche oder politische Sanktionen – Friedenserzwingung durch Einsatz von Truppen	– Einsatz von UN-Friedenstruppen, u. a. zur Sicherung humanitärer Aktionen – Überwachung der Einhaltung von Friedensabkommen oder eines Waffenstillstands	– Entwaffnung der Kriegsparteien – Schadensbeseitigung und Hilfe bei Neuaufbau – Flüchtlingsbetreuung, Schutz der Menschenrechte – Förderung der Vertrauensbildung

Die Vorschläge der Agenda schufen seit Ende der 1990er-Jahre neue Optionen für das Wirken der Vereinten Nationen, so z. B. durch mehrere Missionen, die sie im Prozess der Erreichung der Unabhängigkeit Osttimors von der Zentralregierung Indonesiens wahrnahmen:

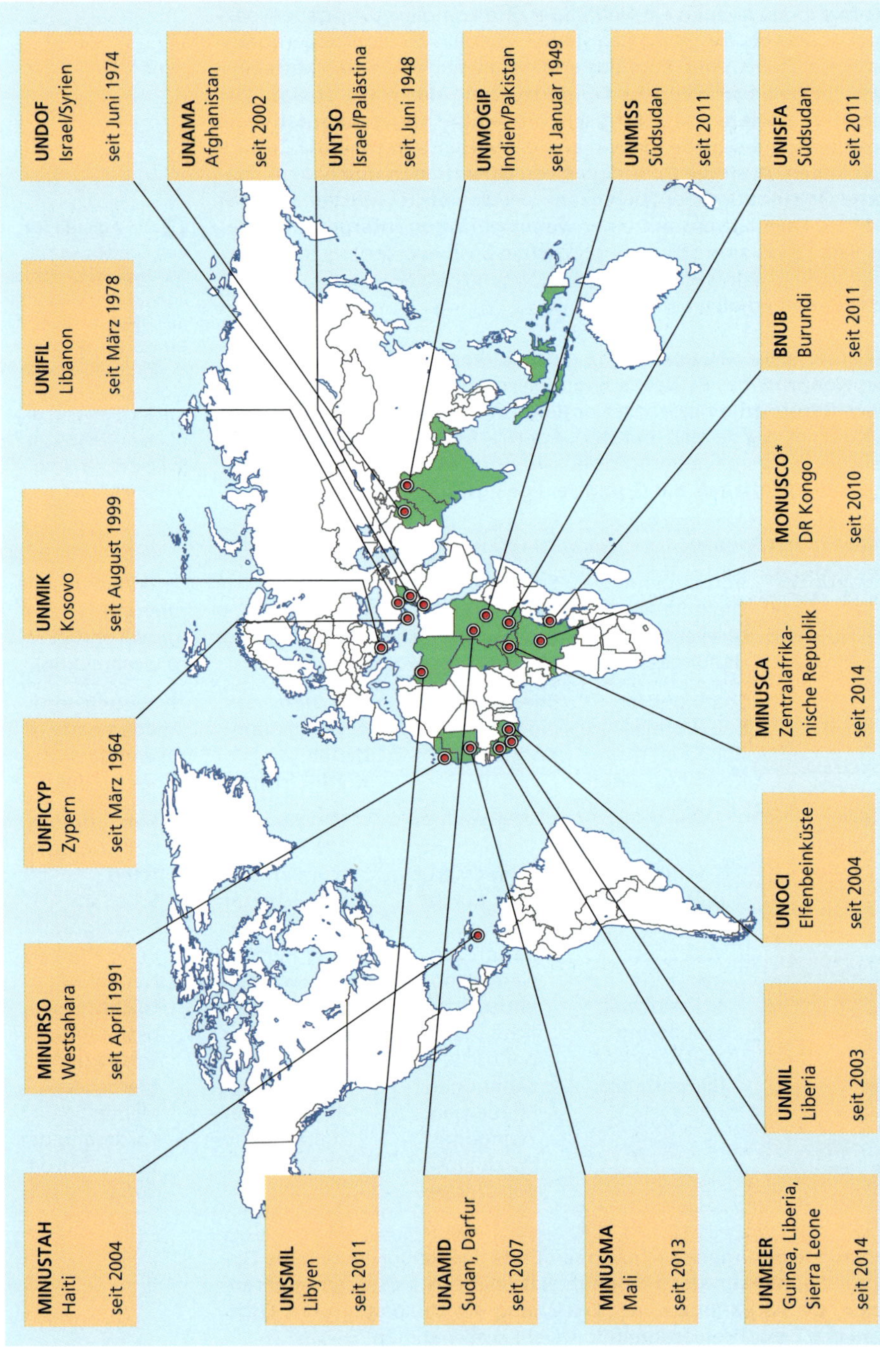

*MONUC von 1999–2010

UN-Friedensmissionen 2015

- **UNAMET** (UN Assistance Mission in East Timor) ab Juni 1999 mit dem Auftrag, ein Unabhängigkeitsreferendum zu organisieren und durchzuführen – im August 1999 stimmten über 80 % der Bevölkerung zu;
  UNTAET (UN Transitional Authority in East Timor) ab Oktober 1999 mit dem Auftrag, den Aufbau eigenständiger staatlicher und politischer Verwaltungsstrukturen durch eine zivile Übergangsverwaltung und humanitäre Hilfsmaßnahmen zu unterstützen;
  UNMISET (UN Mission of Support in East Timor) von Mai 2002 bis Mai 2005 mit dem Auftrag, stabile politische und gesellschaftliche Verhältnisse nach erreichter Unabhängigkeit zu sichern und Hilfe beim Aufbau staatlicher Strukturen – z. B. neuer Polizeieinheiten – zu geben;
  UNOTIL (United Nations Office in Timor-Leste) – eine politische Mission, die ab Mai 2005 die Stabilisierung demokratischer, rechtsstaatlicher sowie staatlicher Verwaltungsstrukturen unterstützt;
  UNMIT (United Nations Integrated Mission in Timor-Leste) löst als größere Mission die UNITOL wegen eingetretener instabiler Verhältnisse im August 2006 ab. Sie wird 2012 erfolgreich beendet.

Seit einigen Jahren diskutieren die Vereinten Nationen die Tragweite einer „responsibility to protect", nach der einzelne Staaten und die internationale Gemeinschaft als Ganzes eine Schutzverantwortung bei schwersten Menschenrechtsverletzungen wie Völkermord innehaben und die als ultima ratio auch ein militärisches Eingreifen durch internationale Missionen beinhalten könnte.

Trotz einer Reihe von Misserfolgen und vorhandener Schwächen verfügen die Vereinten Nationen über vielfältige Erfahrungen bei der Friedensschaffung, -sicherung und -konsolidierung. Das Spektrum erfolgreich eingesetzter Mittel und Verfahren reicht von Blauhelmeinsätzen und Beobachtermissionen über humanitäre Hilfe, Demobilisierungs- und Reintegrationsprogramme bis zum Einsatz von Sondergesandten.

Die Vereinten Nationen sind das **umfassendste Instrument** multilateraler Friedenssicherung.

5.4.2 OSZE – Sicherheit und Zusammenarbeit für Europa

Die Organisation für Sicherheit und Zusammenarbeit in Europa **(OSZE)** versteht sich als eine „regionale Abmachung der UN" und ist ein Hauptinstrument zur Frühwarnung, Verhütung und friedlichen Beilegung von Konflikten sowie zur Krisenbewältigung in Europa.

Die drei „Körbe" der **Schlussakte von Helsinki** beinhalteten:
1. Prinzipien der Beziehungen der Staaten untereinander;
2. Zusammenarbeit in Wirtschaft, Handel, Wissenschaft; Technik, Umwelt,
3. menschliche Kontakte, Informationszugang, Kulturaustausch.

Die OSZE ging 1995 aus der Konferenz über Sicherheit und Zusammenarbeit in Europa **(KSZE)** hervor. Das war eine internationale Zusammenkunft von 33 europäischen Staaten, den USA und Kanada, die von 1973 bis 1990 arbeitete. Sie verabschiedete 1975 die „Schlussakte von Helsinki", eine politische Verpflichtung in drei „Körben". Bedeutsam waren die Folgetreffen zu Fragen von Abrüstung und Entspannung.
1990 verständigten sich die OSZE-Staaten auf Grundsätze ihrer Zusammenarbeit. Seit 1995 nimmt die OSZE als regionale Staatenorganisation im euroatlantischen Gebiet „zwischen Vancouver und Wladiwostok" grundlegende nicht militärische Aufgaben für die gemeinsame Sicherheit wahr. Sie ist mit 56 Mitgliedstaaten die derzeit größte sicherheitspolitische Organisation für Europa und einige angrenzende Regionen.

5

Struktur und Wirken der OSZE

Wichtige Grundsätze der Zusammenarbeit der OSZE-Staaten sind: Rechtsstaatlichkeit, Marktwirtschaft, Achtung der Menschenrechte, Rüstungskontrolle, Abrüstung und Umwelt. Der OSZE gehören fast alle Staaten Europas sowie die zentralasiatischen, transkaukasischen und nordamerikanischen Staaten an.

> Die **OSZE** umfasst eine feste Struktur beratender und beschließender Organe, operativer Institutionen sowie kurz- und langfristiger Missionen.

Diese **Organe und Einrichtungen** können in allen Konfliktphasen auf spezifische Weise eingesetzt werden:

- Die **politischen Organe der OSZE** dienen in erster Linie als Podium für die Konsultation und gegebenenfalls die Verurteilung von Fällen gewaltsamer Konfliktaustragung. Sie haben allerdings nicht die Kompetenz, Sanktionen zu verhängen.
- **Politische Mechanismen** der Organisation wurden zwischen 1989 und 1991 festgelegt. Es sind
  - der Mechanismus für Konsultationen und Zusammenarbeit in Bezug auf ungewöhnliche militärische Aktivitäten,
  - der Mechanismus für Konsultationen und Zusammenarbeit in dringenden Situationen,
  - der Mechanismus der menschlichen Dimension, der darauf zielt, durch Dialog und Zusammenarbeit die Achtung von Menschenrechten, Grundfreiheiten, Demokratie und Rechtsstaatlichkeit zu fördern.
- Die OSZE hat ihrem Wirken verschiedene **Streitbeilegungsprozeduren** zugrunde gelegt:
  - die Hinzuziehung einer Drittpartei zu Beratungen über die friedliche Beilegung von Streitigkeiten zwischen Teilnehmerstaaten (Valetta-Mechanismus),
  - die Anwendung von Vergleichs- oder Schiedsverfahren mittels einer Vergleichskommission oder durch den Gerichtshof.

Grundlage des Wirkens der OSZE ist ein Sicherheitsbegriff, der drei Dimensionen umfasst: die politisch-militärische Dimension, die Wirtschafts- und Umweltdimension sowie die menschliche Dimension.
Die Aufgaben, die dem Mechanismus der menschlichen Dimension verpflichtet sind, werden in erster Linie von den OSZE-Langzeitmissionen wahrgenommen.

- Von zentraler Bedeutung für das Wirken der OSZE ist ihr **flexibles Instrumentarium:** Verbindungsbüros „vor Ort" und Entsendung von Missionen. Die seit 1992 eingesetzten Langzeitmissionen umfassen solche Tätigkeiten wie Untersuchung von Konfliktursachen, Tatsachenermittlung, (Wahl-)Beobachtung, Überwachung und Förderung der Einhaltung der Menschen- und Grundrechte sowie gemeinsamer Grundprinzipien und Vereinbarungen, Hilfe beim Aufbau rechtsstaatlicher Strukturen. Es gab bisher zahlreiche Missionen mit unterschiedlichen Zielsetzungen.

Überwachung der Krisenprovinz Kosovo durch die OSZE

Im Kosovo war nach 1999 über Jahre eine OSZE-Mission tätig, die beim Aufbau demokratischer und rechtsstaatlicher Strukturen und Institutionen sowie beim Schutz der Menschenrechte half und so die UNMIK-Mission unterstützte.

5.4.3 Internationale Nichtregierungsorganisationen

Nichtregierungsorganisationen (NGOs) leisten wichtige Beiträge bei der vor- und nachsorgenden Bearbeitung von Konflikten und beim Aufbau friedlicher zivilgesellschaftlicher Strukturen.

Viele in den letzten Jahrzehnten entstandene NGOs arbeiten im **transnationalen Bereich.** Sie verfolgen grenzüberschreitende Zielsetzungen und engagieren sich in bestimmten Tätigkeitsbereichen.

NGO/INGO	Tätigkeitsbereich
Internationale Kampagne zum Verbot von Landminen (↗ S. 457)	Kriegsopferschutz
Kinderhilfswerk Terre des Hommes	Entwicklung
Internationale Ärzte für die Verhütung des Atomkriegs	Friedenserhaltung
Gesellschaft für bedrohte Völker	Minderheitenschutz

Entsprechend ihrem spezifischen Organisationscharakter und ihren grundlegenden Zielstellungen werden NGOs vor allem tätig durch
- Mobilisierung der Öffentlichkeit durch konkrete Aktionen oder öffentlichkeitswirksame Kampagnen;
- Sammlung von Expertenwissen, vor allem durch „Vor-Ort"-Arbeit;
- Lobbyarbeit bei politischen und wirtschaftlichen Entscheidungsträgern;
- Verknüpfung globaler und lokaler Sichtweisen und Aufgaben („Glokalisierung"), indem sie globale Probleme thematisieren und lokale Lösungsansätze bearbeiten.

▶ INGOs werden im Jahrbuch internationaler Organisationen der Union of International Associations registriert, wenn sie folgenden Kriterien genügen:
- Unabhängigkeit von Staat und Wirtschaft,
- dauerhafte Organisationsstrukturen,
- professionelle Arbeits- und demokratische Binnenstruktur,
- Bearbeitung von Problemen in Wahrnehmung von Gemeinwohlinteressen,
- grenzüberschreitende Zielsetzungen,
- Mitgliedschaft, Finanzierung und Amtsträger aus mindestens drei Staaten.

■ Seit der Beseitigung des Taliban-Regimes in Afghanistan 2001 ist Amnesty International in diesem Land tätig. Mehrere öffentliche Berichte, so über die rechtliche Situation im Land, über die Lage von Frauen und von Flüchtlingen, wurden erstellt und vorgelegt.

Die Zusammenarbeit mit den NGOs und ihren Experten wird immer häufiger von den internationalen Organisationen – der UN, der OSZE oder dem Europarat – gesucht. Das geschieht auf der Grundlage von Art. 71 der UN-Charta, der die Zusammenarbeit der Vereinten Nationen mit NGOs bei gemeinsamen Zielen ausdrücklich anspricht.

■ Über 1500 NGOs sind mittlerweile mit der UN-Hauptabteilung Presse und Information (DPI) verbunden. Sie haben hier Zugang zu Informationen aus vielen Arbeitsbereichen der Vereinten Nationen und bringen ihr Expertenwissen ein.
Beim Wirtschafts-und Sozialrat der UNO (ECOSOC) sind mehr als 2300 NGOs akkreditiert. Sie bringen Expertisen ein und wirken beratend, indem sie zu Fragen ihres Arbeitsgebietes empfehlende Berichte einreichen.

▶ Vielfach kooperieren NGOs auch mit UN-Institutionen in konkreter Arbeit vor Ort, so z. B. beim Wiederaufbau in Afghanistan.

5.4.4 NATO und Bundeswehr

Der **Nordatlantikvertrag,** auch **Nordatlantikpakt** genannt, ist ein völkerrechtlicher Vertrag, auf dem die Gründung der NATO (North Atlantic Treaty Organisation) beruht und der im August 1949 in Kraft trat. 12 Staaten gründeten das westliche Verteidigungsbündnis. 1955 trat ihr die BRD bei. Nach 1990 wurden auch ehemals gegnerische osteuropäische Staaten Mitglied. 2015 gehören ihr 28 Mitglieder an.

Die nordatlantische Verteidigungsgemeinschaft NATO und die Bundeswehr sind militärische Instrumente, deren Rolle sich nach Aufhebung der Ost-West-Konfrontation 1990 grundlegend verändert hat. Sie übernehmen immer stärker Aufgaben im internationalen Krisen- und Konfliktmanagement und passen dem ihre Strukturen immer besser an.

NATO

> Die **NATO** ist eine internationale Organisation, in der die Mitgliedstaaten den Nordatlantikvertrag – ein militärisches Bündnis zur kollektiven Selbstverteidigung – umsetzen.

Sie ist eine mehrstufige und komplexe Organisation, die sowohl militärische als auch zivile Verwaltungsstrukturen aufweist. Alle Entscheidungen innerhalb der Organisation werden nach dem Konsensprinzip getroffen, d.h. jeder Mitgliedstaat hat ein Vetorecht.

Die wichtigsten Organe der NATO

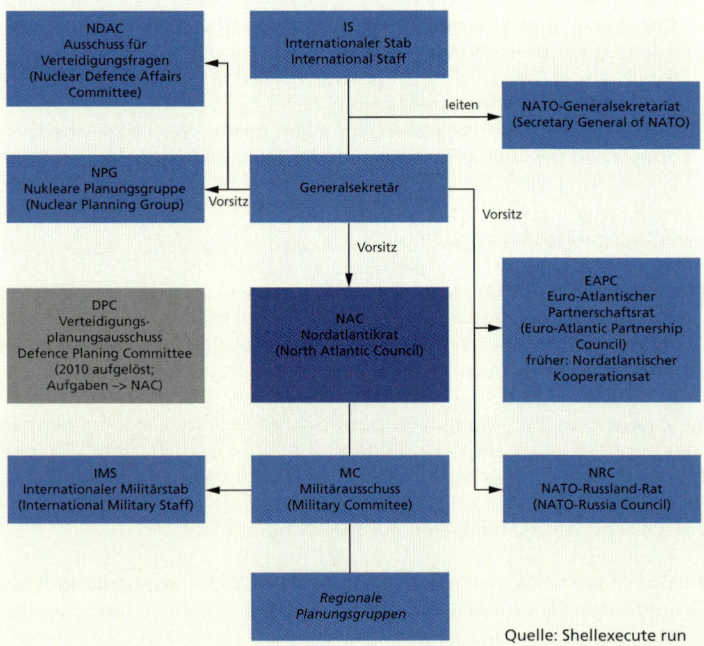

Quelle: Shellexecute run

2015 ist der Aufbau der neuen Struktur der NATO noch nicht abgeschlossen.

Der Militärausschuss (MC) untersteht dem Nordatlantikrat (NAC) unmittelbar und ist das Verbindungsglied zur militärischen Struktur der NATO.

Das Grundkonzept der NATO hat sich in den letzten 25 Jahren erheblich verändert. Beruhte es in der Zeit der Ost-West-Konfrontation bis 1990 vor allem auf dem Prinzip der Kriegsverhinderung durch Abschreckung und Verteidigungsbereitschaft, wurden danach Aufgaben der vorausschauenden Konfliktverhütung und der Friedenssicherung in internationalen Krisensituationen zunehmend wichtiger.

Die NATO unterhält kaum eigene Streitkräfte. In Friedenszeiten verbleiben die Armeen der Mitgliedstaaten unter nationalem Oberbefehl. Nur die integrierten Stäbe, die Luftverteidigung und die ständigen Einsatzverbände sind auch in Friedenszeiten dem Oberkommando der NATO unterstellt.

Seit 2010 wirkt die NATO auf der Grundlage eines **neuen strategischen Konzepts.** Es beinhaltet traditionelle und neue Aufgaben.

Das seit 2010 umzusetzende Konzept „Aktives Engagement – Moderne Verteidigung“ orientiert auf drei **Kernaufgaben:**

1. auf **kollektive Verteidigung** im Falle eines Angriffs auf einen oder mehrere Mitglieder der Allianz sowie auf Abschreckung potenzieller Angreifer (was bis 1990 die Hauptaufgabe war und noch heute eine identitätsstiftende Bedeutung hat);
2. auf internationales **Krisenmanagement** – auch außerhalb des Bündnisgebietes – im Zusammenspiel von militärischen und zivilen Instrumenten (seit Mitte der 1990er-Jahre war die NATO mit zahlreichen größeren und kleineren Operationen in unterschiedlichen Krisengebieten tätig, so in Afghanistan, im Kosovo, in Libyen oder bei der Seeüberwachung am Horn von Afrika zum Schutz von Handelswegen gegen internationale Piraterie);
3. auf **kooperative Sicherheit,** d.h. auf Partnerschaften und Zusammenarbeit mit anderen internationalen Akteuren (z.B. mit der EU, der UN oder NGOs), um Stabilisierung durch vielfältige Kooperationsformen zu schaffen.

Militärübung der „Nato Response Force" in Deutschland 2015.

Den neuen Aufgabenstellungen entsprechend vollzog die NATO auch verschiedene strukturelle Veränderungen. Sie betrafen nicht nur das Hauptquartier in Brüssel bzw. die Organisations- und Kommandoebene, sondern auch die Schaffung neuer Einsatzinstrumente, wie die schon 2002 beschlossene „NATO Response Force“ (NRF). Das ist eine schnelle Eingreiftruppe, auch für Einsätze außerhalb des Bündnisses.

2015 beschlossen die NATO-Verteidigungsminister eine Vergrößerung der schnellen Eingreiftruppe von derzeit 13000 auf 40000 Mann. Sie beschlossen außerdem, sechs neue NATO-Kommandozentralen zu errichten, und zwar in Estland, Lettland, Litauen sowie in Polen, Rumänien und Bulgarien. Diese Zentren sollen der strategischen Planung und der Unterstützung von Manövern dienen. Außerdem sollen sie die Stationierung der neuen superschnellen Eingreiftruppe (VJTF) organisieren.

2003 übernahm die NATO die Führung der UN-Sicherheitsunterstützungstruppe in Afghanistan ISAF (International Security Assistance Force).

Neue Rolle der Bundeswehr

„Streitkräfte folgen in ihrem Selbstverständnis, ihrer Struktur, ihrem Umfang, ihren Fähigkeiten und ihrer Ausrüstung den sich wandelnden Zielen und Interessen der Sicherheitspolitik." (Verteidigungspolitische Richtlinien 2011)

> Die seit den 1990er-Jahren neue sicherheitspolitische Lage in Europa, veränderte Aufgaben der NATO und weltweite sicherheitspolitische Herausforderungen im 21. Jh. führten zu Veränderungen für die **Bundeswehr.**

Im Rahmen der deutschen Sicherheitspolitik hat die Bundeswehr den Auftrag,
- Deutschland und seine Staatsbürger gegen politische Erpressung und äußere Gefahr zu schützen,
- die militärische Stabilität und die Integration Europas zu fördern,
- Deutschland und seine Verbündeten zu verteidigen,
- dem Weltfrieden und der internationalen Sicherheit im Einklang mit der Charta der Vereinten Nationen zu dienen,
- bei Katastrophen zu helfen, aus Notlagen zu retten, humanitäre Aktionen zu unterstützen.

Darin spiegeln sich traditionelle und neue Aufgaben wider.

„Die wahrscheinlicheren Aufgaben der internationalen Konfliktverhütung und Krisenbewältigung bestimmen die Grundzüge der neuen Struktur der Bundeswehr." (Verteidigungspolitische Richtlinien 2011)

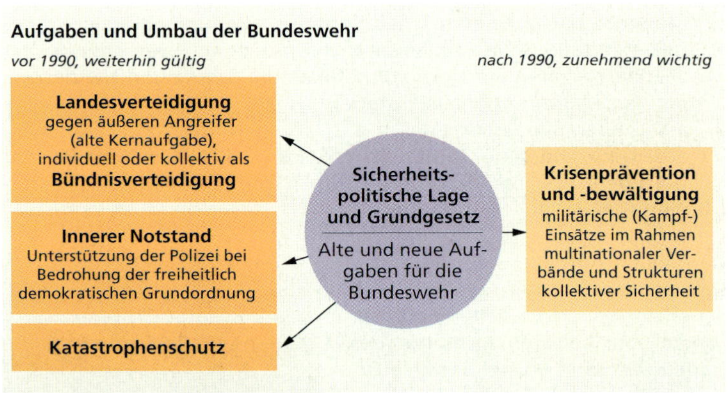

Seit über zwei Jahrzehnten, vor allem aber seit 2010 unterliegt die Bundeswehr einem tief greifenden Wandel. Gründe dafür sind die Neugewichtung der Aufgabenstellung sowie internationale Verpflichtungen und Interessen Deutschlands, aber auch Sparzwänge und fehlende Wehrgerechtigkeit bei der bis 2011 praktizierten allgemeinen Wehrpflicht. Der Wandel zeigt sich im Besonderen

Die allgemeine Wehrpflicht bleibt im Grundgesetz verankert, die Bundeswehr greift jedoch überwiegend auf Zeit- und Berufssoldaten zurück.

- in der **Wehrreform** (Aussetzung der allgemeinen Wehrpflicht und ihre Ersetzung durch einen Freiwilligen Wehrdienst ab 2011),
- in der **Verkleinerung des Personalumfangs** (2011 umfasste die Bundeswehr rund 213 000 Soldaten, darunter 188 000 Berufs- und Zeitsoldaten; 2015 waren es insgesamt 176 000, darunter 168 840 Berufs- und Zeitsoldaten).
- in weitreichenden **Strukturreformen** (u. a. Reduzierung von Standorten sowie Verschlankung und Effektivierung der Verwaltung),
- in der vorrangigen Ausrichtung der Strukturen und Fähigkeiten des Personals und der Ausrüstung auf das **internationale Krisenmanagement.**

Globalisierung und Global Governance

6

6.1 Globalisierungsprozess und globale Probleme

6.1.1 Begriff und Dimensionen der Globalisierung

Global, lat. = auf die gesamte Erde bezüglich, weltumspannend

Globalisierung ist ein Begriff, der in den 1990er-Jahren sehr populär wurde. Er wird mehrdeutig verwendet. Zum einen beschreibt Globalisierung verschiedene **Entwicklungsprozesse der Internationalisierung,** so

Die Internationalisierung der Wirtschaft ist Kernbestandteil der **Globalisierung.** Sie betrifft in der Gegenwart aber auch soziale Standards, Menschenrechte, Kulturentwicklung oder Mitbestimmungsmöglichkeiten.

- die zunehmende wirtschaftliche Verflechtung und vertiefte Arbeitsteilung in der Weltwirtschaft,
- die Veränderungen im Kommunikations- und Informationsbereich, die eine Vernetzung über den gesamten Erdball ermöglichen,
- die Entwicklung regionaler und weltweiter Beziehungsnetzwerke auf kultureller, ökologischer und politischer Ebene.

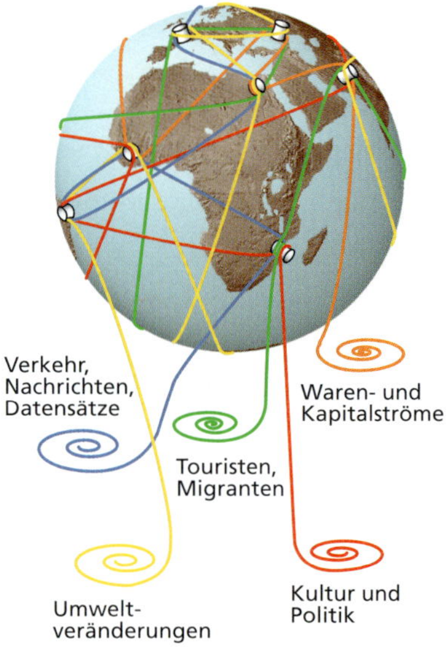

Globalisierung umfasst zum anderen auch die **Zustände weltweiter Verflechtungen,** wie z. B. Unternehmens- und Marktzusammenschlüsse oder Internethandel. Häufig werden zudem die **Folgen globaler Entwicklungen** als „Globalisierung" bezeichnet.

> Globalisierung kann als Tendenz zur **Intensivierung weltweiter Verflechtungen** in Ökonomie, Politik, Umwelt, Kommunikation und Kultur gefasst werden.

Weltweite Verflechtung ist kein grundlegend neues Phänomen in der Gegenwart. Seine Anfänge sind in den ersten grenzüberschreitenden Handelsbeziehungen zu finden und reichen insofern weit zurück.

Ökonomen des 18. und 19. Jh.s, vor allem KARL MARX (1818–1883) und FRIEDRICH ENGELS (1820–1895), beschrieben die Tendenz der Vergesellschaftung in Analyse der Industriegesellschaft.

Bereits 1848 wurde diese Tendenz beschrieben: „Das Bedürfnis nach einem stets ausgedehnteren Absatz für ihre Produkte jagt die Bourgeoisie über die ganze Erdkugel. Die uralten nationalen Industrien (...) werden verdrängt durch neue Industrien, (...) die nicht mehr einheimische Rohstoffe, sondern den entlegensten Zonen angehörige Rohstoffe verarbeiten und deren Fabrikate nicht im Lande selbst, sondern in allen Erdteilen zugleich verbraucht werden. (...) An die Stelle der alten lokalen und nationalen Selbstgenügsamkeit und Abgeschlossenheit tritt ein allseitiger Verkehr, eine allseitige Abhängigkeit der Nationen voneinander." (K. MARX, F. ENGELS: Manifest der Kommunistischen Partei)

Ursachen der Globalisierung

Die Ursachen des in der Gegenwart verstärkt fortschreitenden Prozesses der Globalisierung werden unterschiedlich bestimmt. Man kann jedoch davon ausgehen, dass sie vor allem mit folgenden **Strukturveränderungen** zusammenhängen:

- mit dem Übergang von Industrien, die auf natürlichen Rohstoffen aufbauen, zu künstlichen, wissenschaftlich bedingten Industrien – das schließt eine Wissensintensivierung aller Produktionsprozesse ein;
- mit dem Entwicklungsstand, dass die Menschen erstmals in der Geschichte über alle für eine Weltwirtschaft notwendigen Transport- und Kommunikationstechnologien verfügen;
- mit den relativ geringen Kosten für Mobilität von Menschen und Gütern;
- mit dem Wachstum, dem höheren Lebensalter und den Migrationsprozessen der Weltbevölkerung;
- mit der Aufhebung des Ost-West-Konflikts, was dazu führte, dass sich 1,9 Milliarden Menschen der kapitalistischen Wirtschaftsweise anschlossen;
- mit der außenwirtschaftlichen Liberalisierung, beispielsweise durch Abbau von Zöllen und weiteren Handelsbarrieren über die GATT-Runden und die WTO-Konferenzen, was u. a. zu einer Vertiefung der weltweiten Spezialisierung führt.

▶ Während sich ein Jahrhundert lang der Reichtum von JOHN D. ROCKEFELLER (1839–1937) bis zum SULTAN VON BRUNEI (geb. 1946) auf Erdöl begründete, gehören heute der PC-Softwarehersteller BILL GATES (geb. 1955) und der mexikanische Telekomunternehmer CARLOS SLIM (geb. 1940) zu den reichsten Männern der Welt.

Dimensionen der Globalisierung			
Kommunikation „Vernetzte Welt"	**Ökonomie** „Weltbinnenmarkt"	**Politik** „Weltinnenpolitik"	**Umwelt** „Welt als Risikogesellschaft"
Merkmale der Globalisierung			
Innovationen in der – Mikroelektronik, – Telekommunikation und – Optoelektronik (Gewinnung, Übertragung und Speicherung von Informationen): Die Welt wird zunehmend mit einem dichten Kommunikationsnetz überspannt, nahezu jeder Punkt der Erde wird in Bruchteilen von Sekunden erreichbar.	– Abbau von Handelsschranken: Produzenten können ihre Waren weltweit anbieten. – Verselbstständigung des Finanzkapitals gegenüber dem Warenhandel – Mobilität von Kapital, technischem Wissen und Arbeit zwischen verschiedenen Produktionsstandorten – Internationalisierung des Arbeitsmarkts – Zunahme transnationaler Unternehmen	– Abbau staatlicher Vorschriften und Regelungen (Deregulierung) – Verlust von Handlungsfähigkeit und Einflussmöglichkeiten der Nationalstaaten – Entstehung neuer Formen internationaler politischer Kooperation – Verlust bzw. Wandel nationaler Identitäten und kultureller Eigenarten	– globale Ausmaße der Umweltgefährdung (z. B. Beeinflussung des Weltklimas, Ressourcenverschwendung) – Verschärfung von Umweltkonflikten (z. B. um die knapper werdenden Wasserressourcen) – Verbreitung von Krankheiten und Epidemien (Aids, HIV, SARS)

Chancen und Gefahren der Globalisierung

Aus wirtschaftsliberaler Sicht überwiegen die **Chancen** der Globalisierung. Nach wirtschaftsnationalen Auffassungen bestehen vor allem **Gefahren.**

Global Player sind internationale Großunternehmen, die zunehmend die Weltwirtschaft (Finanzmärkte, Produktion, Handel) beherrschen und Einfluss auf die Politik ausüben. Die Steuerung der Weltwirtschaft und Politik erfolgt in Weltstädten (Global Citys) wie New York, London, Tokio, Singapur.

Der Prozess der Globalisierung beinhaltet **Chancen** und **Gefahren,** er hat Gewinner und Verlierer.

Die Menschen verbinden mit Globalisierung Hoffnungen wie Ängste.

Chancen/Vorteile bestehen in:	Gefahren ergeben sich aus:
– der Aussicht auf vertiefte Arbeitsteilung und steigenden Wohlstand in der Welt – der weltweiten Schaffung neuer Arbeitsplätze und der Senkung von Transport- und Produktionskosten – der Verlagerung von Produktionsstandorten – damit auch von Know-how – in Entwicklungsländer – einer höheren Wirksamkeit der Nutzung natürlicher Ressourcen – der Angleichung ökologischer und sozialer Standards auf höherem Niveau – den enormen Möglichkeiten des Erwerbs und der Verbreitung von Wissen durch weltweiten Informationsaustausch – der Erweiterung der Wissens- und Problemlösungspotenziale in vielen Bereichen, z. B. bei der Bekämpfung von Krankheiten oder bei der Entwicklung umweltverträglicher Technologien – dem Abbau von Vorurteilen gegenüber anderen Kulturen und der Aufnahme von Elementen verschiedener Kulturen – der Entwicklung eines globalen Zusammengehörigkeitsgefühls („Eine Welt") und gemeinsamer Verantwortung für die ganze Erde – den größeren globalen Wirkungsmöglichkeiten internationaler Gruppen und Organisationen	– dem wachsenden Einfluss von Global Players auf die Politik der Regierungen der einzelnen Länder und der Unkontrollierbarkeit vieler Entscheidungen – dem Hegemoniestreben führender Länder, insbesondere der USA (Washingtoner Konsens von 1990) – dem verschärften Konkurrenzkampf auf dem Weltmarkt und der Absenkung von sozialen und ökonomischen Standards – dem Verlust von Arbeitsplätzen mit geringer Qualifikation sowie wachsender sozialer Unsicherheit – der Vertiefung der Kluft zwischen Arm und Reich innerhalb der Gesellschaften und auf der ganzen Erde, was zu einer weiteren Zunahme sozialer Konflikte und Migration führen kann – einer Überflutung mit Informationen und dem Entstehen einer geteilten Gesellschaft von Menschen mit und ohne Zugang zu diesen Informationen – dem Trend zur Vereinheitlichung der Kultur („Verwestlichung" oder „Amerikanisierung") und der Zurückdrängung nationaler Identitäten – der Internationalisierung von Fehlentwicklungen (von ansteckenden Krankheiten, Drogen-, Waffen- und Menschenhandel, organisierter Kriminalität)

Das Weltsozialforum in Pôrto Alegre (Brasilien) bildet seit 2001 eine neue Plattform von Kritikern der Globalisierung aus Nord und Süd. Es findet jährlich unter dem Motto „Eine andere Welt ist möglich" als Gegenveranstaltung zum **Weltwirtschaftsforum** statt. Im Januar 2003 kamen etwa 100 000 Menschen aus 125 Ländern zusammen, um über Alternativen zur Wirtschaftspolitik und zur Kriegsvorbereitung gegen den Irak zu diskutieren. Auf dem 9. Treffen 2009 in Belem (Brasilien) wurde ein alternatives solidarisches Weltwirtschaftssystem diskutiert.

Weltwirtschaftsforum (World Economic Forum, WEF): seit 1971 jährlich stattfindendes Treffen von Spitzenvertretern aus Wirtschaft, Politik und Wissenschaft in Davos (Schweiz)

Globalisierung geht mit einer starken **Beschleunigung des Strukturwandels** einher. Länder, Unternehmen, Kulturen und Sozialschichten, die dabei nicht mithalten können und auch nicht über Macht, Reichtum oder weltweit benötigte Ressourcen verfügen, bleiben zurück. Sie werden zu **Verlierern.** Zu ihnen gehören
- die am wenigsten entwickelten Länder Afrikas, Südasiens und des Mittleren Ostens,
- kleine und mittlere Unternehmen, die dem verstärkten Konkurrenzdruck ausgesetzt und teilweise nicht gewachsen sind,
- soziale Gruppen, z. B. Frauen, die an den Rand gedrängt werden und unzureichenden Zugang zu Bildung und Qualifizierung haben,
- Arbeitnehmer, die eingeschränkt mobil sind, und ihre Interessenvertreter (Gewerkschaft), deren Verhandlungspositionen geschwächt sind.

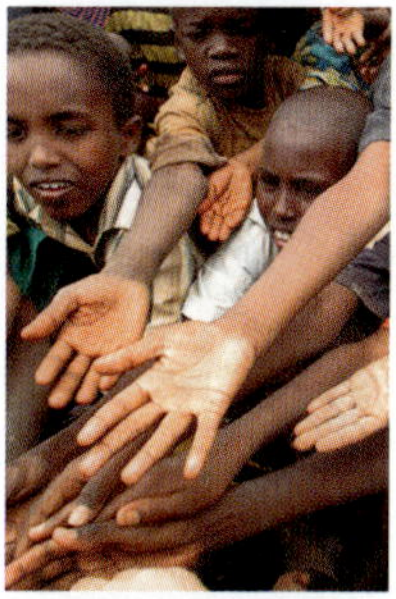

Gewinner im Globalisierungsprozess sind vor allem die Länder, Unternehmen oder Akteure, die sich rasch anpassen können und selbst die Richtung des Strukturwandels mitbestimmen. Zu ihnen gehören
- weltweit operierende Unternehmen, die vom Entstehen der globalen Märkte profitieren und eine Schlüsselrolle in Wirtschaft und Gesellschaft einnehmen,
- die technologisch überlegenen OECD-Staaten (USA, EU-Länder, Japan),
- die aktiv in die Weltwirtschaft einbezogenen wettbewerbsfähigen Schwellenländer Asiens und Lateinamerikas (China, Indien, Brasilien, Mexiko),
- Kapitaleigner, weil das Kapital anpassungsfähig ist und an Macht gewinnt.

Die Entwicklung am 1997 eingeführten „neuen Markt" junger wachstumsorientierter Unternehmen (z. B. Biotechnologie, Multimedia) aus Zukunftsbranchen hat aber auch schon gezeigt, dass Kapitaleigner sowohl Gewinner als auch Verlierer sein können.

Globalisierung und Regionalisierung

Eine **Region** ist überschaubarer und in sich homogener als die ganze Welt. Es lässt sich auch eher eine Einigung erzielen als beispielsweise im Rahmen der verschiedenen Organisationen der UN.

> Mit der Globalisierung geht eine verstärkte **Regionalisierung** einher. Das ist ein komplexer Prozess, der sich sowohl als Verstärker, aber auch als Gegenreaktion zur Globalisierung zeigt.

Regionale Integrationsprojekte bieten die Chance, Ressourcen zusammenzuführen, Wettbewerbs- und Standortvorteile zu verbessern und effektivere politische Problemlösungen zu finden.

- Die Europäische Union, die in ihrer Wettbewerbsordnung relativ weit entwickelt ist, gehört einerseits zu den treibenden Kräften weltweiter Liberalisierung:
  Die EU verfügt über eine gemeinschaftliche Kartellaufsicht, Großfusionen werden gemeinschaftlich kontrolliert, technische Standards gemeinschaftlich festgesetzt oder gegenseitig anerkannt. Subventionen sind – abgesehen von genau definierten Ausnahmen – untersagt und administrative Handelshemmnisse weitgehend beseitigt.
  Andererseits widerspricht beispielsweise die Subventionspolitik in der Landwirtschaft, die insbesondere vielen Entwicklungsländern schadet, dem Geist kooperativer internationaler Zusammenarbeit.

In vielen anderen Regionen der Welt haben sich **Kooperations- und Integrationszonen** mit unterschiedlicher Integrationstiefe herausgebildet. Wichtige **regionale Zusammenschlüsse** sind:
- APEC: Asiatisch-Pazifische Wirtschaftszusammenarbeit,
- ASEAN: Verband südostasiatischer Staaten,
- AU: Afrikanische Union,
- MERCOSUR: Gemeinsamer Markt im Süden Lateinamerikas,
- NAFTA: Nordamerikanisches Freihandelsabkommen,
- SADC: Entwicklungsgemeinschaft des südlichen Afrika.

Globale Vernetzung und Medien

> Im Globalisierungsprozess kommt den Medien eine dominante Rolle zu.

Die Internationalisierung der Medienorganisationen führt auch zur Verstärkung der Internationalisierung des Informationsangebots und damit zu einer Homogenisierung der Nachfrage und der Konsumentenwünsche.

Sie erlangen diese Rolle durch ihr Wirken als internationale Wirtschaftsunternehmen, als Vermittler und Transporteure globaler Kommunikation. Die Entwicklung des Mediensystems ist dabei selbst gekennzeichnet durch zunehmende Konkurrenz auf dem Medienmarkt sowie durch Tendenzen der Konzentration und der Internationalisierung.

- Globalisierung der Medienkommunikation wird von einer beschränkten Zahl global agierender Unternehmen wie Time Warner, Sony, Globo oder Bertelsmann getragen, die selbst in staatenübergreifenden Netzwerken strukturiert sind.

Eine Grenze der transnationalen Öffentlichkeit liegt in den unterschiedlichen Kultur- und Sprachräumen.

Globalisierung, Digitalisierung und Medialisierung sind Entwicklungen, die eine neue Qualität der Verbreitung von Informationen ermöglichen. Durch die digitalen Informationstechnologien, die Vernetzung und Datenübertragung in alle Orte der Welt zur gleichen Zeit ermöglichen, rücken Ursprung und Zielort von Informationen und Nachrichten näher zusammen. Es entsteht eine **transnationale Öffentlichkeit,** z. B. im Sport oder in der Finanzwelt. Allerdings fördert die Anwendung von Informationstechnologien auch die Unübersichtlichkeit von Informationsanbietern. Und dadurch, dass nicht in allen Weltregionen die notwendige Infrastruktur und die Medientechnik für Übertragung und Empfang vorhanden sind, vertieft sich zugleich die digitale Spaltung (↗ S. 458).

6.1.2 Entwicklung der Menschenrechte

Die Entwicklung der Weltgesellschaft bedarf einer Denkart und einer rechtlichen Grundlegung, die universell ist und jedem Menschen einen gleichen Freiheitsanspruch sichert. Dafür stehen die Menschenrechte, die es weltweit durchzusetzen gilt.

Universalismus ist eine Denkart, die den Vorrang des Allgemeinen, des Ganzen gegenüber dem Besonderen, dem Einzelnen betont.

Menschenrechte fügen internationales und innerstaatliches Recht zusammen und regeln so die Beziehungen zwischen dem Individuum und dem Staat.
Es sind Rechte, die den Menschen allein aufgrund ihres Menschseins gegeben sind, unabhängig von ihrer Zugehörigkeit zu einem Staat oder Kulturkreis. Menschenrechte sind im Anspruch universell.

Entwicklung der Menschenrechte

Vor mehr als 2000 Jahren entstand die Idee der Gleichheit aller Menschen als Idee eines natürlichen Rechts. Sie wurde im frühen Christentum und in anderen Religionen weiterentwickelt. Aber erst mit der Entstehung von Nationalstaaten in der Neuzeit erfolgte die Übertragung dieser Idee in die Welt der Politik und des Rechts. Die Naturrechtsphilosophen, vor allem JOHN LOCKE, begründeten den Schritt von der Idee der Menschenrechte zu ihrer konkreten Umsetzung im Staat.

„Alle Menschen sind frei und gleich an Würde und Rechten geboren", so beginnt die 1948 verkündete **„Allgemeine Erklärung der Menschenrechte".**

Von der 1215 in England erzwungenen „Magna Charta Libertatum" über die 1776 in den Vereinigten Staaten von Amerika in Kraft gesetzte „Virginia Bill of Rights" bis zur 1948 angenommenen „Allgemeinen Erklärung der Menschenrechte" und zur „Vienna Declaration and Programme of Action", die 1993 auf der Weltkonferenz über Menschenrechte verabschiedet wurde, hat sich eine bedeutende Entwicklung vollzogen.

Es lassen sich **drei Entwicklungsschritte** ausmachen:
1. Der erste entscheidende Schritt von der abstrakten Idee der Menschenrechte zur konkreten Umsetzung erfolgte mit ihrer Aufnahme in die Verfassungen Englands und der Vereinigten Staaten von Amerika. Seit dem 19. Jh. wurden sie als Grundrechte in die Verfassungen fast aller europäischer Staaten aufgenommen.
2. Die Menschenrechte wurden im konkreten staatlichen Recht verankert. Das ging einher mit der Entwicklung eines Menschenrechtskatalogs. Die „Virginia Bill of Rights" erhob solche Rechte wie das Recht auf Leben, auf Versammlungs- und Pressefreiheit oder das Wahlrecht zu unveräußerlichen Menschenrechten. Sie bilden seither den Kern der Menschenrechte.
3. Da Grundrechte und Grundfreiheiten der Menschen dem Wesen nach universell sind, konnten sie nicht auf den engen Rahmen eines Nationalstaates begrenzt bleiben. Mit der Gründung der Vereinten Nationen wurde die Voraussetzung dafür geschaffen, die Menschenrechte politisch und rechtlich universal umzusetzen.

Grundrechte sind Rechte, die ein Staat für seine Bürger setzt. Die Menschenrechte bilden dafür die Grundlage.

Die 1789 in Frankreich verabschiedete **„Erklärung der Menschen- und Bürgerrechte"** wies bereits über den Nationalstaat hinaus.

6

Dem Inhalt nach können **vier Generationen von Menschenrechten** unterschieden werden:

„Erste Generation" Freiheits- und Schutzrechte	**„Zweite Generation"** Gleichheits- und Sozialrechte	**„Dritte Generation"** Entwicklungsrechte	**„Vierte Generation"** Identitätsrechte
gelten als Individualrechte	gelten als Individualrechte	gelten als Kollektivrechte	gelten als Individual- und Kollektivrechte
Schutz vor staatlichen Eingriffen in die persönliche Rechtssphäre sowie in die Persönlichkeitssphäre, z. B. – Recht auf Leben – Gedanken-, Gewissens- und Religionsfreiheit	Fürsorge des Staates für seine Bürger, z. B. – Recht auf Arbeit – Recht auf Wohnung – Recht auf soziale Sicherheit – Recht auf Bildung	Wohlfahrtsziele der Staatengemeinschaft, z. B. – Recht auf Frieden – Recht auf eine eigene Entwicklung – Recht auf eine intakte Umwelt	betreffen Fragen der individuellen Verfasstheit, z. B. – Selbstverwirklichung – ethnische Zugehörigkeit – eigene Geschlechtsbestimmung – neue Rechtsfragen (Abtreibung, Sterbehilfe)

Identitätsrechte tragen den Forderungen vieler Individuen und Kollektive Rechnung, sich selbst kontrollieren zu können.

Die Rechte der dritten und vierten Generation sind erst in den letzten Jahrzehnten zu den Menschenrechten hinzugekommen und befinden sich teilweise noch in Diskussion. Vor allem über die Zuordnung des Umweltrechts und über Rechtsaspekte der Bioethik gehen die Auffassungen auseinander.

Die weitere Ausformung und Durchsetzung der Menschenrechte im 21. Jh. schließt Streitpunkte und neue Fragen ein. Ein Kernpunkt ist ihre Universalität.

Universalität der Menschenrechte bedeutet, dass sie an jedem Ort der Erde, unabhängig von spezifischen Bedingungen und Entwicklungen einzelner Staaten, gültig sind.

Strittig sind auch folgende Fragen:
- Sind die Menschenrechte besser durch Mindeststandards oder durch Maximalrechte zu sichern?
- Ist die staatliche Souveränität höher zu bewerten als die Einmischung von außen zugunsten der Menschenrechte?

Das wird teilweise infrage gestellt, auch als Drohung seitens der westlichen Länder gewertet oder mit Änderungsvorschlägen bedacht.

So betrachten manche Vertreter islamischer Staaten die in den Menschenrechten angelegte Trennung von Staat und Religion sowie das Recht auf Religionsfreiheit als unvereinbar mit dem Islam.

Politiker von ASEAN-Staaten unterbreiteten bereits den Vorschlag, die Menschenrechtserklärungen der Vereinten Nationen im Interesse der armen Länder umzuschreiben. Die Betonung der individuellen Freiheitsrechte sei in multiethnischen und multireligiösen Nationen der Dritten Welt – beispielsweise Malaysia – nicht angemessen.

Menschenrechtsverletzungen

Der **Schutz der Menschenrechte** ist weltweit eines der erklärten Ziele der Vereinten Nationen. Es wird international und regional mit vielfachen Bemühungen verfolgt. Dennoch stellen UN-Beobachter und Menschenrechtsorganisationen jährlich weltweit unzählige **Menschenrechtsverletzungen** fest.

Skulptur vor dem UN-Gebäude in New York

Menschenrechtsverletzungen sind Verstöße gegen die Menschenrechtsnormen, die in der Allgemeinen Erklärung der Menschenrechte, in den UN-Pakten von 1966 und in anderen Dokumenten niedergelegt sind.

Für den **Schutz der Menschenrechte** wurden internationale und regionale Gremien geschaffen, so 1993 das Amt des UN-Hochkommissars für Menschenrechte oder 1998 der Internationale Strafgerichtshof zur Verfolgung von Völkermord, Verbrechen gegen die Menschlichkeit, Kriegsverbrechen sowie des Verbrechens des Angriffskrieges und der Rat für Menschenrechte 2006.

Sie entstehen vor allem durch
- Kriege und Bürgerkriege, besonders wenn ethnische, nationale oder religiöse Konflikte zugrunde liegen – z. B. der Darfur-Konflikt im Sudan seit 2003;
- totalitäre und diktatorische Machtausübung – z. B. der Roten Khmer in Kambodscha 1975–1979;
- Verteilungskämpfe in Staaten, in denen der Gegensatz zwischen Arm und Reich wächst;
- ökologische Katastrophen und Ressourcenknappheit in bestimmten Regionen der Welt, z. B. Wasserknappheit in Subsahara-Afrika.

Dimensionen der Menschenrechtsverletzungen

in Gesetzen und kulturellen Traditionen	in den Arbeitsbedingungen und Handelsstrukturen	im Alltag	in Kriegen, Gefängnissen und Ausnahmesituationen
– keine freien Wahlen – Vorenthaltung von Rechten für Frauen – Apartheid (Rassentrennungspolitik)	– ungleiche Bezahlung – schlechtere Arbeitsplätze – Kinderarbeit	– Menschenhandel – Körperverletzung – Diskriminierung – Obdachlosigkeit – Zwang zur Prostitution	– Folter – Mord – Vertreibungen – Verschleppungen – Vergewaltigungen

Neben den UN-Organisationen sind internationale Organisationen tätig, die sich weltweit für den Schutz der Menschenrechte einsetzen. Sie verfolgen vier **Ziele:**
- den Opfern von Menschenrechtsverletzungen zu helfen (Solidarität),
- drohende Menschenrechtsverletzungen vorausschauend zu verhindern (Prävention),
- Strukturen zu initiieren oder zu schaffen, die eine Wiederholung von Menschenrechtsverletzungen verhindern,
- sich in der Menschenrechtserziehung zu engagieren.

International tätige **Menschenrechtsorganisationen** sind:
- Amnesty International,
- Human Rights Watch,
- One World.

6

6.1.3 Nord-Süd-Gefälle

Die Globalisierung trägt zwar generell zur effizienteren Nutzung wirtschaftlicher Ressourcen bei und stimuliert Wachstum. Die einzelnen Staaten und Staatengruppen sind jedoch unterschiedlich davon betroffen, je nach ihrer Wettbewerbsfähigkeit auf dem Weltmarkt.

Nach Angaben des UNDP (United Nations Development Programme) verfügte gegen Ende der 1960er-Jahre das reichste Fünftel der Weltbevölkerung über ein dreißig Mal höheres Einkommen als das ärmste. Im Jahr 2000 betrug es bereits mehr als das Achtzigfache, mit steigender Tendenz.

> In der Welt hat sich ein **Nord-Süd-Gefälle** herausgebildet. Es spiegelt den wirtschaftlichen und sozialen Rückstand der Entwicklungsgesellschaften Afrikas, Asiens und Lateinamerikas gegenüber den Industriegesellschaften der nördlichen Erdhalbkugel wider.

Wie die 2014 durchgeführte Oxfam-Studie belegt, bestehen nach wie vor große Unterschiede zwischen dem Reichtum der Menschen in den verschiedenen Regionen der Welt. Und der Abstand zwischen den reichen Ländern des Nordens und den armen Ländern des Südens wächst weiter.

Verteilung des Reichtums weltweit (2015)

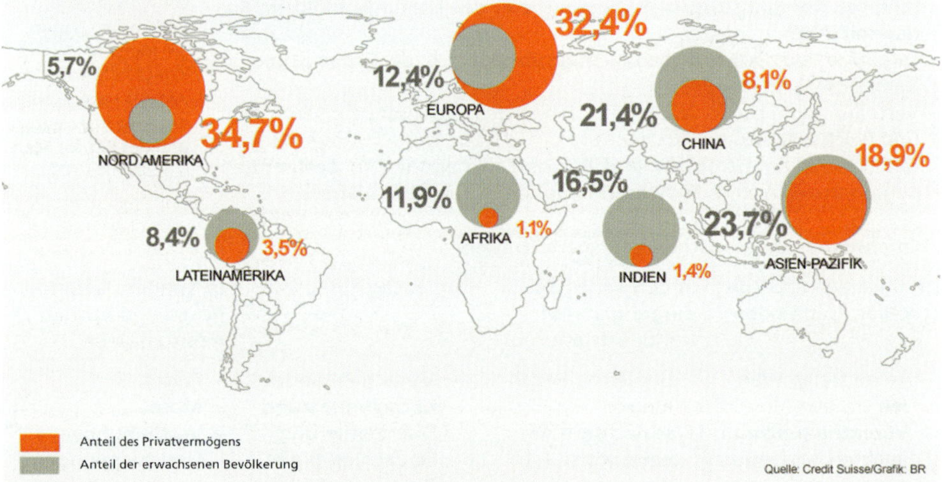

Nach der Oxfam-Studie von 2014 befinden sich in Nordamerika und Europa, wo insgesamt nur knapp 20 Prozent der erwachsenen Weltbevölkerung leben, über zwei Drittel des weltweiten Privatvermögens. Afrika hat nur einen Anteil von 1,1 %.

Hat ein Norweger ein Einkommen von durchschnittlich 285 US-Dollar am Tag, stehen einem in Malawi lebenden Menschen täglich nur ungefähr 70 US-Cent zur Verfügung.

Indikatoren des Entwicklungs- und Wohlstandsgefälles

Als ein wichtiger Indikator des Entwicklungs- und Wohlstandsgefälles zwischen den Staaten des Nordens und denen des Südens gilt das **Bruttonationaleinkommen** (BNE). Legt man diesen Indikator zugrunde, befinden sich unter den zehn größten Volkswirtschaften sämtliche G8-Staaten sowie China, Spanien und Brasilien.

Setzt man die Wirtschaftsleistung eines Landes in Relation zur jeweiligen Einwohnerzahl, werden die enormen Wohlstandsunterschiede zwischen dem reichen Norden und dem armen Süden deutlich sichtbar.

Der Indikator BNE berücksichtigt jedoch weder das Vermögen einer Bevölkerung noch die ungleiche Verteilung des Einkommens innerhalb der Länder. Zudem gelangen nur solche Produktionen und Dienstleistungen in die Berechnung, die offiziell erfasst werden können. Schwarzarbeit oder Subsistenzwirtschaft, die oft eine wichtige Lebensgrundlage der ärmeren Menschen in den Entwicklungsländern darstellen, werden nicht berücksichtigt.

Während der Indikator BNE lediglich ökonomische Fakten darstellt und Auskunft über den statistischen Durchschnitt gibt, drücken die sozialen Indikatoren die ungleiche Verteilung der Lebenschancen deutlicher aus.

Rangfolge der Länder (2013)

(nach HDI, dem Index für menschliche Entwicklung der Vereinten Nationen)

Die Reichen		Die Armen	
Norwegen	1	178	Mosambik
Australien	2	179	Guinea
Schweiz	3	180	Burundi
Niederlande	4	181	Burkina Faso
Vereinigte Staaten	5	182	Eritrea
Deutschland	6	183	Sierra Leone
Neuseeland	7	184	Tschad
Kanada	8	185	Zentralafrikanische Republik
Singapur	9	186	Demokratische Republik Kongo
Dänemark	10	187	Niger

Quelle: Human Development Report 2014

48 Staaten, davon 34 in Afrika südlich der Sahara, 13 in Asien und einer in der Karibik, gehören zu den ärmsten Ländern der Welt. Wie im Datenreport 2015 der Stiftung Weltbevölkerung festgestellt wird, profitieren die hier lebenden Menschen kaum von den Fortschritten, die bei der weltweiten Bekämpfung der Armut und der Verbesserung der Gesundheitssituation erreicht wurden. Das Risiko, dass Säuglinge das erste Lebensjahr nicht zu überleben, ist etwa 13 Mal höher als in Industrienationen. Und das Risiko für Mütter, die Schwangerschaft oder Geburt nicht zu überleben, ist sogar 32 Mal so hoch.

▶ Die armen Länder des Südens werden häufig übergreifend als **Entwicklungsländer** bezeichnet. UNO-Organisationen unterscheiden teilweise noch zwischen Least Developed Countries (LLDC) und Less Developed Countries (LDC). Ein grundlegendes Merkmal von Entwicklungsländern ist, dass sie nicht in der Lage sind, für große Teile ihrer Bevölkerung die Existenzbedürfnisse zu befriedigen.

▶ Der jährlich durch die Vereinten Nationen ermittelte Momentzustand der menschlichen Entwicklung **(Human Development Index, HDI)** trifft weitere Aussagen über den sozioökonomischen Entwicklungsstand der Länder. So werden z. B. auch der durchschnittliche Schulbesuch, der Anteil der alphabetisierten Erwachsenen oder die reale Kaufkraft des Pro-Kopf-Einkommens berücksichtigt.

6

Unterentwicklung

Unterentwicklung kennzeichnet den **Rückstand der Entwicklungsländer** gegenüber den Industrieländern. Das ist eine Folge der überwundenen kolonialen Herrschaft und hängt mit den weltwirtschaftlichen Rahmenbedingungen zusammen.

Wer von durchschnittlich weniger als einem Dollar pro Tag (in jeweiliger Preisumrechnung) leben muss, gilt als absolut arm.

Sie umfasst die wirtschaftliche Situation ebenso wie die gesellschaftlichen und politischen Faktoren, die die Entwicklung behindern. Unterentwicklung ist demzufolge ein Strukturproblem.

Unterentwicklung ist zurückzuführen auf	
interne Faktoren	**externe Faktoren**
– überkommene Strukturen in Wirtschaft und Gesellschaft – Konzentration der Erwerbstätigkeit und Produktion auf traditionelle Sektoren – niedrige Produktivität der Arbeit – traditionelle Sozialstrukturen (z. B. Clanstrukturen) – instabile politische Ordnung – ethnische Gegensätze und Konflikte – Kapitalmangel und Kapitalflucht, schwache Investitionstätigkeit – Zerstörung natürlicher Lebensgrundlagen (Raubbau an Rohstoffen, Rodungen u. a.) – hohe Rüstungsausgaben und Kriege – Bevölkerungswachstum	– Verschlechterung der Austauschbedingungen (terms of trade) im Welthandel zulasten der armen Länder – Ausbeutung durch „ungleichen Tausch“ auf der Grundlage unterschiedlicher Produktivität in Industrie- und Entwicklungsländern – Last hoher Auslandsverschuldung und „Schuldenfalle“ – protektionistische Handelsbarrieren gegen die Entwicklungsländer (z. B. Agrar- und Textilprotektionismus) – weltweite Klimaveränderungen
Zwischen internen und externen Faktoren besteht oft ein enges Wechselverhältnis.	

Elendsviertel in Nairobi, Kenia

Armut ist das entscheidende Merkmal von Unterentwicklung. Sie ist weltweit verbreitet, wenn auch regional unterschiedlich. In den Entwicklungsländern ist Armut zumeist ein **Massenproblem.** Sie entsteht vor allem durch das Fehlen aller Möglichkeiten, die eigene Lebenssituation selbst zu gestalten.
Der enge Zusammenhang zwischen Ursachen und Wirkungen der Armut hat zu der weitverbreiteten Annahme geführt, dass Armut in Teilen der Welt unausweichlich sei. Man spricht deshalb auch von den „Teufelskreisen der Armut“.

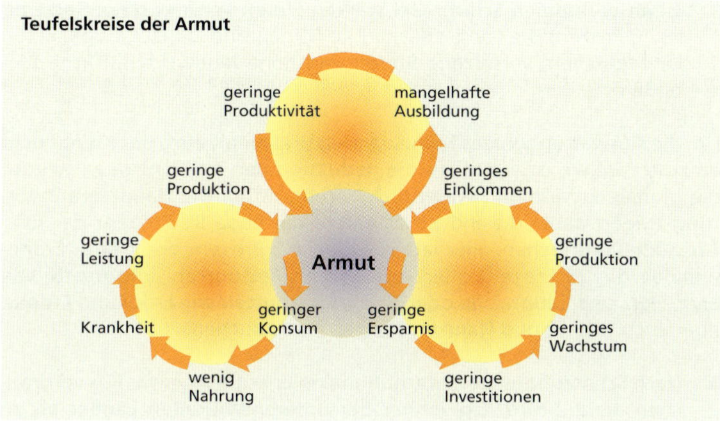

„Teufelkreise der Armut" ist eine modellhafte Erklärung von Unterentwicklung. Dabei werden einzelne Merkmale der Entwicklungsländer in einer Kette von Ursachen und Wirkungen aneinandergereiht.

Armut kann schrittweise beseitigt werden, wenn es gelingt, die Abfolge von Ursachen und Wirkungen zu durchbrechen, z. B.

- die Wechselwirkung zwischen Bevölkerungsexplosion und Zerstörung der natürlichen Lebensgrundlagen durch Geburtenkontrolle,
- die Wechselwirkung von Armut, Gewalt und Flucht durch die friedliche Beilegung von Konflikten.

Armutsbekämpfung ist eine strukturpolitische Aufgabe, die auf regionaler, nationaler und internationaler Ebene ansetzen muss (↗ S. 463).

6.1.4 Klimawandel und ungleiche Ressourcennutzung

Der **Klimawandel** ist ein globales Phänomen, dessen Folgen in allen Regionen der Erde spürbar sind. Sie beeinträchtigen das Leben der Menschen sowohl in den armen Ländern als auch in den Industriestaaten. Dennoch sind die Menschen im globalen Süden erheblich mehr betroffen.

Wie die Folgen extremer Klimasituationen und Naturkatastrophen eingedämmt werden können, hängt in hohem Maße von den wirtschaftlichen und technischen Ressourcen sowie politischer, wirtschaftlicher und sozialer Stabilität der betroffenen Länder ab. Die Entwicklungsländer verfügen kaum über diese Voraussetzungen. Sie können sich nicht schützen vor Unwetterkatastrophen, Dürren, Überflutungen. Davon zeugen auch die Klimaflüchtlinge, die vor allem aus Herkunftsländern Asiens und Afrikas kommen.

Wissenschaftler haben berechnet, dass Küstenstaaten, die unter oder wenig über dem Meeresspiegel liegen, infolge der weiteren Erderwärmung überflutet werden. Gefährdet sind z. B. Bangladesch und die Niederlande mit etwa vergleichbaren Gegebenheiten. Während in den Niederlanden bereits ein effektives Hochwasserschutzsystem gebaut wird, reichen die finanziellen Mittel in Bangladesch nicht für einen wirksamen Schutz. Bei starken Fluten versinkt schon jetzt bis zu 70 Prozent die Landesfläche. Die Folgen sind Obdachlosigkeit vieler Menschen, versalzene Böden und hohe landwirtschaftliche Einbußen.

Auf der Klimakonferenz 2015 in Paris haben sich zum ersten Mal alle Industrie-, Schwellen- und Entwicklungsländer der Welt auf ein Klimaschutzabkommen geeinigt, das völkerrechtlich verbindlich festlegt, die Erderwärmung auf unter zwei Grad zu begrenzen. Außerdem soll die Welt in der zweiten Hälfte des Jahrhunderts treibhausneutral werden.

Um die Auswirkungen des Klimawandels und damit auch der Klimaflucht einzuschränken, ist vor allem die Reduktion der Treibhausgase, worauf die globale Erwärmung wesentlich beruht, nötig. Die Hauptverantwortung tragen dabei die Industriestaaten, die etwa 90 Prozent der CO_2-Ausstöße verursachen. Hier leben auch die 5 Prozent der 7 Mrd. Erdbewohner, die 25 Prozent aller verfügbaren Ressourcen – Rohstoffe wie Erze, Holz und Baumwolle oder Energieressourcen wie Erdöl und Erdgas, aber auch Wasser und Nahrungsmittel – verbrauchen.

Nach Schätzungen der Internationalen Energie-Agentur IEA verbrauchen die 2,2 Mrd. Einwohner der unterentwickelten Länder bis zu 35 Mal weniger elektrische Energie als die 1,3 Mrd. Bewohner der Industrieländer.

Hunger und Unterernährung

Weltweit werden genug Lebensmittel produziert, um die ganze Menschheit ernähren zu können. Trotzdem sind **Hunger und Unterernährung** ein globales Problem, das vor allem in den Ländern des Südens auftritt.

Obwohl die Zahl der Hungernden von 1990 bis 2015 weltweit um 216 Mio. zurückgegangen ist, haben 795 Mio. Menschen auf der Welt nicht genug zu essen. 98 Prozent der Hungernden leben in Entwicklungsländern. Hier ist der Hunger das größte Gesundheitsrisiko. Jährlich sterben daran mehr Menschen, als an AIDS, Malaria und Tuberkulose zusammen.

Die Angaben in der Grafik beruhen auf Erhebungen der FAO, WHO, der Welthungerhilfe und der Vereinten Nationen im Jahr 2015.

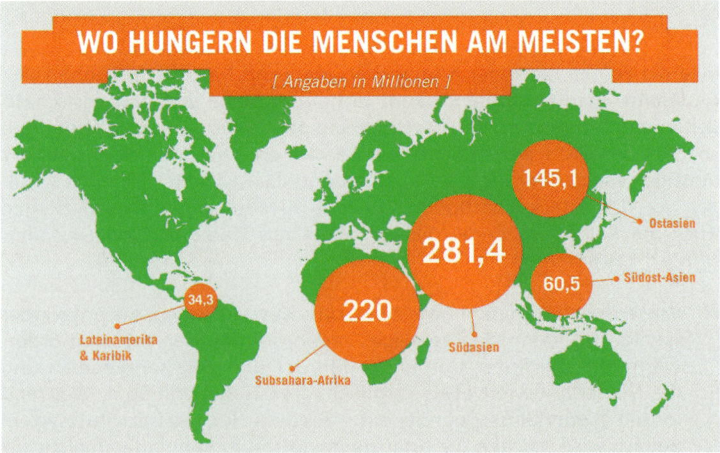

Die **Ursachen von Hunger** und Unterernährung sind vielschichtig. Sie hängen zusammen mit:
- den natürlichen Umweltbedingungen und Naturkatastrophen (Dürren, Überschwemmungen, Erdbeben),
- dem Versagen von Politik (fehlerhafte Wirtschaftsstrategie, Diskriminierung, Korruption, Krieg),
- der Armut,
- der Bevölkerungsentwicklung,
- Monokulturen in der Landwirtschaft und einseitiger industrieller Spezialisierung.

Zu diesen Ursachen kommen vor allem auch Lebensmittelverschwendung in den Industrienationen, der hauptsächlich von ihnen zu verantwortende Klimawandel und der ungleichgewichtige Welthandel. Dies beeinträchtigt konsequentere Fortschritte in der Ernährungssicherung erheblich. nterernährung ist nicht so sehr ein Problem der in einer Region, einem Land oder weltweit produzierten Nahrungsmittelmenge, sondern vielmehr eine Frage, inwieweit der Bevölkerung der Zugang zu Nahrung ermöglicht wird.

Zugang zu Wasser

Weit verbreitete Armut, Hunger und unsichere Nahrungsversorgung hängen in den Entwicklungsländern mit der Ressource Wasser zusammen. Das Problem ist nicht der Mangel an Wasser, sondern der **Zugang zu Wasser.**

Nach 2015 getroffenen Schätzungen von UNICEF und der Weltgesundheitsorganisation haben 663 Mio. Menschen in den armen Ländern kein sauberes Trinkwasser. Von den 159 Mio. Menschen, die nur Oberflächenwasser aus Flüssen, Seen oder Tümpeln trinken können, leben zwei Drittel in Afrika. Südlich der Sahara haben immer noch mehr als 60 Prozent der Menschen keinen Zugang zu sauberem Wasser.

Wie auch andere Weltregionen verfügt Afrika über reichlich Wasser. Bisher werden nicht einmal fünf Prozent der Wasserressourcen genutzt. Es gibt ausgedehnte Feuchtgebiete und Grundwasserressourcen. Aber es gibt keine Infrastruktur und keine angemessenen ökonomisch-regulativen Rahmenbedingungen, um die Bevölkerung mit sauberem Trinkwasser zu versorgen. Auch das Potenzial der Wasserkraft für die Wirtschaft oder den Ausbau von Stromnetzen wird deshalb kaum genutzt.

Der Wasserbedarf der privaten Haushalte in der Welt unterscheidet sich stark nach dem Wohlstandsgefälle und den klimatischen Bedingungen. In den ländlichen Regionen der afrikanischen Trockengebiete stehen der Bevölkerung nur 20 Liter pro Tag zur Verfügung, ein US-Bürger verbraucht dagegen 300 Liter am Tag, ein EU-Bürger 150 Liter. In Deutschland liegt der tägliche Pro-Kopf-Verbrauch bei 129 Litern.

6

Mit Wasser wird sehr unterschiedlich umgegangen. Hoher Wasserverbrauch in den Industrieländern und Wasserverschwendung selbst in Trockengebieten einiger Länder erfolgt auf Kosten anderer Regionen. Aus dem unzureichenden Zugang zu Wasser in den armen Ländern resultieren viele verschiedene Konflikte und Problemlagen.

Folgen von Wassermangel und -verschmutzung		
ökologisch	**gesundheitlich**	**Entstehen von Interessengegensätzen und Konflikten**
Eingriffe in den Wasserhaushalt führen u. a. – zu Klimaveränderungen, – zu Bodenschädigungen, – zur Übernutzung und Verschmutzung des Oberflächen- und Grundwassers, – zur Übernutzung durch Landwirtschaft und städtische Ballungsräume, – zur Beeinträchtigung der biologischen Vielfalt.	– Verunreinigtes Trinkwasser verursacht Krankheiten: Jährlich sterben 2,6 Mio. Kinder an Krankheiten, die durch unsauberes Wasser übertragen werden. – Unzureichende Wasserentsorgung fördert die Verbreitung von Krankheiten. – Wassermangel fördert Armut und bedroht das menschliche Leben.	– zwischen Trink- und Brauchwassernutzung in Haushalten, in der Landwirtschaft, der Industrie, im Gewerbe und in öffentlichen Bereichen – zwischen Anrainerstaaten von Flüssen durch Ableitung von Quellwasser und durch Staudämme – zwischen Anwohnern in Wassernähe und Umweltflüchtlingen, die Wasser suchen

6.1.5 Migration und Bevölkerungswachstum

Migrare, lat. = auswandern, wegziehen

Weltweit verlassen Millionen Menschen ihren Lebensraum, verlegen ihn längerfristig oder dauernd in andere Staaten oder in andere Regionen ihres Staates. Das geschieht freiwillig, zumeist aber aus politischer, sozialer, wirtschaftlicher oder umweltbedingter Notlage. Diese Wanderungsbewegungen werden als **Migration** bezeichnet. Sie sind ein Indiz dafür, dass Ungleichheiten und soziale Verwerfungen global zunehmen.

Nach rechtlichen Kriterien gehören zu den Migranten auch illegale bzw. irreguläre Zuwanderer, die ohne Zustimmung des Aufnahmelandes in demselben weilen oder ihren Aufenthalt ohne behördliche Genehmigung verlängert haben (Vertragsarbeiter, Hausangestellte, Flüchtlinge, Touristen).

Es gibt verschiedene **Gruppen von internationalen Migranten** und vielfältige Ursachen für Migration.

Gruppen von internationalen Migranten	
auf Dauer bleibend	**auf Zeit bleibend**
– Einwanderer (vor allem in die USA, Australien, Deutschland) – Volkszugehörige/Aussiedler (z. B. aus ehemaligen Kolonien Frankreichs und Großbritanniens, Deutsche aus Polen oder Weißrussland)	– Arbeitsmigranten (Vertrags- und Saisonarbeiter) – Hochqualifizierte und Spezialisten (Wissenschaftler, Manager, IT-Fachkräfte, Ingenieure, Künstler, Akademiker, Sportler u. a.) – Flüchtlinge/Verfolgte

Flüchtlinge befinden sich in der Situation erzwungener Migration.

> Im Sinne des Völkerrechts sind **Flüchtlinge** Menschen, die ihr Heimatland aus begründeter Furcht vor Verfolgung wegen ihrer Rasse, Religion, Nationalität, politischen Überzeugung oder der Zugehörigkeit zu einer bestimmten sozialen Gruppe verlassen haben.

Politische Flüchtlinge sind eine besondere Gruppe von Migranten, da sie einen auf die Menschenrechte begründeten Anspruch auf Aufnahme (Asyl) haben. Die internationalen Flüchtlinge, die sich außerhalb ihres Heimatlandes befinden und in einem anderen Staat politisches Asyl suchen, unterstehen der Genfer Flüchtlingskonvention von 1951. Für deren Einhaltung setzt sich im Besonderen der Hohe Flüchtlingskommissar der Vereinten Nationen (UNHCR) ein, indem er die Asylbehörden berät und überwacht.
Wie im UN-Bericht 2015 festgestellt wird, stieg die Zahl der Flüchtlinge und Vertriebenen in den letzten Jahren zunehmend und erreichte Ende 2014 mit rund 60 Mio. Menschen – davon mehr als die Hälfte Kinder – ein noch nie dagewesenes Ausmaß. Grund für die Zunahme war vor allem der Bürgerkrieg in Syrien, der die höchsten Flüchtlingszahlen generiert. Aber auch in anderen Regionen wuchs das Heer der Heimatlosen.

▶ Die von 137 Staaten im Jahr 2000 unterzeichnete **Genfer Flüchtlingskonvention** (GFK) von 1951 ist die Grundlage des internationalen Flüchtlingsrechts. Sie definiert, wer ein politischer Flüchtling ist, und verbietet grundsätzlich, Flüchtlinge in Gebiete auszuweisen oder abzuschieben, in denen ihr Leben und ihre Freiheit bedroht sind.

7,6 Mio. Syrer waren 2014 Binnenflüchtlinge. Fast vier Mio. sind über die Landesgrenze geflohen. Zu den länger bestehenden Konflikten, z. B. in Afghanistan oder Somalia, kamen neue Krisenherde hinzu. In den letzten fünf Jahren hat es 15 neue Kriege und Konflikte gegeben – acht in Afrika, drei im Nahen Osten, drei in Asien und in Europa den Konflikt in der Ukraine.
Nur knapp 127 000 Flüchtlingen gelang 2014 die Rückkehr nach Hause. Das ist die niedrigste Zahl seit 31 Jahren.

▶ Menschen, die von ihrem Wohnsitz vertrieben werden und in ihrem Land bzw. der bisherigen Region Zuflucht suchen, werden als **Binnenflüchtlinge** bezeichnet. 2014 gab es weltweit 38,2 Mio. Binnenvertriebene.

Schwerpunkte der weltweiten Flüchtlingsströme sind Konfliktregionen vor allem in Afrika und Südwestasien.
Zu den **Hauptherkunftsländern** gehören gehörten 2014 nach Syrien Afghanistan, Somalia, der Sudan, die Demokratische Republik Kongo und Myanmar.
Die **Aufnahmeländer** sind zumeist auch arm. Deshalb sind die sich verschärfenden Probleme hinsichtlich der Grundversorgung mit Nahrung, Wasser, Kleidung, Unterkunft und medizinischer Betreuung zumeist nur mit internationaler Hilfe zu bewältigen.

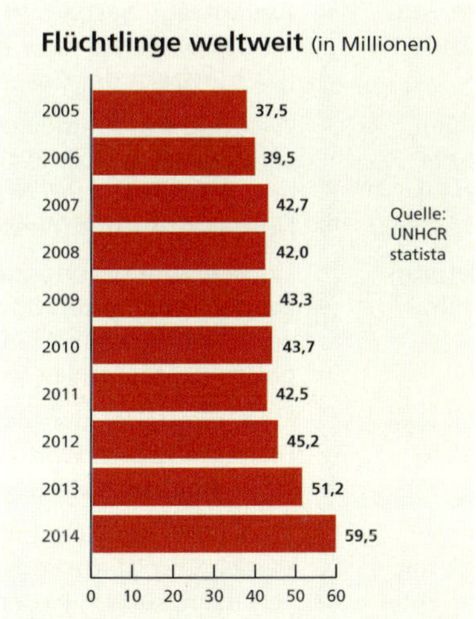

Ursachen der Migration

Die Migrationsursachen hängen mit Druck- oder Zwangssituationen in den Herkunftsländern der Migranten, aber auch mit Sogwirkungen bestimmter Aufnahmeländer zusammen.

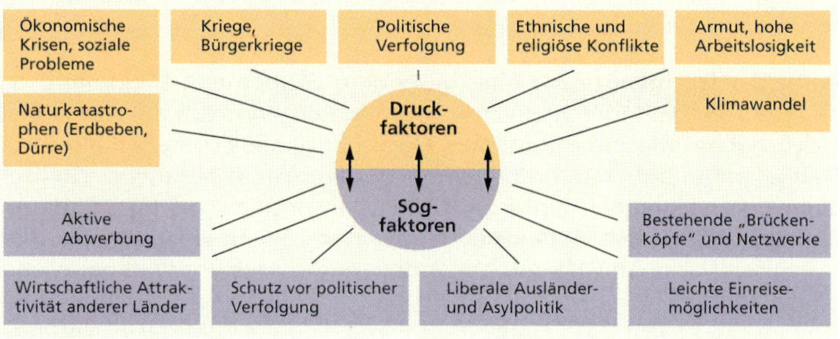

Globale Migrationsströme

Menschen mit Migrationshintergrund meint Personen, die selbst oder ihre Vorfahren aus einem anderen Staat eingewandert sind.

Menschen, die ihren Wohnsitz verlassen und in einem anderen Land neu gründen, sind **Migranten.** Aus Sicht ihres Herkunftslandes sind sie Auswanderer (Emigranten), aus Sicht des Aufnahmelandes Einwanderer (Immigranten). Die Zahl der Menschen, die nicht mehr in ihrem Geburtsland leben, hat sich in den letzten 20 Jahren verdoppelt.

Dabei sind **neue** Erscheinungen und Tendenzen im Migrationsprozess sichtbar geworden:

Neben den klassischen **Einwanderungsländern** USA, Kanada und Australien wurden erheblich mehr Länder zu Zielgebieten.	Jährlich wandern im Durchschnitt etwa 1,1 Mio. Menschen in EU-Mitgliedstaaten. 2014 wurden hier 627 000 Asylanträge gestellt. In Deutschland hatten 2014 rund 16,4 Mio. Menschen einen Migrationshintergrund (20,3 Prozent der Gesamtbevölkerung).
Mit dem Entstehen neuer Wirtschaftszentren ist die Zahl der **Aufnahmeländer** gewachsen.	Wichtige Aufnahmeländer sind Japan, verschiedene Länder Asiens (z. B. Malaysia, Singapur), Saudi-Arabien und die Vereinigten Arabischen Emirate, Australien, Nordamerika und Westeuropa.
Die Zahl der **Abwanderungsländer** hat stark zugenommen.	Hohe Abwanderungszahlen wurden 2014/2015 in den Ländern des Nahen Ostens (vor allem in Syrien und Libanon), aber auch in China oder Mexiko sowie in osteuropäischen Staaten verzeichnet.
Die Zahl und der Anteil von **Migrantinnen** haben sich deutlich erhöht.	Etwa die Hälfte der Migranten sind nach Schätzungen Frauen. Vielfach werden sie zur Arbeit gezwungen und sexuell ausgebeutet.
Migration findet überwiegend **zwischen Entwicklungsländern** statt.	Etwa 80 % der Flüchtlinge, die wegen Bürgerkrieg, Verfolgung, Natur- oder Umweltkatastrophen ihr Land verlassen, suchen in den Ländern des Südens Schutz.

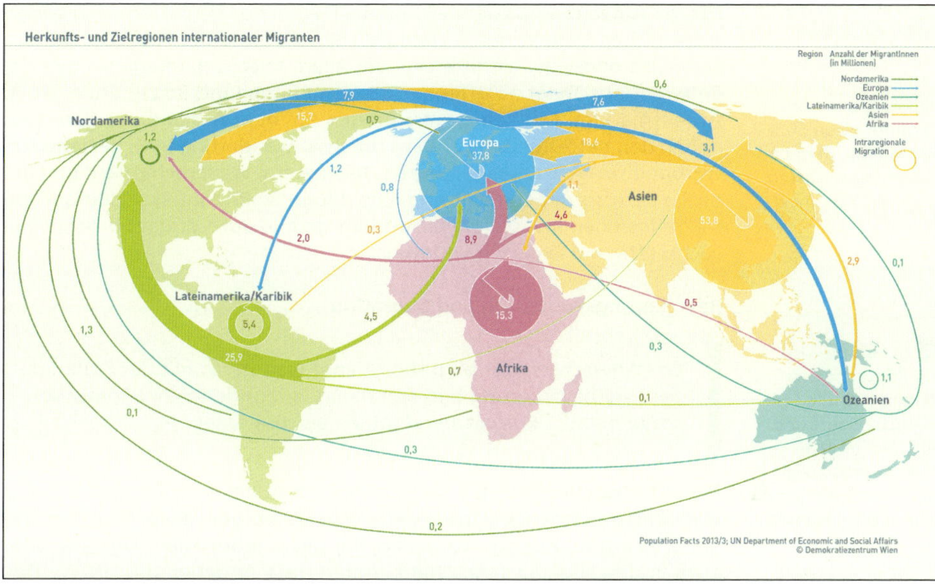

> Laut UNO-Bericht 2013 lebten 232 Mio. Menschen nicht in ihrem Heimatland, sondern im Ausland. Das sind 3,2 Prozent der Weltbevölkerung. Die Migrantenzahlen haben in den vergangenen Jahren deutlich zugenommen. Wurden 1990 noch 154 Mio. Menschen gezählt, waren es im Jahr 2000 weltweit 175 Mio.

Folgen von Migration

Die Folgen grenzüberschreitender Wanderungsbewegungen betreffen sowohl die Auswanderungs- als auch die Einwanderungsländer. Sie haben positive Wirkungen, bergen aber auch Risiken.

Die **Industrieländer** verzeichnen Gewinne vor allem durch
- die Stabilisierung der Erwerbsbevölkerung durch dauerhafte Niederlassung von Arbeitsmigranten,
- die Zunahme des qualifizierten Arbeitskräftepotenzials (z. B. durch die Anwerbung von Computerspezialisten),
- die kulturelle Bereicherung des gesellschaftlichen Lebens.

Zugleich entstehen **Risiken** in diesen Aufnahmestaaten hinsichtlich
- der Gefährdung der inneren Stabilität und des sozialen Friedens (z. B. durch Import politischer und ethnischer Konflikte, durch Ausbreitung von Drogenhandel und organisiertem Verbrechen),
- der Beeinflussung der bilateralen Beziehungen zwischen Herkunfts- und Zielländern (z. B. durch Instrumentalisierung der Flüchtlinge und Migranten für außenpolitische und außenwirtschaftliche Interessen),
- der Destabilisierung von wichtigen Regionen für die Industriestaaten.

▶ Ohne weitere Zuwanderung wird Europas Bevölkerung im 21. Jh. stark altern und schrumpfen (niedrige Kinderzahlen, steigende Lebenserwartungen).

6

Von 1990 bis 2010 sollen jährlich im Durchschnitt etwa 23 000 Experten Afrika verlassen haben, darunter allein 50 % aus Nigeria, dem bevölkerungsreichsten Staat des Kontinents.

Für die **Abwanderungsländer** sind die Folgen der Migration noch widersprüchlicher. Wegen des wirtschaftlichen Nutzens der Arbeitsmigration zeigt sich einerseits ein Interesse vor allem seitens der Regierungen der Entwicklungsländer an offenen Arbeitsmärkten (Entlastung des eigenen Arbeitsmarktes, Devisenüberweisungen aus dem Ausland). Andererseits gehen den betreffenden Ländern durch Abwanderung bzw. gezielte Abwerbung von Ärzten, Ingenieuren, Technikern, Wissenschaftlern und anderen Berufsgruppen nicht nur Teile der in die Bildung von Humankapital geflossenen Investitionen, sondern gerade auch dringend benötigte Fachkräfte und Experten verloren.

6

Bevölkerungswachstum und Migration

In Europa wird ein Rückgang von derzeit 738 Mio. Menschen auf rund 646 Mio. im Jahr 2100 prognostiziert. Auch in Deutschland schrumpft die Bevölkerung.

Das **Anwachsen der Migration** hängt wesentlich mit der Zunahme der Weltbevölkerung und den damit verbundenen ökonomischen, sozialen und ökologischen Problemen zusammen.

Es wird erwartet, dass das stärkste Wachstum der Bevölkerung fast ausschließlich in Entwicklungsländern stattfindet, vor allem in Indien, Nigeria, Pakistan, Kongo, Äthiopien, Tansania, Indonesien, Uganda, aber auch in den USA. Im Jahr 2100 könnten nach Angaben des UN-Weltbevölkerungsfonds voraussichtlich 11,2 Mrd. Menschen auf der Erde leben. Im Vergleich der Kontinente wächst Afrika am schnellsten. Bis 2050 sollen 28 Länder ihre Einwohnerzahl verdoppeln.

Regionale Verteilung der Weltbevölkerung
1950, 2000, 2050

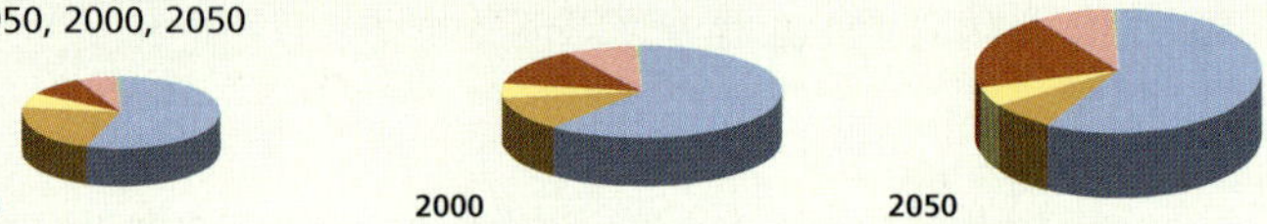

1950	2000	2050
Weltbevölkerung insg. 2 523 878 000	Weltbevölkerung insg. 6 067 000 000	Weltbevölkerung insg. 9 039 000 000
Asien 1 402 021 000 (55,5 %)	Asien 3 684 000 000 (60,7 %)	Asien 5 267 000 000 (58,3 %)
Europa 547 318 000 (21,7 %)	Europa 728 000 000 (12 %)	Europa 658 000 000 (7,3 %)
Nordamerika (6, 8 %) 171 617 000	Nordamerika 306 000 000 (5 %)	Nordamerika 444 000 000 (5 %)
Afrika 223 974 000 (8,8 %)	Afrika 800 000 000 (13,2 %)	Afrika 1 804 000 000 (20 %)
Lateinamerika 166 337 000 (6,6 %)	Lateinamerika 518 000 000 (8,5 %)	Lateinamerika 823 000 000 (9,1 %)
Ozeanien 12 612 000 (0,5 %)	Ozeanien 31 000 000 (0,5 %)	Ozeanien 44 000 000 (0,5 %)

Der ehemalige UN-Generalsekretär KOFI ANNAN (geb. 1938) bezeichnete das 21. Jh. als beginnendes „Jahrtausend der Städte".

„Jahrtausend der Städte"

Migration trägt in besonderem Maße zum **Wachstum der Städte** bei. Dabei zeigt sich der Trend, dass die Stadtbevölkerung erheblich schneller wächst als die Weltbevölkerung insgesamt.

Der Grad der Urbanisierung (Verstädterung) hat sich weltweit seit 1950 von 30 Prozent auf 53 Prozent im Jahr 2014 erhöht. Einer UN-Studie zufolge werden 2050 bereits zwei von drei Menschen in Städten leben. Entsprechend schnell wachsen die Metropolen mit ihrer Umgebung zu urbanen Riesenregionen zusammen, zu Megacities. Die größte Megastadt Tokio hatte 2010 26,4 Mio. Einwohner, 2014 waren es bereits 37,5 Mio.

Megacities sind Städte mit mehr als 10 Mio. Einwohnern. 2014 gehörten neben Tokio Jakarta mit knapp 30 Mio. und Neu-Delhi mit 24 Mio. Einwohnern dazu. Voraussichtlich werden sich im Jahr 2020 neun der bevölkerungsreichsten Städte in Entwicklungsländern befinden.

Im Gegensatz zu den Industrieländern hat die Verstädterung in den Entwicklungsländern eine andere Qualität:

1. Infolge der größeren Bevölkerungszahlen und der hohen Wachstumsraten der Bevölkerung ist die Dynamik der Verstädterung weitaus stärker.
2. Während in Europa und Nordamerika die Städte die Zentren der Industrialisierung waren und den Zuwanderern neue Arbeitsplätze boten, reichen die Arbeitsplatzangebote in den meisten Entwicklungsländern bei Weitem nicht aus. Damit erfolgt eine Verlagerung von ländlicher Armut in die städtischen Slums.

Migrations- und Bevölkerungspolitik

Unter Globalisierungsbedingungen sind **Migrationsbewegungen** kaum noch steuerbar. Sowohl die Akteure wie die Ursachen und die Dynamik des Prozesses entziehen sich dem unmittelbaren staatlichen Einfluss. Deshalb bieten nur international konzipierte Strategien Aussicht auf Beherrschbarkeit.

Mexiko City ist z. B. in nur 30 Jahren von einer Million auf acht Mio. Einwohner angewachsen, London brauchte dafür 130 Jahre.

> Die wichtigste Aufgabe besteht darin, die strukturellen Ursachen der Flüchtlings- und Migrationsbewegungen zu beseitigen.

Dabei geht es vor allem darum, das Bevölkerungswachstum einzudämmen und die „Teufelskreise der Armut" (↗ S. 429) zu durchbrechen. Als ein Lösungsweg wird auch die Gestaltung „einer Welt ohne Grenzen" diskutiert, allerdings sehr kontrovers.

Pro —— eine Welt ohne Grenzen —— Kontra	
– Die Wohlstandsunterschiede in der Welt müssen so weit ausgeglichen werden, dass keine Anreize mehr für Migration entstehen. – Das Zusammenwachsen der Welt erfordert eine Grenzöffnung in allen Ländern ohne Reglementierungen. – „Pendelmigration" kann helfen, den Lernprozess in rückständigen Regionen zu beschleunigen.	– Eine grenzenlose Welt ist weder möglich noch sinnvoll. – Ungebremste Migration würde den Wohlstand in den reichen Ländern schmälern. – Politiker der Zielländer bezweifeln, dass die einheimische Bevölkerung offene Grenzen akzeptieren würde.

6

Globale Probleme und ihre Ursachen

Seit dem Ende des 20. Jh.s sind die Gesellschaften gefordert, eine **Vielzahl globaler Gefährdungen** bewältigen zu müssen. Sie beinhalten unterschiedliche Problemlagen und sind auf vielfältige Ursachen zurückzuführen.

Globale Gefährdungen	Problemlagen	Wesentliche Ursachen
Nord-Süd-Gefälle	Die Kluft zwischen den reichen Industrieländern und den armen Entwicklungsländern Afrikas, Asiens und Lateinamerikas vertieft sich, Unterentwicklung und Armut – das entscheidende Merkmal der Unterentwicklung – nehmen zu.	– Folge der nachwirkenden kolonialen Abhängigkeit – interne Faktoren: niedrige Produktivität der Arbeit, Kapitalmangel u. a. – externe Faktoren: hemmende weltwirtschaftliche Rahmenbedingungen
Hunger und Unterernährung	Hohe Sterberaten bei Säuglingen und Kleinkindern, Gesundheitsrisiken und niedrige Lebenserwartungen beeinträchtigen die Lebensbedingungen im globalen Süden erheblich.	– Kriege und Naturkatastrophen – Klimaveränderungen – ungleichgewichtiger Welthandel – unzureichender Zugang zu Wasser – starkes Bevölkerungswachstum
Migration und Bevölkerungswachstum	Weltweite Wanderungsbewegungen verstärken die Ungleichheiten und sozialen Verwerfungen in den Regionen.	– Druck- und Zwangsfaktoren in den Herkunftsländern, wie Armut, Krisen, Kriege – Sogwirkungen von Aufnahmeländern, wie wirtschaftliche Attraktivität oder liberale Asylpolitik
Globale Naturzerstörungen und Umweltrisiken	irreversible Schädigung der Umwelt, zunehmende Bedrohung der Lebensgrundlage der Menschen durch Zerstörung der Ökosysteme	– stark auf Konsum orientierte Lebensweise in den reichen Ländern – armutsbedingte ökologische Zerstörungen in den armen Ländern
Schuldenkrise der Länder der Peripherie	Vertiefung der wirtschaftlichen und sozialen Probleme in den ärmsten Ländern sowie ihrer Abhängigkeit	– interne Faktoren, wie unproduktiver Einsatz der Auslandskredite oder Kauf von Rüstungsgütern – externe Faktoren, wie Erhöhung der Erdölpreise oder Anstieg des internationalen Zinsniveaus
Konflikte und humanitäre Katastrophen	Zunahme verschiedener Formen innerstaatlicher Gewaltanwendung sowie Militarisierung von Verteilungskämpfen um knapper werdende Ressourcen	– Zerfall von Staaten – Aufbrechen ethnisch-religiöser Gegensätze – Umweltzerstörungen, Hungersnöte, Epidemien

Wissenstest 7 abrufbar auf **www.lernhelfer.de** oder mit der Lernhelfer-App

6.2 Globalisierung der Weltwirtschaft

Seit den 1990er-Jahren bezeichnet Globalisierung die wachsende wirtschaftliche Verflechtung in der Welt.
In betriebswirtschaftlicher Sicht handelt es sich dabei um internationale Arbeitsteilung, bei der Unternehmen Wettbewerbsvorteile durch die Ausnutzung von
a) Standortvorteilen und
b) kostengünstiger Produktion in großen Mengen und Serien (Skalenerträge) erreichen wollen.
Volkswirtschaftlich gesehen besteht Globalisierung aus der Verflechtung von nationalen Ökonomien durch
a) die Ausbreitung transnationaler Unternehmen sowie
b) internationaler Märkte des Austausches von Kapital, Waren und Dienstleistungen.

Technische Innovationen und freihändlerische Politiken führten seit Beginn der Industrialisierung im 18. Jh. zu Globalisierungsschüben, zuletzt durch die neuen Informationstechnologien und die seit den 1970er-Jahren von Großbritannien und den USA ausgehende neoliberale Politik der weltweiten Befreiung der Märkte. Die damit eingeleitete Liberalisierung und Deregulierung der Märkte hat zu revolutionären Veränderungen insbesondere auf den bis dahin politisch geregelten Finanzmärkten geführt.

6.2.1 Weltwirtschaft und Weltwirtschaftsordnung

Die **ökonomische Dimension der Globalisierung** besteht in der weltweiten Vernetzung der Volkswirtschaften und betrifft im Besonderen
- die Vernetzung der Güter- und Dienstleistungsmärkte,
- die Vernetzung der Finanzmärkte und
- eine grenzüberschreitende Mobilität des Produktionsfaktors Kapital.

Das Fortschreiten der ökonomischen Globalisierung als Prozess kann anhand bestimmter **Indikatoren** gemessen werden, vor allem
- am Wachstum der internationalen Arbeitsteilung, gemessen an der Zahl transnationaler Unternehmen,
- am Wachstum des internationalen Realgüterhandels, der Waren und Dienstleistungen umfasst,
- am Wachstum der internationalen Kapitalströme, wobei es um Finanzmittel und Direktinvestitionen geht.

Finanzmittel sind z. B. Devisen, Kredite, Aktien oder Anleihen. Direktinvestitionen haben zum Ziel, in einem anderen Land Produktionsstätten zu errichten, zu erwerben oder sich an ihnen zu beteiligen.

Voraussetzungen des **Globalisierungsprozesses** sind zum einen technologische Entwicklungen und zum anderen politische Grundentscheidungen:

Transport- und Kommunikationstechnologien	Die technischen Möglichkeiten des weltweiten Transports von Personen und Gütern sowie der weltweiten Kommunikation sind gegenwärtig so gut wie noch nie und die Kosten dafür historisch gering.
Liberalisierung der Realgüter- und Finanzmärkte	Politische Grundlagen für den grenzüberschreitenden Handel wurden durch Liberalisierung der Güter- und Dienstleistungsmärkte sowie durch weitgehende Deregulierung der Finanzmärkte geschaffen.

6

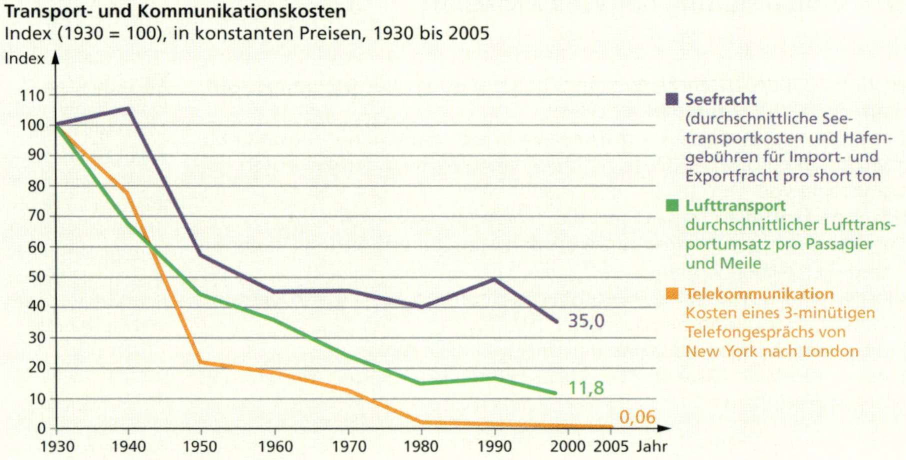

Quelle: Bundeszentrale für politische Bildung, 2009

Global Player

Die zunehmende Vernetzung der Güter-, Dienstleistungs- und Finanzmärkte in Verbindung mit den Entwicklungen in den Bereichen Transport und Kommunikation bilden die Grundlage für die fortschreitende ökonomische Globalisierung. Schrittmacher dieses Prozesses sind die um die besten Standorte konkurrierenden **multi- und transnationalen Unternehmen,** die **Global Player.**

Im Kern geht es dabei um den Anteil an Direktinvestitionen aus dem Ausland, wobei die Wettbewerbsfähigkeit stark davon abhängt, wie die Unternehmen bei ihren Investitionsentscheidungen vorgehen.

Dumping bezeichnet ein Vorgehen, Güter „unter Preis" auf dem Weltmarkt anzubieten. Das geht in der Regel zulasten der Arbeitnehmer des Herstellerlandes, weil besonders niedrige Sozialstandards **(Sozialdumping)** gelten, bzw. zulasten der Umwelt, wenn besonders niedrige Umweltstandards **(Umweltdumping)** vorherrschen.

Auch wenn Wettbewerb grundsätzlich mit einer Verbesserung von Leistungen in Verbindung gebracht und daher positiv bewertet wird, können bei der Standortwahl gerade geringe Löhne, ein schwach ausgeprägter Arbeitnehmerschutz oder mangelnde Umweltauflagen Argumente für eine Investition sein. Sie bergen allerdings Gefahren von Sozial- und Umweltdumping. Dabei bleibt Unternehmen nicht nur die mögliche Entscheidung für oder gegen eine Investition an einem neuen Standort, sondern auch die Drohung, Arbeitsplätze ins Ausland zu verlagern.

Die **Global Player** spielen insofern ein widersprüchliche Rolle im Globalisierungsprozess: Sie errichten weltweit Produktionsstandorte und Niederlassungen, schaffen Arbeitsplätze und nehmen in ihrer Branche mit Technik, Qualität und Innovation weltweit eine Vormachtstellung ein. Sie werden aber auch für Wettbewerbsverzerrungen, Steuerflucht und Lohndumping verantwortlich gemacht.

Der UNCTAD zufolge steigen Produktion, Umsatz im Ausland, Beschäftigung sowie die Vermögenswerte der über 82 000 transnationalen Unternehmen der Realwirtschaft und ihrer ca. 80 Mio. Beschäftigten immer weiter an. So erwirtschafteten sie im Jahr 2010 bereits 25 Prozent des globalen Bruttoinlandsprodukts (BIP). Ihren ausländischen Tochtergesellschaften werden in diesem Zusammenhang immerhin zehn Prozent des weltweiten BIPs zugerechnet und etwa ein Drittel der weltweiten Güterexporte.

Die Welthandels- und Entwicklungskonferenz UNCTAD ist ein ständiges Organ der Generalversammlung der UN mit Sitz in Genf.

Die fünf **größten transnationalen Unternehmen** nach Vermögenswerten (Aktiva) im Ausland in Mio. US-Dollar waren im Jahr 2008:

	Unternehmen	Heimatland	Industrie	Aktiva im Ausland
1	General Electric	USA	Elektronik	401 290
2	Royal Dutch/Shell Group	Großbritannien	Erdöl	222 324
3	Vodafone Group Plc	Großbritannien	Telekommunikation	201 570
4	BP PLC	Großbritannien	Erdöl	188 969
5	Toyota Motor Corporation	Japan	Automobil	169 569

Quelle: UNCTAD, World Investment Report 2010

Auch Unternehmen der Finanzbranche haben an Bedeutung gewonnen und gehören immer häufiger zu den Global Players. Diese Entwicklung erfolgte umso rasanter, als dass die nationalen Finanz- und Bankensektoren noch bis Anfang der 1970er-Jahre durch nationale Regulierung und Kontrolle geprägt und damit komplett vom Weltmarkt abgeschottet waren.

Die fünf **größten transnationalen Unternehmen der Finanzbranche** nach Anzahl an Gastländern im Jahr 2009 waren:

	Unternehmen	Heimatland	Gastländer
1	Citigroup Inc.	USA	75
2	BNP Paribas	Frankreich	61
3	Allianz SE	Deutschland	58
4	Société Générale	Frankreich	57
5	HSBC Holdings PLC	Großbritannien	54

Quelle: UNCTAD, World Investment Report 2011

> Globalisierung ist kein ökonomisch festgelegter, kein zwangläufiger Prozess. Globalisierung ist grundsätzlich **politisch gestaltbar.**

Deshalb ist es wichtig, globale Verhaltensprinzipien zu finden und sie vertraglich abzusichern. Ein solches System völkervertraglicher Regelungen der internationalen Wirtschaftsbeziehungen wird als **Weltwirtschaftsordnung** bezeichnet und angestrebt. Es konstituiert sich insbesondere aus der Welthandelsordnung und dem Weltwährungssystem. Große Bedeutung haben deshalb die Initiativen der Welthandelsorganisation WTO und des Internationalen Währungsfonds IWF (↗ S. 451 ff.).

6.2.2 Internationaler Handel

Die Anfänge des grenzüberschreitenden Handels reichen weit in die Geschichte zurück. Er weitete sich immer mehr aus. Seit Ende des Zweiten Weltkriegs hat der internationale Warenaustausch stark zugenommen.

▶ Das Wachstum des Welthandels verläuft nicht gleichmäßig. Dies wird auch deutlich, wenn man die Exporte pro Kopf betrachtet: Beliefen sich diese im Jahr 1950 noch auf einen Wert von 23 US-Dollar, stiegen sie bis 1980 auf 437 US-Dollar. Bis zum Jahr 2000 erhöhten sie sich dann vergleichsweise rasch auf 985 US-Dollar, danach schlagartig bis zum Jahr 2005 auf 1 600 US-Dollar. Im Jahr 2008 waren es 2 353 US-Dollar.

Der Welthandel stieg bis in die 1990er-Jahre durchschnittlich jährlich doppelt so hoch wie die Weltproduktion an Waren und Dienstleistungen. In der internationalen Finanz- und Wirtschaftskrise brach der Welthandel 2009 um 12 % gegenüber dem Vorjahr ein, der Güterhandel sogar um 23 %, seitdem schwächerer Anstieg (2014: nur 2,8 %).

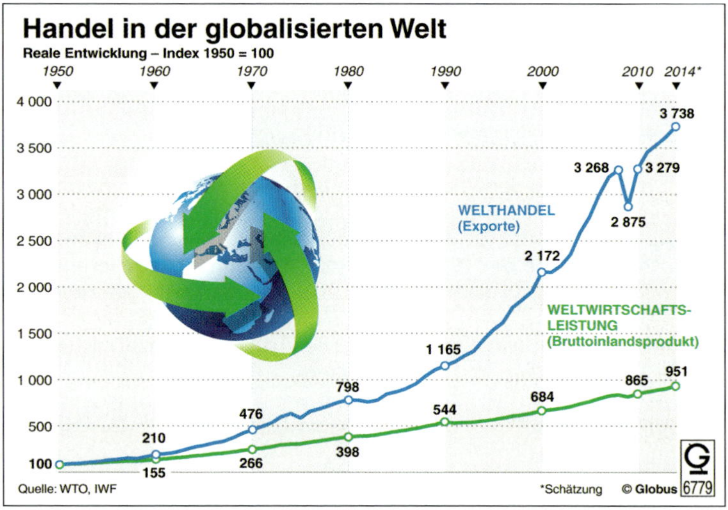

▶ Für Konsumenten ist es heute bereits normal, bei ihren Einkäufen auf Waren zurückzugreifen, die im Ausland produziert und importiert wurden. Umgekehrt wandern viele im Inland hergestellte Produkte ins Ausland.

Der **grenzüberschreitende Handel** ist zentral im Prozess der weltwirtschaftlichen Verflechtungen. Er hat sowohl für die einzelnen Unternehmen als auch für die Gesamtwirtschaft und für jeden Konsumenten Bedeutung.

Für die einzelnen Unternehmen geht es um das weltweite Erschließen von Absatzmärkten, für die Gesamtwirtschaft um die Möglichkeit der weiteren Erhöhung des Wohlstandsniveaus und für den Konsumenten um eine größere Auswahl an Waren und Dienstleistungen.

Floristen auf der Tulpenbörse in Holland (Warenbörsen zum Handel von Waren waren die ersten Börsenarten.)

Internationale Arbeitsteilung

Die realwirtschaftliche Grundlage für den internationalen Handel stellt die **internationale Arbeitsteilung** dar.
Dieser liegt zugrunde, dass die Länder einen Teil ihrer Güterversorgung nicht aus eigener Produktion, sondern aus der Produktion anderer Länder beziehen und umgekehrt. Welthandel entsteht bei freiem internationalem Wettbewerb auf den Märkten demnach dann, wenn sich durch eine arbeitsteilige Produktionsweise in den beteiligten Ländern **Kostenersparnisse** erzielen lassen. Sie sind Anreiz zur Spezialisierung der Unternehmen und werden letztlich über den Preis- und Qualitätswettbewerb der Unternehmen auf den Märkten an die Konsumenten weitergegeben, die somit billigere oder bessere Güter konsumieren können.

> Die internationale Arbeitsteilung führt im Grundsatz zu einer besseren **Güterversorgung** der am internationalen Handel beteiligten Nationen. Darin spiegeln sich die wirtschaftlichen **Vorteile der internationalen Arbeitsteilung** wider.

Wirtschaftliche Vorteile der internationalen Arbeitsteilung

Nutzung komparativer Kostenvorteile	Nutzung wachsender Skalenerträge	Erhöhung der Produktvielfalt
↓	↓	↓
Konzentration der einzelnen Wirtschaftsnationen auf die Produktion derjenigen Güter, welche im eigenen Land mit geringeren relativen Kosten produziert werden können als im Ausland	Erreichung niedriger Stückkosten durch Konzentration der Produktion bestimmter Güter auf einzelne, den Weltmarkt beliefernde Produktionsstätten	Verbesserung der Wahlmöglichkeiten für die Güternachfrager infolge der Öffnung der nationalen Gütermärkte gegenüber ausländischen Gütern („love of variety")
↓	↓	↓

Verbesserung der nationalen und internationalen Güterversorgung

▶ Die Theorie der komparativen Kostenvorteile wurde bereits Anfang des 19. Jh.s von dem Nationalökonomen DAVID RICARDO (1772–1823) entwickelt.

▶ Aus Sicht der sogenannten neuen Außenhandelstheorie ist die **Nutzung wachsender Skalenerträge** der wichtigste Grund für die internationale Arbeitsteilung.

Handelspartner

> Internationale Arbeitsteilung bedeutet auch, dass **Länder mit unterschiedlichem Entwicklungsniveau** Handelspartner sind.

▶ Wenngleich **Dienstleistungen** in vielen Industrieländern mittlerweile einen hohen Anteil an der gesamten Wertschöpfung ausmachen, werden sie weiterhin als Industrieländer bezeichnet.

Industrieländer verfügen über eine entwickelte industrielle Produktion mit hohen technologischen Standards. Kennzeichnend sind hohe Arbeitsproduktivitäten und hohes Pro-Kopf-Einkommen sowie ein allgemein hohes Wohlfahrtsniveau.

Entwicklungsländer weisen einen deutlichen wirtschaftlichen Rückstand auf. Der Anteil des primären Sektors an der gesamten Wirtschaftsleistung ist hoch und die Infrastruktur kaum ausgebaut. In der Regel ist die Arbeitsproduktivität niedrig, ebenso das Pro-Kopf-Einkommen. Armut, ein mangelhaftes Bildungs- und Gesundheitssystem sind prägend.
Schwellenländer sind die Länder, die sich durch Umbau ihrer Wirtschaftsstrukturen auf dem Weg von einem Entwicklungsland zu einem Industrieland befinden. Sie zeichnen sich durch ein hohes Wirtschaftswachstum aus, ihre sozialen Entwicklungsindikatoren sowie der Schutz der Umwelt bleiben allerdings oft weit zurück.

▶ Die großen Schwellenländer werden, ergänzt um Russland, auch als **BRICS-Staaten** bezeichnet: **B**rasilien, **R**ussland, **I**ndien, **C**hina, **S**üdafrika.

Der **Handel mit Entwicklungsländern** hat für Industriestaaten vor allem in folgender Hinsicht Bedeutung:
- Entwicklungsländer exportieren **landwirtschaftliche Produkte,** die in Industrieländern aufgrund klimatischer Bedingungen nicht angebaut werden können.
- Sie verfügen über **Rohstoffe,** die sie oft nicht bzw. nicht in ausreichendem Maße besitzen wie Erdöl, Gas oder Kohle als Treibstoff oder zur Energiegewinnung, Silizium oder sogenannte Seltene Erden für die Chipproduktion.
- Sie haben ein großes Reservoir an **Arbeitskräften.**

Auf der einen Seite birgt der Welthandel große **Chancen** für die Erhöhung des Wohlstands sowie für soziale und politische Fortschritte in den Entwicklungsländern. So galt beispielsweise Japan nach OECD-Kriterien noch bis in die 1960er-Jahre als Entwicklungsland und hat sich über die Teilnahme am Welthandel zu einer führenden Nation im Hochtechnologiebereich entwickelt.
Auf der anderen Seite verteilen sich die Wohlstandsgewinne nicht gleichmäßig und können für einzelne Berufsgruppen auch zu **Wohlstandsverlusten** führen. Insbesondere für Entwicklungsländer kommen noch die Gefahren hinzu, die aus einer einseitigen Ausbeutung der Ressourcen resultieren, z. B. dem Holzexport aus Regenwäldern oder einer monokulturellen Landwirtschaft (↗ S. 430).

Handelsregionen: Intra- und Interregionalisierung

▶ **Regionale Integration** bezeichnet den Zusammenschluss von Staaten einer Region in realwirtschaftlicher, monetärer und politischer Hinsicht. Sie wirkt als Verstärker der Globalisierung und zugleich als Gegenreaktion (↗ S. 421 f.).

> Globalisierung geht mit einer verstärkten **Regionalisierung** einher, wobei sich verschiedene Formen und Stufen dieser Integration herausgebildet haben.

Der engere regionale Zusammenschluss von Staaten kann sich auf verschiedenen Feldern vollziehen:
- als **realwirtschaftliche Integration,** wenn es um die Zusammenarbeit in den Bereichen Handel, Arbeitsmärkte und Wettbewerb geht,
- als **monetäre Integration,** wenn eine engere Zusammenarbeit auf Kapitalmärkten oder im Währungsbereich erfolgt,
- als **politische Integration,** wenn es z. B. um Abstimmungen in außen- und sicherheitspolitischen Fragen geht.

Idealtypisch können **verschiedene Stufen des Integrationsprozesses** unterschieden werden:

Art der Integration:	**realwirtschaftlich**				**monetär**	**politisch**
Merkmal / **Form der Integration**	Freihandel zwischen Mitgliedsländern	gemeinsamer Zolltarif gegenüber Drittländern	freie Mobilität der Produktionsfaktoren	Vereinigung der Wirtschaftspolitiken	Einführung einer gemeinsamen Währung	Vereinigung nicht wirtschaftlicher Politiken
Freihandelszone	×	–	–	–	–	–
Zollunion	×	×	–	–	–	–
gemeinsamer Markt	×	×	×	–	–	–
Wirtschaftsunion	×	×	×	×	–	–
Wirtschafts- und Währungsunion	×	×	×	×	×	–
politische Union	×	×	×	×	×	×

In nahezu allen Regionen der Welt haben sich Kooperations- und Integrationsformen herausgebildet – neben der Europäischen Union (↗S. 354 f.) z. B. der Verband südostasiatischer Staaten (ASEAN), dessen Mitgliedstaaten 2009 beschlossen haben, einen gemeinsamen Wirtschaftsraum zu errichten. Südamerikanische Länder haben bereits einen gemeinsamen Markt (MERCOSUR) geschaffen, der mehr als 260 Mio. Menschen (2009) auf einer Fläche von 12,8 Mio. km² umfasst. Das sind über 50 Prozent der Fläche Lateinamerikas. Die Mercosur-Länder treten u. a. für die Schaffung einer gesamtamerikanischen Freihandelszone (FTAA) ein, was den Interessen der USA entgegensteht.

Der **MERCOSUR** erwirtschaftet ein Bruttoinlandsprodukt von etwa 1 Bio. US-Dollar, im Außenhandel beträgt der Wert der Exporte etwa 200 Mrd. US-Dollar und der für Importe etwa 130 Mrd. Dollar (2009).

Intraregionalisierung und **Interregionalisierung** sind eng verbundene Prozesse, die das Niveau weltweiter Handelsbeziehungen stark prägen.

Der **intraregionale Handel** nimmt seit den 1950er-Jahren stetig zu: In den Anfangsjahren lag er noch bei 30 Prozent, bis 1980 wuchs er bereits auf ca. 40 Prozent und erreichte bis zum Jahr 2007 sogar rund 50 Prozent des Welthandels. Innerhalb der EU werden mehr als 60 Prozent des grenzüberschreitenden Handels abgewickelt.

▶ Da die Regionen Nordamerika, Europa und Asien-Pazifik häufig als **Triade-Regionen** bezeichnet werden, wird auch der Prozess der Interregionalisierung zwischen ihnen als **Triadisierung** zusammengefasst.

Die **Interregionalisierung**, eine Ausweitung des Handels zwischen den Regionen, vollzieht sich gleichzeitig. So wuchs der Handel zwischen den sogenannten Handelsblöcken der Triade Nordamerika, Europa und Asien-Pazifik zwischen 1980 und 2007 von 17,4 auf 22,4 Prozent an.

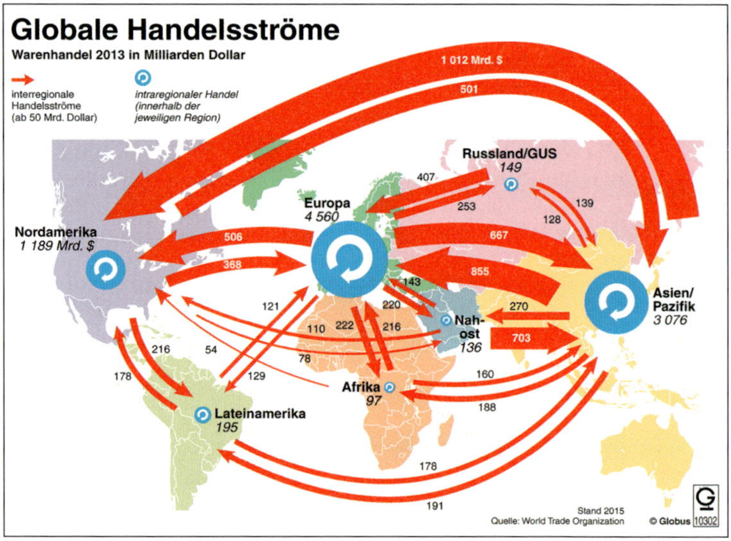

6.2.3 Internationale Kapitalströme

Grenzüberschreitende Käufe und Verkäufe von finanziellem Vermögen gehören zu den Grundprozessen ökonomischer Globalisierung. Die Finanzmärkte erfüllen dabei eine **dienende Funktion** für die Realwirtschaft, indem sie Unternehmen mit Finanzmitteln ausstatten und ihnen damit die Grundlage für Produktion und Wirtschaftswachstum schaffen.

▶ Internationale Finanzmärkte unterscheiden sich von nationalen dadurch, dass sie in einem geografisch nicht festgelegten Gebiet existieren und damit internationale Finanzströme ermöglichen.

Auf dem **internationalen Finanzmarkt** werden verschiedene Finanzmittel gehandelt – Geld, Kredite, Devisen oder Kapital. Sie bilden entsprechende **Teilmärkte.**

- Auf dem **Geldmarkt** handeln Geschäftsbanken (Interbankenhandel) sowie Geschäftsbanken und Zentralbanken zu Refinanzierungszwecken.
- Auf dem **Devisenmarkt** wird mit fremden Währungen in Buchgeld gehandelt.
- Auf dem **Kreditmarkt** tätigen die Geschäftsbanken Kreditgeschäfte.
- Auf dem **Kapitalmarkt** werden Wertpapiere gegen Finanzkapital gehandelt.

Der Kapitelhandel erfüllt eine wichtige ökonomische Funktion. Aber er ist auch mit Risiken und negativen Folgen für die beteiligten Unternehmen oder Volkswirtschaften verbunden, insbesondere bei spekulativen Anlagestrategien.

Internationale Kapitalströme sind Kapitalwanderungen von einem Land in ein anderes zu Investitionszwecken.

Hinsichtlich des **Investitionszwecks** lassen sich Direktinvestitionen und Portfolioinvestitionen unterscheiden:

- **Direktinvestitionen** haben zum Ziel, in einem anderen Land Produktionsstätten zu errichten, Unternehmen bzw. Unternehmensteile zu erwerben oder sich an ihnen zu beteiligen.
- **Portfolioinvestitionen** dienen ausschließlich der Kapitalanlage, d. h., es soll von einer positiven Entwicklung auf ausländischen Märkten profitiert werden, ohne dass ein entscheidender Einfluss auf die Unternehmenspolitik genommen wird. Häufige Anlagearten sind Aktien oder Investmentzertifikate sowie Anteile an Immobilienfonds.

Die internationalen Finanzmärkte entwickelten sich seit den 1970er-Jahren erheblich. So stieg in den 1990er-Jahren das Weltsozialprodukt um 50 Prozent, während sich die **Direktinvestitionen** mehr als verfünffachten.

Ein wesentliches Motiv für grenzüberschreitende Portfolioinvestitionen ist die Ausnutzung internationaler Renditeunterschiede unter Berücksichtigung der jeweiligen Anlagerisiken. Die **Rendite** eines ausländischen Wertpapiers entspricht dabei der Summe aus Gewinnausschüttung (Dividende) und Kurswertänderung, berechnet in heimischer Währung. Durch eine breite Streuung – auch in räumlicher Hinsicht – der eigenen Vermögensanlagen kann ein Anleger die **Anlagerisiken** vermindern, also die mit einer Vermögensanlage verbundenen Risiken hinsichtlich ihrer möglichen Wertschwankung, ihrer Liquidität oder eines Verlustes. Der Kurs eines Wertpapiers kann z. B. stark schwanken, das Wertpapier kann nicht verkauft werden oder der Schuldner wird zahlungsunfähig.

Bei der Gründung einer Aktiengesellschaft wird festgelegt, in wie viele Aktien das Grundkapital aufgeteilt wird. Diese Aktien können dann in einem Buch verbrieft sein oder als effektive Stücke gedruckt und herausgegeben werden.

Der Aktienkurs zeigt den Wert von Aktien an. Wenn der Kurs fällt, fällt auch der Wert der Aktien. Aktien unterliegen ständigen Kursschwankungen.

Aktien und Aktienhandel

Die **Börse** ist der Ort, an dem Wertpapiere (Aktien, Anleihen, Devisen) gehandelt werden. Das Börsengeschehen gilt als wichtiger Indikator für Entwicklungen in einzelnen Unternehmen, bestimmten Branchen oder auch gesamten Volkswirtschaften.

Der Handel mit Aktien steht im Mittelpunkt des Börsengeschehens. Unternehmen können „an die Börse gehen“, indem sie Anteile an ihrem Grundkapital in Form von Aktien anbieten. Der Erlös aus dem Börsengang geht dann als Kapital an das Unternehmen, das damit die Rechtsform einer Aktiengesellschaft (AG) begründet hat. So kann das verfügbare Kapital erhöht werden, ohne verzinste Rückzahlungen leisten zu müssen. Käufer von Aktien eines Unternehmens – Aktionäre bzw. Anteilseigner – sind am Gewinn eines Unternehmens beteiligt und erhalten jährlich eine Auszahlung, eine sogenannte Dividende.

Börsenmakler verfolgen in Frankfurt am Main die Kursentwicklung.

6

Risiken und Krisen

Spekulative Finanztransfers können, wie die globale Finanzkrise 2007 zeigte, das gesamte verflochtene Weltfinanzsystem erschüttern. Im Besonderen bergen die gewaltigen Geldsummen, die von Hedgefonds unkontrolliert transferiert werden, erhebliche Risiken.

Hedgefonds sollten ursprünglich Finanzgeschäfte absichern, indem auf der Grundlage einer Aktienanalyse Entscheidungen zum Kauf und Verkauf von Aktien getroffen werden. Damit sollte das Investmentrisiko neutralisiert werden. Tatsächlich wird eine hochspekulative Anlagepolitik betrieben, die zu einem hohen Wertzuwachs, aber auch zu erheblichen Verlusten führen kann. 1966 gab es fast 170 Hedgefonds, im Jahr 2012 gut 10 000.

Der **Wechselkurs** ist das Austauschverhältnis zweier Währungen auf dem Devisenmarkt. Als Mengennotiz gibt der Wechselkurs den in Auslandswährung gerechneten Preis der heimischen Währung an, als Preisnotiz den in heimischer Währung ausgedrückten Preis der ausländischen Währung.

Sofern Wertpapiere in einer anderen Währung gehandelt werden, kann ein **Wechselkursrisiko** entstehen. Es besteht darin, dass unerwartete Änderungen des Wechselkurses die in heimischer Währung gerechnete Rendite von ausländischen Wertpapieren schmälern können.
Umgekehrt können Wechselkurse die Rendite aber auch vergrößern. Der Einfluss der Wechselkursentwicklung auf die Renditen grenzüberschreitender Finanzanlagen schafft somit Anreize zur **Devisenspekulation.** Die Finanzanlagen dienen dann nicht dem Zweck eines langfristigen Engagements in den damit finanzierten Unternehmen, sondern der kurzfristigen Ausnutzung erwarteter Wechselkursänderungen.
Die Devisenspekulation stellt ein erhebliches Problem der internationalen Finanzmärkte dar, weil sie zu überzogenen, von den realwirtschaftlichen Grundlagen losgelösten Schwankungen der Wechselkurse und damit zu kurz- und mittelfristigen Verwerfungen in den internationalen Kapitalströmen führen kann.

Der Wirtschaftswissenschaftler und Nobelpreisträger JAMES TOBIN (1918–2002) forderte bereits in den 1970er-Jahren eine Besteuerung des internationalen Wertpapierhandels zur Eindämmung der Devisenspekulation.

In der EU sind Steuersätze zwischen 0,01 bis 0,1 Prozent im Gespräch.

In Deutschland jedoch wird seit 2010 das Kredit- und Handelsrisiko durch eine Bankabgabe erhöht.

Seit Längerem wird eine verstärkte Regulierung der internationalen Finanzströme gefordert, etwa durch die Schaffung einer internationalen Steuer auf den grenzüberschreitenden Handel mit Wertpapieren, eine sogenannte **Finanztransaktions-** oder **Tobin-Steuer.** Dabei soll der Steuersatz so niedrig gewählt werden, dass er langfristig ausgelegte, grenzüberschreitende Finanzanlagen kaum beeinträchtigt, zugleich aber so hoch ausfallen, dass über die Aufsummierung der anfallenden Steuerzahlungen eine kurzfristige und wiederholte Wertpapierspekulation auf internationaler Ebene unattraktiv wird.

Internationale Finanzkrisen sind Verwerfungen im Finanzsystem, die durch einen Rückgang der Vermögenswerte, durch Zahlungsunfähigkeit zahlreicher Unternehmen und durch Staatsverschuldungen gekennzeichnet sind und die die ökonomische Aktivität in mehreren Ländern beeinträchtigen.

Die globale Finanzkrise ab 2007 zog eine Wirtschaftskrise und eine Währungskrise nach sich, von denen einzelne Länder besonders stark betroffen waren, auch Länder der EU wie Griechenland, Irland oder Spanien.

6.2.4 Globaler Standortwettbewerb

Für international operierende Unternehmen und Finanzanleger sind die aus ihren Investitionen zu erwartenden Gewinne bzw. Renditen das zentrale Entscheidungskriterium dafür, **wo** die Anlagen getätigt werden.

> Im grenzüberschreitenden Wettbewerb konkurrieren Unternehmen, Volkswirtschaften und Regionen um die Ansiedlung, Erhaltung oder Ausdehnung von Produktionsstätten an den günstigsten Standorten. Die Konkurrenzfähigkeit im internationalen **Standortwettbewerb** hängt von zahlreichen Faktoren ab.

So ist auch die Attraktivität des **eigenen Wirtschaftsstandortes** von Bedeutung. Er wird umso attraktiver für die Ansiedlung von Produktionsstätten, je geringer die sich aus der jeweiligen Produktion ergebenden **Stückkosten** im internationalen Vergleich ausfallen. Die Stückkosten wiederum werden umso geringer sein, je höher die **Produktivität** bei gegebener Ausbringung ist bzw. je niedriger die Gesamtkosten dabei sind. Beides – Kosten und Produktivität – kann durch die nationale Wirtschaftspolitik beeinflusst werden, etwa durch Maßnahmen der Steuer- und Abgabenpolitik oder der Subventionspolitik.

Standortfaktoren können durch politische Maßnahmen vor allem in folgenden **Politikbereichen** beeinflusst werden:
- Strukturpolitik,
- Steuer- und Abgabenpolitik,
- Bildungspolitik,
- Forschungspolitik,
- Arbeitsmarktpolitik.

Bei der Entscheidung der Unternehmen für die Ausdehnung ihrer Produktionstätigkeit in andere Länder spielen **Standortfaktoren** im Sinne wirtschaftlicher Vor- und Nachteile eine große Rolle. Dabei gibt es Faktoren, die bereits in einer Kostenrechnung veranschlagt werden können (harte Faktoren), und solche, die kostenmäßig zwar nicht zu erfassen, aber auch wichtig sind (weiche Faktoren).

Harte Standortfaktoren	Weiche Standortfaktoren
Verfügbarkeit und hohe fachliche Qualifikation der Arbeitnehmer	Arbeitseinstellung der Arbeitnehmer
gut ausgebautes Verkehrs- und Kommunikationsnetz	soziales Klima
moderate Lohnkosten	unternehmensfreundliche Verwaltung
niedrige Unternehmenssteuer	Betreuungs- und Bildungseinrichtungen
gut erschlossene Gewerbegebiete	Freizeit- und Kulturangebot
Nähe zu den regionalen Absatz- oder Beschaffungsmärkten	guter Wohnwert

Seit 2003 analysiert die **Weltbank** die **Standortfaktoren** für Unternehmen in 155 Ländern. Dabei werden Verbesserungen in neun Politikbereichen untersucht. Diese Bereiche sind:
- Gründung eines Unternehmens,
- Baugenehmigungen,
- Immobilienregistrierung,

Für die Wettbewerbsfähigkeit eines Wirtschaftsstandortes sind sowohl harte als auch weiche Standortfaktoren wichtig – je nach Wirtschaftszweig allerdings unterschiedlich.

- Verfügbarkeit von Krediten,
- Investorenschutz,
- Besteuerung,
- grenzüberschreitender Handel,
- Durchsetzung von Verträgen,
- Auflösung eines Unternehmens.

2010 belegte **Deutschland** in diesem Ranking den 22. Platz, direkt hinter Thailand, Mauritius und Malaysia. Die besten Bedingungen wurden in Singapur ermittelt, gefolgt von Hongkong und Neuseeland. Besonders schlecht schneidet Deutschland in den Bereichen Investorenschutz (Platz 93) sowie Besteuerung und Gründung eines Unternehmens (jeweils Platz 88) ab. Gut wird Deutschland bei der Durchsetzung von Verträgen (Platz 6), dem grenzüberschreitenden Handel (Platz 14) oder dem Krediterhalt (Platz 15) bewertet.

Generell zeigt sich, dass Standortfaktoren letztlich gegeneinander abgewogen werden müssen. Wären z. B. lediglich die Arbeitskosten ausschlaggebend für die Standortwahl, müssten Länder wie Portugal (Platz 31), Spanien (Platz 49), Italien (Platz 80) oder Griechenland (Platz 109) weit vor Deutschland zu finden sein. Auch dürfte Deutschland dann kaum „Exportweltmeister" geworden sein.

Bisher ist es noch nicht gelungen, auf weltweiter Ebene zu Vereinbarungen über verbindliche Sozial- und Umweltstandards zu gelangen.

Zu den **Gefahren,** die aus dem verschärften Standortwettbewerb erwachsen, gehören vor allem Entscheidungen für Standorte, in denen bestimmte Standards oder Regeln unterlaufen werden bzw. keine bestehen. Das betrifft z. B.
- die Missachtung internationaler Handelsverbote,
- das Umgehen von Umweltauflagen oder
- das Aussetzen von Arbeitszeitregelungen und Kündigungsschutz.

6.2.5 Global Economic Governance

Die zunehmende wirtschaftliche Verflechtung der Welt erfordert Möglichkeiten der Beeinflussung nicht nur der nationalen und regionalen Wirtschaftsbeziehungen, sondern der globalen Wirtschaftsprozesse und Finanzentwicklungen. Zahlreiche Konflikte und Risiken, die mit der fortschreitenden Globalisierung verbunden sind, verweisen nachdrücklich auf einen solchen Steuerungsbedarf: die Handelskonflikte zwischen Industrie- und Schwellenländern ebenso wie die regionalen Schulden- und Finanzkrisen in Mexico (1982), Asien (1997) und Argentinien (2001), im Besonderen aber auch die weltweite Finanz- und Wirtschaftskrise (2008) und die eng damit verbundene europäische Schuldenkrise.

Global Economic Governance, eine weltweite wirtschaftliche Ordnungspolitik mit Strukturen und Formen, die internationale Koordinierung, Kooperation und kollektive Entscheidungsfindung ermöglicht, gewinnt grundlegend an Bedeutung. Sie wird vor allem getragen von den **internationalen Organisationen der Weltwirtschaft.**

Internationale Organisationen der Weltwirtschaft			
	Internationaler Währungsfonds (IWF)	**Weltbank**	**Welthandelsorganisation (WTO = World Trade Organization)**
	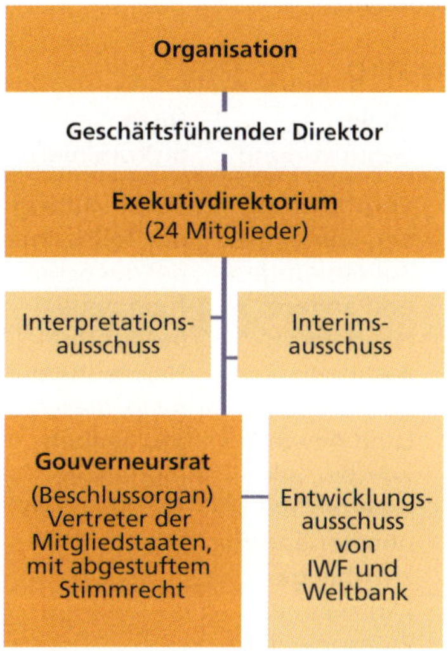	Die Weltbankgruppe besteht aus fünf Institutionen: – International Bank for Reconstruction and Development (IBRD), – International Development Association (IDA), – International Finance Corporation (IFC), – Multilateral Investment Guarantee Agency (MIGA), – International Center for Settlement of Investment Disputes (ICSID).	Dachorganisation für drei Vertragsgruppen: – Allgemeines Zoll- und Handelsabkommen (GATT), – Allgemeines Abkommen für den Dienstleistungshandel (GATS), – Vereinbarung über die Veräußerung geistiger Eigentumsrechte (TRIPS): Patente, Urheberrechte, Marken, – Abkommen über handelsbezogene Aspekte zu Investitionsmaßnahmen (TRIMS).
Gründungsjahr	1944	1944	1995
Grundlage	Abkommen von Bretton Woods (USA)		GATT-Abkommen
Sitz	Washington	Washington	Genf
Mitglieder (2015)	188	188	161
Status	Sonderorganisation der Vereinten Nationen		
Stimmrecht	gewichtetes Stimmrecht, orientiert an Kapitalanteil		Jedes Mitglied hat eine Stimme.
Ziele/Aufgaben	– Sicherung geordneter Währungsbeziehungen – Kredite für Mitgliedstaaten – multilateraler Zahlungsverkehr und Beseitigung von Devisenbeschränkungen – Stärkung des Welthandels	– Vergabe von langfristigen Darlehen – langfristige zinslose Kredite für Investitionsprojekte – Reformprogramme zur Strukturanpassung und technischen Hilfe	– Abbau von Zöllen u. a. Handelshemmnissen – Überwachung von Handel und Dienstleistungen entsprechend den getroffenen Entscheidungen

Welthandelsorganisation (WTO)

Das Ziel der WTO besteht in der Förderung des freien Welthandels durch den Abbau von Handelshemmnissen und die Implementierung handelsbezogener Schutzrechte. Die „Hüterin des Freihandels" legt seit 1996 als einzige international rechtsfähige Institution Regeln für den Welthandel fest. Sie verfolgt bestimmte Grundprinzipien:

Grundprinzipien des GATT bzw. der WTO

Liberalisierung	**Gegenseitigkeit (Reziprozität)**	**Meistbegünstigung**	**Nichtdiskriminierung**
Verpflichtung der Teilnehmer, keine neuen Zölle einzuführen bzw. bestehende Zölle nicht zu erhöhen; Verbot nichttarifärer Handelshemmnisse (bei Zulassung gewisser Ausnahmen)	Verpflichtung der Teilnehmer, auf den Abbau von Handelshemmnissen eines Landes mit entsprechenden Maßnahmen zu reagieren (Ausnahme: Entwicklungsländer)	Verpflichtung der Teilnehmer, Zollsenkungen und andere Handelskonzessionen, die einem Land gewährt werden, allen anderen Teilnehmerländern zuzubilligen (Ausnahme: Zulässigkeit von Freihandelszonen und Zollunionen)	Verpflichtung der Teilnehmer bei der Schaffung neuer (erlaubter) Handelshemmnisse, diese auf alle Teilnehmerländer anzuwenden

▸ **Kritiker** (z. B. das Netzwerk Attac) befürchten, dass die WTO die innere politische und wirtschaftliche Ordnung von Gesellschaften dominieren werde. Ein globaler Markt führt aus ihrer Sicht zu größerer Ungleichheit in der Welt.

Die Welthandelsorganisation WTO

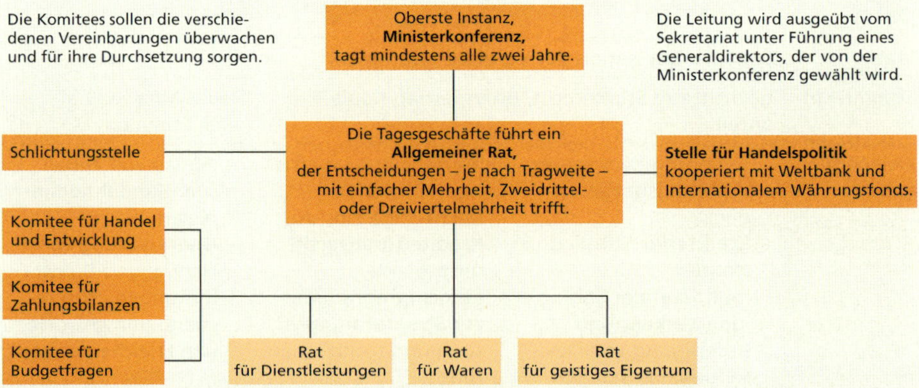

Internationaler Währungsfonds (IWF) und Weltbank

Der IWF und die Weltbank wurden ursprünglich als Sonderorganisationen der Vereinten Nationen mit dem Ziel gegründet, nach dem Zweiten Weltkrieg das internationale Währungs- und Finanzsystem zu ordnen und zu überwachen und für eine stabile Weltwirtschaftsordnung zu sorgen. Heute erfüllen sie **Aufgaben** im Bereich der Entwicklungs- und Handelsförderung sowie der Finanzmarktstabilisierung und helfen bei der Bewältigung ökonomischer Krisensituationen.

▶ IWF, engl. IMF = International Monetary Fund

Der **IWF** setzt sich vor allem für die Förderung der internationalen Zusammenarbeit auf monetärem Gebiet sowie für die Stabilisierung des internationalen Finanzsystems ein. Im Besonderen
- bietet er Politikberatung und technische Hilfe an, die darauf abzielt, Länder beim Abbau von Zahlungsbilanzproblemen zu unterstützen;
- gewährt er Kredite bei Zahlungsschwierigkeiten, z. B. in Finanzkrisen, wobei die Kredite kurz- bis mittelfristig angelegt sind;
- fördert er die internationale Zusammenarbeit in der Währungspolitik und sichert den freien internationalen Zahlungsverkehr;
- fördert er den freien Handel und ein ausgewogenes Wirtschaftswachstum.

▶ Das **Stimmrecht** der Mitglieder des IWF und der Weltbank richtet sich nach ihrer jeweiligen Kapitaleinlage. Daher verfügen die Industrieländer über die meisten Stimmanteile, während die Schwellen- und Entwicklungsländer nur über sehr wenige verfügen.

Die Kreditvergabe durch den IWF ist in der Regel mit Auflagen zur Sanierung der Staatsfinanzen verbunden, z. B. Sparkonzepte vorzulegen oder strukturelle Reformen einzuleiten, was in den Empfängerländern vielfach als externe Einmischung in die nationale Wirtschafts- und Sozialpolitik empfunden wird.

Die **Weltbank** versteht sich seit ihrer Gründung als „Entwicklungsbank". Sie verfolgt heute das Ziel, vor allem in den Entwicklungsländern Wirtschaftswachstum, Armutsbekämpfung und eine nachhaltige Entwicklung zu fördern, und konzentriert sich in ihrer Arbeit darauf,
- technische und finanzielle Hilfe bei Reformen oder bei Entwicklungsprojekten, z. B. zur Förderung von Elektrizität und Wasser, zu geben;
- langfristige und manchmal auch zinslose Kredite sowie zinsgünstige Darlehen zu vergeben;
- Korruptionsprävention zu betreiben und den Kampf gegen HIV/Aids finanziell zu unterstützen.

▶ Die **Weltbank** wurde als „Internationale Bank für Wiederaufbau und Entwicklung" gegründet.

▶ Die Weltbank stellt jährlich über 1,3 Mrd. US-Dollar für die Bekämpfung von HIV/Aids zur Verfügung.

Die Vergabe der Weltbankkredite ist ebenfalls an Bedingungen und Auflagen gebunden, die die Politik der Empfängerländer beeinflussen sollen, was in den Ländern häufig auf Kritik stößt.
Das ebenfalls seit Jahren kritisierte Stimmrecht innerhalb der Organisation wurde 2010 geändert.

■ Die 186 Mitglieder der Weltbank erklärten sich für eine Reform des Stimmrechts, die auch den veränderten wirtschaftlichen und politischen Kräfteverhältnissen Rechnung trägt: Demnach haben die Schwellenländer mit über 47 Prozent mehr Stimmengewicht als bislang. Diese Reform macht China zum einflussreichsten Weltbankmitglied hinter den USA und Japan.

Global Economic Governance

Neben der WTO, dem IWF und der Weltbank existiert mittlerweile ein Netzwerk globaler transgouvernementaler Zusammenarbeit, das Einfluss auf die Entwicklung des internationalen Finanzsystems, der Weltwirtschaft und des Welthandels nimmt. Sie alle zusammen und die Global Player bilden die Grundlage für eine weiter auszubauende **Global Economic Governance-Architektur.**

Kennzeichen einer solchen Architektur sind verschiedene Formen und Ebenen der internationalen Koordinierung, Kooperation und kollektiven Entscheidungsfindung, zu denen die OECD als ein Forum für den multilateralen Austausch (↗S. 411 f.) ebenso gehört wie die informellen Zusammenschlüsse der G7, G8 und G20 (↗S. 460).

Die **Gruppe der G8,** in der sich die wirtschaftlich erfolgreichsten Länder zusammengeschlossen haben, führt regelmäßig Gipfeltreffen zu aktuellen Fragen des internationalen Wirtschaftsgeschehens durch. Die Beschlüsse dieser stark beachteten Treffen, die auch als Weltwirtschaftsgipfel bekannt sind, sind jedoch nicht bindend.

Für alternative Ansätze zur G8 sowie zur WTO tritt seit 2001 das **Weltsozialforum** ein, mit ebenfalls jährlichen Treffen und Aktionen gegen die Weltwirtschaftsgipfel. Das Weltsozialforum ist eine zivilgesellschaftliche Bewegung, die sich für eine gerechte Ausgestaltung der Globalisierung einsetzt.

Die **Gruppe der G20,** die seit 1999 parallel zur G8 besteht, umfasst die zwanzig wichtigsten Industrie- und Schwellenländer. Ihr Anliegen ist es, in einem informellen Dialog Fragen der Stabilität des internationalen Finanz- und Währungssystems zu erörtern, z. B. die Angemessenheit des Wechselkursregimes oder die Liberalisierung des Kapitalverkehrs.

So wird z. B. die Einführung einer Devisentransaktionssteuer gefordert, um die teils starken Schwankungen zwischen den Währungen zu bekämpfen. Jeder Währungsumtausch soll mit einer Steuer bis zu 0,5 Prozent auf den Umsatz der Transaktion belegt werden, die armen Ländern direkt zugute kommen soll (↗S. 448).

Auf eine grundsätzliche Kritik des damaligen Generalsekretärs der Vereinten Nationen, KOFI ANNAN, an den global tätigen Unternehmen, ausschließlich auf Gewinnmaximierung zu orientieren und die sozialen sowie ökologischen Folgen nicht zu berücksichtigen, geht die Etablierung eines **Global Compact** im Jahr 2000 zurück.
Das ist eine institutionelle Form der Kooperation zwischen politischen und wirtschaftlichen Akteuren, die auf die gegenseitige Verpflichtung zur sozialen und ökologischen Gestaltung der Globalisierung zielt. 2015 beteiligen sich am Global Compact weltweit über 8 300 Unternehmen sowie 4 500 Organisationen aus Zivilgesellschaft, Wissenschaft und Politik.

▶ Die Länder der **Gruppe der G8** erzielen knapp 60 Prozent der weltweiten Wirtschaftsleistung (2011).

▶ Kritisiert wird die Gruppe der G8 wegen ihrer mangelnden Repräsentativität, der fehlenden Kontrolle und der Unverbindlichkeit ihrer Entscheidungen.

▶ Kritikpunkte am Wirken der G20 sind, dass bereits bestehende multilaterale Organisationen wie die Vereinten Nationen umgangen würden und dass auch hier die Entwicklungsländer nicht integriert sind.

▶ Das **Deutsche Global Compact-Netzwerk** umfasst im Jahr 2015 etwa 370 Partner und wird vom Bundesministerium für wirtschaftliche Zusammenarbeit und Entwicklung (BMZ) unterstützt.

6.3 Global Governance und Entwicklungspolitik

6.3.1 Strukturen und Akteure der Global Governance

Im Prozess der Verflechtung der Gesellschaften entstehen Probleme und Aufgaben, die nicht mehr einzel- oder zwischenstaatlich geregelt werden können. Hier ist **globale Politik** gefordert. Dabei geht es darum, Regelungen zu finden, die den wirtschaftlichen und politischen Vorteilen der Globalisierung entsprechen und geeignet sind, Gefahren weitestgehend auszuschließen. Global Governance ist der Versuch, dem gerecht zu werden.

> **Global Governance** ist ein sich entwickelndes kooperatives Netzwerk von Staaten, internationalen Institutionen und zivilgesellschaftlichen Akteuren, das in eine globale Rechtsordnung eingebettet ist und durch Elemente globaler Staatlichkeit ergänzt wird.

Kennzeichen der sich schrittweise herausbildenden **Global-Governance-Architektur** sind verschiedene Formen und Ebenen der internationalen Koordinierung, Kooperation und kollektiven Entscheidungsfindung.
Internationale Organisationen übernehmen Koordinierungsaufgaben und leisten einen Beitrag zur Herausbildung globaler Sichtweisen. **Regime** übersetzen den Willen zur Kooperation in verbindliche Regelwerke. Die **Staaten** verpflichten sich durch vertragliche Vereinbarungen, gemeinsame Probleme zu bearbeiten.

Handlungsebenen und Akteure in der Global-Governance-Architektur

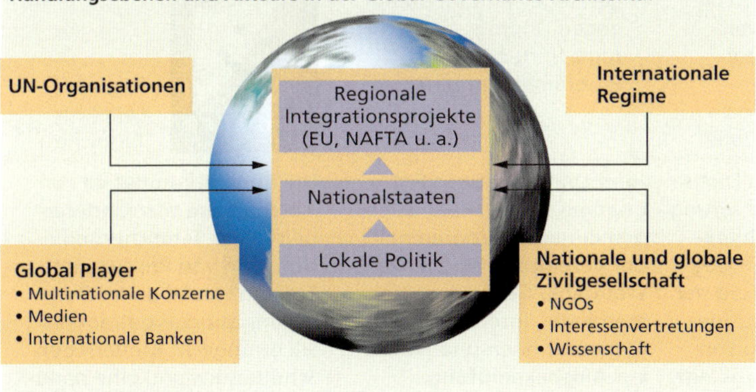

Globale Politiknetzwerke

> **Globale Politiknetzwerke** bilden Brücken zwischen dem öffentlichen Sektor, der Zivilgesellschaft und der Privatwirtschaft.

Politiknetze führen in dynamischer Form jene Akteure zusammen, die von grenzüberschreitenden Problemen betroffen sind und erkannt haben,

Global Governance wird auch als Globalpolitik, Weltinnenpolitik, als Weltordnungspolitik oder globale Strukturpolitik bezeichnet. Der Begriff „Global Governance" wurde nach dem 1995 vorgelegten Bericht „Nachbarn in Einer Welt" der Commission on Global Governance in die internationale Diskussion eingeführt. Er wurde von WILLY BRANDT (1913–1992) angeregt.

Internationale Regime sind dauerhafte, institutionalisierte Kooperationsformen auf genau definierten Problemfeldern nach bestimmten Prinzipien, Normen, Regeln und Entscheidungsverfahren.

Unter **Politiknetzwerk** wird ein Geflecht sozialer, wirtschaftlicher und politischer Beziehungen verstanden, das auf Freiwilligkeit und Gegenseitigkeit basiert.

dass nachhaltige Gestaltung der Globalisierung nur gemeinsam möglich ist. Globale Politiknetzwerke sind vielfach eine Reaktion auf Krisen, z. B. Krisen auf den Finanzmärkten oder im Umweltbereich.
Die Arbeit der Politiknetze ist dadurch gekennzeichnet, dass verschiedenartige Akteure gemeinsam Vorschläge für Problemlösungen erarbeiten, die auf nationaler Ebene aufgegriffen, parlamentarisch legitimiert und schließlich umgesetzt werden. **Politiknetzwerke**
- erleichtern das Verhandeln über globale Regeln und Standards und entschärfen dabei vorhandenes Konfliktpotenzial durch Zusammenführen der Konfliktparteien,
- unterstützen die Verbreitung von Wissen,
- schaffen Vertrauen unter den beteiligten Kooperationspartnern,
- gewährleisten mehr Transparenz in der internationalen Politik und
- ermöglichen gesellschaftliche Mitbestimmung.

Erste **Elemente einer Global-Governance-Architektur** haben sich bereits auf einigen Feldern herausgebildet. Beispielsweise ist in Kooperation von multilateralen Unternehmen und NGOs eine Reihe von Sozial-, Gesundheits- und Ökologiestandards ausgehandelt worden.

Umwelt/Umweltstandards	Gesundheit	Sozialstandards
– Globale Strategie zur Reduzierung der Treibhausgase (Klimakonferenz in Kyoto 1997 und Bali 2007) – Global Environment Facility (GEF, 1991): Vorhaben zum globalen Umweltschutz in den Entwicklungsländern – World Commission on Dams (WCD, 1997–2000)	– Global Alliance on Vaccines and Immunization: Suche nach Malaria-Impfstoff – Welt-Antidoping-Code (2003): universell gültiges Regelwerk im Kampf gegen Doping – Joint United Nations Programme on HIV/Aids	– Richtlinien zum Schutz von Arbeitnehmerrechten und Umwelt – Gütesiegel Rugmark-Label für Teppiche
World Commission on Dams hat durch Zusammenführung aller Sektoren – einschließlich von verschiedenen Gegnern des Dammbaus und der Bauindustrie – nachhaltige Standards für den Bau von Großstaudämmen festgelegt.	Joint United Nations Programme on HIV/AIDS ist ein gemeinsames Programm der Vereinten Nationen, der Weltbank, Geber- und Nehmerländer, internationalen Organisationen und NGOs zur **Aidsbekämpfung.**	Die **Rugmark-Initiative** zur Abschaffung von Kinderarbeit in der Teppichproduktion wird von Produzenten, Teppichhandel und Hilfsorganisationen getragen. Sie ermöglicht Kindern den Schulbesuch und eine handwerkliche Grundbildung.

Politiknetzwerke entstehen auf verschiedenen Wegen:

- durch Verständigung auf internationalen Konferenzen
- in Kooperation mit multilateralen Unternehmen
- durch das Engagement von gesellschaftlichen Gruppen
- durch Initiativen von Einzelpersonen

Auf die Initiative einer Einzelperson – JODY WILLIAMS – geht die **Ottawa-Konvention** zum Verbot von Landminen zurück. Die Konvention ist das erste Abrüstungsabkommen, das von NGOs getragen und in einer weltweiten Kampagne gegen den Widerstand politischer und militärischer Kräfte durchgesetzt wurde.

Anfang der 1990er-Jahre initiiert JODY WILLIAMS **Aktionen** gegen Landminen.

1991 entsteht ein Bündnis mit Veteranen des Vietnamkrieges und der deutschen Vereinigung medico international.

1992 wird die Internationale Kampagne gegen die Landminen mit weiteren Organisationen offiziell gestartet.

JODY WILLIAMS informiert und mobilisiert mit Vorträgen und Artikeln die Weltöffentlichkeit und gewinnt prominente Befürworter, wie die tödlich verunglückte Prinzessin von Wales, DIANA. Verschiedene nationale Kampagnen finden statt.

Innerhalb von zehn Jahren entsteht ein **weltweites Netzwerk** aus etwa 1 200 Friedens-, Abrüstungs- und humanitären Hilfsorganisationen in mehr als 60 Ländern. Teilerfolge werden erreicht:
- Der UN-Generalsekretär kündigt eine Revision der Genfer Konvention von 1980 an.
- Die UN-Generalversammlung empfiehlt einen Exportstopp von Antipersonenminen.
- Die Islamische Konferenz fordert ein generelles Verbot der Landminen.

1997 unterzeichnen Vertreter aus 120 Staaten die **Ottawa-Konvention.** Sie beinhaltet:
- Verbot der Produktion und Lagerung, des Einsatzes und der Weitervergabe von Antipersonenminen,
- Verpflichtung der Staaten, minenverseuchte Gebiete zu räumen und finanzielle Mittel für die Minenopfer bereitzustellen.

1999 tritt die Ottawa-Konvention in Kraft.

Jährlich sterben mehr als 25 000 Menschen durch Landminen. Etwa 100 Mio. solcher Minen befinden sich noch auf den ehemaligen Schlachtfeldern in über 60 Staaten, z. B. in Afghanistan, Kambodscha, Bosnien, Kroatien. Während eine Antipersonenmine im Durchschnitt 5 Dollar kostet, müssen für die Räumung bis zu 1 000 Dollar je Mine ausgegeben werden.

Links: JODY WILLIAMS (geb. 1950 in Brattleboro/Vermont); sie erhielt 1997 zusammen mit der Internationalen Kampagne zum Verbot von Landminen den Friedensnobelpreis.

Mitte: Eine Landmine wird entschärft.

Rechts: Warnschild vor Landminen

Geteilte Souveränität und internationale Kooperation

▶ Die Ziele global wirksamer Klimapolitik z. B. können nur realisiert werden, wenn eine Abstimmung auf internationaler Ebene erfolgt.

Im Globalisierungsprozess stoßen die Nationalstaaten in immer mehr Politikfeldern an die Grenzen ihrer Handlungsmöglichkeiten. Um auftretende Probleme zu lösen, sind sie zunehmend auf das Zusammenwirken mit internationalen Organisationen, regionalen Institutionen und NGOs innerhalb und außerhalb ihrer territorialen Grenzen angewiesen.

Global Governance fordert einen **neuen Politikstil,** der mit einer Neudefinition staatlicher Souveränität verbunden ist.

▶ Grundprinzipien staatlicher Souveränität sind:
- Unverletzlichkeit der Grenzen,
- Verbot der Einmischung in „innere" Angelegenheiten,
- Gewaltmonopol des Staates.

Der Nationalstaat behält zwar das Gewaltmonopol und ist allein verantwortlich für die Durchsetzung des Völkerrechts, er muss aber Souveränitätsverzichte hinnehmen. Man spricht von „geteilten Souveränitäten".

Geteilte Souveränität bedeutet, dass sich die Nationalstaaten im Interesse einer effektiven Bewältigung globaler Probleme Handlungskompetenzen sowohl mit inter- und supranationalen Organisationen wie auch mit lokalen und regionalen Akteuren teilen.

Grundlage der Global Governance ist ein **kooperatives Verhalten** aller Akteure sowie die Bereitschaft zum gemeinsamen Handeln, das Auswirkungen auf nationale Entscheidungen hat.

■ Durch die internationale Kooperation hat sich beispielsweise in den letzten Jahren das Bewusstsein hinsichtlich der starken Gefährdung der Atmosphäre, der Meere und der Flüsse deutlich erhöht. Die Emissionen vieler Luftschadstoffe sind innerhalb der EU-Region spürbar zurückgegangen.

Es gibt aber auch eine Reihe von Faktoren, die die demokratische Gestaltung der Global Governance **behindern.** Dazu gehören:
- die Blockierung oder Ablehnung internationaler Verpflichtungen und Verträge durch dominante Länder (z. B. der USA, die auch 2011 als einziges Industrieland das Kyoto-Protokoll nicht unterzeichnet haben),
- die Durchsetzung partikularer Interessen von Staaten oder regionalen Blöcken (z. B. im Rahmen der Nord-Süd-Zusammenarbeit),
- die Abgrenzung und Verfestigung von kulturellen Eigenheiten, beispielsweise in Sprache, Normen und Religion – häufig in Reaktion auf die Globalisierung,
- die digitale Spaltung der Welt.

Internetnutzer in der Welt 2014 (regionale Anteile in Prozent)

- Asien 34,7 %
- Europa 70,5 %
- Nordamerika 87,5 %
- Lateinamerika/Karibik 52,3 %
- Afrika 26,5 %
- Mittlerer Osten 48,3 %
- Australien/Ozeanien 72,9 %

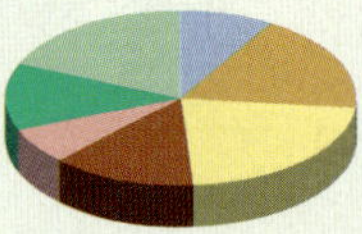

Datenquelle: Miniwatts Marketing Group – (www.internetworldstats.com), 2014

Akteure und Kooperationsformen der Global Governance

Zu Beginn des 21. Jh.s verfügt die Staatengemeinschaft über zahlreiche Regelungsmechanismen und Elemente, um globale Probleme zu bearbeiten und Lösungen zu entwickeln: internationale Verhandlungen, Zusammenschlüsse von internationalen und regionalen Organisationen, Konferenzen und Vereinbarungen zu bestimmten Themenfeldern. Verschiedene Akteure, staatliche und nicht staatliche, internationale Organisationen, regionale Bündnisse und Ländergruppen wirken dabei zusammen.

▶ Die Konferenz für Umwelt und Entwicklung (UNCED) in Rio de Janeiro 1992 markierte den Beginn eines Dialogs in neuer Qualität. Seither hat sich ein weltweites Netz fachspezifischer und regionaler Gesprächsebenen herausgebildet.

Die **Vereinten Nationen** bilden die Plattform des weltweiten Dialogs über Vereinbarungen zur Zukunftssicherung der Menschheit. Seit den 1990er-Jahren ist die UNO Träger einer Vielzahl von Weltkonferenzen zu globalen Problemfeldern wie Umwelt, Menschenrechte, soziale Entwicklung, Gleichberechtigung und Frauenrechte. Auf diesen Konferenzen wurden gemeinsame Ziele und Aktionsprogramme vereinbart.

Wichtige Weltkonferenzen und Überprüfungskonferenzen (1992 bis 2014)		
1992	Konferenz für Umwelt und Entwicklung	Rio de Janeiro
1993	Zweite Weltmenschenrechtskonferenz	Wien
1994	Konferenz für Bevölkerung und Entwicklung	Kairo
1996	Welternährungsgipfel	Rom
1999	UN-Sondergeneralversammlung zur Bevölkerungspolitik „Kairo + 5"	New York
2000	Millenniumsgipfel	New York
2000	Weltbildungsforum	Dakar/Senegal
2002	Weltgipfel für nachhaltige Entwicklung	Johannesburg
2005	Weltgipfel zur Informationsgesellschaft	Tunesien
2006	Weltwasserforum	Mexiko
2010	UN-Klimakonferenz	Mexiko
2011	UN-Weltfrauenkonferenz	Venezuela
2012	Weltnachhaltigkeitskonferenz „Rio + 20"	Rio de Janeiro
2014	Weltklimakonferenz	Lima

Links: UN-Klimakonferenz 2007 auf Bali, Indonesien

Rechts: Die Generalsekretärin der 4. UN-Weltfrauenkonferenz, GERTRUDE MONGELLA (re), und die Vizepräsidentin der chinesischen Frauenförderung, HUANG ZHIGL, im Konferenzzentrum in Peking, 1995

Die **Sonderorganisationen der Vereinten Nationen** entwickeln Regeln der internationalen Zusammenarbeit und Normen für die Ausgestaltung sozial und ökologisch nachhaltiger Entwicklung, so u.a.:
- die Internationale Arbeitsorganisation (ILO) z.B. Kernarbeitsnormen zur Abschaffung von Zwangs- und Kinderarbeit oder zur Nichtdiskriminierung am Arbeitsplatz;
- die Organisation für Ernährung und Landwirtschaft (FAO) z.B. internationale Regeln für den Verbraucherschutz;
- die Weltgesundheitsorganisation (WHO) z.B. Strategien zur Bekämpfung gefährlicher Krankheiten;
- die Organisation für Erziehung, Wissenschaft und Kultur (UNESCO) z.B. Orientierungen für den Abbau des Analphabetismus.

▶ Seit 1975 regeln die **Lomé-Abkommen** die Beziehungen zwischen der EU und den heute 77 AKP-Staaten. Nach dem Auslaufen des 1990 beschlossenen Lomé-IV-Abkommens wurde im Jahre 2000 in Cotonou (Benin) das Nachfolgeabkommen für die Dauer von 20 Jahren geschlossen.

In den globalen Dialog sind auch spezifische **überregionale Koordinierungsformen** zwischen Nord und Süd eingebunden. Dazu gehören:
- die Zusammenarbeit der EU mit den Partnerländern in Afrika, der Karibik und des Pazifiks (AKP-Staaten) zur Förderung der wirtschaftlichen und sozialen Entwicklung; die Nachfolgeverträge von Lomé (Togo) bilden die Plattform für die Beratung wichtiger Fragen der Menschenrechte, des Handels und der Rohstoffpolitik;
- die Gruppe der 77 – im Jahre 2015 bereits 134 Entwicklungsländer, die ihre Positionen auf globaler Ebene im Rahmen der UN abstimmen;
- regionale Zusammenschlüsse wie die Afrikanische Einheit (AU) oder die SADC, ASEAN, MERCOSUR u.a., die ihre Interessen bündeln und gemeinsame Initiativen entwickeln;
- der G8-Gipfel – die sieben wirtschaftlich stärksten Länder der Welt (Deutschland, Frankreich, Großbritannien, Italien, Japan, Kanada, USA), die seit 1975 im Rahmen jährlicher Treffen der Staats- und Regierungschefs ihre Positionen abstimmen; wichtige Zäsuren für den Dialog zwischen Nord und Süd waren die **Wirtschaftsgipfel** für Entwicklungspolitik, so unter anderem
  - 2003 zu Entwicklungszusammenarbeit, Schuldenerlass, Aidsbekämpfung und Überwindung der Armut sowie Verbesserung der Teilnahmechancen der Länder des Südens am Welthandel (Frankreich),
  - 2007 zu einem neuen Klimaschutzregime und aufgestockter Afrika-Hilfe (Deutschland);
- G 20 – ein Zusammenschluss von zwanzig Entwicklungs- und Schwellenländern, die hauptsächlich Fragen der Agrarpolitik behandeln und u.a. die Aufhebung von Importbeschränkungen für Agrarprodukte in Ländern wie den USA und der Europäischen Union fordern; führende Mitglieder sind Brasilien, Indien, China und die Türkei.

▶ Russland gehörte dem G8-Gipfel von 1998 bis 2014 auch an. Es wurde aufgrund der Annexion der Krim von den übrigen Mitgliedern ausgeschlossen.

Eine zentrale Stellung bei der Ausgestaltung der Global Governance haben die **Institutionen der Weltwirtschaft** – der Internationale Währungsfond (IWF), die Welthandelsorganisation (WTO) und die regionalen Entwicklungsbanken.

Diese Institutionen, die jeweils spezifische Aufgaben wahrnehmen, verzahnen sich immer mehr mit anderen Formen und Inhalten des globalen Dialogs, wie er im Rahmen der UNO geführt wird. So werden die Weltbank und der IWF nicht nur in Finanz- und Wirtschaftsfragen wirksam. Sie berücksichtigen in ihrer Arbeit auch gesundheits-, sozial- oder strukturpolitische Aufgaben und Problemfelder, die in den Entwicklungsländern anstehen und vorrangig gelöst werden müssen.

IWF und Weltbank, die auch als **Bretton-Woods-Institutionen** bezeichnet werden, nehmen beispielsweise beratend auf die Gestaltung globaler Strukturpolitik Einfluss:
- die Weltbank bei der Entschuldungsinitiative für die ärmsten hoch verschuldeten Länder und bei der Armutsbekämpfung,
- die multilateralen Entwicklungsbanken bei Problemen in den Bereichen Handel, Umwelt und Sozialfragen, die in Entwicklungsländern auftreten.

Die Errichtung des **IWF** und der **Weltbank** gehen auf die Vereinbarungen von Bretton Woods (USA) im Jahr 1944 zurück.

Wachsende Bedeutung erlangen die **Nichtregierungsorganisationen** (NGOs) als Akteure globaler Netzwerke.

Das Spektrum des Wirkens zivilgesellschaftlicher Akteure ist breit gefächert. Es reicht von weltweit agierenden Organisationen bis zu lokalen Umweltgruppen. Einige begleiten den Globalisierungsprozess kritisch, wie die länderübergreifende Bewegung Attac oder das Weltsozialforum, das sich als Gegenveranstaltung zu den Gipfeln der Welthandelsorganisation formiert hat. Viele agieren in bestimmten Problembereichen, wie Amnesty International als Menschenrechtsorganisation oder Greenpeace als Umweltschutzorganisation.
NGOs beteiligen sich zudem unmittelbar am politischen Dialog, indem sie sowohl in staatlichen Einrichtungen als auch in wichtigen Unternehmen und internationalen Institutionen mitwirken. So entstehen neue Formen der Kooperation zwischen Politik, Wirtschaft und Zivilgesellschaft, die für die Ausgestaltung der Global Governance bedeutsam sind.

Wie das jährlich stattfindende **Weltsozialforum** belegt, thematisieren verschiedene NGOs die Versäumnisse von Staaten, internationlen Organisationen und Institutionen bei der Gestaltung des Globalisierungsprozesses und formieren sich zu einer „Global Opposition“. Seit 1998 tritt dabei immer stärker das globalisierungskritische Netzwerk **Attac** in Erscheinung. Attac ist nach eigenen Angaben mit über tausend lokalen Gruppen in 40 Ländern aktiv (2015) .

2015 sind mehr als 2300 NGOs nach Art. 71 der UN-Charta beim Wirtschafts- und Sozialrat (ECOSOC) akkreditiert. Sie nehmen Einfluss auf Entscheidungsprozesse bei internationalen Konferenzen oder in Verhandlungen und verhelfen diesen zu höherer Transparenz.
Auch die Weltbank hat bereits 1982 ein Komitee zur Zusammenarbeit mit 26 NGOs eingerichtet, das angehört und in Entscheidungen einbezogen wird.

Dennoch wird das Wirken der NGOs auch kritisch gesehen, vor allem unter dem Aspekt ihrer fehlenden Legitimität.

6.3.2 Entwicklungspolitik als globale Strukturpolitik

Der Effekt finanzieller Entwicklungshilfe ist umstritten, insbesondere hinsichtlich der Verteilung vor Ort. In vielen Fällen werden die Gelder durch korrupte Machteliten zur Herrschaftssicherung instrumentalisiert und die wirtschaftliche Entwicklung der betroffenen Länder behindert.

Entwicklungspolitik bewegt sich in einem Spannungsverhältnis zwischen außenwirtschaftlichen sowie außen-, sicherheits- und finanzpolitischen Interessen einerseits und spezifischen, an den Bedürfnissen der Entwicklungsländer orientierten Zielen andererseits.

Bis zum Ende des Ost-West-Konflikts war die Entwicklungspolitik vor allem durch politische Konkurrenz zwischen den beiden Weltmächten und durch Eigeninteressen der „Geber"-Länder geprägt. Seit Anfang der 1990er-Jahre haben sich die entwicklungspolitischen Rahmenbedingungen grundlegend gewandelt:

- Entwicklungspolitik verlor ihre geostrategische Bedeutung für die Außen- und Sicherheitspolitik.
- Marktwirtschaft und Freihandel setzten sich weltweit durch.
- Die weltwirtschaftlichen Beziehungen veränderten sich im Zuge fortschreitender Globalisierung.

Das ging mit einer „Sinn- und Rechtfertigungskrise" der Entwicklungspolitik einher. Teilweise nachlassendes Engagement von Politikern für diesen Bereich, größere Zurückhaltung der Bürger und vor allem sinkende Entwicklungshilfeetats der meisten OECD-Länder sind Indizien dafür.

Die UN-Vollversammlung stellte 1970 das Ziel, dass die Industrieländer jährlich 0,7 Prozent ihres Bruttonationaleinkommens (BNE) als Entwicklungshilfe für die Länder der Dritten Welt bereitstellen. Dieses Ziel erreichen seitdem jedoch nur wenige Länder.
Auch der Anteil Deutschlands an den Entwicklungshilfeleistungen bleibt deutlich hinter dem Ziel zurück.

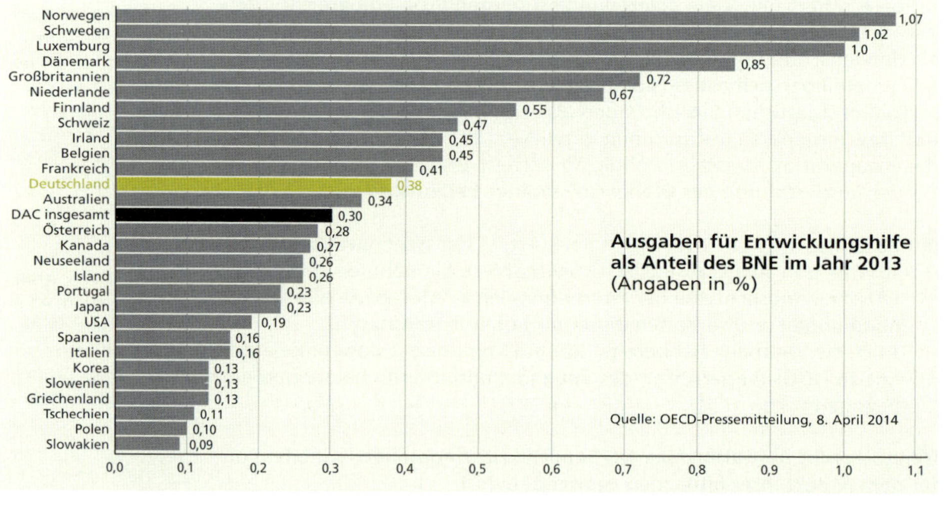

Entwicklungspolitik im Wandel

In den vergangenen Jahrzehnten hat sich ein Wandel in der Entwicklungspolitik von der Nord-Süd-Zusammenarbeit in Richtung auf internationale Kooperation zur Lösung globaler Probleme vollzogen.

Phasen	Zeitraum	Ziele/Schwerpunkte
1. Phase	bis Anfang der 1980er-Jahre	Kooperation zur Verbesserung der Entwicklungsbedingungen in den Ländern der Dritten Welt durch Wissens- und Finanztransfer von Nord nach Süd, um Wirtschaftswachstum und verschiedene Ausbildungsprogramme zu fördern („Geber-Nehmer"-Konstellation, z. T. verknüpft mit „Belehrungskultur")
2. Phase	Mitte der 1980er-Jahre	– Erkenntnis, dass „Entwicklung" nicht nur ein Problem des Südens, sondern eine globale Herausforderung ist – „Ökologische Strukturanpassung im Norden" ist notwendig, um Entwicklungschancen im Süden zu verbessern.
3. Phase	in den 1990er-Jahren	– Globalisierung und Weltprobleme erfordern eine Erweiterung der Formen internationaler Kooperation. – Globale und grenzüberschreitende Probleme können nur gemeinsam gelöst werden (gemeinsame Such- und Lernprozesse sowie gemeinsame Problemlösung).
4. Phase	Beginn des 21. Jh.s	– Entwicklungspolitik muss als globale Strukturpolitik gestaltet werden (das betrifft im Besonderen auch die Armutsbekämpfung als erstrangiges Ziel). – Allianzen zwischen Politik und Wirtschaft müssen hergestellt werden, um den Ordnungsrahmen zu schaffen, den globale Märkte benötigen; das schließt ein, dass die Unternehmen nicht nur als ökonomische, sondern auch als politische Akteure weltweit wirksam werden.

Globale Strukturpolitik

> Die sich unter den Bedingungen fortschreitender Globalisierung abzeichnenden entwicklungspolitischen Anforderungen münden in die Aufgabe, eine **globale Strukturpolitik** zu betreiben.

Das bedeutet, nicht mehr nur die Entwicklungspotenziale in den Entwicklungsländern zu stärken. Vielmehr geht es darum, entwicklungsfreundliche internationale Rahmenbedingungen zu schaffen – vor allem im Hinblick auf die Weltwirtschaftsstruktur, die Infrastruktur und die Finanzpolitik – und die Entwicklungsländer dabei zu unterstützen, selbst eine aktive Rolle in der entstehenden Global-Governance-Architektur zu spielen. Bekämpfung der Armut, Beherrschung der Ernährungs- und Umweltkrisen, Stabilisierung des internationalen Finanzsystems, Eindämmung der Migrationsströme und Bevölkerungsexplosion sind ohne Kooperation mit den Entwicklungsländern nicht zu lösen.

Das Leitbild der globalen Strukturpolitik ist an den vier Zieldimensionen soziale Gerechtigkeit, wirtschaftliche Leistungsfähigkeit, ökologisches Gleichgewicht und politische Stabilität orientiert.

Dass die konkreten Zielstellungen nicht bis 2015 erreicht werden, hängt vor allem mit den insgesamt noch unzureichend entwickelten Strategien und Instrumenten ihrer Realisierung zusammen. So gibt es z. B. keine einheitliche Auffassung darüber, was „breitenwirksames Wirtschaftswachstum" ist und wie es herbeigeführt werden kann. Ungeklärt ist auch, welche Rolle die staatlichen Systeme im Süden bei der Armutsbekämpfung spielen können, besonders, wenn sie von korrupten politischen Eliten regiert werden.

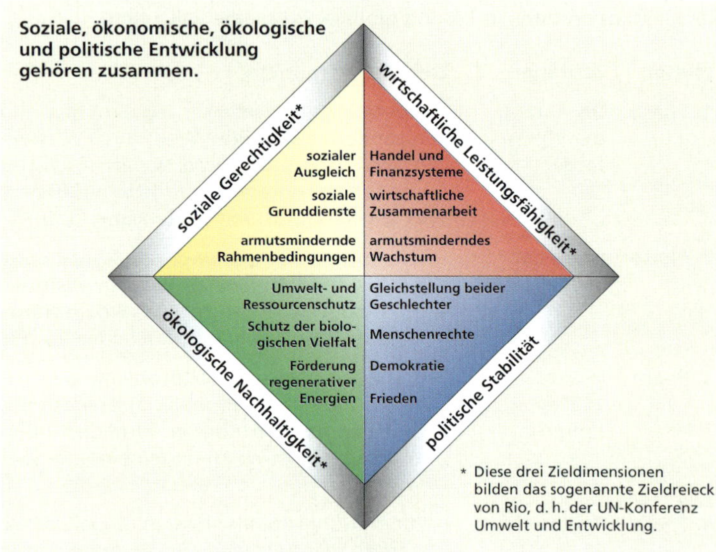

Unter dieser Sicht hatten bereits die Weltkonferenzen in den 1990er-Jahren und der Millenniumsgipfel konkrete internationale Entwicklungsziele festgelegt.

Handlungsfeld:	Ziel	Zeitraum
ökonomischer Wohlstand	– Halbierung der Zahl der in absoluter Armut lebenden Menschen	bis 2015
soziale Entwicklung	– Grundschulbildung für alle Kinder – Gleichheit der Geschlechter im Primar- und Sekundarschulbereich – Senkung der Säuglings- und Kleinkindersterblichkeit um zwei Drittel – Verringerung der Müttersterblichkeit um drei Viertel – reproduktive Gesundheitsversorgung für alle	bis 2015 bis 2015 1990 bis 2015 1990 bis 2015 bis 2015
ökologische Nachhaltigkeit	– Umsetzung der nationalen Strategien für nachhaltige Entwicklung und Umkehr der Trends der Umweltzerstörung auf nationaler und globaler Ebene	bis 2015

Obwohl es einzelne Erfolge bei der Umsetzung der Ziele gab, z. B. die Halbierung des Anteils extrem armer Menschen seit 1990, konnten viele Zielvorgaben bis 2015 nicht erreicht werden. Sie werden fortgeschrieben.

6.3.3 Deutsche und europäische Entwicklungspolitik

Deutsche Entwicklungspolitik wird als **Entwicklungszusammenarbeit** gestaltet.

Deutschland lässt sich in seiner Entwicklungspolitik grundlegend von den Zielen leiten, die im Jahr 2000 in der Millenniumserklärung formuliert wurden. Die **Schwerpunkte der deutschen Entwicklungszusammenarbeit** sind:

1. Armut nachhaltig bekämpfen: Die Bekämpfung der Bildungsarmut wird dabei als besonderes Ziel gesehen.
2. Strukturdefizite abbauen: Die Förderung einer guten Regierungsführung vor allem durch den Abbau von Agrarexportsubventionen wird dabei im Besonderen anvisiert.
3. Zivilgesellschaft stärken: Dies soll sowohl in den Partnerländern als auch in Deutschland selbst erfolgen, weil Entwicklung nur aus der Mitte der Gesellschaft entstehen kann.
4. Wirtschaft einbeziehen: Der Wirtschaft und Entwicklungspartnerschaften mit der Wirtschaft kommt eine zentrale Rolle bei der Förderung einer nachhaltigen Entwicklung zu.
5. Wirksamkeit stärken: Jeder eingesetzte Euro soll den größtmöglichen Beitrag zur Bekämpfung der Armut leisten.
6. Sichtbarkeit verbessern: Bürgerinnen und Bürger sollen durch gute Informations- und Bildungsarbeit in die Umsetzung der Entwicklungspolitik einbezogen werden.

Auf dem **Millenniumsgipfel** wurden von 189 Staaten folgende Ziele beschlossen:
- Armut und Hunger beseitigen
- Grundbildung für alle Kinder verwirklichen
- Gleichstellung der Geschlechter fördern und die Rechte und den Einfluss der Frauen stärken
- die Kindersterblichkeit senken
- die Gesundheit der Mütter verbessern
- HIV/Aids, Malaria und andere übertragbare Krankheiten bekämpfen
- Schutz der Umwelt verbessern
- eine weltweite Entwicklungspartnerschaft aufbauen

Bei der Entscheidung, in welchen Ländern sich Deutschland engagiert, lässt sich das Bundesministerium für wirtschaftliche Entwicklung und Zusammenarbeit (BMZ) von bestimmten Kriterien leiten. Dazu gehören die Hilfsbedürftigkeit (Armut) eines Landes, die Möglichkeit, durch Zusammenarbeit globale öffentliche Güter zu schützen und die besondere Eignung Deutschlands als Geberland.

Die Ziele der Zusammenarbeit werden gemeinsam festgelegt, die Maßnahmen gemeinsam geplant und durchgeführt und auch die Verantwortung wird gemeinsam getragen. Die Partner beteiligen sich in vielen Fällen an der Finanzierung der Programme.

In Burkina Faso wird mit westlichem Hilfsgerät ein Brunnen gebohrt.

Das Förderprogramm „Entwicklungspolitische Bildung“ (FEB) hat im Jahr 2013 die Kooperation mit 188 Projektträgern in 242 Projekten ermöglicht. Geschätzte 600 000 Personen wurden damit erreicht.
Im Jahr 2015 arbeitete Deutschland mit 66 Partnerländern zusammen.

Deutsche Entwicklungszusammenarbeit wird als internationale Gemeinschaftsaufgabe verstanden. Sie vollzieht sich auch im Rahmen der Europäischen Union.

Als Mitgliedstaat der Europäischen Union gehört Deutschland zum weltweit größten Geber: Etwa 60 % der internationalen Entwicklungszusammenarbeit trägt die Europäische Union. Zudem ist sie der größte Binnenmarkt der Welt und insofern ein wichtiger Handelspartner vieler Entwicklungsländer. Die Kombination von finanziellem, wirtschaftlichem und politischem Einfluss macht die EU zu einem entscheidenden Akteur internationaler Entwicklungspolitik.

Im geänderten EG-Vertrag, der in den „Vertrag über die Arbeitsweise der Europäischen Union" umbenannt wurde, ist die Politik der EU auf dem Gebiet der Entwicklungszusammenarbeit in den Artikeln 208 bis 211 festgeschrieben. Hauptziel der Union ist demnach die Bekämpfung und – auf längere Sicht – die Beseitigung der Armut.

Die Zuständigkeit für Entwicklungszusammenarbeit ist zwischen der EU und ihren Mitliedstaaten geteilt. Die EU ergänzt deren Politik. Das erfolgt zum einen durch die Ausrichtung auf gemeinschaftliche Schwerpunkte, die in einem **Europäischen Entwicklungskonsens** 2005 verabschiedet wurden. Zum anderen werden Hilfsprogramme der EU und ihrer Mitgliedstaaten stärker koordiniert und zu einer gemeinsamen Gesamtpolitik zusammengeführt, wodurch eine größere Wirksamkeit erreicht werden kann.

Deutschland gestaltet auf vielfältige Weise die Politik der Entwicklungszusammenarbeit der EU mit, in ihren Gremien ebenso wie in den Phasen der Ausarbeitung und Umsetzung von Maßnahmen und Initiativen.

Wichtige entwicklungspolitische Initiativen brachte Deutschland während seiner Ratspräsidentschaft 2007 auf den Weg, so die Begründung einer Energiepartnerschaft mit Afrika, die Einführung eines Verhaltenskodex unter Geberländern zur besseren Arbeitsteilung sowie Initiativen zur HIV-/Aidsbekämpfung und zur Gleichstellung der Geschlechter.

Finanzielle Mittel und Akteure

Die politische Verantwortung für die Entwicklungszusammenarbeit trägt das **Bundesministerium für wirtschaftliche Zusammenarbeit und Entwicklung** (BMZ).

Das Bundesministerium für wirtschaftliche Zusammenarbeit und Entwicklung wurde 1961 gebildet. 2015 sind rund 800 Mitarbeiterinnen und Mitarbeiter hier tätig. Nach einem Rotationsverfahren arbeitet stets ein Teil von ihnen im Ausland, in deutschen Auslandsvertretungen, bei internationalen Organisationen oder in konkreten Entwicklungsvorhaben.

Aufgaben des BMZ sind die Konzeptionierung der Entwicklungspolitik, die Organisation, Gestaltung und Kontrolle der Zusammenarbeit mit den Partnerländern, das Zusammenwirken mit internationalen Organisationen wie dem Europäischen Entwicklungsfonds oder der Weltbank. Das Ministerium ist in den Gremien dieser Organisationen tätig.

Die durch das BMZ vergebenen finanziellen Mittel aus dem Bundeshaushalt werden im Besonderen eingesetzt für Projekte der partnerschaftlichen Zusammenarbeit, für den Europäischen Entwicklungsfonds, die Weltbank und den Internationalen Währungsfonds sowie für die Unterstützung der zivilgesellschaftlichen und wirtschaftlichen Gruppen und Institutionen.

Für das Haushaltsjahr 2015 stehen dem BMZ 6,51 Mrd. Euro zur Verfügung. Der größte Teil dieser Summe wird für die bilaterale staatliche Zusammenarbeit eingesetzt.

Die durch das BMZ vergebenen finanziellen Mittel für die Gestaltung der Entwicklungszusammenarbeit werden im Besonderen eingesetzt für
- die technische Zusammenarbeit, u. a. für die Entsendung von Beratern, Ausbildern und Fachkräften, die Förderung von Projektträgern, die Bereitstellung von Material und Ausstattung der geförderten Einrichtungen sowie die Ausbildung einheimischer Fach- und Führungskräfte;
- Investitionen in den Partnerländern, um die soziale und wirtschaftliche Infrastruktur zu finanzieren (z. B. günstige Kredite und Zuschüsse);
- Beiträge an die EU sowie an multilaterale und zwischenstaatliche Einrichtungen, so an die Weltbank, den IWF und die Vereinten Nationen, ihre Sonder- und Unterorganisationen (z. B. UNESCO und UNICEF).

Etwa 10 % der Gesamtausgaben des Haushalts des BMZ gehen jeweils an nicht staatliche Organisationen. Das sind neben entwicklungspolitischen Netzwerken und Initiativgruppen vor allem politische Stiftungen und kirchliche Hilfswerke. Diese Organisationen leisten wichtige Arbeit vor Ort und in Deutschland. Sie arbeiten oft mit lokalen Organisationen zusammen und mobilisieren zu Selbsthilfe. Durch ihre Unabhängigkeit können sie auch in Ländern und Regionen tätig werden, in denen staatliche Entwicklungszusammenarbeit nicht möglich ist.

Neben dem BMZ wirken eine Reihe **staatlicher und nicht staatlicher Institutionen und Organisationen** an der Gestaltung der Entwicklungszusammenarbeit mit, z. B.:
- **staatliche Institutionen** der öffentlichen Entwicklungshilfe, wie
  - die Deutsche Gesellschaft für Internationale Zusammenarbeit (GIZ), die seit 2011 aus der Fusion der Deutschen Gesellschaft für Technische Zusammenarbeit (GTZ), dem Deutschen Entwicklungsdienst (DED) und der Weiterbildungsgesellschaft InWent entstand und sich um die personelle und technische Sicherung von Projekten kümmert,
  - die Kreditanstalt für Wiederaufbau (KfW), die zinsgünstige Kredite und Zuschüsse für spezielle Projekte und Programme vergibt,
  - Institutionen, die die Ausbildung von Führungs- und Fachpersonal aus Entwicklungsländern übernehmen oder Fachkräfte in Kooperationsländer vermitteln;
- **politische Stiftungen der Parteien,** wie die Friedrich-Ebert-Stiftung (SPD), Konrad-Adenauer-Stiftung (CDU), Friedrich-Naumann-Stiftung (FDP), Hanns-Seidel-Stiftung (CSU), Heinrich-Böll-Stiftung (Grüne), die mit ihren politischen und außenpolitischen Aktivitäten spezifische entwicklungspolitische Aufgaben erfüllen;

Das BMZ hat seine **Haushaltsmittel** im Jahr 2015 für folgende Bereiche geplant:
- Bilaterale staatliche Zusammenarbeit (46 %),
- Zivilgesellschaftliches, kommunales und wirtschaftliches Engagement (11,9 %),
- Europäische Entwicklungsfonds (11,3 %),
- Vereinte Nationen und internationale Einrichtungen (5,6 %),
- Weltbank (9,6 %),
- Regionalbanken (3,6 %),
- Internationale Ernährungssicherung und globaler Umweltschutz (3,6 %),
- Forschung, Evaluierung und Qualifikation in der EZ (0,7 %),
- Sonstige Bewilligungen (2,6 %),
- Sonderinitiativen (3,1 %),
- Zentral veranschlagte Verwaltungsausgaben (0,5 %),
- Bundesministerium (1,5 %).

Die NGOs profitieren am meisten von der Spendenbereitschaft der Deutschen. Seit 1994 existiert der Verband Entwicklungspolitik deutscher Nichtregierungsorganisationen (VENRO), der die entwicklungspolitischen Aktivitäten der NGOs auf nationaler und internationaler Ebene koordiniert.

- **freie Träger,** z. B. die Deutsche Hungerhilfe, Kindernothilfe, Komitee Ärzte Dritte Welt, Terre des Hommes – mit weit gespannten Aufgabenfeldern und Funktionen (Not- und Katastrophenhilfe oder Finanzierung von Entwicklungshilfeprojekten im Bildungs- und Gesundheitsbereich).

Der in Hamburg ansässige „Europäisch-Kapverdische Freundeskreis e. V." betreut seit Jahren Schulen auf der kapverdischen Insel São Nicolau, auch mit Computertechnik und Unterrichtsmaterial aus Spendenmitteln.

Das Bundeskabinett verabschiedete 2001 das „Aktionsprogramm 2015", das zehn vorrangige Ansatzpunkte und diesen zugeordnet 75 konkrete Aktionen bis zum Jahr 2015 vorsieht. Die Umsetzung dieses Aktionsprogramms schließt ein, dass die gesellschaftlichen und wirtschaftlichen Kräfte, die Bundesländer und Kommunen, aber auch die Bürgerinnen und Bürger eigenständige Beiträge zur Entwicklungszusammenarbeit übernehmen. Dabei gilt der **Leitsatz der lokalen Agenda 21:** „Global denken – lokal handeln".

Die lokale Agenda 21 ist bis 2015 weltweit zu einer Bewegung geworden. Auch in deutschen Kommunen wird Nachhaltigkeit und Zukunftsfähigkeit als eine zentrale Herausforderung verstanden. Im Freistaat Bayern wurde die größte Evaluierung der Lokalen Agenda 21 mit 1097 Kommunen durchgeführt.

Handlungsfelder der Bürgerinnen und Bürger

Multiplikationsfunktion:
Wissen über Entwicklungsländer und -politik aneignen und weitergeben

Mitarbeit in einer NGO:
Ehrenamtliches Engagement bündelt die Kräfte und Einflussmöglichkeiten zur Bekämpfung der Armut.

Spenden:
Auch kleine Spenden helfen, in einem Entwicklungsland Ausbildung zu sichern, Krankheiten zu bekämpfen, Felder zu bewässern.

Konsumverhalten:
Unterstützung von Firmen in Entwicklungsländern z. B. durch Kauf von Produkten mit dem TransFair Siegel (Kaffee, Tee, Schokolade)

Anhang A

I Herrschaftsformen in Geschichte und Gegenwart

Legitime Macht: von den Betroffenen anerkannte Macht in den Beziehungen der Menschen untereinander

Zweck der Politik ist es, allgemein verbindliche Regelungen und Entscheidungen herbeizuführen und im praktischen Leben durchzusetzen. Politische Entscheidungen werden von den Staatsbürgern aber nicht gleichermaßen anerkannt und freiwillig befolgt. Deshalb verfügt Politik über die Macht, sich auch gegen Widerstreben zur Geltung zu bringen.

Wer von Politik spricht, muss von Herrschaft reden.

Im allgemeinen Sinn ist **Herrschaft** als Zivilisierung des menschlichen Zusammenlebens und somit als Alternative zur rohen Gewalt zu verstehen. Herrschaft äußert sich als **legitime Macht.** Jedoch auch die illegitime Gewaltherrschaft ist Herrschaft.

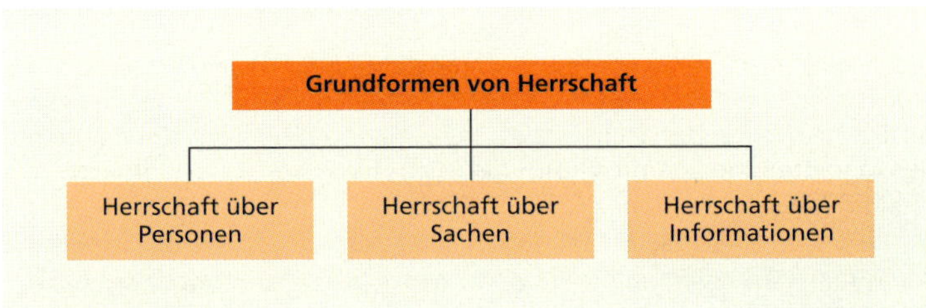

Der Maler APPELLES verherrlichte in einem Gemälde in Ephesos ALEXANDER DEN GROSSEN (356–323 v. Chr.) in der Pose des Göttervaters Zeus. MIT ALEXANDER DEM GROSSEN endete die demokratische Tradition in Griechenland.

Die übliche Erscheinungsform der Herrschaft ist die **Über- und Unterordnung.** Dabei ist wesentlich, ob Herrschende und Beherrschte eine gemeinsame Wert- und Rechtsordnung anerkennen. Auch als Beziehung der Gleichen – in der „Identität von Herrschenden und Beherrschten" gipfelnd – ist Herrschaft denkbar, aber schwierig zu organisieren. Philosophen haben immer wieder nach den Bedingungen der Abschaffung jeglicher Herrschaft gefragt und Visionen herrschaftsfreien Soziallebens entworfen.

In der mit Zeugnissen belegten Geschichte fand sich bisher keine Gesellschaft ohne Herrschaftsstrukturen. Solange dieser Befund anhält, kann **Herrschaft** als ein **universelles Phänomen** gelten, das von geschichtlichem Wandel unberührt bleibt.

Die Geschichte öffnet aber auch den Blick dafür, dass Herrschaft nicht gleichmäßig, sondern in unterschiedlicher Dichte und Ausdehnung auftritt:

- Herrschaft weitet sich aus, wenn das Tempo des sozialen und wirtschaftlichen Wandels steigt, und fällt zurück in den Zeiten, die ruhig und wandlungsarm verlaufen.

- Am herrschaftsintensivsten tritt jene Macht auf, die als **Revolution** bisherige Normen und Regelungen zerstört und neue setzt. Demgegenüber führt die **traditionale oder konservative Herrschaft** zu einer Machtverkürzung. Politik erscheint nicht als einschneidende Normsetzung, sondern beschränkt auf die Anwendung schon gegebener Regelungen.
- Der moderne Verfassungsstaat tritt als **gemäßigte Herrschaft** auf, da er Macht auf verschiedene Gewalten verteilt. Zudem sorgt er durch vorgegebene Verfahren – der Gesetzgebung, der Normkontrolle – für langsame, geprüfte und möglichst breit akzeptierte politische Entscheidungen.
- In westlichen Demokratien ist es gegenwärtig verbreitet, geringere Herrschaftsintensität durch mehr Selbstregulierung der Privatpersonen sowie staatlich-private Projekte zu erreichen.

▶ In **Genossenschaften** wird beispielsweise eine Machtminderung angestrebt, indem durch gemeinschaftlichen Geschäftsbetrieb ungleiche Machtverteilungen verhindert werden.

A

I.1 Historische Grundmodelle

Jeder Vergleich, auch der der Herrschaftsformen, bedarf bestimmter **Vergleichskriterien.** Bereits die Philosophen und Praktiker der griechischen Antike beurteilten Herrschaft unter den Aspekten der Normbindung und der Machtteilung. Damit wurde ein Weg des systematischen Vergleichs politischer Ordnungen eröffnet.

Auf ARISTOTELES geht die berühmteste aller **Typologien von Herrschaftsformen** zurück.

▶ Typologie: Ein Gegenstandsbereich wird nach mindestens zwei Kriterien verglichen und in Typen eingeteilt – im Unterschied zur Klassifikation, die ein Kriterium verwendet.

ARISTOTELES verglich die ihm bekannten griechischen Stadtstaaten seinerzeit – es sollen 158 Verfassungsbeschreibungen gewesen sein – nach zwei Kriterien:
- nach der Anzahl der Herrschenden,
- nach der ethischen Orientierung.

Aus den Ergebnissen bestimmte er die generell bis heute gültigen Merkmale der **Grundformen der Herrschaft.**

Anzahl der Herrschenden: / **Ethische Orientierung:**	**ein Herrschender**	**mehrere Herrschende**	**viele Herrschende**
an vernünftigen, am Gemeinwohl orientierten Gesetzen	Basilie/Monarchie	Aristokratie	Politie/Volksherrschaft
von Begehren und Unwissenheit bestimmt (Eigennutz)	Tyrannis	Oligarchie	Demokratie

Die am Gemeinwohl orientierten Herrschaftstypen wurden als die „wahren“, die am Eigennutz orientierten als die „pervertierten“ Formen bezeichnet. ARISTOTELES´ Begriffe wurden für das Abendland richtungweisend.
Stärker gewandelt hat sich der **Demokratiebegriff.** Er meint heute Volksherrschaft und nicht die abweichende Form als „Vorteilnahme einzelner Gruppen, Zügellosigkeit, Pöbelherrschaft“.

> Auf die praktische Philosophie Athens und anderer Stadtstaaten gehen wichtige **Regeln guter Staatsführung** zurück.

A

Sie orientieren darauf,
- Macht zu mäßigen und zu kontrollieren, indem sie in verschiedene Hände gelegt wird,
- Macht zu mäßigen und zu stabilisieren durch gemischte Verfassungen. Eine gemischte Verfassung kann sich – wie in der altrömischen Verfassung – als „maßvolle Mischung der drei Urformen“ (CICERO) ergeben, der Urformen Monarchie, Aristokratie, Demokratie. Gemischte Verfassungen weisen auch die gegenwärtigen Demokratien auf, die Elemente der repräsentativen und der direkt demokratischen, der einheitsstaatlichen und der föderalen Ordnungen mischen (↗S. 57 ff.).

▶ NICCOLÒ MACHIAVELLI (1469 bis 1527) Diplomat und Schriftsteller; Hauptwerke: „Der Fürst“ sowie „Discorsi. Gedanken über Politik und Staatsführung“

▶ **Republik** geht zurück auf **res publica** (lat. = öffentliche Sache); „Staat“ ist der Inbegriff der gemeinsamen Interessen und Rechte im Unterschied zu den Sonderinteressen der Bürger (res privatae); Merkmale sind:
- Amt und Amtsführung gemeinwohlorientiert,
- politische Tugend (virtus) im Dienste des Landes (patria).

MACHIAVELLI: Der Übergang zur Republik

Der Herrscher bzw. Fürst (principe) und die Herrschaften (principati), wie sie **MACHIAVELLI** darstellte, trugen zwar noch Züge der antiken Herrschaft, bedeuteten jedoch den Übergang zur modernen Republik.

> **Republik** wurde der bis heute gültige Gegenbegriff zur Monarchie.

Die Republik MACHIAVELLIS kann demokratisch oder aristokratisch geführt werden. Angesichts des Zerfalls der ehemals mächtigen italienischen Stadtstaaten setzte MACHIAVELLI auf eine tüchtige und kluge Herrscherpersönlichkeit mit Machtwillen, die eine Republik zu gründen und zu ordnen vermag. Mit MACHIAVELLI beginnt der politische Realismus:
- Die Republik beruht nicht auf Gerechtigkeit wie in der Antike, sondern auf Macht. In Notzeiten rangiert das Staatswohl vor den sittlichen Geboten.
- Das politische Leben orientiert sich am Ist-, nicht am Soll-Zustand wie in der Antike.
- Das Gemeinwohl bedarf guter Gesetze und eines guten Heeres.
- Der Mensch wird als ein Wesen gesehen, von dem „nur Schlechtes erwartet werden kann, wenn man es nicht zum Guten zwingt“.
- Die Politik muss sich „zwischen Seelenheil und Vaterland“ entscheiden. Notwendigkeit, Energie und Glück (necessità, virtù und fortuna) bestimmen die Politik.

TOCQUEVILLE: **Der Beginn der Massendemokratie**

Mit TOCQUEVILLE wurde erstmals die demokratische Herrschaft im modernen Massenstaat zum Thema. Bis in das 19. Jh. hinein hatten sich die politischen Philosophen am Kleinstaat ausgerichtet, so die einflussreiche Genfer Lehre ROUSSEAUS, so HEGEL und MARX (Pariser Kommune von 1871). TOCQUEVILLE war Demokrat aus religiöser Einsicht und stark beeinflusst von MONTESQUIEU. Ihm galt die „demokratische Revolution" als unaufhaltsame Überwindung der monarchischen und feudalen Herrschaft, da sie eine „Gleichheit der gesellschaftlichen Bedingungen" begründen konnte:

- politische Gleichheit anstelle ständischer Ungleichheiten,
- Gleichheit aller vor dem Gesetz.

ALEXIS DE TOCQUEVILLE (1805–1859) französischer Politiker und Schriftsteller; Hauptwerk: „Über die Demokratie in Amerika"

„Der Gang der Politik gleicht dem Fluge eines Drachen, dessen Bahn von dem Winde, der ihn treibt, und der Schnur, die ihn hält, abhängig ist." (TOCQUEVILLE)

CHARLES DE MONTESQUIEU (1689–1755) französischer Schriftsteller und Philosoph, der den Niedergang des römischen Großstaats studierte und das Prinzip der Gewaltenteilung entwickelte; Hauptwerk: „Vom Geist der Gesetze"

TOCQUEVILLE analysierte die junge amerikanische Demokratie und die revolutionäre Bewegung in Frankreich, um allgemeine Züge demokratischer Gesellschaften und Tendenzen zu einer demokratischen Weltordnung zu erfassen. Er erkannte, dass der erzielten größeren Gerechtigkeit und höheren Wohlfahrt der egalitären **amerikanischen Demokratie** reale Gefahren gegenüberstanden:
- Die „Liebe zur Gleichheit" sei stärker als jene zur Freiheit.
- Mehrheitsdemokratie und öffentliche Meinung begünstigen einen Konformismus des Mittelmaßes, in dem der Einzelne verschwindet, vereinsamt und der Gemeinsinn sinkt.
- Die Zentralisierung von Politik und Verwaltung erleichtert die Bevormundung von oben (Konflikt zwischen Zentralisation und Volkssouveränität).

> Gegen Freiheitsverlust und Verwaltungsdespotismus setzte TOCQUEVILLE die Werte der Individualität.

I.2 Herrschaftsformen der Gegenwart

Die in der Gegenwart bestehenden Herrschaftsformen können nach zwei Grundtypen unterschieden werden.

Konstitutionelle Demokratie (demokratischer Verfassungsstaat)	**Autokratie/Diktatur (Einzelherrschaft)**
– unmittelbare Demokratie – Parlamentarismus (Versammlungsregierung) · parlamentarische Demokratie · präsidentielle Demokratie · semipräsidentielle Demokratie · direktorial-plebiszitäre Demokratie	– autoritäre Diktatur · absolute Monarchie · autoritärer Präsidentialismus · Theokratie · Parteidiktatur · Militärdiktatur – totalitäre Diktatur

Herrschaftsformen im Jahrzehnt des Wandels: 1989–1999 (nach MANFRED G. SCHMIDT)

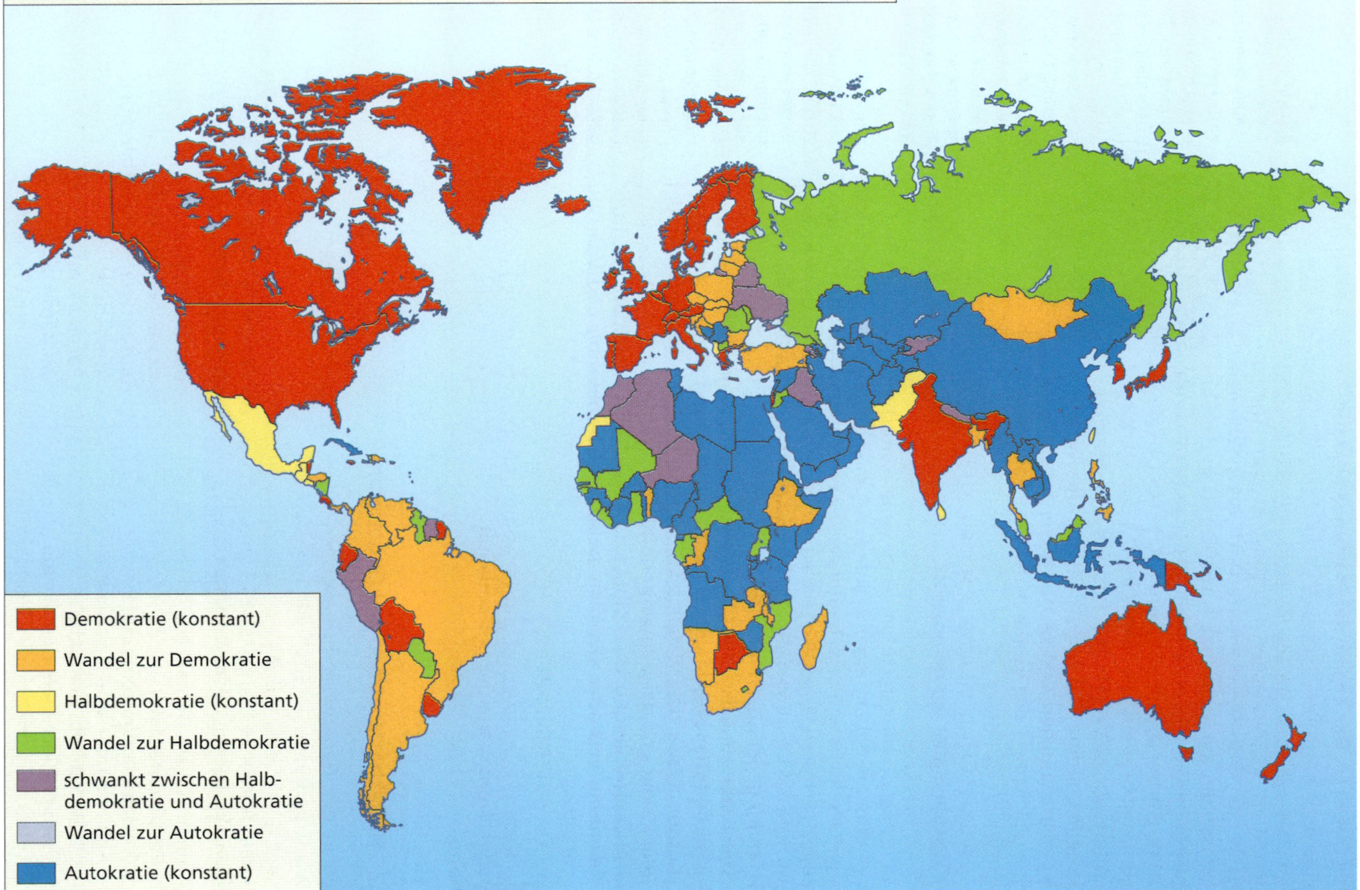

Die Unterscheidung von Herrschaftsformen erfolgt anhand bestimmter Kriterien. Sie werden auch angewendet bei der Beobachtung der Veränderungen, die sich im Leistungsprofil der Herrschaftsformen nach Ländern und Jahren vollziehen. Diese Veränderungen zu erfassen, ist das Ziel einiger internationaler Projekte der **Herrschaftsmessung.**

Das älteste Projekt ist das der Nichtregierungsorganisation „Freedom House", New York, die seit 1972 jährlich Listen aller Staaten hinsichtlich ihrer Einhaltung von politischen Rechten und bürgerlichen Freiheiten veröffentlicht.
In dem Maße, wie Staaten diese entweder voll, halbwegs oder gar nicht gewährleisten, gelten sie als „frei", „teilweise frei" oder „unfrei" bzw. als „Demokratie", „Halbdemokratie" oder „Diktatur". Auf dieser Grundlage hat der Politikwissenschaftler MANFRED G. SCHMIDT (geb. 1948) für das Jahrzehnt 1989 bis 1999 den Bestand und die Umwandlungen zwischen den Herrschaftsformen berechnet (↗S. 474).

Nach 1989 lief die bisher stärkste Demokratisierungswelle. Die **Demokratie** war der Gewinner im politischen Systemwettbewerb zwischen Ost und West. Sie tritt vor allem in den Industrieländern auf (OECD-Länder). Ihre Zahl erhöhte sich in zehn Jahren von 62 auf 88, während die Zahl der Diktaturen erheblich sank. **Diktaturen** finden sich vor allem in Afrika, Nahost und Asien. Seit 2004 stagniert die demokratische Entwicklung, autoritäre Herrschaft gewinnt erneut an Verbreitung.
Freedom House stuft 2014 46 % aller Länder als „frei", 28 % als „teilweise frei" und 26 % als „unfrei" ein. In Diktaturen leben 40 % der Weltbevölkerung.

Um **Herrschaftsformen** zu unterscheiden, wird zumeist historisch-empirisch nach den Strukturen der Institutionen, Verfahren und Normen gefragt **(Strukturtypologie)**. Die Pluralismus-theoretiker ERNST FRAENKEL (1898–1975) und WINFRIED STEFFANI (1927–2000) legen sieben Kriterien zugrunde:
1. Geltung der Menschenrechte,
2. Wahl und Legitimation von Legislative und Exekutive,
3. Auflösbarkeit des Parlaments,
4. Absetzbarkeit der Exekutive,
5. Vereinbarkeit von öffentlichem Amt und politischem Mandat,
6. Mandat und Fraktionsdisziplin,
7. Gewaltenteilung.

I.3 Demokratieformen

Erst im 20. Jh. hat sich die Demokratie als Wert an sich und als positiver Begriff durchgesetzt.

Das **moderne Verständnis von Demokratie** formte sich im Laufe ihrer Entwicklung als „demokratischer Verfassungsstaat" des europäisch-nordamerikanischen Kulturkreises.

Die englische Revolution des 17. Jh.s, die amerikanische und französische des 18. Jh.s, die politischen Emanzipationsbewegungen 1848 und Anfang des 20. Jh.s fanden im Verfassungsstaat ihren Niederschlag.

„Die drei Ideale der Französischen Revolution prägen sich immer klarer aus: Freiheit des Geistes, Gleichheit im Recht, Brüderlichkeit im Wirtschaftsleben." (MARTIN KRIELE)

Demokratie ist eine Institutionenordnung von Staaten, in denen die Herrschaft auf der Grundlage politischer Gleichheit und politischer Beteiligungsrechte der Erwachsenenbevölkerung mittel- oder unmittelbar aus dem Volk hervorgeht. Sie wird im Interesse der Gesamtheit oder der Mehrheit im Rahmen verfassungs- und gewohnheitsrechtlicher Begrenzungen ausgeübt.

A

Demokratie schließt einen Mindestkonsens der Stimmberechtigten zu den fünf Kernzielen ein.

Demokratie enthält bestimmte Kernelemente und ist auf fünf Kernziele gerichtet.

Demokratische Kernelemente	Demokratische Kernziele
– Grund- und Menschenrechte – politische Beteiligung, Minderheitenschutz – politischer Wettbewerb – Kontrolle der Regierung durch das Parlament	– Freiheit – Gleichheit – Gerechtigkeit – Sicherheit – Wohlfahrt

Demokratien sind hochkomplex. Schon die Kernziele sind untereinander nicht widerspruchsfrei. Vor allem die Ziele Freiheit und Gleichheit stehen in einem dauernden Spannungsverhältnis.
Demokratie stellt ein Ideal dar. Zur besseren Veranschaulichung von konkreten Demokratieformen werden die Kernziele üblicherweise als **Gegensatzpaare** bezeichnet. Sie bilden die Grundformen, an denen sich konkrete Herrschaftssysteme „messen" lassen.

Am verbreitetsten ist die Unterscheidung in **parlamentarische** und **präsidentielle Demokratie.** Sie rückt die Frage der Machtverteilung in den Mittelpunkt.

Demokratische Kernelemente	Demokratische Kernziele
parlamentarische und präsidentielle Demokratie	Machtverteilung (Gewaltenteilung bzw. -verschränkung)
Konkurrenz- und Konkordanzdemokratie (GERHARD LEHMBRUCH)	Entscheidungsregel (Mehrheits- bzw. Verhältnisregel)
Mehrheits- und Konsensdemokratie (AREND LIJPHART)	institutioneller Pluralismus
Polyarchie und Oligarchie (ROBERT A. DAHL)	Bürgerrechte

Die häufig anzutreffende Einteilung in direkte und indirekte bzw. plebiszitäre und repräsentative Demokratie führt in die Irre, da Erstere nur bei kleiner Bevölkerungszahl möglich ist.

Die verschiedenen Gegensatzpaare sind untereinander **nicht austauschbar.**
Alle Demokratien des westlichen Kulturkreises sind repräsentative Demokratien.
Direkte Demokratien, wie in der Schweiz und in einzelnen nordamerikanischen Bundesstaaten, sind institutionalisierte Beteiligungsformen. Selten initiieren sie politische Entscheidungen, sondern wirken als Veto- und Blockademacht.

Parlamentarismus

Unter dem Oberbegriff **Parlamentarismus** versammeln sich verschiedene Demokratieformen.
Gemeinsam ist ihnen allen ein Parlament, das nicht herrschaftskaschierend arbeitet, wie häufig in modernen Diktaturen. Ein Parlament muss aus freien Wahlen hervorgehen und über eigenständige, substanzielle Rechte verfügen (Gesetzgebung, Regierungskontrolle u. a.).

Parlamentarismus				
Gewaltenverschränkung		Mischformen		Gewaltenteilung/ Checks and Balance
parlamentarische Demokratie		direktorial-plebiszitäre Demokratie	semi-präsidentielle Demokratie	präsidentielle Demokratie
Monarchie: Großbritannien	Republik Deutschland	Schweiz	Frankreich	Vereinigte Staaten von Amerika

Parlamentarische Demokratie:
Vereinigtes Königreich von Großbritannien und Nordirland

Seit der Glorious Revolution von 1688 entwickelte sich Großbritannien zu einer konstitutionellen Monarchie (Erbmonarchie Haus Windsor) und zur parlamentarischen Demokratie.

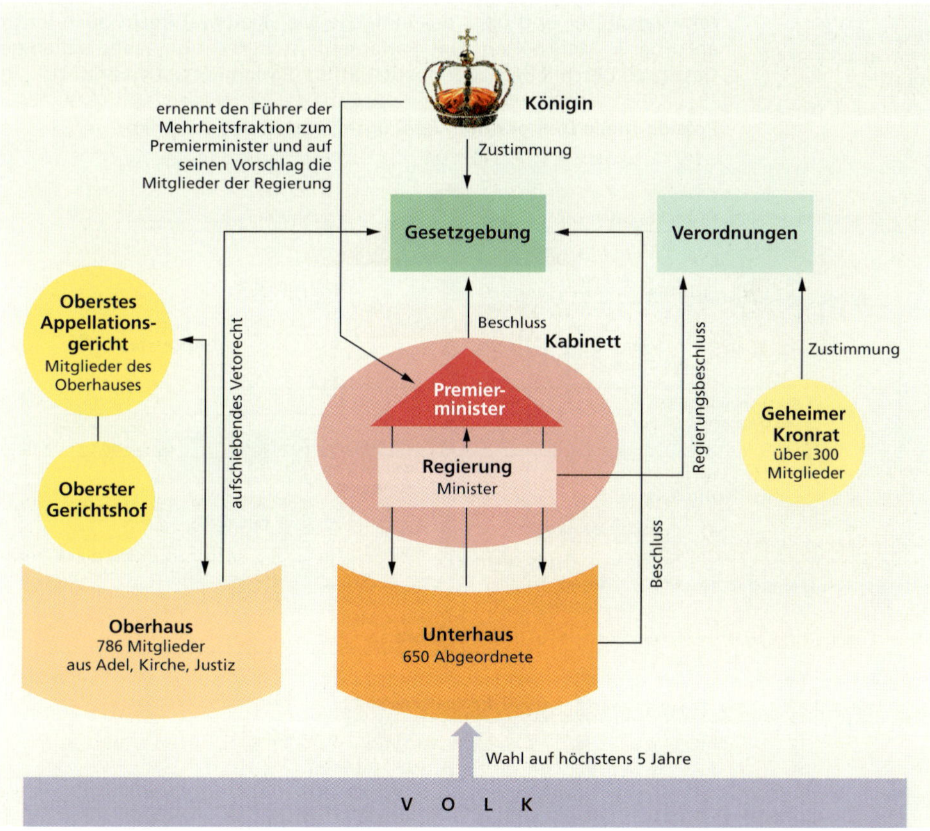

ELISABETH II.
(geb. 1926) zur Zeit ihrer Krönung 1953

Großbritannien: vier Nationen im Einheitsstaat: England (80 % von 63 Mio. Einwohnern im Jahr 2011), Wales (2 %), Schottland (10 %), Nordirland (4 %); Staatsangehörigkeit: britisch

- Die **Gesetzgebung** liegt bei einem asymmetrischen Zweikammerparlament. Das Unterhaus (House of Commons) wird nach dem Mehrheitswahlrecht vom Volk gewählt, das Oberhaus (House of Lords) besteht aus erblichem Hochadel, lebenszeitlich geadelten Experten (Life Peers), Bischöfen und obersten Richtern (Law Lords).
  Das **Unterhaus** ist vor allem Redeparlament, die Debattierkammer für Regierungsmehrheit und Opposition in der Regie des neutralen Speakers (Club Government). Opposition ist Regierung auf Abruf, in parlamentarische Entscheidungen und Verantwortung nicht eingebunden. Neu eingeführte Regionalparlamente für Schottland und Wales arbeiten treuhänderisch für das Unterhaus. Die **Exekutive** teilt sich in Krone, Premierminister und Kabinett sowie Verwaltung. Formal regiert die Queen im Parlament. Entscheidend ist ihre Wirkung als neutrale Instanz über dem Wettstreit der Parteien und den Widersprüchen der Regionen und Gruppen. Der **Premierminister** ist zugleich auch Partei- und Fraktionsführer. Seine Macht ist im Medienzeitalter weiter gestiegen.

Die **britische Demokratie** setzt auf hohe Gewaltenverschränkung zwischen Legislative und Exekutive, vor allem auf die Herrschaft starker, direkt gewählter und über das einfache Mehrheitswahlrecht auch leicht abrufbarer Mehrheiten. Das Parlament ist berechtigt, jedes beliebige Gesetz zu beschließen oder abzuschaffen (Parlamentssouveränität).

Präsidentielle Demokratie: Vereinigte Staaten von Amerika

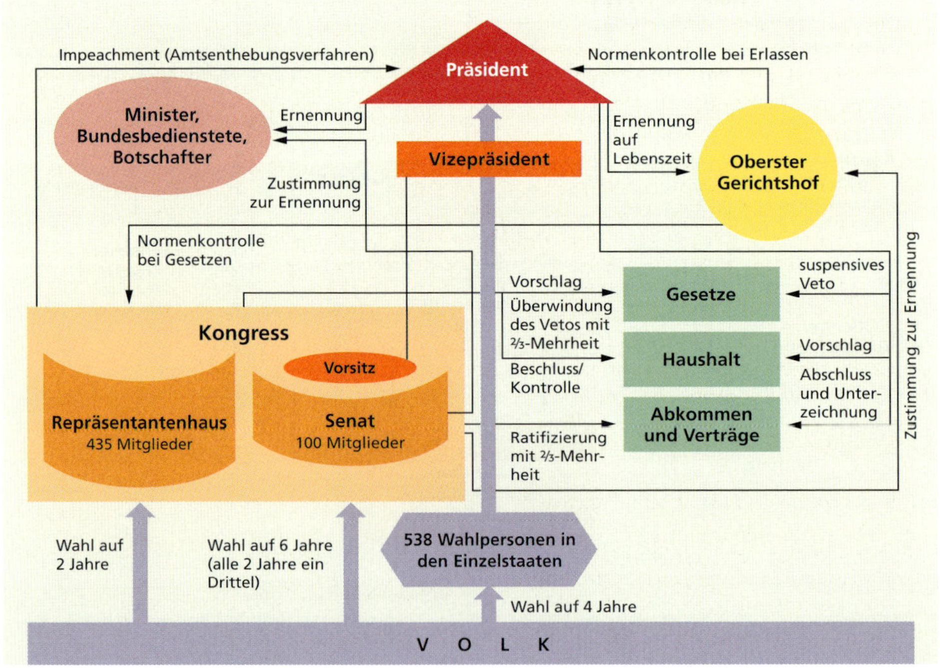

Im Rahmen der Unabhängigkeitserklärung von 1776 entstanden aus 13 aufständischen nordamerikanischen Kolonien des britischen Weltreichs 13 Staaten. Ein Staatenkonvent verabschiedete 1787 in Philadelphia eine bis heute gültige Verfassung der Vereinigten Staaten als Republik und Bundesstaat. Im Zuge einer westwärts gerichteten Expansion gerieten durch Erwerb, Annexion und Krieg weitere Staaten zur Föderation, die inzwischen 50 Staaten sowie die Bundeshauptstadt Washington umfasst.

Die **Gesetzgebung** des Bundes liegt beim Parlament (Kongress), das aus dem Repräsentantenhaus (House of Representatives) und dem Senat (Senate) als der „Staatenkammer" besteht. Die Bevölkerungen der Bundesstaaten sind im Repräsentantenhaus im Verhältnis ihrer Anzahl vertreten, so im Senat mit je zwei Stimmen.
Der **Kongress** ist ein Arbeitsparlament. Rund 30000 Mitarbeiter setzen das vergleichsweise kleine Parlament in die Lage, Gesetzgebung, Regierungskontrolle und öffentliche Debatte unabhängig vom Fachwissen der Regierung und Verwaltung durchführen zu können. Arbeitsfähig bleiben die Häuser auch dadurch, dass sie regelmäßig vereinfachte Geschäftsordnungen vereinbaren. Nur offiziell präsidiert der Vizepräsident dem Senat. Beide Häuser werden von der jeweiligen Mehrheitsfraktion geleitet.
Die **Exekutive** der Republik liegt beim Präsidenten, der zugleich Staatsoberhaupt, Regierungschef und Oberbefehlshaber ist, und bei der Verwaltung des Bundes. Präsident und Vizepräsident werden von 538 Delegierten der Staaten (Kollegium der Wahlmänner und -frauen) gewählt. Der Präsident kann die Zustimmung zu den Gesetzen des Kongresses verweigern; sein Veto können beide Häuser mit Zweidrittelmehrheit überstimmen, was selten gelingt.

In der praktischen Politik ist der Präsident vor allem von den Budgetgenehmigungen des Parlaments abhängig.
Die **Verwaltung** besteht aus rund einem Dutzend Behörden (Departments) unter verantwortlicher Leitung von Staatssekretären, z.B. das State Department (Auswärtige Angelegenheiten).

Die **Demokratie der USA** sieht die Machtteilung zwischen Legislative und Exekutive und deren Machtgleichheit vor. Die USA neigen zu einem „schwachen Washington". Der Bund erhielt die Zuständigkeit nur für Außenpolitik, Verteidigung und Außenhandel, inzwischen auch für allgemeine Wirtschafts- und Sozialfragen.

Semipräsidentielle Demokratie: Frankreich

Seit der Französischen Revolution von 1789 und dem Sturz der Monarchie haben sich teilweise in krassen Schüben und Brüchen Versammlungsregierung, bonapartistischer Cäsarismus, Kaisertum, Monarchie, Pariser Kommune, Volksfront-Regierung, parlamentarische Regierungssysteme unterschiedlicher Art abgewechselt.

Die 1958 maßgeblich von General DE GAULLE gestaltete Republik bereicherte die gemischten Herrschaftssysteme um den Typus der semipräsidentiellen Demokratie.

Herrschaft und Verfassung sind zwar parlamentarisch, denn die Regierung bedarf der Zustimmung des Parlaments und kann von diesem abberufen werden. Gleichzeitig verfügt der Präsident jedoch über mehr Macht, als es in der parlamentarischen Demokratie üblich ist.

Das **französische Herrschaftssystem** verbindet das Prinzip der Direktwahl der amerikanischen Demokratie mit der starken Exekutive der britischen Demokratie.

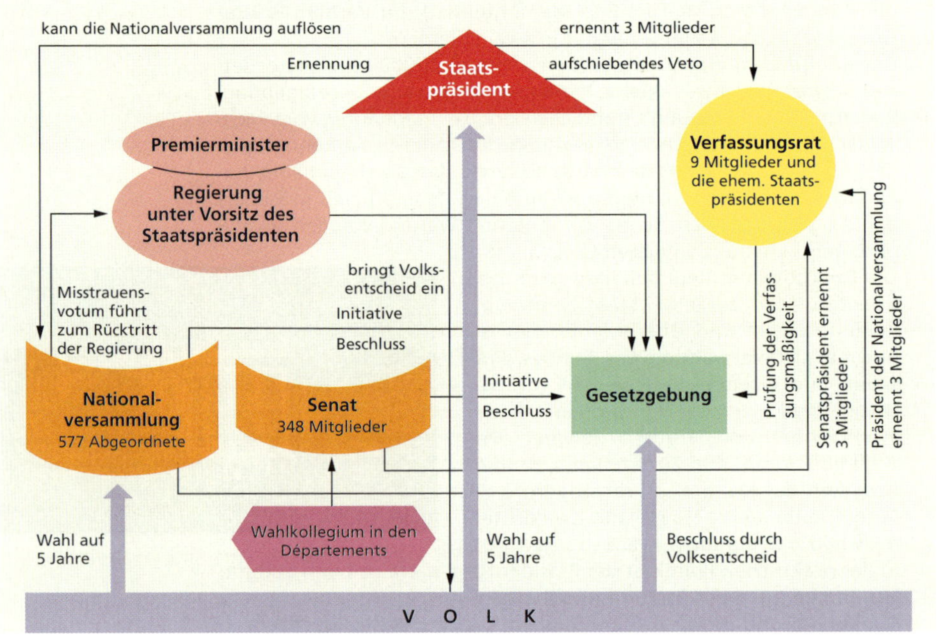

- Die **Legislative** besteht aus zwei Kammern: der Nationalversammlung als Repräsentation des Wahlvolks und dem Senat als Vertretung der Départements und Gemeinden. In der Gesetzgebung sind beide gleichberechtigt, jedoch unterschiedlich stark legitimiert. Stützt sich die Nationalversammlung auf ein Volksvotum nach absoluter Mehrheitsregel, so der Senat nur auf das Votum der ca. 210 000 lokalen Amtsträger Frankreichs.

  Die Legislative wird von der Exekutive dominiert. Die Tagesordnung beherrscht ein Regierungsmitglied (Parlamentsminister), die Zahl ihrer Sitzungstage wie die ihrer Ausschüsse ist eng begrenzt.

  Die **Exekutive** teilen sich der Präsident, die Regierung des Premierministers und die Verwaltung. Der **Präsident** kann Gesetze zum Volksentscheid stellen, ist Oberbefehlshaber und entscheidet die grundlegenden außen- und innenpolitischen Fragen. Die laufende Politik besorgen Premier und Regierung.

Direktorial-plebiszitäre Demokratie: Schweizerische Eidgenossenschaft

Seit dem 13. Jh. entwickelte sich aus Bündnissen von Kommunen und Städten als zusammenhängendes Staatensystem die Schweizerische Eidgenossenschaft. Aus der Konföderation selbstständiger Stadtkantone ging 1848 der demokratische Bundesstaat hervor, heute bestehend aus 20 Kantonen und 6 Halbkantonen.

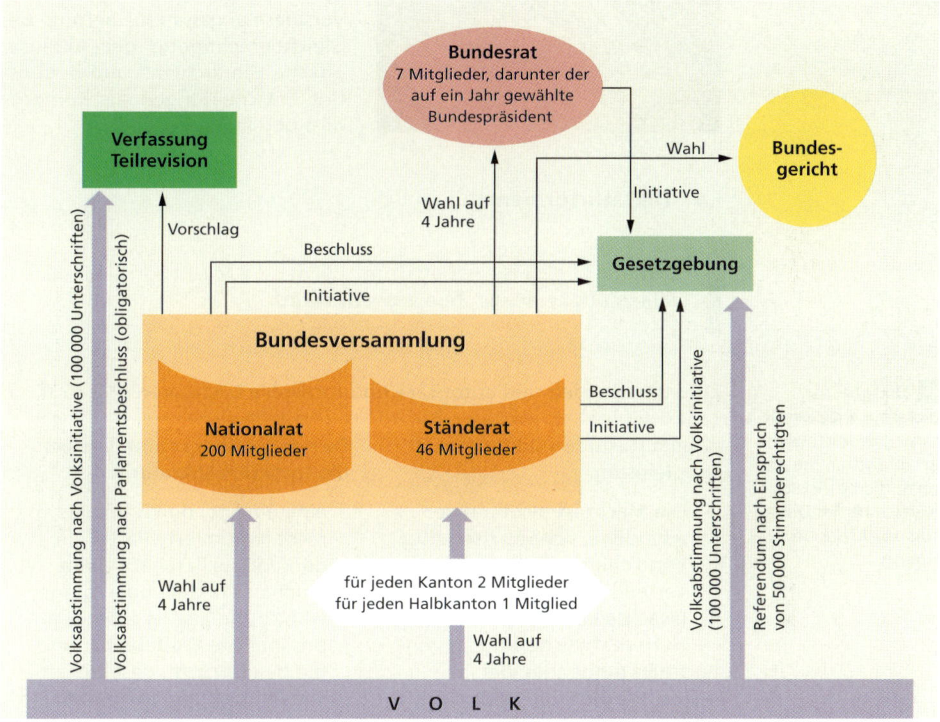

- Die **Legislative** liegt bei den gleichberechtigten Parlamentskammern (National- und Ständerat) sowie den plebiszitären Verfahren. Der Nationalrat wird nach dem Verhältniswahlrecht gewählt.
Volksabstimmungen und Verfassungsinitiativen ersetzen nicht die repräsentativ-parlamentarischen Entscheidungsverfahren. Sie kontrollieren – anstelle des sonst üblichen Parteienwettbewerbs – Parlament und Regierung und gewährleisten durch Mitentscheidung die strikte Beachtung des Bevölkerungswillens. Schweizer Bürger werden im Durchschnitt viermal jährlich zu gebündelten Volksbegehren und -abstimmungen gerufen; die Beteiligung ist gering.
Die **Exekutive** besteht aus dem gleichberechtigten Kollegium der Regierung (7 Bundesräte), das 7 Verwaltungsdepartments leitet. Es ist zugleich Regierung, Regierungschef und Staatsoberhaupt. Die Regierung verfügt nicht nur faktisch, sondern auch formell über die Gesetzesinitiative. Ihre starke Stellung findet in den Plebisziten ein

Gegengewicht. Amt und Mandat sind unvereinbar. Mitglieder der Exekutive in den Kantonen und Gemeinden werden durch die Bevölkerung direkt gewählt.

Volksabstimmung über einen Beitritt des Landes zu den Vereinten Nationen 2002

Die Schweiz bildet eine einzigartige Mischform aus parlamentarischer, präsidentieller und plebiszitärer Demokratie. Das Räte- und Versammlungssystem betont die Gleichberechtigung der Akteure, „flache Hierarchien" und begünstigt Entscheidungen als Kompromiss und im Proporz.

I.4 Diktaturformen

Diktatur ist eine Herrschaftsform, bei der die Macht von einem Einzelnen oder einer Gruppe ausgeübt wird.

Diktatur, lat. dictare = wiederholt sagen; bezeichnete im römischen Staatsrecht die befristete Herrschaft des Diktators zur Krisenbewältigung

Zu unterscheiden sind autoritäre und totalitäre Diktaturen (↗ S. 473).

Den autoritären Diktaturen ist gemeinsam:	Demgegenüber charakterisiert die totalitäre Diktatur:
– Die Macht ist nicht auf verschiedene, sich wechselseitig kontrollierende Gewalten verteilt, sondern konzentriert (Machteinheit und -monopol); – Herrschaftssicherung als zentrales politisches Ziel; – Verbot öffentlich geäußerter Herrschaftskritik; – eingeschränktes Wahlrecht, manipulierte Wahlen (Verbot missliebiger Parteien und Kandidaten, Zählmanipulationen); – Missachtung individueller Freiheitsrechte, eingeschränkter Pluralismus.	– eine einzige, durch Wahlen nicht legitimierte Partei, die den Volkswillen nach ihren eigenen Vorstellungen prägen will; Grundlage ist eine religionsähnliche Weltanschauung, die beansprucht, gesellschaftliche Entwicklung erkennen und gestalten zu können; – aktive Unterstützung der Weltanschauung durch die Bevölkerung entweder freiwillig oder erzwungenermaßen; – lebensverachtender Einsatz von Terrormaßnahmen (Arbeits- und Konzentrationslager, Säuberungen, Schauprozesse).

„Berufe" des Einzelherrschers können sein: absoluter Monarch, autoritärer Präsident, Geistlicher, Parteiführer, Militär.

Der **Einzelherrscher** kann, indem er unterschiedliche „Berufe" ausübt, die Besonderheit einer Diktatur aufzeigen:

- Die von Lenin geprägte **Einparteiendiktatur** der Sowjets war für die Herrschaft im sowjetisch-russischen Einflussbereich kennzeichnend, so auch für die Deutsche Demokratische Republik (1949–1990). Indem alle Staatsämter mit Parteimitgliedern besetzt werden, Partei und

Staat verschmelzen, kann sich die Partei auf das staatliche Machtmonopol (Staats- und Militärapparat) stützen.
- **Militärdiktaturen** entstanden vermehrt nach Aufgabe der europäischen Kolonien. Wegen des Monopols an schweren Waffen und der Verpflichtung auf die nationale Einheit kann das Militär im Staatsstreich Macht übernehmen.
- In islamischen Ländern gewinnt seit den 1990er-Jahren die **Theokratie** größere Unterstützung, so im Iran. In den von ihr eroberten Gebieten Syriens und des Irak ruft 2014 die Terrormiliz „Islamischer Staat" ein Kalifat (Herrschaft in der Nachfolge Mohammeds) aus.

▶ Theokratie, griech. = Gottesherrschaft. Staatliche und religiöse Ordnung bilden eine Einheit.

Die **totalitäre Diktatur** ist nicht nur radikaler, sondern prinzipiell verschieden von den bekannten Formen politischer Unterdrückung (Despotie, Tyrannis, bisherige Diktatur).

A

Antiparlamentarische Bewegungen gründeten sich nach dem Ersten Weltkrieg in Mittel-, Süd- und Osteuropa. Nur in den bevölkerungsstarken Ländern Deutschland und Russland führten sie unter den Diktatoren ADOLF HITLER (1898–1945) und JOSEF STALIN (1879–1953) zur totalitären Herrschaft – in Deutschland mit Kriegsbeginn 1939, in der Sowjetunion ab 1928 (Fünfjahrplan). Es bildeten sich gemeinsame **Merkmale** heraus:
- Zerschlagung der Klassen- und Gruppensolidarität, um leichter mit den bisher Macht- und Sprachlosen die politische Macht zu erringen,
- die Zentralen von politischer Macht und Bewegung fern vom Staatsapparat; Letzterer hat der Bevölkerung Vertrauen einzuflößen und das Ausland zu täuschen,
- Terror, der den Menschen den eigenen Lebens- und Rechtsraum nimmt und sie zu einem „einzigen Wesen" formt,
- das neue Gesamtkollektiv, das in den Dienst historisch argumentierender Ideologien vom „Kampf der Rassen" bzw. „Kampf der Klassen" um die Weltherrschaft gerät.

▶ BENITO MUSSOLINI (1883 bis 1945) prägte den Begriff „totaler Staat" (stato totalitario) für den italienischen Faschismus, der jedoch eine Einparteiendiktatur blieb.

Totalitäre Diktatur: Demokratische Volksrepublik Korea (Nordkorea)

Nordkorea entstand im Ergebnis des Zweiten Weltkriegs und des vom Norden entfachten Bürgerkriegs (1950–1953).

Unter dem Einfluss der Sowjetunion und koreanischer Kommunisten entwickelte sich Nordkorea nach stalinistischem Muster als „proletarische Diktatur" auf zentralplanwirtschaftlicher Grundlage zur **Einparteiendiktatur** der Kommunistischen Partei und weitergehend zur **Einpersonendiktatur** des „Großen Führers" KIM IL SUNG (1912–1994).
Von 1998 bis 2011 verfügte der Sohn KIM JONG IL (1942–2011) als „Großer Führer" über alle Machtmittel, seit 2012 dessen Sohn KIM JONG UN (geb. 1983): Vorsitz im nationalen Verteidigungsrat, Generalsekretär der Kommunistischen Partei und Oberbefehlshaber der Streitkräfte.

▶ Nach Japans Kapitulation 1945 geriet Korea im Norden unter sowjetische und im Süden unter amerikanische Besatzung. Hieraus gingen 1948 die Republik Südkorea und die Demokratische Republik Nordkorea hervor.

▶ KIM IL SUNGs Personenkult war traditionell konfuzianischer Familienkult und beabsichtigte die Gleichsetzung von Führer, Staat (Partei) und Nation.

Die nordkoreanische Variante des Marxismus-Leninismus, in die auch konfuzianische Traditionen einflossen (Kimismus), fordert die allseitige Selbstständigkeit und Selbstversorgung des Landes (Juche-Prinzip). Danach bedürfen die führungsbereite Masse und Kommunistische Partei der ständigen Unterweisung und Kontrolle durch den Diktator, um als politische Bewegung nicht zu erstarren.
Hauptstützen der Macht sind das Militär (1,1 Mio. Streitkräfte), paramilitärische Kräfte (1,6 Mio.) und die Geheimpolizei (Staatssicherheitsdienst). Schon 1963 begannen die allgemeine Bewaffnung der Bevölkerung und die Errichtung umfassender Befestigungsbauten. Militärische Kommandostrukturen erfassen die Fabriken, Dörfer, Wohngebiete. Die Militarisierung des Landes wurde 1995 mit der politischen Strategie „Zuerst das Militär" erneuert. Die Geheimpolizei kontrolliert das politische Verhalten aller – auch der Führungskader – und unterhält politische Lager (über 0,2 Mio. Häftlinge 1997). Die Polizei ist daran beteiligt.
Zur politischen **Lenkung der Bevölkerung** wird diese in die Kerngruppe der Loyalen (28 % im Jahr 1997), die unsichere (45 %) und die feindliche Gruppe (27 %) eingeteilt. Andauernde Aufsicht und Erziehung liegen bei den Parteiorganisationen, dem Ministerium für öffentliche Sicherheit, jugendlichen Revolutionsgarden und einem System, nach dem jeweils fünf Haushalte ihre ideologische Schulung gemeinsam abhalten.

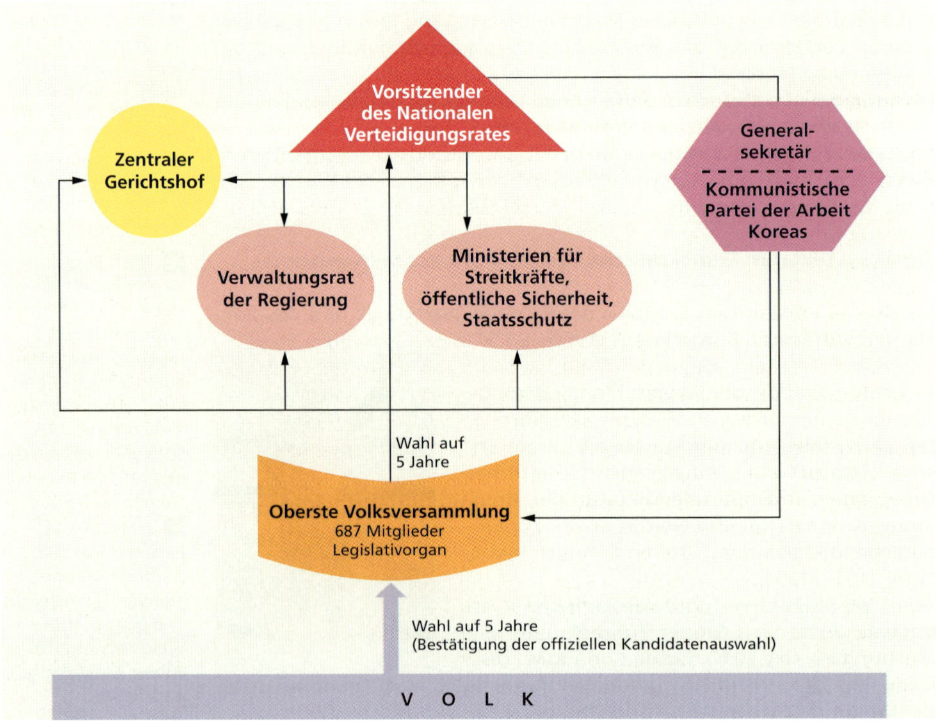

Autoritäre Diktatur: Deutsche Demokratische Republik

Erscheinungsformen	Merkmale
– Sozialistische Einheitspartei Deutschlands (SED) übte Diktatur des Proletariats aus. – Einheit von Beschlussfassung, Durchführung und Kontrolle – Parteisteuerung von Staat, Gesellschaft, Wirtschaft	Machteinheit und Machtmonopol
– Parteidisziplin und Führungshierarchie von oben nach unten (Prinzip des demokratischen Zentralismus) – Staatssicherheitsdienst – Militarisierung (Volksarmee, Kampfgruppen der Arbeiterklasse)	Herrschaftssicherung als zentrales Prinzip
– öffentliche Meinungsbildung und Kritik nur auf dem Boden der SED-Herrschaft	Kritikverbot
– Wahlen zur Selbstbestätigung der Politik – Kandidatenaufstellung von oben, keine Auswahlmöglichkeit	eingeschränkte, manipulierte Wahlen
– keine naturrechtlich begründeten Freiheitsrechte – Dominanz des Kollektivs – Integration politikferner Gruppen (Selbstständige, Bauern, Christen) über „Bündnis"-Parteien – Zuteilung von Chancen (Ausbildung, Beruf) und Sozialleistungen über Massenorganisationen	Freiheitseinschränkung, begrenzter Pluralismus

Diktaturen in der Transformation

Nach dem **Drei-Säulen-Modell** von WOLFGANG MERKEL (geb. 1952) gründen Diktaturen auf den Säulen:
- Legitimation – entweder stärker normativ-ideologisch oder stärker leistungsbezogen,
- Repression – entweder „hart" gegen physische Existenz und individuelle Freiheit oder „weich" gegen politische Rechte wie Meinungsfreiheit gerichtet,
- Kooptation – Bindung des Militärs und der ökonomischen und soziokulturellen Eliten an die Herrschaftselite mittels der Ämter sowie der politischen und ökonomischen Privilegien („politische Rente").

Der „arabische Frühling", der seit 2010 die diktatorischen Regime in **Tunesien, Ägypten** und **Libyen** umstürzen ließ, zeigte typische Risse in den Herrschaftssäulen, die Transformation befördern:
- Die Leistungslegitimation schwindet bei hoher Arbeitslosigkeit und ungleicher Einkommensverteilung dahin,
- die Kommunikationskontrolle als wichtiger Teil der Repression schwindet, wenn elektronische Verständigung bereitsteht,
- die Überwindung der individuellen Angst im Massenprotest widersteht der militärisch-polizeilichen Repression,
- die binnenstaatliche Elitenbindung lockert sich, wenn Gruppen auch international agieren können (Globalisierung).

▶ Unter dem Eindruck der nationalsozialistischen und bolschewistischen Autokratien in Europa wurde lange Zeit Repression als Primärfaktor diktatorischer Regime gesehen, so von HANNAH ARENDT (1906–1974). Die zeitgenössische politikwissenschaftliche Forschung versucht mit differenzierteren Modellen zu analysieren.

▶ Stabilität gewinnen Diktaturen aus der institutionalisierten Verflechtung der Säulen.

Autokratie und Wirtschaftsliberalisierungen haben große Wachstumskräfte freigesetzt, das Land eng mit der Weltwirtschaft verflochten und die Wirtschaftsstruktur verändert.

Im **Politbüro** werden tagespolitische Entscheidungen getroffen, im **Ständigen Ausschuss** die strategisch wichtigen. Die formal höchsten **Staatsorgane** sind der Nationale Volkskongress als Volksvertretung und der Staatsrat als Regierung. Ausschlaggebender Faktor der Innenpolitik war wiederholt die **Volksbefreiungsarmee.**

A

Neuer Diktaturentyp: Volksrepublik China

Die 1949 unter MAO ZEDONG (1893–1976) gegründete Volksrepublik bedeutete die radikale Umgestaltung von Gesellschaft, Wirtschaft und Politik nach sowjetischem und chinesisch-konfuzianischem Leitbild. DENG XIAOPING (1904–1997) wurde Architekt des 1978 eingeleiteten Übergangs zur sozialistischen Marktwirtschaft.

Die seit 1978 betriebene Reform- und Öffnungspolitik führte China zu einem neuen Typ einer autoritären Einparteiendiktatur mit teils dirigistischer, teils liberaler Marktwirtschaft.

Dieser Typ besteht aus der Kombination von
- marxistisch-leninistisch-maoistischer und zugleich wirtschaftsliberaler Legitimation der KPCh-Führung,
- militärisch-polizeilicher Repression gegenüber Oppositionellen, Dissidenten, nationalen Minderheiten,
- Beschränkung der KPCh und des Staates auf wirtschaftliche Makrosteuerung und Interventionen bei Schutz des Privateigentums.

Das politische System beruht seit Langem auf der Gewalteneinheit von Partei, Militär und Staat.

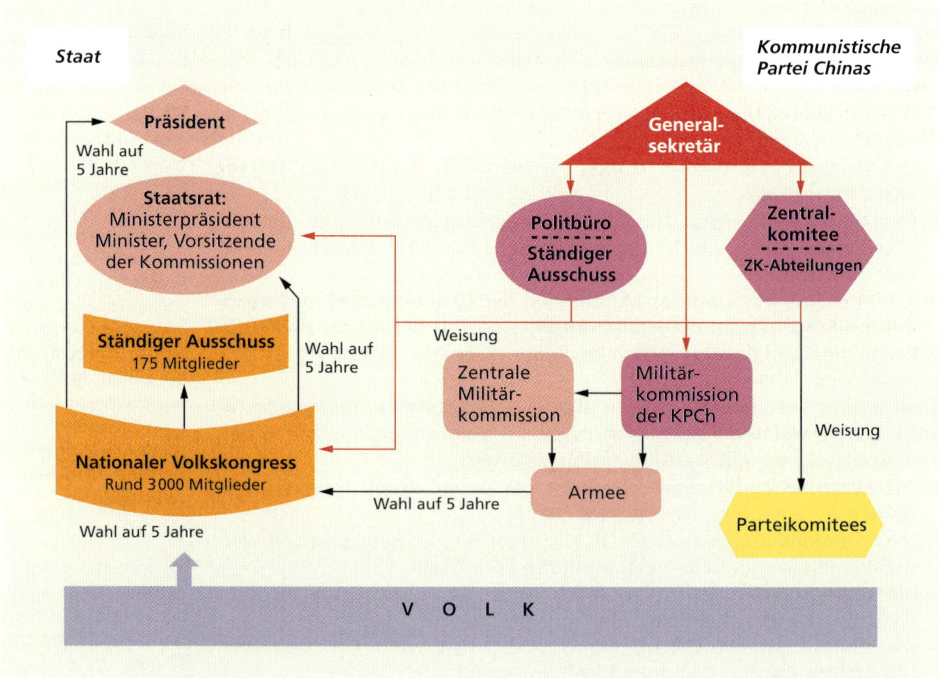

Register

A

H

I

T

U

Bildquellenverzeichnis

M. Adelmann, Zürich: 31/2; Archiv der Archenhold-Sternwarte Berlin: 23/1, 395/2; BASF, Ludwigshafen am Rhein: 263/2; A. Bauer, Karlsruhe: 173/1; BBR, Bonn: 251/1; Bibliographisches Institut GmbH, Berlin: 12/2, 25/1, 25/2, 25/3, 31/1, 31/3, 32/1, 39/1, 40/2, 174/1, 186/1, 263/1, 326/1, 338/1, 380/1, 395/1, 398/2, 400/1, 400/2, 425/1, 470/1, 472/1, 473/1, 478/1; Bibliographisches Institut, Berlin/Prof. Dr. H. Wilhelmy (+): 26/1, 376/2; BilderBox.com: 203/2, 329/2; BMU: 271/1; Sebastian Bolesch/Das Fotoarchiv: 427/2; British Features, Bonn: 63/1; BSR, Berlin: 214/1; Bundesagentur für Arbeit: 336/1; CDU: 139/1: Central Office of Information, London: 269/1; © Corbis Royalty-Free: 122/1, 122/2, 132/1, 152/2, 342/3, 375/2, 380/2, 402/2, 431/1, 479/1; Corel Photos Inc.: 76/1, 342/3; Cornelsen Schulverlage GmbH: 242/1, 255/1, 303/1, 418/1, 427/1; Deutscher Bundestag: 8/1, 176/1; Credit Suisse/Bayerischer Rundfunk: 426/1; Demokratiezentrum

Wien: 435/1; Deutscher Bundestag/Lichtblick/Melde: 118/1, 163/4; Deutscher Taschenbuch Verlag, München: 48/2; DIE ZEIT/G. Breuer: 385/1; Europäische Zentralbank/Christoph Lison: 242/1; Europäisch-Kapverdischer Freundeskreis e.V.: 468/1; Fotoarchiv Panorama: 35/1, 41/1, 41/2; Fotolia/absolutimages: 11/2; Fotolia/Dmitry Nikolaev: 285/1; Fotolia/Eray: 106/1; Fotolia/goodluz: 297/2; Fotolia/hydebrink: 120/1; Fotolia/iceteastock: 297/3; Fotolia/industrieblick: 46/1; Fotolia/JackF: 322/1; Fotolia/Jeanette Dietl: 203/2; Fotolia/Jörg Hackemann: 341/1; Fotolia/Jürgen Fälchle: 24/1; Fotolia/kalafoto: 68/1; Fotolia/Kara: 72/1; Fotolia/Moritz Wussow: 311/1; Fotolia/philipus: 217/2; Fotolia/ Phototom: 24/1; Fotolia/Roman Dembitsky: 394/2; Fotolia/Szasz-Fabian Erika: 276/2; Fotolia/ victorptorres: 11/3; Fotolia/Vladimir Wrangel: 117/1; Fotolia/Yuri Arcurs: 314/1; Fotolia/XJ6652: 143/1; B. Friedrich, Köln: 396/1; Reinhard Görner/FU Berlin: 469/1; Government Information Office, Taipeh, Taiwan: 421/2; Peter Graf, Berlin: 21/1; Grossmann/Welthungerhilfe: 342/2; HVBG/Senn: 67/2; Dr. V. Janicke, München: 54/1; Kessler-Medien, Saarbrücken: 99/1; Informations- und Medienzentrale der Bundeswehr, Sankt Augustin: 163/2; Inge Kundel-Saro, Berlin: 12/3; Leipziger Messe GmbH/Tom Schulze: 275/1; Liesenberg, G., Berlin: 335/1, 431/2; Messe Berlin GmbH und BDLI: 131/1; MEV Verlag, Augsburg: 7/1, 209/1, 211/1, 217/2, 276/1, 301/1, 303/1, 313/2, 319/1, 329/1, 329/2, 334/1, 359/1; I. Mühlhaus, München: 178/1; Naturpix, B. Mühr und G. Müller, Karlsruhe: 376/3; Naunapper, Leonore, Leipzig: 319/2; Nobelstiftelsen, The Nobel Foundation, Stockholm: 49/1, 163/1, 457/1; Pettkus, J., Zepernick: 20/1; Photo Disc Inc.: 11/1, 27/2, 73/1, 191/1, 324/1, 442/2; Photo Disc Royalty Free: 74/1; picture-alliance/akg-images: 346/1, 480/1; picture-alliance/AP Photo: 415/1; picture-alliance/APA/picturedesk.com: 188/1; picture-alliance/dpa: 14/1, 18/1, 34/1, 100/1, 100/2, 124/1, 125/1, 126/1, 150/1, 152/1, 181/1, 198/1, 310/1, 329/1, 349/1, 383/1, 412/1, 447/1, 482/1; picture-alliance/dpa/Elsner, Erwin: 12/1; picture-alliance/dpa-Grafik: 389/2, 403/1; picture-alliance/dpa-infografik: 259/1, 442/1, 446/1; picture-alliance/maxppp: 22/1; picture-alliance/ZUMA Press: 389/1; Pitopia/HaBe, 2006: 353/1; plainpicture/Ragnar Schmuck: 282/1; Presse- und Informationsamt des Landes Berlin/Landesbildstelle, Berlin: 8/2; Presse- und Informationsamt des Landes Berlin/Schweger + Partner, Berlin/B. Kroll: 195/1; Raum, B., Neuenhagen: 44/1; Referat für Medienentwicklung und Internet der Stadt Osnabrück: 130/1; RHEIN-NECKAR-ZEITUNG, Heidelberg: 36/1; Rüger/BMF: 164/2; D. Ruhmke, Berlin: 115/1, 154/1, 154/2, 159/1, 164/1, 165/1, 176/2, 195/2, 351/1, 466/1; Shutterstock.com/360b: 127/1, 163/3, 365/1; Shutterstock.com/a katz: 106/2; Shutterstock.com/Asianet-Pakistan: 375/1; Shutterstock.com/Attila JANDI: 483/1; Shutterstock.com/aztekphoto: 376/1; Shutterstock.com/Drop of Light: 342/4, 366/1; Shutterstock.com/Frederic Legrand – COMEO: 387/1; Shutterstock.com/Gilles Paire: 465/1; Shutterstock.com/Ken Tannenbaum: 388/1; Shutterstock.com/ktsdesign: 417/1; Shutterstock.com/Lisa S.: 149/1; Shutterstock.com/Maria Sbytova: 290/1; Shutterstock.com/Miramiska: 297/1; Shutterstock.com/Pixel1962: 266/1; Shutterstock.com/punghi: 427/3; Shutterstock.com/Rido: 209/2; Shutterstock.com/Rikard Stadler: 290/2; Shutterstock.com/S. Kuelcue: 118/2; Shutterstock.com/Sadik Gulec: 421/1; Shutterstock.com/Sascha Burkard: 457/3; Shutterstock.com/Slavko Sereda: 371/1; Shutterstock.com/Squid Media Advertising: 180/1; Shutterstock.com/SVLuma: 408/1; Shutterstock.com/Sytilin Pavel: 402/1; Shutterstock.com/thomas koch: 148/1, 323/1; Shutterstock.com/Twin Design: 151/1; Shutterstock.com/Vadim Ivanov: 457/2; Shutterstock.com/Vlad Karavaev: 428/1; Shutterstock.com/ZouZou: 394/1; Siemens AG: 160/1; Siemens AG, München/Berlin: 217/1; Siemens AG/München: 67/1, 81/1, 185/1, 220/1, 302/1, 313/1; State of Israel, Government Press Office, Jerusalem: 392/1; Statistisches Bundesamt, Wiesbaden: 93/1, 293/1; Dr. Martin Stelzig: 8/3; Stiftung Warentest: 213/1; TransFair 468/2; U.S. Information Service, Bonn: 399/1; Volkswagen Presse: 253/2; VW Nutzfahrzeuge: 220/2, 253/1; Walter Eucken Institut e.V., Freiburg im Breisgau: 49/2; Welthungerhilfe/FAO/WHO/UN: 430/1